1

富蘭克林在波士頓米爾克街的出生地，
位於南教堂的對面。

黛博拉・富蘭克林，約一七五九年，
班傑明・威爾森（Benjamin Wilson）繪。

2

3

威廉・富蘭克林，約一七九〇年，
馬瑟・布朗（Mather Brown）繪。

莎莉・富蘭克林・貝奇，一七九三年，
約翰・霍普納（John Hoppner）繪。

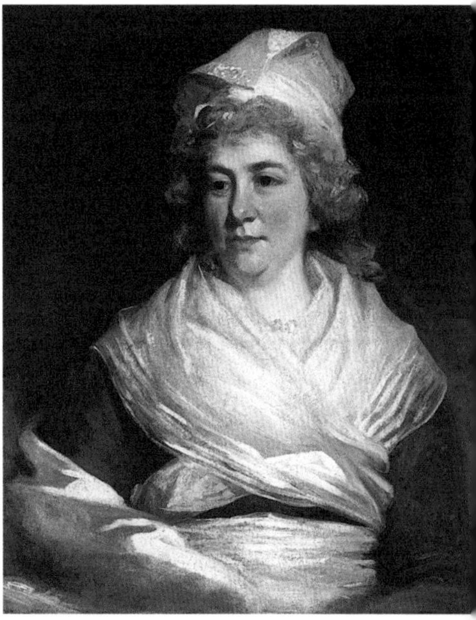

4

5

尚—安東尼・烏敦（Jean-Antoine Houdon）
製作的著名半身雕塑。

法蘭西斯・福爾傑・富蘭克林，
約一七三六年，四歲時死於天花。

6

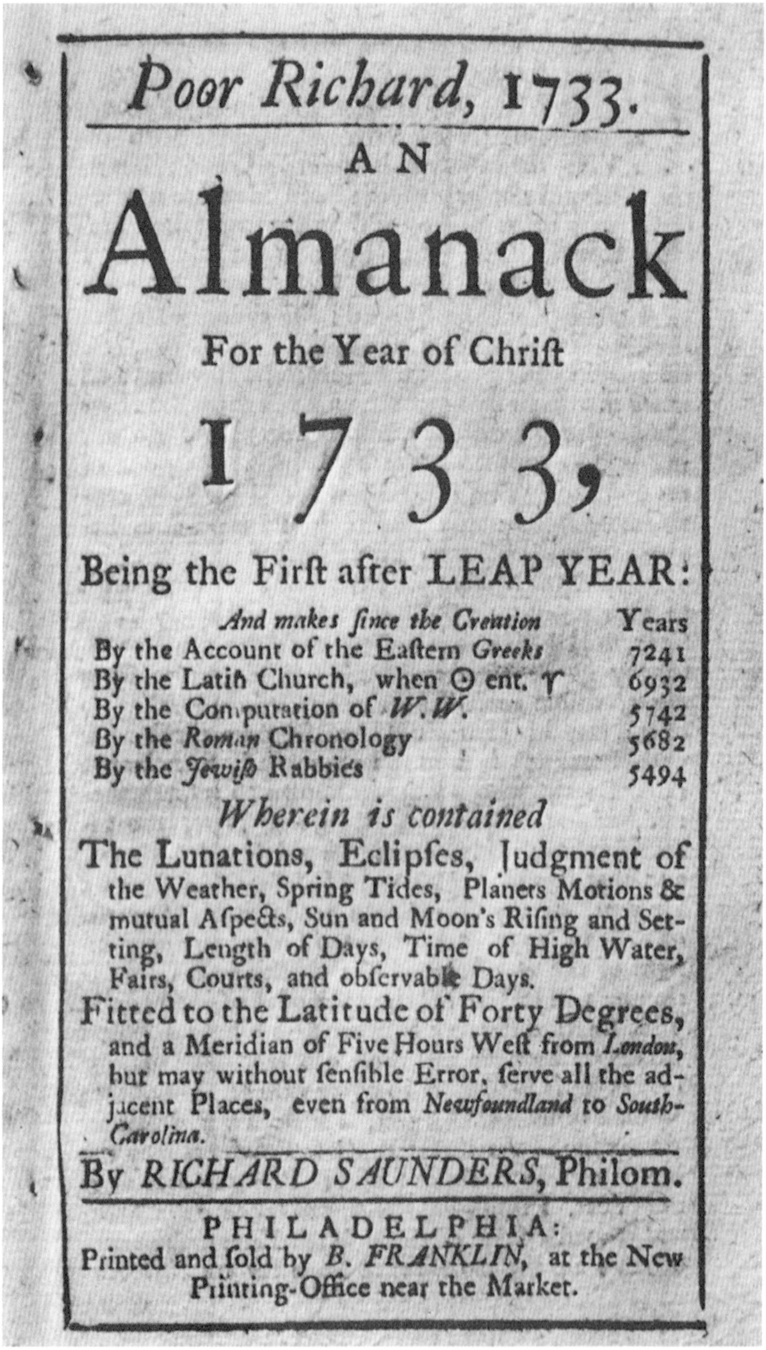

Poor Richard, 1733.

AN

Almanack

For the Year of Chriſt

1733,

Being the Firſt after LEAP YEAR:

And makes ſince the Creation	Years
By the Account of the Eaſtern *Greeks*	7241
By the Latin Church, when ☉ ent. ♈	6932
By the Computation of *W.W.*	5742
By the *Roman* Chronology	5682
By the *Jewiſh* Rabbies	5494

Wherein is contained

The Lunations, Eclipſes, Judgment of the Weather, Spring Tides, Planets Motions & mutual Aſpects, Sun and Moon's Riſing and Setting, Length of Days, Time of High Water, Fairs, Courts, and obſervable Days.

Fitted to the Latitude of Forty Degrees, and a Meridian of Five Hours Weſt from *London*, but may without ſenſible Error, ſerve all the adjacent Places, even from *Newfoundland* to *South-Carolina*.

By *RICHARD SAUNDERS*, Philom.

PHILADELPHIA:
Printed and ſold by *B. FRANKLIN*, at the New Printing-Office near the Market.

《窮理查年鑑》第一版。

《富蘭克林從天際引閃電》，班傑明・韋斯特（Benjamin West）繪。

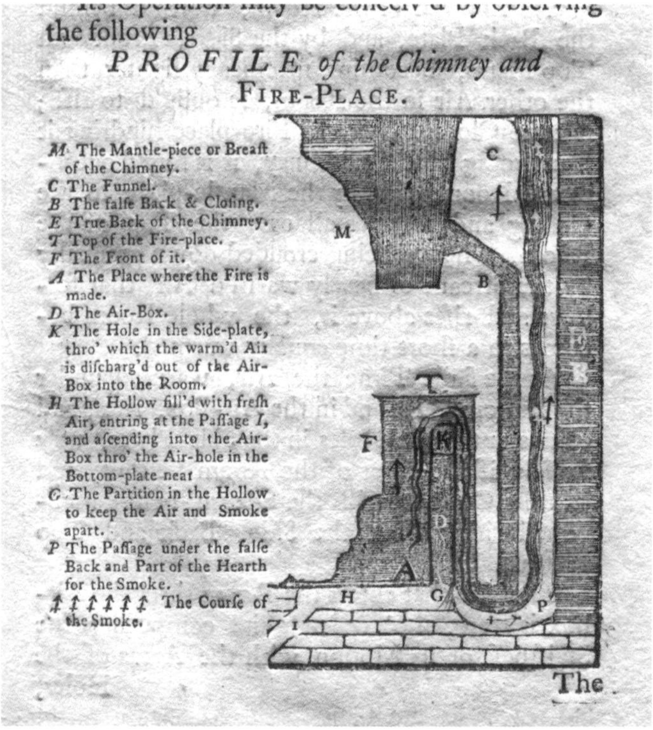
Its Operation may be conceiv'd by observing the following

PROFILE of the Chimney and FIRE-PLACE.

M The Mantle-piece or Breaſt of the Chimney.
C The Funnel.
B The falſe Back & Cloſing.
E True Back of the Chimney.
T Top of the Fire-place.
F The Front of it.
A The Place where the Fire is made.
D The Air-Box.
K The Hole in the Side-plate, thro' which the warm'd Air is diſcharg'd out of the Air-Box into the Room.
H The Hollow fill'd with freſh Air, entring at the Paſſage *I*, and aſcending into the Air-Box thro' the Air-hole in the Bottom-plate near
G The Partition in the Hollow to keep the Air and Smoke apart.
P The Paſſage under the falſe Back and Part of the Hearth for the Smoke.
↥↥↥↥↥↥ The Courſe of the Smoke.

The

富蘭克林的火爐設計圖，
一七四四年。

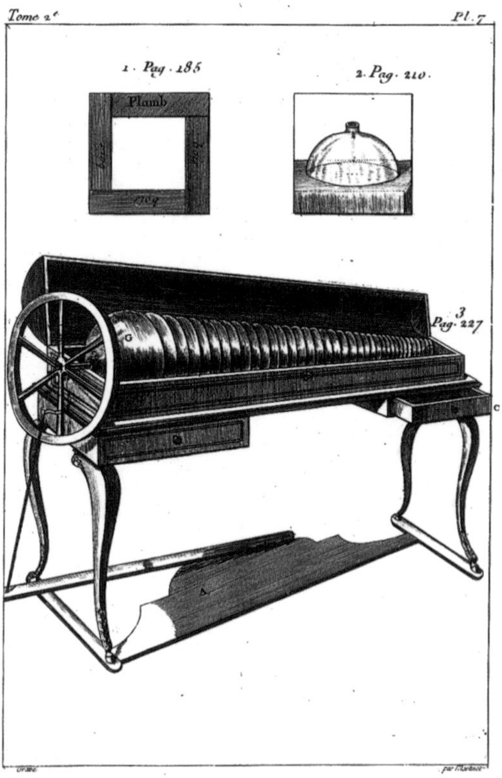

富蘭克林發明的樂器：
玻璃琴。

11

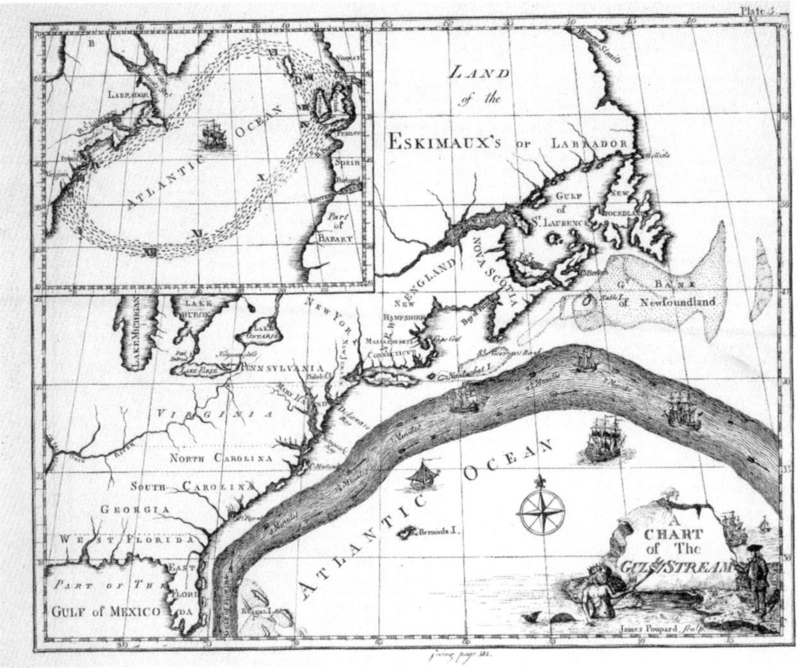

根據富蘭克林的筆記所繪的墨西哥灣流圖。

富蘭克林的萊頓瓶電池。

12

富蘭克林收集靜電的機器。

13

富蘭克林的第一幅肖像是一位簡樸的紳士，
羅伯・費克（Robert Feke）繪，一七四八年。

15

富蘭克林的敵人湯瑪斯・佩恩，
是賓夕法尼亞的領主。

賓夕法尼亞的議會大廈，一七七八年。

16

17

富蘭克林在倫敦克雷文街的住所。

18

富蘭克林的朋友威廉．史莊，
約書亞．雷諾茲（Joshua Reynolds）繪。

19

北美殖民地的第一幅政治漫畫，
富蘭克林繪。

20

富蘭克林在倫敦，在牛頓的凝視下閱讀，
大衛・馬丁（David Martin）繪，一七六六年。

21

查理斯・威爾森・皮爾到克雷文街造訪富蘭克林時，看到他親吻一個女孩，回家畫了這個素描，那女孩可能是波莉・史蒂文生。

一七七四年，富蘭克林默默地站在倫敦的「鬥雞場」受到羞辱。

22

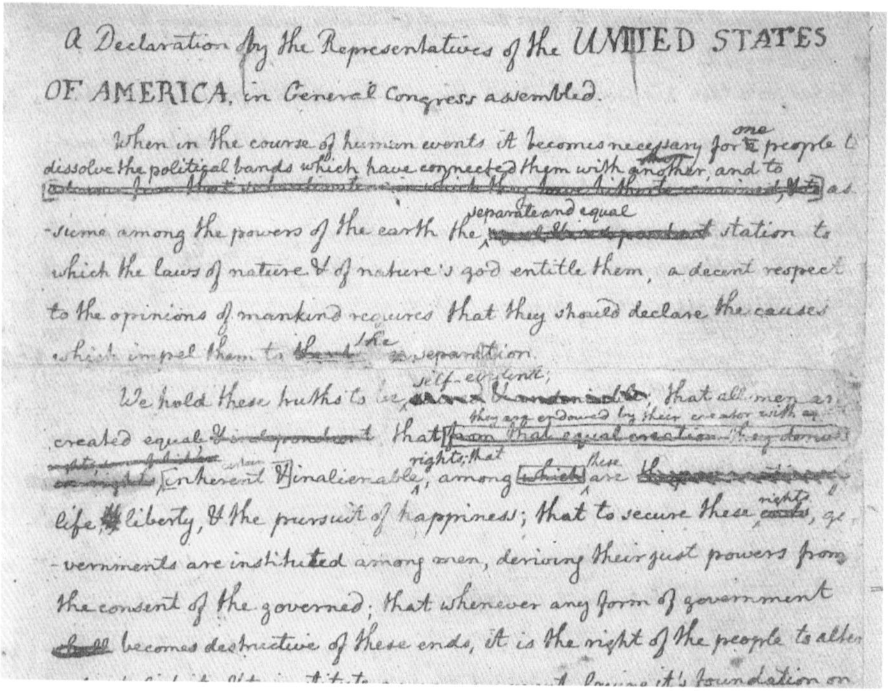

A Declaration by the Representatives of the UNITED STATES OF AMERICA, in General Congress assembled.

When in the course of human events it becomes necessary for one people to dissolve the political bands which have connected them with another, and to assume among the powers of the earth the separate and equal station to which the laws of nature & of nature's god entitle them, a decent respect to the opinions of mankind requires that they should declare the causes which impel them to the separation.

We hold these truths to be self-evident; that all men are created equal; that they are endowed by their creator with inherent & inalienable rights; that among these are life, liberty, & the pursuit of happiness; that to secure these rights, governments are instituted among men, deriving their just powers from the consent of the governed; that whenever any form of government becomes destructive of these ends, it is the right of the people to alter

23

傑弗遜執筆的《獨立宣言》草稿，由富蘭克林和亞當斯編輯。富蘭克林用粗體的反斜線把「神聖而不可否認的」改為「不言而喻」。

大陸會議討論《獨立宣言》，富蘭克林在中間打盹。 24

希福雷・杜普雷西斯
（Siffrèd Duplessis）
畫的富蘭克林肖像，
一七七八年。

25

根據肖像製作的版畫，約一七七八年，
羅莎莉・菲勒爾（Rosalie Filleul）創作，
她是富蘭克林在巴黎的女性朋友。她
寫道「我期待親吻」他，後來在法國
大革命中被送上斷頭臺。

26

富蘭克林與巴黎的女士。

帕西景觀。

28

富蘭克林戴著著名的貂皮帽。

29

30

愛爾維修夫人的版畫。

31

在巴黎，與英國進行和談的美國代表。這是班傑明・韋斯特未完成的畫作，一七八三年。畫中人物是坦普・富蘭克林、亨利・勞倫斯、班傑明・富蘭克林、約翰・亞當斯、約翰・傑伊。

32

美國國會大廈裡的壁畫，制憲大會期間，富蘭克林與亞歷山大・漢密爾頓、詹姆斯・威爾森、詹姆斯・麥迪遜一起坐在桑樹下。

班傑明・富蘭克林

美國心靈的原型

著——華特・艾薩克森
譯——洪慧芳

Benjamin

FRANKLIN

AN AMERICAN LIFE

written by

Walter Isaacson

臉譜書房 FS0070

班傑明・富蘭克林

美國心靈的原型

Benjamin Franklin: An American Life

作　　者　華特・艾薩克森（Walter Isaacson）
譯　　者　洪慧芳
總 經 理　陳逸瑛
編輯總監　劉麗真
責任編輯　謝至平
協力編輯　賴昱廷
行銷企畫　陳彩玉、陳玫潾、朱紹瑄

發 行 人　凃玉雲
出　　版　臉譜出版
城邦文化事業股份有限公司
臺北市中山區民生東路二段一四一號五樓
電話：886-2-25007696　傳真：886-2-25001952
發　　行　英屬蓋曼群島商家庭傳媒股份有限公司城邦分公司
臺北市中山區民生東路二段一四一號十一樓
服務專線：02-25007718；25007719
二十四小時傳真專線：02-25001990；25001991
服務時間：週一至週五上午09:30-12:00；下午13:30-17:00
畫撥帳號：19863813　戶名：書虫股份有限公司
讀者服務信箱：service@readingclub.com.tw
城邦網址：http://www.cite.com.tw
香港發行所　城邦（香港）出版集團有限公司
香港灣仔駱克道一九三號東超商業中心一樓
電話：852-25086231；25086217　傳真：852-25789337
電子信箱：citehk@hknet.com
馬新發行所　城邦（新、馬）出版集團
Cite（M）Sdn. Bhd.（458372U）11, Jalan 30D/146, Desa Tasik, Sungai Besi,
57000 Kuala Lumpur, Malaysia
電話：603-90563833　傳真：603-90562833

封面設計　蔡佳豪
內頁排版　漾格科技股份有限公司

一版一刷　2016年5月
一版五刷　2023年10月
I S B N　978-986-235-584-8
定價：750元，特價：550元

國家圖書館出版品預行編目(CIP)資料

班傑明.富蘭克林：美國心靈的原型 / 華特.艾薩克森(Walter Isaacson)著；洪慧芳譯. -- 一版. -- 臺北市：臉譜，城邦文化出版：家庭傳媒城邦分公司發行，2017.05
面；　公分. --（臉譜書房；FS0070）
譯自：Benjamin Franklin : an American life
ISBN 978-986-235-584-8(精裝)

1.富蘭克林(Franklin, Benjamin, 1706-1790) 2.傳記 3.美國　　785.28　　106005614

一如既往，謹獻給凱西與貝琪

導讀一　一位偉人的一生，一個國家的崛起

國立台灣大學哲學系教授　苑舉正

閱讀本書之前，我對美國這個國家，感覺既困惑，又羨慕。

我羨慕美國的富強。美國的富，不僅是地大物博，也是全世界有才華與錢財的人，願意移入的結果。美國的強，也不單是軍事力量的先進，更是精神力量的完備，尤其是高等教育與社群意識；高等教育吸收全球的人才，而社群意識則發展出在地的團結。

然而，我對於美國的困惑來自於日常的經驗。我每次觀察美國人時，都發覺美國人的行事風格，充滿矛盾。我不知道，美國人是小氣，還是大方？美國人注重存錢，還是偏愛樂捐？美國人追求勤勞，還是享受？美國人的生活究竟是節儉，還是浪費？

我甚至搞不清楚，在生活中，美國人是嚴肅，還是幽默？就政治層面來說，我不知道美國人強調的是理想，還是現實？就社會來說，我不知道美國人是追求自由，還是固守傳統？就信仰來講，我不知道美國人是世俗的，還是篤信的？對於想認識美國的人而言，我這一連串問號，都是值得探索的問題。

這些困惑我的問題，包含令我羨慕的美國富強，都在閱讀這一本書的過程中得到了答案。班傑明・富蘭克林出生於一七〇六年，卒於一七九〇年。從出生到過世的八十四年中，富蘭克林的生命都在十八世紀。了解歷史的人都知道，十八世紀是啟蒙運動的歲月，也是法國人所謂的「光的世紀」(le siècle des lumières)。啟蒙運動就像光照在黑暗的大陸上，讓一切有關真理、道德、美感以及神聖的事物，都因為理性像光一般地點亮了世界，讓真實呈現，驅逐了先前的蒙昧。

啟蒙運動所標榜的精神，並不單純地是一種革命式的轉變，但也不是演化式的過渡。就像德國大哲學家康德所說的，啟蒙運動是人憑藉其理性，對於所有眼前事物重新檢視，並以勇於求知的態度開創未來。富蘭克林就是這樣一位開創新局面的人物。在他多采多姿的一生中，富蘭克林具有三種不同的身分：第一、擁有精湛文字能力的印刷商；第二、擁有強大求知慾的科學家；第三、擁有崇高政治理想的外交家。這三個角色說明了富蘭克林一生的主要階段。但是，在人生的所有階段中，啟蒙思維一直貫穿所有他做過的事，成為畢生的準則。

富蘭克林自幼聰穎，他的父親也確實想讓他受最好的教育，以待日後成為優秀的牧師。他自幼讀書就比一般人表現好得多，甚至毫無疑問可以進入哈佛學院。但是，他的父親以學費太貴為由，沒有讓他繼續就學，反而讓失學的十六歲青年出外打拼，進入印刷業作學徒。

富蘭克林不是一般的印刷工人，而是一個深具文字能力的作家。傑出的寫作能力，不但成為他解決生活問題的利器，也是他日後創造生涯（尤其是政治生涯）的工具。富蘭克林極善於以假名的方式，甚至以孤苦老太婆的的名義，發表既諷刺又令人發噱的文章。在這些辛辣文字與幽默思想裏，富蘭克林藉由辦報的形式，傳遞著他所堅持的人生價值：勤勞、節儉與實用。

在閱讀本書的過程中，我非常驚訝地發現，富蘭克林總是能提起如椽之筆，寫出擲地有聲的文章，不但引人深思，還能達到銷售目的。這種既認真工作，又努力賺錢的觀念，是他畢生的基本信念。看到這一點，我突然理解德國社會學家韋伯在《新教倫理與資本主義精神》中所強調的「勤奮工作、榮耀上帝」。重視工作與篤信上帝之間能夠連在一起的主要理由，就是在人間以勤奮與節儉的態度回報上帝。

富蘭克林是一位天生的哲學家。他雖然沒有發明什麼偉大的哲學理論，但是他的人生體現了美國最重要的哲學思想：實用主義。對於富蘭克林來說，沒有兼顧世俗生活的理想，失於空洞，但沒有思想作為導引的人生，必然迷失。雖然當初美國是一個為了追求宗教自由而成立的國家，可是我發現，十八世紀的美國人，對於如何調和宗教規範與人生慾望，一樣感到徬徨與無助。

富蘭克林當然也不例外，但是他總能將宗教的規範轉化為生活的啟發，勇於開創自己的人生。他作判斷從不遲疑，原因就是他的宗教信念。他絕不把宗教規範與《聖經》的內容當作教條。對這些規範，他維持了相當大的詮釋空間，並在其中讓理性與感性都扮演重要的角色。理性讓他維持方向，不會迷失，而感性卻時時提醒他，人是有限的。在很多地方上，人不但應該服從於上帝的規定，也必須承認自己的限制。每當我看到富蘭克林對於異性的追求與慾望時，我都不禁莞爾，想他這種不斷反省的過程，不正是每個人都需要的道德支柱嗎？

生長於啟蒙世代的富蘭克林最為人稱道的，莫過於他發現了電的妙用。我們從小都聽過富蘭克林如何透過風箏，把天上的電引到地上，讓鑰匙閃耀著火花。本書的作者非常仔細地講述這個傳奇故事，而且特別強調富蘭克林的確放過這風箏，還有兒子在旁可以作證。其實，相較於富蘭克林對於科學整體的發明與興趣，這不過是九牛一毛。

富蘭克林在科學的開創上功勞卓著，足稱為北美新大陸的啟蒙高峰。他對於科學的理解，完全來自於日常生活中的實用精神。當他看到任何值得進一步檢視的現象時，他腦海中總會不斷地浮現出「為什麼？」。然後，他會用實驗的方法，理解這個異於常態的現象發生的原因。掌握這個原因之後，他很自然地提出一套解釋的理論，再藉由先前的經驗現象與實驗的架構，證實這個理論的有效性。

我發現，這正是美國實用主義的應用。我也逐步理解，美國人的基本思路，就是在日常生活中，找出需要解決的問題，然後面對它們。我不敢說美國實用哲學的落實，完全是富蘭克林一個人的功勞，但是就實際情況而言，這位一度在歐洲最知名的美國科學家，確實是美國啟蒙精神的主要代表人物。

富蘭克林一生中功績最偉大的部分，就是建立美利堅合眾國了。集結智慧、膽識與幽默感於一身的富蘭克林，成功地經營出版事業的結果，使他能夠心無旁鶩地於四十多歲就決定退休。同時，科學上的的發明與成果，也讓他成為美國家喻戶曉的人物。財富與知名度的結合，讓他的政治理念獲得進一步驗證的機會，也使他在美國脫離英國的獨立戰爭中，扮演關鍵角色。

極少人注意到，富蘭克林原來是一個不折不扣的英國支持者，甚至就是愛國者。他一直認為，只要英國重視北美殖民地的議會，把殖民地的人當成國內公民來看待的話，他壓根兒沒想過美國會從英國獨立出來。對我而言，這其實就是民主政治的不歸路，因為富蘭克林所說的兩種理想（英國國家主義與個人公民訴求），對於十八世紀的大英帝國來說，根本就是矛盾的。帝國的公民來自英國本土，而海外殖民地終究是為了剝奪各種資源而建立的。

因此，富蘭克林很早就以英國子民的身分告誡過英國大官們，如果英國執迷不悟，不把把北美殖民地這些人當成公民看待，那麼一場脫離英國的獨立運動不可避免。事實的發展的確如此，讓富蘭克林毅然決然地選擇了獨立的這條路。當我閱讀到這一段的時候，心中不斷反覆思索，是什麼樣的力量讓一個人從熱愛英國，轉變到對英國宣戰？我一直在想，富蘭克林如何在情勢所需的關鍵時刻，作出決定性的改變？

富蘭克林的改變是建立美國至為關鍵的一步。在當時，曾經居住英國，並且與當地知識分子熟識的北美人士並不多，而富蘭克林就是其中的一位佼佼者。在閱讀本書的過程中，作者有意無意地提醒讀者，富蘭克林是最了解英國的人。果然，在一七七六年美國大陸會議宣布獨立後，富蘭克林立即被認命為駐法大使，爭取海外奧援。他不辱國人期待，憑藉才華與精力，在英法的紛爭中尋找機會，見縫插針，爭取貸款，贏得法國成為第一個公開支持美國獨立的盟友。富蘭克林出使法國的成果，讓美國在法皇路易十六的財政與軍事兩重援助下獲得獨立，也為富蘭克林的一生畫下最精采的句點。

就在富蘭克林以七十歲高齡出使法國之際，他已經感覺到，這將是他人生的封刀之作。當他圓滿完成任務的時候，富蘭克林在新成立的美國制憲會議展開與英國的談判，並規畫了美國的未來。在這些豐功偉業中，富蘭克林總是能夠展現他的寫作長才，規畫出一套套方案。其中，他有極為理想的部分，認為落實民主是讓美國強大的主要理由；也有極為現實的考量，認為與英國交涉時，要藉機拿下加拿大，以確保美國從此永無後患。這種理想與現實的綜合考量，無論最終成功與否，都為美國的未來指出了一個方向。

如果你也像我一樣，懷有本序一開始所列舉的那些對美國感到的困惑，你會發現，美國人思想的特徵，不是矛盾與衝突，而是實用與彈性。因此，縱使表面上看似不一致，但在骨子裏，美國人一貫的實用精神，才是讓他們在作判斷時不受拘束的主因。富蘭克林就是這種富有實用精神與彈性判斷的人。閱讀本書時，我們不但能看到一位偉人精采的一生，也看到一個國家如何從原始的樹林走出來，朝向世界舞台的中心前進。

本書不但內容精采，而且譯筆奇佳無比。在這一段複雜的歷史中，牽涉這麼多人物的情節下，譯者還是能夠把富蘭克林的一生，清晰而活生生地呈現在讀者面前。我認為，這份辛勞與努力，不但讓讀者可以平順地進入富蘭克林的生命，也是對於這位偉人的最大敬意。

基於以上所述，我向國人鄭重推薦本書，也希望所有想理解美國精神的人，都能像我一樣，找到思考的方向與答案。

導讀二　閱讀《班傑明・富蘭克林》的理由

出版人　顏擇雅

用中文唸，富蘭克林就是姓富，這中譯真是恰到好處。美國人想到富蘭克林，的確常常想到財富：自創的，而不是繼承的財富。在美國開國元勛之中，富蘭克林可說出身最寒微，致富又最快速。他畢生成就如此多元，跟他的創富能力絕對有關：四十二歲就賺夠錢退休，才可以投入他認為更有意義的追求。

然而，如今許多理財產品以「富蘭克林」為名，主要原因倒不是他為自己創富，而是他教別人創富。他的《自傳》還有《窮理查年鑑》，書裡都有許多教人理財致富的格言與準則，例如要珍惜光陰，還債不該拖延等等。勵志如今是美國一大產業，《與成功有約》這種書可以暢銷全球，《卡內基溝通與人際關係》則不只暢銷全球，還在作者過世數十年後繼續培訓講師，課程推陳出新，這一切的理念宗師正是富蘭克林。

這理念正是：致富是好的，小老百姓夢想致富是應該的。馬克斯・韋伯《新教倫理與資本主義精神》一書以富蘭克林為資本主義代表，正在其「為致富而致富」的精神。致富本身即目的，不是為了買名車、住豪宅，也不是為了證明自己很厲害。事實上，他晚年出使法國之所以轟動巴黎社交界，一大原因正是他「衣敝溫袍與衣狐貉者立而不恥」。這種平實低調，美國現代許多富豪依然視為理所當然：例如愛吃漢堡配可樂的巴菲特，以休旅車代步的山姆・沃爾頓（沃爾瑪公司〔Walmart〕創辦人）。

財富不該拿來炫耀，卻可帶來自由。富蘭克林運用自由的方式是投入公益。說到公益，他不是積極而已，簡直狂熱：火災叢生就組救火隊，邊亂蜂起就組民防，醫療不足辦醫院，教育不足則辦大學。

這是他給美國的另一精神遺產：熱心公益才是真財富。十九世紀鋼鐵大亨卡內基在美、英蓋了兩千多間圖書館，比爾蓋茲在五十歲離開微軟投入公益，前面都有富蘭克林的啟發。

除了公益，他也接受徵召投入公職。五十歲開始，他就多次派駐倫敦，為北美殖民地交涉權益。這是吃力不討好的工作，因為不管怎麼爭取，家鄉一定有人質疑他放水。但他視公職為一種榮譽，不支薪都值得。繼承這種精神的，今日最明顯例子就是川普，他在炫富這點雖然不像富蘭克林，「商而優而政」這點卻絕對是步富蘭克林後塵。

在美國以外的地方，富蘭克林最為人所知的功業當然是發明避雷針。這發明背後有名聞遐邇的風箏實驗，證明雷電發生原理。電學最基本的術語，諸如電池、電荷、導體、絕緣體、電容器，幾乎全出自他手筆。德國哲學家康德早在一七五五年（富蘭克林四十九歲時）就稱他為「現代普羅米修斯」，就是稱許他的電學成就。

這成就卻絕非偶然。他是匠人之子，從小熱愛敲敲打打。十幾歲學游泳就自製泳具，年紀大了眼睛老花就自製雙光眼鏡。出使英倫的航程他成了墨西哥灣洋流的第一位紀錄者，吹東北風時他觀察到暴雨來自西南，因此提出最早的氣象觀測理論。美國近兩百年發明家輩出，貝爾發明電話，愛迪生發明電燈和留聲機，近年全球稱羨的創客運動也源自美國，跟開國元勛就有一位發明狂絕對有關係。

富蘭克林熱愛做實驗，源自他對知識的熱愛。爸爸付不起學費，讓他在學校只能唸兩年，以後全靠自學，拚命找書唸，書本沒有的知識就自己做實驗。壯年後他成了西洋皆知的大學問家，連牛津也頒授榮譽博士。開國就有這樣的自學典範，美國於是成了相對來說比較不迷信學歷的國家。林肯也完全自學，沒任何學歷，卻無礙他在一八六〇年當選總統。蘋果的賈伯斯、臉書的祖克柏格都沒拿到大學文憑，就獲得金主青睞，這種事在把學歷等同學問的國家就不可能發生。

對富蘭克林來說，自學並不只是吸收知識，也是修正自己的過往錯誤。他年輕時蓄過奴，經營的報紙也刊登過黑奴買賣廣告，但他一旦認知黑人智力與白人無異，立即投入廢奴運動。他大半生效忠大英，直到七十歲還在為北美殖民地爭取下議院席次，可是一旦同胞決定爭獨立，他毫不猶豫搭船返鄉，為了革命不惜與獨生子反目。

說到革命建國，總予人青春熱血的聯想。富蘭克林此時卻已經不青春也不熱血。無論是一七七六年起草《獨立宣言》，還是一七八七年制憲，他年齡皆已是其他與會代表平均年齡的兩倍。他對兩次會議的最大貢獻也不是慷慨激昂的演說，而是在會議僵持時講個笑話鬆弛氣氛，建議各方該怎麼各退一步。

這就要講到他的文學天才。他是美國式幽默的鼻祖，美國第一幅政治漫畫即出自他手筆。他出版的報紙、年鑑，賣點除了勵志格言，還有他擅長的幽默文章。從十九世紀的馬克吐溫，到今日久播不衰的《週末夜現場》、《辛普森家庭》幕後編劇，都是富蘭克林在文學上的徒子徒孫。

除了鬆弛氣氛，富蘭克林對美國制憲還有另一貢獻，就是一直站在民主這邊。在美國開國元勛之中，富蘭克林是最反對公民權要設財產門檻的。這點他的思想比制憲同僚整整進步了四十年，因為美國也要等到十九世紀二十年代，窮人才獲得平等參政權。

這就要講回他年輕時如何出版致富：他出版的報刊、年鑑暢銷，不是因為他討好大眾，而是因為他眼中的大眾就是千千萬萬個像他一樣的匠人之子，也夢想改善生活，也夢想增進知識，也夢想社會進步。他在二十歲時就認定這種夢想不分貧富，因此在八十歲時也認定國家在分配參政權時應該不分貧富。

這是我們所有人都應該跟富蘭克林學習的：如何在八十歲時擁有一顆比四十歲晚輩更先進四十年的腦袋。

目錄

第一章 富蘭克林與美國的誕生

他初抵費城的那一幕，是自傳文學中最出名的情景之一：十七歲離鄉背井的邋遢少年，貌似謙遜，實則莽撞。他匆匆下船，買了三個麵包捲，徘徊在馬路上。但是，且慢！事情沒那麼單純。那本自傳再往前翻個幾頁，我們看到他是六十五歲的犀利觀察者，坐在英國的鄉間小屋裡，提筆寫信給兒子，描述那個情境。那個兒子其實是他的私生子，此時已貴為總督，自命不凡，需要人提醒他，家族乃系出寒門。

不過，再仔細翻閱他的手稿，又可以瞥見另一番事實。他除了在正文裡描述自己在費城街頭徘徊的情景以外，也在邊角注記，當時他正好經過未來妻子黛博拉·里德（Deborah Read）的家門，說「她站在門口看見了我，心想這傢伙怎麼那麼狼狽，但我確實就是那副窘樣。」從這段簡短的文字中，我們可以清楚看到那位自傳作家的筆下有個心愛的主角，名叫班傑明·富蘭克林，他有重重交疊的身分：先是從他花甲之年的眼中，看到一位年輕的小伙子；接著再由妻子的角度，回憶當時自己的模樣；最後巧妙地以「我確實就是那副窘樣」自我解嘲，幾乎難掩他對於自己傳奇一生的驕傲。[1]

富蘭克林是個親和力十足的開國元勛。相較之下，喬治·華盛頓向來氣勢威嚴，連夥伴都不敢搭他的肩，如今更是讓人敬畏，傑弗遜和亞當斯也一樣令人畏懼。但富蘭克林就不同了，他是充滿抱負的創業家，感覺像血肉之軀，可直呼名諱，而不是神格化的雕像。他似乎從歷史的舞台上轉向我們，透過那副新奇的眼鏡，對著我們眨眼睛。他透過書信、玩笑和自傳跟我們談話，從來不用華麗的辭藻，而是以出奇現代的犀利言語侃侃而談。即使是現代，我們仍不時看到其身影。

細數那八十四年的精采人生，他不僅是美國最卓越的科學家、發明家、外交家、作家、策略家，也是最務實的政治思想家。他以放風箏證明閃電是電力，更發明了避雷針以避免雷擊。他發明了雙光眼鏡、可排廢氣的火爐、墨西哥灣流（Gulf Stream）的洋流圖，以及流感傳染的理論。他推動許多改善民生的方案，例如圖書館、大學、消防隊、保險協會、配套補助的募款活動。他為我們帶來了獨特的美式幽默和務實理念。在外交政策方面，他設計出一種方法，讓理想和權力平衡的現實得以相容。在政治上，他提出開創性的計畫以統一殖民地，並為國民政府建立聯邦模式。

不過，富蘭克林最有趣的發明，而且不斷翻新改造的，其實是他自己。他是美國第一位公關大師，窮其一生都在努力塑造一個新的美國原型。過程中，他精心塑造自己的公眾形象，並為後代不斷地精雕細琢，精益求精。

就某種程度來說，這一切都是為了塑造形象。年少時，他在費城做印刷工，推著裝滿報紙的推車在街頭穿梭，給人一種刻苦耐勞的形象。年老時，他是駐法大使，戴著毛帽，呈現出賢哲的形象。而那之間的數十載歲月，他為自己營造了簡樸勤奮的商賈形象，孜孜矻矻地琢磨良商及良民的美德（勤奮、節儉和誠實）。

不過，他營造的形象都是有事實根據的。出身貧寒的富蘭克林，大半輩子都覺得自己跟勞動者與思想家相處，比跟權貴往來更加自在。他厭惡貴族世家的排場和權勢，終其一生習慣以「印刷工富蘭克林」自稱。

這些態度反映了富蘭克林最重要的願景：以中產階級的美德和價值觀為基礎的美國國族認同。相較於其他的開國元勛，富蘭克林先天就比較接納民主，也沒有後世批評家對其經商價值觀所指責的勢利態度。他一直很相信老百姓的智慧，深信中產階級是新國家的力量源泉。他不斷地精進個人品德，推動社會公益，幫美國創造出一個由平民百姓組成的全新統治階級，並大加頌揚。

富蘭克林呈現出多元的面向：他的巧思與機靈、不拘泥於陳規的新教徒品德、堅守及願意妥協的原則等等，每個交乘出來的新面向都反射與折射出美國不斷變革的價值觀。他在浪漫主義時期遭到詆毀，在創業時期受到膜拜，每個時代都重新評價他，也因此彰顯出那個時代的價值觀。

富蘭克林和二十一世紀特別有共鳴，身為極富創意與好奇心的成功出版商及社交達人，面對當前的資訊時代，想必遊刃有餘。他努力力爭上游的過程，也讓社會評論家大衛．布魯克斯（David Brooks）給了他「雅痞元祖」的封號。我們不難想像下班後跟他去喝一杯，教他使用最新的數位裝置，跟他分享創業企畫案，討論最新政治醜聞或政策理念的模樣。他聽了最近流行的笑話應該也會跟著大笑，我們會由衷欽佩他的真誠和幽默自嘲，也可以理解他想在追求名譽、財富、世俗道德、精神價值觀之間拿捏平衡的用心。[2]

有些人擔心富蘭克林的思想反映出靈魂的膚淺和精神的自滿，是在鼓吹功利主義的文化。他們認為富蘭克林是在教大家如何過務實的物質生活，而不是追求清高。但也有一些人欽佩他的中產階級價值觀和民主意識（那些想法正是現代菁英、激進分子、反動守舊派，以及撻伐中產階級的人大肆攻擊的目標），他們認為富蘭克林是個人品德和公民道德的典範，那兩者正是美國時下最欠缺的。

眾人對於富蘭克林的讚譽與疑慮都是合情合理的，但是富蘭克林的一生遠比其崇拜者和批評者所描述的還要複雜。雙方常把富蘭克林本人以及他在自傳中刻畫的那個勤奮移民混為一談，誤以為他編寫的那些道德格言就是激勵其行動的基本信念。

富蘭克林的道德觀是建立在一種真摯的信念上，他深信人應該過正派的生活，為自己熱愛的國家效力，藉由行善獲得救贖。那促使他把個人品德與公民道德連在一起，同時根據微弱的證據猜想，那些世俗品德也和神聖品德有關。他為其創立的圖書館題了以下的格言：「為大眾謀福利最為高尚。」同年代的喬納森·愛德華茲（Jonathan Edwards）認為，人類是落在憤怒上帝手中的罪人，唯有上帝大開恩門，人類才能獲得救贖。相較於愛德華茲等人的觀點，富蘭克林的看法可能顯得有些自滿，就某些方面來說確實是如此，但也是最真誠的。

無論你抱持哪一種觀點，重新認識富蘭克林的一生還是很有幫助，因為這樣做可以幫我們解開一個存在已久的根本議題：如何過有益於社會、行事正派、受人敬重、有道德又有意義的人生？這議題中的哪些特質最為重要？無論是在尊崇自我價值的年代或是充滿變革的年代，這些問題都非常重要。

第二章 天路歷程

波士頓，一七〇六－一七二三年

埃克頓的富蘭克林家族

中世紀晚期，英國鄉村出現一種新的階級：有地有錢，但無貴族頭銜。這些人堅守身為獨立中產階級的權利，他們為這個身分感到自豪，但不自負，這些產權所有者後來有「富蘭克林」（franklin）的稱號，franklin 源自中世紀的英文字 frankeleyn，意指「自由人」。[1]

英國人開始流行使用姓氏時，上層階級通常是以自己的領地名稱作為姓氏，例如蘭卡斯特（Lancaster）或索爾斯伯里（Salisbury）。他們的佃農則是以居住的地貌為姓氏，例如希爾（Hill，山丘）或梅鐸斯（Meadows，牧場）。手藝工人通常是以職業為姓氏，例如史密斯（Smith，鐵匠）、泰勒（Taylor，裁縫）、韋弗（織工，Weaver）。對某些家族來說，他們覺得最貼切的代稱是「富蘭克林」。

根據目前為止的考據，最早使用「富蘭克林」這個姓氏的人，是班傑明．富蘭克林的高祖父湯瑪斯．富蘭克林（Thomas Francklyne 或 Franklin）。湯瑪斯生於一五四〇年左右，在北安普敦郡（Northamptonshire）的村莊埃克頓（Ecton）出生，他生性獨立，那種獨立精神成了家族傳說的特色。富蘭克林日後寫道：「我們這個鮮為人知的家族，很早就響應宗教改革，有時因強烈反對天主教而深陷險境。」瑪麗一世血腥推動羅馬天主教的復辟時，湯瑪斯把遭禁的新教《聖經》綁在凳子的背面，只要把凳子翻過來，就能誦讀《聖經》，但是有執令官路過時，他們就馬上把凳子放回地上。[2]

湯瑪斯這種特立獨行的務實精神以及足智多謀的機巧，似乎就這樣代代相傳了四個世代。富蘭克林家族的人都充滿了獨立思考特質，不人云亦云，他們不願服從權威，但也不至於變成狂熱的反對派。他們都是巧手的工匠及創意十足的鐵匠，熱中學習。他們也喜愛閱讀與寫作，抱持堅定的信念，但又知道不要輕易表露。富蘭克林家族天性善於社交處世，往往是鄰人信賴的請教對象，以身為中產階級（包括獨立商家與產權所有者）的一分子而自豪。

翻找某人的家族淵源，找出一再出現的遺傳特質，就以為這些特質足以說明某人的性格，那可能只是傳記作者的自欺欺人。不過，富蘭克林家族的傳承，確實是開始研究的豐富起點。對有些人來說，環境是影響性格養成的最重要因素。例如，想要瞭解杜魯門，就必須瞭解十九世紀的密蘇里邊境。同理，想要理解詹森，就必須深入探究德州的丘陵地帶。[3] 但富蘭克林的狀況不是如此，他的家族不是固守在某區，而是居無定所，他們都是中產階級工匠的小兒子，都遠走他鄉創業，所以想要瞭解富蘭克林，最好是從家族傳承著手，而不是考察他的出生地。

此外，富蘭克林自己也是這樣想的，他的自傳開篇就提到「我向來喜歡蒐集祖先的點滴趣聞軼事」。他中年回到埃克頓尋根時，勤於拜訪遠親，研究教堂記錄，抄寫祖先的墓誌銘，對這些事情樂此不疲。

他發現家族代代相傳的叛逆特質，不只限於宗教事務而已。據傳，湯瑪斯的父親在反對圈地運動所掀起的爭議中，一直是積極支持老百姓的法律代言人。當時英國貴族關閉領地，不讓窮苦農民的牛群吃草。湯瑪斯的兒子亨利則因為寫詩「戳中了某位大人物的痛處」而入獄一年，這種挑戰權貴，忍不住就寫詩針砭時弊的舉動，也在富蘭克林家族裡流傳了幾個世代。

亨利的兒子湯瑪斯二世也有這種傾向，後來在孫子富蘭克林身上更是明顯。湯瑪斯二世善於交際，熱愛閱讀、寫作、製作小東西。年輕時，他從頭自製一個鐘，用了一輩子。湯瑪斯二世延續祖父和父親的職業，也成了鐵匠。但是在他居住的小村裡，他除了當鐵匠以外，還有多重身分。他的侄子說，他還是「車工、造槍匠、外科醫生、代筆人，寫了一手好字，是我見過字跡最美的人。他也是史學家，對天文學和化學也有所涉獵。」[4]

他的大兒子繼承了他的鐵匠生意，後來創立學校，也當了法務官。但是富蘭克林的故事總是和最小的兒子有關。富蘭克林和他上面的四代祖先，都是最小房妻子的小兒子。身為小兒子就意味著凡事都得靠自己打拚。對富蘭克林家族來說，那通常是指遠走他鄉謀生，因為埃克頓這種村子實在太小了，每個行業頂多只容得下一兩位從業人員，他們必須去較大的城鎮才能找到當學徒的機會。

弟弟當哥哥的學徒並不罕見，在富蘭克林家族裡更是稀鬆平常。所以，湯瑪斯二世的小兒子喬薩亞・富蘭克林*（Josiah Franklin）於一六七〇年代離開埃克頓，到附近牛津郡的班伯里（Banbury），當哥哥約翰的學徒。約翰在當地開了一間染坊。在克倫威爾（Cromwell）失勢、查理二世復辟之後，服裝業經歷了一段

*注：參見本書556頁的人物簡介。

短暫的蓬勃期。

喬薩亞在班伯里當學徒時，正逢英國史上第二次宗教大動盪。第一次是新教和天主教之爭，最後在伊莉莎白女王確立新教（Protestant）是英國國教下結束紛爭。但她和繼任者一直承受著壓力，有些人希望做更徹底的宗教改革，「清除」（purify）所有羅馬天主教的痕跡。這些人就是所謂的「清教徒」（Puritan），他們是鼓吹徹底消除天主教遺跡的加爾文教派，在北安普敦郡和牛津郡特別活躍。他們主張地方教會自治，強調布道和查經比做禮拜儀式更重要，覺得英國國教的裝飾大多是天主教的不當殘跡。儘管他們自視甚高，但他們號召一些比較睿智的中產階級入教，因為他們強調的是集會、討論、布道以及瞭解《聖經》教義。

喬薩亞抵達班伯里時，清教徒掀起的爭論已經在鎮上如火如荼地展開了。（當時在一場嚴重的打鬥中，一群清教徒暴民還推倒鎮上著名的十字架。）富蘭克林家族的宗教觀點也分兩派，但兩邊的對立沒那麼火爆。約翰和湯瑪斯三世依然信奉英國國教，他們的弟弟喬薩亞和班傑明（有時稱為「老班」，以便和他的有名姪子班傑明・富蘭克林有所區別）則是清教徒。但喬薩亞對神學爭議向來不狂熱，家族記載中也沒有看過任何人為了宗教議題而引發爭論或失和。[5]

飄洋過海

富蘭克林後來宣稱，他的父親喬薩亞是為了「享有信仰自由」而移民到北美殖民地。某種程度來說，確實是如此。一六六〇年，克倫威爾的清教徒攝政結束，查理二世復辟，導致清教徒受到嚴格的限制，很多清教徒牧師被逐出教會。

不過，喬薩亞的哥哥老班認為，弟弟之所以遠走北美殖民地，是基於經濟因素，而非宗教因素。喬薩亞本來就對信仰不是那麼狂熱，他和終身信奉英國國教的父親及大哥約翰都很親近。亞瑟．圖特洛（Arthur Tourtellot）寫過一本書，鉅細靡遺地描述富蘭克林十七歲以前的生活，他寫道：「所有的證據都顯示，獨立精神，再加上機靈智慧與務實取向，促使成為清教徒的喬薩亞和老班決定飄洋過海，而不是教義所趨。」[6]

喬薩亞的主要考量是為了養家糊口。十九歲時，他娶了同鄉友人安妮．柴爾德（Anne Child），帶著她一起搬到班伯里。他們很快就連生了三個孩子，學徒期結束後，他在哥哥的店裡繼續打工賺錢，但有限的工資不足以供養成員迅速增加的家庭，而且法律又禁止未從學徒開始做起的轉業。誠如老班所言：「他認為未來沒什麼前景，所以一六八三年在朋友與父親的同意下，攜家帶眷，漂洋過海到新英格蘭。」

富蘭克林一家的移民故事，就像班傑明．富蘭克林自己的故事一樣，可以幫我們一窺美國性格的形塑過程。教科書勾勒的美國思想充滿了傳奇迷思，其中提到當時大家移民北美殖民地的主要動機是為了自由，尤其是宗教自由。

這點就像多數傳奇的美國迷思一樣，確實有幾分的真實性。十七世紀移民到麻薩諸塞灣（Massachusetts）的很多清教徒，就像後來移民到北美殖民地的人一樣，主要是為了宗教自由而飄洋過海，希望能藉此脫離迫害。但這種說法也像多數傳奇的美國迷思一樣，粉飾了一些重要的事實：也有許多清教徒移民及隨後的移民，他們遠走他鄉主要是為了謀生。

但是如此明確的二分法，其實是對清教徒乃至於美國的一種誤解。對多數清教徒來說，無論是富有的約翰．溫斯羅普（John Winthrop）＊，還是貧窮的喬薩亞，他們飄洋過海到北美殖民地，都是出於信仰和經濟的雙重考量。畢竟，麻薩諸塞灣殖民地（Massachusetts Bay Colony）就是由溫斯羅普這樣的投資者，打造成特許的商業企業及神聖的「山巔之城」＊＊（city upon a hill）。這些清教徒不會在宗教與世俗動機之間做非此即彼的區分。清教徒帶給美國的實用概念中，包括清教徒的道德倫理，那概念教我們宗教自由和經濟自由是密不可分的，商業本身就是一種道德，財務成就並不妨礙精神的救贖。[7]

清教徒鄙視羅馬天主教那種修道院式的刻苦信仰（亦即聖潔應抽離世俗的經濟考量），他們鼓吹勤奮努力是神聖的，也是世俗的美德。文獻學家佩里·米勒（Perry Miller）曾說「清教徒的物質主義與非物質主義是矛盾的」，但是對清教徒來說，兩者其實毫無衝突。賺錢也是榮耀上帝的一種方式，清教徒牧師科頓·馬瑟（Cotton Mather）在富蘭克林出生前五年，曾在著名的布道《基督徒志業》中指出：「從事某種固定的職業很重要，如此一來，基督徒不僅可以透過行善來榮耀上帝，也對自己有益。」上帝眷顧勤奮投入世俗志業的人，就像富蘭克林日後在《窮理查年鑑》（*Poor Richard's Almanac*）中所寫的：「天助自助者。」[8]

因此，清教徒移民為富蘭克林和美國整體的一些性格奠定了基礎：他們堅信，精神的救贖和事業有成並不矛盾，勤奮進取就是虔誠信仰的表現，思想自由和事業自由密不可分。

剛毅果決的男人

一六八三年八月，喬薩亞攜家帶眷前往北美殖民地時，年僅二十五歲。當時兩個孩子才兩三歲，一個女嬰才幾個月大。他們和一百多名乘客擠在船上，在海上航行逾九週才抵達目的地，全家的旅費約十五英鎊，相當於喬薩亞這種工匠半年的收入。不過，這筆錢確實花得很值得。北美殖民地的工資是英國本土的兩三倍，而且生活成本比英國低。[9]

海岸城鎮對染布的需求不大，尤其是波士頓這種清教徒聚集的城鎮。事實上，大家認為穿太華麗的衣服有違清教的教義。不過，與英國不同的是，這裡並未規定轉業必須先從學徒做起。所以，喬薩亞選了不是那麼光鮮亮麗、但實用許多的新職業：做燭皂，亦即把動物油脂做成蠟燭和肥皂。

這個選擇很精明，當時蠟燭和肥皂正逐漸由奢侈品變成日用品。從梣木中萃取鹼液，再放入動物脂肪中一起熬煮數小時，氣味刺鼻，再怎麼勤儉的家庭主婦也願意花錢買現成的。一度稀少的牛隻，這時比較常宰殺，牛油因此得以量產。不過，這一行很少人做，一份波士頓的職業登記紀錄顯示，喬薩亞抵達波士頓以前，當地有十二名鞋匠、十一名裁縫、三名釀酒師，但只有一位燭皂商。

喬薩亞租了一幢兩樓半的隔板屋，創業兼自住。那房子不大，三十呎長，二十呎寬。位於米爾克街和大街（現在的華盛頓街）的交叉路口。一樓只有一個房間，屋後另外搭一個小棚子作為廚房。這房子就像波士頓的其他房子一樣，窗戶不大，以便保暖，但是外面漆了明亮的色彩，看起來更討喜。[10]

＊譯注：溫斯羅普因清教信仰被剝奪公職，是擁有土地的貴族。一六二九年率領一批清教徒前往新大陸，並成立麻薩諸塞灣殖民地。

＊＊譯注：山巔之城通常是指溫斯羅普於一六三〇年在著名的布道「基督徒慈善的典範」（A Model of Christian Charity）中提到的一個慣用語。當年溫斯羅普購買了英國皇帝新成立的麻薩諸塞公司的股票，舉家搬到麻薩諸塞，溫斯羅普亦當選為殖民地總督，於一六三〇年布道時他引用了馬太福音5章14節耶穌的登山寶訓中關於鹽和光的隱喻：「你們是世上的光。城立在山上，是不能隱藏的。」來提醒在新英格蘭建立麻薩諸塞灣殖民地的清教徒殖民者，他們的新社區將成為一座「山巔之城」，受到全球矚目。

對街就是南教堂（South Church），是波士頓三個清教徒聚會所中最新、最自由的一個。喬薩亞抵達當地兩年後，便獲准加入教堂，遵循教約。

教友身分是一種社交工具，至少對清教徒來說是如此。喬薩亞只是勉強糊口的小販，但是教友身分讓他結識了不少社會賢達，包括前總督賽蒙．布萊斯萃（Simon Bradstreet）、薩穆爾．西沃法官（Samuel Sewall）。西沃曾在哈佛求學，也是勤奮的日誌記錄者。

喬薩亞頗受信任又有長者風範，因此在波士頓的清教徒社群中，地位迅速攀升。一六九七年，他獲任為保安員，職責是確保信眾出席禮拜，並注意「夜間在外遊蕩者、酒徒、破壞安息日的人……以及任何縱情酒色、反宗教、瀆神、抱持無神論觀點的人。」六年後，喬薩亞升任為治安官，幫忙監督波士頓的保安員（波士頓共有十一位治安官）。那個職務是無給職，但喬薩亞巧妙地把社會公德和私人利益結合起來，販售蠟燭給他監督的守夜人。他的兒子富蘭克林後來也承襲了這種公私兩全的技能，並將它發揚光大。[11]

富蘭克林在自傳中，曾如此美言父親：

他體格很好，中等身材，身強體壯，天資聰穎，擅長繪畫，略懂音樂，聲音清亮悅耳。有些晚上，他在忙完一天的工作後，會拉小提琴，唱聖歌，十分動聽。他也有機械天賦，有時使用其他工匠的工具也非常得心應手。但他最傑出的才能，是處理重大事務時，無論於公於私，總是深明事理，剛毅果決……我仍記得重要人物常來拜訪他，請教他鎮上或教會的事務……很多人遇到困難時，會來詢問他的見解；

遇到問題爭執不下時，也常請他出面仲裁。[12]

這段描述也許言過其實，畢竟，這些文字是放在富蘭克林的自傳裡。那本自傳的目的之一，就是為了灌輸他自己的兒子要懂得孝道。我們後面會看到，喬薩亞雖然聰明，但眼界無疑是狹隘的。他曾經抑制富蘭克林對教育、專業，甚至詩歌方面的志趣。

喬薩亞最明顯的特質，一言以蔽之，就刻在他的墓碑上，那句話充分彰顯出清教徒信守的勤奮與平等主義：「對志業勤奮不懈。」那句話是出自喬薩亞最喜歡的所羅門〈箴言22：29〉，他常引用這句話來教育兒子：「你看見辦事殷勤的人嗎？他必站在君王面前。」富蘭克林七十八歲時，回憶起父親，他語帶一點虛榮及詼諧地說（這種自我解嘲貫穿了他的整本自傳）：「從那時起，我就把勤奮看成謀求財富和功名的方式，那句話帶給我莫大的鼓舞。儘管我從未想過真的站在君王面前，不過，這事卻真的發生了，因為我曾站在五位君王面前，甚至還有幸跟丹麥國王同席共餐。」[13]

隨著事業的蓬勃發展，喬薩亞的家庭也日益龐大，他在三十四年間，總共生了十七個孩子。對當時健康又精力充沛的清教徒來說，多子現象很稀鬆平常。例如，南教堂的牧師薩謬爾．威拉德（Samuel Willard）有二十個孩子，知名的神學家馬瑟有十五個孩子。清教徒認為孩子是資源，而非負擔，可以幫忙家裡和店裡的雜務。[14]

喬薩亞和妻子安妮從英國移民到北美殖民地後，很快又生了兩個孩子，這兩人都長大成人：喬薩亞二世生於一六八五年，安妮二世生於一六八七年。但是死神隨後降臨了這個家庭。接下來的十八個月，喬薩亞前往南教堂的墓地安葬親人三次：第一次是一六八八年，一名男嬰在出生五日後夭折；隨後是一六八九年，妻子安妮在產下男嬰一週後過世；接著又一週後，那名男嬰也不幸夭折（當時波士頓約四分之一的新生兒在出生一週內夭折）。

北美殖民地的男子活得比兩三任妻子還久，是很常見的狀況。一六二八年，第一批抵達麻薩諸塞灣的十八名婦女中，十四人在一年內往生。男人喪偶後很快續弦，在當時也非冷酷無情的事。實際上，以喬薩亞的狀況來說，大家往往覺得再婚是出於經濟考量。當時喬薩亞三十一歲，有五個孩子需要撫養，有生意需要打理，還有店面需要看顧，亟需找個賢慧的妻子來幫他主持家務。

賢淑的女子

福爾傑家族（Folger）就像富蘭克林家族一樣，性格叛逆但務實，他們都重視信仰也兼顧經濟利益。福爾傑家族是源自十六世紀從比利時西部的法蘭德斯（Flanders）遷往英格蘭的改革派新教徒。查理一世及坎特伯雷大主教威廉·勞德（William Laud）開始迫害清教徒時，福爾傑家族是第一批從英國遷徙到麻薩諸塞灣的移民。一六三五年，約翰·福爾傑（John Folger）攜家帶眷前往波士頓，當時兒子彼得十八歲，波士頓建城才五年。

在飄洋過海的旅途中，彼得認識年輕的女僕瑪麗·莫里爾（Mary Morrill）。瑪麗因僕役契約在身，跟著清教牧師前往北美殖民地。他們抵達波士頓後，彼得以二十英鎊為她贖身，並娶她為妻。

獲得宗教和個人自由後，福爾傑一家連忙尋找謀生的機會。他們從波士頓搬到河川上游的戴德姆

（Dedham），接著又搬到水鎮（Watertown），最後在楠塔克特島（Nantucket Island）定居下來。彼得在當地擔任教師，島上大多是印第安人，他學習他們的語言，教他們英語，並成功讓他們改信基督教。彼得生性叛逆，後來改變信仰，加入浸信會。那表示那些因他改信基督教的印第安人，也不得不跟著他受洗變成浸信會教友。

彼得的身上洋溢著福爾傑家族和富蘭克林家族天性反抗權威的特質，他是那種注定會改造北美殖民地的叛逆者。他擔任楠塔克特的法庭書記時，在一件涉及當地的有錢投資者與新興中產階級的案件中，因不服地方法官的判決而短暫入獄。[15]

他也以詩詞的形式，寫過一本近乎煽動性的小冊子，對一六七六年菲利普國王戰爭（King Philip's War）中印第安人的處境表達同情。他聲稱那場戰爭之所以爆發，是因為波士頓的清教牧師不容異己，上帝對此大感不滿而發生的。他的熱情超越了他的詩詞文采：「讓地方法官與牧師反省作為，讓他們廢除惡法，不再恃法濫權。」後來他的外孫富蘭克林認為，那首詩寫得「豪放不羈，簡明直白」。[16]

彼得和瑪麗總共生了十個孩子，小女兒艾芭亞（Abiah）生於一六六七年，二十一歲仍未婚，遂搬到波士頓與姐姐和姐夫同住，姐姐和姐夫都是南教堂的教徒。艾芭亞從小就是浸信會的教友，但搬到波士頓不久就加入南教堂。一六八九年七月，備受當地居民敬重的燭皂商喬薩亞去南教堂埋葬妻子時，艾芭亞已是教堂的虔誠教友。[17]

不到五個月後，一六八九年的十一月二十五日，喬薩亞就和艾芭亞結婚了。兩人都是大家族中的老么，一起白頭偕老，喬薩亞享壽八十七歲，艾芭亞享壽八十四歲。他們的長壽基因也遺傳給幼子富蘭克林，他也活了八十四歲。富蘭克林在父母的墓誌銘上寫道：「先考虔誠審慎，先妣謙和賢淑。」

婚後十二年間，喬薩亞和艾芭亞總共生了六個孩子。約翰（生於一六九〇年）、彼得（生於一六九二年）、瑪麗（生於一六九四年）、詹姆斯（生於一六九七年）、莎拉（生於一六九九年）、艾比尼澤（生於一七〇一年）。連同喬薩亞上段婚姻所生的孩子，這個大家庭總共有十一個孩子，那時所有的孩子都沒有結婚，一起擠在米爾克街的小房子裡，裡頭還擺了蠟燭、肥皂，以及製造燭皂的機器。

在這種情況下，實在很難照顧那麼多孩子，富蘭克林家裡發生的慘劇就是證明。艾比尼澤十六個月大時，不幸掉入父親製皂的大桶中溺斃。當年（一七〇三年）稍後，喬薩亞和艾芭亞又生了一個孩子，可惜也夭折了。

所以，即使後來出生的富蘭克林從小與十位兄姐在那間小屋子裡長大，他和最小的哥哥差了七歲。富蘭克林還有兩個妹妹對他敬重有加：莉蒂亞（生於一七〇八年）和珍（生於一七一二年）。

年輕氣盛的小伙子

富蘭克林生於一七〇六年一月十七日*，那天是週日，當天他就受洗了。當時，波士頓已建城七十六年，不再是清教徒的聚集地，已發展成繁榮的商城，城內充斥著牧師、商人、水手和妓女，有上千戶人家，上千艘船在波士頓港登記註冊，人口多達七千多人，每二十年人數就翻一倍。

富蘭克林從小在查理斯河邊成長，他回憶他自己「向來是孩子王」。當時孩子們最喜歡聚在河口附近的鹽沼，那裡因孩子過度踩踏而變成泥地。在富蘭克林的號召下，孩子把附近用來搭建房子的石塊搬來搭建碼頭，「晚上工匠回家後，我召集一些玩伴，像螞蟻一樣勤奮地搬運石塊。有時兩三人搬一塊，最後全搬光了，我們用那些石塊搭建了小碼頭」。翌日，富蘭克林和其他孩子就被逮了，並遭到教訓。

富蘭克林在自傳中描述這個故事以證明父親的名言：「如果不誠實，什麼都沒有用。」[18]不過，一如富蘭克林慣用的自嘲伎倆，與其說這個小故事是為了說明自己有多調皮搗蛋，不如說他想藉此證明自己頗有領導力。富蘭克林對其號召大家合作及投入公益的能力向來頗為自豪。

在查理斯河邊成長的童年，也讓富蘭克林終身熱愛游泳。他自己學會游泳並教會玩伴以後，就自己摸索游得更快的方法。他發現手腳大小會影響撥水的面積，進而影響推進的動力。所以他自製兩個橢圓形的手蹼，上面挖洞，套在大拇指上。他在寫給朋友的信中描述：「我也做了像拖鞋一樣的東西套在腳上。」套上手蹼和腳蹼後，他的泳速也變快了。

風箏也十分有用，日後更是讓他大出風頭。有一次他升起風箏，接著褪去衣物，走進池塘，在池塘裡仰漂，讓風箏拉著他。他回憶道：「我請一個男孩幫我拿著衣服沿著池塘跑，讓風箏拉著我橫渡池塘，自己不費吹灰之力，樂似神仙。」[19]

---

*注：參見本書551頁富蘭克林年表。富蘭克林的生日（一七〇六年一月十七日）以及其他的日期，除非特別標明，否則均採現行的曆法。一七五二年以前，英國及其殖民地仍採用與現代曆法相差十一天，且以三月二十五日為新年元旦的儒略曆（Julian calendar）。所以按儒略曆計算的話，富蘭克林的生日是一七〇五年一月六日，週日。同理，喬治．華盛頓的生日根據舊曆法是一七三一年二月十一日，但根據現代曆法是一七三二年二月二十二日。

有一件兒時趣事並未收錄在他的自傳中，直到七十幾年後，他才在巴黎提起，以搏朋友一樂。小時候他遇到一個吹哨子的男孩，那個哨子令他相當好奇，他不禁掏出身上的所有硬幣，買下那個哨子。兄姐得知那件事後，笑他花了四倍價格買哨子。他回憶道：「當時我氣哭了，那哨子帶給我的懊惱比快樂還多。」後來，節儉對富蘭克林來說不僅是一種美德，更是一種樂趣。他在《窮理查年鑑》裡寫道：「勤奮和節儉是致富之道，更是培養品德的不二法門。」[20]

富蘭克林六歲的時候，全家搬離米爾克街那幢養過十四個孩子的兩房小屋，遷往市中心更大的房子（仍是店面兼住家），位於漢諾威街和聯盟街的交叉口。此時，艾芭亞四十五歲，當年（一七一二年）生下最後一個孩子（珍）。珍是富蘭克林最鍾愛的妹妹，兩人通信了一輩子。

搬到新家，再加上同住的孩子減少後，喬薩亞開始有閒情逸致請朋友來家裡共餐。富蘭克林回憶道：「他喜歡盡可能找一些明智通達的朋友或鄰居來家裡，圍坐在桌邊，由他帶頭聊一些睿智或有用的話題，或許是為求陶冶孩子的性靈。」

那些對話引人入勝，富蘭克林在自傳中提到，他常聽到入神，「不太留意」桌上的菜色。這樣的訓練使他一輩子對食物都「不太在意」，他覺得這個特質對他來說「挺方便的」。不過，他的手稿中留了不少美國和法國佳餚的食譜，似乎又和這種說法不太吻合。[21]

新家也讓喬薩亞有機會邀請哥哥老班來同住。一七一五年，老班六十五歲，從英國移民到北美殖民地，終於見到和他同名的小班（富蘭克林那時九歲）。老班和喬薩亞一樣，發現自己的染布手藝在北美殖民地難以謀生，但他沒有動力像喬薩亞那樣另學一門手藝，而是成天待在喬薩亞的家裡，寫一些不入流的詩（包括一首一百二十四行的四行詩體自傳），以及挺實用的富蘭克林家族史，偶爾參加布道，抄寫布道文，逗弄侄子，後來喬薩亞對他漸生反感。[22]

伯伯老班和富蘭克林一起生活了四年，要不是有侄子在，喬薩亞早就請他離開了。最後，老班搬去和自己的兒子薩謬爾同住。薩謬爾是刀匠，也移民到波士頓謀生。多年後，富蘭克林在寫給妹妹珍的信中，幽默地回憶到父親和伯伯之間的「爭執和誤會」漸增。喬薩亞從那次經驗中記取的教訓是「遠親短聚才顯親」。在《窮理查年鑑》中，富蘭克林更是犀利地提到「魚兒三日臭，訪客三日腥」。[23]

教育

喬薩亞秉著十一奉獻的精神，原本打算把第十個兒子富蘭克林奉獻給上帝，讓他去當牧師。伯伯老班也對此深表贊同，因為這樣一來，他抄寫多年的布道文終於派上用場了。幾十年來，他到處找優秀的牧師，以自成一格的速記法，把他們的布道文抄寫下來。日後富蘭克林打趣提到：「他說要把他抄寫的筆記都送給我，彷彿是創業的家當一樣。」

為了讓富蘭克林日後進哈佛深造，喬薩亞在富蘭克林八歲時，就把他送進波士頓的拉丁文學校就讀。知名的神學家馬瑟是該校的校友，他的兒子薩謬爾當時也就讀那所學校。富蘭克林的家世在校內居於底層，但他入學第一年的表現優異，成績從中等變為名列前茅，甚至還跳了一級。儘管如此，喬薩亞後來突然改變主意，決定不再栽培富蘭克林到哈佛就讀了。富蘭克林在自傳中寫道：「父親考慮到一家食指浩繁，難以承擔昂貴的大學學費。」

這番經濟託詞實在令人難以信服，當時他們的家境已不俗，家裡需要扶養的孩子也減少了（只剩富蘭克林和兩個妹妹）。拉丁文學校又不收學費，而且以他名列前茅的成績，很容易申請到哈佛的獎學金。到了富蘭克林上大學的年紀，那年進哈佛的四十三名學生中，只有七人來自富裕家庭，有十人是工匠之子，四人是孤兒。當時的哈佛每年約撥出百分之十一的預算作為學生的獎助學金，比現在還多。[24]

喬薩亞之所以變卦，很可能是出於其他的原因，他逐漸覺得小兒子不適合當牧師（這點顯然無誤）。富蘭克林從小對事情多所質疑，調皮搗蛋、好奇心重、無禮又不太虔誠。老班覺得一箱子陳年的布道文是新科牧師的實用贈禮，富蘭克林則是會把這種想法當一輩子笑料看待的那種人。富蘭克林的童年充滿了機智、調皮的軼事，但沒有一件事看得出他對宗教的虔誠。

多年後，富蘭克林的孫子提到一則故事（未收錄在他的自傳中），那個故事充分顯現出富蘭克林不僅沒把宗教放在眼裡，還覺得清教徒重視的祈禱儀式非常冗長難耐。他的孫子說：「富蘭克林博士年幼的時候，覺得父親的餐前餐後祈禱文沉悶乏味。某天，家中醃製了準備過冬的食物，他對父親說：『爸，你要是對整桶食物祈禱，可以節省很多時間。』」[25]

所以富蘭克林轉往兩個街區外的學校，學了一年的書寫和算術。那所學校是由溫和但務實的校長喬治・布朗奈爾（George Brownell）經營的。富蘭克林在那裡練了一手好字，但數學不佳。他後來始終未能充分精進數學能力，再加上缺乏這方面的學術訓練，所以終其一生他只是那個年代最有創見的科學家，無法像牛頓那樣晉升為造詣深厚的理論大師。

要是當初富蘭克林真的獲得正統的學術教育，進入哈佛深造，那會變成什麼樣子呢？圖特洛等史學家認為，那會讓富蘭克林的寫作風格失去「率真」、「直白」的特質，他的思想也不會那麼「犀利」、「清新」、「俐落」。實際上，哈佛的教育素來確實有那樣的效果，甚至對一些學生產生更嚴重的影響。

但是沒有什麼證據可以證明，富蘭克林要是繼續深造反而會更糟，那樣妄下推論對富蘭克林和哈佛來說都不公平。富蘭克林素來對事情多所質疑，也對權威反感，他不太可能如父親所願去當牧師。和富蘭克林同年的三十九名哈佛學生中，最後從事神職的人數不到一半。進入哈佛可能加重他的叛逆天性，而不是讓他更為收斂。當年哈佛校方正大力整頓校內過度玩樂、大肆吃喝等行為。

富蘭克林的一大天賦是興趣廣泛，從科學、政治、外交到新聞等等，他都從實務觀點、而非理論觀點切入。他若是進入哈佛深造，未必會喪失多元的興趣發展，因為當時的哈佛是由自由派的約翰・列文瑞特（John Leverett）*掌舵，不再是由清教徒的神職人員嚴格控管。一七二〇年代，哈佛不僅提供經典文學和神學課程，也開設出名的物理、地理、邏輯、倫理課程。校內的麻薩諸塞樓（Massachusetts Hall）頂端還裝設了望遠鏡，成了天文界的中心。所幸，富蘭克林日後投身印刷、出版和報業的訓練和經驗，或許跟哈佛教育一樣有啟發性。

學徒生涯

十歲時，富蘭克林只讀了兩年書就輟學了，接著他代替哥哥約翰在父親的燭皂店裡幫忙。此時約翰已完

*譯注：哈佛大學第一位非神職的校長。

成學徒訓練，前往羅德島創業。燭皂店的工作是苦差事，從熬煮的油鍋提取頂層的油脂特別辛苦難受，剪燭芯及灌模的程序又不必動腦，富蘭克林明確表示他討厭這個工作。不僅如此，他還表示他對「航海有濃厚的興趣」，那時他的哥哥喬薩亞二世已經去當水手了。

喬薩亞擔心小兒子「離家出走去航海」，所以帶他走訪波士頓的其他工匠，以便「觀察我的喜好，努力想把我的興趣固定在陸上的某個行業」。那段經歷讓富蘭克林一輩子都對工匠和商家頗有好感。他對各種手藝的短暫涉獵，也使他擅長自製東西，對他日後的各種發明頗有助益。

喬薩亞最後推論，富蘭克林適合當刀匠，製作刀具和刀刃，所以他去老班的兒子薩謬爾那裡當了起碼幾天的學徒，但薩謬爾要求喬薩亞付學費，喬薩亞覺得不合理，尤其他又曾經款待老班幾年，兩人為此產生了隔閡。[26]

所以，一七一八年，富蘭克林十二歲時，順理成章去哥哥詹姆斯那裡當學徒。詹姆斯當時二十一歲，才剛從英國受訓回來，準備開業做印刷生意。起初，任性的富蘭克林對於簽約感到畏縮，因為他已經十二歲，比一般開始當學徒的年紀大一些，哥哥又要求簽約九年，而不是一般常見的七年。最後，富蘭克林還是簽了，雖然命運注定不會讓他待到二十一歲期滿。

詹姆斯在倫敦時，看到潦倒的文人在咖啡館內叫賣作工粗糙的詩賦，所以不僅馬上教富蘭克林排版，也要求他寫詩。富蘭克林在一位長者的鼓勵下＊，根據兩篇有關海洋的報導，寫了兩首敘事詩。一首是描述一個家庭在船難中喪生，另一首是描述擒拿「黑鬍子」海盜的故事。富蘭克林回憶道，那兩首詩都是「拙劣之作」，但賣得很好，「滿足了我的虛榮心」。[27]

美國作家赫爾曼・梅爾維爾（Herman Melville）後來寫道，富蘭克林「樣樣在行，但不善寫詩」。喬薩亞本來就是務實派，他也樂見小兒子沒有寫詩的天賦，對他潑了冷水。「父親嘲笑我的詩作，告訴我詩人都很窮酸，所以我後來沒有成為詩人，即使成了，很可能也是蹩腳詩人。」

富蘭克林開始做印刷學徒時，波士頓只有一份報紙《波士頓新聞通訊》（*The Boston News-Letter*），是一七〇四年由事業成功的印刷商約翰・坎貝爾（John Campbell）創辦的，他也是波士頓的郵政局長。當年就像現在一樣，在媒體業同時掌控內容及發行的管道，可享有很大的優勢。坎貝爾因此得以聯合其他地區的郵政局長，組成龐大的網絡，範圍從新罕布夏延伸到維吉尼亞。他的書和報紙都可以利用郵政網絡免費運送，不像其他的印刷商還需要付錢。同網絡的其他郵政局長也穩定地為他提供新聞內容。此外，由於坎貝爾握有官方的身分，他可以聲稱他的報紙是「官方發行」。那個年代的媒體不以標榜「獨立」自豪，「官方」字樣才是重要的認證。

當時大家覺得郵政局長身兼報社發行人理所當然，所以坎貝爾卸下郵政局長一職時，繼任的局長威廉・布魯克（William Brooker）以為他也會連帶接管報社。但坎貝爾堅決不肯讓出，這促使布魯克於一七一九年十二月開始發行《波士頓公報》（*The Boston Gazette*），與之抗衡。他僱用當時鎮上最便宜的印刷商詹姆斯來印製報紙。

但兩年後，詹姆斯就失去《波士頓公報》的承印合約，他做了一件十分大膽的事：創辦當時北美殖民地

---

*譯注：根據他的自傳，是一位經常光顧印刷店的客人，名叫馬修・亞當斯（Mathew Adams）。

第一份真正獨立的報紙，也是第一份有文學憧憬的報紙《新英格蘭報》（*New England Courant*），擺明不是「官方發行」。[28]

《新英格蘭報》之所以在歷史上占有一席之地，主要是因為它率先刊登了富蘭克林的第一篇散文。富蘭克林在自傳中，把詹姆斯描述成嚴厲、嫉妒的雇主。但持平而論，《新英格蘭報》的歷史定位，應該是北美殖民地第一份完全獨立、風格大膽、反對權威的報紙，幫助北美殖民地樹立了新聞自由的傳統。文獻學家米勒寫道：「那是北美殖民地的歷史上，首度公開反對常態規範之舉。」[29]

當時在波士頓反對權威，意味著反對馬瑟家族以及清教的神職人員在世俗生活中扮演的角色。那也是詹姆斯在《新英格蘭報》創刊號頭版公然展現的理念。可惜，他一開始選擇的開戰主題是天花的預防接種，而且碰巧選錯了邊。

麻薩諸塞建城以來的九十年間，時常爆發天花肆虐的疫情。一六七七年的天花大流行奪走七百人的性命，約當全城人口的百分之十二。一七〇二年，天花再次大爆發，馬瑟有三個兒子染上天花，但是都幸運活下來了，這也促使馬瑟開始研究天花。幾年後，他家的黑奴告訴他接種牛痘的方法。那名黑奴在非洲做過預防接種，他向馬瑟展示接種留下的疤痕。馬瑟因此諮詢波士頓的其他黑人，發現接種牛痘是非洲部分地區的普遍做法。

一七二一年，就在詹姆斯的《新英格蘭報》創刊之前，來自西印度群島的海馬號大船，再次把天花病毒帶來了波士頓。短短幾個月內，波士頓的一萬名居民中，就有九百人死於天花。馬瑟當牧師之前曾受過醫師訓練，他寫信給波士頓的十位執業醫生（其中僅一人有醫學學位），告訴他們他對非洲預防接種的瞭解，力勸他們跟進採用那種方式。（這時的馬瑟已經不再是當年迷信支持塞勒姆獵巫事件的人了。）

多數醫生都拒絕接受他的建議，他們之所以拒絕，只是因為討厭牧師那種高高在上的態度。詹姆斯新創的報紙也是抱持反對意見，《新英格蘭報》創刊號（一七二一年八月七日）刊登了詹姆斯的年輕友人約翰・切克利（John Checkley）的文章。切克利是牛津大學畢業的英國國教徒，自信但魯莽，他刻意攻擊清教的神職人員，說他們「打著正統信仰的旗號，祈禱戰勝天花，卻又鼓吹種痘！」那一期創刊號也刊登了鎮上唯一有醫學學位的醫生威廉・道格拉斯（William Douglass）的文章，該文指責接種牛痘是「希臘老嫗的做法」，說馬瑟及其擁護者是「六個對事實一無所知的虔誠知識分子」，這是北美殖民地第一次出現報紙公然抨擊統治階級。[30]

英克瑞斯・馬瑟（Increase Mather）是馬瑟家族的大家長，為此勃然大怒，他反擊：「我不得不同情可憐的詹姆斯・富蘭克林，他雖然還很年輕，但很快就會面臨上帝的審判。」英克瑞斯之子科頓・馬瑟寫了一封信給另一家報社，譴責「《新英格蘭報》這份聲名狼藉的可恥報紙，充斥著無稽之談、怯懦之言、訕笑之意」，並把《新英格蘭報》的供稿者比喻成倫敦知名異教徒團體「地獄火社團」（Hell-Fire Club）的成員，那些人都是衣冠楚楚的年輕異教徒。科頓的表弟湯瑪斯・沃爾特牧師（Thomas Walter）也寫了一篇措辭強硬的文章，加入論戰，該文標題是〈反新英格蘭報〉。

詹姆斯深知這種公開的口水戰可以讓報紙的銷量大增，為了從中獲利，他也樂於刊登與銷售沃爾特的反駁文章。不過，這場爭辯日益演變成人身攻擊，使他開始感到不安。幾週後，詹姆斯登出一篇社論，宣布不再刊登切克利的文章，以免爭執演變成仇恨。他也承諾，從此以後《新英格蘭報》的辦報目的是「純消遣」。

關於預防接種方面的爭議，只要任一方的意見「不是惡意抨擊」，該報都會刊登。[31]

富蘭克林成功置身於兄長和馬瑟家族的媒體對戰之外，在自傳或信件中也從未提起這件事，由此可見他對《新英格蘭報》選擇的立場不是那麼自豪。一七三六年，富蘭克林四歲的兒子法蘭西斯（Francis）死於天花以後，他悲痛之餘，變成預防接種的堅定支持者。富蘭克林從小就熱愛文學，又努力爭取社會賢達的眷顧指導，後來變成科頓・馬瑟的崇拜者，幾年後兩人結識為友。

書籍

印刷業對富蘭克林來說有如天生的志業，他回憶道：「我從小就愛看書，身上僅有的一點零用錢，全都拿去買書了。」書籍確實是影響富蘭克林一生最重要的要素，他很幸運能在波士頓成長。自從一六三〇年阿拉貝拉號（Arabella）載著第一批移民，連同五十冊圖書，抵達北美殖民地以後，波士頓就開始孕育圖書館的發展。富蘭克林出生時，科頓・馬瑟已建立一座私人圖書館，藏書近三千冊，除了神學典籍以外，還有豐富的經典名著和科學書籍。這種愛書的特質是馬瑟的清教思想和洛克的啟蒙運動共通的特色，而這兩個世界共同組成了富蘭克林的特質。[32]

喬薩亞的住家距離馬瑟的圖書館僅一哩之遙，家中也有小書架，藏書當然無法跟馬瑟家族相比，但是對沒受過教育的燭皂小販來說，家有藏書已經很特別了。五十年後，富蘭克林仍記得那些藏書的書名：普魯塔克（Plutarch）的《希臘羅馬名人傳》（*Lives*）（「我百讀不厭。」）、丹尼爾・笛福（Daniel Defoe）的《論計畫》（*An Essay upon Projects*）、科頓・馬瑟的《論行善》（*Bonifacius: Essays to Do Good*），以及多種「神學辯論的書籍」。

富蘭克林開始在哥哥的印刷店工作以後，他結識了一些書店的學徒，因此可以偷偷跟他們借書，只要歸還時保持頁面的清潔即可。「如果書是晚上借的，第二天一早就要歸還，以免有人發現書不見了或缺貨，我通常會熬夜把書讀完。」

富蘭克林最喜歡旅程方面的書籍，無論是思想上的旅程，或是地域的遊歷，他都很喜歡。而他最愛的，莫過於結合兩者的主題：約翰·班揚（John Bunyan）的《天路歷程》（*Pilgrim's Progress*），內容是描寫一位名叫「基督徒」的人，歷經千辛萬苦抵達天城的故事。該書於一六七八年出版，迅速受到清教徒及其他異教徒的喜愛。那本書充滿宗教寓意，但是對富蘭克林來說，在那個王朝復辟時期、講究華麗辭藻的年代，那種清新、簡潔的散文令人耳目一新。富蘭克林貼切地指出：「據我所知，真誠的約翰是第一個把敘述與對話融為一體的作家，這種寫法引人入勝。」

《天路歷程》的主旨就在書名裡：「歷程」，亦即每個人乃至於全人類都是不斷地前進，在過程中克服重重的逆境，累積知識與智慧，從而持續進步。而這也是從清教思想進展到啟蒙運動的重點，更是富蘭克林一生的中心思想。《天路歷程》開宗明義就寫道：「我穿過這片茫茫曠野……」即使對最虔誠的教徒來說，這個歷程不光只是上帝的傑作，更是個人與群體一起努力克服障礙的結果。

另一本富蘭克林的愛書是普魯塔克的《希臘羅馬名人傳》，一個十二歲的孩子有這樣的休閒品味著實令人驚訝。那本書的預設前提也是主張，個人只要努力就能改善歷史進程。普魯塔克筆下的英雄，就像班揚筆下的「基督徒」，都是可敬之人，他們都堅信個人的努力可為人類帶來進步。富蘭克林逐漸體認到，歷史不是永恆不變的力量造就的，而是人類努力創造出來的。

這個觀點和加爾文教派的某些教義互相衝突，例如人的全然墮落和預定論。後來，富蘭克林接觸到不是那麼令人畏懼的自然神論後（這在啟蒙運動期間成了宗教信仰的首選），就揚棄了加爾文教派的那些觀念。不過，清教思想的很多觀點仍在他身上留下深刻的影響，尤其是務實、社交、社群導向的教義。

《論行善》把這些觀念發揮得淋漓盡致，富蘭克林常說那本書對他影響甚鉅，那是科頓・馬瑟寫過的四百多本小冊中，少數比較溫和的著作。近七十年後，富蘭克林在寫給科頓・馬瑟之子的信中提到：「如果我算是對社會有益的好公民，那都要歸功於那本書。」富蘭克林的第一個筆名「賽倫斯・杜古德」（Silence Dogood，字面意思是「默默行善者」），就是對那本書及馬瑟的知名布道文〈沉默受難者〉致敬。

馬瑟那本書號召社群成員自組團體，造福社會。他自己創立一個社群進步團體，名叫「聯合家庭會」，富蘭克林的父親是其中的一員。他也促成「青年聯合會」以及「抑制混亂改革協會」的創立，以推動當地法律的改善，救濟窮人，鼓吹宗教信仰。[33]

馬瑟的觀點是受到笛福的《論計畫》所影響，那也是富蘭克林的愛書之一，於一六九七年出版。該書是為倫敦提議許多社會公益專案，後來富蘭克林在費城逐一實現了，例如消防隊、提供養老金的水手互助會、鰥寡年長者的福利計畫、教育中產階級子女的學校，以及（帶點笛福式幽默的提議）建立收容智障者的機構，向作家課稅來支應這筆開支，因為他們先天享有較多的智慧。[34]

笛福最前衛的觀點之一是，他認為不讓婦女享有平等的教育和權利是「未開化」且「不人道的」。他在《論計畫》中抨擊那種性別歧視。當時富蘭克林和「另一個愛讀書的小伙子」約翰・克林斯（John Collins）開始把辯論當成腦力激盪的消遣。他們第一個辯論的題目，就是婦女是否適合接受教育。克林斯認為不適合，富蘭克林回憶道：「我的看法恰恰相反。」他的反對不是完全出於堅定的信念，「也許有點為了爭辯而爭辯吧」。

年少時與克林斯的模擬爭辯，使富蘭克林開始為自己塑造一個比較不好辯的形象，讓他日後顯得更有親和力及魅力，鮮少與機巧好辯者樹敵。他在自傳中寫道：「爭辯是糟糕的惡習」，因為與人爭辯「讓人厭惡，甚至心生敵意」。他年老時語帶嘲諷地談到他對爭辯的看法：「後來我發現，除了律師、大學教師，以及愛丁堡成長的各種人物以外，智者很少與人爭辯。」

富蘭克林後來偶然讀到一些修辭書，那些書頌揚蘇格拉底以溫和詢問的方式建構論述，從此以後他「放棄貿然反駁」的論述風格，改採蘇格拉底式辯論法「謙虛地提問」。富蘭克林提出看似單純的問題，逐步引導他人認同他的論點。「我發現這種方法對我自己最萬無一失，也讓對方自感汗顏，所以我很喜歡用這招。」雖然他後來也放棄蘇格拉底辯論法中比較煩人的做法，但他主張論點時，始終比較偏好溫和、間接的方式，而不是針鋒相對。[35]

賽倫斯．杜古德

富蘭克林與克林斯有時是以寫信的方式辯論女性教育的議題，喬薩亞偶然看到那些信，但未表態支持任一方（他對每個孩子提供的正式教育都很少，不分男女都是如此，形成貌似公平的假象），只批評富蘭克林的文章立論薄弱，說服力不夠。為此，早熟的富蘭克林設計了自我精進的方法，以閱讀《旁觀者》（*The Spectator*）來加強寫作能力。

《旁觀者》是一七一一到一七一二年間倫敦流行的日報，專門刊登約瑟夫・艾迪生（Joseph Addison）和理查・斯蒂爾（Richard Steele）針砭時弊的犀利文章，充滿人文風格與啟發，筆觸輕鬆。誠如艾迪生所言：「我努力以機靈幽默讓道德倫理更顯生趣，以道德倫理讓機靈幽默更顯沉穩。」

富蘭克林精進寫作能力的方法是，從《旁觀者》挑選幾篇文章閱讀，做簡要的筆記，接著先擱著幾天，再試著以自己的文字重寫同一篇文章，之後再比對原文。有時候他會刻意打亂筆記的順序，自己想辦法整理出文章的論點。

他把一些散文改寫成詩詞，他覺得這樣可以逼自己尋找同義、但不同韻或不同音的字眼，藉此擴充詞彙。幾天之後，他會把那些詩詞再改寫回散文，然後比對原文，看自己的版本哪裡偏差或遺漏了，就跟著改進。「但有時我也會沾沾自喜，覺得自己在某些小細節上，精進了原文的筆法或字句。這促使我心想，也許有朝一日我也可以成為還不錯的英語作家，我對此抱著極大的雄心。」[36]

結果他後來不僅是「還不錯」的作家而已，更成為北美殖民地最受歡迎的作家。他師從艾迪生和斯蒂爾的自學風格，塑造出一種平易近人的風趣散文，沒有詩意盎然的文藻，但直白明朗。

賽倫斯・杜古德就是這樣誕生的。詹姆斯的《新英格蘭報》模仿《旁觀者》的風格，主打犀利的匿名文章。他的印刷店吸引了一群聰明的供稿者，那些年輕人喜歡聚在一起，品評彼此的文章。富蘭克林很想加入他們，但他知道詹姆斯已經對他有所顧忌，不太可能鼓勵他加入。「聽到他們談笑風生，聊到報紙多受歡迎，我怦然心動，也躍躍欲試。」

於是，某晚，富蘭克林刻意變造筆跡，寫了一篇文章，趁夜深人靜時，偷偷把它塞進印刷店的門縫。翌日，那群人又聚在一起時，他們都讚賞那篇匿名投稿。富蘭克林聽到他們決定把那篇文章刊登在隔週一（一七二二年四月二日）的頭版時，心花怒放。

富蘭克林文中的人物完全是杜撰出來的，當年他只是血氣方剛的未婚青年，未曾在波士頓外過夜，他筆下的賽倫斯·杜古德夫人卻是一位有點拘謹的鄉間寡婦。儘管文章的品質不穩定，但光是以女人的筆調敘事，而且還令大家信服，可見他不僅創意十足，還熟悉女性的想法。

富蘭克林的文章從一開始就有明顯的艾迪生風格。艾迪生在《旁觀者》發表的第一篇文章寫道：「我發現讀者在搞清楚作者是黑人或白人、性情溫和或暴躁、已婚或未婚以前，很少仔細閱讀一本書的內容。」富蘭克林一開始也模仿這種寫法，為筆下的虛構敘事者做自我介紹：「如今一般大眾在大略知道作者是何許人、是窮是富，是老是少，是學者或工匠以前，不願意讚揚或批評他們看到的東西。」

杜古德的文章之所以在美國歷史上獲得關注，是因為它開創了美國幽默文學的先河。富蘭克林巧妙地結合了民間故事和敏銳觀察，以諷刺、幽默又通俗的口吻娓娓道來。日後馬克·吐溫和威爾·羅傑斯（Will Rogers）都深受其影響，並把這種敘事風格發揚光大。例如，杜古德在第二篇文章中提到，她跟著一位牧師見習，那位牧師後來突然向她求婚：「他向上流階層的女人屢次求愛未果後，開始厭倦了這種麻煩又漫無目的的奔波，突然對我投以愛意滿滿的目光……男人一輩子很少出現比追求異性時更愚蠢可笑的行為。」

富蘭克林對杜古德夫人的描述，呈現出純熟的文學造詣，遠超出十六歲少年的文筆。杜古德夫人宣稱：

「我很容易被打動而再婚，我有禮、親切、幽默（除非對方先觸怒我）、清秀，有時也挺機靈的。」那句話裡加了「有時」那個字眼，特別巧妙。至於杜古德夫人的信仰和偏好，富蘭克林把她塑造成一種新興的美國人物。「我堅決反對專制政府及獨裁者，十分珍惜這個國家賦予我們的權利和自由，那些無價的權利只要看似受到侵犯，就令我極其憤怒。我先天就愛觀察及檢討別人的缺失，這方面我挺在行的。」這其實是富蘭克林自己的真實寫照，也是典型美國人的寫照，隨處可見。[37]

一七二二年四月到十月間，富蘭克林以杜古德夫人之名，寫了十四篇文章。其中一篇在報導與自我揭露方面最為精采，他把矛頭指向那所自己無緣就讀的大學。以前他在拉丁文學校裡贏過的那些同學，這時才剛上哈佛，富蘭克林忍不住想乘機調侃他們和哈佛。他是以描述夢境的方式來寫諷刺文，也許稍微模仿了《天路歷程》的寫法。富蘭克林也看過艾迪生在《旁觀者》上以這種方式寫稿，描述一個銀行家作夢夢到名叫「公共信用」的純潔女孩，但艾迪生的筆法有些拙劣。[38]

在那篇文章中，杜古德夫人說她在蘋果樹下考慮要不要送兒子去哈佛唸書，想著想著就睡著了。在睡夢中，她來到這所知識殿堂，發現那些送兒子去哈佛唸書的人「大多是先看自己有沒有財力，而不是看孩子有多少天賦，所以我發現那裡有很多學生都很無知，沒錯，絕大部分的學生都是如此」。她發現，知識殿堂的大門是由「兩個健壯的看門人看守著，那兩名壯漢名叫『富有』和『貧窮』」。只有獲得「富有」允許的人才能入學，多數學生成天只和名叫「懶散」和「無知」的人打交道。「他們只學會打扮體面，優雅地進入房間，那去舞蹈學校也能學到。因此，大費周章又付了大筆學費以後，他們畢業時還是像以前一樣愚昧，而且更加得意傲慢，自命不凡。」

富蘭克林受到馬瑟和笛福提議的「民眾自組團體」所啟發，也以杜古德之名，寫了兩篇文章暢談協助單身女性的議題。在第一篇文章中，她提議為她那樣的寡婦成立一個保險救助機制，並由已婚夫婦捐款資助。在第二篇文章中，她把概念延伸到老處女身上，提議成立一個互助會，讓年滿三十未嫁的女性都可以獲得五百英鎊的「現金補助」。但她也補充提到一個條件：「申請並領到補助的女性，若是後來有幸成婚，不得讚揚丈夫一個小時以上，初次違規需繳回一半的補助，再次違規需繳回剩下的補助。」在這兩篇文章中，富蘭克林都是語帶戲謔地敘述，而非一本正經。不過，我們在後面會看到，他在費城自己創業時，會更熱切地展現他對民間組織的熱情。

一七二二年夏天，富蘭克林的虛榮心再次獲得滿足。當時他的哥哥詹姆斯因質疑麻薩諸塞當局處理海盜問題不力，遭到官方以「藐視權威」之名，在毫無審判下，處以三週的監禁。這段期間，富蘭克林正好有機會承接報紙的營運。

他在自傳裡吹噓：「我承接起管理報社的重擔，在報上大膽地抨擊當權者，哥哥也樂見我那樣做，但其他人對我的印象開始變差，覺得我雖然年輕聰明，卻喜好誹謗嘲諷。」實際上，當時除了報上刊登一封詹姆斯在獄中寫給讀者的信以外，富蘭克林負責的那三期週報上，沒有任何直接質疑政府的內容，頂多只有一篇杜古德夫人的文章勉強有點關係，文中完整引用了某家英國報紙捍衛言論自由的短文。該文寫道：「沒有思想自由，就沒有智慧；沒有言論自由，就沒有公共自由。」[39]

富蘭克林在自傳中提到的「抨擊」，其實是發生在詹姆斯出獄一週後。他以杜古德夫人之名，發文痛批當地的政府，那篇文章或許也是他一生中措辭最強硬的一次。杜古德夫人在文中質問：「究竟是偽善的虔誠者傷害社會較大，還是公然褻瀆比較危險？」

不出所料，杜古德夫人主張：「最近我想了一下，覺得兩者之中，偽善者比較危險，尤其偽善者又位居政府高位時，那更加危險。」該文抨擊教會和國家之間的關聯，那正是清教派執政的基礎。杜古德夫人還舉了從牧師轉任公職的總督湯瑪斯・達德利（Thomas Dudley）為例，只不過沒有指名道姓：「社會中最危險的偽善者，莫過於為了掌權而離開神職的人。他能夠結合權力與福音，打著宗教的幌子欺騙人民，再以法律的名義來摧毀他們。」[40]

一七二二年的秋季，富蘭克林已經文思枯竭，對杜古德夫人的寫作題材毫無靈感。更糟的是，詹姆斯也開始懷疑文章的出處。杜古德夫人在第十三篇文章中提到，某晚她偶然聽到一段對話，一位紳士說：「儘管我以女性的身分書寫，他知道我是男人。但是他與其動腦筋諷刺別人，還不如努力精進自己。」杜古德夫人的第十四篇文章（也是最後一篇）中公布了杜古德夫人的真實身分，富蘭克林在報社成員之間的地位因而提升，但詹姆斯「不太高興」。「他可能覺得這會讓我驕傲自滿，得意忘形。」

杜古德夫人的文章嚴詞抨擊了偽善和宗教，所幸無人追究。但一七二三年一月，詹姆斯發表一篇類似的文章時，卻再度惹禍上身。他寫道：「所有的壞蛋中，打著宗教的幌子招搖撞騙的壞蛋最可惡。」他認為宗教固然重要，但「過猶不及」。這幾乎可以用來描述富蘭克林這一生看待事物的態度。地方當局指出「該份報紙有蔑視宗教的傾向」，馬上通過決議，要求詹姆斯在每期報紙付印之前都必須送審，詹姆斯根本沒把規定放在眼裡，公然違抗命令。

於是，法院禁止詹姆斯繼續發行《新英格蘭報》。對此，印刷店內部開了祕密會議。他們決定，迴避規定的最好方法是繼續發行報紙，但不再以詹姆斯為發行人。所以，一七二三年二月十一日星期一，《新英格蘭報》的刊頭出現以下字樣：「班傑明・富蘭克林印行發售」。

富蘭克林名下的《新英格蘭報》比哥哥掛名時謹慎小心。他接手後的第一期就刊出一篇社論，譴責時下令人「可憎」、「惡毒」的出版刊物，並宣布《新英格蘭報》此後的辦報宗旨是「為讀者提供消遣與樂趣」，以及「為大眾提供最滑稽、有趣的生活事件報導」。該社論也宣稱，報社社長會像羅馬雙面神一樣，同時回首過去，展望未來。[41]

不過，接下來的那幾期幾乎只算是勉強達標。多數內容是有些枯燥的外國新聞或老舊演講，只有一篇顯然是富蘭克林執筆的，內容是諷刺子爵之類的頭銜很愚蠢（對世襲和權貴階級的厭惡是富蘭克林一生的特色）。幾週後，詹姆斯重掌報社事務（雖然表面上還是掛富蘭克林的名義發行），他再度把富蘭克林當成學徒看待，而不是弟弟或供稿人。富蘭克林回憶道，那種待遇「太貶低我的身分了」，他亟欲離開。這種對獨立的強烈渴望，後來也變成美國的重要特徵。

離家出走

富蘭克林利用詹姆斯簽約的漏洞，設法擺脫學徒的身分。當初詹姆斯為了繼續發行報紙，以富蘭克林當人頭。為了讓轉移看起來合法，他們正式解除了之前的學徒合約。但他又在暗地裡要求富蘭克林簽下新的學徒合約，幾個月後，富蘭克林決定逃走。他認為哥哥不會貿然公開那份祕密合約，事實也確實如此。

於是，富蘭克林離開了哥哥，《新英格蘭報》後來逐漸沒落，名氣漸失，徒留下歷史的注腳。富蘭克林以犀利的文字，在自傳中描述詹姆斯「脾氣暴躁，動不動就對我拳打腳踢」，這種形象從此難以磨滅。事實上，詹姆斯對富蘭克林一生的重要影響，就寫在其自傳的直率注解中。那是富蘭克林擔任殖民地代表、反抗英國統治時，所留下的注解：「我認為哥哥對我的嚴厲和專橫，可能是讓我終生厭惡專制權力的原因。」

不過，詹姆斯理當獲得更好的評價，如果富蘭克林是因為他而「厭惡專制權力」，那不只是因為他如富蘭克林所言那麼專橫，也因為詹姆斯勇敢挑戰波士頓的當權階級，為富蘭克林樹立了勇於反抗的榜樣。詹姆斯是北美殖民地第一家獨立新聞機構的反抗勇士，也是對弟弟最重要的新聞影響。

詹姆斯也是重要的文學影響力。富蘭克林可能認為他的杜古德夫人是仿效艾迪生和斯蒂爾，但其實她那種純樸、平易近人的形象，比較接近詹姆斯為《新英格蘭報》杜撰的一些角色，例如艾比嘉兒・艾福特維（Abigail Afterwit）、傑克・達爾曼（Jack Dulman）等等。

脫離哥哥有助於富蘭克林的生涯發展。在波士頓成長是幸運的，但是對他這種沒上哈佛又崇尚自由的自然神論者來說，波士頓是一大束縛。他後來寫道：「我已經變成執政當局的眼中釘，再繼續待下去，恐怕會惹禍上身。」他對宗教的嘲諷，讓他走在大街上，「遭到善男信女的指指點點，說他是異教徒或無神論者」。總之，對富蘭克林來說，離開哥哥和波士頓的時間到了。[42]

社群變得過於拘束狹隘時，前往邊境、另闢新局向來是美國拓荒先驅的傳統。但富蘭克林是另類的美國叛逆者，荒野對他來說沒有吸引力。他深受紐約和費城之類的新興商業城市所吸引，那些地方提供了自食其力、白手起家的機會。當年溫斯羅普帶領清教徒從英國飄洋過海，走向曠野；如今富蘭克林則是跟著新潮流奔向繁華。

富蘭克林擔心詹姆斯阻止他離開，所以請一位朋友幫他偷偷訂了前往紐約的船票。他們買票時編造的藉口是，有個男孩需要悄悄遠離，因為他「和某位輕佻的姑娘私通」。（在自傳的草稿中，富蘭克林的寫法是「讓某位輕佻的姑娘懷了身孕」。）十七歲的富蘭克林先賣了一些書籍以籌措旅費。一七二三年九月二十五日（週三）晚上，他搭上順風啟程的帆船，離開了波士頓。隔週一發行的《新英格蘭報》上，刊登了一則精簡但略帶感傷的廣告：「女王街的印刷商詹姆斯・富蘭克林，誠徵可靠的少年當學徒。」[43]

第三章

幫工歲月

費城與倫敦，一七二三－一七二六年

凱莫印刷店

還是年輕的學徒時，富蘭克林讀過一本頌揚素食的書，他也很愛素食，但不是單純出於道德和健康的理由，主要是金錢的考量。吃素的話，可以省下詹姆斯給他的一半伙食費，拿去買書。所以同事出去享用大餐時，富蘭克林常獨自啃著小麵包和葡萄乾，同時利用時間讀書。「飲食節制清淡，讓頭腦更加清晰，理解力更強，因此進步幅度也比以前多。」[1]

但富蘭克林先天理性，非常執著於理性思考，很擅長合理化自己的行為。他搭船從波士頓前往紐約的途中，船因為無風而在布洛克島附近停留，船員抓了鱈魚來煮食。富蘭克林原本不願吃魚，但後來煎鍋的魚香四溢，令人食指大動。日後他在自傳中以滑稽好笑的自知之明回憶道：

> 我在原則和愛好之間徘徊了好一陣子，後來想起剖開那些魚時，還從裡頭取出小魚，於是我心想：「既然你們都能互相吞食了，我為何不能吃你們？」所以我也津津有味地吃起魚來，此後也繼續和其他人一起用餐，偶爾才恢復吃素的習慣。

富蘭克林從這件事領悟出一個諷刺、甚至有點憤世嫉俗的道理，他以格言的形式表示：「作為理性的動物真方便，只要打定主意做任何事，總是能找到或編造出理由。」[2]

富蘭克林的理性主義，使他在十八世紀歐美盛行啟蒙運動時，成了啟蒙運動的典範。他出生時正值宗教盛行期，晚年時適逢浪漫主義的興起，但他幾乎不需要這兩個時期的思想。不過，他就像伏爾泰，懂得拿自己及一般人凡事都愛講理性的個性自嘲。他的自傳以及相關的故事與年鑑裡，一再出現一個主題：他覺得人類為了方便而合理化個人行徑的能力，實在很妙。

十七歲時，富蘭克林的塊頭已經很驚人。他身強體壯，肌肉發達，相貌堂堂，近一八二公分。他的性情隨和，擅長與任何人相處，無論是愛吵鬧的小販或富商、學者或流氓，他都能應對自如。他最明顯的特質是個人魅力，很容易獲得貴人的青睞。他從不害羞，總是很樂於交友及結識貴人，也很懂得善用這種個人魅力。

例如，離家出走後，他去紐約造訪當地唯一的印刷商威廉·布拉福德（William Bradford）。布拉福德曾刊登社論，支持詹姆斯在波士頓反抗「壓迫者和政治偏執者」。富蘭克林造訪布拉福德時，店裡剛好沒有職缺，但他建議富蘭克林去費城找他的兒子安德魯·布拉福德（Andrew Bradford）應徵工作，安德魯在費城經營家族的印刷店及發行週報。

離開波士頓十天後，富蘭克林於週日上午抵達費城的市場街碼頭。他的身上僅有一元荷蘭幣和約值一先令的銅板。他把那些銅板給了船員當旅費，起初他們不收，因為富蘭克林幫他們划了船，但富蘭克林堅持要他們收下。他上岸後買了三個麵包捲，把其中兩個送給一起乘船抵達當地的母子，後來他寫道：「有時候，人手頭上沒什麼錢時，反而比有錢時還要大方，可能是因為怕被當成窮人吧。」[3]

從抵達費城開始，富蘭克林就很在意自己的外表。美國的個人主義者有時吹噓他們不在乎別人的眼光，但富蘭克林在這方面比較像一般人。基於自尊和實務考量，他很用心地打理自己的名譽，可說是美國第一位理直氣壯的公關專家。他後來寫道：「我不僅**切實地**做到勤奮節儉，也盡量避免與之相反的種種**表現**。」（粗體是他自己加的）。套用評論家強納森．雅德利（Jonathan Yardley）的說法，富蘭克林早年仍是年輕工匠時，更是「意志堅決，很有主見，以既定的步調朝著既定的目標發展」。[4]

當時費城的人口約兩千人，是僅次於波士頓的北美殖民地第二大城。威廉．佩恩（William Penn）*對費城的構想，是希望把它發展成「綠色鄉鎮」，所以城市規畫良好，街道寬闊，路邊都是成排的磚房。費城（Philadelphia）的原意是「手足之情」，這裡除了有五十年前定居此地的貴格會教徒（Quakers）之外，也吸引了很多愛熱鬧、冒險進取的德國、蘇格蘭、愛爾蘭移民，使費城變成一個商店和旅店林立的蓬勃商場。儘管費城的市況雜亂，大部分的街道髒亂不堪，也沒鋪好，但貴格會教徒和其他移民為這個城市奠定的基調，深深吸引了富蘭克林。尤其，他們和波士頓的清教徒相比，顯得格外勤奮、低調、友善、包容。

富蘭克林抵達費城後，好好休息了一晚。翌日早上，他精神抖擻，梳洗打扮後，便去拜訪安德魯．布拉福德（小布拉福德）的店鋪。他在那裡不僅見到了安德魯，也見到他的父親威廉（老布拉福德）。威廉從紐約騎馬過來，比富蘭克林早一步抵達費城。不巧，安德魯的店內也沒缺人手，於是威廉帶著富蘭克林去拜訪

---

*譯注：一六八二年，約克公爵詹姆斯（未來的詹姆斯二世）把大片土地交給威廉．佩恩。這片土地包括現今的賓州和德拉瓦州，費城是在佩恩的領導下進行規畫和建設。Pennsylvania（賓夕法尼亞）源自於 Penn（佩恩）和 Sylvania（林地），亦即賜給佩恩的林地。

鎮上另一位印刷商薩謬爾．凱莫（Samuel Keimer），由此可見富蘭克林頗有長輩緣，很容易獲得長輩的提攜和關照。另一方面，我們從這個例子也可以看到美國商人身上常見的特殊「競合」精神。

凱莫是個不修邊幅又古怪的傢伙，湊合地經營著印刷生意。他問了富蘭克林幾個問題，給他一副排字盤測試他的技能，就承諾只要有工作、就馬上找他來上工。凱莫不知道威廉是競爭對手的父親，還滔滔不絕地向威廉描述他打算從安德魯那裡搶生意的計畫。富蘭克林靜靜地站在一旁觀看，對威廉的老謀深算大為驚訝。富蘭克林在自傳裡回憶道，威廉離開後，「我告訴凱莫那個老人是誰，他聽了大吃一驚。」

即使這次引薦有點尷尬，富蘭克林還是在凱莫那裡找到了工作，同時寄居在小布拉福德的家裡。後來凱莫要求他另尋住處，以避免公私不分，因此碰巧到約翰．里德（John Read）那裡租了一個房間。里德有個女兒，富蘭克林第一次搭船抵達費城時，里德的女兒剛好站在門口，看到一身狼狽的富蘭克林經過。他寫道：「這時我的箱子和衣服都已經運到費城了，所以在里德小姐的眼中，我現在的模樣比她第一次碰巧看見我在街上啃麵包捲時體面多了。」[5]

富蘭克林認為凱莫是個「怪人」，但他喜歡和凱莫抬槓，因為他倆都愛哲學辯論。富蘭克林覺得蘇格拉底辯論法很實用，常用這種方式來因應凱莫，既不會激怒對方，又可以經常辯贏。他會先問凱莫一些看似無關緊要的問題，最後顯露出凱莫的邏輯謬誤。凱莫對各種教派都信一些，他對於富蘭克林的能言善道相當激賞，甚至提議他們一起成立新的教派，由凱莫負責制定教義（例如不准修鬍），富蘭克林則是負責捍衛教義，因應各種質疑。對此，富蘭克林提出一個條件：必須把素食納入教義。結果他們實驗三個月就失敗了，某晚凱莫饑腸轆轆，禁不住誘惑，獨自一人狼吞虎嚥了一頭烤乳豬。

富蘭克林的魅力不僅吸引長輩的提攜，也讓他結識了不少朋友。他因腦筋機靈，個性隨和，笑臉迎人，在費城的年輕工匠圈裡很快就大受歡迎。經常和他湊在一起的哥兒們是三位年輕的店員：查理斯·奧斯本（Charles Osborne）、約瑟夫·沃森（Joseph Watson）、詹姆斯·羅夫（James Ralph）。羅夫是四人之中文采最好的，他深信自己有寫詩的天賦，應該盡情地自我放縱才能寫出好詩，成為卓越的藝術家。奧斯本則是喜歡吹毛求疵，嫉妒羅夫的才華，總是貶抑羅夫的作品。某天，他們四人一起在河邊散步，輪流朗讀自己的作品給大家聽。羅夫寫了一首詩，他知道奧斯本一定又會刻意挑剔，所以他請富蘭克林來唸，假裝那首詩是富蘭克林寫的。奧斯本果然中計了，當場對那首詩讚賞有加。那次經驗讓富蘭克林對人性有所體悟，因此學到了一課：避免引人嫉妒，別人更容易讚賞你的成就。這個體悟讓他往後的職業生涯受惠良多，鮮少出現例外。[6]

不可靠的長輩

當時富蘭克林結識的長輩中，對他影響最大的是熱情洋溢的費城總督威廉·基斯爵士（William Keith）。基斯這個人頗有善心，喜歡多管閒事，但沒什麼辦事能力。富蘭克林寫了一封文情並茂的信給姐夫，說明他在費城樂不思蜀、不願回波士頓的原因，也讓父母知道他的去處。他的親戚把那封信拿給基斯總督看，基斯對於少年能寫出如此文情並茂的信函感到相當驚訝。基斯認為他轄區裡的兩家印刷商都很簡陋，決定去找富蘭克林，並鼓勵他創業。

基斯總督穿著一身華服，走向凱莫的印刷店，不修邊幅的凱莫連忙到門口迎接。他發現總督不是來找他，而是來找富蘭克林時，大吃一驚。基斯一見富蘭克林，就對他讚譽有加，還邀他一起去喝一杯。富蘭克林後來寫道，凱莫當時的表情「呆若木雞」。[7]

他們到附近的酒館，一邊喝著香醇的白葡萄酒，一邊聊天。基斯總督表示，他願意幫富蘭克林開店，並承諾運用他的影響力來幫他承攬政府的生意。基斯也說他願意寫信給富蘭克林的父親，勸他資助兒子開業。後來，基斯又邀請富蘭克林共餐幾次，持續地讚賞與鼓勵他。於是，富蘭克林帶著基斯那封充滿溢美之詞的信，懷抱著與家人修復關係及功成名就的夢想，終於準備好再次面對家人。一七二四年四月，他搭上船，返回波士頓。

這時距離他離家出走已經有七個月，父母甚至不確定他是否還活著。他們看到他返家時都很興奮，熱情地歡迎他。不過，此時富蘭克林尚未記取驕傲及引人嫉妒是自找麻煩的教訓，他漫步前往哥哥詹姆斯的印刷店，自豪地展現「一身體面的新衣」，戴著花俏的懷錶，口袋裡裝滿約五英鎊的銀幣。詹姆斯上下打量他一番，就不發一語地回頭工作去了。

富蘭克林忍不住炫耀自己的現況。詹姆斯在一旁暗暗地生著悶氣，富蘭克林開始向店裡的年輕工人描述自己在費城過得多快樂，還掏出一把銀幣，攤在桌上，讓大夥兒好生羨慕。他還把那些錢給他們去喝幾杯。後來，詹姆斯告訴母親，他永遠不會忘記、也不會原諒富蘭克林的這種羞辱。富蘭克林回憶道：「關於這件事，他其實誤會了。」

家族的死對頭科頓・馬瑟反而比較接納富蘭克林，也願意對他循循善誘。馬瑟邀請富蘭克林到家裡做客，在藏書豐富的私人圖書館裡跟他聊天，並原諒他在《新英格蘭報》裡對他的嘲諷。他們走出圖書館時，經過一段狹窄的走廊，馬瑟突然大聲警告：「俯身！俯身！」富蘭克林聽不懂他在喊什麼，一頭撞上低樑。馬瑟向來習慣藉機說教，他乘機告誡富蘭克林：「以這次經驗隨時告誡自己，不要老是把頭抬得那麼高。年輕人，在社會上闖蕩、面對世事時，懂得低頭俯身可以幫你避免許多打擊。」日後富蘭克林在寫給馬瑟之子的信中提到：「這番忠告讓我受惠良多，我一直謹記在心。我看到一些人把頭抬得太高，而導致自尊受辱及惹禍上身時，常想起令尊的告誡。」這件事正好可以和他招搖造訪詹姆斯的印刷店形成強烈的對比，但他在自傳中對此事隻字未提。[8]

基斯總督的信和提議令喬薩亞大為吃驚。但是經過幾天的考慮後，他還是覺得資助年僅十八歲又叛逆離家的青年很不妥當。對於兒子能夠獲得長輩的青睞而且看起來頗為勤奮，他深感自豪，但他知道這時的富蘭克林仍是莽撞的青年。

喬薩亞眼看兩個兒子不太可能和好，遂答應讓富蘭克林返回費城並給予祝福，同時不忘叮嚀他，「要尊重他人……不要嘲諷和誹謗別人，他一直覺得我有這個壞毛病。」喬薩亞承諾，如果富蘭克林可以持續「勤奮工作，省吃儉用」，到二十一歲幾乎存夠開店的資本時，他願意幫忙湊齊不夠的部分。

富蘭克林的老友克林斯深受富蘭克林的描述所吸引，也決定跟他一起離開波士頓。但是到了費城，兩人就鬧翻了。克林斯的學識比富蘭克林好，但自律性較差，不久就開始酗酒。他開始向富蘭克林借錢，並對他心生怨恨。某天，他們和朋友乘船遊德拉瓦河，輪到克林斯划船時，他卻不肯。其他人對此不再強求，但富蘭克林不肯罷休，兩人扭打了起來。富蘭克林抓起克林斯，把他扔到水裡。每次克林斯游到船邊，他們就把船划離幾呎，並要求他承諾輪流划船。高傲的克林斯非常不滿，始終不願承諾，但最後大家還是讓他上船了。

此後，富蘭克林和克林斯鮮少交談，最後克林斯去了巴貝多島（Barbados），始終沒還錢給富蘭克林。

在短短幾個月內，富蘭克林就從四個人（羅夫、老哥詹姆斯、馬瑟、克林斯）的身上學到敵對、怨恨、驕傲和謙虛的道理。終其一生，富蘭克林雖然偶爾樹敵（例如佩恩家族）或引人妒忌（例如約翰・亞當斯），但是和多數人相比，尤其是相較於事業有成者，他樹敵與招嫉的頻率少很多。他從年輕時就學到，受人敬重、避免招怨的祕訣在於幽默自嘲、舉止謙和、言談不要咄咄逼人。[9]

喬薩亞不願資助兒子開店一事並未澆熄基斯的熱情，他大方承諾：「既然令尊不願意出資，就讓我來吧，我一定要讓這裡出現一家像樣的印刷店。」他叫富蘭克林列出開店所需的設備（富蘭克林估計那總共需要約一百英鎊），又建議富蘭克林親自去一趟倫敦，以挑選鉛字及結識人脈。基斯還承諾開信用狀，以支付購買設備及前往英國的旅費。[10]

愛好冒險的富蘭克林對此大為興奮，在出發的前幾個月，他經常和總督一起用餐。每次談到信用狀時，基斯都說還沒開好，富蘭克林也覺得沒必要擔心。

這時，富蘭克林也開始追求房東的女兒黛博拉。富蘭克林對於娶妻的想法還挺務實的，不是只為了生理需求。黛博拉的樣貌普通，但是感覺宜室宜家，令人安心。富蘭克林本身的條件也不錯，除了身強體壯、一表人才、親和力十足以外，他已經不再是黛博拉當年在街上看到的那個邋遢少年，而是鎮上最有前途又稱職的年輕工匠，備受總督及同儕的青睞。當時，黛博拉的父親剛過世，家中的財務狀況突然有些吃緊，她的母親因此希望女兒能嫁給好人家。但是，對於女兒嫁給一個即將前往倫敦的人，她覺得這件事需要從長計議，所以堅持這樁婚事要等富蘭克林從海外歸來再做打算。

初抵倫敦

一七二四年十一月，就在富蘭克林來到費城剛滿一年之際，他搭上船，前往倫敦。與他同行的是充滿抱負的詩人羅夫，他取代了克林斯，成了富蘭克林最親近的好友。為了前往倫敦，他不惜拋妻棄子。富蘭克林仍遲遲未收到基斯的信用狀，但基斯向他保證，信用狀會隨著最後一批郵件上船。

富蘭克林直到聖誕節前夕抵達倫敦時，才發現真相。不負責任的基斯根本沒寄信用狀，也沒寫推薦信。富蘭克林感到困惑不解，請教同船的旅客湯瑪斯．丹能（Thomas Denham）。丹能是出名的貴格教派商人，在旅途中與富蘭克林結識為友。丹能向富蘭克林解釋，基斯這個人反覆無常，他「聽到基斯答應給我信用狀時，笑了起來，說基斯根本毫無信用可言」。對富蘭克林來說，這件事讓他見識到人性的弱點，而不是邪惡。富蘭克林後來對基斯的評價是：「他想取悅每個人，但沒什麼可以給，只好到處開空頭支票。」[11]

富蘭克林後來聽取丹能的建議，決定善用這次來到倫敦的契機。此時的倫敦正處於太平盛世，蓬勃繁華，對富蘭克林這樣年輕有為的印刷匠來說極具魅力。那時的倫敦藝文界眾星雲集，史威夫特（Swift）、笛福、波普（Pope）、理查森（Richardson）、菲爾丁（Fielding）和切斯菲爾德（Chesterfield）等文壇巨擘星光熠熠。

富蘭克林帶著懷抱藝術夢想的羅夫，先找了便宜的住處。之後，富蘭克林在當地著名的帕爾默印刷店（Samuel Palmer's）找到了工作。羅夫先後嘗試了演員、記者、文書等工作，但都撐不久，老是向富蘭克林借錢。

富蘭克林和羅夫這種奇怪的共生組合其實屢見不鮮：一人充滿抱負、腳踏實地；另一人無憂無慮、耽於幻想。富蘭克林勤奮地賺錢，羅夫則老是拉著他去花錢，把收入都揮霍在看戲及其他的娛樂上，包括偶爾「和低下的女人廝混」。羅夫很快就遺忘了留在費城的妻女，富蘭克林也漸漸淡忘了他對里德小姐的海誓山盟，只寫過一封信給她。

後來，他們的友誼因為一個女人而決裂了。羅夫愛上美麗但窮困的年輕製帽師，搬去與她同住，終於有動機去找工作，到伯克郡的鄉下學校當老師。羅夫常寫信給富蘭克林，附上自己寫的敘事詩片段，請富蘭克林點評修改，還請他幫忙照顧女友。富蘭克林確實對那個女人關照有加，不僅借錢給她，安撫寂寞芳心，甚至（「當時也沒有宗教的約束」）還試圖勾引她。羅夫回到倫敦後，為此勃然大怒，與富蘭克林絕交，並宣稱那件事使他們之間的債務就此一筆勾銷。那時羅夫總計欠了富蘭克林二十七英鎊。[12]

富蘭克林後來結算，那筆錢雖然要不回來了，但他也少了羅夫這個包袱，剛好相互抵銷。這樣的型態後來一再出現，早期有克林斯和羅夫這兩個例子。富蘭克林總是可以輕易結識朋友和知識分子，贏得長輩的青睞，吸引輕浮的仰慕者，到處結緣，但他比較不擅長投入深厚的感情或承諾，以培養長久的情誼，即使對家人也是如此。

加爾文教派和自然神論

在帕爾默印刷店工作時，富蘭克林參與印製威廉・沃拉斯頓（William Wollaston）的《自然宗教》（*The Religion of Nature Delineated*），那是一本啟蒙運動的小冊子，主張宗教信仰應該透過科學和自然的研究過程逐漸累積，而不是經由神啟。富蘭克林未受過正規教育，年紀尚輕，有種初生之犢不畏虎的銳氣。他認為沃拉斯頓的論點大致上沒錯，但有些地方不太正確。於是，一七二五年初，他著手寫了一篇文章，標題是〈論自由與匱乏、快樂與痛苦〉。

在文中，富蘭克林把神學前提和邏輯三段論扯在一起，搞得錯綜複雜，連自己都迷陷在其中。例如，他假設上帝是「全知全善全能的」，所以世上存在或發生的一切，都受到祂的認可。「祂認可的事肯定是好的，因為祂是良善的，所以邪惡並不存在。」

此外，幸福之所以存在，必定有不幸與之相對，兩者不可能單獨存在，所以兩者會相互抵銷。「由於痛苦一定會自然產生等比例的快樂，任何人在人生的各個階段，都有等量的痛苦與快樂。」文中，富蘭克林反證了靈魂不朽的概念、自由意志的可能，以及加爾文教派的基本教義之一「人注定獲得救贖或下地獄」，至少他對此頗為得意。他主張：「人只能做好事，在造物主面前，人人都必須受到一樣的尊重。」[13]

富蘭克林的那篇「論述」稱不上高深的哲理，他後來也坦言那篇文章是膚淺、缺乏說服力的尷尬作品。當初他還印了一百份，說那是一大「錯誤」，想盡辦法回收燒掉。

不過，說句公道話，數百年來，許多比富蘭克林更卓越、成熟的哲學家試圖釐清自然意志和上帝旨意之間的關係時，也迷失在其中。我們也許都還記得自己十九歲時寫的報告或專題論文，或是聽到有人提起舊作就不禁打了冷顫。然而，富蘭克林即使後來成熟了，他從未變成媲美當代名家柏克萊（Berkeley）、休謨（Hume）那樣嚴謹、一流的哲學家。他就像塞繆爾．詹森（Samuel Johnson）一樣，比較喜歡探索務實的思想及現實情境，而不是形而上的抽象論述或演繹證明。

富蘭克林那篇「論述」的主要價值，在於揭露他偶爾就想要放棄清教教義的意願。他年輕時讀了洛克、沙福堡伯爵（Lord Shaftesbury）、艾迪生等人的著作，受到支持自由思想宗教以及自然神論的先哲所影響。

這些人主張，每個人透過推理和研究自然，最能發現有關上天的真理，而不是盲目地接受宗教教義和上帝旨意。富蘭克林也讀了一些反駁上述宗教異端、捍衛加爾文教派的正統宗教論述，但他覺得那些論述比較沒有說服力。他在自傳中寫道：「書中引用自然神論的觀點以便加以駁斥，但那些觀點在我看來比駁斥更強而有力。」[14]

不過，富蘭克林很快就得出一個結論：簡單、自以為是的自然神論也有它的缺點。他讓克林斯和羅夫改信自然神教，但他們很快就做出對不起他的事，而且內心毫無愧疚之意。同樣的，他也開始擔心是自由思想促使他向黛博拉和其他女子大獻殷勤，因此他對自然神論提出以下的看法：「我開始懷疑，這種學說可能是正確的，但不太實用。」由此可見他對宗教的務實態度。

儘管神啟對他來說「不重要」，但他還是覺得宗教信仰是有益的，因為宗教鼓勵行善及道德的社會。所以他開始信奉強調道德的自然神論，主張行善助人是服侍上帝的最好方法。

這番理念促使富蘭克林放棄了清教派和加爾文教派的許多教義。那些教派主張唯有上帝開恩，我們才能獲得救贖，無法藉由行善得救。他們認為亞當不遵守上帝的「善工之約」時，人類就失去了那種選擇，取而代之的是「恩典之約」，只有上帝預先選定的部分子民才會獲得救贖。對富蘭克林那種剛受啟蒙的理性主義者及實用主義者來說，恩典之約似乎「難以理解」，甚至「毫無裨益」。[15]

道德行為計畫

在帕爾默印刷店工作約一年後，富蘭克林在規模更大的沃茲印刷廠（John Watts's）找到工資更高的工作。有些印刷工人整天猛灌淡啤酒，他們認為喝啤酒才有力氣。但富蘭克林生性節制儉樸，他試著說服同事相信，喝熱粥搭配麵包更營養，於是大家幫他起了一個綽號「只喝水的美洲人」。他們都很欣賞他的過人體力及清醒的頭腦，而且他們在酒館花光週薪時，他還會借錢給他們。

雖然他滴酒不沾，但沃茲印刷廠的工人還是堅持他必須繳交五先令的「迎新費」，那是用來買酒的錢。當他從印刷室升遷到排版室時，他們又要求他交一次迎新費，這次他就拒絕了。因此，同事把他當成外人看待，動不動就捉弄他。三週以後，他終於受不了了，乖乖交了迎新費，因為他覺得「跟朝夕相處的人交惡實在很愚蠢」。交錢以後，他很快又恢復了人氣，再加上他詼諧幽默，「言詞犀利」，大家對他頗為敬重，給了他「妙語高人」的稱號。

富蘭克林完全不怕生，他在倫敦時，就像以前在波士頓和費城那樣交友廣闊，常參加當時小有名氣的文人聚會，想辦法認識各種有趣的人物。如今保留下來的早年書信中，有一封信的收件人是英國皇家學會的會長漢斯．斯隆爵士（Hans Sloane）。富蘭克林在信中寫道，他從美洲帶了一個石棉錢包過來，不知道斯隆是否有興趣購買。斯隆拜訪富蘭克林，帶他回到位於布魯姆斯伯利廣場的住家做客，向他展示收藏的珍寶，並花大錢買下那個石棉錢包。富蘭克林也和附近的書商達成協議，讓他借書回家閱讀。

自從小時候發明手蹼和腳蹼橫渡波士頓港後，富蘭克林就對游泳十分熱中，他還研讀了最早出現的游泳相關書籍《游泳的藝術》（*The Art of Swimming*）。那是一六九六年由法國人梅爾基瑟泰．戴弗諾（Melchisedec Thevenot）撰寫的，該書推廣了蛙式游法（自由式是在一百多年後才開始流行的）。富蘭克林自己精進泳技，學會在水面及水中游蛙式的各種變化動作，「希望能達到不僅實用，而且姿勢優美又輕鬆的境界」。

他也教朋友游泳，其中一人也是在印刷廠工作的年輕人，名叫懷蓋特（Wygate）。某天他和懷蓋特及其他人一起搭船遊泰晤士河，他突然決定炫耀一下泳技，當場脫下衣服，跳進水裡，以各種姿勢從船邊游到河岸，再游回船邊，有人因此提議大家出資為富蘭克林開辦一所游泳學校。懷蓋特覺得他和富蘭克林的「關係愈來愈密切了」，提議他們一起周遊歐洲，在各地的印刷店打工，順便教游泳為生。富蘭克林回憶道：「我一聽頗為動心，但是後來跟好友丹能先生提起這個計畫時（我一有空就常去找他聊天），他勸我不要去，建議我只考慮回賓夕法尼亞（現在的賓州）的事，當時他也正要回去。」[16]

丹能是富蘭克林當初搭船來倫敦的途中結識的貴格會商人，他說只要富蘭克林願意簽下年薪五十英鎊的工作約當他的雇員，他願意幫富蘭克林出回北美殖民地的船費。那工資比富蘭克林在倫敦賺得還少，但是他有機會回到北美殖民地經商，那職業比當印刷工更高尚。於是，一七二六年七月，富蘭克林和丹能一起搭船回去了。

富蘭克林過去曾因交友不慎，信任一些人品不可靠的傢伙而受到傷害（例如：基斯、克林斯、羅夫），丹能則完全不同，他相當正直。幾年前他背債離開英國，在北美殖民地賺了一些錢，小有成就。回到英國以後，他特地設宴款待以前的債主，對他們大言感激，並請他們看盤子底下的東西，他們發現盤子底下是連本帶利的還款。從此以後，富蘭克林比較喜歡接近務實可靠的人，而不是那些老愛幻想、不切實際的人。

為了使自己變成更值得信任的人，富蘭克林在返回費城的十一週航程中，寫下「未來行為準則」。那也是最早出現的個人信條，內容詳述務實的成功準則。那套準則的出現，使他成了自我精進指南的始祖。他自我檢討，因為他從來沒為自己設計一套行為準則，所以目前為止的生活有些迷惘。「我決定採取一些行動，從此以後，在各方面都像理性動物一樣生活。」那裡頭包括四個準則：

1. 在還清欠款以前，我必須極其節儉。
2. 努力在每個場合說真話，不對人許下不可能履行的諾言，言行舉止皆以誠為本，那是理性者最討喜的優點。
3. 勤奮投入正在從事的工作，不因一夜致富的愚蠢計畫而分心，因為勤奮與耐心才是最可靠的致富之道。
4. 絕不論人是非，道人長短。[17]

第一條他早就非常擅長了，遵守第三條也沒什麼問題。至於第二條和第四條，他經常警惕自己，通常會刻意展示他有奉守這些準則，雖然有時作秀的成分多於實踐的成分。

回家的航程中，二十歲的富蘭克林沉浸在對科學的好奇中。例如，他在海草中發現了幾隻小螃蟹，拿那些螃蟹來做實驗；根據月亮的圓缺來計算與倫敦的距離；研究海豚和飛魚的習性。

他的旅程日誌也顯示他有觀察人性的天賦。他聽說懷特島的前總督以道德高尚著稱，但是幫他看守城堡的人卻認為他是壞蛋，富蘭克林因此認為：虛偽的人無論多機靈，肯定會露出馬腳。「真理和真誠先天就有獨特的光彩，是無法完美偽造的，就像火和火焰是無法畫出來的。」

和船員下西洋棋賭博時，富蘭克林又發現一條「必然的準則」：兩個判斷力相當的人為了一大筆錢賭博時，最在乎金錢的人往往會輸，因為贏錢的渴望往往會讓他沖昏頭。他認為這個準則也可以套用在其他對決的領域：太在乎輸贏的人，往往會採取守勢，而無法抓住主動攻擊的優勢。

對於人類的社交渴望，富蘭克林也想出一些理論，那些理論特別適合套用在他身上。一位同船的乘客打牌作弊被逮得正著，其他人決定對他罰款。那人拒絕交出罰款時，大家決定對他採取更嚴厲的懲罰：孤立他，完全不理會他，直到他交出罰款為止。最後那個人終於忍不了，乖乖繳了罰款以結束大家對他的孤立。這個事件讓富蘭克林得出以下的結論：

> 人是社群動物，被社會隔離在外也許是最嚴厲的懲罰。我讀過很多有關孤獨的描述，有些假裝睿智的人常吹噓獨自一人也不感寂寞。我承認，對繁忙者來說，孤獨的感覺令人耳目一新，但是這些人要是被迫永遠獨處的話，我想他們很快就會受不了了。

人與人之間的社交親和力，是啟蒙運動的一種根本情感，那是以良善的人性本質為基礎，富蘭克林就是這方面的最佳範例。上面那段文字的開場白「人是社群動物」就是他一生最顯著的信條。在那段旅程的後期，他們遇到另一艘船，富蘭克林寫道：

> 與世隔絕許久之後，在茫茫大海上遇見另一艘載滿同類的船，而且他們的處境與我們一樣，這種偶

遇著實令人興奮。看到那麼多臉孔，我不禁開懷大笑了起來。

不過，最令他開心的，還是終於看見美洲海岸的時候。他寫道：「我喜極而泣，淚水模糊了視線。」帶著對社群的深入瞭解、對科學的好奇，以及那一套務實生活的準則，富蘭克林已經準備好在費城定居下來，追求成就。他現在終於體認到，費城比波士頓或倫敦更像他真正的家。[18]

第四章　印刷工

費城，一七二六－一七三二年

自己開業

富蘭克林先天就是開店的料，他天資聰穎，充滿魅力，善於察言觀色，又亟欲成功。一七二六年底，富蘭克林和丹能回到費城後不久，就在水街（Water Street）上開了一家商店，富蘭克林說他很快就變成「銷貨高手」。對充滿抱負、年僅二十歲的富蘭克林來說，丹能就像人生導師兼代理父母，「我們吃住都在一起，他就像慈父一樣指導我，真誠地關心我，我很尊敬及愛戴他。」[1]

但是富蘭克林想成為成功商人的夢想，不到幾個月就幻滅了，丹能不幸病逝。他在口頭遺囑中，免除富蘭克林欠他的十英鎊船運旅費，但沒有把他們共同創立的商店留給他。在缺錢及前景黯淡下，富蘭克林不得不放下自尊，接受凱莫的提議，回到他的印刷店工作，不過這次是擔任領班。[2]

當時北美殖民地沒有鑄造鉛字的鑄造廠，富蘭克林設法運用凱莫的鉛字製作鉛模，他因此成為北美殖民地自製鉛字的第一人。當代最流行一種無襯線字體名叫 **Franklin Gothic**，如今常用於報紙頭條，那是一九〇二年以他的名字命名的。

凱莫開始對他頤指氣使，富蘭克林向來討厭專制權威，於是兩人的關係開始生變。某天，店鋪外頭傳來一陣騷動，富蘭克林從窗戶探頭出去看。凱莫就站在街上，對著他大喊別管閒事。這種公開指責讓富蘭克林覺得很丟臉，當場憤而離職。但幾天後，凱莫又去懇求他回來上班，他也確實回去了。畢竟，他們仍彼此需要，至少暫時如此。

凱莫取得為紐澤西議會印製新紙鈔的生意，當時只有富蘭克林擁有得以完成那項工作的技術。富蘭克林設計了一套銅版印刷機，製造出非常精緻的紙鈔，使人難以偽造。他們還一起去了一趟紐澤西的柏靈頓（Burlington），這次也是年輕有為、能言善道的富蘭克林結識當地的顯要人物，而不是他那個不修邊幅的老闆。「我因讀過很多書，見識比凱莫多，我想這是他們比較樂於和我交談的原因。他們邀我到家裡作客，把我介紹給他們的朋友認識，對我非常客氣有禮。」[3]

富蘭克林與凱莫的關係注定無法持久。向來叛逆急躁的富蘭克林覺得凱莫只是在利用他，凱莫找來四個「廉價的生手」，要求富蘭克林幫他培訓，目的是等他教會他們，就可以把他一腳踢開。不過，富蘭克林也是在利用凱莫，他和店裡的學徒修・梅雷迪斯（Hugh Meredith）有個祕密約定，他們決定等梅雷迪斯的學徒期滿後，就由梅雷迪斯的父親出資，讓他們開一家印刷店跟凱莫競爭。雖然這稱不上多陰險的計策，卻和富蘭克林之前的高尚誓言「言行舉止皆以誠為本」有點格格不入。

梅雷迪斯當時三十歲，喜歡閱讀，但有酗酒的惡習。他的父親是來自威爾斯的農民，很欣賞富蘭克林，尤其富蘭克林又說服他的兒子戒酒（至少暫時戒了）。他同意為這兩個年輕人提供開業資金（約兩百英鎊），讓他們成立合夥事業，富蘭克林是以技術入股。他們還託人去倫敦採購設備*，一七二八年年初，就在紐澤西的紙鈔印刷完成以及梅雷迪斯的學徒期滿後不久，那些設備也運抵了費城。

兩位合夥人揮別了倒楣的凱莫，在市場街租了一間房子開業，馬上就有第一位客人上門，那是朋友介紹來的農民。「這個鄉下人的五先令，是我們的第一筆收入，來得正是時候，帶給我的快樂比我後來賺的任何錢還多。」

他們的生意之所以做得起來，主要是因為富蘭克林相當勤奮努力。一群貴格會的教徒找上他們印刷歷史，富蘭克林的印刷店負責印製一百七十八頁，其餘的由凱莫印製。富蘭克林每天一定排完四頁的對開版才下班，通常下班時已過晚上十一點。某晚他排好版後，不小心撞翻版子，他馬上熬夜重新排好。富蘭克林寫道：「這種勤奮努力，鄰居都有目共睹，我們開始贏得聲望和信譽。」城裡某位知名商人告訴俱樂部的朋友：「富蘭克林是我見過最勤奮的人，晚上我從俱樂部回家，看見他還在工作；早上鄰居還沒起床，他又開始工作了。」

於是，富蘭克林成為勤奮的典範（至少表面看來是如此）。即使後來事業有成，他也會刻意親自推著裝滿紙捲的手推車在街上行走，而不是請人代勞。[4]

相反的，梅雷迪斯就一點也不勤奮了，甚至酗酒的老毛病又復發了。此外，他的父親只為承諾支付的設備付了一半的錢，導致供應商寫信來催討並提告。富蘭克林只好向兩位朋友求助，但朋友開出的資助條件是，他必須終止和梅雷迪斯的合作關係。幸好，梅雷迪斯也意識到自己更適合回家務農，所以最後一切圓滿落

＊注：富蘭克林訂購的字體是一七二〇年代由知名的倫敦鉛字製造師威廉·卡斯隆（William Caslon）製造的。

幕：梅雷迪斯讓富蘭克林買下他的股份，去了卡羅萊納，後來寫信給富蘭克林描繪當地的鄉野，富蘭克林還把他的信印刷發表出來。

於是，富蘭克林終於有了自己的印刷店。更重要的是，他有了事業。印刷及相關事務（出版、寫作、新聞、郵政）對富蘭克林來說不再只是工作，更是充滿樂趣的志業，既崇高又有趣。富蘭克林一生從事多種其他的職業，包括科學家、政客、政治家、外交官。但是自從有了自己的印刷店以後，他總是以六十年後放在遺囑上的第一句話自居：「我是費城的印刷工班傑明．富蘭克林。」[5]

互助學習會

富蘭克林是人脈達人，喜歡把日常生活和社交生活連在一起，善用兩者來發展事業。一七二七年秋季，他剛回到費城不久，就成立一個由年輕勞工組成的俱樂部，名叫「皮圍裙俱樂部」，正式名稱是互助學習會（Junto）。

那個小社團的成員都是冒險進取的生意人和工匠，而不是社會菁英（社會菁英有更高檔的紳士俱樂部）。一開始，成員每週五到當地的酒館聚會，不久之後他們租了一幢房子，在那裡討論時事，辯論哲學，設計自我成長的計畫，組成有利於個人事業發展的人脈圈。

富蘭克林向來非常熱中於創立俱樂部與互助會，以增進彼此的利益。這種熱中團體活動的進取心，是富蘭克林、也是美國人的典型特徵。當經商的中產階級逐漸在北美殖民地成形時，他們藉由成立俱樂部、社團、互助會、兄弟會等組織，來平衡個人主義的性格特質。富蘭克林充分體現了這種互助型態，兩百年後的今天，他仍是這種互助精神的象徵。

富蘭克林的互助學習會最初只有十二名成員，其中包括印刷店的合夥人梅雷迪斯、喬治・韋布（George Webb，風趣但魯莽的牛津輟學生，也是凱莫的學徒）、湯瑪斯・戈弗瑞（Thomas Godfrey，玻璃工匠及業餘的數學家）、約瑟夫・布瑞諾（Joseph Breintnall，契約謄寫人及詩歌愛好者）、羅伯・葛雷斯（Robert Grace，家境不錯又大方，愛說雙關語）、威廉・科爾曼（William Coleman，頭腦清楚、心地善良、品行端正的職員，後來成了顯赫的商人）。

互助學習會的成員除了相處融洽以外，在生活與事業上也相互提攜。戈弗瑞寄宿在富蘭克林的印刷店裡，他的太太會幫印刷店的夥伴做飯。布瑞諾幫富蘭克林招攬了替貴格會教徒印刷的案子。富蘭克林從梅雷迪斯手中買下印刷店的股份時，是葛雷斯和科爾曼出資贊助的。

富蘭克林為互助學習會設定的基調是真誠。新會員入會時，必須把手放到胸口，回答四個問題：你是否對任何會員心懷不敬？你是否熱愛所有人，無論他們的宗教信仰或職業是什麼？你覺得人應該為他自己的意見或信仰受罰嗎？你是否熱愛真理，並致力追尋真理？

富蘭克林擔心，他愛交談又愛現的性格，容易使他「漫無邊際地閒扯、耍嘴皮子、搞笑，那只會讓我結交到一些淺薄輕浮的人」。他意識到「知識的取得需要側耳傾聽，而不是靠耍嘴皮子」，所以在互助學習會裡，富蘭克林開始練習沉默及溫和交流。

一種做法是以溫和的蘇格拉底式辯論法來討論議題。他以前在波士頓和克林斯練習辯論時，曾用過這種方法，之後和凱莫抬槓時也用過。那種方法後來成為互助學習會的主要風格，他們的討論「不得以爭論為好，也不得執拗取勝」。富蘭克林教朋友以建議或發問的方式來提出個人主張，並展現好奇心（或至少裝一下好奇心）以免冒犯別人。他回憶道：「禁止提出主觀武斷的見解，或是針鋒相對的駁斥，違者處以小額罰款。」六十年後，他也在制憲會議上大力提倡這種風格。

互助學習會成立不久，富蘭克林在報上發表了一篇犀利的文章，標題是〈論交談〉。他在文中強調，聽從他人或至少裝出聽從的樣子很重要，否則再怎麼精明的言論，也會使人「心生嫉妒與反感」。他獲得友誼及影響他人的祕訣，聽起來猶如戴爾・卡內基（Dale Carnegie）的課程：「想贏得他人的信任，就不能和他們爭辯，必須尊重他們，給他們機會充分展現優點。當你滿足他們的虛榮心時，他們也會回捧你，覺得你比其他人重要……這就是人類虛榮的天性，傾聽他人比口若懸河更容易獲得他人的好感。」[6]

接著，富蘭克林提到交談時最容易「招致不滿」的錯誤。最大的錯誤是「說得太多……那絕對會惹人嫌棄」。他開玩笑說，這種人碰在一起時最有意思：「他們都覺得對方很煩，臉上表情及肢體動作都明顯展露出對彼此的嫌惡。你會看到他們瞪大眼睛，不斷打斷彼此的話語，不耐煩地緊盯著對方，想抓住對方咳嗽或停頓的空檔插話。」

他列出的其他交談錯誤包括：看似不感興趣；講太多私生活；打探他人隱私（「這是不可饒恕的無禮舉動」）；滔滔不絕但毫無重點（「老人容易犯這種錯誤，這也是避免和老人為伍的主因」）；直接反駁某人或與他爭論；嘲諷或指責某人（「這有點像鹽巴，放一點可為菜色提味，但放太多會毀了整道菜」）；散布謠言（但他後來又表示以輕鬆詼諧的筆觸說八卦不算）。

隨著年齡的增長，富蘭克林逐漸瞭解到遵守上述見解的重要。他善於傾聽，以間接的方式說服別人，並在爭論中刻意展現謙遜。「別人提出主張，我發現有誤時，不會得意地反駁他」，而是先部分認同，接著再委婉地提出異議。他在自傳裡回憶道：「過去五十年來，沒有人聽過我隨口說出武斷的話。」有些人覺得富蘭克林這種巧言善色的謹慎風格非常賢明睿智，也有些人覺得他虛情假意、別有居心，但幾乎沒有人因此勃然大怒。這種方法後來也成了現代管理指南和自我成長書籍裡的主要內容。

富蘭克林雖是互助學習會中年紀最輕的成員，但由於智識過人又能言善道，他不僅是該會的創設者，也是靈魂人物。他們探討的話題涵蓋社會、科學、形而上學等多元領域。多數的內容務實，有些內容古怪，但全部都很發人深省。例如，引進契約傭僕會讓北美殖民地更加繁榮嗎？優質好文具備哪些特質？為什麼冰冷的杯子上會產生小水珠？幸福快樂的祕訣是什麼？何謂智慧？知識淵博和深謀遠慮之間有區別嗎？政權若是剝奪民眾的權利，民眾是否有理由反抗？

除了這些話題以外，富蘭克林也列出交流指南，供互助學習會的成員參考。那份指南共有二十四條，充分反映了富蘭克林所推崇的實用主義，所以值得在此詳列出來。

1. 你最近讀的書中，有什麼特別的，或適合和互助學習會分享的嗎？
2. 最近你聽到什麼新的故事，適合與大家分享？
3. 最近你聽到誰經商失敗嗎？是什麼原因？
4. 最近你聽到誰事業有成嗎？他用什麼方法？
5. 最近你有聽說本地或外地的有錢人致富的方法嗎？

6. 最近你知道誰做了值得表揚與效法的事？或是誰犯了我們該自我警惕及避免的錯誤？
7. 最近你看到或聽說哪些因飲酒過度、行為輕率、衝動或其他惡行或愚行而造成的遺憾？

……

12. 上次開會以來，你聽說哪些值得幫助的外地人來到本地嗎？你聽說他有什麼特質或優點？你認為互助學習會應該幫助他或鼓勵他嗎？

……

14. 最近你發現哪些地方法律有缺陷，應該修法嗎？
15. 最近你有發現百姓的自由受到侵犯的情況嗎？
16. 最近有人破壞你的名譽嗎？互助學習會能做什麼幫你捍衛名譽？
17. 你是否有想要結識的人是互助學習會或我們的會員可以幫你牽線的？

……

20. 互助學習會或會員可用什麼方式協助你的正面計畫？[7]

富蘭克林借重互助學習會來推行各種公益活動。早期，他們討論過賓夕法尼亞是否應該增加紙鈔的供應量。富蘭克林對此提議深表贊同，因為他覺得那對經濟及自己的印刷事業都有益（富蘭克林和整個互助學習會都特別喜歡這種可以同時兼顧大眾及個人利益的事務）。互助學習會搬進承租的房子以後，他們設了一個圖書館，匯集會員的藏書，後來那裡變成北美殖民地第一個會員圖書館的雛形。此外，富蘭克林也透過互助學習會，提議透過徵稅的方式，設置鄰里巡警、消防隊和學校，那所學校就是後來的賓州大學。

互助學習會的許多規則和提議，其實都很類似數十年前科頓·馬瑟在波士頓建立的鄰里互助會，只是規定不像馬瑟的組織那麼苛刻武斷。例如，馬瑟的鄰里互助會有一條規則：「是否有人行為可鄙、惡名昭彰，需要我們出面告誡？」富蘭克林也讀過笛福的〈友誼社團〉和約翰·洛克（John Locke）的〈每週聚會以精進實用知識的社團章程〉，這兩篇文章也是互助學習會的參考範本。[8]

不過，互助學習會所主張的真誠及自我精進，主要還是富蘭克林的個人特質所衍生出來的結果，也對往後的美國特質產生了重要的影響。互助學習會在他的領導下發展了三十年，雖然是以隱密的方式運作，但由於想加入的人太多，富蘭克林乾脆授權會員自組分會，後來有四、五個分會蓬勃發展。互助學習會讓富蘭克林得以延伸及擴大其熱愛社交的本質，它就像富蘭克林本人一樣，主張務實、勤奮、求知、歡樂、中產階級的理念，強調公民道德、互助互惠、個人與社會的精進，以及勤奮的公民可透過行善來實現自我價值。簡言之，互助學習會就是富蘭克林投身社會公益的寫照。

好事者之文

富蘭克林節儉又勤奮，再加上互助學習會的成員幫他轉介生意，所以即使城裡只容得下兩家印刷店，他經營第三家的生意還不錯。不過，波士頓的學徒經驗讓他知道，唯有同時經營印刷事業，以及自己的內容與發行管道，才有可能真正蓬勃發展。當時他的競爭者布拉福德在城裡發行唯一的報紙，發行量不大，但收益不錯，也幫布拉福德建立了不錯的政商關係，拉抬了他的印刷事業。布拉福德也是城裡的郵政局長，因此掌控了報紙的發行通路，又可以率先獲得遠方的消息。

富蘭克林決定挑戰布拉福德，往後的十年間，他成功建立了一個媒體集團，涵蓋生產（印刷業務、在其他的城市也有授權印刷者）、產品（報紙、雜誌、曆書）、內容（他自己的文章、《窮理查年鑑》、互助學習會成員的文章）、發行配送（最後涵蓋了整個北美殖民地的郵政系統）等領域。

首先是辦報。富蘭克林決定辦一份報紙，與布拉福德的《美利堅信使週報》（*American Weekly Mercury*）相抗衡。但他犯了一個錯誤，向互助學習會的成員韋布透露了這個消息。韋布在凱莫印刷店當學徒，他把消息告訴了凱莫，凱莫馬上搶在富蘭克林之前發行了自己的報紙，還取了一個又臭又長的名字《藝術與科學的通用指南暨賓夕法尼亞報》（*The Universal Instructor in All Arts and Sciences, and Pennsylvania Gazette*）。富蘭克林知道這時要馬上發行第三份報紙很難，他也缺乏資金，所以他決定先以最拿手的武器「寫作」來搞垮凱莫的報紙。當年富蘭克林年僅二十三歲，但已是賓夕法尼亞最好的作家，也是北美殖民地最幽默風趣的撰稿人。（卡爾·范多倫〔Carl Van Doren〕曾為富蘭克林作傳，也是一九三〇年代的卓越文學評論家，他曾公開指出，一七二八年，富蘭克林是「北美殖民地最好的作家」。當時文筆最接近他的可能是牧師喬納森·愛德華茲〔Jonathan Edwards〕，愛德華茲的文章比較濃烈，文學色彩較強，但措辭巧妙及幽默風趣的程度遠不如富蘭克林。）

富蘭克林決定沿用賽倫斯·杜古德的方式，寫一系列匿名的文章，投稿到布拉福德的《美利堅信使週報》，使民眾完全忽略凱莫那份新報紙。過去十年來，布拉福德那份單調乏味的報紙從未刊登過那種內容，富蘭克林想為他的報紙挹注活水，至少在打垮凱莫的報紙以前先幫他提升內容。

最初兩篇文章是攻擊可憐的凱莫。當時凱莫以連載百科全書的方式作為報紙的內容，第一期選的條目裡包括「墮胎」。這其實是無心之舉，卻給了富蘭克林見縫插針的機會。他用瑪莎．凱爾芙（Martha Careful，原意是小心的瑪莎）和西莉亞．蕭費斯（Celia Shortface，原意是短臉的西莉亞）這兩個筆名投書到布拉福德的報紙，佯裝對凱莫的報導內容感到震驚氣憤。凱爾芙小姐還揚言：「他要是再以那種囂張的方式揭露我們女性的祕密，就別讓我們遇見他，否則我們會冒險去扯他的鬍子。」於是，富蘭克林在北美殖民地掀起了第一場有記錄的墮胎爭辯，其實他對那個議題沒多大的興趣，就只是為了提高報紙的銷量罷了。

隔週，富蘭克林開始以「好事者」（Busy-Body）的筆名，發表一系列的經典文章。布拉福德把那些文章刊登在頭版上，還掛著大大的署名。富蘭克林至少親自寫了四篇，後來有兩篇寫了一半，就轉交給互助學習會的會員布瑞諾負責。「這種方式吸引了民眾關注布拉福德的報紙，凱莫的報紙則在我們的嘲諷下乏人問津。」[9]

好事者系列一開始就巧妙點出布拉福德那份報紙的不足（「通常索然無味」），並宣稱他的目的（至少暫時）是讓它變得更好。他模仿英國評論家斯蒂爾自創的人物以撒．貝克斯塔夫（Isaac Bickerstaff），化身為愛評論又八卦的名嘴，因此成為美國第一位八卦專欄作家。他也坦言這些事情大多「事不關己」，「純粹是為了大眾利益」，他自願「把沒人管的閒事攬起來處理」。他提醒大家，有些人可能會覺得受到冒犯，但他也指出八卦的根本魅力所在：「自己不是受到抨擊的對象時，多數人都樂在其中。若有人因為我公開揭露其私下惡行而怒不可遏，我保證若是看到好友和鄰居遇到同樣的狀況，他們也會有一時半刻感到幸災樂禍。」

凱莫面對攻擊，以過時的方式提出告誡。他說，好事者系列也許一開始可以讓布拉福德的讀者提升「花錢買樂子的預期」，但他們很快就會因為「看到鄰居的聲譽受損而暗自悲傷」。當好事者繼續發文冷嘲熱諷時，激動易怒的凱莫語氣轉趨尖刻，寫了一首彆腳的打油詩反擊：「你在報上諷刺我，逼我拔劍來相搏。我一眼看透你恨意，憐你鄙人多厄運。」他還寫了一篇令人費解的故事來搭配那首詩，標題是〈強烈抗議好事者〉，文中把富蘭克林和布瑞諾描述成雙頭怪物，說富蘭克林是「猿猴的典型……像大衣一樣迂腐老舊，頭殼像鞋底一樣厚。」[10]

於是，凱莫成了最早公開抨擊富蘭克林的敵人。十年後，富蘭克林和布拉福德各自創辦雜誌時，這種互相出賣、媒體之爭、文字論戰的戲碼又會再次上演。

不過，對愛看八卦的人來說，好事者系列並未提到很多八卦娛樂。那些文章通常是巧妙地改寫真人實事（例如，一位讀者曾大費周章地公布，文中指涉的人物是誰），富蘭克林運用了如今常見的虛偽免責聲明：「如有雷同，純屬巧合。」

好事者系列中，最後一篇是由富蘭克林主筆。該文取笑尋寶者手持占卜杖，在森林裡挖來挖去，想尋找海盜掩埋的寶藏。他寫道：「人一旦渴求一夕致富，就會失去理智，相信這種事，因此忘了勤奮和節儉才是真正穩當的致富之道。」那篇文章嘲諷當時的淘金熱，並宣揚富蘭克林最愛的主題：穩紮穩打、勤儉奮發才是致富的唯一途徑。文末，他引用他捏造的友人亞格里柯拉（Agricola）把一塊地留給兒子時所說的話：「我向你保證，我曾靠挖掘那塊土地，找到大量的黃金。你不妨也試試看，但是要小心，每次挖掘絕不能挖得比犁頭還深。」

那篇文章的後半段主張，賓夕法尼亞應該發行更多的紙幣。大部分的內容都是富蘭克林撰寫的，只有一小部分是布瑞諾寫的。富蘭克林在文中指出，那些反對增加紙幣發行的人，是為了保護自己的財務利益，但他如此鼓吹紙幣的發行，當然也是為了自己的印刷事業著想。他也首次抨擊賓夕法尼亞的領主「佩恩家族」以及他們任命的總督（後來他又多次抨擊他們），暗指他們想把賓夕法尼亞的多數居民變成「他們的佃戶和附庸」。這段結尾在布拉福德的報紙中遭到刪除，或許是因為布拉福德與佩恩家族及其黨羽過從甚密。[11]

該文刪除那段紙鈔論述還有一個原因，富蘭克林針對那個主題寫了另一篇更周詳的論述。他在互助學習會裡，把那篇文章提出來討論，決定隔週印成小冊發行。〈論紙鈔的本質與必要性〉是富蘭克林第一次認真地分析公共政策，那比之前有關宗教的形而上思考更有見地。他對金錢有扎實的觀感，不像神學只是抽象的理論。

富蘭克林主張，紙鈔不足導致利率上漲，工資低落，日益依賴進口。債權人和大地主反對增加紙鈔的發行，是出於自利的考量，但「熱愛貿易、樂見製造業發展的人，都贊成增加紙鈔的發行」。富蘭克林的主要論點是，金幣或銀幣之類的強勢貨幣無法衡量一國的真正財富：「一國富裕的程度，應該以居民能購買的勞務量來衡量，而不是以他們擁有的金銀量來衡量。」

那篇文章引起大眾的熱烈回響（富人除外），也促使議會採用該提案，增加紙鈔的印行。布拉福德獲得了印製第一批紙鈔的生意，但富蘭克林隨後也獲得印製第二批紙鈔的生意。一如窮理查所言「行善得福」，富蘭克林向來不反對在推廣公共利益的同時，兼顧個人利益的成長。他在議會任職的朋友「認為我為此出了力，應該讓我的印刷店承印紙鈔作為獎勵。這樁生意的利潤豐厚，對我產生莫大的幫助，這也是寫作帶給我的另一個好處。」[12]

賓夕法尼亞報

富蘭克林想搞垮凱莫報業的計畫不久就成功了，由於怪人凱莫本來就缺乏辨報的能力，又禁不起冷嘲熱諷，他很快就陷入債務危機，還短暫入獄，後來遠走巴貝多島，他臨走前把報社賣給了富蘭克林。富蘭克林承接起那份報紙後，不再連載百科全書，也換掉那個又臭又長的名字。一七二九年十月，富蘭克林成為《賓夕法尼亞報》（*The Pennsylvania Gazette*）的發行人。他在寫給讀者的第一封公開信中宣布：「長久以來，很多人一直企盼著賓夕法尼亞出現一份真正的好報紙。」這句話同時嘲諷了凱莫和布拉福德一番。[13]

報社的總編有很多種，有些人是改革派，主觀意識強烈，激進熱情，或熱中於挑戰權威，富蘭克林的哥哥詹姆斯就是這種。有些人正好相反，他們喜歡權力，積極牟取權力，安於現狀，是現狀的既得利益者，布拉福德就是一例。

還有一種人深受世界的吸引，樂在其中，也樂於吸引與娛樂眾人。他們通常對正統思維和異端邪說都感到懷疑，致力尋找真理及推動公益（也推銷報紙），富蘭克林就是這種人。他具備記者常見的特質，尤其是那些經常閱讀史威夫特或艾迪生的犀利文章、想要參與世界，但仍保持超然態度的記者。身為記者，即使是遇到吸引他熱切參與的事件，他也可以抽離事件來發表評論或是自嘲。他擅長以幽默風趣的方式，傳達發人深省的理念。

富蘭克林的《賓夕法尼亞報》就像當時的多數報紙一樣，不僅報導新聞和大眾事件，還有許多有趣的文章和讀者投書。這種非報導的稿件特別多，使《賓夕法尼亞報》讀起來格外有趣，很多稿件都是富蘭克林化名寫的。以讀者投書的名義抒發己見，讓富蘭克林有更大的空間去嘲諷對手，大肆八卦，也迴避了他「不道人長短」的誓言，同時測試他日益演進的理念。

有一個經典的例子正好可以說明他的機靈。有一篇報導排印錯誤，原本應該報導某人在一家餐廳裡用餐（dined），他誤植成死在餐廳裡（died）。於是，他捏造一位名叫J．T．的讀者來信，信中談到其他有趣的排印錯誤。例如，有一版《聖經》在描述大衛時，誤把「完美塑造」（wonderfully made）印成「完全瘋掉」（wonderfully mad），那導致一位「無知的牧師花了半小時，向信眾滔滔不絕地解釋精神瘋狂這個議題」。J．T．接著大讚富蘭克林的報紙，並指出對手布拉福德犯過類似的排印錯誤，批評布拉福德一向粗心大意，同時以戲謔的口吻稱讚富蘭克林並未因此批評布拉福德：「你的報紙向來非常精確，但你從未公開嘲諷及揭發對手接二連三的錯誤，以藉此凸顯出自己的優勢。」富蘭克林甚至把他那種虛偽的謙虛，變成一句格言來為自己解套：「對他人錯誤保持緘默的人，將來自己犯錯時，必會獲得更多的寬容。」[14]

富蘭克林和布拉福德之間的報紙之爭，也包括搶獨家及抄新聞，富蘭克林在某期〈總編語〉裡寫道：「布拉福德先生的報紙比我們晚發行又抄襲我們的一兩篇報導時（我們對此深表歡迎），希望他不要刻意把報紙的時間印得比我們早一天，以免讀者以為我們抄他們，我們向來小心避免抄襲。」

這兩家報紙如此競爭一年後，富蘭克林決定想辦法取代布拉福德，成為賓夕法尼亞議會（Pennsylvania Assembly）的官方印刷商。富蘭克林已拉攏了一些議員，尤其是那些反對佩恩家族及其上流社會支持者的小派系。有一次，布拉福德把總督寫給議會的文章印得「粗製濫造，錯誤百出」，富蘭克林發現機會來了，拿同樣的內容重新印刷一次，印得「優雅美觀，準確無誤」，並把文章送到每位議員的手中。富蘭克林後來回憶道：「那強化了議會裡的朋友為我們說話的分量，於是隔年他們選定我們作為承印商。」[15]

即使逐漸接近政壇，富蘭克林仍極力避免自己的報紙染上鮮明的派系色彩。他在《賓夕法尼亞報》的社論中，發表了一篇著名的〈為出版者辯白〉，表明其身為發行者所奉守的信條。該文至今仍是捍衛新聞自由中，最強而有力的論述之一。

富蘭克林在文中寫道，人的意見「幾乎和容貌一樣變化萬千」，出版者的職責是讓大眾表達不同的意見，若是出版商只印刷不會冒犯任何人的東西，「能印刷的東西將會寥寥無幾」，那將扼殺自由表達的價值。富蘭克林以一句話充分表達其啟蒙主義的立場，那句話如今是新聞業的至理名言：「出版者學到的信念是，眾人意見紛歧時，正反兩方都有同等的權利讓大眾知道他們的觀點；並相信真理和謬誤公平競爭時，前者總是會壓倒後者。」

他接著主張：「認為出版者贊同他印刷的一切內容，那是不切實際的想法。同理，有些人主張出版者只能印刷他認同的內容，那也很不合理，因為這樣一來就沒有書寫自由了，以後的世界只能讀到出版者的觀點，讀不到其他的東西。」

他語帶諷刺地提醒讀者，出版者之所以會進入這一行，是為了獲利及傳播訊息，所以即使他們不見得認同所有作家的意見，「只要有人出價不錯，他們都很樂於服務立場不同的作家」，促進百家爭鳴。「如果本地意見不同的人都願意為了不讓自己討厭的東西印刷出來而付錢給我，而且金額跟我印刷那些東西的收費一樣，我應該可以過很愜意的生活。如果各地的印刷商都獲得如此的待遇，能印刷出來的東西將會寥寥無幾。」

不過，富蘭克林生性並不固執，也不是僵化不知變通的人，他通常會往合理的平衡點發展。他認為，印刷商雖然享有什麼都印的權利，但也要負起應盡的義務。所以，即使印刷商可以自由印刷得罪人的言論，他們還是要有自主的判斷力。「不過，我自己向來拒絕刊登可能縱容惡行或宣揚不道德的文字……印刷那些東西也許可以幫我賺不少錢。我也一向拒絕刊登可能確實傷害他人的內容。」

例如，一位顧客要求富蘭克林在其報上刊登一則消息，但富蘭克林覺得那個內容是「惡意毀謗」。他在思考是否違背其個人原則而接下那筆生意時，要求自己做以下的測試：

> 為了判斷我是否應該刊登那則消息，晚上回家的路上，我到麵包店買了兩便士的麵包，配著地下水當晚餐。接著，我裹上大衣，躺在地板上睡到天亮。第二天早上，我吃下另一塊麵包，再喝杯水當早餐，這整個過程並未讓我感到任何不便。確定我可以這樣生活後，我就決定，絕不為了獲得更舒適的生活而濫用出版權力去做那些腐敗的事。

富蘭克林以父子騎驢的寓言故事作為〈為出版者辯白〉的結尾。〈父親騎驢，兒子走路時，有人指責他們；兒子騎驢，父親走路時，也有人指責他們；父子都騎驢或父子都不騎時，還是有人指責他們；所以最後他們決定把驢扔到橋外。富蘭克林指出，這個故事告訴我們，想避免所有的批評其實愚不可及。他最後總結，即使「我無意迎合每個人，我也不會焚毀印刷機或鎔毀鉛字」。[16]

除了這些崇高的原則以外，富蘭克林也採用一些比較常見的策略來推銷報紙。其中一個向來可靠的方法，對當時未婚、血氣方剛的富蘭克林來說特別有吸引力：那就是經久不衰的真理——情色必銷（sex sells）。富蘭克林常在報上穿插一些引人遐想的內容，例如，他發表〈為出版者辯白〉的隔週，寫了一篇報導，描述一名丈夫抓到妻子和名叫「Stonecutter」的男人在床上通姦，他拿刀子想砍那個姦夫的頭，卻傷了自己，最後富蘭克林一語雙關地寫道：「有些人稱讚那位丈夫，明明有機會下手，卻沒變成Stonecutter。」（stone也有睪丸的意思，所以Stonecutter在此影射剁掉命根子的意思。）

再下一期也有類似的報導，描述一位好色的巡警「答應鄰近的女子當晚和她一起『守夜』」，但巡警爬錯窗子，進錯了房，那女人的先生在隔壁房間。富蘭克林報導：「那女人當下覺得床伴極其溫柔，不可能是自己的丈夫，還去叫醒她先生。她先生發現，連他在家都有人敢公然闖進他的床位，把那個巡警痛打了一頓。」

另外，還有報導是描述某個慾求不滿的女人想和先生離婚，因為先生無法滿足她的性慾。她「努力乞求地方法官」以尋求法官的同情，但她的先生接受醫生的檢查後，她又搬回去與他同住。富蘭克林報導：「醫生的檢查報告（醫生按常理檢查他的『能力』，認為他各方面都『很好』）讓她稍有滿足感。我們不知道後來是否做了『更令人滿意』的實驗，但她現在似乎認為『喬治是最棒的』。」富蘭克林首度報導閃電時，也約略提及男人的命根子。他報導閃電融化了一個小伙子褲頭上的錫製鈕釦，最後他不忘補上一句：「幸好褲頭附近沒有別的東西是錫做的。」

富蘭克林甚至還以「詭辯家」（The Casuist）的身分，開創了性愛與道德意見專欄。（「詭辯」〔casuistry〕一字的字面意思，是指運用倫理學來判斷行為是非，但富蘭克林使用這個字時，是指比較口語的意思，帶點嘲諷的意味，暗指他有點曲解那些行為準則。）一封讀者來信（其實是富蘭克林偽裝成讀者）提到以下的困境：如果某人發現鄰居引誘其妻，而且他又有理由相信，他要是把這件事告訴鄰居的妻子，鄰居的妻子可能願意與他通姦，「他那樣做情有可原嗎？」富蘭克林以「詭辯家」的身分認真地回應：如果那個人是基督徒，他會知道他「不該以惡報惡，應該以善報惡」；如果他不是基督徒，而是「為自己的行為準則找道理的人」，他也會得出同樣的結論：「那樣做對社會沒有好處。」[17]

富蘭克林也瞭解新聞的另一個準則：犯罪報導必銷，尤其是稀奇古怪的犯罪。例如，他報導一名小女孩的死訊時，混合了事實報導以及日後的八卦報紙所擅長的聳動寫法。那個案子是一對夫妻被控謀殺小女孩，小女孩是那個丈夫上一段婚姻所留下的女兒，他們虐待那女孩，逼她「在髒污的環境中自生自滅」，「吃自己的排泄物」，「把她關在屋外」。那小女孩後來死了，但醫生後來作證指出，那女孩即使沒人凌虐，本來也會因為其他疾病而死，所以法官只輕判那對夫妻的刑責。富蘭克林對於這個「可悲」的判決極其憤怒，在報導中以嚴苛的文字直指那對夫妻「不僅違反各國的法律，甚至違反自然界的普世通則」。[18]

第三種銷售報紙的可靠方法，是借助無傷大雅的八卦和謠言。富蘭克林以「好事者」之名第一次投書布拉福德的報紙時，曾為多管閒事和閒聊八卦辯護。現在有了自己的報社以後，他清楚言明他的報紙很樂於延續這項服務，甚至引以為傲。富蘭克林以類似「好事者」的口吻，寫了一封匿名信到自己的報社，「證明那樣做很實用，對社會也有助益」，以捍衛八卦、告密、譴責的價值。

「為了避免有權有勢又狡猾的政治人物太受歡迎，那通常是常用的方法。」富蘭克林寫道：「在上百雙眼睛、上百張嘴巴的監督下，再怎麼輕微的罪行，再怎麼微小的性格缺陷，都將無所遁形，迅速傳遍各地，這可以箝制他們的野心。」他指出，八卦也有助於道德的提升，因為有些人比較擔心公眾輿論，不太在乎內在的道德準則。「『我要是那樣做，大家會怎麼說我？』往往就足以讓我們抗拒作惡或愚行的強大誘惑。這可促使意志不堅者堅持到底，使貪婪者維持正直，使某些信徒保持聖潔，使所有的處女保有貞操。」

有趣的是，富蘭克林敢質疑「所有」的處女，卻為了保護自己，只質疑「某些」信徒。此外，他這種說法也顯得有些憤世嫉俗，暗指多數人之所以行為端正，不是出於內在的良善，而是因為擔心受到外界的譴責。[19]

隔週，富蘭克林又寫了一篇文章為八卦辯護。更妙的是，他刻意以筆名愛麗絲・艾德堂格（Alice Addertongue，Addertongue 意指「蝮蛇之舌」）撰文。這時富蘭克林二十六歲，以略帶諷刺的口吻，把愛麗絲塑造成「約三十五歲的年輕女子」，與母親同住，並自稱「我覺得，為了諸位同胞好，我有責任運用我善於檢討大家的才華」。

愛麗斯先是抨擊布拉福德在《美利堅信使週報》上的一篇「愚蠢」文章，該文指責女人愛八卦。愛麗絲說她和母親對這個議題有歧見。「家母認為流言蜚語有損閒聊溝通，我則認為缺乏八卦難以溝通。」因此，每次有客人來訪，她都被趕進廚房。她的母親和朋友在客廳裡談論高尚的話題時，她就找了幾位姐妹淘到廚房裡，聊鄰居和女傭私通的八卦，聊到笑聲不斷。她母親的朋友聽到笑聲後，也從客廳移步到廚房裡一起八卦，最後連她的母親也加入了。「我一直覺得，如果你的報紙多報導一些八卦，訂戶人數應該會加倍。」

富蘭克林以戲謔的口吻撰文，為好事者辯駁，那也是他寫過最有趣的內容，那些文章為他的報紙奠定了輕鬆的基調。他天性就喜歡社交及觀察人性，所以他很愛聆聽與他人的缺失和行徑有關的故事，也知道別人為什麼會那樣做。當然，他捍衛八卦並非一本正經，而是帶點玩笑意味，他本性的另一面比較真誠：他還是持續要求自己不論人是非，不道人長短。所以，即使他在報紙上半開玩笑地為八卦辯駁，他並未沉浸其中。例如，他在某一期的報上提到，他收到一封信，信中描述某對夫妻的爭執和行為，「但基於厚道，該信目前不宜刊登。」[20]

同樣的，談到酗酒，富蘭克林的立場也模稜兩可。他本身喝酒很節制，但他非常喜歡酒吧的歡愉氣氛。他在某期的報紙上發表了一篇有名的文章，後來注定成為無數酒吧的海報。他編了一份〈酒徒辭典〉，列出約兩百五十個「酒醉」的同義詞，例如：「addled……afflicted……biggy…… boozy……busky……buzzey……cherubimical……cracked……halfway to Concord……」但他也以聳動的文字，描述酗酒者死亡的故事以警惕讀者；並撰寫社論主張烈酒的毒害。以前在倫敦當印刷工時，富蘭克林曾告誡同仁酗酒會讓人懶散；現在身為費城的報社編輯，他依然如此勸說。[21]

富蘭克林也很擅長自嘲，他就像美國後來的很多幽默家一樣，覺得自嘲可以增添親和力。在報上的一篇短文中，他提到「某個印刷工」在碼頭上行走，突然滑一跤，一腳滑入焦油桶裡，他「靈活地」抽腿離開現場，那模樣類似一句俗話的說法：「像焦油桶裡的蜂一樣靈活」（as nimble as a bee in a tarbarrel）。富蘭克林在文末還玩了一下文字遊戲：「他不是蜜蜂，也不是熊蜂，只算笨蜂，名叫B．F．（他的名字縮寫）。」[22]

到了一七三〇年代初期，富蘭克林的生意愈來愈好。他開始把底下學徒期滿的年輕人送到外地去開合夥的印刷店，逐漸拓展事業版圖，這個小小的印刷帝國從查爾斯頓（Charleston）一路延伸到哈特福（Hartford）。富蘭克林提供他們設備和部分的費用，以及一些印刷的內容，然後從那些印刷店的營收中分紅。

務實取向的婚姻

事業穩定後，富蘭克林覺得自己缺個賢內助。在北美殖民地，打光棍不太光彩，他自己也知道性慾方面需要一些紀律，所以他開始物色終身伴侶，最好找有嫁妝的女孩。

當時互助學習會的會員戈弗瑞（玻璃工匠兼業餘數學家）和妻子寄宿在富蘭克林的家中，其妻幫忙印刷店打理三餐及家務。戈弗瑞太太想撮合富蘭克林和她的外甥女，富蘭克林覺得那女孩「很值得追求」，便展開行動。當時要求嫁妝很普遍，富蘭克林想透過戈弗瑞太太要求女方提供約一百英鎊的嫁妝，那也是當時他的印刷店仍積欠的債務總額。當女方家長表示無力負擔那麼多的嫁妝時，富蘭克林很不浪漫地建議他們抵押房子。

女方家長聞訊，立刻取消了這門親事，也許是因為憤怒，或是（如富蘭克林揣測）覺得兩情相悅至此，料想他們會在沒有嫁妝下私奔，也就省下了嫁妝。但富蘭克林憤恨不滿地決定，不再和那名女子往來，即使戈弗瑞太太後來說女方願意協商了，他也不願再回頭商量。

這樣一搞，不僅婚事告吹，連戈弗瑞的友誼也一起陪送了。戈弗瑞搬了出去，也退出互助學習會，最後把自己的小曆書也交給富蘭克林的競爭對手布拉福德印刷。多年後，富蘭克林以輕蔑的文字，描述這個曾經借宿他家、同為互助學習會成員、交情應該還不錯的人。他說戈弗瑞「不是令人愉快的夥伴，他就像我遇過的多數卓越數學家一樣，字字句句都要求說得異常精確，老愛唱反調，或是為了芝麻蒜皮的小事斤斤計較，妨礙了所有談話的進行。」

富蘭克林對這樁婚事的不滿，也促使他不久之後在報上以安東尼．艾福特維（Anthony Afterwit，

afterwit 有「後見之明」的意思）的筆名寫文嘲諷。這個「老實的商人」抱怨他追求妻子時，岳父暗示他可以得到不錯的嫁妝，他為了那筆錢如何運用，已經「想了好幾個計畫」。「老先生見我動了真情，而且兩情相悅看似牢不可破，他……就不讓我進家門，還告訴女兒，要是跟我結婚，一塊錢都甭想拿到。」不過，艾福特維和富蘭克林不同，他選擇私奔了。「後來我得知，岳父身邊有一些吝嗇的老頭就是用這種伎倆來嫁女兒，這樣就可以省下嫁妝了。」

（艾福特維那篇文章後來產生了意想不到的效果，富蘭克林為艾福特維捏造的妻子名叫艾比嘉兒・艾福特維，那正是其兄長詹姆斯約十年前在《新英格蘭報》上捏造的角色。詹姆斯後來搬到羅德島，在自己的報紙上翻印了安東尼・艾福特維的那篇文章，另外又加上一篇佩辛斯・提奎夫特〔Patience Teacraft〕的回應。富蘭克林也在自己的報上轉載了那篇回應，並於隔年造訪詹姆斯，與兄長和解。詹姆斯的身體每況愈下，他懇求弟弟照顧他十歲的兒子。富蘭克林答應了，送他的兒子就學，並在他的印刷店裡當學徒。富蘭克林的自傳中有一大主題，是有關犯錯以及後來的彌補，彷彿他是一個道德的記帳員，在平衡道德帳冊上的收支似的。富蘭克林提到，當初從兄長那裡逃離，「是我人生中最初犯下的錯誤之一」。幫助詹姆斯的兒子則是他彌補錯誤的方式，「我對哥哥做了豐厚的補償，以補償當年那麼早離他而去。」）

富蘭克林追求戈弗瑞太太的外甥女失敗後，他又開始四處物色對象，但他後來發現年輕的印刷商並非多了不起的身分，不足以讓女方帶著豐厚的嫁妝陪嫁，除非找個「不合己意」的人結婚。富蘭克林在尋找配偶期間，有了一個私生子。多年後，他寫信給那個私生子時寫道：「那段期間，難以掌控的旺盛精力使我經常和偶遇的低下女子廝混，花了不少錢，也惹了不少麻煩。」[23]

黛博拉・里德就是富蘭克林初次抵達費城時，站在家門口看到他一副邋遢樣的女孩，這時她的處境比富蘭克林還糟。當初富蘭克林遠走倫敦以後，只寄給她一封短信，從此音訊全無。所以她後來嫁給一個很有魅力、但不太可靠的陶匠約翰・羅傑斯（John Rogers）。羅傑斯難以養家，黛博拉不久又聽說他在英國已婚，拋下妻子前來北美殖民地。所以黛博拉搬回娘家與母親同住，羅傑斯還偷了一個奴隸，事發之後潛逃到西印度群島，留下一屁股債。後來有傳聞指出他在爭鬥中喪生，但傳聞始終未獲證實，所以法律上黛博拉很難再婚。當時重婚是重罪，可處以三十九下鞭刑及終身監禁。

黛博拉的父親過世後，其母靠著販售自製的藥物為生。富蘭克林幫她印的廣告傳單寫著：「寡婦里德太太產銷止癢軟膏，救人無數……只要塗抹一兩次，即可殺死或驅趕各種蝨子。」富蘭克林常造訪里德家，提供她們生意上的建議，也對黛博拉的遭遇深表同情。他認為黛博拉的困境主要是他造成的，但里德太太認為當初富蘭克林去倫敦以前，是她不讓他們先完婚，所以她要負起大部分的責任。所幸，後來富蘭克林說：「我倆舊情復燃了。」

約莫那個時候，富蘭克林想出一種作困難決策的方法，他後來在回憶錄裡寫道：「我把一張紙從中間畫一條線，分成兩欄，一欄寫下『利』，另一欄寫下『弊』。」接著，他再把正反兩面的論點列出來，並權衡每一點的重要性。「我發現兩邊各有一點的重要性相當時，就把它們一起畫掉。我發現兩個『正面』理由的重要性，相當於一個『負面』理由時，就一次畫掉三個。」從「最後的結餘所在」就可以看出哪邊比較重要了。

無論他以多精確的方式權衡決定，總之他最後決定娶黛博拉為妻。兩人於一七三〇年九月成婚，開始展開夫妻生活。他們沒有舉行正式的儀式，而是簽署一項普通法協定，萬一羅傑斯突然回來了，可以避免重婚罪。富蘭克林把他和黛博拉的婚姻也視為彌補以前錯誤的例子，就像他和兄長修復關係一樣。「就這樣，我算是盡力彌補了人生中的這個大錯。」富蘭克林在自傳裡如此描述他當初對黛博拉的虧欠。

常有人形容（或指責）富蘭克林務實有餘，浪漫不足，理性多於感性。他與黛博拉的普通法婚姻就可以佐證這點，但這也顯示富蘭克林的性格有些複雜：他想用務實的方式管控難以掌控的衝動慾望，但也真心喜愛情投意合的伴侶。他不追求浪漫的深情不移或詩情畫意的愛情，他的情感比較平淡，是源自於相互扶持、自利合作、同甘共苦、日久生情。

有豐厚嫁妝的妻子可能也比較嬌貴，期望也多。富蘭克林找了「一個善良忠實的賢內助」，勤儉持家，務實又不浮誇造作，他後來說那些特質對事業正崛起的商人來說更加寶貴。從結婚到四十四年後黛博拉去世為止，他倆的婚姻即使不浪漫，但始終對彼此有益。富蘭克林不久就在《窮理查年鑑》裡宣揚：「婚前睜大眼，婚後閉隻眼。」[24]

私生子威廉

他們新婚不久就面臨一大難題，當時富蘭克林做了父親，取得私生子的單獨監護權。那孩子名叫威廉，可能就是他在自傳中提到，與「低下女子」廝混而衍生的「麻煩」。

威廉的母親是何許人至今依然成謎，導致學者多所猜疑。富蘭克林從未揭密，威廉即使知道，也從未提過。事實上，就連威廉哪天出生，也是一個謎，我們不妨從這裡談起。

多數史學家認為威廉是出生在一七三〇年四月十二日至一七三一年四月十二日之間的某一天。這個推論是根據富蘭克林於一七五〇年四月十二日寫給母親的信，他在信中提到「威廉今年十九歲了，個頭高，彬彬有禮，一表人才。」

威拉德‧史特恩‧蘭道爾（Willard Sterne Randall）在《小報復》（*A Little Revenge*）裡質疑這點，該書描述富蘭克林父子的麻煩關係，讀來有趣，但臆測的成分居多。一七四六年九月，威廉獲任為少尉，隨著軍隊遠征加拿大。蘭道爾認為，若是根據上述的說法，他出征時才十五、六歲，不太可能年紀那麼小。也許富蘭克林在寫給母親的信中，刻意少算了一兩歲，讓威廉看起來不像私生子。李奧‧勒梅（J. A. Leo Lemay）是專門研究富蘭克林的學者，以細心嚴謹著稱，他在網站上詳細列出富蘭克林的生平，推測威廉應該是生於一七二八年或一七二九年，這個推測與一些十九世紀傳記作家的觀點不謀而合。

不過，我們也知道，威廉在獲准入伍之前（或許是一七四六年初），曾試圖離家出走去航海。富蘭克林從港邊的船上把他揪了回來，可見他當時可能真的年僅十五、六歲（富蘭克林十二歲時曾想要離家去航海，十七歲時就真的逃家到費城了）。希勒‧史坎普（Sheila Skemp）為威廉寫了鉅細靡遺的傳記，書裡的描述讓他十六歲去從軍顯得很合理，那個時間剛好在他完成學業之後。此外，一八一三年威廉過世時，一本雜誌提到他享年八十二歲，可見他是出生在一七三〇年的年尾或一七三一年的年初。

總之，由於富蘭克林不曾否認威廉是私生子，我們可以合理地相信，富蘭克林在寫給母親的信中，是如實地告知威廉的歲數；而且威廉也從未謊報年齡。根據這樣的假設，威廉可能是出生於一七三〇年底，也就是富蘭克林和黛博拉開始一起生活的時候。[25]

果真如此的話，黛博拉會不會真的像某些學者臆測的那樣，其實是威廉的親生母親？他們的普通法協定婚姻，會不會是因為黛博拉懷孕了，而故意模糊威廉的身世，以免羅傑斯回來指控她重婚和通姦？誠如卡爾．范多倫所言：「那樣的話，肯定是醜聞。但是孩子若是富蘭克林和不知名的女人生的，就沒那麼嚴重了。精力旺盛的富蘭克林可以一人承擔所有的指責。」

但是那番說法又有許多漏洞，不堪詳細的檢驗。如果黛博拉真的懷孕並生下威廉，她母親在內的親友肯定會知道。誠如布蘭德斯（H. W. Brands）所言：「多年以後，即使擔心羅傑斯突然現身的威脅早已消失了，黛博拉仍不承認威廉是自己的兒子，這行徑實在有悖常理，況且母親看著自己的孩子從小就被貼上私生子的標籤，也令人難以想像。」不僅如此，黛博拉還曾公開表達對威廉的厭惡。多年後，某位曾為富蘭克林效勞的伙計回憶，黛博拉曾說威廉是「世上最糟的壞蛋」，而且「對他口出惡言，我從未聽過淑女罵得那麼難聽。」[26]

在一七六四年的激烈選戰中，威廉的身世之謎成了熱門的話題。一份黑函宣稱威廉是名叫芭芭拉的妓女所生的，而且富蘭克林一家後來還僱用她當女僕，直到她去世為止，死後葬於無名塚。由於選戰常流於低俗毀謗，再加上富蘭克林一家不太可能讓威廉的生母在家裡當女僕，那番說法也不合情理。

最好的解釋來自於一七六三年一封有關威廉的信，那封信直到兩百多年後才重見天日。寫信人是費城的富商喬治．羅伯茲（George Roberts），亦是富蘭克林一家的好友。羅伯茲在寫給倫敦友人的信中提到：「大家都知道威廉是私生子，生母的地位卑賤，但傳聞指出她在費城的街頭乞食，那些都是無稽之談。就我所知，富蘭克林會提供她一些生活必需品，但她實在不是討人喜歡的女性，所以他們沒透露她的身分，父子兩人也沒承認和她的關係。」羅伯茲與富蘭克林一家往來密切，他可能真的知道真相，而且他也沒有動機說謊，所以我們認為這番說法為真的可能性最大。[27]

勤儉持家的伴侶

富蘭克林在自傳中常推崇「勤奮」和「節儉」這兩大美德，次數多達三十六次。他在自傳中描述其妻：「我很幸運，能找到一位和我一樣克勤克儉的妻子。」富蘭克林老年時，在一封信裡對黛博拉更是讚譽有加：「節儉是讓人致富的美德，我向來欠缺，但我有幸能在妻子身上看到這個美德，她為我帶來了富貴。」對富蘭克林來說，這就是真愛。黛博拉在印刷店裡幫忙店務、裝訂冊子、採買製紙的破布。至少最初營運的那幾年，他們還沒有僱用傭人，富蘭克林每天早上都用一個廉價的碗，吃麵包配牛奶。

多年後，富蘭克林養成穿華服的品味，但仍極力推崇節儉，因此顯得矛盾。他語帶嘲諷地描述黛博拉的一個小毛病，以顯示「無論原則怎麼訂，奢侈的習慣還是會潛入家庭，得寸進尺」。某天他吃早餐時，發現餐具換成瓷碗和銀匙。那是黛博拉花了二十三先令的「鉅款」買來的，「她對此沒有找藉口搪塞，也沒有道歉，只是覺得丈夫應該像其他的鄰居一樣，有一把銀匙和一個瓷碗。」富蘭克林以半驕傲、半輕蔑的口吻回憶道，多年來隨著財富的成長，他們家的瓷器和餐具也跟著增加，價值多達數百英鎊。

富蘭克林聽到小妹珍打算結婚的消息時，寫信給小妹，說他覺得賢妻應該要勤儉持家。他本來想送珍一張茶几，但是務實的本性又覺得不妥。「我認為賢妻的特質比美麗的淑女更討喜，所以我決定送妳一台紡車。」窮理查在第一本年鑑裡就寫道：「入不敷出頗為常見，皆因女人寧可泡茶聊天，不願做針線活賺錢。」[28]

節儉也是富蘭克林年輕辦報時最愛寫的主題之一。在安東尼．艾福特維的投書中，他抱怨完自己必須在沒得到嫁妝下與妻子私奔後，接著開始嘲諷妻子養成貴婦的架子及消費習慣。她先是買了一面華麗的鏡子，那還需要買張好的桌子放在底下搭配。有了桌子，就需要好茶具，之後又買了一個時鐘。安東尼眼看債臺高築，決定趁妻子出城造訪親戚時，變賣那些東西。之後，他買了一台紡車和幾支鉤針，以取代那些華麗的家具。他請求報紙刊登那封投書，讓妻子在返家以前就看到報紙，心裡有所準備。「如果她能適應這種新生活，我們可能會是整個賓夕法尼亞最幸福的夫妻。」若是真的達到那個境界，他會考慮讓她買回那面鏡子，以茲獎勵。

富蘭克林和同年代的男人相比，性別歧視沒那麼嚴重，所以他也把矛頭對準了男性。艾福特維的投書刊登兩週後，富蘭克林又以西莉亞．辛格（Celia Single，single 也有「單身」的意思）之名投書。辛格和富蘭克林捏造的其他女性角色（例如賽倫斯．杜古德、愛麗絲．艾德堂格）一樣，是採閒話家常的口吻。辛格描述她某次去造訪朋友，那位朋友的丈夫正打算效仿艾福特維的做法，於是夫妻為此吵了起來。丈夫說：「織一雙襪子又不是什麼罪過，也不丟臉。」妻子回應：「鎮上多的是以編織為生的窮困婦人。」後來辛格決定先離開，「因為她知道，夫妻在外人的面前很容易吵得比私底下還凶。」後來她聽說紡線都被扔進火爐裡燒光了。

辛格（或者說是富蘭克林）接著責備富蘭克林刊登太多指責女性放縱自我的文章，對男性比較寬容。她說：「換我來當評審的話，我可以給你夠多的例子。」接著，她列出一籮筐男性浪費的例子，例如浪費時間打撞球、賭博、玩牌、買華服。最後，富蘭克林透過辛格的文字，巧妙地戳破他使用化名的伎倆：「每個人都有缺點，這篇嘲諷文見報後，被冒犯的人可能比較在乎誰刊登這篇文章，而不是誰寫了這篇文章。」[29]

結婚四週後，富蘭克林發表一篇比較正式、傳統的文章〈婚姻美滿守則〉。文章一開始，他就大讚婚姻是「最可靠長久的安穩與愛情」，但是一些蠢人常讓婚姻陷入「最悲慘痛苦的狀態」。他先為自己把這番建議對準女性深表歉意，因為男性的問題更多，「但我之所以這樣做，是因為我認為女性比較願意接受意見並付諸實踐。」

他的建議包括：別想要管控丈夫，不要欺騙他或讓他感到不安，接受他「是凡人，不是天使」，「決心每天早上保持好心情」，別忘了婚誓中曾說過「服從」，不要和他爭執，「不要老是想照著自己的心意行事」。富蘭克林寫道，女性的力量和幸福「來自於丈夫的尊重與關愛」，所以妻子應該「幫丈夫分勞解憂，努力幫他掩飾缺點。」至於性愛方面，「得體、貼心、細膩地表達柔情，讓夫妻之間的恩愛明顯有別於青樓女子的淫情浪態。」[30]

富蘭克林的文章和虛構的讀者投書都清楚顯示，他是抱著傳統的婚姻觀念和黛博拉結為夫妻，例如妻子應該支持丈夫、勤儉持家等等。他很幸運，黛博拉就是如此賢淑的妻子。整體來說，黛博拉生性樸實勤奮，也樂於取悅丈夫。當然，就像富蘭克林所說的，他自己也是如此。

所以他們的婚姻雖然在某些方面異於傳統，但也有非常傳統的面向。兩人在家裡和事業上合作無間，黛博拉負責打理大部分的生意，擴增店內的商品，也兼賣她母親製作的軟膏、富蘭克林的波士頓親戚製作的肥皂，還有咖啡、茶葉、巧克力、番紅花、乳酪、魚，以及多種雜貨。她就著燭光裝訂書籍、縫製衣服，即使眼睛疲勞也毫無怨言。儘管她的用字遣詞和拼字錯誤反映出她學識不高（例如她把 sexton〔教堂執事〕寫成

seck stone〔賽克石〕，稱一位客人為「教皇黨人瑪麗」〔Mary the Papist，Papist是新教教徒對天主教徒的蔑稱〕），但她寫的多本帳冊記錄了當時夫妻攜手打拚事業的幸福時光。

黛博拉的勤奮令富蘭克林深感自豪，也因此對她的愛意與日俱增。多年後，他在英國下議院主張稅金太高將導致北美殖民地抵制英國的產品時，聲稱他年輕經商的時候，只穿妻子親手做的衣服，他對此深感自豪。

黛博拉常稱富蘭克林為「親愛寶貝」（他們常彼此這樣互稱），有時會在公開場合稱他「爸爸」，但黛博拉對富蘭克林並非唯命是從的柔順伴侶，她的脾氣暴躁，富蘭克林總是幫她辯解。有一次，他的外甥和黛博拉起了爭執，他問那個外甥：「你不知道妻子總是對的嗎？」他們新婚不久時，富蘭克林就寫了〈潑辣的妻子〉一文，他在文中為有主見的女性辯護，說她們通常「很投入家庭事業，特別賢慧，細心看顧丈夫的利益」。[31]

黛博拉的畫像如今尚存一幅，從那幅畫中可以看出她是明理、堅毅的女子，豐腴樸素，但並非毫無魅力。多年後，富蘭克林從倫敦寫了一封家書，隨信寄上一個杯子，還把那個杯子比喻成她：「我第一眼看到那個杯子，就十分喜愛，因為它看起來像個豐滿討喜的女人，清爽整潔，穿著藍白色的棉質洋裝，落落大方，讓我馬上就想起了——某人。」

他們的夫妻關係稱不上浪漫，但富蘭克林以窮理查的身分寫了一首可愛的歌謠。在那首歌謠中，富蘭克林向「我樸實的瓊恩」致意，並祝他們百年好合。以下是部分歌詞：

沒人讚過她體態、容顏或雙眼，

也沒聽人批評或抱怨，
但我欣賞這美人，更讚賞其美德，
始終如一七十年……
她讓居家平靜安詳，條理井然，
為我細心攢存收入款項，
但我有幸宴客時，
她亦熱情招待，讓賓主盡歡……
沒人完美無瑕，我的瓊恩亦然，
但其缺點微不足道，
我已習以為常，視如己缺，
幾乎毫無感覺。

多年後，富蘭克林在多方面都遠遠超越了黛博拉。儘管他們仍有同樣的價值觀，但富蘭克林見多識廣，也比黛博拉更想要精益求精。有些證據顯示，儘管黛博拉在伯明罕出生，幼時隨父母移居北美殖民地，但成年後，她似乎從未離開費城遠遊，一輩子的活動範圍大多是在市場街那棟從小居住的房子周遭，很少超越兩個街區之外。

相反的，富蘭克林熱愛旅行。婚後多年，儘管富蘭克林偶爾會表達他希望黛博拉陪伴同行的想法，但他也知道黛博拉沒有意願。富蘭克林似乎感覺到黛博拉在他的新圈子裡不太自在，所以在這方面他們尊重彼此的獨立，也許有點尊重過頭了。黛博拉在世的最後十七年間，有十五年富蘭克林都不在家，連她過世時，富蘭克林都不在身邊。不過，他們對彼此的關愛、尊重和忠誠，以及合作的默契，至死不渝。[32]

法蘭西斯

一七三二年十月，他們結婚兩年後，黛博拉產下一男嬰，名叫法蘭西斯．福爾傑．富蘭克林（Francis Folger Franklin），小名是法蘭奇（Franky）。法蘭奇從小就備受雙親的寵愛，襁褓時期已有畫像；兩歲時，富蘭克林就登廣告幫兩個兒子找家教（威廉四歲）。富蘭克林直到晚年仍常驚嘆法蘭西斯有多麼早慧、充滿好奇心、多麼特別。

可惜這一切注定只是痛苦的回憶。法蘭西斯才剛滿四歲不久，就不幸死於天花。這也是富蘭克林一生中少數幾個令他痛徹心扉的悲劇之一，他在法蘭西斯的墓碑上留下簡短的墓誌銘：「眾人快樂的泉源。」

諷刺的是，早年他在詹姆斯的報社工作時，《新英格蘭報》曾嘲諷種牛痘這件事，但後來富蘭克林成為種牛痘的堅定支持者。在法蘭西斯出生的前幾年，他在自己的報上寫社論，積極宣揚種牛痘的好處，並引用統計資料以顯示種痘的效用。例如，一七三〇年，他報導波士頓爆發天花的疫情，但種過牛痘的人大多逃過一劫。

他本來就打算讓法蘭西斯接種牛痘，但因為法蘭西斯腹瀉而延後了。法蘭西斯過世一週後，富蘭克林在報上發表沉痛的聲明，否認法蘭西斯是死於疫苗的謠言。「我在此鄭重聲明，法蘭西斯並未接種牛痘，他和其他人一樣感染了病毒。」接著，他繼續表明支持疫苗接種的立場，認為接種是「安全又有效的做法」。

法蘭西斯是少數讓富蘭克林深感痛苦的回憶。多年後，小妹珍寫信到倫敦給他，和他分享孫子的好消息，富蘭克林回信說：「這常讓我想起吾兒法蘭奇，雖然他已離世三十六年，但我極少看到任何人能與他相比，至今我每次想起他，仍不免嘆息。」[33]

更辛酸的是，法蘭奇還在世時，富蘭克林曾因鄰居的孩子夭折，在報上發表〈嬰兒之死〉一文，展現少見的深刻省思。他根據自己對小法蘭奇的觀察，描述嬰兒的奇妙：「孩子擺動小手小腳時，那些關節真是奇妙！那些神經、血管、肌肉的變化，還有身體各部位看不見的東西，真是不可思議！……為了延續生命、提供養分、繁衍生息，有那麼多巧妙的人體結構！」富蘭克林最後問道，為什麼「良善慈悲的造物主不斷創造出那麼多精緻的生命，卻在他們還來不及成長，無法分辨善惡、為民服務或侍奉上帝之前，就讓他們埋葬在漆黑的墳墓裡？」富蘭克林坦言，這個問題的答案是「吾等凡人所無法理解」。「上天賜予我們淚水，是允許我們流淚。」[34]

定義自己的上帝

前面提過富蘭克林在倫敦時的宗教思維，當時他寫了一篇思考欠周的文章〈論自由與匱乏〉，文中攻擊自由意志的概念以及加爾文教派的許多論點。他後來自己也說，那篇文章是尷尬的「錯誤」，讓他陷入宗教困窘。他從此不再相信從小接受的清教教義，清教主張人類只有在上帝開恩下，才能獲得救贖，無法靠行善獲得救贖。但接納簡單的自然神論又令他感到不安，自然神論是啟蒙時代的宗教信仰，強調思考和研究自然

（而非神啟），可讓我們認識造物主。他認識的自然神論者，包括他自己，最後都變得舉棋不定，莫衷一是。

回到費城以後，富蘭克林對那些有組織的宗教都沒什麼興趣，甚至很少去做禮拜。不過，他仍然抱持一些基本的宗教信仰，例如「上帝的存在」以及「上帝最能接受的侍奉方式是行善助人」。他對各種教派都抱持包容的心態，尤其是致力讓世界變得更好的教派。他也「避免發表言論，破壞他人對其信仰的良好印象」。他認為教會的存在有益於社會，所以每年還是會定期捐款，以支持當地的長老會牧師傑迪戴亞．安德魯斯（Jedediah Andrews）。[35]

某天，安德魯斯說服富蘭克林去參加他主持的禮拜，富蘭克林去了五次，但他覺得布道內容「枯燥乏味，毫無啟發，完全沒有灌輸或要求任何道德準則，他們的目的似乎不是在培養好公民，而是想把大家變成虔誠的長老會信徒。」富蘭克林最後一次參加布道時，那次是談〈腓立比書〉第四章第八節的經文，內容與德行有關。富蘭克林對那個議題很感興趣，他希望安德魯斯在布道中能闡釋那個概念。但安德魯斯就只是講教義和信條，對於德行沒提出任何實際的想法。富蘭克林對此大失所望，於是他又恢復週末自己閱讀書寫的習慣。[36]

富蘭克林開始利用一系列的文章和投書來釐清他的宗教信仰，後來他採信一種信仰，而且篤信一生：務實版的自然神論，強調品德高尚及品行端正。富蘭克林和許多單純的自然神論者不同，他認為相信「信仰上帝可指引我們的日常行動」是有益的，可能也是正確的。但是他和其他的自然神論者一樣，不盲從特定的教派，不過度狂熱，不強調深刻內省，也不強調和耶穌的關係。[37]

富蘭克林為此寫了多篇宗教文章，第一篇是「供自己使用」，寫於一七二八年，標題是〈信仰和宗教行為條例〉。那篇文章不像倫敦那篇充斥著令人費解的分析哲理，而是簡明扼要，他以一句簡單的肯定句開頭：「我相信有至高無上的神。」[38]

這是很重要的論述，因為有些更鬆散的自然神論者不願承認這點。法國啟蒙思想家狄德羅（Diderot）曾打趣地說，自然神論者之所以相信自然神論，是因為活得不夠久，還不足以成為無神論者。但富蘭克林不一樣，他很長壽，儘管約翰・亞當斯等人曾懷疑他骨子裡其實是無神論者，但他確實一再宣稱他相信上帝的存在。

富蘭克林的「至高無上的神」，承襲了自然神論的傳統，對於凡人日常的辛勞有些疏離，也不參與。他寫道：「我自大地認為上帝和人一樣沒什麼作為。」他也認為「天父」根本不需要我們的讚美或祈禱。

不過，富蘭克林認為，所有的人類都渴望崇拜，也深信自己有義務去崇拜一個與人類更貼近的上帝。所以，他寫道，至高無上的神化身為比較人格化的神，讓凡人崇拜。所以富蘭克林兼顧了兩方面：結合了自然神論者的「上帝」概念（疏遠的造物主）以及其他信仰「崇拜上帝」的概念（直接參與凡人的生活），結果得出一個「至高無上的神」，祂可以根據不同崇拜者的需要，以多種方式呈現。

有些評論家，尤其是歐文・奧德里奇（A. Owen Aldridge），是從字面的意義來解讀富蘭克林的說法。他們認為富蘭克林相信某種多神論，有一群人格化的神在監督多元的領域和星球。事實不然，富蘭克林終其一生，偶爾會提到「神們」（gods），但那是比較隨性的口語稱法。他那篇一七二八年的文章比較像象徵性的說法，而不是主張字面的意義。凱利・沃特斯（Kerry Walters）在《富蘭克林和他的神》（*Benjamin Franklin and His Gods*）裡提到：「認為富蘭克林是多神論者是錯的，那樣的結論不僅理念上古怪，文字上也毫無依據。」（富蘭克林有時連信仰一個神都很困難了，更何況是信仰一群神。）[39]

富蘭克林接著詳細說明他如何定義及崇拜自己的上帝。他說，那需要提供一套合適的祈禱詞，他還撰寫了一整套禮拜儀式。此外，品行也要端正，他對道德的考量非常務實，甚至帶點功利主義：「我認為上帝看到自己創作出來的子民快樂時，祂自己也很開心。由於世上要是沒有品行端正的人，就不會有快樂，我深信上帝樂見我行為端正。」

後來富蘭克林又寫了一篇文章，並和互助學習會的朋友分享。他在文中探索「神旨（天意）」（divine providence）的議題（亦即上帝參與俗事的程度），藉此闡述其宗教理念。清教徒認為上帝無處不在，並稱之為「特殊護理／特殊性的天意」（special providence），每次有所求，都會向上帝祈禱。誠如加爾文自己說的：「認為上帝只是靜靜地待在天堂，不在乎世事，那等於無視上帝的萬能力量。」相反的，多數的自然神論者則是相信「一般護理／一般性的天意」（general providence），也就是說，上帝透過自然規律來表達其旨意，而不是鉅細靡遺地管理俗世的日常生活。

富蘭克林一如既往，在互助學習會的討論中尋求實用的決議，那次討論名叫〈論上帝對世界管理的旨意〉。他一開始先向「酒友們」致歉，說他自己「不夠格」討論這個宗教議題。他說，他研究自然後，讓他相信上帝創造了宇宙，而且上帝確實是無所不知、無所不能、至善的。他接著探索四種可能性：一、上帝預先安排了萬事萬物，一切事物注定都會發生，毫無自由意志的可能；二、上帝讓事情根據自然法則及人類的自由意志發展，從不干預；三、上帝預先安排某些事物，並讓另一些事物自由發展，但祂依然從不干預；四、「上帝有時根據其特定旨意干預，並消除上述成因所產生的效果。」[40]

富蘭克林最後選擇第四種可能性，但不是因為他可以證明那點，而是使用消去法，並根據哪種信念對人類最實用來判斷的。前三種可能都表示上帝不是無所不知、無所不能或至善的。他寫道：「所以我們必然選擇第四種可能。」他坦言，很多人覺得，同時認為上帝是萬能的而且人類有自由意志是矛盾的（這就是倫敦那篇文章所遇到的難題）。但是他認為，如果上帝確實是萬能的，祂一定有辦法讓他創造出來的人類擁有一些自由意志。

富蘭克林的結論一如預期，有實務的意義：人們應該愛上帝，「向上帝祈求恩賜和保護」，但他並未偏離自然神論太遠，他還是覺得為了特定的個人要求或奇蹟而祈禱沒什麼效果。後來他寫了一封大不敬的信件給哥哥約翰，信中他估計，整個新英格蘭約有四千五百萬個人在祈禱，他們祈求上帝保佑他們在加拿大打敗法國駐軍。「萬一失敗了，恐怕我這輩子都覺得長老會的祈禱沒什麼用處。事實上，我覺得在攻打大城時，應該多依賴防禦工事，而不是光靠信念。」

總之，富蘭克林的信仰是源自於實用主義的概念。他在互助學習會發表的那篇文章中，最後一句強調，讓大家相信他提議的那一版上帝旨意和自由意志，對社會是有益的：「這種宗教將會有效規範我們的行為，為我們的內心帶來平和與寧靜，使我們樂於行善助人。」[41]

富蘭克林的宗教思考不是都如此誠摯。他在互助學習會發表那篇文章時，也在報上發表一個故事〈聖山上的女巫審判〉，那是在嘲諷清教徒的神祕信仰和科學實驗的矛盾。文中被告的女巫必須接受兩個考驗：在天平上與《聖經》比體重；把她們的手腳捆起來、扔到河裡，看她們是否會浮起來。女巫同意接受考驗，但條件是兩名女巫必須做同樣的考驗。富蘭克林生動地描述那個盛大場景的荒謬流程，原告和被告都通過了第一項測試，她們都比《聖經》還重。但是兩名被告和一名原告在河裡沉不下去，可見她們是女巫。比較聰明的旁觀者都知道，多數人下水以後本來就會浮起來，但有些人不確定這點，他們決定等夏天再來看看，因為到時候可以進行脫衣測試。[42]

富蘭克林的自由思想令家人感到不安。他的父母寫信給他，對他的「錯誤觀點」表示擔憂。他在回信中，詳細闡明了他以寬容和實用為基礎的宗教理念，並且終生篤信。他寫道，堅持「自己認同的理念都是對的，自己否定的理念都是錯的」，那種人太自負了，同樣的道理也適用於不同的宗教觀點上。富蘭克林認為，所有的觀點都應該以實用性來衡量：「我認為意見的好壞應該由其影響力和效果來判斷，如果一個人的觀點不會減損其品德，也不會讓他變得更邪惡，我們可以推論他的觀點無害，我希望我的情況正是如此。」他不太在乎母親擔心的教義區別，「我覺得，大家對正統信仰的重視更勝於道德時，宗教本身也蒙難了。《聖經》告訴我，最後審判日的標準，不是看我們想什麼，而是看我們做什麼……看我們是否行善幫助同胞，參見〈馬太福音〉第二十六節。」他的父母比他更熟悉《聖經》，可能知道他說的是〈馬太福音〉第二十五節。不過，他們後來確實不再擔心他淪為異端邪說了。[43]

道德完善計畫

對於富蘭克林的信徒和批評者來說，他在歷史上的聲譽，大多是自傳裡那個「道德完善計畫」形塑出來的。那個奇怪的計畫是要求自己陸續實踐一系列的美德，乍看之下認真死板，令人不得不佩服他，或忍不住嘲笑他。小說家勞倫斯（D. H. Lawrence）後來嘲諷道：「他為自己列出一系列的美德，要求自己實踐，就像練馬場裡的駑馬一樣。」

我們應該要注意，他七十九歲寫自傳時，是以諷刺兼自嘲的口吻，描述那個「大膽又艱鉅的道德完善計畫」。他撰寫自傳的那個部分時，人正好在巴黎。當時他也寫了一些有趣的小故事，兩者的口吻都有點被年輕的自己逗樂的感覺。不過，我們也應該注意，年輕的富蘭克林落實這個道德完善計畫的方式看起來很真誠，即使晚年回憶起這件事，他仍然覺得相當值得，也很自豪。

富蘭克林規畫這個計畫時，大約是在他對長老會的禮拜感到失望，開始自己闡述宗教信仰的時候。他的做法一如既往充滿了實用主義的色彩，沒有抽象的理念，也沒有提及宗教教條。他後來自豪地指出，那不只是敦促自己品行端正，也是達到那目標的實用指南。

首先，富蘭克林列出他認為可取的十二項美德，並為每一項美德附上簡短的定義：

節制：食不過飽，飲不過量。

慎言：不說對人對己無益的話，避免閒言閒語。

有序：一切物品各歸其位，每件事情都應該安排時間完成。

決心：下定決心做該做的事，絕不半途而廢。

節儉：花錢必須對人或對己有利，絕不浪費。

勤奮：不浪費時間，時時刻刻都做有用的事，戒除無謂之舉。

真誠：不欺騙或傷害別人，思想純潔公正，言必有中。

正直：不惡意中傷他人，不忘造福他人的責任。

中庸：避免極端，以忍讓來化解冤仇。

清潔：維持身體、衣服、住所的整潔。

平靜：不為瑣事、庸事或難以避免之事所擾。

貞潔：不縱慾過度，行房僅為了健康或傳宗接代，以免腦鈍、體虛，或損及自己或他人的平靜或聲譽。

一位貴格會的朋友「善意」地提醒他忘了一項：富蘭克林常得意忘形，過於「驕傲」，還舉了幾個例子為證，說他有時「專斷、無禮」。所以富蘭克林把「**謙遜**」列為第十三項美德，「效仿耶穌和蘇格拉底」。[44]

那些美德的描述都頗具啟發意義（例如對貞潔的寬容定義），富蘭克林這番行動本身也是如此。那種決心透過勤奮努力來改善自己的熱情，充滿了美式魅力。

富蘭克林鎖定的特質，是可以幫他成功發展的特質，而不是為了日後讓人歌頌他的崇高精神。社會理論學家大衛·布魯克斯（David Brooks）寫道：「富蘭克林看重的是典型中產階級的美德，這些不是英雄特質，不會激發想像力，或是激起像貴族般那種對榮譽的渴望，而是實用、通俗的。」

這些美德正如艾德蒙·摩根（Edmund Morgan）等人所說的，有些自私。例如，裡面不包括仁慈或行善。但持平而論，我們不要忘了，這只是一個年輕商人的自我精進計畫，不是全方位的道德修養聲明。仁慈向來是激勵他的理想，而行善一如摩根所言，「其實是富蘭克林一生的指導原則」。富蘭克林曾多次宣稱，其道德核心理念是「行善助人是服侍上帝的最好方法」。[45]

富蘭克林回憶道，一次熟練這十三項美德，「比我想像的還要艱難」。問題在於，「我小心翼翼地防範某個錯誤時，常一不留神就犯了另一個錯誤」。所以他決定像一個人「為花壇除草一樣，不會畢其功於一役，因為那超出了其能力與體力所及，而是一個接著一個，循序漸進。」

富蘭克林在一本小冊子上，畫了一個表格，共有七欄，十三列。七欄代表一星期的每一天，十三列分別代表十三種美德。如有違反，就在空格中標註黑點。第一週他專心做好「節制」，避免犯規，先不注意其他美德。強化那個美德以後，他再把注意力移到下一個美德「慎言」，並確保「節制」那一列也不留黑點。如此進行一年，十三週的循環可以輪過四次。

他俏皮但不露聲色地說：「我驚訝地發現，我的過錯比想像中多出許多。」實際上，他為了重複使用那幾頁，太常擦掉上面的黑點，導致筆記本變得破破爛爛的。所以，他改用象牙板來製表，擦拭起來比較容易。

富蘭克林覺得最難掌握的美德是「有序」，他生性邋遢，後來覺得自己實在太忙了，而因為他記性很好，所以不需要太井然有序。他把自己比喻成急性子的人，拿斧頭去打磨，一下子就失去耐心，並宣稱：「我覺得我最喜歡帶著斑點的斧頭。」此外，他也半開玩笑地回憶，自己又發明另一種合理化的託詞：「某個偽裝成理性的東西會向我暗示，像我這樣逼自己追求完美，也許道德上是一種愚行，一旦為人所知，將淪為笑柄。完美無缺的人格可能反遭人妒恨。」

「謙遜」也是問題，他寫道：「我不敢自誇**實質上**養成了這項美德，但**表面上**看來，我進步了不少。」這句話呼應了他曾在費城大街上自己推著手推車運紙，因此贏得勤奮的美名一事。「實際上，我們的各種習性中，驕傲是最難克服的一個。儘管我們極力掩藏，與之格鬥，將它打倒，使勁消滅，拚命克制，它依然存在，不時還會出來顯露一番。」與驕傲搏鬥是他一輩子的挑戰，他也覺得這點很妙。「你在這本自傳裡，也許會經常看見它，因為即使我認為我已經完全戰勝驕傲，但我可能又為自己的謙遜而居功自傲了。」

實際上，他討論道德完善計畫時，總是有點洋洋得意。五十年後，他在巴黎和法國女士們調情時，總是拿出那塊象牙板來炫耀美德，一位法國友人還因為摸了「這塊珍貴的板子」而興高采烈。[46]

啟蒙運動信條

道德完善計畫以及幾乎同時形成的宗教觀，為富蘭克林的人生原則奠定了基礎。它是源自於實用主義的人性觀，信奉遙遠但仁慈的上帝，認為行善助人是信奉上帝最好的辦法。不過，富蘭克林的想法未曾發展成深奧的道德或宗教哲學。他把焦點放在瞭解美德上，而不是上帝的恩典。他的信條是以理性的實用主義為基礎，而不是宗教信仰。

他的觀點包括一些從小接受的清教教義，尤其是節儉、不虛假，以及相信上帝欣賞勤奮者等等。但他不認同「人類只能靠上帝開恩才能獲得救贖」之類的清教概念，也覺得有些清教教義無助於改善世俗的行為。耶魯大學的學者惠特尼・格理斯沃（A. Whitney Griswold）指出：富蘭克林的一生證明了，「清教習慣即使抽離了清教信仰，依然可以達成。」

相較於科頓・馬瑟之類的清教徒，富蘭克林也不是那麼專注於內省。事實上，他還取笑那些神職人員對世事沒什麼助益。奧德里奇寫道：「清教徒以不斷內省出名，他們擔心罪過（無論是真實或想像的），因不確定自己能否獲得救贖而感到痛苦。在富蘭克林的身上完全看不到這種自省。即使仔細檢視富蘭克林的作品，也找不到有關宗教焦慮的隻字片語。」[47]

富蘭克林也很少展現浪漫主義時期的感性主觀。浪漫主義強調情感和啟發，是在富蘭克林的下半生開始盛行於歐美。因此，一些浪漫主義的代表人物可能會批評他，例如濟慈、卡萊爾、愛默生、梭羅、愛倫坡、梅爾維爾等人。[48]

相反的，富蘭克林完全融入啟蒙運動和理性主義時代的傳統，更是北美殖民地的第一典範。啟蒙運動是十七世紀末從歐洲興起，強調理性及經驗，反對宗教正統和傳統權威，樂觀地看待教育和進步。在這個基礎上，富蘭克林又加入他的實用主義風格。正如小說家約翰・厄普代克（John Updike）和史學家亨利・史蒂爾・康馬傑（Henry Steele Commager）等人所言，富蘭克林能夠欣賞清教主義的旺盛活力，他把那些活力從僵化的教義中解放出來，讓它在啟蒙運動的自由思想氛圍中盡情地奔放。[49]

此後的五十幾年，富蘭克林在作品中提及宗教時，鮮少展現太多的熱情。主要是因為他覺得，花心思去思考無法親自驗證的神學問題毫無意義，那樣形成的觀點也缺乏理性的基礎。對他來說，來自天國的閃電應該放風箏去捕捉來研究，這樣才實際。

因此，富蘭克林提倡宗教包容。他認為專注於教義方面的爭議，只會造成分裂。他也試圖確定，天意超出了凡人能力所及，覺得花心思去鑽研那些東西對社會毫無助益。宗教的目的應該是讓人變得更好及改善社會，任何教派或教義只要能達到那些目的，他就能接受。富蘭克林在自傳中描寫道德完善計畫時也寫道：「這個計畫沒有提到任何教派的主要教條，我是刻意這樣做的，因為我深信這套方法實用又卓越，對信仰各種宗教的人來說都有益處，我還打算找個時間將它印行出版，所以不希望裡面有任何內容對任何教派的人產生偏見。」

富蘭克林篤信的信條簡明，所以受到老練世故者的取笑，也不適合納入意義深遠的哲理中。十九世紀時，阿爾伯．史密斯（Albert Smyth）把富蘭克林的手稿整理成冊，他宣稱：「富蘭克林的哲理只是一些謹言慎行的樸實格言。」富蘭克林也坦言，他的宗教觀和道德觀不是建立在深刻的分析和形而上的思考上。他晚年對朋友說：「形而上學的推理充滿不確定性，令我厭煩，看不下去，使我轉而閱讀其他更令人滿意的東西。」

他覺得比形而上學、詩歌或激動的浪漫情懷更令人滿意的是，以務實可行的觀點觀察萬物，看萬物是否帶來有益的效果。對富蘭克林來說，公共道德和宗教道德有關，行善助人和侍奉上帝有關。他對於個人奉行的信條如此簡明並不覺得不妥，他曾在寫給妻子的情書中提到：「上帝待我們不薄，讓我們持續行善助人來感念祂的善待。」[50]

窮理查與致富之道

富蘭克林於一七三二年底開始出版《窮理查年鑑》，那部年鑑充分反映了他「行善立業」的理念，結合賺錢和推廣美德的兩個目標，並在印行的二十五年間，成為美國首部幽默經典。年鑑中虛構的窮理查和他那個愛嘮叨的太太布里姬（就像富蘭克林之前塑造的角色賽倫斯．杜古德、安東尼．艾福特維、愛麗絲．艾德堂格一樣），定義了美國庶民幽默的主要傳統：機智風趣的小人物，充滿樸實的智慧，看似無辜，但犀利揭穿了菁英的虛飾做作以及日常生活中的愚人愚行。史學家艾倫．泰勒（Alan Taylor）指出：窮理查和其他這類人物「以看似無害的平凡人之姿發言，更能傳達犀利的觀點。很多幽默家，從大衛·克洛科特（Davy Crockett）到馬克吐溫，再到加里森·凱勒（Garrison Keillor），無一不是以富蘭克林開創的原型為基礎，再進一步發揚光大。」[51]

對印刷商來說，印年鑑（亦即年曆）是一筆穩定豐厚的年收，銷量很容易超越《聖經》（因為年曆每年都要買新的）。當時費城每年印行的年鑑有六種，其中兩種由富蘭克林承印：《湯瑪斯·戈弗瑞年鑑》（*Thomas Godfrey's Almanack*）和《約翰·傑爾曼年鑑》（*John Jerman's Almanack*）。但是戈弗瑞幫他做媒失敗以後，兩人決裂；傑爾曼又把生意轉給他的對手布拉福德，所以一七三二年秋天富蘭克林突然面臨無年鑑可印的窘狀。

於是，他匆忙編輯了一套自己的年鑑，形式和風格上類似其他的年鑑，尤其是泰坦·里茲（Titan Leeds）的版本。里茲延續其父發行的年鑑，是當時費城銷量最好的版本。「窮理查」這個名字有點模仿致敬的意味，是呼應其兄長詹姆斯曾印製的《窮羅賓年鑑》（*Poor Robin's Almanack*）。理查·桑德斯（Richard Saunders）又剛好是十七世紀末英國著名年鑑作家的真名。[52]

不過，富蘭克林在年鑑中加入了自己的特色。他使用假名以便嘲諷，並刻意預測及捏造對手里茲的死訊，因此和里茲結下了樑子。他在自己的報紙上刊登了以下大言不慚的廣告：

> 一七三三年出版的《窮理查年鑑》，內容包羅萬象，包括陰曆、日月食、行星運動和相位、天氣、日月升落、潮汐漲落等等，還有許多幽默風趣的詩文、笑話和諺語，作者的寫作動機，以及朋友泰坦·

里茲先生的死期預測。作者：理查．桑德斯，發行商：富蘭克林，售價是一打三先令六便士。[53]

多年後，富蘭克林回憶道，他把那本年鑑視為「向一般民眾傳遞知識的好方法」，所以在裡頭放了很多諺語，以「教導民眾勤勞和節儉是致富之道，進而培養美德」。不過，他也坦白當時還有另一個動機：借用窮理查這個虛擬作家來取笑自己，半開玩笑地坦承賺錢才是主要動機。窮理查在他第一篇序裡就寫道：「我也許在此宣稱，我寫年鑑只是為了大眾福利，別無其他目的，以博取您的青睞，但那樣說就太不誠懇了。真相是，我極其貧困，吾妻已不止一次揚言，要是我再不利用藏書和一些琅琅作響的玩意兒（她這樣稱我的儀器）來掙錢養家的話，她要燒光那些東西。」[54]

窮理查接著預測競爭對手里茲的「確切死期」，連日期和時間都寫出來了。那是模仿喬納森．史威夫特（Jonathan Swift）的惡作劇。沒想到里茲真的落入他的陷阱，在一七三四年出版的年鑑（亦即在預測的死期之後）裡直指富蘭克林是「自負的三流作家」，說他已經「證明自己是傻子兼騙子」。富蘭克林因為自己開印刷店，在出版一七三四年的年鑑以前，搶先看了里茲的年鑑。他在一七三四年的《窮理查年鑑》裡回應道：從那些誹謗聲明可見，真正的里茲先生已經死了，新版里茲年鑑是冒名之作。「里茲先生教養過人，不可能錄用如此下流粗俗的人來撰寫年鑑，而且他對我極其尊重與關愛。」

富蘭克林在一七三五年的年鑑中，再次嘲諷「已故」對手的尖銳還擊（「里茲若還在世，絕不會如此對我！」），同時也讓里茲掉入語言的陷阱中。里茲宣稱，傳言預測他「活到」（survive until）預測的死期那天，是「子虛烏有的說法」。富蘭克林反駁，如果他「活到那天」真的是子虛烏有的說法，他肯定「已經死了」。

窮理查嘲諷道：「讀過他前兩本年鑑的人都很清楚，沒有活人會寫或能寫出那種東西。」[55]

即使一七三八年里茲確實過世以後，富蘭克林也沒有放過他。他在報上刊登一封里茲的鬼魂投書，坦承「我確實在那個時間死了，就是你提的那個小時，只是差了五分五十秒」。此外，富蘭克林還讓里茲的鬼魂預測窮理查的另一個對手約翰・傑爾曼將在隔年改信天主教。這個玩笑他整整開了四年，而且是在重新取得承印《約翰・傑爾曼年鑑》的合約以後。傑爾曼的好脾氣後來也被他磨光了，一七四三年他又把印刷年鑑的生意轉給布拉福德。傑爾曼寫道：「富蘭克林假理查之名，想證明我不是新教徒。針對他那番說法，讀者可能希望我做出回應……因此他那詼諧之舉使他今年無法再承印我的年鑑。」[56]

躲在窮理查背後嘲諷的富蘭克林頗能自得其樂，但他偶爾也喜歡暴露一下真實的身分。一七三六年，他讓窮理查否認自己是虛構的。他說：「要不是對手喜歡說我的印刷商才是我那本年鑑的主筆，我不會注意到那些無聊的揣測。要是我失去寫年鑑的工作，我的印刷商也不會幫我照顧後代。」翌年，窮理查又抱怨他的印刷商（富蘭克林）為了排版而擅自挪動一些天氣預報，導致預報有誤。一七三九年，窮理查又抱怨印刷商暗藏了他的利潤，但他又補上一句：「我不怨恨他，他是我很尊重的人。」

窮理查夫婦在很多方面都反映了富蘭克林和黛博拉。在一七三八年的年鑑中，富蘭克林讓布里姬為年鑑作序。那時黛博拉才剛為丈夫買了早餐用的瓷碗，富蘭克林才剛在報上發文取笑愛買茶具的妻子很虛榮。布里姬告訴讀者，她剛剛讀了窮理查寫的序，發現他「一直開我的玩笑」，所以她把理查的序給扔了，「我就不能有一兩個缺點，非得印出來昭告天下不可嗎！他已經告訴過讀者我很驕傲，嗓門大，還有一次說我買了新襯裙，以及許多諸如此類的事。天啊！現在，全天下想必都知道窮理查的妻子最近還愛喝點茶吧！」為了避免讀者漏看了其中的關聯，她提到茶葉是「印刷商的贈禮」。[57]

不過，窮理查那些幽默的年鑑序言，從來不像富蘭克林在年鑑邊緣留下的格言諺語那麼出名，例如最有名的一句是：「早睡早起使人健康、富有又聰明。」富蘭克林要是知道後代那些提倡自我精進的人都把那些話奉為圭臬，應該會覺得很有趣。他要是知道後輩的幽默家常拿那些話開玩笑，應該會覺得更奇妙。例如，馬克．吐溫曾寫過〈已故的富蘭克林〉一文，他嘲諷道：「彷彿小男孩真的會把健康、富有又聰明視為目標似的。我的父母拿那句話來教育我，那句話帶給我的痛苦，筆墨難以形容。最後我變得體弱、貧困、精神不太正常。我年紀還小時，父母曾要求我早上九點以前起床。要是他們讓我好好休息，我現在會是怎樣呢？現在我肯定是大富大貴，廣受尊重吧。」格魯喬．馬克思（Groucho Marx）也開了同樣的玩笑：「『早起早睡使人健康、富有又聰明』那句話根本誇大不實，我認識的有錢人大多喜歡睡得很晚，要是下午三點以前被打擾，他們肯定會把僕人開除……你不會看到瑪麗蓮．夢露早上六點起床。其實呢，我從未見過瑪麗蓮．夢露在任何時間起床，太遺憾了。」[58]

事實上，窮理查的很多格言並非原創，富蘭克林在自傳裡坦言，那些諺語「涵蓋歷代多國的智慧」，他在最後一版提到「書中不到十分之一是出自我個人的智慧」。就連「早睡早起」那句話的類似版本，早在一百年前就收錄在英國俗諺的選集裡了。[59]

富蘭克林的天賦，在於發明一些新格言，同時將許多老格言改造得更加言簡意賅。例如，英國有句古諺：「即使是鮮魚和新客，三天後也會發臭。」富蘭克林把它改成：「魚兒三日臭，訪客三日腥。」同樣的，他把「蒙嘴貓難捕鼠。」改成「貓兒穿襪套，老鼠捉不到。」；把古諺「多砍幾下，大樹也能砍下。」改成「只要功夫下得深，小刀剉斷老樹根。」；把「若要三人守密，必須兩人不在。」改成「若要三人守密，必須兩人死去。」；把蘇格蘭諺語「聽話少女和談話城堡無法永保清譽。」改成「堡壘或貞操，稍有妥協就不牢靠。」[60]

即使多數格言都是改編而來的，但從中可以看出他覺得哪些東西實用又有趣。以下是一些好例子：

傻瓜才選醫生當繼承人。
人為生而食，不為食而生。
與狗相交，必然滿身跳蚤。
只要出現無愛的婚姻，就有婚外情。
必需品無法討價還價。
老醉鬼比老醫生還多。
身教勝於言教。
說教惹人嫌。
省一文錢值兩文錢。
井乾方知水貴。
睡著的狐狸抓不著雞。
流水不腐，戶樞不蠹。

靠希望過活，餓死在街頭。
勤勉是幸運之母。
想一次抓兩隻兔子，只會兩頭落空。
注意他人優點，當心自己缺陷。
伴君如伴虎。
欲速則不達。
急事緩辦。
聚財亦聚憂。
不懂得掩蓋鋒芒者是傻瓜。
不勞則無獲。
惡行自知醜陋，所以拿面具蓋頭。
刻意展現智慧，反而更顯愚昧。
愛你的敵人，因為只有敵人會告訴你缺點。
指責帶來的刺痛，正是其忠實之處。
看世事有時要睜大眼，有時要假裝看不見。
未受教育的天才，猶如埋在地底的銀礦。
歹鐵打不成利刃。

只有一半的真話，常是最佳的謊話。

天助自助者。

《窮理查年鑑》的獨到之處，在於行文犀利幽默。富蘭克林寫完一七三八年版的年鑑後，以「愛學者」（Philomath）這個筆名投書到自己的報社，表面上是為了教競爭對手如何寫年鑑，實際上是在嘲諷他們。他寫道，寫年鑑的必要天賦是「某種莊重，在無趣與胡扯之間拿捏適切的折衷點」。這是因為「一般人把莊重的人視為智者」。此外，作者「應該寫一些自己和他人都難以理解的句子和暗示」，他還舉里茲年鑑裡的句子為例。[61]

最後一版《窮理查年鑑》是一七五七年富蘭克林前往英國的旅途中完成的。在那本年鑑中，他把《窮理查年鑑》歷年來收錄的節儉和美德名句，串連成一篇講稿，由一位名叫「亞伯拉罕老爹」的虛構老翁發表演說。即使到最後，依然可見富蘭克林的犀利筆調。他寫道，窮理查站在人群的後方，描述當時的情況：「大夥兒都聽到了，頻頻點頭認同，但聽完後的行為完全相反。」[62]

《窮理查年鑑》的發行讓窮理查一炮而紅，也為其創造者帶來了財富。每年銷量上萬冊，超越了費城的眾多對手。約翰·彼得·曾格（John Peter Zenger，一七三五年因誹謗罪受審，富蘭克林的報紙曾報導那件事）一年買三十六打，詹姆斯的遺孀一年賣出約八十打。亞伯拉罕老爹那份彙整窮理查名言錦句的講稿，後來是以《致富之道》（*The Way to Wealth*）之名出版，一度成為北美殖民地最暢銷的書籍。四十年內再版一百四十五次，譯成七種語言，法語版的書名是《La Science du Bonhomme Richard》，現在共有一千三百種以上的版本。

就像富蘭克林的道德完善計畫及自傳一樣，也有人批評《窮理查年鑑》裡的格言，反映出自命清高的守財奴心態。小說家勞倫斯寫道：「我花了好幾年的時間和無數的智慧，才掙脫窮理查塑造的那些道德羈絆。」但是那樣說就忽視了富蘭克林的幽默和諷刺，以及巧妙融合的機靈和道德。那也誤把富蘭克林筆下虛構的人物和他本人混為一談了。真正的富蘭克林並非一本正經的人，追求財富也不是他一生唯一的目標。他曾對朋友說：「人類最大的缺點，就是永無止盡地追求財富。」他的目標是幫有意經商的人變得更勤奮，成為更有益、更有道德的公民。

不過，透過《窮理查年鑑》確實可以洞悉富蘭克林的一些特質，尤其是他的巧思與人生觀。借由虛擬人物來表達觀點，富蘭克林再次遵循了互助學習會的準則，只以間接的方式抒發己見。從這方面來看，他確實身體力行了窮理查的名言：「讓自己廣為人知，但別讓人徹底熟知。水淺遭人踏，心淺遭人欺。」[63]

第五章

社會公民

費城，一七三一－一七四八年

公益組織

富蘭克林本質上非常熱心公益。他在乎公共行為，更勝於內心虔誠；他比較想打造「人之城」，而非「神之城」。第一次從倫敦歸來時，他曾提出一句名言：人是社群動物。那句話不僅反映出他樂於與人合作共處，也顯示他相信慈善是凝聚社會的美德，誠如窮理查所言：「孤僻若成習，落難無人理。」

一七三〇年代，富蘭克林是年僅二十幾歲的印刷工，但這種樂群的性格，促使他以互助學習會為基礎，創立多種社群組織，包括圖書館、消防隊、夜間巡邏隊，後來甚至還創立醫院、民兵組織、大學。他寫道：「個人行善遠不如集體行善來得強大有力。」

富蘭克林熱中於創立公益組織是受到科頓·馬瑟等人的影響；不過，他集會結社的熱情以及號召群眾的魅力，使他日後成為塑造美國這個持久特色的最大力量。托克維爾（Tocqueville）曾讚嘆：「美國各個年齡層，各種身分地位，各類性格傾向的人，無時無刻都在成立組織。醫院、監獄、學校都是這樣成立的。」

托克維爾因此推論，美國人先天就面臨兩股矛盾力量的衝突：強硬的個人主義精神 VS. 社群和集會結社的集體主義精神。不過，富蘭克林應該不會認同這樣的看法。富蘭克林一生以及他協助打造的美國社會有一個根本的特質，那就是看似矛盾的個人主義和集體主義其實是緊密結合的。北美殖民地的拓荒先驅既是堅毅剛強的個人主義者，也積極支持社群的發展。富蘭克林是融合獨立自主及公民參與的典範，而且他還把這種精神發揚光大，使它變成美國的一大特色。[1]

富蘭克林創立的會員圖書館，是北美殖民地的第一家。一開始，他向互助學習會的成員提議，每個人帶一些書來會館和大家分享。這個方式運作得不錯，但還是需要經費才能添購及維護藏書，所以他決定擴大招募會員，只要繳會費就能獲得借書權。多數的書籍將從倫敦採購。

一七三一年費城圖書館正式成立，當時富蘭克林二十七歲，他親手為圖書館寫下格言「為大眾謀福利最為高尚」（Communiter Bona profundere Deum est）。那句話充分反映出他在行善與敬神之間努力牽起的橋梁。

籌款集資並不容易，「當時費城讀書的人很少，而且多數人都很窮，我使出渾身解數，但只找到五十位願意出資的人，他們大多是年輕的商人。」富蘭克林從這次經驗中又領悟到一個實用的道理，那和妒忌及謙虛有關：他發現人們不願支持「以個人名義提出任何有用的公共計畫，他們可能認為你在沽名釣譽」，所以富蘭克林盡量「隱身幕後」，把這個點子歸功於一群朋友。這樣做的效果出奇地好，「後來屢試不爽」。他指出，只要一開始不把功勞攬在身上，大家最後還是會肯定你的付出，「犧牲一點當下的虛榮，往後會得到豐厚的回報。」

圖書館選書是由詹姆斯・洛根（James Logan）等幾位博學的費城人負責。洛根是富有的皮貨商，也是風度翩翩的學者。富蘭克林為了請人幫圖書館開書單而結識他，這也可以看出富蘭克林的務實天性。首批購買的四十五本書中，有九本是科學書，八本史學書，其餘的大多是參考書，除了兩本經典以外（荷馬和維吉爾的作品），沒有小說、戲劇、詩歌或文學鉅作。

富蘭克林每天花一兩個小時在圖書館裡讀書，「因此某種程度上彌補了我未受高等教育的遺憾，那是父親曾經希望我能獲得的。」他的熱心公益也使他的社會地位跟著提升：互助學習會的成員大多是窮商人，圖書館讓他有機會向費城的賢達尋求贊助，也因此結識後來成為一生好友的彼得・克林森（Peter Collinson）。克林森是倫敦的商人，幫富蘭克林在倫敦採購書籍。後來會員制圖書館的概念在北美殖民地的其他地區流行了起來，產生了不少效益。富蘭克林後來提到：「這些圖書館改善了美洲人的談吐，使一般商人和農民也和其他國家的紳士一樣聰明睿智。」費城圖書館蓬勃發展至今，擁有五十萬冊藏書及十六萬份手稿，目前仍是重要的史藏館，也是美國最悠久的文化機構。[2]

富蘭克林常以筆名在報上發表文章，藉此提倡社會公益的點子。他曾以「賓夕法尼亞斯」（Pennsylvanus）為筆名，描述一群「勇者」主動救火的故事，並提議由無法參與救火者來負擔救火梯、水桶和水泵等費用。一年後，富蘭克林在互助學習會裡發表一篇文章，後來也刊登在報上。他在那篇文章中提議組成一支消防隊。為了避免攬功，他以某個老人的名義投書（文中提到「未雨綢繆」，用字遣詞頗有窮理查的味道）。他寫道，費城有很多熱情的志願者，但缺乏「組織和方法」，他們應該考慮仿效波士頓的做法，組成職責明確的消防隊。富蘭克林向來很在乎細節，所以他還特地詳列了具體的職責內容：設置民防人員，手持「五呎長的紅色棍子」，還要設置拿斧頭、拿鉤子等其他裝備的人員。

富蘭克林在自傳裡回憶道：「人們紛紛認為這篇文章非常有益。」所以他開始籌組消防隊，並於一七三六年成立。他對於規章的訂定相當嚴謹講究，還設定違規的罰款。這個組織一如富蘭克林的其他計畫，也包含社交的特質，他們每個月會找一天晚上聚餐，「討論及交流大家想到的火災問題」。後來就像互助學習會一樣，很多人都想加入，所以城裡開始出現其他的分隊。

之後，富蘭克林積極參與消防隊的事務多年。一七四三年，《賓夕法尼亞報》上刊登了一則小啟：「昨晚渥特街的火災遺失兩個皮桶，上有富蘭克林消防隊的標記。請拾獲者把水桶送至印刷店，有酬答謝。」五十年後美國獨立以後，他從巴黎回國，找了四名仍在世的消防隊員聚首，每個人都帶著皮桶來參加聚會。[3]

富蘭克林也試圖改善費城不彰的警力。當時，費城的巡邏者是一群烏合之眾，由治安官管理。治安官要不是徵召社區民眾來充數，就是收費讓人免於服役。所以巡邏者基本上是一群收入微薄的街頭遊蕩者，晚上大多喝得醉醺醺的。於是，富蘭克林又在互助學習會裡發表一篇文章，提議招募全職的巡邏者，其薪資由課稅來支付，稅金是根據每戶住家的價值來徵收財產稅，那也是北美殖民地首度出現累進稅制。他寫道：「窮困寡婦需要保護的財產可能不到五十鎊，要求她和坐擁數千鎊財產的富商繳交一樣多的稅」是不公平的。

與消防隊不同的是，富蘭克林構想的巡邏隊屬於政府的職能，需要議會批准，所以直到一七五二年「我們社團的成員更有影響力時」才成立。當時富蘭克林已當選議員，並協助起草巡邏者組織的詳細立法。[4]

共濟會

當時費城還有一個兄弟會組織，比互助學習會的地位更崇高，而且看來完全符合富蘭克林的抱負，那個組織就是共濟會（Grand Lodge of Free and Accepted Masons）。共濟會是一個半祕密的組織，是以石匠公會的傳統儀式和象徵為基礎建立的。一七一七年於倫敦成立，一七二七年出現第一個費城分會。共濟會的成員就像富蘭克林一樣，致力於互助和公益，而且包容各種宗教派別。對富蘭克林來說，加入共濟會也是一種社會地位的提升，當時費城有很多富商和大律師都是共濟會的成員。

十八世紀，社會階層的流動並不常見，但富蘭克林從一介小販逐步晉升，最後得以站立在國王面前，他自豪地完成了這項艱鉅的任務，也使社會階層的流動變成美國的目標之一。這一路走來並不容易，一開始他連受邀加入共濟會都很難，所以他先在報上刊登一些對共濟會有利的小文章，但毫無效果。接著，他決定採取比較激進的策略。一七三〇年十二月，共濟會一名成員剛過世，富蘭克林在報上刊登了一篇長文，內容是以那位會員留下的文件為切入點，揭發共濟會的一些祕密，但多數的祕密其實都是無中生有的謠傳。

這招果然奏效了，幾週後，他就受邀加入共濟會，並在報上發表聲明，撤回十二月對共濟會的不實報導，並刊了幾篇褒揚共濟會的小文章。富蘭克林從此成為忠實的共濟會成員，一七三二年他幫助起草費城共濟會的章程。兩年後，富蘭克林成為會長，並印刷共濟會的章程。[5]

對共濟會的忠誠，使富蘭克林陷入一樁醜聞，從這件事可以看出他不愛與人對立的特質。一七三七年的夏季，一個名叫丹尼爾．利思（Daniel Rees）的天真學徒想加入共濟會。他有一些愛搗亂的朋友想趁機捉弄他，冒充為共濟會的成員，編了一套古怪的入會儀式，包括發誓、淨身、親吻屁股等等。他們向富蘭克林透露那個玩笑時，他聽了哈哈大笑，還向他們要了一份假誓言。幾天後，那些人又搬出另一套詭異的儀式，結果玩出了意外，一碗起火燃燒的白蘭地把可憐的利思活活地燒死。富蘭克林雖未參與惡作劇，但後來在殺人案的審判中，法院傳他出庭作證。他的對手布拉福德（不是富蘭克林的朋友，也不是共濟會的朋友）刊登了這則報導，並指控富蘭克林鼓動那些虐待者，應負起間接的責任。

富蘭克林在自己的報上回應，他坦承最初得知那個玩笑時，確實覺得好笑。「但是聽說他們要對他進行暴力淨身，要求他去親屁股，給他一份糟糕的誓言宣讀時，我的態度就轉趨嚴肅了。」不過，由於富蘭克林曾要求看那篇誓言，還開心地拿去向朋友展示，他那番說法難以令人信服。

北美各地反對共濟會的報紙都紛紛刊登了那樁悲劇，以及富蘭克林捲入其中的新聞，其中包括《波士頓新聞報》（*Boston News Ledger*），富蘭克林的父母自然也看到了那則消息。他寫了一封信給母親，以安撫她對共濟會的擔憂。他寫道：「他們都是一群老實人，也沒有違背宗教或道德的原則和實務。」不過，他坦承母親對此感到不滿是合情合理的，因為共濟會不收女性。[6]

大覺醒運動

富蘭克林從來不拘泥於教條，他頂多只算是有點偏向自然神論者，不過他對宗教依然有興趣，尤其是宗教對社會的影響。一七三〇年代，有兩位傳教士令富蘭克林深深著迷，一個和他一樣是非正統的自由思想家，另一個是宗教復興主義者，抱持著激進的保守主義，他的觀點大多和富蘭克林不同。

薩謬爾・亨普希爾（Samuel Hemphill）是來自愛爾蘭的年輕傳教士，一七三四年來到費城，在富蘭克林偶爾去做禮拜的長老會教堂裡擔任副手。亨普希爾比較喜歡宣揚道德，而非加爾文派的教義，所以他的布道吸引了很多信徒，包括好奇的富蘭克林。富蘭克林「很喜歡他的布道，因為他極少空談教條，而是力勸大家實踐道德」。但是教會的老牧師都不喜歡亨普希爾那種不太談教條的布道方式。安德魯斯（就是富蘭克林覺得布道很無聊的老牧師）抱怨亨普希爾利用他的教堂，「自由思想者、自然神論者甚至無神論者一看到他，都蜂擁而至。」不久，亨普希爾就因異端邪說的罪名，被送到教會會議上受審。

審判一開始，富蘭克林就以其一貫的手法，發表文章為亨普希爾辯護。那篇文章是以兩位長老會教徒的對話形式呈現。S 先生（代表富蘭克林）聽著T先生抱怨那個「標新立異的牧師」講太多行善的東西。「我不喜歡聽那麼多道德說教，我相信光靠道德是無法上天堂的。」

S先生反駁：「基督和他的門徒就是宣揚那些東西。」他說《聖經》裡說得很清楚，上帝希望我們過「道德、正直、行善的生活」。

但T先生問道，獲得救贖難道不是靠信仰，而非道德嗎？

「信仰是讓人產生道德的方法。」S 先生回應，接著又補上異端的說法：「我覺得只靠信仰就期望獲得救贖，那不是基督教的教義，也不合理。」

富蘭克林一向對宗教充滿包容，有人可能以為他會容忍長老會強行要求旗下的牧師接受任何教義，但他沒有，他讓 S 先生主張長老會不該死守著正統教義。S 先生總結：「道德就是我們的責任，任何信仰都不如這點那麼簡單明瞭。」這也呼應了富蘭克林的核心理念，「有道德的異教徒應比邪惡的基督徒更早獲得救贖。」

這是典型的富蘭克林論述，借用虛構的人物，以巧妙、委婉的方式來陳述其觀點。但是當教會會議一致決定譴責亨普希爾並勒令他停職時，富蘭克林罕見地改採比較強硬的手段。富蘭克林自己也說，他「變成亨普希爾的熱情支持者」，印了一本匿名的小冊子（和報紙上的對話不同，小冊子是完全匿名的），字裡行間充滿了罕見的怒火。他不僅以神學理論逐一駁斥教會的每項指控，也指責教會會議的成員「惡毒及妒忌」。

對此，亨普希爾的指控者也印了小冊子反駁，那又促使富蘭克林再印一本匿名的小冊子，而且用字遣詞更加尖刻，例如出現「頑固與偏執」、「宗教騙子」之類的用語。他後來還寫了一首詩，說亨普希爾的批評者是「騙子牧師」。

那是富蘭克林違反互助學習會原則（不與人直接對立或爭辯）的罕見例子，而且他以前就曾經明白表示，他不在意宗教教義的爭論，所以上述反應顯得更加異常。他對宗教勢力根深柢固的權威憎恨至極，可能因此一時失去理智而發了脾氣。

之後，有人揭露亨普希爾的多篇布道文涉嫌抄襲，這又使富蘭克林更難為他辯護了。不過，富蘭克林仍然支持他，他後來解釋：「我寧願聽他宣揚別人創作的好布道，也不願聽牧師自己寫的爛布道，但如今的牧師大多屬於後者。」最後，亨普希爾離開費城，富蘭克林從此以後再也不去長老會做禮拜了。[7]

亨普希爾事件發生時，宗教復興主義的浪潮正開始席捲美洲，亦即所謂的「大覺醒運動」（Great Awakening）。以愛德華茲為代表的狂熱派新教傳統分子，以烈火和硫磺的故事煽動教徒，使他們陷入宗教狂熱，激動哭嚎。愛德華茲在著名的「恐怖」布道〈罪人落在憤怒的神手中〉告訴信眾，唯一能避免他們遭天譴的，是蒙受上帝難以名狀的恩典，「上帝使你懸在地獄大坑的上方，就像一個人把一隻蜘蛛或討人厭的蟲子懸在烈火上一樣」。

這種宗教觀顯然和富蘭克林的截然不同。愛德華茲和富蘭克林是那個年代北美殖民地的兩大人物，范多倫說他們分別是「兩大敵對運動的象徵，兩種運動都試圖掌握當代的風潮」。愛德華茲及其代表的大覺醒運動，希望把北美殖民地帶入清教主義的痛苦自省中。富蘭克林則希望把北美殖民地帶入崇尚包容、個人品德、公民道德、善行和理性的啟蒙時代。[8]

所以，大家看到富蘭克林竟然被喬治・懷特菲爾德（George Whitefield）所吸引時，可能會覺得很震驚，甚至有些奇怪。懷特菲爾德是大覺醒運動中最受歡迎的巡迴牧師，來自英國，原本在牛津大學的彭布羅克學院，但發展得不太順遂，接著在衛理公會及後來的加爾文派中「獲得新生」，一七三九年來到費城。他堅信人只能透過上帝開恩才能獲得救贖，但他也非常積極地參與慈善活動。他為了幫喬治亞的一家孤兒院募款，在北美殖民地巡迴布道一年。他為慈善事業籌募的善款，比同年代的任何牧師還多。那些錢用於修建歐美各地的學校、圖書館和救濟院。所以，儘管富蘭克林不贊同他的理論，卻深受他的吸引，這點不是那麼令人意外。

懷特菲爾德在費城（當時北美殖民地最大的城鎮，人口一萬三千人）進行晚間的戶外布道時，吸引了龐大的聽眾，富蘭克林也在其中。富蘭克林覺得這是很好的報導題材，遂以很大的篇幅在報上刊載：「週四，懷特菲爾德牧師開始在本鎮的法院外布道，時間約晚上六點，吸引了近六千名觀眾到場，大家靜靜地聆聽他講道。」他在費城待了一週，聽眾與日俱增。後來，懷特菲爾德在北美殖民地巡迴布道一年期間，又來費城三次。

富蘭克林對他充滿了敬意。他在自己的《賓夕法尼亞報》上，有四十五期提到懷特菲爾德，有八次把他的布道內容放在報紙頭版。富蘭克林在自傳中也以略帶嘲諷的口吻，描述自己當時的熱中：

不久之後，我恰好參加他的一場布道會。當時我看出他打算在布道會結束時向聽眾募款，我暗暗打定主意，絕不捐一分一毫。當時我的口袋裡有一把銅板、三、四個銀元和五個金幣。隨著布道的進行，我的決心開始動搖，決定把銅板捐給他。後來他一陣慷慨陳詞，讓我深感羞愧，我決定把銀元也捐出去。到最後，他的結語實在令我大感佩服，我把所有的錢全都掏出來了，連同金幣在內，全放進了募款箱。

懷特菲爾德感化費城居民的效果，也令富蘭克林深為佩服，他在報上寫道：「民眾從未如此熱中於聆聽布道，宗教變成大家交談的主要話題，宗教書籍也大為暢銷。」[9]

富蘭克林並未錯過最後那句話所代表的商機，他與懷特菲爾德見面，協議成為其布道詞及刊物的主要出版商，那無疑讓他更想宣傳懷特菲爾德。懷特菲爾德第一次造訪費城以後，富蘭克林就在報上刊登廣告，以兩先令的價格預售懷特菲爾德的布道選集。幾個月後，他又刊登一份聲明，說訂單太多了，所以「付現的人優先取貨」。

懷特菲爾德的布道選集最後賣了數千本，為富蘭克林帶來了財富，也為懷特菲爾德打響了名氣。富蘭克林還出版懷特菲爾德的期刊共十期，每期的售價是《窮理查年鑑》的五倍，而且他還為此找來北美殖民地的十一家印刷商共襄盛舉，使那些期刊大為暢銷。他住在新港的嫂嫂安妮・富蘭克林訂了兩百五十本。

一七三九到一七四一年間，富蘭克林承印的書刊中，有一半以上都是懷特菲爾德的著作或相關作品。

有些史學家因此推論，富蘭克林對懷特菲爾德的熱情只是基於金錢上的考量，但是這樣推論就太過簡化了。正如很多事情一樣，富蘭克林向來很擅長兼顧財務利益、個人熱情及大眾福祉。他喜歡廣結善緣，深受懷特菲爾德的魅力及行善熱誠所吸引。他邀請懷特菲爾德到家裡作客時，懷特菲爾德欣喜地回應：「這是老天賞光！」富蘭克林糾正他說：「您誤會了，這不是老天賞光，而是您賞光。」

此外，即使他們的宗教理念不同，富蘭克林之所以深受懷特菲爾德的吸引，也是因為他的到來撼動了費城的傳統勢力。富蘭克林向來很鄙視當地的宗教菁英，所以樂見這位外來的巡迴牧師掀起廣大的回響，並讓當地的宗教菁英倍感不安及失和。富蘭克林也樂見懷特菲爾德的支持者在他的金援下，建立一座大型的新會場，讓任何信仰的人都可以上台宣傳理念，「即使君士坦丁堡的伊斯蘭學者派傳教士來向我們傳教，他也可以使用這裡的講台。」[10]

當時費城有些上流仕紳投書到富蘭克林的報紙，說懷特菲爾德的布道「並未獲得上等人的熱烈回響」，富蘭克林對此做出的反應雖然引發熱議，但可以看出他抱持平民主義的觀點，樂見菁英階層的不安。隔週，富蘭克林以奧巴代亞．普蘭曼（Obadiah Plainman）的筆名投書，以「普通人」（plainman）來嘲諷「上等人」的說法，並對仕紳投書中暗指懷特菲爾德的支持者是「劣等人、暴民、下等人」的說法，大肆奚落了一番。普蘭曼先生說，他和朋友都以身為「下等人」自豪，但是痛恨聽到有人以「上等人」自居，還暗指一般民眾低下愚蠢。

隔週，一個語氣傲慢的紳士，名叫湯姆．楚魯門（Tom Trueman，從這個名字看來，也許又是富蘭克林假冒的）投書到布拉福德那份比較高檔的報紙。信中指出那些用語不是為了刻意冒犯一般百姓，並指控普蘭曼自以為是全鎮百姓的領袖。於是，富蘭克林又以普蘭曼先生的名義回應，說他只是「貧窮、普通」的工匠，工作之餘，「不是去酒館喝一杯，而是到圖書館讀書作為消遣」。因此，他只是痛恨那些自稱上等人、「看不起其他同胞」的傢伙。儘管富蘭克林的社會地位節節高昇，想要像貴族一樣擺架子輕而易舉，但他始終痛恨勢利眼，以身為捍衛中產階級利益的普通人自豪。[11]

一七四〇年秋季，富蘭克林對懷特菲爾德的狂熱開始出現退燒的跡象，不過他對出版其作品的利益依然熱中。懷特菲爾德很努力想要讓富蘭克林改信加爾文教派，但這番心血似乎毫無效果，而且費城仕紳中那些重要的客戶也開始批評《賓夕法尼亞報》過度宣傳懷特菲爾德。針對那些批評，富蘭克林發表了一篇社論，否認該報的偏頗立場（雖然難以令人信服），並重申其理念「真理和謬誤公平競爭時，前者總是會壓倒後者」（首見於一七三一年發表的〈為出版者辯白〉）。不過，在同一期的報紙中，他也刊登了一封牧師的投書，那封信批評懷特菲爾德「大放厥詞」。隨後，他也印刷了三本小冊子，其中兩本嚴詞批評懷特菲爾德，另一本則是懷特菲爾德的回應。一七四〇年的前九個月間，《賓夕法尼亞報》刊登的讀者投書中，有九成是支持懷特菲爾德的，但是從九月開始，讀者投書大多是反對懷特菲爾德的，不過富蘭克林寫的文章仍繼續支持他。

儘管後來熱情消退了，但往後多年，富蘭克林仍持續支持懷特菲爾德，而且兩人始終保持熱切的書信往來，直到一七七〇年懷特菲爾德過世為止。富蘭克林撰寫自傳時，懷特菲爾德已過世，他在自傳中語帶調侃地回憶那段過往。他提到，有一次他參加懷特菲爾德的布道，布道內容並未感動他，因為他一直在算懷特菲爾德的聲音能傳多遠。至於懷特菲爾德對其宗教信仰的影響，富蘭克林挖苦地說：「他有時會祈禱我改信他的宗教，但上帝似乎從未聽到他的祈禱。」[12]

出版戰

富蘭克林的出版生意愈做愈大，他和城內對手布拉福德的競爭也日益激烈。一七三〇年代初期，他們一直互相取笑對方報紙上的錯誤，也為了那位想加入共濟會而意外喪生的年輕人以及亨普希爾的布道問題爭論不休。兩家報社之所以競爭激烈，還有社會和政治方面的原因。布拉福德出身良好，他的《美利堅信使週報》與賓夕法尼亞的「領主派」是一夥的，他們都支持佩恩家族以及他們任命的總督。白手起家的富蘭克林和他的《賓夕法尼亞報》則是反對權勢階級，偏向支持民選議會的權利。

一七三三年的議長選舉期間，雙方的政治立場再次衝突。當時，安德魯．漢米爾頓（Andrew Hamilton）尋求連任議長，他是反領主派的領導者，曾幫富蘭克林從布拉福德的手中奪下政府的印刷業務。富蘭克林很欣賞漢米爾頓的反貴族思想，他寫道：「他不是當權者的朋友，而是窮人的朋友。」布拉福德正好相反，他刊登了大量攻擊漢米爾頓的文章。其中一篇〈論不忠〉不僅攻擊漢米爾頓，也連帶攻擊富蘭克林。還有一篇指控漢米爾頓污辱佩恩家族，以及濫用他身為貸款處負責人的職權。

富蘭克林發文為漢米爾頓辯護，用字遣詞莊重，句句鞭辟入裡。那篇文章是以對話的形式呈現，記錄他與漢米爾頓的「半小時對話」。文中逐一批評布拉福德的罪過，包括誤用文字（例如誤以「卑鄙」代替「輕蔑」），躲在匿名的背後批評（「以為匿名很正常，沒人在意」）。在那篇文章中，漢米爾頓給人的印象是一位造訪互助學習會的有禮訪客，帶點窮理查的味道，他感嘆：「抹黑一多，再怎麼清白也難以洗淨。」[13]

漢米爾頓後來競選連任成功，一七三六年他讓富蘭克林獲選為議會的秘書。於是，富蘭克林再次兼顧了服務大眾的熱情及私人利益，他大方坦言，秘書一職「能讓我與議員們保持更好的聯繫，幫我獲得承印選票、法規、紙幣的生意，以及其他臨時的公家業務。這些生意整體來說利潤十分豐厚。」

擔任秘書的經歷，也讓他學到一個化敵為友的實用技巧。一位家境富裕、教養良好的議員批評他以後，富蘭克林下定決心獲得他的認同。

我不想靠卑躬屈膝來獲得他的支持，過了一些時日以後，我以其他的方式辦到了。我聽說他的藏書裡有一本稀世珍本，就寫了一封信給他，表示我很想拜讀那本書，請他借我幾天。他馬上把書寄來了，大約一週後，我把書歸還給他，並隨書附上另一封信，深深感謝他願意出借。下次我們在議會碰面時，他主動找我攀談（以前從未有過），而且彬彬有禮。從此以後，無論什麼情況，他都很樂意幫我，後來我們成了好友，友誼持續到他過世為止。這個例子再次印證了一句老格言：「曾幫過你的人，比你幫過人，更樂於再度幫你。」[14]

富蘭克林與布拉福德之間的競爭也有很有趣的一面，當時看起來也許不太尋常，但如今看來卻相當普遍。即使他們在某些領域競爭激烈，但是他們就像現代的媒體巨頭一樣，在其他的領域還是有合作關係。例如，一七三三年，他們為了漢米爾頓的選戰脣槍舌劍，卻一起承印了一本昂貴的聖詩選集以分擔風險。在布拉福德的建議下，富蘭克林負責印刷，布拉福德提供紙張，雙方分擔成本，印刷完畢後各自拿走兩百五十本。[15]

富蘭克林與布拉福德競爭時，面臨一大劣勢。布拉福德是費城的郵政局長，他運用該職位（起碼在檯面上）阻止富蘭克林透過郵政網路寄送《賓夕法尼亞報》。他們後來為了馬車的運輸爭執不斷，如今這類衝突經常出現在內容生產者和通路控制者之間，他們可說是這類衝突的早期例子。

一度，富蘭克林因結識當時北美殖民地的郵政總長亞歷山大．史巴茲伍上校（Alexander Spotswood），而請史巴茲伍要求布拉福德開放系統，也寄送其他的報紙。但布拉福德依然陽奉陰違，讓富蘭克林難以把報紙送上郵政通路的馬車，迫使富蘭克林不得不賄賂郵差。富蘭克林不僅擔心這樣做的費用偏高，也擔心大眾觀感。由於布拉福德控制了費城的郵政系統，富蘭克林寫道：「大家以為他比較容易取得新聞，也覺得他的廣告成效比我好。」

後來，由於布拉福德的郵務帳目不清，富蘭克林乘機取得費城郵政局長一職。一七三七年，史巴茲伍在富蘭克林的鼓動下，解除布拉福德的職務，任命富蘭克林為費城的郵政局長。富蘭克林寫道：「我欣然接受了，後來發現那個職位對我很有利，儘管薪水微薄，但幫我大幅改善了報紙的寄送，增加了訂戶數量和夾頁的廣告量，為我帶來可觀的收入。」布拉福德的報紙生意則開始走下坡。

富蘭克林並沒有乘機以牙還牙，而是讓布拉福德的報紙和其他的報紙一樣，仍透過郵政網路一起寄送（至少一開始是如此）。富蘭克林在自傳中，對於自己如此開明還頗為得意，但他其實只維持了兩年。因為布拉福德帳目不清的問題始終沒有解決，史巴茲伍要求富蘭克林「對他提出訴訟」，而且「郵局也不准再寄送他的報紙」。

於是，布拉福德不得不像富蘭克林以前那樣，賄賂郵差偷偷幫他送報。富蘭克林雖然知道這件事，但假裝不知道，就像布拉福德以前一樣，但這樣的包容也沒有持續很久。[16]

一七四〇年，富蘭克林和布拉福德為了搶著發行北美殖民地的第一本綜合雜誌，兩人又槓上了。那個點子是富蘭克林先想出來的，但是就像當初他打算辦報一樣，他再次遭到好友出賣。所以一七四一年，記取教訓的窮理查在年鑑裡犀利地指出：「不想讓敵人知道祕密，就要對朋友守口如瓶。」

這次背叛他的朋友是一個律師，名叫約翰・韋布（John Webbe）。韋布是《賓夕法尼亞報》的供稿者，富蘭克林也找他處理郵局對布拉福德提告的事。富蘭克林向韋布描述了他的雜誌計畫，並請他擔任編輯。韋布卻向布拉福德透露了這個計畫，還和布拉福德談定了更優厚的條件。所以，一七四〇年十一月六日，布拉福德宣布《美洲雜誌》（*The American Magazine*）的發行計畫。一週後，富蘭克林在報上刊登《大眾雜誌》（*The General Magazine*）的發行計畫。

富蘭克林的聲明中，譴責韋布的背叛，他寫道：「這本雜誌策畫已久，若不是因為某人得知這項祕密計畫，轉而通報《美利堅信使週報》，並從中獲得私利，否則這本雜誌本來不該那麼早出刊。」後續的衝突導致富蘭克林全面禁止布拉福德的報紙透過郵政網路寄送，也讓郵政網路的使用變成了公共議題。

隔週，韋布在《美利堅信使週報》上嚴詞反擊，他特別指出富蘭克林一個比較不討喜的特質：愛使用含沙射影的手法。韋布寫道，富蘭克林的拐彎抹角「就像扒手一樣狡猾」，比「直接說謊者」的大言不慚更加「卑鄙」，「他的攻擊含沙射影，隱晦曲折，使受到攻擊者難以辯解。」富蘭克林認為間接暗諷不像針鋒相對那麼唐突討厭，但有時那樣做反而讓人更加怨恨，而且多了狡詐欺騙的惡名。

對此，富蘭克林並未回應。他很清楚該怎麼刺激韋布和布拉福德，他只在下一期的報紙上把自己的聲明重新刊登一遍，包括最初暗指韋布的那段文字。這促使韋布在《美利堅信使週報》上又發表了一篇長文。對此，富蘭克林再次壓抑怒火，沒有回應，在下一期的報紙上依然再次刊登最初的聲明和指控。

韋布氣炸了，直接讓衝突加溫，在十二月四日的《美利堅信使週報》上提出一項指控，他認為那一定可以逼富蘭克林回應。韋布寫道：「自從我寫第一封投書以後，富蘭克林就開始利用職權，阻止《美利堅信使週報》透過郵政網路寄送。」富蘭克林在下一期的《賓夕法尼亞報》上，以有點狡猾的解釋來回應那項指控。他寫道，早在一年前，郵政網路就已經禁止發送《美利堅信使週報》了，那和雜誌的爭議無關，而是遵照郵政總長史巴茲伍的命令行事。為了證明這點，富蘭克林還刊出史巴茲伍的公函。他指出，韋布和布拉福德早就知道這件事，尤其韋布更清楚不過了，畢竟當初富蘭克林就是聘請他來處理那件訴訟案。

對此，韋布的回應是，把之前的郵政做法一五一十地攤開來說。他坦承，史巴茲伍確實命令富蘭克林停止發送布拉福德的報紙。但富蘭克林本來就很清楚，郵差還是偷偷繼續發送。此外，韋布也指控，富蘭克林私底下也對其他人透露，他放任郵差偷偷寄送布拉福德的報紙，是因為那可以確保布拉福德不在報上刊登對他傷害太大的報導。韋布寫道：「富蘭克林宣稱，他讓郵差私下發送布拉福德先生的報紙，這樣一來，一切都掌握在他手中了。」

由於雙方都搶著率先發行雜誌，這場有關郵政實務的公開爭論後來就不了了之了。最後，韋布和布拉福德搶先三天發行，他們的《美洲雜誌》在一七四一年二月十三日出刊，富蘭克林的《大眾雜誌》則是在十六日出刊。

當時所謂的「雜誌」，其實是把報紙和其他地方的文章集結在一起的文摘。富蘭克林的《大眾雜誌》是仿效當時倫敦已發行十年的《紳士雜誌》（*Gentleman's Magazine*），內容出奇地枯燥，包括官方聲明、政府議程報告、紙鈔發行問題的討論、幾篇詩歌，以及一篇有關懷特菲爾德募款興建孤兒院的報導。

這種模式後來失敗了，布拉福德的雜誌只發行三期後就停刊，富蘭克林的雜誌也只發行半年。在那些雜誌中，富蘭克林並未寫出值得關注的作品，除了一首搞笑詩以外（他以愛爾蘭方言模仿布拉福德雜誌上刊登的某則廣告）。不過，那場搶先發行雜誌的競爭，確實讓富蘭克林注意到郵政系統的威力。[17]

莎莉・富蘭克林

一七四三年，在法蘭奇出生十一年後，富蘭克林家多了一名女嬰。富蘭克林以岳母的名字來為小女孩取名，名叫莎拉，小名莎莉。這女孩為父母帶來了許多歡樂，備受寵愛。她四歲時，富蘭克林寫信告訴母親：「您的孫女是我見過對書籍和學校最感興趣的孩子。」兩年後，他又寫了一封類似的信給母親：「莎莉長得清新秀麗，對女紅深感興趣，熱愛閱讀，溫柔婉約，乖巧聽話。也許是我太得意自豪了，但我覺得她以後會是一個靈巧、懂事、勤儉持家的好女子。」

富蘭克林曾經隨性考慮過，女兒將來也許可以和威廉・史莊（William Strahan）的兒子成婚。史莊是倫敦的印刷商，也是他的英國筆友之一。（在這方面，富蘭克林毫無性別歧視，他也曾經想幫兒子威廉作媒，後來也意圖幫兩個孫子牽紅線，讓他們和英法友人的孩子共結連理，但是都沒有成功。）富蘭克林在寫給史莊的信中描述莎莉，從那些描述中可以看出他有多愛女兒以及他希望女兒具備的特質。莎莉七歲時，他寫道：「她每天都發現勤奮、節儉等女性美德的意義。」六年後，他又寫道：「莎莉確實是個好女孩，溫柔、乖巧又勤奮，心地善良，雖然稱不上才女，但是以她的年齡來說，也算是聰明機靈。」

富蘭克林小時候和克林斯辯論時，曾主張男女都有受教育的權利。後來他以賽倫斯・杜古德的筆名發表文章時，也重申那樣的主張。他在莎莉身上確實做到了這點，但因為他生性務實，比較重視實用的科目。他確保莎莉學會閱讀、書寫和算數。後來在莎莉的請求下，他又讓莎莉學法語，不過莎莉對法語的興趣一下子就消退了。他也堅持莎莉應該學記帳。他在查爾斯頓的出版合夥人過世之後，他看到那個人的妻子必須一肩扛起生意，這讓他更加覺得女孩子應該學習記帳，「萬一守寡的話，會記帳對她和孩子來說，比擅長音樂或舞蹈都來得實用。」

莎莉八歲時，富蘭克林就從英國為她進口了一堆書。本來他打算讓莎莉在印刷店裡負責銷售那些書，也希望她能從中學到一些東西。那些書包括溫徹斯特公學（Winchester School）*的三十六本手冊、四本字典，還有二十四本「蘊含道德箴言的故事和寓言」。

不過，富蘭克林主要還是要求莎莉熟練家務。某天，他看到莎莉無法縫好鈕扣孔，便安排他的裁縫師來為莎莉上課。莎莉從未像威廉那樣接受正規的學校教育。富蘭克林打算在費城興學並擬定相關的計畫時，莎莉六歲，但他的辦學計畫中並未打算招收女孩。[18]

黛博拉只生了一個女孩（並撫養一個私生子），在殖民時期，對健康的女性來說，那算生育異常地稀少。她的父母生了七個孩子，富蘭克林的父親在兩次婚姻中總共生了十七個孩子，當時一般家庭平均有八個孩

*譯注：英國第一所培養神職和公職人員的學校。

子。富蘭克林每次寫到孩子時，字裡行間總是洋溢著熱情，窮理查還曾經行文大讚孕婦的風采。在〈波莉・貝克〉之類的諷刺文和〈論人類繁衍〉之類的嚴肅文章中，他也稱頌多子多孫的好處。所以，富蘭克林子嗣不多看起來不像是刻意節育，那可能反映出他們夫妻倆親密不多或不易受孕，或兩者皆是。無論是什麼原因，這個狀況讓富蘭克林享有更多的餘裕，可以提早退休，投入他熱愛的科學研究，以及遠走他鄉擔任外交工作。或許這也是他一輩子都喜歡和年輕人為伍的原因（尤其是女性），他把他們都當成自己的孩子看待。[19]

波莉・貝克

富蘭克林對女性的態度，在他的年代算有點前衛，但也只是稍微多一點而已。不過，可以確定的是，他真的很喜歡女性，喜歡有她們為伴，和她們聊天。他可以正經地看待她們，也可以跟她們打情罵俏。莎莉年紀還小的時候，富蘭克林以不同的方式寫了兩篇知名的文章，把他寬容看待婚外性行為以及對女性的欣賞態度有趣地結合了起來。

一七四五年寫的〈給年輕人挑選情人的建議〉如今已廣為人知，但整個十九世紀，富蘭克林的孫子以及彙編其文章的人一直壓下那篇文章，不讓它曝光，因為他們覺得內容不太得體，不適合出版。那篇文章一開始，富蘭克林先頌讚婚姻是最適合治療性衝動的「妙方」。但是讀者若是「不接受這番忠告」，仍認為「性愛在所難免」，他建議「年長的女性比年輕的女性更適合當情人」。

富蘭克林接著大膽列出八個理由：因為年長女性的人生閱歷較多；更有話聊；雖然青春不再，但更懂得「抓住男人的心」；「沒有懷孕的風險」；她們比較懂得分寸；女性是從頭開始往下老化，所以即使臉上開始出現皺紋，下半身依然緊實，「所以拿毯子蓋住上半身，光看腰部以下，看不出年長和年輕女性的差別」；找年長女性偷情比找處女的罪惡感少；比較不會內疚，因為你可以讓年長女性開心，但你可能毀了黃花閨女的一生。最後，富蘭克林賤嘴地補上一句：「而且啊，年長女性還會對你心存感激。」[20]

〈波莉．貝克之言〉則是從女性的角度講述性愛和苦惱。富蘭克林常運用這種寫法，而且技巧純熟，可見他相當理解女性。該文是一名年輕女子因生下第五個私生子而受審時的慷慨陳詞。最初是在倫敦出版，後來在英國和美洲多次再版，但很多人都不知道那是虛構的文章。該文發表三十年以後，富蘭克林才透露那一切都是他杜撰出來的。

那篇文章表面上看來輕鬆幽默，實際上是以犀利的筆觸來抨擊當時社會的偽善習俗，以及對女性和性愛的不公態度。波莉指出，她一直遵照《聖經》的指示「要生養眾多」*，「我冒著生命的危險，帶五個孩子來到這個世界，並勤奮努力地拉拔他們長大。」事實上，要不是法院持續罰她錢，她可以提供孩子更好的生活。「在這個亟需人手的新殖民地上，難道為國王增添子民也是罪過嗎？要是我是國王，我覺得那是值得表揚，而非應該懲罰的行為。」

富蘭克林自己也有一個私生子，並負擔起扶養孩子的責任。他嚴詞批判社會極盡羞辱波莉、卻讓男方逍遙法外的雙重標準。誠如波莉所言：「我還是處女時，欣然接受我唯一收到的婚約，但我太輕信那個男人的虛情假意，以為他會履約而不幸失去貞操。他讓我懷了孩子，卻又拋棄我。那個男人你們都認識，他現在已

*譯注：創世記 1:28

是本地的法官。」

儘管沒人要娶又備受屈辱，波莉一肩扛起母職，生下孩子，她主張：「竊以為，我不僅不該受到鞭笞，還應該為我樹立雕像以茲紀念。」富蘭克林寫道，波莉的慷慨陳詞令全體審判人員深受感動，而獲判無罪開釋，其中一位審判員隔天就和她結婚了。[21]

北美殖民地賢哲會

富蘭克林是最早認為英國在美洲的殖民不止是多個分散的殖民地，將來也有可能統一成一個國家的先賢之一，他之所以會那樣想，部分原因在於他的觀點不像多數北美殖民地的人那麼狹隘，他曾經在殖民地之間穿梭，與羅德島到南卡羅來納的各地印刷商結盟，廣泛閱讀北美殖民地的其他刊物，以便為自己的報紙和雜誌蒐集新聞。自從擔任費城的郵政局長以後，富蘭克林和其他殖民地的聯繫又變得更容易了，他對其他殖民地的好奇心也與日俱增。

一七四三年五月，富蘭克林發表〈在北美殖民地推廣實用知識的提案〉，他在文中提議成立一個北美殖民地賢哲會*（American Philosophical Society），那其實是一個跨殖民地的互助學習會。事實上，博物學家約翰・巴特拉姆（John Bartram）等人已經討論過這個概念，但富蘭克林有自己的印刷事業，有熱誠又有郵政網絡可以把這個想法付諸實踐。這個賢哲會將設在費城，廣納其他城市的科學家和思想家。大家透過郵寄的方式來分享研究，賢哲會每年會寄研究文摘四次給會員。

就像互助學習會有詳細的章程一樣，富蘭克林對於賢哲會探討的主題類型也非常講究，那些主題不出所料，是以實用性為重，而非純粹的理論。例如，「新發現的植物、藥草、樹木，以及它們的特性與用途等等；蔬果汁的改良，例如製成蘋果酒、葡萄酒等等；治療或防治疾病的新方法；數學各分支的進步……新技藝、行業、製造業……調查、地圖和圖表……改善動物品種的方法……讓人更了解事物本質的各種理念實驗。」富蘭克林自願擔任書記一職。

一七四四年春季，賢哲會開始定期聚會。之前因嫁妝和年鑑問題而和富蘭克林失和的數學家戈弗瑞也是會員，可見他倆已經前嫌盡釋。卡德瓦拉德．科爾登（Cadwallader Colden）是最重要的會員之一，他是紐約的學者兼官員，富蘭克林前一年出差時認識他，後來他們成為終生摯友，激發彼此對科學的興趣。賢哲會一開始並不熱絡，富蘭克林曾抱怨會員都是「非常懶散的紳士」，但後來逐漸演變成學術性組織，蓬勃發展至今。[22]

賓夕法尼亞民兵組織

富蘭克林目前為止所成立的組織（互助學習會、圖書館、賢哲會、消防隊）大多是民間組織，並未篡奪政府的核心職能（他提出成立巡邏隊的計畫時，是建議議會立法來管理）。但一七四七年，他的提議遠比以

＊譯注：富蘭克林那個年代的 philosophy 是指 natural philosophy，意指 natural science（自然科學），而不是哲學，所以這裡不宜採用「美國哲學學會」這種現代的譯法。

前還要激進，只不過當時他可能沒有意識到這點。他提議成立一支武裝部隊，獨立於賓夕法尼亞的殖民政府之外。

富蘭克林之所以想要號召志願者組成民兵組織，是因為賓夕法尼亞的殖民政府面對法國和印第安人的威脅，毫無因應之道。一六八九年開始，英國和法國在北美洲斷斷續續地打戰，雙方各自拉攏一些印第安部落和凶暴的私掠船以取得優勢。北美洲最近發生的戰爭是喬治王之戰（King George's War，1744-48 年），那其實是從歐洲的奧地利王位繼承戰爭（War of Austrian Succession），以及英國和西班牙之間另一場奇怪的戰爭（詹金斯耳朵之戰〔War of Jenkins's Ear〕，戰爭名稱源自於英國一名走私者羅伯・詹金斯的耳朵遭到西班牙人割掉）所衍生出來的支線。北美殖民地的軍隊代表英國遠征加拿大，去和法國及印第安人打戰。富蘭克林的兒子威廉也在其中，當時他年約十六歲。富蘭克林可能覺得他自己在那個年紀也愛到處闖蕩，與其強行留住兒子，不如放他出去。

威廉從未經歷任何戰鬥，但是法國和西班牙的私掠船開始沿著德拉瓦河劫掠城鎮時，戰爭很快就威脅到費城的安全。當時費城的議會是由主張和平的貴格會教徒所主導，他們優柔寡斷，並未核准任何防禦行動。富蘭克林看到殖民地的許多組織（包括貴格會、聖公會、長老會、城市和鄉村的民眾等等）不願合作抵抗外侮，感到相當震驚。所以，一七四七年十一月，他挺身而出，寫了一本聳動的小冊子，名叫〈簡明真相〉，署名「費城商賈」。

他把私掠船可能造成的破壞，描述得跟「大覺醒運動」的恐怖布道一樣：

警報響起後，整個城鎮都會陷入恐怖……男人會發現妻小緊緊地摟著他的脖子，淚流滿面地哀求他逃離城市……私掠船會先洗劫城市，最後很可能再縱火焚燒……躲在家裡，你會發現自己無依無靠，只能任憑敵人宰割……當你自己、財產、妻女都遭到肆無忌憚的搶奪及慾念的凌遲時，誰能想像那有多麼悲慘？

富蘭克林借用「Friend」這個雙關語，來譴責議會裡的貴格會教徒（friend有「朋友」的意思，也可指「貴格會教徒」，因為貴格會的正式名稱是「Religious Society of Friends」）：「我們是否應該懇求他們想想，政府有保護人民的義務，即使他們不是出於朋友（貴格會教徒）的立場，至少也應該出於立法者的立場這樣想。」他說，如果是反戰原則導致他們不願有所作為，他們應該把位置讓出來。接著，富蘭克林把矛頭指向「領主派」那些權貴，說他們因為「嫉妒與憎恨」議會而拒絕行動。

那究竟誰來拯救殖民地呢？富蘭克林大力號召北美殖民地的新中產階級一起挺身而出，他自豪地寫道：「只有我們，中間的百姓（the middling people）。」這個詞在文中出現兩次，「賓夕法尼亞和費城的商人、店家、農場主們！」

接著，他勾勒出一個形象，那個形象在往後幾年可以套用在他投入的多數活動上，他宣稱：「目前我們就像分散的亞麻細絲，尚未做成麻線。我們毫無連結，所以沒有力量，但團結就是力量。」

這裡頭特別值得關注的是，富蘭克林堅持不分階級的平民主義。這個民兵組織是按地域來籌組，而不是按社會階層。他說：「這是為了避免大家按階層、素質或身分地位來分小團體。每個人不分大小都混在一起……不該按背景區分，大家都是平起平坐。」另一個更民主的做法是，富蘭克林提議每支民兵隊伍自己選出領導者，而不是由總督或君王任命。

富蘭克林在小冊子的最後表示，他的呼籲若是獲得熱烈的回響，他願意為民兵組織草擬提案。結果大家確實反應熱烈，他後來寫道：「這本小冊子意外產生了驚人的效果。」所以一週後，富蘭克林在報上發表一篇加了注解的文章，提出他的民兵籌組計畫，詳細描述民兵的組成、訓練和規範。儘管他一向不熱中或擅長公開演講，但這次他同意在製造帆布的工廠樓上，對著和他同屬中產階級的民眾演講。兩天後，他又到那個為懷特菲爾德搭建的新會堂，向「紳士、商人等等」身分地位較高的觀眾演講。[23]

不久，整個賓夕法尼亞約有萬人響應，一起組成上百支民兵連隊。富蘭克林加入的那支民兵連隊選他擔任連長，但他婉拒了，謙稱自己「不適合」。他自己只適合當「一般的士兵」，定期沿著德拉瓦河岸，巡邏他幫忙建立的炮台區。他也為許多民兵連隊設計不同的徽章和標語。

為了幫民兵組織配備大炮和裝備，富蘭克林設計了一套彩券，總共募得三千英鎊。大炮必須從紐約採購，所以富蘭克林領導一個代表團去說服喬治・克林頓總督（George Clinton）答應那筆交易。他日後逗趣地描述那段經歷：

> 起初他一口回絕，後來我們和他的參事一起用餐，當地的慣例是用餐時暢飲馬德拉酒。幾杯下肚後，他的態度稍微軟化，說可以借我們六門大炮。又多喝了幾杯之後，他說可以借我們十門大炮。到最後，他豪爽地借我們十八門大炮。那些大炮都十分精良，能發射十八磅的炮彈，還配有炮架。我們很快就把

它們運回費城，裝在炮台上。

當時富蘭克林並未意識到，民間組織從政府手中承接起建立和管控軍隊的權利有多麼激進。他設計的章程，就精神和字面上來說，都隱約預示著三十年後的《獨立宣言》。他寫道：「既然政府無法保護我們，我們為了共同防衛和安全，為了妻小和家園的安全……自組聯盟以求自保。」

不過，賓夕法尼亞的領主湯瑪斯．佩恩（Thomas Penn）瞭解富蘭克林這番行動會有什麼影響。他寫信給總督的參事：「這個聯盟是建立在蔑視政府的基礎上，幾乎與叛國無異。」後來，佩恩又寫了一封信，稱富蘭克林是「某種民眾領袖」，並哀嘆：「這個人很危險，要是他住在別國就好了，因為我覺得他很不安分。」

一七四八年夏季，戰爭的威脅消失，民兵組織解散，富蘭克林也無意利用新獲得的權力和聲望。不過，他記取了這次經驗，知道殖民地的人民必須自己保護自己，不能指望英國總督。那些權貴也不值得尊重，我們這些工人和商人組成的「中間百姓」應該是這塊新大陸上的「中堅勢力」。此外，這次經驗也強化了他的核心理念：民眾團結起來而非各自分散，組成聯盟而非單打獨鬥時，可以達成更大的成就，或許將來北美的各殖民地也可以這樣做。[24]

退休

這時富蘭克林的印刷事業已經壯大成垂直整合的媒體集團，旗下擁有印刷店、出版社、報紙、年鑑系列，還掌控部分的郵政系統。他出版的暢銷書包括《聖經》、《聖詠集》（*Psalters*），以及英國作家塞繆爾．

理查森（Samuel Richardson）的小說《帕米拉》（*Pamela*）。《帕米拉》的故事混合了原創精神和道德主義，可能因此吸引了富蘭克林（一七四四年富蘭克林在美國再版《帕米拉》，使該書成為第一部在北美殖民地出版的小說）。富蘭克林也建立了一個從新港和紐約，延伸到查爾斯頓和安地卡的合夥與結盟網路，獲利豐厚。財富滾滾而來，他也很睿智，把大部分的獲利都拿去投資費城的房地產，後來他回憶：「我體會到『賺到第一個一百鎊以後，再賺第二個就容易多了』這句話的真理。」

不過，累積財富並非富蘭克林的目標。儘管《窮理查年鑑》是教人致富之道，讓他後來獲得節儉的名聲，富蘭克林本質上並不是貪得無厭的資本家。他在寫給母親的信中提到：「我寧願別人說我活得充實，也不希望別人說我過世時很富有。」

所以，一七四八年富蘭克林退休了，他把印刷事業交給領班大衛·霍爾（David Hall）打理。當時他四十二歲，正好是壽命的中點。富蘭克林和霍爾簽下詳細的合夥協定，以多數人的標準來看，那份協定將為他帶來足夠的財富：未來十八年，富蘭克林可獲得事業的一半盈餘，亦即每年約六百五十英鎊。當時一般職員的年收入是二十五英鎊，所以那筆錢夠他安枕無憂了。他覺得沒有必要為了賺更多的錢而持續投入事業，他在寫給科爾登的信中提到，他「有閒暇可以讀書、研究、做實驗，以及和那些願意與我結識的賢達之士自由地交流。」[25]

在此之前，富蘭克林向來是以一介工匠及一般商人自居，毫無權貴虛偽的樣子，甚至輕蔑權貴的矯飾。一七六〇年代末期，當他日益厭惡英國的殖民統治，再加上想成為郵政總長的希望破滅時，他也是這樣定義自己。一七七一年他開始撰寫自傳時，亦是如此界定自己。日後他變成革命的愛國者、戴著皮帽的外交官、強烈反對封號世襲及特權的異議人士時，他也是扮演那樣的角色。

不過，他退休的時候，以及後續的十年間，他偶爾會把自己想成高尚的紳士。史學家戈登．伍德（Gordon Wood）在開創性的著作《美國革命的激進主義》（*The Radicalism of the American Revolution*）中，稱富蘭克林是「開國元勛中最有貴族氣質的一位」，那說法也許有點太籠統，或是誇大了貴族氣質的定義，因為富蘭克林剛退休的那幾年，他仍盡量避免給人高人一等的感覺，參與地方政治時大多維持平民本色。不過，退休確實讓他的人生進入了一個新的階段，即使他並未變成權貴，他至少渴望成為（就像伍德所說的）看起來「開明高雅」的「賢哲及政務官」。[26]

富蘭克林對於這種新的社會地位，抱持著好惡參半的矛盾心理。這點在羅伯．費克（Robert Feke）的畫作中表露無遺。費克是自學成才的波士頓知名畫家，當年剛到費城，為富蘭克林畫下了早期的肖像（如今收藏在哈佛大學的福格藝術博物館〔Fogg Art Museum〕）。那幅畫作中，富蘭克林穿著天鵝絨的外套和褶邊的襯衫，戴著假髮，打扮得像紳士一樣。但是相較於費克當年畫的其他肖像，富蘭克林的打扮比較簡單，毫無誇耀社會地位的感覺。藝術史學家韋恩．克雷文（Wayne Craven）是研究殖民時期肖像的專家，他指出：「富蘭克林的樣子樸實到有點誇張，毫無矯飾。他的樸實並非偶然，畫家和富蘭克林本人應該都認為，若要展現殖民地那些經商有成、但其實不算富有的商人，這是最恰當的方式。」

富蘭克林退休以後，不想成天當個悠閒的紳士。他之所以抽離印刷事業，其實是想把依然熱切的雄心壯志，投注在吸引他的其他事務上：首先是科學，其次是政治，最後是外交和治國之道。誠如當年的《窮理查年鑑》所說的：「光陰一逝，永不復返。」[27]

第六章 科學家和發明家

費城，一七四四－一七五一年

火爐、風暴和導尿管

富蘭克林年紀還小的時候，對知識的好奇以及對宇宙規律運行的驚嘆，使他對科學格外感興趣。二十歲搭船從英國返鄉的途中，他研究了海豚，並根據月亮的圓缺計算當下的位置。在費城，他利用自己的報紙、年鑑、互助學習會、北美殖民地賢哲會等管道來討論自然現象。他對科學的濃厚興趣持續了一輩子，研究還包括灣流、氣象學、地球的磁場、冷凍等等。

一七四〇年代是他最熱切投入科學領域的時期。一七四八年退休後的那幾年，他對科學的熱情達到了高峰。他從未受過學術訓練，也缺乏數學底子，所以無法成為卓越的理論家。他說他是在追求「科學樂趣」，有些人因此認為他只是愛敲敲打打，發明小玩意兒罷了。但是他在世時，一直被譽為當代最知名的科學家，最近的學術研究也恢復了他在科學殿堂裡的地位。誠如哈佛大學達德利・赫施巴赫教授（Dudley Herschbach）所言：「富蘭克林的電學研究帶來了科學革新，其地位與早他一世紀的牛頓，以及我們這個年代的華生（Watson）和克里克（Crick）相當。*」[1]

富蘭克林之所以喜愛探究科學，主要是出自於純然的好奇心以及發現新知的快感，在他古怪的好奇心裡，自然也有一些樂趣存在，無論是用電力烤火雞，或是擔任議會秘書時，設計複雜的「魔方陣」以消磨時間（魔方陣每行、每列、對角線上的數字總和都一樣）。

他探索科學的動機與其他目標不同，他不願為其發明申請專利，也樂於分享自己的發現。此外，他對科學的追尋也不單只是出於實用目的。他坦承魔方陣「沒有實用價值」；他最初對電力感興趣純粹只是因為深受吸引，而不是為了運用。

他確實始終抱持著「讓科學更加實用」的目標，就像窮理查的妻子要求丈夫利用那些「叮噹作響的玩意兒」掙錢養家一樣。一般來說，他都是因為純粹好奇而開始探究科學，接著才去尋求實務應用。

富蘭克林對於「深色布料比淺色布料更容易吸熱」的研究，就是上述科學理念的一例。一七三〇年代開始，他找互助學習會的會員布瑞諾一起合作，以牛頓和羅伯．波以耳（Robert Boyle）的理論為基礎，開始做這些實驗。他們把不同顏色的布塊放在雪地上，衡量融雪的程度，藉此判斷哪種顏色的布塊吸收太陽的熱度最多。後來描述這個實驗時，他開始思考實務上的意義，其中包括「豔陽高照的熱天不適合穿深色的衣服」、「種植水果的暖棚外牆應該塗成黑色」。他在結論中也留下一句名言：「理論若是無法應用，有何意義？」[2]

富蘭克林把科學理論應用於實務的另一個例子，遠比上一例還要重要。一七四〇年代初期，他發明了一種可安裝在壁爐裡，能增強熱度且減少煙霧和冷空氣的火爐。他運用對流和熱傳導的知識，發明了這種獨創（但也許過於複雜）的裝置。

那個火爐設計讓火焰產生的熱和煙霧上升，加熱頂部的鐵片，然後利用空氣對流，把煙霧往下導入通道，帶經爐床的底部，最後從煙囪往上排出。過程中，火焰加熱爐內的鐵箱，新鮮的冷空氣從底部空間導入進行加熱，然後從放熱孔送進屋內。

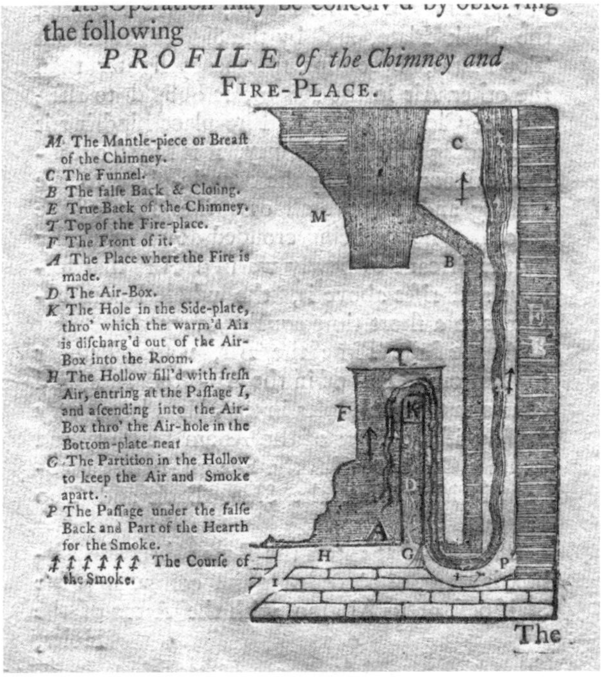

＊譯注：發現DNA雙螺旋結構的兩位科學家。

一七四四年，富蘭克林請互助學習會裡的某位鐵匠會員幫忙製造這種爐子，隨後請兩個哥哥和幾位朋友在北美殖民地的東北部開始銷售。富蘭克林撰寫的宣傳手冊裡，充滿了科學原理和推銷辭令。他詳細解釋為什麼熱空氣會膨脹，占用的空間比冷空氣大；熱空氣為什麼比較輕；為什麼熱力會輻射，而煙霧只能藉空氣帶走。接著，他在手冊裡放入一些推薦辭，並宣稱那個爐子可以減少冷空氣和煙霧，因此降低發燒和咳嗽的機率，而且更省燃料。

富蘭克林把它命名為「賓夕法尼亞火爐」，售價是五英鎊，一開始的買氣還不錯。當時各殖民地的報紙都刊登了推薦文，例如，《波士頓晚報》（*Boston Evening Post*）上有一篇投書推薦：「無論是持平而論，或是出於感激，這些火爐都應該命名為『富蘭克林火爐』。我相信體驗過那種舒適感及效益的人，都會跟我一樣，覺得應該為這位發明者樹立雕像。」

當時的賓夕法尼亞總督就是那個新火爐的愛用者，他提議把價值豐厚的專利權頒給富蘭克林。「但我婉拒了，」富蘭克林在自傳中寫道，「我們享用他人的發明所帶來的巨大好處，應該樂見自己的發明也有機會造福他人，而且這種服務應當是無償大方的。」這種情操真是高尚誠摯。

不過，一名學者對富蘭克林的火爐設計做了徹底的研究，發現它其實不像富蘭克林所想的那麼實用及深受喜愛。除非煙囪和下方的通道是熱的，否則並沒有足夠的空氣對流可以阻止煙霧倒灌回屋內。那樣一來，使用上就有問題了，所以後來火爐的銷量下滑，二十年內就停產了。多數機種都在用戶進一步改造後，以消除後面的通道和鐵箱。富蘭克林後半輩子持續修改有關煙囪和火爐設計的理論，如今大家看到的「富蘭克林火爐」（Franklin stove）其實比原始設計簡單許多。[3]

富蘭克林也結合科學和機械實務，把歐洲的發明加以改良，設計出北美殖民地的第一根導尿管。富蘭克林在波士頓的哥哥約翰罹患重病，寫信給富蘭克林，表示他想要一根更方便好用的管子來幫他排尿。富蘭克林想出一種設計，然後去找費城的銀匠，親自監督生產。那根管子細得可以靈活彎折。富蘭克林在管子裡加入一根金屬線，以強化管子的硬度，方便把導管插入體內。導管插到需要彎曲的地方時，可以把金屬線慢慢地抽出來。導管還附帶螺絲，讓管子以旋轉的方式插入體內。他也把導管設計成可收縮的形式，這樣更容易取出。富蘭克林告訴兄長：「任何新工具和新裝置的正確使用都需要經驗，也許你可以提供一些改良的建議。」

富蘭克林對於大自然也一直保持濃厚的興趣。他最著名的發現之一是東海岸的大風暴，亦即所謂的東北暴風（northeaster）。那風暴來自東北方，卻是逆著風向移動，沿著海岸從南方往北移。一七四三年十月二十一日晚上，富蘭克林原本期待觀賞八點半出現的月食，但大風暴侵襲費城，籠罩了整個天際。後續幾週，他讀到這場風暴在各地肆虐成災的報導，從維吉尼亞到波士頓都有災情。後來他告訴朋友傑瑞德・艾利亞特（Jared Eliot）：「但我很訝異，波士頓的報紙竟然報導了那晚的月食。」所以他寫信給波士頓的哥哥，確認風暴是在月食結束一小時後才抵達波士頓。他進一步研究這場風暴以及其他風暴沿著海岸侵襲的時間點，讓他因此得出一個「獨特的結論」，他告訴艾利亞特：「雖然風是由東北吹向西南，但風暴的路徑卻是由西南往東北移動。」他之後又正確推測，南部空氣受熱上升形成低氣壓，吸進北方的風。一百五十多年後，卓越的學者威廉・莫里斯・戴維斯（William Morris Davis）盛讚：「這番見解為天氣預報這門科學拉開了序幕。」[4]

這段期間，富蘭克林也對其他的科學現象很感興趣。例如，他與友人科爾登通信，討論彗星、血液循環、排汗、慣性、地球自轉等等。不過，一七四三年的一場小把戲促使他展開一項研究，奠定了他在科學領域的最高地位。

電

一七四三年夏季，富蘭克林造訪波士頓。某晚他偶然看了來自蘇格蘭的巡迴雜耍者阿奇巴爾德·史賓塞博士（Archibald Spencer）做了一場科學表演（富蘭克林在自傳中記錯了名字和年分，他寫成史賓斯博士〔Dr. Spence〕及一七四六年）。史賓塞擅長把光怪陸離的科學實驗變成娛樂表演。他描述牛頓的光學理論，接著又展示一台測量血液流動的機器，富蘭克林對兩者都很感興趣。但更重要的是，史賓塞耍了一些電力小伎倆，例如，把一個小男孩用絲帶吊在天花板上，接著摩擦玻璃管產生靜電，然後從小男孩的腳底引出火花。富蘭克林回憶道：「那主題對我而言十分新鮮，讓我又驚又喜。」

十七世紀，伽利略和牛頓已解開重力之謎，但人類對宇宙中另一股強大的力量——「電」的認知仍與古人相去不遠。當時有一些人像史賓塞博士那樣，拿電力來做餘興表演。法王路易十五的御用科學家諾萊特神父（Abbe Nollet）曾把一百八十名士兵和七百位修道士串連在一起，接著對他們通靜電，促使他們同時跳起，作為宮廷娛樂。但富蘭克林是把電從小把戲變成科學的完美人選，那項任務需要的不是數學家或理論家，而是一個充滿好奇心又機靈的聰明人，有興趣做實驗，還要有機械天賦以及足夠的時間發明許多巧妙的裝置。

富蘭克林從波士頓回到費城幾個月後，史賓塞博士來到了費城。富蘭克林搖身變成他的經紀人，幫他宣傳表演場次，還在自己的印刷店裡幫他販售門票。一七四七年初，富蘭克林的圖書館也收到倫敦代理人克林森寄來的長玻璃管（用來摩擦產生靜電），以及描述實驗的一些論文。富蘭克林寫信向克林森道謝，信中興奮地描述那個裝置帶給他多大的樂趣：「我從來沒做過那麼吸引我的研究。」他也向在地的玻璃匠和銀匠訂做了更多類似的裝置，並招募互助學習會的會員一起來實驗。[5]

富蘭克林最初的實驗是蒐集電流，接著開始研究電流的性質。他請朋友摩擦玻璃管產生靜電以後，互相觸碰，看會不會出現火花。結果他們發現，電「不是靠摩擦**產生**的，而是靠摩擦**蒐集**來的」。換句話說，電荷可以導入一個人的身體，再從另一個人身上匯出，兩個人接觸時就會產生回流。

為了解釋他的理論，他在寫給克林森的信中自創一些新名詞。「我們稱 B 帶有正電，A 帶有負電。或者用正號（+）和負號（−）來表示。」他也為了他自創的新用語向克林森致歉：「在科學家想出更貼切的說法以前，我們只能暫時用這些代稱。」

其實，富蘭克林自創的那些用語，以及他用來描述新發現的新詞仍沿用至今，包括電池、電荷、中性、電容、導體等等。富蘭克林身為科學家的一大貢獻，是他的說明方式一向明確清晰。十九世紀初的英國化學家漢弗里·戴維（Humphry Davy）指出：「門外漢和專家都看得懂他的文章，而且他描述細節的方式饒富趣味，通俗易懂。」

當時大家原本以為電是兩種可以獨自創造出來的流體，稱為玻璃電（vitreous）和琥珀電（resinous）。富蘭克林發現，正電荷的產生必然伴隨著負電荷的產生，那就是所謂的「電荷守恆」及「單流體理論」。那些概念也反映了富蘭克林的記帳員心態，早年他在倫敦發表過一篇論述，就曾說快樂和痛苦總是平衡的。

這是別具歷史意義的科學突破，哈佛教授貝爾納・寇恩（I. Bernard Cohen）曾說：「富蘭克林的電荷守恆定律，是兩百年經過無數實用檢測的一大通論。它對物理學的意義，媲美牛頓的動力守恆定律。」

富蘭克林也發現電荷的另一個屬性：「電容易被尖物吸引。」那項屬性很快就促成他最有名的實際應用，他讓一個小鐵球通電，接著把一個軟木塞懸掛在鐵球邊，結果鐵球的電荷把軟木塞推開了。他把軟木塞換成一個尖狀的金屬，讓尖端接近鐵球，結果金屬尖端把電荷吸走了。但是換成金屬鈍端，則不太容易吸走電荷或產生火花。如果是絕緣又未接地，則完全無法吸收電荷。

富蘭克林為了做電學實驗，也以名叫「萊頓瓶」的原始電容器（以發明地荷蘭的萊頓鎮命名）來捕捉及儲存電荷。萊頓瓶的外表包覆著金屬層，裡面是鉛或水或金屬，可以透過金屬線充電，內外層是以玻璃隔開絕緣。富蘭克林證明，瓶內充電時，外層金屬也有等量、但極性相反的電荷。

此外，萊頓瓶裡充電時，富蘭克林把裡面的水或金屬倒出來，那樣做並無法產生火花，他因此發現電荷其實不在裡面。他正確推論，是玻璃儲存了電荷。於是，他把幾片玻璃排在一起，串連起來，外面以金屬圍住，然後為玻璃充電，因此發明（及命名）了一個新裝置：「我們稱之為『電池』。」[6]

電力也激起了富蘭克林搞怪作樂的玩性。他自製一隻充電的金屬蜘蛛，像真的一樣爬來爬去。他也把房子周圍的鐵欄杆通電，讓欄杆發出火花以娛樂訪客。他還把英王喬治二世的肖像通電，讓人碰觸他的皇冠時，就會因「犯上罪」而遭到電擊。富蘭克林開玩笑說：「如果一群人都遭到電擊，那個實驗就叫做『共謀者』（The Conspirators）。」朋友蜂擁來看他表演，於是他愛開玩笑的名聲又更響亮了。（湯瑪斯・品瓊〔Thomas Pynchon〕的小說《梅森與迪克森》〔*Mason & Dixon*〕裡有個更奇怪的插曲，富蘭克林在酒館裡找來一些年輕人，用電池電擊他們，同時大喊：「你們這些臭小子，把手舉起來！」）

時序進入一七四九年的夏季，天氣日益濕熱，不適合做實驗，所以富蘭克林決定暫停，等秋天再繼續進行。儘管他的發現深具歷史意義，但他尚未找到任何實務應用，他對克林森哀嘆：「目前為止尚未發現任何對人類有益的東西，有點遺憾。」事實上，多次修改理論，再加上兩三次被電得不省人事之後，對他這個一直想克制傲氣的人來說，他覺得「發現電力的唯一用處是，也許可以讓自大的人謙虛一點」。

實驗季節結束時，富蘭克林覺得可以乘機在河岸舉辦一個「歡樂派對」。他在寫給克林森的信中描述：「我們打算用電擊的方式殺火雞來當晚餐，接著以電叉來烤火雞，然後再以電瓶生火；舉起通電的酒杯，向英國、法國、德國的知名電學家乾杯，並以電池發射幾發電光向他們致意。」

這場派對後來確實挺歡樂的，雖然火雞不像一般的雞那麼容易電死，富蘭克林和朋友串起一個很大的電池，終於達到目的。他寫道：「電死的禽類吃起來格外鮮嫩。」他們因此成為電烤火雞的烹飪先鋒。至於比較務實的應用，就等待秋天的時機了。[7]

掌握天外閃電

一七四九年十一月，富蘭克林在實驗日誌中寫道，電花與閃電之間有一些誘人的相似之處，他總共列了十二點，包括：「一、發光。二、光的顏色。三、方向曲折。四、瞬間閃過。五、金屬可傳導。六、會發出爆裂聲或雜訊……九、可擊斃動物……十二、有硫磺味。」

更重要的是，他也把上述見解和更早之前拿金屬尖物去吸引電荷的實驗聯想在一起。「尖物容易吸引電流，目前我們還不知道閃電是否也有這個特性。但由於它們可比較的其他特質都一致，這點會不會也相同呢？」最後，他不忘補上一句重要的口號：「就讓實驗來證明吧！」

幾百年來，人類始終把閃電的懾人威力視為一種超自然的現象或天意的展現。暴風雨來臨時，教堂會敲響鐘聲以驅趕閃電。歐洲中世紀的神學家聖托馬斯・阿奎那（St. Thomas Aquinas）曾說：「神聖的鐘聲可以驅散惡魔，轉移風暴和閃電。」但是最虔誠的教徒可能也注意到了，敲鐘其實不太有效。光是十八世紀中期的三十五年間，德國就有三百八十六座教堂遭到雷擊，上百位敲鐘人遭到擊斃。威尼斯的一座教堂裡存放了數噸的火藥，某天閃電劈中了教堂，引爆火藥，導致三千多人喪命。日後富蘭克林對哈佛教授溫斯羅普回憶道：「閃電似乎特別容易擊中教堂的尖頂，那又正好是教堂敲鐘的時候。但每次出現閃電，大家還是持續敲鐘。聰明人會覺得該是嘗試其他方法的時候了。」[8]

許多科學家，包括牛頓在內，都注意到閃電和電流之間有明顯的關聯，但沒有人說過「讓實驗來證明吧」，也沒有人設計過有條理的測試，或是把這一切和尖頭金屬棒的實用性聯想在一起。

一七四九年四月，富蘭克林還沒結束實驗季之前，他首度概略寫下他的閃電理論。他推測，雲裡的水氣可能帶著電荷，正電荷與負電荷是分開的。他補充，當那些「帶電的雲飄過時，大樹、高塔、教堂的尖頂、船的桅杆……會吸引電火花，雲把電荷都釋放出來了。」這番臆測挺不賴的，也促成了一個務實的建議：「所以打雷時，躲到樹下很危險。」此外，這番推論也促使富蘭克林做出他最有名的實驗。[9]

富蘭克林試圖做實驗以前，在一七五〇年寫給克林森的兩封信中，就已經描述了那些構想。那兩封信後來被提交到英國皇家學會，廣為流傳。信中的核心概念是，使用一根金屬長杆，從雲中吸取一些電荷，就像他在實驗室裡用細針從鐵球吸引電荷那樣。他詳細描述其實驗概念如下：

> 在高塔或教堂尖塔設立一個崗哨箱，裡面足以容納一個人和一個電座。在電座的中央垂直豎起一根二十或三十英尺長的鐵杆，頂端很尖。實驗時一個人站在電座上，如果電座能保持清潔與乾燥，雲朵低空飄過時，可能放出電荷和火花，那支鐵杆會從雲朵把火花引向那個人。如果擔心那個人有危險（雖然我認為沒有危險），可以讓他站在那個崗哨箱的地板上，偶爾把金屬線圈拿近鐵杆。金屬線圈的一端是綁在下導體上，那個人以蠟製的把手（幫他絕緣）拿著線圈。這樣一來，鐵杆導電時，火花會從鐵杆傳往線圈，不會影響到那個人。

富蘭克林犯的錯誤之一，是覺得那不會有危險，但歐洲至少有一位實驗者因此喪命。不過，他建議使用絕緣的蠟製把手是比較聰明的方法。

富蘭克林在寫給克林森的另一封信中提到，如果他這番臆測沒錯，那麼避雷針就能化解人類面臨的一大威脅了。他預測：「房屋、船隻，甚至高塔和教堂，都可以利用這個方式來避免被閃電擊中。我想，電火會從雲朵悄悄地引出來。」不過，富蘭克林自己也不太確定，「這想法似乎異想天開，但先這樣吧，等實驗變得普遍以後再談。」[10]

一七五〇年，倫敦的《紳士雜誌》摘錄了富蘭克林的信件，隔年又印刷一本八十六頁的小冊子。更重要的是，一七五二年初，那本小冊子還譯成法文，造成轟動。同年二月，法王路易十五要求翻譯那本冊子的法國科學家（以博物學家布豐〔Comte de Buffon〕和達里巴〔Thomas-Francois D'Alibard〕為首）為他做測試。路易十五很興奮，要求他們嘗試富蘭克林提議的避雷針實驗。一封寫給英國皇家學會的信中提到：「關於富蘭克林先生對閃電和電流的類比所做的臆測，布豐、達里巴、德洛爾先生有意驗證，國王陛下樂見其成，他們現在準備好做實驗了。」

在巴黎北方郊區的馬爾利村（Marly），法國科學家搭建了一個崗哨箱，豎起一根四十英尺高的鐵杆，並強迫一名退伍士兵負責接觸鐵杆。一七五二年五月十日下午兩點，暴風雲飄過，那個士兵一如富蘭克林預測的那樣，從雲朵引到了電火花。一位興奮的官員抓起絕緣的線圈，重複實驗了六遍，一度遭到電擊，所幸並無大礙，還可以慶祝實驗成功。後續幾週，法國各地重複做了那個實驗數十遍。達里巴向法國皇家學會報告：「富蘭克林先生的點子不再只是臆測，已經成為事實了。」

富蘭克林這時尚不知情，但他在國際上已經名聞遐邇。克林森興奮地從倫敦寫信告訴他，「法國國王下令」旗下的科學家「盡速向費城的富蘭克林先生，針對其在電學方面的實用發現，以及運用避雷針以防止雷雨危害的貢獻，表達由衷的敬意。」[11]

根據富蘭克林及科學家友人約瑟夫・卜利士力（Joseph Priestley）後來的描述，隔一個月後，在法國實驗成功的消息尚未傳到美國以前，富蘭克林又突發奇想，想出一種做實驗的巧妙方法。他本來一直在等費城的基督教會竣工，以利用教堂的尖塔做實驗。但他愈等愈不耐煩，突然想到用風箏做實驗。幼年住波士頓的時候，他就很愛放風箏，也拿風箏做過實驗。這次為了祕密做實驗，他請兒子威廉來當助手，幫他放絲綢風箏。風箏的頂端綁一支尖銳的金屬線，靠近風箏線的尾端則綁一把鑰匙。這樣一來，風箏可以把導線拉近閃電以吸收火花。

空中的雲朵一一飄過，但都沒有反應，就在富蘭克林開始感到絕望之際，他突然看到風箏線有幾絲纖維豎直了。他以指關節去觸碰鑰匙，可以感受到電火花（而且他還活下來了）。接著，他又拿出萊頓瓶來蒐集一些電荷。他發現那些電荷和實驗室產生的電荷性質一樣。在十月的信中，富蘭克林寫道：「因此，電流和閃電的性質相同已經完全證實了。」

富蘭克林和他的風箏不僅在科學文獻中備受讚揚，後來也變得家喻戶曉。在一八〇五年班傑明·韋斯特（Benjamin West）完成的名畫《富蘭克林從天際引閃電》（*Franklin Drawing Electricity from the Sky*）中，他誤把富蘭克林畫成滿臉皺紋的老人，而不是四十六歲的壯年人。十九世紀卡瑞爾與艾夫斯版畫（Currier and Ives print）也誤把威廉畫成小男孩，而不是約二十一歲的青年。

就連研究科學的史學家也對富蘭克林的風箏實驗有些存疑。那次實驗應該是發生在一七五二年六月，也就是說，當時富蘭克林還不知道幾週前法國已經測試成功了。但怪的是，富蘭克林做完風箏實驗後，並未馬上公開宣布這件事，瞞了好幾個月才公布。那年夏天他寫信給克林森的信裡並未提起，他顯然也沒告訴當時在費城教電學的朋友艾比尼澤·金納斯利（Ebenezer Kinnersley）。七月底或八月左右，當他得知法國實驗成功的消息時，他也沒公開發表風箏實驗成功的消息。他的《賓夕法尼亞報》在一七五二年八月二十七日刊登一封有關法國實驗的來信，但沒提到他和兒子已經私下證實了那個結論。

關於風箏實驗的消息，第一次公開是出現在十月，亦即實驗成功四個月後。當時富蘭克林在寫給克林森的信中提到那件事，《賓夕法尼亞報》也刊登了消息。他寫道：「歐洲報紙多次報導從雲中成功引出電火光的實驗消息，好奇的讀者可能也想知道，其實同樣的實驗在費城也成功了，只不過方法不同，更加簡單。」他接著描述自製風箏以及其他裝置的細節，但採用不帶個人色彩的口吻，從頭到尾都不用第一人稱明確說出他和兒子做了那個實驗。文末，富蘭克林表示，看到法國實驗成功促使當地安裝避雷針，他覺得很開心。他也特別提到：「我們已經在學校和議會的尖頂上安裝了避雷針。」那一期的報紙也刊登了新版《窮理查年鑑》的廣告，廣告詞裡有一段寫道，那份年鑑將教大家「如何避免閃電擊中住宅等建物」。

一七六七年，卜利士力在著作《電的歷史與當前狀態》（*The History and Present State of Electricity*）裡，收錄了比較精采的風箏實驗內容，包括威廉參與實驗的細節。卜利士力在書中如此描述富蘭克林：「他想到，利用一般的風箏可以更輕易地接觸到雷電區域，比站在任何尖塔上更方便。所以，他把握接下來那次暴風雨的機會，走進田野，那裡有一間小棚子剛好適合他做試驗。」卜利士力是英國著名的科學家，一七六六年他在倫敦第一次見到富蘭克林，書裡的描述是根據富蘭克林直接提供給他的資訊。富蘭克林不僅提供他科學文獻，也審閱了他的手稿。那本書最後直接宣告：「這是發生在一七五二年六月，就在法國電學家證實同一理論的一個月後，但是當時富蘭克林尚未得知法國實驗的消息。」[12]

富蘭克林延遲宣布風箏實驗，導致一些史學家懷疑那個夏天他是否真的做了那個實驗。最近出版的一本書甚至指控他的實驗完全是一場「騙局」。不過，向來研究仔細的寇恩教授徹底查證了歷史資料，他爬梳了大量的信件和報告，並根據當年夏天費城設置避雷針的事實，寫了四十幾頁的分析報告，最後的結論是：「富蘭克林在得知法國實驗的消息之前，就設計並執行了風箏實驗，我們沒有理由懷疑這件事的真實性。」他接著又寫道，實驗是「由富蘭克林和他人共同完成的」，「我們可以確信富蘭克林在一七五二年六月做了風箏實驗，隨後不久，在一七五二年的六月底或七月，費城第一批安裝的避雷針就開始派上用場了。」[13]

實際上，我認為質疑富蘭克林偽造實驗日期或風箏實驗的其他細節都不合理。一來，他不曾誇大自己的科學成就，而且他自己和卜利士力的描述中所涵括的細節足以令人信服。再者，若真的想要美化個人成就，他大可宣稱他在法國科學家實驗成功以前就做了風箏實驗，但他沒那麼做，而是大方承認法國科學家率先證實了他的理論。多年後，富蘭克林和兒子鬧翻了，但威廉從未否認風箏實驗的真實性。

所以，富蘭克林為什麼要延遲公開這個最出名的科學成就呢？這有多種解釋。富蘭克林幾乎從未在報上或其他地方馬上描述自己的實驗。他通常會等一段時間，準備完整的敘述，而不是迅速宣告。他通常會花好一段時間詳細地撰寫，接著謄抄一遍。例如，一七四八年做的實驗一直未公開，直到一七四九年四月寫信給克林森時才提到。隔年的實驗，他也是拖了一段時間以後才讓其他人知道。

另外，他或許也擔心，萬一最初的發現是錯的，可能會遭到取笑。卜利士力在《電的歷史與當前狀態》中提到，那樣的擔憂是富蘭克林祕密進行風箏實驗的原因。實際上，即使那年夏天出現不少實驗，很多科學家和評論家（包括諾萊特）都說那些電學科學家是傻瓜，所以富蘭克林可能像寇恩臆測的那樣，一直在等著重複實驗及改善實驗。曾為富蘭克林作傳的范多倫則是提出另一種可能，同年十月發行的新版年鑑中刊登了避雷針的相關文章，他覺得富蘭克林想讓實驗消息和新版年鑑同步曝光。[14]

無論富蘭克林延後公開實驗的原因是什麼，當年夏天他成功說服費城居民，在高層建築上安裝至少兩支接地的避雷針，那顯然是世界上最早安裝的避雷裝置。當年九月，他也在自家屋頂上安裝了一支避雷針，並以一個精巧的裝置預告暴風雨即將來臨。他在寫給克林森的信中提到，避雷針的接地方式，是以金屬線連到井裡的水泵，但金屬線經過他的臥房房門時，他把金屬線切成兩段，兩段之間隔了六英寸，中間放一個小球和兩個鈴鐺。暴風雲把電荷傳給避雷針時，鈴鐺就會響起來。這是結合娛樂、研究、實用性的典型例子，他用那個裝置為實驗蒐集電荷，那個間隔也夠小，萬一閃電真的擊中避雷針，也可以安全地排放電荷。不過，黛博拉對這項設計不是那麼開心。多年後，富蘭克林住在倫敦時，黛博拉寫信向他抱怨那個裝置，他回信指導她：「萬一鈴聲嚇到妳，你可以用金屬線連接那個間隔，讓避雷針靜靜地保護住家。」

在某些領域，尤其是宗教界，富蘭克林的發現引發了諸多爭議。諾萊特因為心生妒忌，持續貶抑富蘭克林的概念，宣稱避雷針是冒犯上帝的設計。對此，富蘭克林在寫給朋友的信中提到：「他那樣說，好像人類想避免雷電傷害是多麼傲慢的舉動似的！我們可以肆無忌憚地以屋頂和窗簾來遮陽避雨。來自天上的雷電，就像來自天上的雨水、冰雹或陽光，不是什麼超自然現象。」

多數人很快就認同這樣的觀點，避雷針因此像雨後春筍般在歐洲和北美殖民地大量出現。富蘭克林頓時成了風雲人物。一七五三年夏季，哈佛和耶魯大學授予他榮譽學位，倫敦皇家學會授予他科普利金牌獎章（Copley Medal），那也是該學會首度把這項榮譽授給英國海外人士。他對學會的回覆也展現了他典型的機智風趣：「不知貴會是否有博學多聞的會員已練就古代的點金術，但你們確實找到了讓金子無限增值的方法。」[15]

晉升名流

富蘭克林向克林森描述金屬尖端如何吸引電荷時，試探性地提出一些與物理有關的理論，但他也坦言，他對那些推測「有些疑慮」，並補充提到，他認為學習自然「如何」運作，比瞭解理論「為何如此」更加重要，「知道自然如何執行其定律對我們來說也不是那麼重要，我們只需要瞭解定律本身就夠了。對我們來說，在半空中鬆開瓷器時，我們知道它會落地摔破，那是真的有用；至於它是如何摔落，又為什麼會摔破，那些是思考的範疇了。瞭解箇中道理確實很有意思，但即使不知道也不影響瓷器的保存。」

這種態度，再加上他先天缺乏數理基礎，是富蘭克林雖然智慧過人，但無法成為伽利略或牛頓那種理論大師的原因。他是務實的實驗家，而不是系統化的理論家。一如他的道德和宗教理念，他的科學研究並非以抽象理論的精緻見長，而是以發現事實、學以致用為重。

不過，富蘭克林那些發現確實有非凡的理論意義，不容忽視。富蘭克林是當時最知名的科學家之一，他發現並證實了自然界的一大基本定律：電是單流體。十九世紀的英國物理學家湯姆森（J. J. Thompson）在富蘭克林完成實驗的一百五十年後發現電子，他寫道：「單流體理論對電學有難以估量的偉大貢獻。」富蘭克林還提出了絕緣體和導體的區別、電氣接地的概念，以及電容器和電磁的概念。誠如范多倫所言：「他因好奇而發現了電，電因為他的發現而成了一門科學。」

閃電在人類的心中一度是致命的神祕現象，富蘭克林證實它也是一種可以掌握的電，這番證實的實用意義不容忽視。很少科學發現如此迅速地造福人類，偉大的德國哲學家康德說，富蘭克林有如「新一代的普羅米修斯」（new Prometheus）＊盜天取火。富蘭克林不僅迅速成為北美殖民地和歐洲最負盛名的科學家，也

＊譯注：在希臘神話中，普羅米修斯把天上的火種盜取到人間，為人類帶來光明和溫暖。

成了大眾英雄。他破解了宇宙的一大神祕現象，征服了自然界最駭人的危險。

不過，即使富蘭克林相當熱中於科學研究，他覺得科學研究和公共事務一樣重要。約莫這個時候，他的朋友博物學家兼政治家科爾登也退休了，並宣稱他要全心追求「哲理樂趣」（philosophical amusements），這個詞在十八世紀是指科學實驗。富蘭克林勸他：「別對科學投注過多熱情。要是當初牛頓僅沉浸於單一嗜好，像一艘普通船上的舵手。可能會因為他在遇到危難時放棄掌舵一小時而錯失偉大發現，萬一那艘船承載著不止他的個人成就，而是整個國家的命運呢？」

所以，不久之後，富蘭克林把他的科學推論風格（重實驗，講實用）也套用在公共事務上。他在科學界獲得的聲譽，也成了他投入政壇的一大助力。從此以後，科學家和政治家這兩種身分在富蘭克林的身上緊密結合，相輔相成，後來一如法國政治家杜爾哥（Turgot）對他的精闢描述：「他從蒼天取得閃電，從暴君奪取王權。」[16]

第七章　政治家

費城，一七四九－一七五六年

興學及設立醫院

那個未能進入哈佛求學的聰明男孩，年輕時難掩妒意而撰文批評哈佛的虛假，後來在求知若渴下自學成材，成為該時代最卓越的作家和科學家。但多年來，富蘭克林一直有個興學的夢想，建立自己的學院。早在一七四三年，他就曾經和互助學習會及朋友討論過這個想法。退休之後，科學和閱讀帶給他的樂趣，使他的興學念頭更加強烈。所以，一七四九年，他出版一本小冊子，名叫〈賓夕法尼亞青年教育的相關提案〉，以其一貫的認真態度，詳細闡述創辦學校的必要、學校該傳授什麼，以及資金如何籌募等議題。

當時北美殖民地已有四所學院（哈佛、威廉瑪麗、耶魯、普林斯頓），這類菁英學校都是宗教的附屬單位，富蘭克林不想創辦那種學院。他認為學院的教學應以實用為重，例如寫作、算數、記帳、演講、歷史、商業技能等等，「學習內容應與學生想從事的職業相關」。學校應灌輸學生為人處事的美德，學生的生活應「樸實、節制、節儉」，「經常跑跳、參與角力、游泳等運動」。

富蘭克林的興學計畫，就像教育改革者挑戰僵化的古典主義者。他認為，這所新的學院不該培養只會讚美上帝或是只為自己學習的學者，而是應該培養學生「造福人群、國家和親友的志趣與能力」。富蘭克林最後總結，那才是「所有的學習都應該抱持的偉大宗旨與目的」。

那本小冊子裡大量引用古代學者以及他自己在各方面的經驗，從游泳到寫作風格等等。他就像卓越的啟蒙運動思想家一樣，喜愛條理及精確的程序。他為互助學習會、共濟會、圖書館、北美殖民地賢哲會、消防隊、巡邏隊、民兵等單位規畫章程時，這種詳列細節的偏好已表露無遺，他的興學提案更是把這個特質發揮到極致，裡面鉅細靡遺地列出各種程序，說明如何以最好的方式傳授從發音到軍事史等各方面的學問。

富蘭克林很快就募到兩千英鎊的捐款（不是他自傳裡寫的五千英鎊），草擬了一份和原始提案一樣詳盡的章程，並獲選為校董會的會長。多年前費城為了懷特菲爾德牧師興建了大會堂（Great Hall），後來因宗教復興運動降溫，大會堂廢棄多年。富蘭克林剛好也是大會堂的理事，於是與理事會協商，讓新學院承接那棟建築，把它分成數個樓層並隔間打造成教室，保留一些空間讓來訪的牧師使用，並為貧窮子弟提供免費的教育。

一七五一年一月，這所學院正式成立，成為北美殖民地第一所無教派的學院（一七九一年更名為賓夕法尼亞大學）。富蘭克林的改革本性有時也會遇到阻撓，當時多數的校董是富有的聖公會教徒。富蘭克林推舉拉丁大師、而非英文大師來擔任校長，但是那些校董投票反對，因此後來是由來自蘇格蘭的威廉・史密斯牧師（William Smith）出任校長。富蘭克林和史密斯原是朋友，但兩人很快就因為政治歧見而撕破臉。不過，富蘭克林終其一生都擔任該校的校董，並把該校視為他一生最自豪的成就之一。[1]

學院成立不久後，富蘭克林開始投入下一個計畫，募款創立醫院。他在報上對大眾提出的訴求，洋溢著典型的富蘭克林風格，生動地主張人人皆有道德義務幫助病弱者：「獨自行善幫助病人的成效，遠不如眾人集資，一起濟世救人。」

由於募款成效不彰，他想出一套絕頂聰明的方法：他讓費城的議會同意，只要他能向大眾募到兩千英鎊，公帑就必須等額贊助兩千英鎊。富蘭克林回憶，那個計畫使大家的「捐款動機更強，因為這樣一來，每個人的捐款都會加倍」。日後，一些政治對手批評富蘭克林狡詐，但他對於自己想出這招頗為得意。「我不記得還有哪項政治計策的成功帶給我那麼多的快樂，或是事後回想起來更容易原諒我自己的機巧。」[2]

美式政治理念

富蘭克林藉由這種「配套補助」（matching grant）的模式，顯示政府計畫和私人計畫可以緊密結合，如今這仍是一種非常美式的做法。他主張「志工主義」（volunteerism）及「有限政府」（limited government），但他也認為政府有責任促進公益。他覺得，透過這種公私合作的方式，政府可以發揮最大的影響力，又可以避免過度干預民間的運作。

富蘭克林的政治風格帶有一些保守特質，但是以現在的觀點來看，那算是慈悲型保守主義。他覺得秩序很重要，所以日後他費了好一番功夫才轉型成美國革命者。他向來慈善為懷，熱中公益活動，但是他也擔心社會運動太多可能帶來始料未及的影響，所以對於社會運動依然抱持謹慎的態度。

這些思想傾向在他寫給倫敦友人克林森的一封信中表露無遺，他在那封信裡探討了人性，「改善神旨的每一次嘗試都應該謹慎小心，以免一片好心卻做了壞事。」也許為窮人提供平等的福利就是一例。他質疑「英國特有的法律強迫富人支應窮人的生計，是否導致窮人產生依賴」，他說「幫同胞紓解不幸」確實是「像神一樣」的善舉，值得讚美，但最後會不會變成「鼓勵懶惰」？他又補充一個警示故事：新英格蘭人決定消滅那些跟他們搶食作物的烏鴉，結果也倚賴烏鴉捕食的害蟲大量繁衍，毀了綠地與良田。

但這些只是他提出的疑問，不是主張。富蘭克林的政治理念就像其宗教信仰和科學一樣，一般是沒有意識形態的，他厭惡任何武斷的意見。他在生活的許多面向，都只想尋找真正實用的東西。誠如一位作家所言，富蘭克林充分展現了啟蒙運動「對理性和自然、社會意識、進步主義、包容、世界大同、溫和慈善的重視」。他的實證性格，和一頭熱的瘋狂正好相反。他支持溫和的人文主義，強調「行善助人」這種有點感性（但依然真實的）的世俗目標。[3]

他先天厭惡權威，使他有點叛逆（日後叛逆的特質更加明顯）。他不畏階級，努力避免把英國那種僵化的階級觀念帶進北美殖民地。即使他已退休並以紳士自居，他在寫作及信件中仍持續頌讚商人、店主、工匠等中產階級的勤奮。

美國這個國家的願景，就是從這樣的理念衍生出來的：任何人不分身世或社會地位，只要願意勤奮努力，培養美德，就能累積財富及提高地位。就這方面來說，富蘭克林的理想甚至比湯瑪斯·傑弗遜的「自然貴族」（natural aristocracy）更為平等及民主。所謂的「自然貴族」是指精選有「品德和才華」的人才，把他們培養成新的領導菁英。富蘭克林的理念比較寬廣，他認為應該給每個人機會，鼓勵大家只要勤奮努力、有美德和抱負就能成功。富蘭克林的興學提案（後來變成賓夕法尼亞大學），目的不是為了篩選菁英，而是為了鼓勵與充實所有「有抱負」的年輕人，那和傑弗遜為創立維吉尼亞大學所提出的建議截然不同。

富蘭克林的政治態度，連同他的宗教信仰和科學理念，結合成一貫的世界觀。不過，一如他不像阿奎納（Aquinas）或牛頓那樣，是個高深的宗教或科學理論家，他也不是像洛克或傑弗遜那樣高深的政治理念家。他在政治思想方面，就像其他領域，比較務實而不抽象。

這點從他最重要的政治論著〈論人類繁衍〉即可明顯見得。該文寫於一七五一年，他說北美殖民地有大量未開墾的土地，將使人口成長較快。這不是理論臆測，而是實證計算。他指出，北美殖民地的未婚比例僅英國的一半，而且較早結婚（約二十歲），平均子女數（約八人）是英國人的兩倍。所以他推論，北美殖民地的人數每二十年會翻一倍，一百年後的人口將會超過英國。

事實證明，富蘭克林的推論沒錯，美國人口於一八五一年超越英國，而且直到十八世紀末土地開墾完畢為止，人口每二十年就翻一倍。一七七六年，亞當・斯密（Adam Smith）在經典著作《國富論》（*The Wealth of Nations*）中引用富蘭克林的論述。馬爾薩斯（Thomas Malthus）因提出「人口過剩一定會導致貧窮」的悲觀觀點而聞名於世，他也是採用富蘭克林的計算方式。

不過，富蘭克林不像馬爾薩斯那麼悲觀。他認為，生產力提升的速度會超越人口成長的速度，所以隨著國家成長，人民的生活水準也會跟著提高，至少北美殖民地是如此。事實上，富蘭克林（成功地）預測，未來可能限制北美殖民地人口成長的因素，應該是財富，而不是貧窮，因為富人對於結婚生子的態度通常比較「謹慎」。

富蘭克林影響最大的論點（這個觀點在其未來爭取美國獨立中扮演一大要角），是反對英國當時盛行的重商主義。英國的重商主義者想要局限北美殖民地的製造業發展。當時英國國會剛通過一項法案，禁止北美殖民地製造鐵製品，堅持殖民地只能作為供應祖國原物料的產地及銷售製成品的市場。

對此，富蘭克林反駁，北美殖民地有大量未開墾的土地，因此不會出現大量廉價的城市勞力。「所以，這些殖民地幾乎不可能干擾到祖國那些有賴勞務、製造等因素的產業，英國無須為此擔憂。」英國的生產很快就無法供應殖民地的一切需要。「所以，英國不該過度限制殖民地的製造業發展。明智的好母親不會這樣對待孩子，限制會導致弱化，而削弱孩子只會弱化整個家庭。」[4]

關於帝國與殖民地之間的關係，富蘭克林除了提出上述的嚴肅論點以外，也在同一時期寫了一篇嘲諷的文章。英國一直以來都把囚犯流放到北美殖民地，聲稱是在協助殖民地發展。富蘭克林以「美洲人」的筆名在《賓夕法尼亞報》上發表文章，諷刺地指出「祖國如此關心北美子民的福祉，我們應當滿懷感恩之心回報」，所以他提議北美殖民地應該送一整船的響尾蛇到英國，也許氣候的不同可能馴服那些響尾蛇，就像英國聲稱把囚犯送到北美殖民地可以感化他們一樣。即使無法改變，英國相對來說還是比較划算，「因為響尾蛇攻擊人之前，起碼還會先發出聲音預警，犯人可不會先提醒你。」[5]

黑奴與種族

史學家評價美國的開國元勛時，碰到黑奴這個道德議題總是糾葛許久，富蘭克林也不例外。當時黑奴約占費城人口的百分之六，富蘭克林的報紙也會刊登買賣黑奴的廣告，例如他曾替岳母在報上刊登一則廣告：「出售一名可靠的黑人婦女，詳情請恰寡婦里德。」另一則廣告寫道：「出售一名可靠的黑人青年，詳情請洽本報印刷商。」富蘭克林自己也有一對奴隸，但一七五一年他決定出售他們。他告訴母親，因為他不喜歡

「黑人幫傭」，覺得家裡養傭人很浪費。不過，後來有些時候他身邊還是有黑奴當僕役。

在〈論人類繁衍〉中，富蘭克林從經濟的角度抨擊蓄奴制度。他比較蓄奴的成本和效益，最後的結論是不合成本。他寫到「引進奴隸是減損國力」的原因之一，但他只把焦點放在蓄奴對主人的不利影響，而不是蓄奴的不道德上。他說：「蓄奴的白人不再勞動，因此身體逐漸衰弱。蓄奴也導致家庭惡化，白人孩子愈發傲慢，不願勞動。」

事實上，那篇論述裡有不少偏見。他譴責德國移民，並主張北美殖民地應該是英國白人後代移民的地方。他寫道：「純白人在世界上的比例已經夠少了，既然我們在這裡有大好機會可以排除所有的黑人和有色人種，繁衍更多可愛的白人和紅人，那又何必把黑人移來美洲，增加他們的人數呢？但也許我對自己的膚色情有獨鍾，畢竟那種偏愛是人之常情。」

從最後一句可以看出，富蘭克林開始重新檢討自己對同種族的「偏愛」之情。在第一版〈論人類繁衍〉中，他寫道：「幾乎每個奴隸本質上都是賊。」十八年後該文再版時，他把那句話改寫成他們「因奴隸制的本質」而變成賊。另外，他原本提到希望北美殖民地大多由白人組成，後來那一段也全部刪除了。[6]

他之所以轉變態度，主要是另一項慈善活動讓他改觀了。一七五〇年代末期，他開始積極參與一個組織。那個組織的目的是在費城為黑人兒童建立學校，後來也推廣到北美殖民地的其他地方。一七六三年造訪費城的黑人學校以後，富蘭克林寫了一封信，反省自己以前的偏見：

> 參觀完學校以後，我很高興，也比以前更瞭解黑人的先天能力。他們的理解力、記憶力、各方面的

學習力，似乎都和白人孩子一樣好。你也許驚訝我竟然曾經對此有所懷疑，我不想為我的一切偏見辯解。[7]

我們後面會看到，富蘭克林晚年變成北美殖民地最積極的廢奴主義者之一，他不僅從道德層面譴責蓄奴制度，也協助提升黑人的人權。

富蘭克林在〈論人類繁衍〉中，曾提到在北美殖民地繁衍更多「可愛的白人和紅人」，可見他對印第安人的觀感大體上是正面的。他在寫給克林森的信中曾驚嘆，印第安人野外生活的簡樸別具魅力，「他們從未因為我們的出現而想要改變生活方式，即使一名印第安男孩在我們的環境中成長，學習了我們的語言，習慣了我們的風俗，他只要去見印第安的親戚，和印第安人閒聊，就不想再回來了。」

富蘭克林也提到，白人有時也偏好印第安人的生活方式。白人孩子被印第安人抓走、撫養成人以後，後來再回到白人社會，「不久就會對我們的生活方式、為了維持生活的用心良苦感到厭惡，一有機會就盡速逃離，重返叢林。」

富蘭克林也提到一個故事，一些麻薩諸塞的官員曾請印第安部落送一些年輕人到哈佛免費就讀。印第安人回應，幾年前他們送了一些年輕勇士去哈佛就讀，但回來以後「一無是處，不會獵鹿、抓海狸，也無法突襲敵人」。所以他們提議對方送幾個白人孩子到印第安部落來，他們願意以印第安人的方法教導那些孩子，「把他們變成男子漢」。[8]

議員、印第安使節、郵政總長

一七三六年起，富蘭克林開始在賓夕法尼亞議會擔任秘書，但這份工作令他倍感無力，他無法參與議事討論，只能在議場上設計魔方陣消磨時間。一七五一年一位議員過世，富蘭克林欣然接受補選，當上議員（並把秘書一職留給當時無業的兒子威廉）。他回憶道：「我覺得身為議員，讓我更有能力行善。」但接著他也坦承：「不過，但我不會假惺惺地說這個升遷沒為我帶來成就感。」[9]

於是，富蘭克林就此踏入政壇，展開三十七年的政治生涯，最後是以賓夕法尼亞行政議長的身分卸任。身為公民，富蘭克林已推動了許多公益計畫，例如圖書館、消防隊、警務巡邏隊等等。成了議員以後，一如他自己說的，他更有機會成為「公益計畫的有力倡導者」。

富蘭克林積極在費城推動清掃街道、修路鋪路、安裝路燈等活動就是最佳例證。一開始是因為住家面對農民市場，門前的塵土令他不堪其擾。於是，他找來一位「勤快的窮人」，那個人願意打掃街道，以換取每月的工資。隨後，富蘭克林又發表一篇文章，描述僱用那個人打掃的種種好處。他寫道，路邊的房子可保清潔，店家也會吸引更多顧客上門。他把那篇文章發送給附近鄰居，後來大家都同意每月一起出錢請人來打掃街道。此舉的優點在於促成範圍更大的公益計畫，富蘭克林回憶道：「這使大家普遍希望所有的街道都能鋪好，他們也更願意為此繳納稅金。」

因此，富蘭克林在議會裡起草了鋪設全城街道的議案，之後他又提議在每棟房子前面安裝路燈。由於他熱愛科學及細節，他還親自設計路燈。他注意到，從倫敦進口的路燈底部沒有通風口，那會悶住煙霧，使燈壁變暗。他自己發明一種有通風口和煙囪的路燈，讓燈面常保清潔和明亮。他也設計了如今常見的燈罩，由四塊玻璃拼成，而不是圓球狀，萬一破了也比較容易修補。富蘭克林說，「有人可能認為這些微不足道的小事不必在意」，但這些人應該要記得「人類的幸福正是由這些小小福利日積月累而成的」。[10]

當然，議會裡還有更重大的議題需要討論。當時的議會是由貴格會的教徒主導，他們都是和平主義者，崇尚節儉，所以常和領主佩恩家族發生爭執。佩恩家族的主事者從偉大的威廉·佩恩（William Penn）換成娶聖公會教徒為妻的不太長進的兒子湯瑪斯（Thomas），逐漸疏離貴格會的教義。當時領主最在乎的事，是從印第安人手中取得更多的土地，並確保自己的財產免稅。

（賓夕法尼亞是領主殖民地，所以是由擁有多數未開墾土地的私人家族所管轄。一六八一年，英王查理二世授予威廉·佩恩特許狀，把賓夕法尼亞賜給佩恩以償債。北美殖民地一開始大多是領主殖民地。但是到了一七二〇年代，多數領主殖民地都變成由英國國王和其大臣直接管轄的皇家殖民地。只有賓夕法尼亞、馬里蘭、德拉瓦仍由領主管轄，直到獨立戰爭爆發。）

當時賓夕法尼亞面臨的兩大議題是：與印第安人維繫良好的關係；避免法國人入侵殖民地。這兩件事其實緊密相關，因為一旦和法國爆發戰爭，與印第安人結盟就更顯重要。

與印第安人維繫良好關係，需要大筆資金以購買禮物；捍衛殖民地也同樣耗資不菲，這兩件事都使賓夕法尼亞的政治鬥爭更加惡化。貴格會教徒原則上反對軍事開支；佩恩家族則是透過他們指派的幾任狗腿總督，反對任何消耗過多資金或是對其土地課稅的情事。

一七四七年富蘭克林組成民兵，有助於處理這些議題。但是到了一七五〇年代初期，賓夕法尼亞和法國為了爭奪俄亥俄谷的控制權，雙方爭執再起，不久就引發「法國與印第安戰爭」（French and Indian War，這是歐洲七年戰爭的分支）。這情況促使富蘭克林推動兩項重大的計畫，那兩項計畫不僅影響了他的政治生涯，也影響了北美殖民地的命運：

- 富蘭克林對於領主乃至英國的反感與日俱增，因為領主和英國都堅持他們有權掌控稅務及統治殖民地。富蘭克林對於領主及英國的反對立場，反映出他的反權威及平民主義思維。
- 富蘭克林變成聯合各殖民地為共同目的而統一的領導者。在此之前，各殖民地彼此獨立。這點反映出富蘭克林對於籌組聯盟的偏好，他對北美殖民地不抱持地方偏見，覺得團結才是力量。

此計畫自一七五三年開始執行，當時賓夕法尼亞派出三位委員，去賓夕法尼亞和俄亥俄河的中間點卡萊爾（Carlisle），和印第安的首領開高峰會，富蘭克林獲選為委員之一。高峰會的目的是為了和德拉瓦的印第安人結盟，當時那些印第安人因為遭到佩恩家族的欺騙（所謂的「步行購地」）而深感憤怒。（步行購地是佩恩家族與印第安人達成的舊契約，該契約允許佩恩家族取得印第安人的土地，範圍是一個人一天半內行走的範圍。但湯瑪斯．佩恩僱用三位飛毛腿，衝刺了三十六小時，所以獲得的土地遠比預計的土地還大。）當時易洛魁聯盟（Iroquois）*中，有六族印第安人與賓夕法尼亞同盟，其中包括莫霍克族（Mohawk）和塞內卡族（Seneca）。

---

*譯注：北美原住民聯盟。

一百多位印第安人來參加卡萊爾高峰會。賓夕法尼亞的議員端出價值八百英鎊的超級大禮後＊，易洛魁聯盟的首長斯卡洛亞迪（Scaroyady）提出一項和平計畫：白人開墾者應該退回到阿帕拉契山脈以東的地區，白人的商賈應該受到規範，誠實交易並販售多一點彈藥給印第安人，少賣點蘭姆酒。他們也希望英國向他們保證，幫他們防禦在俄亥俄谷動武的法國軍隊。

賓夕法尼亞的議員最後只表示會更嚴格地規範他們的商人，其他的要求都無法做到，所以後來德拉瓦的印第安人逐漸倒向法國人那邊。談判的最後一晚，富蘭克林親眼目睹蘭姆酒有多危險。賓夕法尼亞人在高峰會結束後才提供蘭姆酒給印第安人，結果印第安人一喝酒就開始狂歡作樂。富蘭克林描述當時的場景：

> 他們在廣場的中央升起旺盛的營火，男男女女都喝得醉醺醺的，相互吵鬧打鬥著。在黑暗中，就著營火的亮光，可以依稀看到他們黝黑的身體，衣不蔽體，拿著火把互相追逐毆打，還伴隨著可怕的叫聲，整個場景活像我們想像中的地獄。

富蘭克林和其他委員寫了一份義憤填膺的報告，譴責那些經常賣酒給印第安人的白人商販，說他們那樣做「使那些可憐的印第安人持續受到酒精的影響」，「完全扼殺了印第安人與英國人之間的情感」。[11]回到費城後，富蘭克林得知，英國政府指派他與維吉尼亞的威廉・亨特（William Hunter）一起擔任殖民地的郵政總長。他積極謀求那個職位已經兩年了，甚至還授權克林森花三百英鎊幫他在倫敦遊說。富蘭克林開玩笑說：「不過，錢花得愈少愈好，畢竟這是終身職，沒人知道你能活多久。」

他之所以積極謀求這個職位，一如既往是出於多重的動機：掌控郵政系統有助於推動賢哲會的發展；安插親友在北美殖民地的郵政系統裡工作，也對他的出版事業有利，或許還可以賺點錢。他安排兒子威廉擔任費城的郵政局長，隨後又任命兩個兄長彼得和約翰、約翰的繼子、妹妹珍的兒子、黛博拉的兩個親戚，以及紐約的出版合夥人詹姆斯・帕克（James Parker）為不同城鎮的郵政局長。

富蘭克林一如既往，為郵政服務規畫了詳細的程序以提高郵政效率。他是第一個建立送到府系統以及為無法投遞的信件設置招領處的人，並經常到各地巡視。他接下郵政總長一年內，就把紐約到費城的信件遞送時間縮短為一天，這項改革代價不斐，他和亨特在最初四年為了改革負債四百英鎊，但後來轉虧為盈，每年各自進帳三百英鎊。

一七一四年，英國政府以其政治立場反叛為由，解除其郵政總長的職位，那時富蘭克林擔任郵政總長的年收入已達七百英鎊。不過，那個職位帶給他本人及整個歷史的更大效益是，他更加確信各自分立的北美殖民地可以基於共同利益和需求，結合為一個國家。[12]

奧爾巴尼聯盟計畫

賓夕法尼亞和印第安人在卡萊爾舉行高峰會後，並未因此阻擋法國人的攻勢。法國人的目的，是沿著俄亥俄河建立連串的堡壘，把英國殖民者局限於東海岸，以便開闢出一個弧形的法國殖民地，從加拿大一路延

＊注：折合二〇〇二年的美金幣值約十二萬八千美元，關於幣別的約當價值請見564頁。

伸到路易斯安納。一七五三年底，維吉尼亞總督眼看法國逼近，派遣年輕有為的士兵喬治・華盛頓，前往俄亥俄谷要求法國人撤出。華盛頓的任務失敗了，但他精采地描述那次任務的過程，使他頓時成為英雄，並升任為上校。翌年春天，華盛頓開始對法國人的堡壘展開一系列的突襲，最後掀起全面的戰爭。

英國的大臣一直很擔心北美各殖民地聯合起來，但是法國人的威脅又迫使他們不得不鼓勵殖民地團結起來抵禦外侮。一七五四年六月，倫敦的貿易委員會要求各殖民地派代表到紐約奧爾巴尼開會。這次會議有兩大任務：第一，與易洛魁聯盟見面，重申盟友關係；第二，討論殖民地合組防衛勢力的辦法。

殖民地之間的聯合並非水到渠成的合作，有些殖民地的議會拒絕到奧爾巴尼開會。至於答應去開會的七個殖民地，多半也要求前往的代表避免加入任何殖民地聯盟計畫。相反的，富蘭克林總是很積極地推動團結。一七五一年，他在寫給友人帕克的信中提到：「六個愚昧無知的印第安部落都能組成易洛魁聯盟了，十或十二個北美殖民地卻無法組成聯盟，其實北美殖民地更需要聯盟啊！」

富蘭克林在寫給帕克的信中，還約略提到了殖民地合作的架構。他說，必須成立一個總議會（Grand Council），由各殖民地派代表組成，席次根據每個殖民地繳稅給國庫的比例來分配，另外再由英國國王任命一個總督來統轄那個總議會。會議輪流在各殖民地的首府舉行，這樣可以讓那些代表更深入瞭解其他殖民地的狀況。至於總議會運作的經費，則來自酒稅。富蘭克林認為這個總議會應該由殖民地自發組成，而不是由英國強制設立。他認為，最好的推動方法是找幾個聰明人走訪各殖民地，拜訪當地的影響人物，尋求他們的支持。「理性又明智的人總是有辦法提出合理的計畫，讓其他的明理人也覺得很合理。」

一七五四年五月，華盛頓戰敗的消息傳到費城時，正是奧爾巴尼會議召開之前，富蘭克林在自己的報紙上發表了一篇社論。他把法國人的成功歸因於「英屬殖民地目前四分五裂」。他在那篇社論旁，印了美國史上第一幅、也是最著名的社論漫畫：一條蛇砍成好幾段，每段上標註著每個殖民地的名字，圖片說明寫著：「合則共榮，分則俱亡。」[13]

富蘭克林是賓夕法尼亞派去參加奧爾巴尼會議的四名代表之一，其餘三人是領主的私人秘書理查・彼得斯（Richard Peters）、湯瑪斯・佩恩的侄子約翰、賓夕法尼亞議會的會長以撒・諾里斯（Isaac Norris）。令富蘭克林失望的是，臨行前，賓夕法尼亞的議會決議，反對「殖民地聯合的提案」，但富蘭克林並未因此放棄。離開費城時，他帶著寫好的文章〈聯合北部殖民地的計畫提要〉，該文的內容類似富蘭克林之前寫信給帕克的聯盟構想，只改了一個地方：由於多數殖民地的議會似乎都很頑固，或許最好的推動方法是，一旦參加奧爾巴尼會議的代表對於聯盟計畫達成共識，就馬上把計畫送到倫敦，「讓英國國會立法通過，建立北美殖民地聯盟」。

前往奧爾巴尼的途中，他們四人在紐約暫停休息，富蘭克林和朋友分享他草擬的計畫。在此同時，彼得斯和其他人則去採購送給印第安人的禮物，議會授權他們採購的禮品價值是五百英鎊，他們買了毛毯、絲帶、彈藥、槍支、塗臉用的朱砂、水壺和布料。接著，六月九日，他們搭上一艘滿載貨品的單桅帆船前往奧爾巴尼，還帶了「一桶年份最久的頂級馬德拉酒」。[14]

在印第安人抵達之前，來自各殖民地的二十四名代表先聚會討論。紐約的總督詹姆斯・德蘭西（James DeLancey）提議建立兩個西部堡壘，但由於代表們不願分擔成本，這個提案就此擱置。後來他們通過一項提議（可能是在富蘭克林的刺激下通過的），指派七人組成一個委員會，「以準備及接受殖民地聯盟的計畫」。

富蘭克林獲選為七名委員之一，他因此有了完美的立場，可以積極尋求大家支持他擬訂的計畫。

在此同時，印第安人代表在莫霍克族的酋長提亞諾加（Tiyanoga，又名亨德利克・彼得斯〔Hendrick Peters〕）的帶領下抵達奧爾巴尼。他對殖民地代表的態度十分輕蔑，他說，印第安六族長期以來受到忽視，「你們視而不見時，法國人便伺機而入。」之後他又滔滔不絕地說：「你瞧法國人！他們是男人，到處興建防禦工事，我們都不好意思說，你們跟娘兒們差不多！」

經過一週的討論後，與會代表向印第安人提出一系列的承諾：開墾及交易路線的問題將會有進一步的磋商；某些土地交易將會展開調查；立法限制蘭姆酒的交易。印第安人在沒有太多的選擇下接受了禮物，並宣布他們與英國人之間的盟約「鄭重恢復」了。但富蘭克林並不滿意，他在寫給克林森的信中提到：「我們和他們恢復了盟約，但我覺得，萬一我們和法國人開戰，也不可能指望他們的協助。除非我們這些殖民地自己建立聯盟，他們遭到攻擊時，我們才有辦法支援他們。」

富蘭克林在奧爾巴尼積極推動聯盟時，他的主要盟友是一位來自麻薩諸塞的富有船商，名叫湯瑪斯・哈欽森（Thomas Hutchinson，記住這個名字，後來他成為富蘭克林的勁敵）。委員會最終通過的計畫，是以富蘭克林草擬的提案為基礎，也就是說，設立一個「聯邦大會」，由各殖民地派代表組成，席次是依照各殖民地的人口和財富的比例來分配。英國國王為聯邦大會指派一個「總督」，負責掌管大會的行政事務。

這個組織的核心概念在當時有點新，亦即後來的「聯邦主義」。「聯邦政府」將負責處理國防和西部擴張等事務，但每個殖民地仍保有自己的法規及地方管理權。儘管有些人認為富蘭克林只是務實的實踐者，不是遠見家，但是當時富蘭克林在奧爾巴尼幫忙設計出井然有序、平衡、開明的聯邦概念，那也成了後來美國建國的基礎。

七月十日，印第安人離開奧爾巴尼一週後，全體與會代表終於針對那個計畫進行表決。幾位紐約的代表投反對票，賓夕法尼亞議會的貴格會領袖諾里斯也投反對票，但這項計畫還是輕易過關了。計畫的內容和富蘭克林帶去奧爾巴尼的〈聯合北部殖民地的計畫提要〉相比，只做了幾處修改，富蘭克林為了促成計畫，也樂於妥協。他向友人科爾登解釋：「很多意見不同的人在討論全新事務時，有時為了成全大局，應放棄一些小事。」三十三年後，他成為制憲會議的主要協調者時，也以類似的話語表達同樣的想法。

與會代表決定，那個計畫應該同時送交各殖民地的議會及英國議會審核。富蘭克林馬上為此發起公開宣傳活動，包括和麻薩諸塞的總督威廉·雪利（William Shirley）以通信的方式，熱烈地公開討論。雪利認為「聯邦大會」的代表應該由英國國王指定，而不是由各殖民地的議會選派。富蘭克林以一個原則回應他，那個原則其實也是日後殖民地與英國之間的爭執核心：「一般認為民眾不該被課稅，除非他們透過自己的代表（亦即議會），答應被課稅。」

不過，一切努力最後都付諸流水。所有的殖民地議會都認為那個計畫奪取了太多的權力，所以一致加以否決。英國議會也認為那個計畫賦予選民太多的權力，而且又鼓勵殖民地聯合起來，所以擱置未審。富蘭克林回憶道：「各殖民地的議會都不採納，因為他們認為聯邦政府將擁有太多的特權，英國方面則認為這個計畫太過民主。」

富蘭克林晚年回顧這段過往時，深信當初要是奧爾巴尼計畫通過了，美國獨立革命就不會發生，可以創造出一個和諧的帝國。他推斷：「各殖民地如此聯合起來的話，就有足夠的力量捍衛自己，英國也就沒有必要派軍隊過來。當然，後來向北美殖民地徵稅的藉口，以及因此引發的血腥對抗，也就能避免了。」

就這點來說，富蘭克林可能錯了。關於英國向殖民地徵稅的權利，以及要求殖民地卑躬屈膝所引發的抗爭，幾乎是不可避免的。不過，此後的二十年間，即使富蘭克林日益覺得殖民地有聯合起來的必要，他還是很難找到和諧的解決方案。[15]

凱薩琳・雷

開完奧爾巴尼會議後，富蘭克林開始到他管轄的郵政區域巡察，最後一站是波士頓。兩年前母親過世後，他就沒再回去過了。這次他和大家族團聚，並幫他們安排工作及當學徒的機會。他住兄長約翰家的時候，認識了一位令他神魂顛倒的年輕女子。這也是富蘭克林往後多次浪漫邂逅（但可能從未出軌）的開始。

凱薩琳・雷（Catherine Ray）是來自布洛克島的二十三歲女子，清新活潑，她姐姐嫁給約翰的繼子。當時富蘭克林四十八歲，對凱薩琳一見傾心，凱薩琳也覺得富蘭克林頗具魅力。凱薩琳相當健談，富蘭克林想要討好別人時也是如此，而且他也擅長聆聽。他們還玩一種遊戲，由富蘭克林臆測凱薩琳在想什麼，凱薩琳說富蘭克林像巫師，總是能一眼看透她的心事，她也很喜歡富蘭克林對她的關注。富蘭克林還稱讚凱薩琳做的蜜餞是他吃過最美味的。

一週後，到了凱薩琳該前往新港探望另一個姐姐的時候，富蘭克林決定陪她一起去。途中，他們的馬因為馬蹄鐵問題，在結冰的山路上行走困難，之後又遇到冰雨，甚至轉錯方向。但多年後他們回憶起那段往事時，只記得他們開心地聊了好幾個小時，交流想法，稍微打情罵俏。他們在新港待了兩天以後，富蘭克林送凱薩琳去搭船回布洛克島。不久，他就寫信給凱薩琳：「我站在岸邊，目送妳離去，直到我戴上眼鏡也看不見妳的身影。」

富蘭克林百般不捨地返回費城，一路上走走停停，花了好幾週的時間才回到家。回家以後，他發現凱薩琳的信早就在等他了。後續的幾個月，他總共寫了六封信給凱薩琳，在他們往後的人生歲月中，他們通了四十多封信。富蘭克林大多沒有保留凱薩琳的來信，也許是出於謹慎，但是從保留下來的那幾封可以看出兩人友誼非凡，也可以從中洞悉富蘭克林和女性的關係。

仔細閱讀他們的通信內容，推敲字裡行間的言外之意，你可能會覺得富蘭克林可能有幾次試探性地想要拉近他們的關係，但是凱薩琳都巧妙避開了，他似乎因此對她更加敬重。富蘭克林在寫給凱薩琳的第一封信裡提到：「我寫這封信時，正逢東北風帶來的暴風雪，那雪花片就像妳少女的童貞般純真，像妳的酥胸般潔白，也一樣冰冷。」在幾個月後的另一封信中，富蘭克林談到生活、數學和婚姻的「相乘（繁衍）」效果，他頑皮地說：「我很樂意親自教妳，但妳覺得還有很多時間，不想學。」

不過，凱薩琳寫給富蘭克林的信充滿了熱情，她寫道：「見不到你，讓我的愛慕之情有增無減。你愛我只要有我愛你的千分之一足矣。」凱薩琳的書信深情款款，絲絲入扣，不僅傳達了對富蘭克林的愛慕之情，也描述那些追求她的男子。凱薩琳懇求富蘭克林看完信後就把信燒毀：「我說了上千件不該告訴任何人的祕密。」

富蘭克林向她保證守口如瓶，並承諾：「妳可以把妳覺得適合透露的事告訴我，不必擔心我以外的人看見。我知道男女之間的溫馨友誼即使做出最單純的表達，也容易遭到有心人士的誤解。」他解釋，那也是他在信中看起來謹慎小心的原因，「雖然妳寫的很多，但我寫的不如我想的多。」

所以，從留下的信中，我們只看到信裡充滿了打情罵俏，別無其他的內容。凱薩琳寄給富蘭克林一些自製的蜜餞，並在上面印了吻（從字裡行間臆測）。她說：「每一顆都像你以前喜歡的那樣添加了香甜。」他回應：「蜜餞完好送達了，因為妳說的原因，嚐起來格外甜美，我幾乎嚐不到糖的味道。」富蘭克林在信中提到「生活的樂趣」，並指出「我仍然可以隨性地掌控那些樂趣」。凱薩琳寫到她紡了很長的紗，富蘭克林回應：「我真希望我能抓住它的一端，把妳拉到我身邊。」

至於他那忠實的妻子黛博拉又是如何看待這種遠距離的調情呢？說也奇怪，富蘭克林面對凱薩琳以及後來邂逅的年輕女性，似乎總是把黛博拉拿出來當擋箭牌，使他和這些女性的關係發乎情，止乎禮。他常在信中提起黛博拉的名字，在寫給凱薩琳的信中幾乎每一封都會大讚黛博拉的美德，彷彿是為了讓凱薩琳的愛慕之情適可而止，也讓凱薩琳知道他對她的喜愛雖是真心，但也僅止於生活調劑。或者，也許是富蘭克林想對凱薩琳更進一步遭拒後，他想顯示（或假裝）那些非分之舉只是開玩笑罷了。富蘭克林寫信描述他們初次見面後，他回到家的感覺：「我差點忘了我有家室。」但接著他又寫道：「想家，希望快點回家。離家愈近，思念愈強烈。」所以他快馬加鞭，「回到家裡，我投向賢妻及子女的懷抱，久久不離，感謝上帝。」

「內人對於年輕女子竟然對她年老的丈夫關愛有加，還送他這樣的禮物，感到相當自豪。每次我們享用乳酪時，都會談起妳。」事實上，這封信以及後來的信件都有個很妙的地方：那些信都比較少談及他與凱薩琳之間的關係，反而比較常談到他與妻子之間不太火熱、但頗為舒適的夫妻關係。他對凱薩琳說：「她認為妳一定是個通曉事理的女孩……還談到她要是先走了，要把我遺贈給妳。但我希望妳找到更好的對象，也希望她長命百歲。我們正一起慢慢變老，即使她有什麼缺點，我都已經習慣到感覺不到了……我們一起祈禱這位老夫人長命百歲、幸福快樂吧！」

在後來的信件中，他不再只是打情罵俏，也開始像父親一樣諄諄教誨一些責任和美德。他寫道：「好好當個乖巧的女孩，找個好丈夫，然後待在家裡相夫教子，過著像基督徒的生活。」富蘭克林說他希望下次再見到凱薩琳時，她身邊圍著「幾個胖嘟嘟、水嫩嫩、紅通通的小可愛，像他們的媽媽一樣。」事實確實是如此，下次他們再見面時，凱薩琳已嫁給未來的羅得島總督威廉．格林（William Greene），兩人生了六個孩子。[16]

所以，我們該如何看待他們之間的關係呢？顯然他們之間有浪漫的情愫相互吸引，但除非富蘭克林為了保護凱薩琳（和他自己）的名譽而在信中刻意掩飾感情，否則他們之間的樂趣應該是來自遐想，而不是男歡女愛。富蘭克林往後多年與多位年輕女性之間打情罵俏，可能也都是如此：他們以無傷大雅的方式玩點小曖昧，雙方都樂於獲得彼此的關注，相處中充滿了親密的暗示，心思和心靈都充分地投入。儘管有人說他好色，他也鮮少花心思去駁斥，但是毫無證據顯示他與黛博拉結婚後，有過什麼肉體上的出軌。

克勞德－安．洛佩茲（Claude-Anne Lopez）曾任耶魯大學富蘭克林文獻專案的編輯，她花了多年的時間研究富蘭克林的私生活，以及富蘭克林與凱薩琳等女性之間的關係。她的分析看來敏銳又可靠：

> 那是風流韻事嗎？是，但那是富蘭克林獨有的風格，有點風流，也有點像長輩疼惜後進，大膽邁出一步，又尷尬退後一步，看起來像男人受到誘惑，但又站在朋友的立場保持尊重。這種感情以法國人所

謂的「紅粉知己」（amitié amoureuse）來形容或許最為貼切，亦即超越了柏拉圖式的愛情，但稱不上激情。[17]

富蘭克林只有偶爾才和男性朋友培養密切的關係，那些人通常是博學多聞的夥伴，或是稱兄道弟的社團同伴。但他喜愛與女性在一起，和許多女性都培養了深厚、持久的關係。對他來說，那些關係即使看來膚淺，但絕非消遣或輕浮的玩樂，而是一種他享受及尊重的樂趣。終其一生，富蘭克林失去很多男性的朋友，但從未失去紅粉知己，包括凱薩琳在內。誠如三十五年後（他過世的前一年）他對凱薩琳說的：「我這輩子的幸福，也包含了妳的友誼。」[18]

支援布雷多克將軍

一七五五年初，富蘭克林結束與凱薩琳的邂逅回到費城以後，暫時和費城的多數政治領袖培養了和睦共事的關係。領主剛任命新的總督羅伯．亨特．莫里斯（Robert Hunter Morris），富蘭克林向莫里斯保證，「只要小心別跟議會起衝突」，他的任期就會很平順。莫里斯半開玩笑地回應：「你也知道我這個人就是愛爭論，那是我的一大樂趣。」不過，莫里斯也保證「盡量避免和議會起爭論」。

同樣的，富蘭克林也盡量避免與新任總督起爭執，尤其是涉及賓夕法尼亞邊界的防護議題時。當他得知英國決定派遣愛德華．布雷多克將軍（Edward Braddock）到北美殖民地，把法國人逐出俄亥俄谷時，他也支持莫里斯總督的提案，讓議會撥款支援英軍。

一如既往，議員們又堅持對領主的財產徵稅以支應軍事開支，但依然遭到否決。為了盡快打破僵局，富蘭克林提出一些聰明的建議，包括貸款與稅制，但那些方法都緩不濟急。於是，他繼續尋找其他的方法，為布雷多克提供必要的補給。

布雷多克抵達維吉尼亞時，北美殖民地選派賓夕法尼亞的總督莫里斯、麻薩諸塞的總督雪利、紐約的總督德蘭西為代表去迎接。賓夕法尼亞議會和他的朋友雪利總督都希望富蘭克林也加入代表團，富蘭克林本人也樂於參與，所以他以郵政總長的身分，打著為布雷多克的通信提供更便捷服務的名義出席。一路上，富蘭克林對科學的好奇讓代表團的其他成員留下深刻的印象。他們在路上遇到一個小龍捲風，富蘭克林還騎著馬闖進風眼裡一探究竟，甚至還想用馬鞭破壞龍捲風。[19]

布雷多克將軍見到他們時一臉傲慢，得意地說：「我看不到有什麼可以阻擋我帶軍直驅尼加拉。」富蘭克林提醒他，要小心印第安人的埋伏，布雷多克回應：「對你們那些未經訓練的北美民兵團來說，那些野蠻人可能是可怕的敵人，但是對英王麾下訓練有素的常規軍來說，他們根本不堪一擊。」富蘭克林後來回憶道：「他太自負了。」

布雷多克除了缺乏謙遜以外，也缺乏後勤支援。由於北美殖民地未能提供原先承諾的馬匹和馬車，布雷多克表示他想打道回府了。富蘭克林介入調解，表示賓夕法尼亞將盡力支援，布雷多克因此指派富蘭克林負責取得裝備。

富蘭克林為此寫了一份宣傳單，利用賓夕法尼亞民眾的恐懼、自身利益、愛國情操，大力宣傳布雷多克將軍亟需馬匹和馬車。他說，布雷多克原本打算強行徵召馬匹及北美殖民地的人民服役，但後來經過說服，改採「公平公正的方法」。富蘭克林也指出，徵用的條件很優厚，「馬車和馬匹的租金可達三萬英鎊以上，而且全以英國國王的金銀幣支付。」為了進一步誘導大家響應，富蘭克林也向農民保證「服役輕鬆容易」。傳單的最後，他又訴之威脅的口吻：要是自願徵召無人響應，「你們的忠心將受到強烈的質疑」，「可能會採取激烈的手段」，「輕騎兵將率領一彪人馬立即進駐本地」。

富蘭克林的這番作為，大公無私，而且相當出色。當農民們指出他們不信任這個無人知曉的將軍所提出的財務擔保時，富蘭克林馬上表示，他願意以個人名義保證他們能收到全部酬勞。他的兒子威廉幫他號召農民來簽約，兩週內他們就募集到兩百五十九匹馬和一百五十輛馬車。[20]

布雷多克將軍對於富蘭克林的表現大為激賞，議會也對他讚譽有加。但總督莫里斯沒聽進富蘭克林的勸告，忍不住批評議會根本沒什麼作為。此舉令富蘭克林感到不滿，但他仍盡力當和事佬調解。他在寫給倫敦友人克林森的信中提到：「我對目前的情況深惡痛絕，我不喜歡總督的作為，也不贊同議會的行為。兩邊對我都有些信任，所以我努力居中協調，但徒勞無功。」

不過，向來以和為貴的富蘭克林，暫時仍和總督莫里斯維持良好的關係。某天莫里斯在街上遇到富蘭克林，對他說：「你應該跟我回家，晚上在我家作客。今晚有些朋友要來，你也會喜歡的。」其中一位賓客講了桑丘・潘沙（Sancho Panza）的故事（那是《唐吉訶德》中的人物）。潘沙獲得治國的機會，他要求所有的子民都是黑人，因為這樣一來，要是他們惹是生非，就可以把他們賣掉。那位賓客問富蘭克林：「為什麼你還一直站在那些該死的貴格會教徒那邊？把他們賣掉不是更好嗎？領主會出高價跟你買的！」富蘭克林回應：「總督還沒把他們抹得夠黑啊！」

語畢，現場的所有人都哈哈大笑，但兩人的歧見卻加深了。富蘭克林後來寫道，莫里斯試圖抹黑議會的名譽，卻因此「抹黑了自己」。莫里斯對富蘭克林也開始失去信任，他在寫給領主湯瑪斯・佩恩的信中，指責富蘭克林「和其他人一樣，贊同議會那些無理的要求」。[21]

在此同時，布雷多克則是自信滿滿地領軍西進，多數的費城人都相信他會凱旋而歸，甚至開始集資購買煙火以便慶祝。富蘭克林比較謹慎，不願出資贊助煙火，並警告：「戰事向來變數太多。」

他的擔憂果然應驗了，英軍在途中遭到埋伏而潰散，布雷多克和三分之二的軍隊都陣亡了。布雷多克臨死前，低聲對副官說：「誰會料到發生這種狀況呢？」華盛頓上校是少數的倖存者之一，但他騎的兩匹馬都遭到擊斃，衣服上也留下四個彈孔。

對富蘭克林來說，更慘的是財富負擔，因為當初他以個人名義擔保了所有的付款。富蘭克林回憶道：「全部賠款接近兩萬英鎊，要是全由我來償付，我就傾家蕩產了。」那些農民打算控告他時，繼任為英軍統帥的麻薩諸塞總督雪利趕來幫他解圍，下令用軍費賠償農民的損失。

布雷多克的慘敗，使來自法國和印第安人的威脅迅速加溫，也加深了費城的政治分歧。議會迅速通過一項法案，撥款五萬英鎊作為防禦經費，但議會再次堅持對所有的土地徵稅，「領主的財產不可例外」。總督莫里斯否決此項議案，要求把「不」字改成「唯」字。

對此，富蘭克林怒不可遏，不再居中調停，而是代表議會寫信回覆莫里斯，信中指責莫里斯是「把自由民眾打壓成領主附庸的可恨工具」，指控領主湯瑪斯・佩恩「大發國難財」，「罔顧正義與真理，強迫人民接受可憎的法律」。

莫里斯獲任為總督時，合約裡有個祕密條款，讓他有權反對任何對領主財產徵稅的法案，富蘭克林得知此事後義憤填膺。由於莫里斯對上次議會來信中的「附庸」兩字提出抗議，一週後，議會又寫信回應總督，這次富蘭克林在信中寫道：「領主要我們出錢保護他的財產，我們何止是他的附庸，簡直比附庸還不如，找不到更貼切的用語來形容了，甚至比奴隸還要卑賤。」在隨後的另一封信中，富蘭克林還補上一句，那句話後來成了革命的口號：「為了獲得一時安全而願意放棄基本自由的人，既沒有資格獲得安全，也將失去自由。」

最後，雙方拼湊出一些妥協的做法。領主眼看議會的怒火難抑，答應捐出五千英鎊以補充議會籌募的項目。儘管危機暫時紓解了，但治標不治本，問題仍在。對富蘭克林本身及歷史來說，更重要的是，他放棄了長久以來反對爭論的立場。從此以後，他變成更大力反抗領主的死對頭。[22]

民兵上校富蘭克林

邊境防衛的資金來源問題，在領主和議會勉強妥協之後，算是暫時解決了。接下來，富蘭克林面臨的任務是，如何使用這筆資金以及號召民兵組成部隊。他推動一項法案，成立完全志願的武裝部隊，如此可確保貴格會教徒的支持。接著，他又發表一篇文章，以虛構的對話內容來號召民眾支持。文中有一人對於貴格會教徒無須參加民兵表示反對：「要我為了拯救那些貴格會教徒而戰，不如把我吊死吧！」那人的朋友回應：「那表示船漏水時，你也不願舀水救船，因為那會同時救起船上的你和老鼠。」

富蘭克林這次的計畫是以一七四七年他號召的民兵團為藍本，但這次多了政府的支持。一如既往，他詳細地規畫訓練、組織、軍官的選拔等細節。在一封信中，他還具體提出使用獵犬進行偵查的計畫。他寫道：「這些狗必須夠大、強壯、凶猛，而且每隻都必須拴上粗繩，以免牠們亂跑耗盡體力，或是對松鼠吠叫而暴露目標。」

總督莫里斯不喜歡自願徵召及民選軍官等設計，但還是勉強接受了富蘭克林的民兵提案。更令他痛苦的是，富蘭克林儼然已變成民兵的實質領導，也是賓夕法尼亞最有權力的人。莫里斯因此警告佩恩：「富蘭克林先生如今以議會領袖自居，即使如今國難當頭，他的追隨者正使盡一切手段，從你的手中奪取政府的權力。」富蘭克林對莫里斯的鄙視則是日益惡化，他寫信給議會在倫敦的說客時寫道：「那個人是半個瘋子。」[23]

富蘭克林穿上軍裝，在兒子的陪同下，前往邊界巡視防禦柵欄的興建時，領主對他的恐懼絲毫未減。一七五六年一月，富蘭克林過五十歲生日那週，他在利哈依山口（Lehigh Gap）紮營，吃賢妻送來的食物。他寫信告訴黛博拉：「我們享用了妳做的烤牛肉，今天開始吃妳做的烤牛小排。在家中享用熱騰騰餐點的人不知道什麼叫美味，我們覺得廚房遠在八十英里外，餐點吃起來格外可口。」

富蘭克林很喜歡那段擔任前線指揮官的日子。那段期間他也有不少成就，其一是設計一套可靠的方法，讓他麾下的五百名士兵去參加禮拜：富蘭克林讓隨軍牧師在完成禮拜儀式後，發給士兵當日配給的蘭姆酒。「士兵們從未如此踴躍及準時地參與禮拜活動。」富蘭克林也抽空觀察當地摩拉維亞教徒的習俗（他們相信媒妁婚姻），並以嘲諷的口吻記錄下來。富蘭克林回憶道：「我反對婚姻大事不由男女雙方自己做主，因為這樣的婚姻可能不幸福。但他們告訴我：『即使你讓男女雙方自由選擇，他們還是有可能不幸福。』對此我確實無法否認。」[24]

富蘭克林在前線待了七週後，回到費城。儘管領主和總督都把他當成心頭大患，他其實沒什麼興趣扮演英雄豪傑或趁機利用人氣來提升政治權力。實際上，他刻意快馬加鞭，在半夜趕回家，以避開支持者為他準備的盛大歡迎儀式。

不過，費城的民兵團選他擔任上校時，他並未拒絕。總督莫里斯在危機期間拉下臉向富蘭克林求助，當他看到民兵團選富蘭克林當領袖時，卻又遲遲不肯接受。但他別無選擇，因為富蘭克林在提案中早就寫明民兵團的軍官是民選產生，莫里斯拖了幾週不肯答應，最後也只能勉強同意。

終其一生，富蘭克林一直在「想要養成謙虛美德」以及「對聲譽的自然渴求」之間矛盾掙扎，他自己也覺得這矛盾很有趣。上校這個職位也是如此，他忍不住虛榮，安排了盛大的閱兵儀式，共一千多名士兵盛裝列隊從他位於市場街的住宅走過，場面浩大。每支連隊在笛聲與雙簧管的吹奏下逐一抵達，展示剛漆好的大炮，並鳴炮迎接下一支連隊抵達。他後來在自傳中嘲諷，那些鳴炮聲「把我電學儀器上的幾塊玻璃都震下來摔破了」。

幾週後，富蘭克林為了四處巡察郵政業務而離開費城，「民兵團的軍官認為應由他們護送我出城」。軍官們拔劍出鞘，一路舉著劍護送他到渡口。有人寫信告知遠在倫敦的湯瑪斯・佩恩，佩恩聞訊大發雷霆。富蘭克林後來回憶道：「這件荒唐事使他對我的敵意大增……後來他還援引軍官護送我的那件事為例證，證明我有意從他的手中強行奪取賓夕法尼亞的政權。」富蘭克林對這件事也一樣「懊惱」，至少他在回憶錄裡是這樣說的：「我事先不知道他們要那樣做，否則一定會阻止他們，因為我一向不喜歡在任何場合擺架子。」

持平而論，富蘭克林向來不喜歡公開儀式，也不是喜歡擺架子或醉心權力的人。後來佩恩及其盟友在費城組成民兵團，以期制衡富蘭克林的勢力，並說服英國大臣撤銷富蘭克林的民兵團法案，富蘭克林馬上就放棄了民兵指揮官的職位。他在寫給克林森的信中，坦言他喜歡民眾的愛戴，但他也知道不該讓那種感覺沖昏頭。他寫道：「民眾剛好喜歡我，」但馬上補了一句：「抱歉，我這樣說有點虛榮，但這種話只是我們私下說說……你可能想告訴我，民眾的愛戴最捉摸不定，你說的沒錯！所以如此在意這些事，我感到羞愧。」[25]

新使命

富蘭克林展現圓融的手腕、在危機時刻願意尋求務實解方的政治生涯在此暫時告一段落。早期局勢緊繃時，富蘭克林仍喜歡和總督莫里斯進行友善磋商及社交互動，但後來就變了。莫里斯和領主那派人馬竭盡所能地羞辱他，有段日子他甚至想搬到康乃狄克，或是往西到俄亥俄區幫忙建立新的殖民地。

所以，這次前往維吉尼亞巡察郵政業務，對他來說算是難得的解脫，他想盡可能離開久一點。他從威廉斯堡寫信給妻子，說他「像鳥兒一樣快樂，還沒開始想家，那些人事紛擾帶來的種種煩憂記憶猶新」。富蘭克林拜訪了華盛頓上校及其他的熟識，驚嘆當地的桃子之大，接受了威廉瑪麗學院頒發的榮譽學位，以悠閒的步調沿著鄉間道路逐一巡察各地的郵政情況。

一個多月後，他終於回到費城，但費城政壇的對立氣氛比之前更加明顯。領主的秘書彼得斯與富蘭克林找來經營賓夕法尼亞學院的威廉·史密斯（William Smith）密謀，想把富蘭克林趕出校董會。在此之前，史密斯就常撰文批評富蘭克林，用詞尖刻，所以兩人早已絕交。這又是富蘭克林與男性友人決裂的例子。

一七五六年夏末，職業軍人威廉・丹尼（William Denny）取代莫里斯出任總督，政壇似乎出現了恢復和平的契機。各派人馬都連忙去向丹尼致意，表達歡迎之意。在熱鬧的就職晚宴上，丹尼私下把富蘭克林帶到一個房間，想跟他好好培養關係。他們暢飲著馬德拉酒，丹尼不斷地吹捧富蘭克林（這招挺聰明的），接著又以財務上的好處賄賂富蘭克林（這招就不太聰明了）。丹尼承諾，只要富蘭克林放棄對領主的反對態度，「就能得到豐厚的酬金和回報」。富蘭克林回應：「謝天謝地，我的經濟情況使我無須接受來自領主的恩賜。」

相反的，丹尼就比較難抗拒財務的誘惑了。他原本和上一任總督一樣，為了議會對領主財產徵稅的議案，而與議會對立。但後來議會給他豐厚的薪水以後，丹尼就在未經領主的允許下擅自改變立場了。

在此同時，議會也決定不再容忍領主家族的頑強抵抗。一七五七年一月，議員們投票通過，派富蘭克林當他們的代表去倫敦協商。富蘭克林的使命，是去倫敦遊說領主接受議會在稅收及其他事務方面的決議；萬一領主不願接受，他就直接向英國政府遞交議會的請願書。

領主的秘書彼得斯對此感到擔憂，他寫信給倫敦的佩恩：「富蘭克林的目的，是要促成政府的改變。憑其個人魅力及電學方面的聲譽，想獲得各界支持可說是易如反掌，他會是一號危險敵人。」對此，佩恩反而比較樂觀，他回應：「富蘭克林在這裡根本沒什麼名望，那些大人物只會冷眼看他。」

結果，彼得斯和佩恩都猜對了。一七五七年六月，富蘭克林搭船前往英國時，他堅信北美各殖民地應該組成更緊密的聯盟，並以英王子民的身分，獲得充分的權利與自由。但抱持那些觀點時，他是以自豪、忠誠的英國人自居，想強化大英帝國的勢力，而不是尋求北美殖民地的獨立。後來，他在倫敦遭到那些大人物的漠視以後，才變成大英帝國的危險敵人。[26]

第八章　亂局

倫敦，一七五七－一七六二年

史蒂文生夫人的房客

一七五七年夏季，富蘭克林搭船橫渡大西洋時，從觀察其他的船隻注意到一個現象：船行駛過後，船尾後方激起很大的尾波。不過，某天他發現兩艘船後方的海面異常平靜。向來好奇心很強的富蘭克林開始問人這是怎麼回事，有人告訴他：「船上的廚師從排水孔傾倒出油膩的湯湯水水，導致船的兩側蒙上一層油脂。」

富蘭克林對這番解釋還不滿意，想起他在書上看過，公元一世紀的羅馬元老院議員兼科學家老普林尼（Pliny the Elder）曾把油倒在湍急的水面上，水面就平穩下來了。往後幾年，富蘭克林做了多種油和水的實驗，他甚至發明一個小把戲，拿一根內部灌油的棍子接觸波浪，使波浪就此平息。這個比喻淺顯易懂，誠如那些油水實驗所示，富蘭克林先天就愛找巧妙的方法來平撫亂流。但這次他被派往英國協商時，這個天性並未幫他達成任務。[1]

這次旅程中，富蘭克林搭的那艘船為了在濃霧中躲避法國海盜，差點撞上夕利群島而擱淺。富蘭克林在寫給黛博拉的家書中，描述劫後餘生的感恩之情：「要是我是羅馬天主教徒，或許我會因為逃過一劫而立誓為某個聖人興建一座教堂。但我不是，真要立誓的話，我應該會立誓建一座燈塔。」富蘭克林對於自己先天擅長尋找務實的解決之道頗為自豪，但是這趟來英國，這方面的專長也沒派上用場。[2]

富蘭克林此行再訪倫敦已經五十一歲，距離他首度以年輕印刷工的身分造訪倫敦已近三十三年。這次他以賓夕法尼亞的代表身分前來，肩負的任務是融合遊說和外交手腕。不幸的是，他的洞察技巧、務實態度、深謀遠慮、和善性格及冷靜頭腦都失靈了，在倫敦遇到的種種挫折令他心灰意冷，最後更令他憤恨不平。不過，即使此行的交涉任務失敗，倫敦生活的諸多面向都令他難以割捨，包括見多識廣知識分子的厚愛，以及與費城那個家一樣愜意的居家生活。他本來以為五個月內就會結束任務，沒想到一待就超過五年。後來短暫返鄉之後，又回到倫敦，一待又是十年。

七月，富蘭克林帶著兒子（約二十六歲）及兩名幫他打理家務的黑奴一起抵達倫敦。長年和他通信的克林森來碼頭迎接他們。克林森是倫敦的貴格會商人及植物學家，當年互助學習會設立第一個圖書館時，就是克林森幫忙在倫敦採購書籍。後來，富蘭克林談論電學的文章，也是他協助發表的。克林森安排富蘭克林一行人住在他位於倫敦北部的豪宅中，並馬上邀請印刷商威廉・史莊等人來跟富蘭克林見面。他們與富蘭克林通信多年但未曾謀面，如今終於有機會見到這位傳奇人物，大夥兒都非常開心。[3]

幾天後，富蘭克林在克雷文街上找到一棟合適的住所（裡面還有一間電力實驗室），那是四層樓的連排房屋，舒適便捷，坐落在河岸街（Strand）和泰晤士河之間，相當現在的特拉法加廣場（Trafalgar Square）附近，離英國政府的所在地白廳僅幾步之遙。房東是一位通曉事理又樸實的中年寡婦，名叫瑪格麗特・史蒂文生（Margaret Stevenson）。富蘭克林和她培養了類似家庭的關係，說來奇怪，卻又極其平凡。他們的關係複製了他在費城和黛博拉建立的那種愜意婚姻，富蘭克林的倫敦朋友常把他們視為一對，邀他們一起赴宴，在信中也會同時問候他們兩人。儘管富蘭克林和史蒂文生的關係可能也帶有一些男女之親的成分，卻沒有特別的激情，在倫敦幾乎沒傳出八卦或醜聞。[4]

比較複雜的是富蘭克林與史蒂文生的女兒瑪麗（人稱「波莉」）的關係。波莉十八歲，個性活潑討喜，還有富蘭克林最欣賞的女性特質——「求知欲」。在某些方面，波莉就像富蘭克林在倫敦的女兒，他像長輩一樣關照她，有時甚至會像父親一樣，給她一些生活和道德方面的建議，灌輸她科學和教育方面的知識。但是在其他方面，波莉又像英國版的凱瑟琳．雷，年輕俏麗，活潑調皮。富蘭克林寫給波莉的信裡，偶爾會出現打情罵俏的內容。他對波莉極盡吹捧，就像他遇到喜歡的女性時，總是對她們關愛有加。

富蘭克林與波莉聊天可以聊上好幾個小時，波莉的好奇心讓富蘭克林深受吸引。後來波莉搬去鄉下與姨媽同住時，富蘭克林和她展開密集的書信往來。他住在倫敦的那段期間，寫信給波莉的頻率遠高於寫信回家，其中有些書信充滿了挑逗的意味。他們首度見面後不到一年，富蘭克林就寫信對她說：「每天我都會想起妳。」波莉寄給他一些小禮物，他在信中寫道：「我收到妳細心為我編織的吊襪帶了，穿起來非常合身，二十年來我一直找不到合適的吊襪帶，所以乾脆不穿，直到妳寄來了這雙……妳放心，我穿上時會經常想起妳，就像妳編織時常想起我那樣。」

富蘭克林與波莉的關係，就像凱薩琳一樣，不僅有思想交流，也有心靈交疊。他在寫給波莉的信中，鉅細靡遺地說明氣壓計運作的原理、顏色的吸熱效果、電的傳導、暴風雨的形成，以及月亮對潮汐的影響，其中八封後來還收錄在他的修訂版電學文獻中。

後來他藉由通信教導波莉多種不同的知識，儼然像函授課程似的。富蘭克林建議：「我覺得，我們之間最簡單的交流方式，是我推薦一些書，妳選幾本來讀。那可以作為妳寫信的素材，我也可以回信談那些主題。」對富蘭克林來說，那種家教般的知識傳授是取悅年輕女性的終極手法。他在一封信的結尾寫道：「為年輕女孩寫了六大頁的哲理論述以後，還有必要以溢美之詞結尾嗎？這封信本身不就是一種恭維了嗎？這不就是在說，她不僅渴求知識，還有能力接收這些知識嗎？」[5]

富蘭克林唯一擔心的，是波莉對於學習太過認真。他雖然欣賞波莉的慧黠，但他得知波莉有意全心投入學習，甚至終身不嫁時，他也嚇了一跳。所以針對波莉在信中提到「終身不嫁」的想法，他在回信中提出一些父執輩的忠告，說相夫教子是女性的「職責」：

> 不過，學習還是要謹慎地拿捏分寸。自然方面的知識可能很實用，也可能只是錦上添花，如果為了在學識上出類拔萃，而忽視了基本職責的學習與實踐，應該受到指責。因為任何自然知識的尊貴性和重要性都無法和身為好父母、好子女、好丈夫或好妻子相提並論。

波莉牢記他的教誨，她回信寫道：「感謝親愛的導師包容我的好奇心，我最大的願望是討您歡心，我會小心謹慎，不會逾越您教導的分寸。」後續幾週，他們天南地北無所不談，包括從事實研究及多種理論的角度來探討潮汐對河口水流的影響。[6]

波莉後來嫁人了，育有三子，之後守寡，但她始終和富蘭克林保持密切的聯繫。一七八三年，富蘭克林終老之前，他在信中對波莉說：「我們的友誼好似晴空萬里，毫無陰霾。」富蘭克林臨終時，波莉也隨侍在側，這場友誼延續了三十三年之久。[7]

史蒂文生夫人和波莉讓富蘭克林擁有像費城老家一樣舒適的家的感受，還多了智慧上的交流，這對他的真正家庭來說意味著什麼？富蘭克林的英國朋友史莊對此感到擔憂，他寫信給黛博拉，想勸她搬來倫敦陪伴丈夫。但是黛博拉和喜歡雲遊四海的富蘭克林正好相反，她一點都不想出遊，更怕大海。史莊向她保證，從來沒有人死在費城到倫敦的航線上，但刻意隱瞞其實很多人死在類似的航線上。他又補充，這趟旅行對莎莉來說也是極好的體驗。

這是那封信中用來引誘黛博拉的「好處」，但是史莊接著又以近乎無禮的語氣，提出冒昧的建議。雖然字面上看起來很客氣，但幾乎難掩他對富蘭克林本質的洞察：「不過，夫人，我知道倫敦這裡的女士對富蘭克林的看法和我一樣。且聽我直言，我認為您應該盡速來倫敦捍衛您的權益。他雖然像任何男人一樣忠於妻子，但天曉得何時會再出現強大的誘惑，況且你們又相隔萬里，誰曉得會發生什麼事呢？」史莊怕黛博拉沒注意到他的言外之意，甚至在信末直言：「走筆至此，我不得不告訴您，富蘭克林很幸運，在這裡遇到一位對他關愛有加的女房東，把一切打理得無微不至。他得重感冒期間，這位女士殷勤細心又溫柔地照顧他，細膩的程度也許只有您能媲美。我覺得在您過來親自照顧他以前，找不到更好的替代人選了。」[8]

富蘭克林對黛博拉情有獨鍾，依賴她，也尊重她簡樸踏實的性格，但他知道黛博拉來到比較複雜世故的倫敦，肯定會很不習慣。所以對於勸誘黛博拉來倫敦這件事，富蘭克林似乎有點矛盾，他也知道可能性微乎其微。他寫道：「史莊跟我打賭，說他寫給妳的信可以讓妳馬上前來倫敦。我告訴他，我實在不想輕易贏他的錢，因為我確信沒有什麼誘因可以強到讓妳跨海而來。」黛博拉回信說她確實打算留在費城時，富蘭克林的回信看不出一絲感傷：「妳對史莊先生的答覆是正確的，我深感欣慰，他以為他動用一堆華而不實的話術就足以讓妳前來。」

富蘭克林在家書中，除了向黛博拉提到他受到不錯的關照以外，也不忘表示他很想念她。他抵達倫敦幾個月後，隨即大病一場。病癒後，他寫信給黛博拉：「我向史蒂文生夫人轉達了妳的謝意。她確實樂於助人，把我照顧得無微不至。我身體不適時，她總是很細心地看顧我，但我多麼希望妳在我身邊，還有我的小莎莉……生病時有家人的柔情關懷還是大不相同。」

富蘭克林隨信附上多樣禮物，他說有些禮物是史蒂文生夫人挑選的。禮物中包括瓷器、四支倫敦「最新但最醜」的銀製鹽勺、「一支去蘋果核的小工具，另一支可用來切蘿蔔」。史蒂文生夫人為莎莉買的籃子、波莉為黛博拉編織的吊襪帶（「她也幫我織了一雙一樣的」）、地毯、毛毯、桌布、史蒂文生夫人為黛博拉挑選的長袍布料、燭花剪，還有許多足以讓富蘭克林減輕內疚感的東西。[9]

對於富蘭克林生活中出現的那些女人，黛博拉向來樂觀看待。她常寫信告訴富蘭克林家鄉發生的一切新聞和八卦，連凱瑟琳最近寫信來諮詢愛情，她也一併告知了。富蘭克林回信：「欣聞雷小姐一切安好，也樂見妳和她通信。」但他也要求黛博拉不要「給她太多那方面的建議」。

他們夫妻的通信，不像他和波莉、凱薩琳或日後與巴黎女性朋友通信那樣充滿感情或知識，也不像他和妹妹珍・米肯（Jane Mecom）的通信那樣大談政治。雖然他寫給黛博拉的信中傳達了他對妻子的真摯感情，以及對他們相互扶持的真心感謝，但信中看不到像約翰・亞當斯（John Adams）與妻子艾比蓋兒（Abigail）

通信的那種深深摯情。

後來，隨著富蘭克林待在倫敦的時間愈來愈長，黛博拉的書信流露出愈來愈多的孤寂與自憐，尤其一七六〇年她的母親不幸葬身於廚房大火後更是如此。那場火災發生不久後，黛博拉彆扭地寫了一封信給富蘭克林，信中除了訴說其孤寂以外，也對於聽到富蘭克林與其他女人的流言表示擔心。富蘭克林雖然回信要黛博拉放心，但用字遣詞冷漠而抽象：「那些無稽之談竟然會令妳煩憂，我感到過意不去。親愛的，妳放心，在我清醒理智及上帝庇佑下，我的行為舉止絕對不會違背正人君子及愛家男人的特質。」[10]

富蘭克林的倫敦世界

一七五〇年代，倫敦有七十五萬人口，而且迅速成長，是歐洲最大的城市，也是人口僅次於北京（九十萬）的全球第二大城。倫敦的街道擁擠髒亂，充斥著疾病、娼妓和罪犯，長久以來階級分化嚴重，上面是有稱號及爵位的上流貴族，下面是難以溫飽的窮困勞工。不過，倫敦也洋溢著活力及國際大都會的氣息。一七五〇年代，商人和企業家所組成的中產階級開始崛起，知識分子、文人雅士、科學家、藝術家所組成的交流社群日益壯大。費城雖是北美殖民地最大的城市，但是和倫敦一比，只是人口兩萬三千人的小村（當時費城的規模，相當於現在威斯康辛州的富蘭克林市，或麻州的富蘭克林市）。

在混合新舊階級的倫敦大都會裡，富蘭克林很快就獲得知識分子和文人雅士的喜愛。不過，即使他以白手起家著稱，他在倫敦一點都不想去迎合保守派的貴族，而那些保守派的貴族也不想理他。他喜歡與思想開明、品行單純的人為伍，打從心底就厭惡那些權貴。一抵達倫敦，他就先去造訪以前工作的印刷店，還帶了一大桶啤酒，去祝他們「印務興隆」。

他在倫敦逐漸培養出新的社交圈，以史莊和克林森為核心，模式就像以前的互助學習會，但性質更加成熟世故，也更有深度。他從一七四三年起和史莊通信，史莊是印刷商，也是《倫敦紀事報》（*London Chronicle*）的股東之一。史莊曾為他的學徒大衛・霍爾寫了一封推薦信給富蘭克林，富蘭克林不僅僱用霍爾，日後還把他晉升為合夥人。他和史莊見面以前已通了六十幾封信，等到兩人終於在倫敦碰面時，史莊更加喜歡這位比傳說還要卓越的筆友，他在寫給黛博拉的信中提到：「我從未遇過各方面都和我如此契合的人，有些人只有這方面契合，有些人只有那方面契合，但他和我樣樣合拍。」

克林森是那個經常和富蘭克林通信討論電學的商人，他把富蘭克林引薦給英國皇家學會，所以富蘭克林抵達倫敦的前一年，就已經獲選為皇家學會的第一位海外會員。富蘭克林透過克林森，結識了倫敦的名醫約翰・福瑟吉爾（John Fothergill）和約翰・普林格爵士（John Pringle）。福瑟吉爾後來成為他的私人醫生，也教他如何因應佩恩家族。普林格是個倔強的蘇格蘭教授，原本教授倫理心理學，後來當上御醫，日後常和富蘭克林一起雲遊四海。克林森也引薦富蘭克林加入「輝格黨」（Honest Whigs），那是親北美殖民地的討論社團，由抱持自由主義的知識分子所組成。富蘭克林在這個社團裡結識了卜利士力和強納森・希普利（Jonathan Shipley）。卜利士力撰寫的電學史，確立了富蘭克林在電學方面的地位，他自己後來也成功分離出氧氣。希普利是聖亞薩（St. Asaph）的主教，富蘭克林的自傳大多是在他家完成的。[11]

富蘭克林也和年輕時相熟的任性朋友羅夫再次聯繫，羅夫早年和富蘭克林一起來倫敦，但兩人後來因為金錢和女人而翻臉。多年後再度重逢，羅夫的性格沒什麼改變，富蘭克林從費城帶來他拋棄的女兒所寫的信，那個女兒如今已是十個孩子的母親。但羅夫不想讓英國的妻女知道他和北美殖民地的任何關聯，所以不願回信，他只請富蘭克林代為轉達他「深切的關愛」。從此以後，富蘭克林就很少和他聯繫了。[12]

聖詹姆斯公園附近開始出現許多高級的餐館和賭博場子，例如懷特俱樂部（White's）以及後來的布魯克俱樂部（Brookes's）和布多俱樂部（Boodle's），那些都是喜好時尚流行的權貴愛去的地方。至於富蘭克林偏好的文人雅士、記者、專業人士、知識分子所組成的新興階級，則喜歡聚在咖啡館交流。當時倫敦有五百多家咖啡館，裡面提供報紙和期刊讓客人翻閱，也有桌子讓大家圍在一起討論。皇家學會的會員常在河岸街的希臘咖啡館聚會，離他住的克雷文街僅幾步之遙。輝格黨則是隔週四在聖保羅咖啡館聚會。另外，還有麻薩諸塞咖啡館和賓夕法尼亞咖啡館，那是北美殖民地的人聚會的地方。富蘭克林向來喜歡參加社團，也喜歡偶爾享用馬德拉酒，所以經常光顧那些咖啡館。[13]

就這樣，富蘭克林建立了新的朋友圈和社交據點，提供他類似互助學習會的樂趣，也讓他在倫敦的知識分子圈中默默奠定地位。不過，一如湯瑪斯．佩恩的預期，那個地位仍然有些薄弱。富蘭克林獲選為議會代表來倫敦談判時，領主就已經告訴自己的同盟無須擔心，說在乎其科學實驗的人也許會對他產生好感，但那些中產階級的輝格黨知識分子無法決定賓夕法尼亞的命運。佩恩寫道：「這裡很少大人物聽過他的科學實驗，只有特定的一群人對那些東西感興趣，但有權為我們的紛爭裁決的又是另一批人。」事實確實是如此。[14]

對抗佩恩家族

富蘭克林來到倫敦時，不僅對英國王室忠心耿耿，也對大英帝國相當熱中，覺得北美殖民地是大英帝國的一部分，但他很快就發現這只是自己的一廂情願。他認為在殖民地生活的英王子民不是二等公民，應該和英國民眾享有一樣的權利，包括讓選出的議會擁有像英國議會那樣的立法權和徵稅權。領主不這麼想，但富蘭克林深信開明的英國大臣應該會幫他對領主施壓，迫使佩恩家族改變其專制的方式。

所以富蘭克林來到倫敦以後才會如此震驚。他抵達倫敦不久，就去拜會樞密院的院長葛蘭維爾勛爵（Lord Granville）。樞密院是由各部會的大臣所組成，代替英王行使權力。葛蘭維爾勛爵對他說：「你們這些北美人對政治體制的本質有所誤解。」英國國王授予各殖民地總督的規定是「國法」（the law of the land），殖民地的議會無權推翻。富蘭克林回應：「我從未聽過這樣的理論。」富蘭克林接著指出，殖民地的憲章明文規定，法律應由殖民地的議會制定，儘管總督有否決權，但無權強行規定。他後來回憶道：「他明確地告訴我，我完全錯了。」那次對話讓富蘭克林大為震驚，所以他一回到克雷文街的住所，馬上把那次談話的內容逐字記錄下來。[15]

富蘭克林的說法是有法律依據的，幾年前英國的議會才否決了讓總督有權下令的條款。葛蘭維爾正好是佩恩家族的姻親，所以他的親口否定也暗示著王室裡有人支持領主的立場。

幾天後，一七五七年的八月，富蘭克林開始和領主湯瑪斯・佩恩及其兄弟理查進行連串的會議。他本來就認識曾在費城住過一陣子的湯瑪斯，甚至還幫他印過藏書票（但富蘭克林的帳冊上顯示湯瑪斯沒付清貨款）。一開始，會議的氣氛良好，雙方都表示希望事情能合理地解決，但富蘭克林後來回憶道：「我想我們雙方對於何謂『合理』，各有主張。」[16]

佩恩家族要求議會的主張應以書面的形式提出，富蘭克林兩天後馬上遞出書面聲明，名為〈申訴要點〉。富蘭克林在那份申訴書裡要求，領主任命的總督應有「自主裁量權」，並指出領主要求其土地免稅是「不公正且不近人情的」。不過，比這份申訴書的內容更具挑釁意味的是，富蘭克林採用非正式的行文風格，而且受件人沒寫佩恩家族，也沒有使用正確的頭銜「賓夕法尼亞真正、絕對的領主」來稱呼他們。

這番怠慢惹惱了佩恩家族，他們因此告訴富蘭克林，以後他只能和他們的律師斐迪南·約翰·帕里斯（Ferdinand John Paris）交涉。富蘭克林不願接受，他認為帕里斯「態度傲慢、脾氣暴躁」，又「恨他入骨」。從此雙方的討論陷入僵局，這也正中領主的下懷，後續一年他們總是以「尚未收到檢察總長和副檢察總長的法律裁示」為由，迴避給予富蘭克林任何的答覆。[17]

富蘭克林向來以冷靜和善著稱，但一七五八年一月他和湯瑪斯·佩恩會談時，這些特質已經完全消失了。那場會議原本要討論的議題是，佩恩是否有權否決議會指派代表去和印第安人協議，但富蘭克林利用那次會議主張，賓夕法尼亞議會的權力相當於英國議會的權力。富蘭克林聲稱，湯瑪斯的父親威廉·佩恩在一七〇一年對殖民地民眾頒布的〈特權憲章〉中，賦予賓夕法尼亞議會那樣的權利。

湯瑪斯回應，英王頒布的憲章並未賦予他父親那樣的權力：「即使我父親頒布那樣的特權，皇家憲章並未賦予他頒布特權的權力，所以那特權無效。」

富蘭克林反駁：「如果令尊無權頒布那項特權，卻假裝頒布了，甚至還發布到歐洲各地，那些因此到賓夕法尼亞定居的人就是遭到欺騙和背叛了。」

「皇家憲章並非祕密，」佩恩回應：「他們上當是咎由自取。」

富蘭克林的論點其實不全然正確。威廉．佩恩在一七〇一年頒布的憲章中宣布，賓夕法尼亞議會「和英王在北美各地的殖民地一樣，基於英國子民生來自由的權利，擁有議會的權力和特權」，所以這番說法其實要看詮釋而定。但富蘭克林對湯瑪斯的回應怒不可遏，他在寫給議長諾里斯的信中，生動地描述了他們爭吵的過程，由於他用字遣詞毫無顧忌，後來那封信的內容外洩以後，也就此斷送了他說服領主的機會。他寫道：「佩恩一副得意洋洋的態度，傲慢地笑著，彷彿惡劣的馬商笑看著買家抱怨受騙一樣。看到他卑劣地拋除乃父之風，我相當震驚。當時，我打從心底徹底地鄙視他，我不曾對人有過如此鄙夷之心。」

富蘭克林也覺得自己爭得面紅耳赤，脾氣變差，所以他盡量少說話以免洩漏情緒。他回憶道：「我後來只回應，那些窮人不是律師，所以信了他父親，他們覺得沒必要再去諮詢其他人。」[18]

那次和湯瑪斯的爭論，成了富蘭克林赴英協商的轉折點。佩恩拒絕再和他協商，說富蘭克林看起來像「惡棍」，並宣布「此後我再也不因任何理由與他對話」。富蘭克林說，後來他們每次碰巧遇到時，「佩恩那副討厭的嘴臉，看似仇恨、憤怒、恐懼、煩惱的詭異混合。」

富蘭克林放棄其一貫的實用主義心態，開始向遠在賓夕法尼亞的盟友發洩怒火。他寫信給賓夕法尼亞的盟友約瑟夫．加洛維（Joseph Galloway）：「我對領主的耐心快消磨殆盡了。」富蘭克林打算和兒子一起發表一部賓夕法尼亞的爭論史，「讓領主受到應有的審判與羞辱，遺臭萬年。」[19]

富蘭克林身為協商代表的身分也就此結束了，至少暫時告一段落。不過，他仍持續提供費城的朋友一些情報，例如事先通報他們，領主打算開除總督丹尼，因為他違背領主的指示，讓議會對領主的財產徵稅。他在寫給黛博拉的信中提到：「他們把這件事當成祕密一樣瞞著我。」後面他又補上一點窮理查的智慧，「因此妳也可以保密，並要求妳所有的朋友都保密。」

他也開始運用少年時期以來就擅長的——利用媒體發動宣傳攻勢，以匿名的方式在史莊的《倫敦紀事報》上發表文章，譴責佩恩家族的行徑與英國的利益互相牴觸。一封署名威廉·富蘭克林的投書（但顯然是他的父親幫忙撰寫），更是直接攻擊佩恩家族，並收錄於富蘭克林幫忙編輯的一本賓夕法尼亞史書裡。[20]

一七五八年夏季來臨時，富蘭克林面臨兩個選擇：按原訂計畫返家，但這也表示其任務失敗告終；或是周遊英格蘭，享受知識分子對他的崇拜。

不過，從他的書信看來，這選擇並不是那麼困難。六月，他輕描淡寫地向黛博拉報告：「看來我要明年春天才會回去了。」他說，整個夏天他會在英國的鄉野間遊歷，「我需要四處走走以保健康。」至於黛博拉在信中抱怨身體不適，富蘭克林僅稍微表示關心：「常聽妳說身體欠佳，令我憂心，但我們年歲漸長，即使還算健康，身體終究會隨著歲月逐漸衰老。」

他的家書一如既往，語氣和善親切，但看不出一絲浪漫。那些書信讀起來像家長說教，有時甚至語氣有點傲慢，完全不像他和妹妹珍或波莉的通信那樣充滿智慧交流，不過確實傳達了他對黛博拉的真情和忠誠。他欣賞黛博拉的務實以及對他們夫妻關係的包容。黛博拉大致上也接受這種長久以來的安排，安然地待在舒適的家中以及熟悉的鄰里內，而不是跟著他四處遊歷。他們的通信鮮少出現對彼此的怨懟，他總是和黛博拉分享一些八卦消息，盡責地指導她如何拆下避雷針觸發的鈴鐺，也針對女性和政治等議題提出一些老派的建議。有一次他寫道：「妳很謹慎明智，知道不該介入黨派之爭。婦女除非是為了調解意見不合的丈夫、兄弟和朋友，否則最好不要涉入政治。女性保持冷靜時，更能迅速讓男性冷靜下來。」

富蘭克林也會關心留在北美殖民地的女兒，但同樣不太熱絡。有一次他收到莎莉的畫像，他回信表示開心，並寄給她白帽和披風、一些小東西，以及法國人造寶石製成的皮帶釦。他寫道：「那花了三幾尼（時值二十一先令），據說還算便宜。」即使富蘭克林想家，但那思念並非特別強烈，因為他在倫敦也有一個類似的家。當年六月，富蘭克林寫了一封漫無邊際的家書給黛博拉，信末還漫不經心地加注：「史蒂文森夫人和她的女兒要我轉達她們的問候。」[21]

威廉和家譜

或許是因為富蘭克林家族的敵人常說威廉是出身下賤的私生子，威廉比他的父親更渴望提升社會地位。他最常翻閱的一本書是《上流人士的真正言行》（*The True Conduct of Persons of Quality*），他在倫敦也常造訪那些年輕伯爵和公爵的時髦宅邸，而不是他父親喜歡的咖啡館和文化沙龍。富蘭克林協助威廉進入律師學院（Inns of Court）攻讀法律，威廉的社交圈以及律師學院的學習環境使他後來逐漸偏向保守派及親英派，不過那轉變是漸進的、斷斷續續的，充滿了個人的矛盾掙扎。

離開費城以前，威廉本來在追求名門千金伊麗莎白・葛雷姆（Elizabeth Graeme）。伊麗莎白的父親湯瑪斯・葛雷姆（Thomas Graeme）是醫生，也是總督諮詢委員會（Governor's Council）的成員之一，在費城的社丘（Society Hill）擁有一棟豪宅，並在賓夕法尼亞最頂級的區域擁有一塊占地三百英畝的農莊。伊麗莎白的母親是前總督基斯（就是那位曾經答應贊助富蘭克林卻食言的總督）的繼女。葛雷姆家族和富蘭克林家族的關係緊繃，富蘭克林當初創立醫院時，沒有延攬湯瑪斯去經營，湯瑪斯覺得受到侮辱，而且他也是佩恩家族的摯友。在佩恩家族與議會的爭執中，他站在佩恩家族那邊。

不過，在湯瑪斯的勉強同意下，伊麗莎白暫且接受了威廉的求婚。當時她年方十八，威廉比她大了近十歲。不過，葛雷姆家族提出一個條件：威廉不得再介入任何政治事務。伊麗莎白也不願跟隨威廉一起去倫敦，或是在威廉離開以前先和他結婚，他們雙方都同意等威廉從英國回來以後再完婚。

但是威廉一到英國，對伊麗莎白的愛意降得比對政治的熱情還快。他抵達倫敦時，只寫了一封短信給她，後來整整五個月沒有聯繫。之後好不容易又提筆寫信時，威廉不再像以前那樣滿紙的濃情蜜意，而是描述英國「這個花花世界」的種種樂趣。更糟的是，他還洋洋得意地把他在《倫敦紀事報》上攻擊領主的政治長文寄給伊麗莎白，甚至詢問她費城各界對那篇文章的反應。

於是，這段關係就此結束了。伊麗莎白刻意等了幾個月才回給威廉一封冷酷無情的信，說他是「爛汙之大成」。隔天，威廉透過他們的共同朋友回應，問題出在伊麗莎白的善變，並表示他樂見她找到幸福。至於他自己，早就在倫敦找到幸福了，除了和倫敦的時髦女性交往以外，他也和父親一樣，偶爾逛逛窯子或是和低下的女子廝混。[22]

富蘭克林本來就不太看好兒子的那段感情，所以得知兩人分手的消息時也不太驚訝。他私心希望兒子能娶波莉為妻，但希望渺茫，因為威廉對社會地位的渴望遠大於他。事實上，威廉逐漸養成上流社會的高傲姿態，令富蘭克林憂心忡忡，所以富蘭克林才會開始想辦法阻止他繼續裝模作樣，他以寫信的方式告誡兒子，後來那變成其自傳的一大主題。但這一切苦心後來都徒勞無功，甚至像政治一樣，變成日後父子決裂的原因之一。

早在幾年前，富蘭克林就已經對威廉預告，別期望繼承家產。富蘭克林在寫給母親的信中提到：「我已經明確地告訴他，我會把我的微薄家產用光。」他們一到倫敦以後，富蘭克林就開始詳細地記載威廉的一切開銷，包括食宿、衣物和書籍。威廉也知道那些都是代墊款，日後必須償還。一七五八年，即使富蘭克林用賓夕法尼亞的錢為自己買了一輛馬車，他依然警告兒子三餐要節儉，不要沉迷於倫敦高級的生活形態。當時威廉正與朋友在英格蘭的南部旅行，接獲父親的警告後，他戒慎恐懼地回應：「您對我的持續贊助，我感激不盡。」隨後並提到他已經把住宿換成「更差，更低廉的了」。[23]

為了讓兒子跟他一樣以「中產階級」自居，一七五八年夏天富蘭克林決定帶著威廉展開尋根之旅。他們一起前往倫敦西北方六十英里外的埃克頓，那也是喬薩亞移民北美殖民地之前，富蘭克林的世代祖先居住的地方。喬薩亞的哥哥湯瑪斯的女兒瑪麗・富蘭克林・費雪（Mary Franklin Fisher）仍住在那附近，富蘭克林寫道她「年老體衰」，但「看得出來是個非常聰明、通曉事理的女性」。

在教區的教堂裡，他們發現記載富蘭克林家族兩百年來的生死婚嫁紀錄。牧師的妻子跟他們講述富蘭克林的伯伯湯瑪斯的故事，其一生與他的侄子有些相似。富蘭克林在寫給黛博拉的信中提到：

> 湯瑪斯・富蘭克林在當地是各方面的領袖，而且參與許多公共事務。他曾為教堂尖塔的掛鐘發起募款活動並達成目標，我們還聽到了鐘聲。村莊的草地有時會遭河水淹沒，他想出簡單的防洪辦法，沿用至今……當地居民遇到各種問題時，都會徵詢他的建議和觀點，有些人甚至覺得他是巫師。他在我出生

前四年過世，而且是同月同日。

富蘭克林也許注意到了，凱薩琳也曾說他是「巫師」。威廉覺得同月同日的巧合很特別，認為富蘭克林可能是湯瑪斯「轉世」。

在教區的墓地上，威廉抄寫墓碑上的碑文時，富蘭克林的僕人彼得使用硬刷子刷除墓碑上的青苔。富蘭克林對那一幕的描述令人想起，即使他後來變得相當開明，他當初可是帶了兩名黑奴一同去英國的。不過，富蘭克林對他們的態度比較像是家人熟悉的僕人，而不是把他們當成私人財產看待。他們剛到英國不久，其中一個黑奴就逃跑了，英國法律允許主人強制要求黑奴回家，但富蘭克林並沒有那樣做。黛博拉寫信問道他們過得如何，富蘭克林回信：

> 彼得仍和我在一起，在這個經常看到僕人變壞的國家裡，他的表現跟我預期的一樣好。他和多數僕人一樣也有一些小問題，但我都是睜一隻眼、閉一隻眼，所以我們相處得還不錯。至於金，他已經離開我們了。近兩年前，他趁我們下鄉時，從家裡逃走，但不久就在薩福克發現他的蹤影。他在那裡為一位女士幫傭，那女士想把他變成基督徒，還讓他去接受教育，提升自己。[24]

富蘭克林對彼得的態度，也反映了當時他對奴隸制的態度：睜一隻眼、閉一隻眼，勉強還能接受，但後來他愈來愈排斥奴隸制。他對蓄奴和種族的觀點確實持續在進步，不久，他獲選為英國慈善團體「布雷博士協會」（Associates of Dr. Bray）的理事，該協會致力為殖民地的黑人興學。

一七五八年的春夏，富蘭克林在威廉的陪伴下，遊歷英國各地，享受知識分子的熱情款待與推崇。造訪劍橋大學時，他和知名的化學家約翰．哈德利（John Hadley）做了多次蒸發實驗。富蘭克林之前研究過，液體因蒸發速度不同而有不同的冷凍效果。他和哈德利使用蒸發速度極快的乙醚做實驗，在攝氏十五度的房間裡，他們一再把乙醚塗抹在溫度計的玻璃球外，然後把它放在風箱上，讓它蒸發。「我們不斷重複這個動作，一個人塗乙醚，另一個人拿風箱吹它以加速蒸發，溫度計的水銀柱不斷地下降，直到攝氏負十四度。」富蘭克林寫道，「這個實驗讓我們想到，即使在炎炎夏日，也可能把人凍死。」他也準確地推測了一點：夏天的微風之所以讓人感到涼爽，不是風本身的緣故，而是因為風加快了汗水的蒸發。

富蘭克林對熱和冷凍的研究，雖然不像電學研究那麼有名，但持續了一輩子。除了蒸發實驗以外，他也研究不同顏色的吸熱差別，發現導電性良好的材質也有良好的導熱效果，以及如何改良火爐。一如既往，他最擅長的不是提出抽象的理論，而是可以改善日常生活的實際應用。[25]

富蘭克林的劍橋之旅讓校方留下了深刻的印象，所以那年夏天稍後，校方又邀請他來參加劍橋的畢業典禮，他向黛博拉坦言：「他們對我的禮遇大幅滿足了我的虛榮心。」但是那年秋天返回倫敦時，等待他的並不是那樣的禮遇和尊重。[26]

領主的反擊

一七五八年十一月，在富蘭克林提交〈申訴要點〉一年多以後，佩恩家族終於回應了，但他們故意冷落富蘭克林，由律師帕里斯直接寫信給賓夕法尼亞議會，只給富蘭克林一份副本，佩恩隨後也給議會送了一封親筆信。

關於議會的權力方面，領主堅持原來的立場：領主對總督下的指令是不可違反的，而且憲章「賦予領主立法權」。議會只能提出「建議及表示同意」。不過，在繳納稅金方面，佩恩家族的態度有所妥協。帕里斯寫道，「他們已經準備好接受年收入的查點」，並根據「本質上可課稅」的項目，考慮繳納一些稅金。

這份模稜兩可的回覆並未具體保證繳納稅金，所以富蘭克林又寫信要求領主釐清，但領主的主要立場之一，就是不再和富蘭克林打交道了。帕里斯直言不諱地告訴議會，他們選的代表並非「坦率之士」。領主寫給議會的信中也提到，未來的協商需要透過「不同的代表」。為了強調這點，帕里斯還親自去找富蘭克林，為領主傳訊：「我們認為沒必要和無權決定應對措施的人士繼續協商。」帕里斯說富蘭克林當下的反應是「不發一語，看起來頗為失望」。

富蘭克林寫信給議長諾里斯：「我和他們之間的協商就此畫下了句點。」使命受挫後，富蘭克林大可打道回府，讓其他人繼續和領主協商徵稅的細節，所以他勉強寫了一封信給諾里斯表達辭意：「議會若要持續與領主協商，可能需要把我召回，另外指派一位比我更合適或圓滑的代表，或是如領主所言的坦率之士來擔負這項任務。」

但富蘭克林接著建議議會不要這樣做。這時心有不甘、自尊受創、感情用事、政治狂熱等等他一度亟欲避免的負面情緒，凌駕了他一向務實的本性。他提出截然不同的建議：讓賓夕法尼亞脫離領主的掌控，變成英國國王及其大臣直接管轄的皇家殖民地。「一個家族的權力和財富與日俱增時，勢必會危及百姓的自由。

議會若能意識到那危險，應該會覺得換人管轄才是權宜之計，他們會因此期望讓王室直接管轄。我覺得那樣的論點不難獲得議會的贊同。」最後，富蘭克林熱切地總結：「因此，我認為我仍可繼續為大家效命。」[27]

英國大臣根本沒有理由去干涉領主憲章或支持殖民地的民主運動，為什麼富蘭克林會提出這種考慮欠週、注定失敗的提案，建議把賓夕法尼亞變成皇家殖民地呢？部分原因在於他對佩恩家族的憎恨已經影響其理智判斷。耶魯大學的史學家摩根認為，富蘭克林竟然會為了這件事而「持久陷於政治盲目」，實在令人訝異，甚至令人費解。他寫道：「富蘭克林對領主特權過於關注，即使不算沉迷，也顯得不智，不僅浪費其過人的天賦，也混淆其政治觀感與判斷。」

不過，富蘭克林之所以會如此，部分原因在於他對大英帝國拓展輝煌大業深感興趣。布朗大學的伍德教授解釋：「當我們瞭解一七六〇年到一七六四年間的富蘭克林其實是忠貞熱切的親英派，沒想過、也不可能預見帝國分崩離析時，我們對他的所作所為，也就不會感到驚訝、不解和疑惑了。」[28]

北美殖民地的其他人比富蘭克林更早意識到，不僅領主認為殖民地在政治和經濟上皆屬於帝國的附庸，英國的領導階層也大多抱持這樣的觀點。不過，富蘭克林在賓夕法尼亞議會裡的盟友認同他提出的建議，贊成他繼續留在倫敦和領主抗爭。再加上富蘭克林也無意離開倫敦，他因此開始從三方面對領主發動攻擊。

第一方面是從佩恩家族與印第安人的關係著手。富蘭克林長久以來對印第安人的處境深表同情，尤其是那些認為佩恩家族騙取其土地的德拉瓦人。一七五八年秋季，富蘭克林代表德拉瓦人向樞密院陳情。文中，他刻意再次使用那個曾經激怒佩恩家族的字眼「惡劣的馬商」。他寫道，佩恩家族「利用卑劣的馬商騙術拓展領地，使印第安人對英國人留下最糟的印象」。這封陳情書雖未獲得回應，但富蘭克林藉此把佩恩家族在殖民地的惡行公諸於世，在輿論上占了先機。[29]

第二方面是利用賓夕法尼亞議會控告史密斯誹謗的勝訴機會。史密斯是賓夕法尼亞學院的院長，後來變成富蘭克林的政敵。史密斯不滿判決，向英國的樞密院上訴時，富蘭克林幫議會把那個案子鬧大，變成為殖民地的議會爭取更大的權利。帕里斯是代表史密斯的律師，他聲稱：「賓夕法尼亞議會不是英國的議會，也沒有英國下議院那麼大的權力。」一七五九年六月，樞密院做出不利富蘭克林的判決。判決指出，與此案有關的賓夕法尼亞議會已卸任，新任議會與此案無關。更糟的是，判決書裡還提到，北美殖民地之類的「次等議會在權力或特權上不得與英國的下議院相當」。[30]

第三方面是和總督丹尼有關，這方面的攻勢比較有成效。丹尼數度違反領主的指令，核准對領主財產徵稅的法案。佩恩家族聲稱握有丹尼受賄的證據，不僅撤除其職務，更向樞密院陳情，要求廢除相關的法案。

最初，樞密院下面的貿易委員會（Board of Trade）提出對富蘭克林和議會不利的意見，但樞密院得知陳情內容後，卻出現了意想不到的狀況。律師為此爭論時，樞密院的成員之一曼斯菲爾德勛爵（Lord Mansfield）召喚富蘭克林跟他一起到屬下的辦公室。曼斯菲爾德勛爵問他，他真的認為那樣徵稅不會導致領主的財產虧損嗎？

「那當然。」富蘭克林回應。

「那麼，」曼斯菲爾德勛爵說，「你應該不反對訂約來確保這點吧？」

「一點也不反對。」富蘭克林說。

於是，雙方在各讓一步下達成協議。富蘭克林同意議會的徵稅法案排除領主的「未丈量荒地」，而且對無人居住的領主土地徵稅時，稅率「不高於其他人擁有的類似土地」。富蘭克林因為恢復了務實的本性，在這方面獲得了部分的成果。但是這番妥協並未徹底解決議會權力的問題，也未修復議會和領主之間的關係。[31]

至於富蘭克林想把賓夕法尼亞的管轄權從佩恩家族手中移走的想法，那個協議也毫無助益。在所有的判決中，樞密院都無意改變原有的領主憲章。此外，富蘭克林大費周章地三管齊下，也未能激發大眾對賓夕法尼亞的支持。他因此再度面臨無計可施的窘境，繼續留在英國沒多大的意義，也沒有理由不回家，但是他依然不想離開。

「喜樂至極」

富蘭克林最大的樂趣是每年的夏季旅行。一七五九年他和威廉前往蘇格蘭旅行，由於好友史莊和普林格皆出身愛丁堡，託他們的福，他結識了很多當地的知識界菁英。他住在名醫與科學家亞歷山大・迪克爵士（Alexander Dick）的莊園裡，在那裡認識了許多蘇格蘭啟蒙運動的重要人物，例如經濟學家亞當・斯密、哲學家休謨、法官兼史學家卡姆斯勳爵（Lord Kames）。

某晚用餐之際，富蘭克林以他最有名的惡搞創作來娛樂賓客，那是他瞎掰的《聖經》篇章，名叫〈反迫害寓言〉（Parable against Persecution）。那個故事是描述亞伯拉罕提供一位一百九十八歲的老人食宿，但是當老人說他不信亞伯拉罕的神時，亞伯拉罕馬上把老人趕了出去，故事的結尾如下：

半夜，上帝召喚亞伯拉罕，問道：「亞伯拉罕，那個陌生人去哪裡了？」亞伯拉罕回應：「主啊，他不崇拜您，也不呼喊您的名字，所以我把他趕到荒野去了。」上帝說：「即使他不信我，我已經包容他一百九十八年了，讓他有得吃穿，而你身為罪人，難道連包容他一晚都做不到嗎？」[32]

富蘭克林的能言善道及其包容的理念深深吸引了賓客，他們紛紛要求他提供故事的副本，他也樂於提供。約莫這個時間，富蘭克林寫信給休謨，在信中談到五月柱爭議的故事。那個故事和馬修爾勛爵（Lord Mareschal）有關，有人問馬修爾勛爵，是不是所有的天譴都是永恆的。富蘭克林以麻薩諸塞某位清教徒鎮長所面臨的問題來打比方，他說，鎮民找那個鎮長來解決一項爭議，因為有人想立五月柱*，但有人認為立柱是褻瀆上帝：

鎮長耐心聽完雙方的爭辯後，嚴肅地做出判決：不想立五月柱的人就不要立，想立的人就去立，大家各管各的，別再讓我聽到這個爭論了。所以，我認為馬修爾勛爵可能回應：認為天譴和罪過成正比的人，我認同那是真的；認為天譴是永恆的人，上帝會如你所願，永遠懲罰你，別讓我再聽到你們爭論了。[33]

*譯注：少男少女於五朔節圍繞五月柱跳舞。

休謨是那個年代英國最卓越的哲學家，也是史上最重要的邏輯和分析思想家之一。當時，休謨已發表《人性論》（*A Treatise of Human Nature*）和《人類理解論》（*Essays Concerning Human Understanding*）兩大經典之作。如今一般公認那兩大著作是經驗主義發展史上的重要作品，也為休謨奠定了與洛克、柏克萊（Berkeley）等人齊名的歷史地位。見到休謨時，富蘭克林正在寫日後讓他名利雙收的鉅作《大不列顛史》（*History of England*），共六大卷。

富蘭克林很努力地迎合休謨，使休謨改變了對北美殖民地的觀感。後來，富蘭克林在寫給休謨的信中，也不忘奉承他：「聽說您改變了對北美殖民地的一些觀感，我喜出望外。我認識的人中，沒有人比您更有能力更正英國對北美殖民地的誤解。」休謨寫過一篇文章支持英國與殖民地的自由貿易，富蘭克林大讚那篇文章「將促成某些利益的發展，自私者從未想過那些利益……我是指人類的利益或公益。」

富蘭克林和休謨對語言都有濃厚的興趣。休謨指責富蘭克林杜撰新字時，富蘭克林答應不再使用「colonize」（殖民）和「unshakeable」（堅定不移）這兩個字，但他也感嘆：「我依然希望我們能隨心所欲地創造新字。」例如，富蘭克林主張，「inaccessible」（無法接近）不如新造字「uncomeatable」（望而卻步）來得貼切。我們不知道休謨對這番建議的看法如何，不過這絲毫未損他對富蘭克林這位新朋友的極度欣賞。休謨回信寫道：「北美殖民地為我們帶來許多好東西、金銀財寶、蔗糖菸草、靛藍染料等等。不過，你是第一位來自北美殖民地的哲理家，也是第一位大文豪，為此我們對北美殖民地充滿了感謝。」[34]

造訪蘇格蘭期間，富蘭克林結識了人稱「卡姆斯勛爵」的亨利・霍姆（Henry Home），卡姆斯勛爵的興趣廣泛，涵蓋農業、科學、文學評論和歷史。他們一起在蘇格蘭的鄉間騎馬漫步時，討論了英國是否應該掌控當年從法國手中搶來的加拿大（英國駐北美殖民地的軍隊，在法國與印第安戰爭〔French and Indian War〕的關鍵戰役中占領了魁北克）。富蘭克林主張應該控制加拿大：「這不僅是因為我來自北美殖民地，更因為我是英國人。」他離開蘇格蘭不久，就寫信給卡姆斯勛爵：「大英帝國未來的輝煌大業和穩定，將取決於北美殖民地。」所以儘管富蘭克林與佩恩家族鬧得不可開交，當時他對英國依然忠貞不二。

那次蘇格蘭之旅中，富蘭克林接受了聖安德魯斯大學頒發的榮譽博士學位，為那次旅程畫下了圓滿的句點。富蘭克林身穿白緞長袍，肩披暗紅色的綬帶時，校方讚揚他：「為人正直耿介，言行和善可親，精巧發明及成功實驗豐富了自然科學，尤其是以前鮮為人知的電學方面。他享譽全球，理當獲得知識界的最高榮譽。」所以從此以後，大家常稱他為「富蘭克林博士」，他自己也以這個稱號自居。

返回倫敦的途中，富蘭克林寫信給卡姆斯勛爵，說他在蘇格蘭的日子「是我一生中最喜樂至極的六週」，這說法也許有點誇張，但由此可見他並不急著回費城。[35]

事實上，一七六〇年初，富蘭克林開始企盼黛博拉和莎莉也搬來倫敦同住。既然威廉不可能娶波莉為妻，他開始把希望轉到莎莉身上，期待撮合另一對中產階級的婚姻：讓莎莉嫁給史莊的兒子比利。早在莎莉才兩三歲大，他和史莊還是筆友的時候，他就開始幻想這門親事。雖然當時奉父母之命成婚已不流行，史莊還是提筆建議讓他們的孩子結為連理。富蘭克林明知他不太可能說服黛博拉前來倫敦，他還是把史莊的書面提議轉寄給黛博拉：

隨信附上前些日子史莊先生寄來的提議，後來我花了一個晚上的時間和他討論這個話題。他非常希望我留在倫敦，也想說服妳和莎莉一起搬來這裡。他向我提出幾個很好的計畫，看起來都很合適。他的家庭和善有禮，夫人嫻淑明智，孩子溫厚良善，尤其是那個年輕的小伙子，穩重、聰明又勤奮，是個理想的人選。

客觀條件方面也無可挑剔，史莊先生的事業蓬勃，扣除家用及一切開銷，每年的淨利達一千英鎊……不過，我告訴他，我不能搬到這裡定居的兩個原因，其一是我深愛費城，那裡有老友及其他難以割捨的關係；其二就是妳不願意遠渡重洋。

莎莉當時年近十七，若是和比利結為連理，可望從此衣食無憂，廣結聰明風趣的朋友。但富蘭克林把決定權留給黛博拉，他寫道：「我謝謝他在書面提議中所展現的善意，但沒告訴他我會把這封信轉交給妳，所以妳可以自己決定是否回應。」從他們的信件往來中，看不出黛博拉為之所動。[36]

至於威廉，富蘭克林不僅作媒不成，還成了壞榜樣。一七六〇年二月左右，威廉步上富蘭克林的後塵，也有了一個私生子，名叫威廉・坦普・富蘭克林（William Temple Franklin），暱稱「坦普」。坦普的母親顯然也是風塵女子（就像威廉的母親一樣），後來也是音訊全無。威廉取得私生子的監護權，但他不像富蘭克林那樣馬上結婚、把孩子帶進門，而是把孩子先送給寄養家庭扶養。[37]

坦普後來備受富蘭克林的寵愛。富蘭克林不僅監督他的教育，還把他帶在身邊當特助。美國獨立戰爭期間，富蘭克林和威廉因立場對峙而水火不容，坦普夾在祖父與父親之間，倍感煎熬。後來富蘭克林在那場對立中獲勝了，但也因此付出了極大的代價。不過，坦普剛出生時，威廉忙著在倫敦的社交圈打轉，陪著知名的父親四處旅行，並未讓坦普曝光。

他們最難忘的旅行是一七六一年夏季的歐陸行。當時英法兩國仍處於交戰狀態，所以他們是前往荷蘭和法蘭德斯。富蘭克林開心地提到，當地的宗教規範不像北美殖民地那麼嚴苛，尤其是周日的安息日制度。他寫信給康乃狄克的朋友：「周日下午，當地民眾不分上下階級都去看戲或上劇院，欣賞多種歌曲、演奏和舞蹈。我環顧四周，看有沒有人因此遭到天譴，但沒看到任何跡象。」他因此逗趣地說，由此可見上帝並不像嚴格的清教徒所言，會阻止世人在安息日享樂。他寫道，法蘭德斯的幸福與繁榮「幾乎讓人懷疑，上帝對這類冒犯的態度，還不及新英格蘭的法官那麼憤怒。」

身為知名的科學家，富蘭克林所到之處皆備受禮遇。在布魯塞爾，洛林親王（Prince Charles of Lorrains）向富蘭克林展示他買來複製富蘭克林電力實驗的儀器。在萊頓，世界上兩位最偉大的電學家終於見面了：富蘭克林見到了萊頓瓶的發明者彼得・范・穆森布羅克（Pieter van Musschenbroek）。穆森布羅克教授說，他正打算以富蘭克林寫給他的電學相關信件為基礎，出版一本書。但很遺憾，富蘭克林離開兩週後，他就過世了。[38]

加拿大與大英帝國

富蘭克林提早結束歐陸之旅，回倫敦參加一七六一年九月英王喬治三世的加冕典禮。這時他仍是忠貞不二的親英派，對新國王寄予厚望，相信他會避免北美殖民地陷入領主的專橫統治。

在北美殖民地，法國與印第安戰爭大致上已經結束了。英國及其殖民地掌控了加拿大以及許多原本屬於法國和西班牙的加勒比海島。不過，在歐陸，英法之間規模更大的戰爭（所謂的「七年戰爭」）則要等到一七六三年簽署〈巴黎和約〉（Treaty of Paris）以後才結束。富蘭克林對於大英帝國的勢力拓展相當熱中，繼續鼓吹英國應該掌控加拿大，不要為了取得加勒比的海島而把加拿大歸還給法國。富蘭克林在史莊的《倫敦紀事報》上，發表一篇匿名的文章，運用他擅長的反諷搞笑伎倆，列出英國應該把加拿大歸還給法國的原因，其中包括：

> 我們應該把加拿大還給法國，因為我們和那片遼闊大陸上的印第安人所做的貿易，在水路交通便捷下，已經太多了……
>
> 我們應該把加拿大還給法國，免得粗野無禮的貴格會教徒能買到更多便宜的寬邊禮帽。
>
> 我們應該把加拿大還給法國，這樣一來，我們很快就有另一場戰爭可打了，每年可在北美殖民地花兩三百萬英鎊，以免我們變得太富有。

至於比較嚴肅的論述，富蘭克林也寫了一本五十八頁的小冊子，名叫〈大英帝國的殖民地利益〉。他在裡頭主張，掌控加拿大對大英帝國有利，也可以避免北美殖民地經常受到法國及其印第安盟友的騷擾。他寫道：「我們明明有實力趕走法國，卻把加拿大讓給法國，那樣做既不安全也不明智。」

那本小冊子詳細闡述了加拿大的議題，但也提出一個更重要的話題：英國與殖民地之間的關係。當時富蘭克林仍是忠貞、熱切的大英帝國支持者，「慶幸我們是英王子民」。他聲稱，殖民地的民眾「都渴望獲得英國的庇蔭，加入英國的權力和商務範圍，享有英國人民的福祉與未來前景。」他寫道，確保長久和平的最好方法，是提供安全、大量的土地讓殖民地擴張。

英國與殖民地之間的摩擦之所以愈來愈多，富蘭克林提出一套自己的論點。九年前他曾在〈論人類繁衍〉裡首度提過。他認為，那些衝突是源自於英國重商主義者的態度，他們的看法和領主有個共通點：只把殖民地視為剝削利用的市場，所以他們反對殖民地發展製造業，也反對殖民地擁有太多的自治權。在那本小冊子中，富蘭克林提到，他擔憂那種態度甚至可能導致「殖民地未來獨立」。

富蘭克林主張，不讓北美殖民地發展製造業、但仍持續繁榮的最好方法，就是掌控加拿大。這樣一來，殖民地將持續有遼闊的土地，讓人民開墾定居。他寫道：「人一旦有了自己的土地，勤奮工作養家，就不會窮到出賣勞動，為老闆幹活。因此，只要美洲有足夠的土地供殖民地的居民使用，就不會出現大規模或重要的製造業。」日益擴張的北美殖民地永遠都會是英國商品的市場。

他也主張，只要英國避免「暴政和壓迫」，就不會有殖民地叛亂的危險。「只要政府和善公正，公民權和宗教權之類的重要權利有所保障，民眾就會忠實、順從。」接著，他引用他對急流的研究來打比方：「無風不起浪。」

最後他總結，英國把殖民地的民眾也視為帝國公民那樣公平地對待，並賦予他們同樣的自由和權利，讓他們享有同樣的經濟展望，那樣做對英國最有利。不過，富蘭克林最後並未說服英國大臣接納這個帝國和諧擴張的觀點，但他和其他人主張「英國應該掌控加拿大」的觀點倒是獲得了認同。[39]

依依不捨的告別

一七六二年夏季，富蘭克林到英國五年後，終於覺得返鄉的時候到了。他百般不捨，畢竟他熱愛倫敦的生活，樂於獲得讚譽（他剛獲得牛津大學的榮譽博士學位），也捨不得離開這裡的朋友及替代家庭。

不過，由於他認為自己很快就會回來，所以返鄉的決定也不是那麼難。他寫信告訴史莊：「目前**理智**將我拉向大洋的彼岸，但**意願**卻要我留在此端，你也知道這兩種情感通常是哪個占上風。」事實上，他想待在英國的意願在兩年內就占上風了。不過，關於私下與公開的生活，他又顯得太過樂觀，他寫道：「我可能應該好好下定決心，在此定居下來。倘若我能像我希望的那樣，說服內人來這裡陪我，那就沒有什麼能阻止我在此定居了。」[40]

威廉也準備好返鄉了，而且需要一份工作。他申請擔任北卡羅來納的副秘書，也打聽海關和加勒比地區有沒有工作機會。運氣好，再加上人脈亨通，讓他獲得了出乎意料的好職位。當時紐澤西的皇家總督剛被召回英國，皇家屬意的繼任人選又婉拒出任。威廉為了避免驚動佩恩家族，便悄悄行動，請父親的朋友普林格幫忙。普林格是新任首相布特勛爵（Lord Bute）的醫生兼貼身顧問。在普林格的遊說下，威廉順利獲得該職位。官方公布繼任人選時，佩恩家族意圖從中作梗，到處散布威廉是私生子的消息，但並未奏效。

威廉之所以獲得任命，部分原因在於布特和一些人想確保富蘭克林對英國的忠誠，但沒有跡象顯示富蘭克林曾暗中幫過兒子獲得那個職位。多年後，富蘭克林告訴法國的朋友，他曾勸威廉不要去爭取那個職位，或任何酬庸性質的工作，還講了他兒時因舉報付出太高代價的故事。他告訴威廉：「想一想這舉報職未來可能讓你付出的代價。我留給你的財產若是不夠花用，當個工匠或車匠有什麼不好？靠一己之力為生起碼是自由的。」不過，威廉一心只想獲得「閣下」那個頭銜，他認為那是擺脫父親陰影的方式。[41]

有了公職以後，威廉還缺一個妻子，所以他想辦法獲得那個職位時，也打算把伊莉莎白・唐恩絲（Elizabeth Downes）娶進門。伊莉莎白長相甜美，出生良好，是莊園主的女兒，常出現在上流保守派的圈子裡，是威廉在倫敦的舞會上認識的。富蘭克林一直希望威廉能娶波莉為妻，但最終還是拗不過威廉的堅持，對威廉和伊莉莎白的婚事表示「贊同」。

富蘭克林在寫給妹妹的信中，聲稱他對威廉的新職感到高興，對他終於成婚又比他獲任總督更高興一些。「那位女子和善討喜，所以相對於威廉獲任為總督，我對他的婚姻更加滿意，不過我也相信威廉無疑會是個好丈夫及好總督，因為他的德行和性格皆好，也不缺聰明才智。」不過，儘管富蘭克林向來很喜歡接近年輕女性，但他對伊莉莎白始終沒有好感。

事實上，富蘭克林對兒子的成就沒什麼興趣，甚至覺得有點煩惱。威廉迎娶上流社會的女子為妻，算是一種獨立宣言；接任總督一職，也意味著他不再是父親身邊卑躬屈膝的幫手。事實上，那表示當時約三十一歲的威廉，在身分地位上已經高於富蘭克林，那也導致威廉更容易養成上流菁英的高傲架子。

此刻，天邊飄來一片烏雲，卻沒有避雷針可以疏導這些情緒的電荷。他們父子之間第一次出現關係緊繃的跡象，是一七六二年八月二十四日，富蘭克林決定獨自離開英國，當天正好是威廉獲任總督的消息見報的日子，而且不到兩週以後就是威廉的大婚之日。所以，九月四日威廉在漢諾威廣場的聖喬治教堂迎娶伊莉莎白時，富蘭克林並未出席。幾天後，威廉前往聖詹姆士宮親吻喬治三世的戒指並接受皇家的任命。一年前富蘭克林為了見證喬治三世的加冕禮，還從法蘭德斯匆匆趕回倫敦，這次兒子接受皇家任命，他反而沒有出席。

接著，威廉和伊莉莎白搭船前往北美殖民地赴任，把私生子坦普留在英國。

富蘭克林對待家人的方式始終是若即若離。對於錯過兒子的人生大事，他從未表示過一絲遺憾或歉意。但是他寫給波莉的離別信中，字裡行間充滿了強烈的情感，也對於無法把她變成兒媳深感遺憾。他在樸茨茅斯的「小旅店」以第三人稱寫了一封信，感嘆他曾「得意地幻想」波莉「成為他的兒媳，但以後再也無法抱持這種希望了」。不過，儘管兒子沒娶她，富蘭克林承諾那絲毫不影響他對波莉有如父親般的關愛。那封信比寫給親生女兒的信蘊含著更多的情感，他寫道：「再見了，親愛的孩子！既然我像父親一樣全心全意地疼愛妳，何不這樣稱呼妳呢？」[42]

富蘭克林前往英國的任務只達成部分。對領主徵稅的爭端，算是暫時達成了協議。法國與印第安戰爭的結束，也平息了為殖民地籌募防禦資金的爭議。不過，殖民地的治理問題依然懸而未決。富蘭克林始終覺得自己既是英國人、也是北美殖民地人，所以這個問題對他來說，答案再清楚不過了。他認為殖民地議會的權力應該比照英國的議會，大西洋兩岸的英國人應該享有同樣的自由。不過，在英國待了五年以後，他開始意識到與他抱持不同看法的不止佩恩家族。

在返鄉的旅程中，富蘭克林繼續做油和水的研究，這次得到的結果似乎暗示著更令人不安的寓意。那艘船上有一些燈籠，燈籠放在水上漂浮時，水面會浮著一層厚厚的油。從上往下看，表面總是平靜光滑；但是從側面看，可以明顯看到油面上下的情況，富蘭克林寫道：「油面下的水明顯地動盪。」表面上，油平靜了動盪，但油面下的水依然「不規則地起伏蕩漾」。富蘭克林因此意識到，再怎麼巧妙地利用油的特質，也無法輕易擺平根本的動盪。[43]

第九章　返鄉探親

費城，一七六三－一七六四年

四處遊走的郵政總長

富蘭克林回到費城三個月後，一七六三年二月威廉也到了費城，他們父子之間的緊繃關係迅速紓解。威廉偕同新婚妻子在富蘭克林的家中待了四天，父子兩人前嫌盡釋，相偕前往紐澤西。他們正好遇上當地的暴風雪，紐澤西的仕紳搭乘雪橇，護送他們父子到只有兩百戶居民的小鎮伯斯安波易（Perth Amboy）。威廉在那裡宣示就職，接著又前往紐澤西的另一首府伯林頓（Burlington）再重複一次就職典禮，典禮最後在「營火、敲鐘、鳴槍」聲中熱鬧地結束。

富蘭克林在費城的那些死對頭，看到威廉獲得皇家指派都十分震驚。不過，賓夕法尼亞的領主佩恩從倫敦寫信告訴他們，這樣的安排也許有安撫的效果。他寫道：「有人告訴我，你們將會發現富蘭克林先生變得比較好駕馭，我相信這是真的。他的兒子身為總督，就必須遵守指示。他作為父親，自然無法在賓夕法尼亞反對他兒子接受的命令。」[1]

結果這只是佩恩一廂情願的想法，因為富蘭克林認為領主的命令和國王的命令截然不同*（至少當時他是那樣想的）。不過，富蘭克林回到北美殖民地的第一年，日子確實過得很平和，他對賓夕法尼亞的政治沒多大的異議，部分原因在於他不像以前那樣參與政治。另一方面，他也不太投入賓夕法尼亞的生活。他向來熱愛旅行，而且興趣多元，不喜歡老是待在家裡，所以四月他又展開為期七個月、全長一七八〇英里的郵政巡察之旅，從維吉尼亞一路巡遊到新罕布夏。

在維吉尼亞，富蘭克林默默做了一件善事。這個行善的習慣從以前就幫他廣結善緣，讓他即使在充滿爭議的時候，身邊的益友仍比敵人還多。和他一起擔任郵政總長的亨特過世了，留下一個貧困的私生子。亨特的朋友寫信給富蘭克林，請他代為照顧那個男孩並監督其教育。這份請託實在麻煩，富蘭克林原本不太願意接受，他回信寫道：「我和上了年紀的人一樣，凡事總是先想到這會不會給自己添麻煩。不過，我還是願意接受你託付的任務。」由於他自己的兒子和孫子都是私生子，他對這種情況特別能夠感同身受。富蘭克林也提到，若是亨特接到這樣的請託，亨特也會幫他照顧私生子。[2]

富蘭克林和亨特一起擔任郵政總長長達二十四年，他原本以為亨特過世後，根據當初的任命合約，他就是殖民地唯一的郵政總長了，但事與願違。儘管他向倫敦的長官積極地爭取，維吉尼亞總督依然設法讓他的秘書約翰·法克斯克羅夫（John Foxcroft）接替了亨特的職務，成為富蘭克林的新夥伴。富蘭克林的個性向來以和為貴，於是他趁著這次走訪維吉尼亞，和法克斯克羅夫培養了友誼。他們還有很多事情需要合作，現在既然加拿大已經變成大英帝國的一部分，他們需要把郵務系統拓展到蒙特婁。另外，他們也安排往返西印度群島的郵件船，以及夜間騎馬送件的郵務士。從費城寄信到波士頓，可在六天內收到回信；從費城到紐約來回一趟，可在二十四小時內完成，這種速度即使在今天也令人嘆為觀止。

法克斯克羅夫與富蘭克林一起回到費城，不久之後，他們又一起前往紐約巡察北部的郵政事務。富蘭克林非常希望黛博拉陪伴同行，他覺得只要黛博拉能愛上旅行並對外界產生好奇，也許有朝一日她會願意陪他到倫敦。然而，不出所料，黛博拉還是拒絕遠行，她就像富蘭克林一樣，有自己的生活方式。但他們夫妻倆依然緊密，富蘭克林允許她拆閱來自英國的任何信件，「妳看到我在那裡認識多年的摯友依然對我關愛有加時，想必也會很開心。」這樣做不只是為了賣弄，富蘭克林也希望藉由那些信件，來軟化黛博拉抗拒訪英的態度。[3]

既然黛博拉不肯隨行，富蘭克林改帶當時十九歲的女兒莎莉一起出遊，把這次旅行當成她踏進社交界的慶祝儀式。他們造訪在紐澤西的威廉和伊莉莎白，威廉帶他們參加正式派對，也去郊外踏青。接著，富蘭克林和莎莉搭船去新港，莎莉在那裡終於見到父親多年前認識的紅粉知己凱薩琳，兩人相見甚歡。這時凱薩琳已婚，育有二女，冠了夫姓，變成凱薩琳．雷．格林（Catherine Ray Greene）。（富蘭克林從未忘記那些和他情同親人的女性，他在旅途中也和波莉通信，信中提到：「妳對我這個老友持續展現的溫情關懷，令我倍感窩心。」）[4]

旅途中，富蘭克林不慎落馬而導致肩骨脫臼，莎莉自願留在新港，以便和凱薩琳一起照護父親。但富蘭克林急著前往波士頓，他們在波士頓待了兩個月。富蘭克林待在妹妹的家中，莎莉則是和家裡有大鍵琴的表親同住。富蘭克林對妹妹說：「我要讓莎莉勤加練習大鍵琴，這樣我就有更多時間可以陪伴我親愛的妹妹

* 譯注：賓夕法尼亞歸領主管，紐澤西歸英王直接管轄。

了。」

在波士頓期間，富蘭克林大多足不出戶。在前往新罕布夏的短途中，富蘭克林再次落馬，又導致肩膀脫臼。這時他在波士頓的親戚大多已經過世，他自己也五十七歲了，體力正逐漸衰退，所以信裡的言詞變得比較感傷，少了一些打情罵俏，他在信中向凱薩琳感嘆：「我仍無法在顛簸的路段上行進。」不過，他還是希望再次造訪英國。他寫信告訴史莊：「我比任何人更希望我能待在英國，但是在啟程之前，我必須先把相關的事宜都處理妥當，這樣就不必再回來了。」[5]

但十一月回到費城後，他將會發現想把一切事情都解決以便到英國過上清閒的退休生活，比以前更難了。北美殖民地的政局變得更加動盪，未來他還會在大西洋兩岸往返四次，無法真的一去不返。富蘭克林那七個月的殖民地之旅，再加上他在英國居住的經驗，使他在未來的政治風暴中扮演了獨特的角色。身為出版大亨，後來又接任郵政總長的他，是少數把整個北美殖民地視為一體的人。對他來說，北美那些殖民地不僅是一個個截然不同的實體，更是一個具有共同利益及理想的新世界。

在巡視郵政業務的旅途中，他開始規畫在市場街興建一棟三層樓的磚砌房屋，地點離當年黛博拉初次見到他逃家模樣的地方不遠。一七三〇年結婚以來，他們住過至少六間承租的房子，從來沒有自己的住家。這是他們第一次打造自己的房子，自從黛博拉為富蘭克林買了第一套陶瓷餐具以來，他們累積了許多精緻的逸品，例如玻璃琴、大鍵琴、爐子和科學儀器、藏書和蕾絲窗簾，現在終於有房間可以擺出來欣賞了。

難道富蘭克林開始愛上居家生活了嗎？就某些方面來說，儘管他熱愛旅遊，有時對家庭有些疏遠，青年時期就逃家，但無論他住在哪裡，年紀日益增長的他其實一直習慣有居家的感覺。他喜歡互助學習會和俱樂部，喜歡例常的生活習慣，喜歡在英國另外打造的替代家庭。他縱情於旅行時，也一直掛念著妻女和親戚，不忘噓寒問暖。打造這個新家究竟是為了滿足他個人的喜好，或是為了家人，我們不得而知，恐怕連他自己也不確定。不過，熱愛計畫的他深入參與了每個小細節，連門把和鉸鏈的品質也注意到了。

儘管富蘭克林在信中對史莊表達了定居英國的強烈願望，但究竟要住在大西洋的哪一岸，他始終舉棋不定。黛博拉依然毫無意願離開從小成長的土地，威廉在寫給史莊的信中提到：「家母極不願意搭船遠渡重洋，我覺得家父沒機會再到英國了。他正在打造新屋，以便頤養天年。」富蘭克林甚至想過往西發展，去俄亥俄爭取土地授予。一七六三年底，他向史莊坦言，他也不確定自己想在哪裡度過晚年：「我們過陣子再看看吧。」[6]

帕克斯頓之子

富蘭克林的未來，有部分是取決於賓夕法尼亞新任總督約翰．佩恩（John Penn）的作為。約翰是領主湯瑪斯．佩恩的侄子，曾與富蘭克林一起擔任代表，出席奧爾巴尼會議。富蘭克林對他寄予厚望，他寫信告訴克林森：「約翰斯文有禮，所以我們應該沒什麼歧見，至少我沒有理由跟他起爭執。」

約翰和賓夕法尼亞議會面臨的第一個議題是邊界的防禦。英國雖贏了法國與印第安戰爭，但並未和所有的印第安人達到和解。北美殖民地的西部仍遭到渥太華族的首領龐蒂亞克（Pontiac）率領印第安人突襲。到了一七六三年秋季，這種突襲雖然減少了，但是賓夕法尼亞很多偏遠地區的居民對印第安人的積怨並未消減。

十二月十四日，來自帕克斯頓鎮（Paxton）周遭偏遠地帶逾五十名的暴民，殺了六名手無寸鐵的印第安人，那些印第安人都是愛好和平的基督徒。兩週後，更多的暴民又群起殺害在附近濟貧院棲身的十四名印第安人。

這群規模愈來愈大的暴民後來以「帕克斯頓之子」（Paxton Boys）自居，並宣稱他們的下一個目標是費城，那裡住了一百四十多位愛好和平的印第安人。他們揚言不僅要殺光印第安人，連庇護印第安人的白人也要一併消滅，包括頗有名望的貴格會教徒在內。這導致一些向來主張和平的貴格會教徒也暫時擱下和平主義，不惜拿起武器自保，有些人則是逃離費城避難。

這起騷動成了費城有史以來最嚴重的危機，形同社會和宗教內戰。一邊是來自偏遠地區的居民，大多是長老會教徒，他們在城鎮地區也有一些工人階級的支持者，包括德裔的路德教派和蘇格蘭－愛爾蘭裔的長老會教徒。另一邊是費城傳統的貴格會教徒，性好和平，想和印第安人維持貿易往來。這時貴格會教徒的人數雖然少於新來的德國移民，但他們仍主導議會，一再反對在邊界的防禦上開支太多。賓夕法尼亞上流階層的聖公會商人向來支持領主，站在反對議會的那邊，不過面對這次危機，他們也暫時放下歧見，和貴格會教徒站在同一邊。

接著，費城開始出現激烈的文宣論戰。長老會教徒支持帕克斯頓之子，抨擊貴格會教徒縱容印第安人，又不按憲章規定讓邊境居民在議會中握有足夠的代表席位。對此，一七六四年一月底，富蘭克林出版小冊子反擊，標題是〈蘭卡斯特縣近日屠殺敘事〉，這是他寫過最激動人心的作品。

他一開始先以動人的敘述，介紹每位遇害的印第安人，強調他們溫和的性格，也寫出他們的英文名字。

他寫道：「這些可憐的人手無寸鐵，命喪大火及刀斧之下！」他鉅細靡遺地描述慘絕人寰的屠殺狀況，其中一位最年長的印第安人「在睡夢中喪命，碎屍萬段」，其他的印第安人「慘遭剝皮，或被亂刀砍到血肉模糊」。

富蘭克林接著以更可怕的語句，描述兩週後發生的第二起大屠殺：

> 這些手無寸鐵的印第安家庭孤立無援，孩子緊緊摟著父母。他們都跪在地上，堅稱他們是無辜的，說他們都愛英國人，而且一輩子沒傷害過英國人。但他們跪在地上求饒時，都遭到斧頭亂砍致死！男女老少都遭到殘酷地殺害，躺臥在血泊中。

對帕克斯頓之子來說，所有的印第安人都是一樣的，沒必要個別看待。他們的發言人聲稱：「誰宣戰時是只對一個部落的某部分宣戰，而不是對整個部落宣戰？」但富蘭克林以他的小冊子譴責這種偏見，主張對個體的包容，不該以偏概全，那也是他的政治理念核心。他質問：「假如一名印第安人傷害我，難道我要為此報復所有的印第安人嗎？這些不幸受害者的唯一罪過，似乎是他們與生俱來的紅棕色皮膚和黑髮。」他說，隨便找個人來報復其族人犯下的過錯是不道德的。「萬一某個有雀斑的紅髮人殺了我的妻子或孩子，難道我以後在任何地方遇到長雀斑的紅髮人，不分男女老少，都可以大開殺戒嗎？」

為了強調這點，富蘭克林舉了多種不同群體的歷史案例，例如猶太人、穆斯林、摩爾人（Moors）*、

---

*譯注：中世紀伊比利亞半島（今西班牙和葡萄牙）、西西里島、馬爾他、馬格里布和西非的穆斯林居民。

黑人和印第安人，他們在類似的情況下都展現了更崇高的道德與包容心。最後，他總結，賓夕法尼亞人應該團結起來對抗打算進到費城逞凶鬥狠的帕克斯頓之子，把他們繩之以法。儘管其論述有些許的前後矛盾，富蘭克林提醒所有的白人，不團結起來可能會犯下的集體罪責：「除非把凶手繩之以法，否則整片土地都難辭其咎。」[7]

那本小冊子後來對富蘭克林的政治生涯造成了傷害，因為其內容反映出他對德國移民的偏見，以及他終生對長老會－加爾文派教義的厭惡。他不甚同情邊境居民的遭遇，甚至稱他們為「野蠻人」，行徑使「整個國家和種族永遠蒙羞」。儘管富蘭克林在多方面都是平民主義者，他對暴民向來抱持提防的態度。他的觀感一如既往代表了新興的中產階級：懷疑低下無知的暴民，厭惡高高在上的權貴。

二月四日週六，就在富蘭克林出版那本小冊子一週後，帕克斯頓之子開始往費城前進，總督約翰・佩恩在議會大廈前的廣場上召開群眾大會。一開始他的態度強硬，下令逮捕暴民的領導者，調派英軍來對付那些暴徒，呼籲群眾加入富蘭克林等人組織的民兵團。連許多愛好和平的貴格會教徒都拿起武器加入抗暴，不過長老會教徒大多拒絕加入。

週日子夜，約兩百五十個暴民抵達費城北部的日爾曼鎮。教堂鳴鐘示警，但是混亂中竟然出現了出乎意料的聯盟。後來，富蘭克林寫信告訴朋友：「子夜，總督聽到警鐘響起，帶著顧問迅速抵達我家來徵詢意見，把我家當成指揮總部一段時間。」總督甚至提議讓富蘭克林來指揮民兵團，但富蘭克林謹慎地拒絕了：「我選擇當普通兵，以身作則聽命他的指示，以強化他的威信。」[8]

富蘭克林和其他人（包括很多貴格會的教徒）都希望總督下令攻打暴民，但總督決定派七位費城領袖組成代表團（包括富蘭克林），去和帕克斯頓之子談判。富蘭克林後來回憶道：「我們以奮戰到底的表情，跟那些叛亂分子講理，終於讓城市恢復了平靜。」暴民表示，只要他們能派代表進城裡陳述冤屈，他們就同意撤退解散。

帕克斯頓之子的危機紓解後，富蘭克林與佩恩之間的對峙又恢復了。這次富蘭克林的態度強硬，他要求總督和議會一起面對帕克斯頓之子的代表團，把他們繩之以法。但總督覺得，他若和同情那些邊境居民的長老會教徒及德裔移民結盟，比較有政治優勢（長老會教徒及德裔移民認為富蘭克林的小冊子詆毀他們）。所以總督私下接見了代表團，客氣地聆聽他們的說法，並答應不為屠殺事件起訴他們。他也聽從他們的建議，制定一項政策：任何印第安人的頭皮，不分男女老幼，都可以拿來領賞。

富蘭克林聞訊後，為之震怒，他寫信告訴友人：「這番作為讓人頓時鄙視他及其政府的昏庸無能，議會對他的尊重從此蕩然無存，在領主統治下和樂生活的一切希望也就此幻滅了。」不過，總督對富蘭克林的觀感也是如此。在總督寫給領主的信中，他也以同樣強烈的字眼譴責富蘭克林：「只要富蘭克林那個惡人還可以肆意地散播積怨已久的惡意，劣根性頑固不改，賓夕法尼亞就不會有平和幸福的一天。」

富蘭克林向來樂觀的心中，確實開始蒙上了一層烏雲。賓夕法尼亞的現狀及烏煙瘴氣的政壇讓他覺得有志難伸，在家中焦躁不安，也沒什麼科學研究或專業興趣作為消遣，所以言行舉止少了以往逗趣嘲諷的特色。他的信中只剩下尖刻的批評，不再有幽默的調侃，連提到自己時也顯得鬱鬱寡歡。富蘭克林在寫給福瑟吉爾醫生（倫敦貴格會友人）的信中提到：「你懸壺濟世、積德行善時，是否感到快樂呢？我想你誤會了。你救的人當中，有一半不值得拯救，他們一無是處；而另一半幾乎都不該救，那些都是惡人。」[9]

再次對抗領主

所以，總督和議會之間的對抗又恢復了，而且比以往更為激烈。他們為了民兵團的指揮權、燈塔、稅收問題吵得不可開交。議會通過對領主財產徵稅的法案時，原則上是依循樞密院協調的準則，但並未照著合約的細目執行。富蘭克林代表議會寫信給總督，警告他否決該法案的後果：「那樣做無疑會增加領主家族背負的罵名和罪責，讓人對他們的管轄更加蔑視。」但總督依然否決了那項法案。[10]

議會與總督之間所爭論的，不只是原則而已，更攸關著權力。富蘭克林意識到，領主那一派現在獲得了邊境居民、蘇格蘭－愛爾蘭移民及德裔移民的強力支持。這點再度激起他之前的夢想，他決心不顧一切，說服英國廢除領主憲章，把賓夕法尼亞變成皇家直轄的殖民地。

賓夕法尼亞人大多不贊同他的主張。費城經商的上流人士都是佩恩家族的朋友；長老會的邊境居民和移民的勞工階級在帕克斯頓之子事件後結為新聯盟，他們也擔心英王直接管轄後，當初祖先因宗教迫害而逃離的英國國教，又在殖民地享有獨尊的地位。諾里斯和伊斯雷爾·彭伯頓（Israel Pemberton）等多位頗有名望的貴格會教徒一向是富蘭克林的盟友，連他們也擔心新憲章可能會廢除已故領主威廉·佩恩多年前確保的宗教自由。但是富蘭克林對於改革依然態度堅決，導致眾叛親離，敵人同仇敵愾。

同樣的，英國那邊也沒有人支持皇家直接管轄賓夕法尼亞的提議。英國的郵政總長海德勛爵（Lord Hyde）是富蘭克林的上司，他在信中寫道，連那些可能樂於「插手殖民地事務」的大臣也不願跟佩恩家族槓上。他甚至公開警告富蘭克林，身為皇家指派的官員，「本分就是協助政府」。富蘭克林對那個警告開了一點小玩笑，說他不受「海德阻撓」（Hyde-bound，音同 hidebound，有「迂腐守舊」的意思）。[11]

不過，富蘭克林實質上仍掌控著議會。一七六四年三月，他提出二十六項議案（他說那是「連串議決」），以終結領主的管轄。他寫道，領主的行徑「專橫又不人道」。他們利用印第安人的威脅，「從人民手中奪取特權……把利刃架在人民的脖子上」。最後一項議案宣稱，議會將與人民協商，以決定是否向英國國王「請願」，「懇求他把賓夕法尼亞的子民納入其麾下，直接保護和管轄。」

那項議案促成了一個「呼籲廢黜領主」的請願活動。富蘭克林印製了英文和德文的請願書，甚至為貴格會教徒印製了稍微不同的版本，但是他的支持者最後僅蒐集到三千五百人的連署。反對改變的人也發動請願活動，收到一萬五千人連署。

於是，富蘭克林再次發動文宣戰，印製小冊子，名為〈現況的冷靜思考〉，但內容比標題火爆許多。由於他陷得太深，立場不夠客觀超然，論述時無法採用他擅長的幽默、諷刺、迂迴、挖苦的手法。他譴責領主刻意討好帕克斯頓之子，根本無力管好這塊殖民地。他寫道：「目前的分歧並非出於宗教歧見，但有人想盡辦法把宗教也拉進爭論中。」這話有失偏頗。總之，他最後主張，英國國王比領主更有可能保護宗教自由。

富蘭克林的新對手約翰·迪金森（John Dickinson）是年輕的律師，也是貴格會菁英諾里斯的女婿。迪金森本來是富蘭克林的朋友，不是領主的支持者。但他理性地主張，不能輕易放棄佩恩憲章對賓夕法尼亞的保障，也不該輕易認定英國大臣就比領主開明。諾里斯不願捲入富蘭克林和女婿之間的爭論，五月以生病為由，辭去議長一職。於是，議會推選富蘭克林接任議長。

富蘭克林還有另一個比較刻薄的老對手：首席法官威廉·艾倫（William Allen）。艾倫也曾是富蘭克林的朋友，但他對領主的熱情支持使他們很早以前就絕交了。八月艾倫從英國回來時，富蘭克林還主動去拜訪他，「釋出善意」。艾倫卻當著其他賓客的面，指責富蘭克林攻擊領主。他說，改由英王直接管轄的話，賓夕法尼亞將付出十萬英鎊的代價，而且也得不到英國的支援。

十月一日的議會選舉逼近時，文宣大戰愈演愈烈，富蘭克林的對手想盡辦法阻止他連任。一份黑函以〈天下烏鴉一般黑〉為題，匯集了各種對富蘭克林不利的指控，例如聲稱他的兒子威廉是他和名叫芭芭拉的「廚娘」所生下的私生子。那份黑函也收錄了一些富蘭克林之前寫的反德裔移民文章，並加油添醋，甚至誣指他的名譽學位是買來的、積極爭取皇家總督的職位、竊取其他科學家的電力實驗成果。

另一份黑函把他描述成好色之徒：

富蘭克林雖上了年紀，
看似心如止水，
但年輕姑娘一接近，
就樂不可支。[12]

如今我們常批評現代的選戰過於負面、現代的媒體過於低俗。但是相較於一七六四年議長選戰的黑函，現代最刻薄的選戰廣告也顯得無傷大雅。賓夕法尼亞安然度過了選戰，富蘭克林也毫髮無傷，北美殖民地的人也學到民主可以在毫無言論限制、甚至大放厥詞的自由氛圍下蓬勃發展。從一七六四年的選舉可見，美國的民主是以無拘無束的言論自由為基礎。在往後的數百年間，蓬勃發展的國家都是像美國那樣，廣納各種異議，甚至偶爾陷入凌亂無序，也會予以包容。

選舉日當天的情況就像文宣戰一樣激烈。十月一日那天，從早到晚，議會門前的階梯都擠滿了前來投票的選民，直到深夜依然大排長龍。富蘭克林的支持者設法讓投票所開到黎明，並想盡辦法把尚未投票的選民都請出來投票。但這招後來證實是弄巧成拙，因為領主派的人馬也去日爾曼鎮找來更多的支持者。那次選戰中，共有十四個候選人爭取八個議會席次，富蘭克林的得票數是倒數第二。

不過，富蘭克林那個派系依然掌控著議會，他們迅速投票決定向英國政府遞交請願書，以廢除領主的管轄權。而且他們還投票表決，是否派富蘭克林當代表去英國遞交請願書，結果以十九票贊成、十一票反對通過了決議。這個結果對富蘭克林來說猶如落選的安慰獎，或許比勝選更令他開心。

但是這又引發了另一場文宣戰。迪金森主張富蘭克林不適合擔任代表，因為佩恩家族痛恨他，英國大臣也蔑視他，而且賓夕法尼亞「絕大多數的正派居民都對他極其不滿」。法官艾倫說富蘭克林是「賓夕法尼亞最不得人心、最可憎的人……因怒火、失意和怨恨而歇斯底里」。不過，既然可以回英國了，富蘭克林又恢復了以和為貴的脾氣。對於那些攻擊，他回應：「我即將告別（也許是最後一次告別）我熱愛的家鄉……祝我的朋友事事順心如意，也和我的敵人一別泯恩仇。」[13]

這次，黛博拉依然不願陪他去英國，也不讓他帶著女兒前往。那為什麼富蘭克林還那麼願意再度離鄉呢？部分原因在於他對倫敦的思念，還有部分原因是費城令他失望，壯志難伸。

當然，還有另一個更崇高的原因。富蘭克林對北美殖民地的未來，逐漸抱持更遠大的展望，不再只是把賓夕法尼亞從領主手中奪走而已。他希望像奧爾巴尼聯盟計畫那樣，建立一個北美殖民地聯盟；也希望北美殖民地身為大英帝國的一部分，可以和英國建立更平等的關係。他建議，殖民地在英國議會裡也應該要有席次。當初富蘭克林從英國返鄉後，留下理查・傑克森（Richard Jackson）在倫敦繼續擔任賓夕法尼亞的代表。傑克森寫信告知富蘭克林，英國可能對殖民地徵稅的消息，富蘭克林回信建議他如此回覆英國政府：「如果您決定對我們徵稅，就請給我們議會的席位，讓我們成為名副其實的一家人。」

一七六四年十一月富蘭克林準備赴英時，寫了一封信給女兒。信中除了以慈父的口吻叮囑她「孝順、照顧好媽媽」以外，還有典型的富蘭克林建議，例如「學習算數、記帳之類的實用知識」。除此之外，還有比較嚴肅的提醒：「我樹敵不少，妳只要稍有輕率之舉，就會被放大成滔天大罪，變成有心人攻擊我的把柄。所以，妳要更加謹言慎行，勿讓那些惡人有機可乘。」

富蘭克林也有很多的支持者，他搭船離開費城時，有三百多人來送別。他們鳴炮歡送他啟程，並唱起《天佑吾王》（*God Save the King*）*，還把最後一句改成：「富蘭克林讓我們齊仰望，天佑我們！」富蘭克林告訴一些朋友，他此行只去幾個月，但是他對其他人說，他可能永遠不會回來了。我們也不知道他真心所想的是哪一種狀況，但後來證明，兩者皆非。[14]

---

*譯注：是英國、皇家屬地、海外領土和大英國協等地的國歌或皇家禮樂使用的頌歌。

第十章 密使

倫敦，一七六五－一七七〇年

重返倫敦大家庭

富蘭克林悄悄抵達了克雷文街的舊居，事前未先通知。史蒂文生夫人剛好外出，女傭也不知道她去哪裡了。富蘭克林在寫給波莉的信中回憶道：「所以我直接坐下來，等她返家。她一進門，看我坐在客廳裡，大吃一驚。」史蒂文生夫人也許真的大吃一驚，但並未毫無準備。富蘭克林以前的租屋一直空著等他，因為這些情同家人的朋友都深信他總有一天會再回來。[1]

富蘭克林讓黛博拉相信這次只是短暫造訪，或許連他自己也這麼想。他抵達英國後，馬上寫信給黛博拉，說他想在夏末之前返家：「我希望幾個月後就能完成使命，讓我回家享受退休生活。」這種話黛博拉已經聽過很多遍了，實際上，富蘭克林從此以後就再也沒見到黛博拉。儘管黛博拉的健康每況愈下，多次懇求他回去，富蘭克林卻一直待在英國，徒勞無功地執行使命，一待就是十年以上，直到獨立戰爭爆發前夕才返回北美殖民地。

這次使命涉及方方面面的複雜權衡，考驗著富蘭克林的機靈應變。一方面，他仍是忠誠的親英派，希望和英國大臣維持良好的關係，好讓賓夕法尼亞擺脫他痛恨的佩恩家族。也牽涉到他的個人動機：他想保住郵政總長職位，甚或爭取更高的位置，以及獲得土地授予。但另一方面，當他發現英國政府對殖民地的權利不感興趣時，他又急著重建北美愛國者的聲譽。[2]

在此同時，富蘭克林還是很高興能重返倫敦，過他熱愛的生活。名醫普林格爵士變成他最好的朋友，他們一起下棋，常去咖啡館參加俱樂部的聚會，不久就開始習慣每年夏季相偕出遊。塞繆爾．詹森的傳記作家詹姆斯．鮑斯威爾（James Boswell）是他的另一個熟識。鮑斯威爾有一次碰巧遇到富蘭克林和普林格在下棋，他後來在日記裡寫道：普林格「有奇怪的拗脾氣」，但富蘭克林始終「很開心幽默」。富蘭克林與史蒂文生夫人恢復了居家生活的融洽關係，波莉仍住在鄉下的姨媽家，但富蘭克林依然像父親一樣對她關愛有加，也經常和她交流知識。

當時富蘭克林異想天開，想要簡化英文的拼字。他發明了一種新的音標字母，想遊說波莉當第一位採用者。不過，從他寫給波莉的信，就可以輕易看出這種拼法為什麼沒人愛用了，其中一句如下：「Kansider chis alfabet, and giv mi instanses af syts Inlis uyrds and saunds az iu mee hink kannat perfektlyi bi ekspresst byi it」，這還是比較好懂的句子。波莉回了一封幾乎難以理解的長信，並在信中勉強提到那種拼法「myit bi uv syrvis」（might be of service，亦即「也許有用」），但信末又改用正常的英語結尾：「我誠摯地以老方法署名……」。

波莉盡量配合富蘭克林做這個語言實驗，由此可見他們知識交流的深度。富蘭克林的語音改革幾乎看不到他一貫講究的實用主義，還把他對社會改良的熱情發揮到了極致。那需要發明六個沒有印刷字體可用的新字母，也要淘汰六個他認為多餘的現有字母。波莉對這種新拼法提出許多質疑，但富蘭克林堅信，只要掌握背後的邏輯，新的拼法就不難掌握。波莉擔心新拼法會使單字和其詞源脫勾，而失去文字的力量，但富蘭克林打消了她的疑慮。不過，富蘭克林不久就擱下這個新發明，幾年後他把這套發明交給知名的辭典編纂家諾亞．韋伯（Noah Webster）。韋伯在一七八九年的著作《論英語》（*Dissertations on the English Language*）中收錄了富蘭克林寫給波莉的信件，他把那本書獻給富蘭克林，還說那發明「非常有趣」，但隨後又補上一句：「傲慢無禮與固執成見是否會使那項發明宣告失敗，就交由我們的同胞來決定吧。」[3]

富蘭克林把威廉的私生子坦普接到克雷文街的舊居同住，他們的關係即使以富蘭克林家族的標準來看也很奇怪。富蘭克林把坦普接到身邊照顧時，坦普已四歲，之前是由多位女性陸續代為照顧，那些照顧者會詳細記下照顧坦普的費用（例如理髮、接種疫苗、添購衣物），把帳單寄給史蒂文生夫人請款，史蒂文森夫人再向紐澤西的威廉取回代墊款。當時富蘭克林在寫給黛博拉的家書中，鉅細靡遺地提到多位朋友與熟識，就是沒提過坦普。等坦普九歲時，威廉才在一封信裡怯聲怯氣地問道，能不能把他的兒子帶回北美殖民地撫養：「他可以使用本名，身分是某個窮困親戚的兒子，我是他的乾爹，把他接過來撫養。」

但富蘭克林決定親自照顧坦普，這也為日後他們父子爭奪坦普的忠誠埋下了伏筆。在克雷文街，大家只知道這個孩子叫威廉．坦普。富蘭克林幫他註冊，讓他到史莊的連襟所創辦的學校就學。史莊的連襟是個古怪的教育家，對富蘭克林的語言改革抱持著同樣的熱情。不過，即使坦普成了史蒂文生大家庭裡的一分子，他們都假裝（起碼在大眾面前）對其身世一無所知。直到一七七四年，在一封描述婚禮的信中（坦普擔任婚禮的伴郎），波莉才稱坦普為「坦普先生，是在本地就學的年輕人，富蘭克林博士對他照顧有加」。後來，富蘭克林和孫子回到北美殖民地，坦普冠上富蘭克林的姓氏以後，波莉才坦言她早就想過，富蘭克林和坦普之間應該存在著某種關係：「欣聞坦普冠上富蘭克林這個姓氏，我一直認為他有權那樣做。」[4]

一七六五年印花稅法

當時費城仍把富蘭克林視為「民眾領袖」及民權捍衛者。一七六五年三月，富蘭克林安全抵達倫敦的消息傳回費城時，費城的鐘聲「幾乎通宵鳴放」，其支持者「像瘋子一樣四處奔走」，大夥兒無限暢飲，舉杯祝他健康。但這樣的歡樂來得快，去得也快。不久，富蘭克林就捲入惡名昭彰的印花稅法（Stamp Act）爭議。該法規定殖民地的所有報紙、書籍、曆書、法律文件、紙牌都要課徵印花稅。[5]

這是英國議會首度對殖民地大舉徵稅。富蘭克林認為英國議會確實有權對外課稅（例如關稅）以規範貿易，但他覺得殖民地在英國議會裡又沒有代表席次，英國議會對殖民地徵收內部稅實在是不智之舉，甚至違反憲章。不過，富蘭克林並未大力反對印花稅的提案，只居中調停。

一七六五年二月，富蘭克林與一小群殖民地的代表去拜會英國首相喬治・格倫維爾（George Grenville）。格倫維爾解釋，印地安戰爭的成本高昂，所以有必要對殖民地徵稅。但是怎樣徵稅比較好呢？富蘭克林主張，徵稅應該符合「憲章規定」，也就是說，由英國國王向各殖民地的議會提出要求，殖民地的議會才有權對居民徵稅。於是，格倫維爾問道，富蘭克林和其他的代表能否承諾，各殖民地的議會同意徵收到恰當的稅款，並自行分攤應繳的稅額呢？富蘭克林等人坦言，他們無法做出確切的承諾。

幾天後，富蘭克林提出另一種替代方案，那個概念是他身為老練的經濟理論家以及印刷業者長久以來所抱持的期望：在北美殖民地發行更多的紙幣。他提議，英國議會以百分之六的利息，授權發行信用憑單。那些信用憑單可作為法定貨幣，像貨幣一樣流通，藉此增加北美殖民地的貨幣供給量，英國可收取利息，不必直接徵收內部稅。富蘭克林說：「這就像對殖民地徵收一般稅，但不會招致反感。掌握多數財富的富人，實際上也支付大部分的稅。」富蘭克林後來描述，格倫維爾「一心只想推動印花稅」，對他的提議不屑一顧。這對富蘭克林來說可能是件好事，因為他後來聽說，連他在費城的朋友都不喜歡他的信用憑單提議。[6]

三月印花稅法通過後，富蘭克林因抱持務實的態度而輕忽了問題的嚴重性。他推薦好友約翰·休斯（John Hughes）擔任賓夕法尼亞的稅務官。「你擔負這個徵稅職責，可能會暫時招致反感。但只要你冷靜、堅定地執行任務，盡力為民眾謀福利，就能逐漸獲得民眾的諒解。」富蘭克林在寫給休斯的信中錯誤地主張：「現在，無論民眾對此有多麼不滿，對國王效忠並忠實地奉守英國政府的指令，對你我來說都是最明智的選擇。」富蘭克林為了和英國大臣維持良好的關係，嚴重低估了北美殖民地民眾的不滿。

相反的，湯瑪斯·佩恩巧妙地利用這次機會，拒絕推薦稅務官的人選，說他要是推薦人選，「民眾會誤以為我們答應對他們徵稅。」約翰·迪金森是賓夕法尼亞議會裡的領主派領袖，也是富蘭克林的年輕對手。他起草一份聲明，以表達對印花稅法的不滿，那份聲明在議會裡順利通過了。[7]

這次事件是富蘭克林這輩子最嚴重的政治誤判之一。他對領主的憎恨，導致他忽視了賓夕法尼亞的民眾更痛恨英國對他們徵稅。他對費城的朋友查爾斯·湯姆森（Charles Thomson）宣稱：「我竭盡所能阻止印花稅法通過，但是我們面對的力量太大，難以抵擋。」接著他又從務實的角度主張：「我們也許想阻止太陽下山，但那無異是緣木求魚。既然太陽已經下山了，距離它再度升起還有好一段時間。我們應該盡量利用這段黑夜，至少我們還可以點蠟燭。」

那封信後來被公開以後，對富蘭克林來說無疑是一場公關災難。湯瑪斯回應，賓夕法尼亞人不僅不願點蠟燭，還打算發起「暗黑行動」。到了九月，顯然可以看出所謂的暗黑行動可能也包括暴動。休斯驚恐地寫信給當初把他推入火坑的富蘭克林：「各階層的民眾都陷入某種暴怒或瘋狂的境界，我想這場大火撲滅以前，有些人可能會喪命。」[8]

富蘭克林的印刷合夥人霍爾也提出類似的警告，他寫道：「民眾只要覺得你不在乎課徵印花稅，就對你恨之入骨。」憤怒的費城人「認為你插手促成印花稅的課徵，這件事為你樹敵不少。」霍爾又說，他擔心富蘭克林返回費城的安危。費城當時流傳一幅漫畫，畫中描繪著魔鬼對著富蘭克林耳語：「你是我的全權代理人。」[9]

一七六五年九月底的某個夜晚，民怨達到了顛峰，一群暴民聚集在一家費城的咖啡館，領導者指控富蘭克林鼓吹印花稅，打算去夷平他的新家，也連帶去教訓休斯及富蘭克林的支持者。休斯後來把他當天的日誌寄給富蘭克林，上面寫道：「要是我能活到明天，我會再告訴你詳情。」

黛博拉把女兒送到紐澤西避難，她自己依然拒絕遠行，堅守在家裡。她的侄子喬薩亞・達文波特（Josiah Davenport）帶了二十幾位朋友來保護她。黛博拉對當晚的描述雖然怵目驚心，但可以看出她的勇氣過人。她在寫給富蘭克林的信裡描述：

> 夜幕低垂時，我告訴他（達文波特）應該拿一兩把槍過來，因為我們家裡沒有槍，我找人去請我哥

帶槍過來。我們把一個房間變成彈藥庫，我也吩咐他們在樓上做了一些防禦工事。有人勸我離家避風頭，我說我相信你從未做過傷害他人的事，我也從未冒犯過任何人，所以我絕不會因為他人而感到不安，也不會落荒而逃。

一群以「白橡之子」（White Oak Boys）自居的富蘭克林支持者，團結起來對抗暴民，拯救了富蘭克林的房子和妻子。他們聲稱，富蘭克林的房子要是遭到毀壞，任何涉入者的房子也會落入同樣的下場。最後，暴民主動散去。富蘭克林得知黛博拉受到的煎熬後，寫信給她：「妳的精神和勇氣令我佩服，決心捍衛家園的女人配得上一棟好房子。」[10]

印花稅法危機使北美殖民地的局勢驟然轉變，一群不甘屈居英國附庸的殖民地領導人浮上了檯面，尤其是維吉尼亞和麻薩諸塞地區。雖然一七七五年以前北美殖民地的人大多沒想過脫離英國獨立，但是當時許多地方開始爆發英國統治與殖民地之間的權利之爭。例如，年僅二十九歲的派翠克．亨利（Patrick Henry）在維吉尼亞議會中，譴責英國未與殖民地協商就擅自徵稅。「凱薩被老臣布魯圖（Brutus）刺殺，查理一世被克倫威爾推翻，喬治三世……」他還沒有講完，就有人大喊「叛國者！」打斷他。不過，有些殖民地的民眾對英國的行徑顯然已經忍無可忍了。不久，亨利就找到一位立場相同的盟友湯瑪斯．傑弗遜（Thomas Jefferson）。在波士頓，一群以「自由之子」自稱的群眾齊聚於釀酒廠，攻擊麻薩諸塞的英國稅務官及總督哈欽森的住宅。那群熱愛北美殖民地的群眾，後來成為大英帝國的反抗者，其中有一位年輕的商人叫約翰．漢考克（John Hancock）、一位慷慨激昂的鼓動者山繆．亞當斯（Samuel Adams），以及他擔任律師的堂弟約翰・亞當斯（John Adams）。

一七五四年召開奧爾巴尼會議以來，這是北美各殖民地的領導者首度因受刺激而團結起來。十月，北美殖民地的九個殖民地（包括賓夕法尼亞）在紐約舉行會議。該會議不僅要求撤銷印花稅法，也否決英國議會對殖民地徵收內部稅的權利。他們採用的座右銘，是十幾年前富蘭克林為了號召大家在奧爾巴尼團結起來，而在政治漫畫中使用的名言：「合則共榮，分則俱亡。」

當時富蘭克林遠在倫敦，並未馬上加入這股反動的熱潮。他寫信給休斯：「維吉尼亞議會的輕率令人訝異，我希望我們的議會能謹言慎行。」當時，富蘭克林仍然比較同情麻薩諸塞的總督哈欽森（後來變成他的勁敵）。他們兩人都偏好講理，反對暴民，對暴民的行動感到擔憂。哈欽森寫信告訴富蘭克林：「十年前在奧爾巴尼時，我們提議的聯盟並不是為了這些目的。」[11]

富蘭克林之所以反應不熱烈，部分原因在於他向來以和為貴，熱愛英國，又抱持著和諧帝國的夢想。他本質上是調停者，不是革命者，喜歡佐著馬德拉酒的機智討論，厭惡混亂失序和暴民行徑。美酒佳餚不僅使他罹患痛風，更導致他輕忽北美殖民地對英國的積怨與日俱增。或許更重要的是，當時他仍想放手做最後一搏，把賓夕法尼亞從領主管轄變成英王直轄。

那一直是不太可能達成的任務，如今印花稅掀起的動盪，導致賓夕法尼亞更不願接受英王的統治，也使英國當局更不願意聆聽殖民地的請願。一七六五年十一月，就在富蘭克林抵達倫敦一年後，以及因涉入印花稅法的議題而聲譽受損之際，樞密院正式宣布，延緩裁決富蘭克林提交的「反佩恩」請願書。富蘭克林最初認為（或起碼公開坦言）這只是暫時的挫折，但他很快就意識到英國當局的真正用意。正如湯瑪斯・佩恩在寫給總督約翰．佩恩的信裡所言，樞密院延緩裁決的舉動，意味著這個問題已經「永遠」停擺了。[12]

平反聲譽

一七六五年底，因為對印花稅法的態度模稜兩可，而使富蘭克林身為殖民地權利捍衛者的聲譽受損，面臨了政治生涯中前所未有的公關危機。於是，他又啟動書信攻勢來挽救頹勢。他在寫給合夥人霍爾及其他人的信中，堅決否認他曾支持過印花稅法。他也請英國這邊有影響力的貴格會教徒寫信為他辯護，福瑟吉爾寫信告訴費城的朋友：「我可以證實，富蘭克林竭盡所能地阻止印花稅法通過，他堅定主張北美殖民地的權利。」霍爾也在《賓夕法尼亞報》上刊登了那封信。

富蘭克林認為，若要迫使英國議會撤銷印花稅法，最好的方式是要求北美殖民地的人民抵制從英國進口的物資，也避免交易需要用到印花的商品。這樣做頗符合窮理查推崇的自力更生及節儉的美德，也可以號召英國商人及製造業者的支持（他們勢必會因為出口銳減損失慘重，而要求取消印花稅）。富蘭克林化名為「霍姆斯潘」（Homespun，有「簡樸」的意思）投書英國的報紙，有些人認為北美殖民地若不從英國進口茶葉之類的物資就活不下去了，富蘭克林在文中嘲諷那樣的想法。他說，必要的話，北美殖民地人甚至可以用玉米製茶，「烘焙過的玉米穗泡出來的茶湯，風味絕佳，難以言表。」[13]

富蘭克林在三個月內發表了至少十三篇抨擊印花稅法的文章，其中有兩篇是化名「霍姆斯潘」所寫的嘲諷文。在另一篇化名「旅者」（A Traveler）所寫的惡搞文中，他聲稱北美殖民地不需要進口英國的羊毛，因為「北美殖民地的綿羊尾巴上長滿厚重的羊毛，需要馬車或四輪車托住，才不會拖在地上」。富蘭克林也化名為「第二太平」（Pacificus Secundus），並訴諸反諷的老伎倆，假裝支持對北美殖民地強行進行軍事統治，那只需要五萬名英國士兵，每年開支僅一千兩百萬英鎊。「有些人認為摧毀殖民地，殺掉一半的殖民地居民，並把另一半趕到山上，會導致殖民地不再採購我們的製造品，因此反對那樣做。但是轉念一想就會發現，反正我們已經喪失那麼多歐洲貿易了，現在只剩北美殖民地在拉抬那些商品的價格，所以阻斷那邊的需求對我們大有裨益。這樣一來，我們就可以用更便宜的價格買到國內商品了。」他又說，這樣做對英國的唯一壞處是，「許多窮人會因為失業而餓死。」[14]

（前面常提到，富蘭克林常以匿名或化名的方式發表文章，從少年時期化名為賽倫斯・杜古德開始，後來又陸續化名為好事者、愛麗絲・艾德堂格、窮理查、霍姆斯潘等等。有時他是完全匿名，有時則是半遮半掩。這種情況在十八世紀並不罕見，當時的作家常那樣做，包括富蘭克林的偶像艾迪生、斯蒂爾、笛福等人都是如此。艾迪生曾語帶誇張地說：「現在出版的重要書籍中，只有不到十分之一是採用作者的本名。」當時大家認為匿名寫作比較聰明、高雅，也比較不容易遭到誹謗或煽動的指控。上流社會的人有時認為，自己的名字印在小冊子或媒體上有失身分。此外，匿名也可以確保大家在駁斥政治和宗教異議時，能就事論事，而不是人身攻擊。）[15]

富蘭克林還畫了一幅對應「合則共榮，分則俱亡」的漫畫，畫中顯示大英帝國遭到血腥地肢解，那些肢體上標示著各殖民地的名稱，下方的標語是：「給貝利薩留一便士」，暗指羅馬的貝利薩留將軍早年壓迫他統轄的領土，晚年死於貧困。富蘭克林把那幅漫畫印在卡片上，偏一個人站在英國議會門口發放卡片，也寄了一張給妹妹珍，他告訴妹妹：「這幅畫的寓意是，殖民地可能遭到摧毀，英國也會因此受到重創。」富蘭克林曾提醒一位英國大臣，強行推動印花稅法將使「兩地產生根深柢固的憎恨，埋下徹底分離的禍根。」[16]

此時的富蘭克林仍是忠貞的英國人，他還是很積極地阻止分裂發生。他偏好的解決之道，是在英國議會裡增設殖民地的代表席次。他和英國大臣見面開會以前，準備了一份筆記，概略地記了以下的論點：「增設代表席次有兩個好處：為英國議會提供資訊與消息；向遠方的殖民地傳達政府施政的理由……這樣做也可以永保帝國的統一，避免四分五裂。」

但他也警告，把握那個契機的時間已過。一七六六年一月，他寫信告訴朋友：「以前殖民地認為派代表到英國議會非常有利，也很榮幸。但現在他們覺得無所謂了，將來英國若是提供這樣的機會，他們仍可能接受，但不會主動要求。不過，總有一天他們會一口回絕。」

富蘭克林寫道，如果英國議會不願接受殖民地的代表，「退而求其次」的做法是採用傳統方式，要求每個殖民地的議會分擔款項。他在筆記上寫下第三種替代方案，那其實是往殖民地獨立邁進一步：「讓每個殖民地的議會派代表參加公共議會。」換句話說，北美殖民地自己成立聯邦議會，而不是受制於英國議會的法律。唯一能把北美殖民地和英國本土聯合起來的，是他們對國王的忠誠。這個概念是源自於十幾年前的計畫，他在筆記的旁邊寫下「奧爾巴尼計畫」這幾個字。[17]

一七六六年二月十三日，富蘭克林獲得向英國議會直接陳情的機會。他的登場可說是兼具遊說效果與戲劇性的精采演出，還獲得議會裡支持者的協助。那個下午他慷慨陳詞，搖身變成北美殖民地的發言人，也巧妙地恢復了他在北美殖民地的聲譽。

當天英國議會對他提出了一百七十四個問題，其中有多題是輝格黨的領袖羅金漢勛爵（Lord

Rockingham）事先草擬的，羅金漢勛爵對殖民地的處境深為同情，一直想為印花稅法的爭議找出解決方法，其他人則是敵意較深，但富蘭克林自始至終都很冷靜沉著，回應也充滿說服力。最先提問的是一位因英美貿易銳減而生意受損的製造商，他問北美殖民地是否已經自願繳稅給英國了。富蘭克林回答：「當然，不僅項目多，而且相當沉重。」他接著詳細說明北美殖民地的稅史（但是刻意未談到對領主土地徵稅的爭議）。

這時，一位反對者打斷他的話：「難道殖民地沒有能力支付印花稅嗎？」富蘭克林回答：「殖民地沒有足夠的金銀可以支付一年的印花稅。」

當初主張徵收印花稅的格倫維爾質問富蘭克林，難道他不同意殖民地應該為皇家軍隊所提供的保護付費嗎？富蘭克林回應，北美殖民地一直以來都是自己保護自己，也保護英國在北美殖民地的利益，他解釋：「上次戰爭期間，殖民地為近兩萬五千人提供衣物及經費，耗資數百萬。」而且後來僅獲得一小部分的補償。

富蘭克林強調，更重要的問題是如何促進大英帝國內部的和諧。印花稅的支持者格雷・庫柏（Grey Cooper）問道，推行印花稅以前，「北美殖民地對大英帝國的觀感如何？」

富蘭克林：「非常好！他們自願服從英王統治，遵守英國議會通過的各項法案……你們無須英國設置堡壘、要塞、駐軍以維持他們的歸順。英國動用一些筆墨和紙張就能管轄他們，他們只需隱約的牽引，對大英帝國不僅充滿敬意，也滿懷熱情，無論是法律、風俗禮節，還是時尚，都熱愛有加，這些都大大促進了商業發展。」

庫柏：「那他們現在的觀感呢？」

富蘭克林：「喔，差異很大。」

庫柏：「以前北美殖民地人如何看待英國議會？」

富蘭克林：「他們把英國議會視為保障其自由的堅定堡壘。」

庫柏：「現在他們不再那麼尊重議會了嗎？」

富蘭克林：「是的，大不如前。」

富蘭克林再次強調內部稅與外部稅的差別：「我從未聽說有人反對以徵稅的方式來規範商業發展，但是徵收內部稅向來不是英國議會的權利，畢竟我們在英國議會裡沒有代表席次。」

那麼，北美殖民地會妥協嗎？富蘭克林回應：「不會，這是原則問題。」難道只有動武才能逼他們繳交印花稅嗎？

富蘭克林回答：「我不知道如何動武達成那個目的？」

對方問：「為什麼？」

富蘭克林：「假設英方派兵到北美殖民地，他們會發現那裡沒有人武裝對抗他們，那他們怎麼辦？他們又不能強迫不用印花的人支付印花稅。他們在當地看不到叛亂，卻可能無中生有製造一場出來。」

最後，印花稅的支持者試圖否定外部稅和內部稅的區別，他們問：「要是殖民地成功否決內部稅，他們日後會不會連關稅和其他的外部稅都拒絕支付？」

「目前為止他們不曾這樣做。」富蘭克林回應：「最近這裡提出的許多論點，都想證明內部稅和外部稅毫無區別……目前他們尚未認同這種看法，但是過一段時間以後，他們可能會開始相信那些論點。」

這是戲劇性的結尾，也成了未來的預兆。富蘭克林強調內部稅和外部稅的區分，這是比北美殖民地那些新興領導人（包括麻薩諸塞議會的多數議員）更溫和、務實的立場。那些新興領袖都強烈反對英國對殖民地課徵重稅。不過，波士頓傾茶事件（Boston Tea Party）距離此時還是八年後的事。英國議會決定撤銷印花稅法時，大西洋兩岸都歡欣鼓舞，即使當時議會通過《公告法》（*Declaratory Act*），為未來的衝突埋下了禍根，大家似乎也不以為意。《公告法》規定，英國議會有權「在任何情況下」制定約束北美殖民地的法律。[18]

富蘭克林頭頭是道、剛柔並濟地堅定陳詞，對向來不願公開演講的富蘭克林來說，那是他一生中持續最久的演說辯論場合。他不是以滔滔雄辯的方式主張立場，而是持續以充滿說服力的論述，把焦點放在北美殖民地的現實狀況上。富蘭克林後來寫道，事後一位死對頭告訴他，「從那天起，他就因為我為家鄉辯護的精神而對我另眼相看。」富蘭克林在英國本來是以知名作家及科學家著稱，如今大家也認為他是北美殖民地最稱職的代言人。事實上，富蘭克林已經大致變成整個北美殖民地的大使，除了代表賓夕法尼亞以外，不久喬治亞也委任他擔任代表，接著紐澤西和麻薩諸塞亦跟進。

在費城，富蘭克林的聲譽也完全恢復了。好友史莊把議場上的辯論實錄寄給霍爾，讓他登報發表。史莊寫道：「這項可憎的法律之所以能夠迅速地全面撤銷，這次審議居功厥偉。」一艘名為「富蘭克林號」的駁船鳴炮向富蘭克林致敬。小酒館請每位從英國帶來這個好消息的人喝酒，也致贈小禮。費城的朋友湯姆森寫信告訴他：「你的敵人終於開始為他們卑劣的冷嘲熱諷感到羞愧，不得不承認殖民地多虧有你。」[19]

莎莉與理查．貝奇

抗爭印花稅這件事使富蘭克林想起妻子的美德，或至少使他對疏於照顧她而感到更加內疚。黛博拉的節儉和自立自強，象徵著北美殖民地寧可犧牲自我，也不願對不公的稅法屈服的特質。現在既然印花稅法撤銷了，富蘭克林馬上給黛博拉送上一船的禮物作為補償：十四碼的蓬巴朵綢緞（他說「一碼要價十一先令」）、兩打手套、給莎莉的一件絲綢睡衣和襯裙、一張土耳其地毯、乳酪、螺旋開瓶器、一些桌布和窗簾。富蘭克林也禮貌地告知，桌布和窗簾是史蒂文生夫人挑選的。隨著那些禮物，他也寫了一封家書：

親愛寶貝：

印花稅法終於廢除了，我想我應該為妳買一件新長袍。妳可能已經猜到我沒早一點送妳，是因為我知道妳不願穿得比鄰居好，除非那衣服是妳親手縫製的。萬一北美和英國之間的貿易完全停擺了，我一想到以前從頭到腳都穿妳親手縫製的衣服，就倍感安心，我這輩子沒穿過比那更好的衣服。我知道必要的話，妻女會再次為我縫製衣裳。

他還開心地提到，也許他回家時，還能吃到一點他寄回去的乳酪。不過，即使他反對印花稅時已年滿六十，而且這趟來英國的使命似乎也達成了，他仍不打算馬上回家。他已經計畫一七六六年夏季和摯友普林格醫生同遊德國。[20]

黛博拉寫給富蘭克林的信雖然措辭不太巧妙，但可以看出她的堅強和孤獨：「我沒有任何消遣，一直待在家中，等著你的來信。」她說，她排解孤寂及因應政治緊繃局勢的方法是打掃家裡，她也盡量不讓他知道她對政治的擔憂，以免他煩心（也許這樣做是為了遵照富蘭克林的指示）。「我寫了好幾封信給你，幾乎一天一封。但我在信中又忍不住提到政治，所以就把那些信燒了重寫，我寫了又燒，燒了又寫，這樣燒燒寫寫了好幾次。」談到他們剛蓋好的新家，黛博拉說她還沒把富蘭克林的畫掛到牆上，因為她不想在未經允許下在牆上打釘子：「男人在家和不在家的差異很大。男人不在家時，每個人都擔心做錯事，所以什麼都擱著不做了。」

富蘭克林的回信往往很像商業書信，大多是在談新家的細節。他寫道：「真希望廚房完工時我也在場，我想妳應該不太知道怎麼使用，我還沒告訴妳那些排放蒸氣和油煙的設計是怎麼運作的。」他在信中也會詳細指示每個房間該如何粉刷，偶爾會突然提到自己返鄉：「如果鐵爐還沒裝好，那就擱著吧，我會帶一個更方便的銅爐回去。」[21]

一七六六年底，富蘭克林和霍爾的印刷合夥關係在歷經十八年後終於到期了，但結局並不愉快。霍爾後來愈來愈不想利用《賓夕法尼亞報》攻擊領主，富蘭克林的兩個朋友資助一家新的印刷商辦報，承接起那項任務。霍爾認為，即使他們的合夥關係已經結束，富蘭克林另外資助別的印刷商，有違當初合夥協議的精神。霍爾哀怨地寫道：「儘管協議未明文禁止你不得插手本地的印刷事業，但是那道理不言而喻。」

富蘭克林從倫敦回信表示，那間新的印刷店「是在我不知情下設立的，我並未參與，我第一次得知那家印刷店，還是在你報上的廣告看到的。」富蘭克林坦言他真的很喜歡霍爾，對霍爾抱持不同的政治觀點或辦報理念也毫無異議，儘管他有一些政治盟友不這樣想。「我從來不覺得你屬於任何派系，就像你從未指責我在公共事務上選邊站，所以我從未因為你跟我立場不同而批評你，因為我認為每個人都應該有自行判斷的自由。」

不過，富蘭克林還是覺得有必要強調，既然合作關係已經結束，原始協議並未禁止他投入印刷事業：「十八年前，我不可能預見協議到期時，我會富有到不必營業為生。」接著，他又以貌似保證的威脅口吻說道，有人邀他合夥投入印刷事業，但是只要霍爾願意提供他更多應得的獲利，他就不會參與。富蘭克林談到和競爭對手合作的可能性時，他表示：「我知道這裡有不少顧客是因為我而來的，我希望你能提供我更多應得的獲利。」富蘭克林承諾，只要有那些錢再加上其他的收入，就足以讓他持續退休：「我將過得很充裕，再加上我開銷不大，這樣一來，我就沒必要再投入印刷事業了。」[22]

合夥關係結束，意味著富蘭克林的年收將減少約六百五十英鎊，這又激起了他的節約意識。他在倫敦的生活是混合節儉與放縱的中產階級生活。雖然他的生活或娛樂不像他那個身分地位的人那麼鋪張，但他喜歡旅行，他的記錄也顯示他買過一桶三十先令的高級啤酒（這與他初到倫敦時，主張吃麵包配開水更勝啤酒的儉樸習慣，形成了強烈的對比）。他的節約計畫主要是交由妻子來實踐，一七六七年六月，他寫信給黛博拉：

> 我們的一大收入來源中斷了，萬一我又失去郵政總長的職務（這也不是毫無可能），我們就只能靠

房租和利息過活，那絕對無法支應我們習慣的家用和娛樂方式。我住在這裡，總是在不影響生活舒適下盡量節約。我不宴客，獨自在家用餐時只吃一道菜。即便如此，這兒的生活費用依然高得驚人。我注意到我不在費城期間，家裡的花費也很大。我知道我不在家，肯定有很多人來看望妳，那開銷在所難免……但收入減少時，支出若不相對減少，勢必會陷入貧困。[23]

由於這封信是在他得知女兒陷入熱戀、希望他同意婚事之後寫的，他的回應顯得格外冷酷無情。這時莎莉已成為經常穿梭在費城社交圈的名媛，參加各種舞會，甚至還搭過總督佩恩的馬車。她愛上一個人品和財務狀況都不太可靠的男人。

這個有問題的追求者名叫理查・貝奇（Richard Bache），是來自英國的移民。抵達北美殖民地之初，先和兄長在紐約從事進口業務，兼做海事保險經紀人，之後來到費城，在栗子街開了一家乾貨店。貝奇很有女人緣，但沒什麼生意頭腦。他曾和莎莉的好友瑪格麗特・羅絲（Margaret Ross）訂婚，但瑪格麗特後來罹患重病，臨終時請莎莉代為照顧貝奇，莎莉欣然答應了。[24]

對黛博拉來說，先生不在家，要她一人決定莎莉的婚姻大事，責任過於重大。她寫信給富蘭克林，語帶些許的不滿：「我必須母兼父職，希望我的決定令你滿意，我竭盡所能地作好判斷了。」

像女兒結婚這樣的大事，理當會讓富蘭克林趕回北美殖民地才對，但他和家人依然疏離。他唯一一次趕回費城老家，是他兒子準備在倫敦結婚的時候。他寫信給黛博拉：「我還不確定這個夏天能不能回去，只要妳覺得這樁婚姻很合適，我不會耽誤她的幸福。」他隨信寄上兩頂夏日遮陽帽給莎莉，作為請女兒寬容自己留待英國的禮物。

幾週後，他寄出那封要求家人節儉的長信。富蘭克林叮嚀黛博拉：「別把婚禮辦得太鋪張，一切以節約為原則，咱們家現在的狀況確實需要如此。」他又補充提到，黛博拉必須告訴貝奇，他們會提供體面的嫁妝，但不會太豐厚：

> 我希望他不要期待我們死前會給莎莉豐厚的財產。我只能說，只要他證明他是莎莉的好丈夫、我的好女婿，他就會發現我這個岳父很不錯。但目前我相信妳也會同意，我們提供給莎莉的華服和家具，總值不超過五百英鎊。[25]

接著，又傳出更令人不安的消息。威廉照著富蘭克林的指示，去探查貝奇的財務狀況，結果發現一團亂。更糟的是，他還得知羅絲的父親之前也是因發現同樣的狀況，而拒絕他們的婚事。威廉報告：「貝奇先生總是想對他（羅絲先生）隱瞞自己的財務狀況。總之，他只是個攀龍附鳳的人，想娶名門千金，少奮鬥幾年。」威廉在信尾寫道：「看後焚燒勿留。」但富蘭克林卻把信留了下來。

所以，莎莉的婚事就此暫緩。貝奇寫信給富蘭克林，試圖向他解釋。他坦承之前確實面臨嚴重的財務危機，但他宣稱那不是他的錯。因為北美殖民地抵制印花稅時，他正好有一船貨物受到波及而蒙受損失。[26]

富蘭克林回信：「我深愛女兒，或許就像每位父母關愛孩子那樣。」這話也許有點誇張，「但我之前告訴過你，我的財力也不豐，僅夠我和內人生活……除非你能讓莎莉的朋友相信你有能力讓她過好日子，否則我希望你別堅持成婚，而為你們雙雙帶來無法彌補的傷害。」一當天富蘭克林也寫信告訴黛博拉，他覺得貝奇應該會打退堂鼓。富蘭克林寫道：「最近他在生意上遇到的麻煩，可能會阻止他倉促結婚。」一他提議讓莎莉到英國散心，還可以認識其他的對象，例如史莊的兒子。[27]

儘管富蘭克林的態度十分明確，但他在信中並未禁止女兒結婚。或許他認為自己既然不願回家處理這件事，也就沒有理由或權利如此下令。離家千萬里，也使他對家人的情感格外疏離。

這樁家務事已經夠奇怪了，更麻煩的是，史蒂文生夫人也來插手攪和。她和富蘭克林同住一個屋簷下多年，覺得自己和黛博拉情同姐妹，還寫信安慰她。史蒂文生夫人在信中寫道，富蘭克林心情不佳，連她也遭到波及，為了安慰自己，她去買了一些絲綢，為莎莉做了一件襯裙，儘管她們素未謀面。史蒂文生夫人坦言，其實她對於莎莉的婚事相當興奮，本來想買更多的禮物，但是被富蘭克林阻止了。她告訴黛博拉，她期待有朝一日能坐下來和她聊天，「我真的覺得，像妳這樣關愛先生的妻子，卻只能期待偶爾和先生相會，實在太辛苦了。」[28]

富蘭克林擱下煩悶的家務事，一七六七年八月前往法國度假。他寫信告訴黛博拉：「今年夏天我在英國待太久了，非常需要到外地走走以保健康。」一他在寫給波莉的信中提到，他的心情非常不好，所以沿途「老是和旅館的老闆吵起來」。他和旅伴普林格租馬車時被騙了，以致沿途欣賞的鄉野美景少之又少，對此他們都感到很不滿。富蘭克林抱怨，馬伕給的理由「讓我幾乎希望人類先天就沒有邏輯推理的能力，反正他們也不知道如何動腦推理。」

不過，他們抵達巴黎後，情況就好轉了。富蘭克林覺得法國女性塗胭紅的方式很有意思，他還寫信給波莉詳述細節，而不是寫給女兒。「在一張紙上剪一個直徑三英寸的圓孔，把那張紙放在臉頰上，讓圓圈的上緣正好在眼睛下方。接著以筆刷蘸上胭脂，搽在圓孔和紙上，之後把紙拿開，臉上就留下圓圓的胭紅。」[29]

富蘭克林在法國是名人，受到盛情款待。法國甚至把電學實驗者稱為「富蘭克林人」（franklinistes）。富蘭克林和普林格獲邀到凡爾賽宮參加法王路易十五和瑪麗王后所舉行的盛大晚宴。富蘭克林寫信告訴波莉：「路易十五親切愉悅地與我們交談。」儘管富蘭克林和英國大臣的關係齟齬，他強調自己對英國依然一片忠心，「我仍然認為我們的國王和王后才是世界上最好、最可親的后王。」

富蘭克林寫道，凡爾賽宮富麗堂皇，但疏於維修，「磚牆破敗，窗戶也殘破不全。」但巴黎有一些清新的特點，頗符合他改善市容的喜好。巴黎的街道天天有人打掃，所以「很適合步行」，不像倫敦的街道凌亂；「水池以細沙濾水，使水質純淨如天賜甘泉」。他不回家陪女兒準備婚事，卻自己訂製了新衣，還買了「絲袋假髮」（他寫信告訴波莉，那假髮讓他看起來「年輕了二十歲」）。這次旅行對他的健康大有裨益，他甚至開玩笑說：「我有一次差點向朋友的妻子示愛了。」[30]

富蘭克林從法國回到英國後，就迫不及待寫長信給波莉及其他友人，卻只寫了一封簡短的家書。黛博拉的信中很少提到女兒的近況，只說女兒對於婚事遭到擱置感到「失望」，富蘭克林對此似乎很惱火。他寫信告訴黛博拉：「從法國回來以後，身心狀況極好」，接著才隨口問起莎莉的狀況。

當時他不知道，其實莎莉和貝奇早就結婚了。一七六七年十月，《賓夕法尼亞紀事報》（*Pennsylvania Chronicle*）（富蘭克林《賓夕法尼亞報》的新對手）刊登以下的訊息：「本城商賈理查・貝奇先生與富蘭克林博士的獨生女莎莉・富蘭克林小姐喜結連理。明日港口的所有船舶都將升旗祝賀。」[31]

毫無跡象顯示富蘭克林因錯過獨生女的婚禮而感到遺憾。十二月，富蘭克林的妹妹珍寫信給他，恭賀「愛女與她深愛且值得託付終身的青年才俊成婚了」。翌年二月，富蘭克林才冷淡地回應：「她和她的母親都很開心，我希望她將來過得好，但我覺得他們結婚前應該多看看更好的對象。」[32]

後續幾個月，富蘭克林只零星寫了幾封家書，信中表達了他對黛博拉和莎莉的關愛，但從未提及貝奇。一七六八年八月，富蘭克林才寫信給貝奇，接納他是家庭的一分子。那封信開頭頗為友善，「親愛的女婿，」但語氣很快又變得有些冷酷，「我覺得你在事業前景堪憂之際貿然成家，極其輕率魯莽。」富蘭克林解釋，這是他之前未回覆貝奇來信的原因，「我說不出中聽的話，所以選擇不把真實的想法寫出來。我想，既然回信無法帶給你們快樂，我也不願帶給你們痛苦。」不過，信末，富蘭克林的立場又稍微軟化了，他寫道：「時間緩和了我的想法，讓我逐漸釋然，我送上最好的祝福。如果你能證明你是個好丈夫、好女婿，你也會覺得我是個好岳父。」最後，富蘭克林附注，他獻上對莎莉的關愛，也寄了一只新錶給她。

黛博拉收到信時十分激動，她把那封信轉寄給波士頓的貝奇，並隨信寫道：「貝奇先生（我的女婿），告訴你一個好消息：信裡雖無美言，但我期待你們翁婿倆將來相處愉快。」[33]

一七六九年初，黛博拉接到富蘭克林捎來的好消息。他寫道，他的身體硬朗，但「根據自然規律，我知道這種狀態不可能持續太久。」這時富蘭克林剛滿六十三歲，他表示，他「對未來別無他求，只期待返鄉和親友共度晚年」。莎莉聞訊，偕同夫婿從波士頓趕到費城，希望能見到富蘭克林。但是富蘭克林寫歸寫，其實還沒準備好返鄉。

那天春天，富蘭克林得知黛博拉輕微中風後也沒回去。黛博拉的醫生寫信給富蘭克林：「這是年老體衰的症狀，有危險之虞。」富蘭克林諮詢了身為皇后御醫的普林格，並把普林格的建議轉寄給黛博拉。黛博拉對於這樣任性的丈夫，終於忍不住表達些許的不滿。她不僅鄙視那些建議，還說她之所以生病，主要是因為他長年不在家，導致她「失落痛苦」：「我只是再也承受不住而倒地不起。」

就連好消息也無法吸引富蘭克林返回費城。那年夏天，富蘭克林得知莎莉懷孕後，寄給莎莉一份高級小禮以傳達關愛之情：六個雙耳銀杯，孕婦通常用它來盛裝流質滋補的食物（例如葡萄酒、麵包和香料混煮的酒湯）。莎莉也沒錯過拉近父女感情的機會，一七六九年八月孩子誕生時，她把孩子命名為班傑明．富蘭克林．貝奇（Benjamin Franklin Bache），暱稱班尼．貝奇（Benny Bache）。後來富蘭克林和幾個孫子的關係都比子女還要親近。班尼．貝奇就像表哥坦普一樣，後來變成富蘭克林的跟班。不過，班尼剛出生時，富蘭克林只送上最誠摯的祝福，並叮囑莎莉一定要帶孩子去接種牛痘，以防天花。[34]

替代家庭

富蘭克林對於家庭生活顯然用情不深，就像個人生活的其他面向一樣。不過，他還是需要家庭的溫暖慰藉以及知識上的交流啟發，這正是倫敦那個替代家庭的作用所在。克雷文街的那個家，洋溢著費城老家所欠缺的活力。房東史蒂文生夫人比黛博拉活潑熱情，波莉也比莎莉聰明伶俐一些。一七六九年九月，富蘭克林剛從法國回來不久，波莉的身邊出現了一位比貝奇優秀的追求者。

波莉當時三十歲未婚，威廉．修森（William Hewson）對她來說是很好的對象。修森是醫學研究者兼講師，前程似錦。波莉從鄉下寫信給富蘭克林，在信中誇讚修森：「他一定很聰明，因為他的思維和我們一樣。

哪天我和這位年輕人私奔了，希望你和我媽不要訝異，雖然這對三十歲的女子來說有些莽撞。」

波莉一邊開玩笑，一邊對富蘭克林撒嬌，說（或假裝）她對於和修森結婚沒多大的興趣。她告訴富蘭克林：「他也許太年輕了。」波莉說她滿心歡喜，但她不確定「那是因為認識這位新朋友，還是得知老朋友（指富蘭克林）回到英國的緣故。」

富蘭克林隔天就回信了，信裡打情罵俏的成分多於祝賀：「說實話，我真嫉妒這位討你歡喜的年輕英俊大夫。」富蘭克林說，他寧可往自己臉上貼金，「撇開理智」，把「妳滿心歡喜想成是因為我安全回來的緣故。」

波莉和修森遲遲沒有結婚，拖了近一年，因為富蘭克林不願建議波莉接受修森的求婚。最後，一七七〇年五月，富蘭克林寫信表示他沒有異議，但看起來又不像全心全意地贊同。「我相信，對於妳自己的終身大事，妳比我更有判斷力。」接著又說，他覺得那樁婚事「合乎情理」。至於波莉擔心嫁妝不夠豐厚，富蘭克林告訴她：「對我來說，即使妳毫無嫁妝，本身就是豐厚的資產。」[35]

富蘭克林雖然沒參加親生兒女的婚禮，卻打定主意絕不錯過波莉的婚禮。即使婚禮在仲夏舉行，他也不像往常那樣出國旅遊，而是扮演父親的角色，挽著波莉的手步入教堂。幾週後，他聲稱看到波莉獲得幸福的歸宿，他很開心；但又坦言，一想到可能失去她的友誼，「不免情緒低落」。所幸，兩人的友誼絲毫未變。富蘭克林後來和波莉及修森相當親近，波莉和他一輩子通信逾一百三十封之多。

事實上，波莉和修森結婚幾個月後，就到富蘭克林的住處待了幾天，當時史蒂文森夫人正好去鄉間造訪朋友。富蘭克林和他們刻意發行了一份假報紙作為紀念。一七七〇年九月二十二日週六，《克雷文街報》（*The*

Craven Street Gazette）報導「瑪格麗特女王」（亦即史蒂文森夫人）出訪，富蘭克林因此脾氣暴躁，「今早『大人』（因為他個頭大）脾氣暴躁，新任大臣承諾晚餐吃烤羊肩和馬鈴薯，他依然一臉慍容。」報上還說，富蘭克林火冒三丈，因為瑪格麗特女王把衣櫥的鑰匙帶走了，他找不到褶邊襯衫，害他無法去聖詹姆斯宮參加冕典禮。「他為此大吵大鬧，表達對女王陛下的不滿……後來終於在別處找到襯衫，但為時已晚。」

那份假報紙拿富蘭克林的種種怪癖開了四天的玩笑。例如，他違反節約能源的信條，趁其他人都出門時，自己在臥房裡生火；他誓言修理大門，最後卻放棄了，因為他無法決定到底要買新鎖，還是買新鑰匙；他誓言週日上教堂做禮拜等等。週日版的《克雷文街報》報導：「根據遺憾的經驗，下決心容易，但執行困難。儘管昨日樞密院鄭重下令，今天還是無人上教堂。『大人』的龐大身軀似乎賴床太久，早餐尚未吃完已趕不上禮拜。」這個故事的啟示充滿了窮理查的意味：「指望大人物以身作則改進自己，無異是緣木求魚。」

其中一則假新聞特別有趣，那則新聞描述富蘭克林對一位住在附近的女人大獻殷勤。那週日，富蘭克林假裝登門拜訪，「胖博士在自家飯廳裡繞了四百六十九圈，那距離正好和他走到美麗的巴韋爾夫人府上相當。他發現巴韋爾夫人不在家，所以也不必為了要不要親吻她而內心天人交戰。他坐在安樂椅上，幻想他已經得到巴韋爾夫人的香吻。」史蒂文生夫人離家的第三天，《克雷文街報》報導胖博士「開始期待女王陛下歸來」。

最後一期的報紙上刊登了富蘭克林風格獨到的投書，署名「憤慨」，大肆抨擊伙食和居住狀況，並譴責波莉及其夫婿：「要是這些惡徒繼續掌權一週，這個國家就毀了；要是女王再不回來，我們就亡國了！更好的做法是把他們趕出去，指派我和朋友來接任他們的位子。」一位署名「醜聞痛恨者」的人回應，脾氣暴躁的富蘭克林已獲得很好的禮遇，晚餐是牛肋排，卻被他嫌棄，說「牛肉導致他排汗不佳，背部奇癢無比。更氣人的是，他把俗稱『不求人』的抓癢象牙小手搞丟了，那是女王陛下賜給他的禮物。」[36]

富蘭克林在克雷文街的家裡可以盡情地展現許多怪癖，其一是每天清晨享受長達一小時的「空氣浴」：打開窗戶，「一絲不掛地坐在房裡」。另一個怪癖是打情罵俏。知名的印刷商查理斯・威爾森・皮爾（Charles Willson Peale）描述他某次臨時去克雷文街造訪富蘭克林，發現「一名年輕女子坐在富蘭克林博士的腿上」。那名女子可能是波莉，但皮爾後來畫的素描模糊不清，無法確定。[37]

後來，波莉和修森搬進了克雷文街的屋子，連修森研究的骨骼、「加工過的胎兒標本」、醫學研究的其他工具也搬來了。最後，富蘭克林和史蒂文生夫人搬到相隔幾戶的房子居住。從富蘭克林寫給史蒂文生夫人的一封信裡，可以看出他們之間的奇怪關係。當時史蒂文生夫人照例去鄉間造訪朋友，富蘭克林在信中引用窮理查的名言「魚兒三日臭，訪客三日腥」來提醒她，作客太久令人煩厭，催她快搭下一班公共馬車回家。但是為了避免史蒂文生夫人以為他太依賴她了，他又刻意說獨來獨往的日子頗為愜意。富蘭克林宣稱：「我覺得自己做主的日子真是稱心如意，想去哪兒，就去哪兒，想做什麼，就做什麼。但這種幸福也許太多了，恐怕只有聖人和隱士有福消受。像我這種罪人，注定只能和人住在一起，相互折磨。」[38]

希爾斯伯勒和湯森稅法

為了廢除印花稅法慷慨陳詞時，富蘭克林一度嚴重誤判：他說北美殖民地認為英國議會有權徵收關稅、進口稅之類的外部稅，但無權徵收國內交易的內部稅。一七六七年四月，他署名「兩地之友」和「好心人」投書倫敦的報紙，又重複了同樣的論點。為了緩和當時大西洋兩岸的緊張關係，富蘭克林強調北美殖民地一直很願意為大英帝國的防禦籌募資金。他寫道：「殖民地對進口的貨物繳納關稅，藉此支付了所有的外部稅，從未質疑過英國議會徵收那些稅賦的權力。」[39]

新任的財政大臣查爾斯・湯森（Charles Townshend）之前就曾在英國議會裡質問富蘭克林只接受外部稅、但不接受內部稅的說法。他覺得那樣區別根本是「胡扯」，但他決定假意取悅（或說欺騙）殖民地，姑且先接受這種說法。湯森曾在酒酣之際做過一次精采的演說，因此有「香檳查理」的暱稱，他在那場演講中，提議對殖民地進口的玻璃、紙張、瓷器、顏料、茶徵收進口稅。更糟的是，部分稅金將用來支付皇家直屬殖民地總督的薪酬，這樣一來，他們就不必受到殖民地議會的約束了。

就像當初印花稅法剛通過時那樣，一七六七年六月湯森稅法剛通過時，富蘭克林不太在意，也沒發現自己脫離殖民地上日益高漲的激進主義甚遠。當時，波士頓之類的港市對湯森稅法的反對特別激烈。以山繆・亞當斯為首的「自由之子」，圍著波士頓公園附近的一棵「自由之樹」起舞，激起大眾的同仇敵愾。亞當斯使麻薩諸塞議會起草了一封通知函給其他的殖民地，呼籲大家聯合起來反對湯森稅法。英國政府要求麻薩諸塞議會撤回該信函，麻薩諸塞議會拒絕遵守，於是英國遂派兵前往波士頓。

北美殖民地反彈湯森稅法的消息傳到倫敦後，富蘭克林的態度依舊溫和，他還寫了一系列的文章呼籲雙方「依禮行事」。富蘭克林寫信告訴費城的朋友，說他不認同波士頓日漸興起的激進主義。他也在英國發表文章，努力安撫兩邊的對立（事實上，他可能太過認真了）。

一七六八年一月，他匿名在《倫敦紀事報》上發表一篇長文，標題是〈北美殖民地不滿的原因〉，那篇文章充分反映出他亟欲調停雙方的對立。他從英國人的觀點出發，解釋為什麼北美殖民地認為他們的議會應該控制所有的稅收政策，文中也古怪地補充：「我並非支持這些觀點。」他說他的目的是要讓大眾「知道北美殖民地的想法」。為此，他提出兩面討好的論點：他先警告英國議會，徵稅會激怒北美殖民地，使其脫離大英帝國，接著又假裝哀嘆「我並不想支持這些胡言亂語」。[40]

富蘭克林看到費城報紙刊登一系列名叫「賓夕法尼亞農民投書」的匿名文章後，反應也很類似。當時，富蘭克林並不知道那些文章是在領主抗爭中和他立場相反的迪金森所寫的。迪金森的文章坦言，英國議會有權規範貿易，但他主張英國議會在殖民地尚未同意下，無權提高殖民地的稅賦。一七六八年五月，富蘭克林把那些文章編成小冊子在英國發行，還親自寫序，但他不願為那些論點完全背書，「目前我暫時不想評斷這些觀點的是非對錯。」

那時，富蘭克林開始發現，區別內部稅和外部稅的論點可能行不通了。三月，他寫信告訴威廉：「我愈是思考及廣泛閱讀這個議題，就更加確定沒有折衷的立場可選。」眼前只有兩種選項：「要嘛英國議會握有為北美殖民地制定**所有**法律的權力，要嘛就是他們**完全沒有**權力為我們制定法律。」他的立場開始偏向後者，但他坦言自己還不確定。[41]

一七六八年的上半年，富蘭克林對於英國議會的徵稅權一直抱持這種模稜兩可的看法，這導致當代人及後世的歷史學家對於他的立場產生了不同的看法。實際上，當時有很多因素在他的腦中糾結不清：他真心希望以溫和講理的方式，恢復英國與殖民地之間的和諧關係；他也想放手一搏，把賓夕法尼亞從領主掌控轉變成皇家直轄；他仍希望獲得英國政府的支持，取得更多的土地授予。最重要的是，正如他在一些信裡所言，他依然舉棋不定，尚未確定立場。

此外，還有一個讓情況更加複雜的因素。他渴望協助化解紛爭，再加上他仍有一些雄心壯志，導致他期待英國政府能指派他擔任監管殖民地事務的官員。當時希爾斯伯勒勛爵（Lord Hillsborough）剛獲任為殖民地大臣，富蘭克林誤以為他會對殖民地很友善。一月，富蘭克林寫信告訴朋友：「我覺得這位貴族大體上不會是北美殖民地的敵人。」他在寫給兒子的信中，透露了自己的抱負：「聽說上面正在討論指派我擔任希爾斯伯勒勛爵的副手。」但他坦言機會不大：「這裡的人認定我過於偏袒北美殖民地。」

這就是富蘭克林左右為難的癥結所在。他在寫給朋友的信中提到，他「在英國被認為太偏向北美殖民地，在北美殖民地又被認為太偏向英國」。夢想大英帝國能夠和諧地壯大，使他始終希望自己可以兼顧北美殖民地和英國的利益。他表示：「我在北美殖民地土生土長，在英國長住並結識了許多朋友，我希望兩邊都能蓬勃發展。」所以，他有興趣擔任公職，把大西洋兩岸的大英帝國拉攏在一起，甚至對這樣的職位有所期待。[42]

希爾斯伯勒後來同時兼任殖民地大臣及貿易委員會的主席，權力愈來愈大。其他的英國大臣為了制衡他的權力，推舉富蘭克林出任公職。那些支持富蘭克林的英國大臣中，最引人注目的是在湯森過世後繼任為財政大臣的諾斯勛爵（Lord North）。六月，富蘭克林與諾斯勛爵見面時，坦言他打算返回北美殖民地，但又補充：「如果政府有需要我效勞的地方，我會欣然留下來。」諾斯聽出了他的言下之意，開始想辦法遊說其他的大臣支持富蘭克林的任命。

但事與願違。一七六八年八月，富蘭克林與希爾斯伯勒勛爵開了一場漫長且意見分歧的會議，他為英國政府效勞的希望也就此幻滅。希爾斯伯勒公開宣稱無意起用富蘭克林，他屬意找忠心耿耿的約翰·波納爾（John Pownall）擔任副手。富蘭克林對此感到失望，他寫信給賓夕法尼亞議會裡的盟友加洛維，說波納爾「似乎對我們有強烈的偏見」。更糟的是，希爾斯伯勒也斷然表示，以後再也不考慮從領主手中接管賓夕法尼亞這個議題。在兩大希望都落空下，富蘭克林也準備好不再以中立觀點看待殖民地對抗英國議會一事，而重要的轉捩點也到來了。[43]

北美殖民地愛國者

釐清想法後，富蘭克林開始打筆戰，撰文抨擊希爾斯伯勒和湯森稅法。以往他的文章大多是匿名撰寫，但這次他不太掩飾身分，甚至有一篇還直接以諧音 Francis Lynn 署名。他寫道，「英國大臣突然覺得英國議會有權對北美殖民地徵稅以前」，北美殖民地和英國的關係一向友好。他宣稱殖民地無意反叛英國國王，但是那些糊塗的大臣可能「為了增加英國議會對遠方民眾徵稅的權力，而把數百萬忠誠的子民變成叛徒」。這個狀況需要想辦法解決。「英國難道沒有賢能之士可以提出調解的方法、避免種下禍根嗎？」在另一篇文章中，富蘭克林以關心此事的英國人口吻，提出七項「疑問」，請「那些支持對北美殖民地採取強硬手段的紳士」考量，其中一項疑問是：「為何在不經他們的同意下剝奪他們的財產？」至於希爾斯伯勒，富蘭克林稱他是「我們的新哈曼（Haman）*」。[44]

富蘭克林的對手也撰文還擊。《報典》（*Gazetteer*）上出現一篇署名「馬基維利」（Machiavel）的文章，該文指出許多北美殖民地的人「投書報社，並把樹木奉為自由的象徵」，藉此抱怨英國政府徵稅，但是在此同時又偷偷推薦友人擔任要職，也「想為自己謀個一官半職」，根本是「可笑的愛國主義」。馬基維利列出一份偽君子的名單，共有十五人，而擔任郵政總長的富蘭克林高居第一位。富蘭克林匿名回應，北美殖民地攻擊的對象是英國議會，不是英國國王，「北美殖民地人是國王的忠誠子民，他們覺得自己跟蘇格蘭人及英格蘭人一樣，有權在家鄉擔任公職。」

整個一七六九年，富蘭克林愈來愈擔心局勢發展將導致北美殖民地與英國決裂。他認為，英國即使動武，也無法讓北美殖民地臣服，北美殖民地很快就有足夠的實力獨立出來。萬一這種情況真的發生了，英國將會錯失建立和諧帝國的良機，因此後悔莫及。一七七〇年一月，富蘭克林發表了一篇寓言闡明這個觀點。那篇寓言描述一隻小獅子和一隻大型的英國犬一起搭船旅行。那隻狗老是欺負小獅子，「常用蠻力搶小獅子的食物」。但後來獅子長大了，變得比狗更強壯，有一天牠忍無可忍，「狠狠地教訓」了那隻狗，使那隻狗「後悔當初結怨未結友」。富蘭克林還在文中註明，「本文謹獻給」希爾斯伯勒勛爵。[45]

很多英國議員試圖尋找折衷之道，有人提議撤銷大部分的湯森稅法，僅保留茶葉稅，藉此重申英國議會保有規範貿易和關稅的權利。這種務實方案在早些時候可能對富蘭克林有吸引力，但此時他已經無意主張中立。他寫信告訴史莊：「北美殖民地所抱怨的，不是茶葉稅造成的負擔，而是徵稅這件事的本質。」片面撤銷法規「可能使問題愈演愈烈」，導致「瘋狂行徑」及事件增溫，「終至完全分裂」。[46]

事實上，分裂主義的情緒在北美殖民地已經點燃，正在波士頓延燒。一七七〇年三月五日，一名學徒侮辱了一位派駐殖民地執行湯森稅法的英國軍人，結果引發了衝突，激怒一群波士頓民眾手持武器走上街頭，

＊譯注：聖經裡的人物，是波斯王的大臣。他因一位猶太人看到他不跪拜，而企圖滅絕波斯帝國境內的所有猶太人，但後來走漏風聲，讓王后得知了消息。王后也是猶太人，設宴揭其詭計，將他處以死刑。

對著英軍挑釁：「有種開槍啊！」英軍還真的開火了，導致五位民眾喪生，這就是所謂的「波士頓慘案」（Boston Massacre）。

當月，英國議會照著議員的提案，撤銷茶葉稅以外的湯森稅法。富蘭克林寫信給費城的朋友湯姆森，那封信很快在北美殖民地刊登出來了。他在信中號召北美殖民地的人民，繼續抵制英國生產的所有商品。他主張，北美殖民地必須「堅定立場，堅持到底」。

這時富蘭克林終於跟上北美殖民地普遍興起的愛國情操（其中以麻薩諸塞最為狂熱）。富蘭克林寫信給波士頓的牧師薩謬爾・庫伯（Samuel Cooper）時，宣稱英國議會無權對殖民地徵稅，也無權派兵到北美殖民地：「他們其實沒有那樣的權利，他們聲稱的權利完全是強取豪奪來的。」

不過，他和很多北美殖民地人一樣，還不願主張完全脫離英國。他認為解決之道是建立一種新體制：殖民地的議會依舊對英王效忠，但不再屈從於英國議會。誠如他對庫伯說的：「讓我們繼續效忠國王（他對北美殖民地最和善，我們的蓬勃發展也對王室有利），因為持續效忠可能是避免我們受到腐敗的英國議會濫權打壓的最好方法，英國議會根本不喜歡我們，只覺得他們有權壓榨我們。」這是聯邦治理的巧妙對策，但是這個主張有個未經證實的假設：英國國王比英國議會更贊同殖民地的權利。[47]

富蘭克林寫給庫伯的信在殖民地廣為傳播，因此麻薩諸塞的下議院也任命他擔任他們的駐英代表。一七七一年一月，富蘭克林造訪希爾斯伯勒，遞交新的任命書。希爾斯伯勒正為了上朝更換正式的服裝，他開心地邀請富蘭克林到他房裡。但富蘭克林提到新的任命時，希爾斯伯勒嘲笑道：「富蘭克林先生，我必須點醒你，你不是代表。」

「大人，我不明白您的意思。」富蘭克林回應，「我把任命書帶來了。」

希爾斯伯勒堅稱，麻薩諸塞的總督哈欽森已否決議會任命他的提案。

「那沒有提案。」富蘭克林說，「那是議會表決的結果。」

「議會無權任命代表。」希爾斯伯勒憤怒地反駁：「除非總督批准了議會的代表提案，我們才會承認。」

希爾斯伯勒的說法顯然似是而非，畢竟，富蘭克林早就是賓夕法尼亞議會的代表，他並未獲得佩恩家族的批准。希爾斯伯勒只是想撤銷人民選擇駐英代表的權利，富蘭克林對此十分震驚：「大人，我實在不明白，為什麼指派**人民**的代表還需要得到**總督**的同意？」

於是，兩人的對話急轉直下。希爾斯伯勒的臉色轉為鐵青，開始滔滔不絕地解釋為什麼他必須「堅定立場」，才能讓那些叛亂的殖民地恢復秩序。對此，富蘭克林嘲諷：「我覺得代表是否獲得承認並不重要，因為**現任**代表對任何殖民地都毫無用處，所以我也不再給您添麻煩了。」語畢，富蘭克林隨即轉身離去。回家以後，他馬上把他們的對話記錄下來。[48]

富蘭克林寫信告訴波士頓的庫伯，希爾斯伯勒「對我最後的回應相當不滿，他說那極其粗俗無禮，我想他沒誤解我的意思。」

原本，富蘭克林假裝不在乎希爾斯伯勒的敵意，他在寫給庫伯的信中提到：「反正其他的英國大臣也不喜歡他。」在另一封信中，他描述希爾斯伯勒「高傲，目中無人，對自己的政治才華極其自負，喜歡阿諛逢迎之輩，敵視直言不諱之士。」富蘭克林猜測，希爾斯伯勒之所以仍大權在握，是因為其他大臣「不知道該如何處理這個判斷錯誤、但精力旺盛的傢伙」。

但不久就可以明顯看出，富蘭克林很懊悔他和希爾斯伯勒攤牌。史莊注意到富蘭克林變得「非常拘謹寡言，使本來就不太活躍的他變得更足不出戶，難以邀他參與任何事情」。那件事也使富蘭克林對北美殖民地與英國之間日益緊繃的局勢更加悲觀。他向麻薩諸塞的通訊委員會報告，從英國議會的行動可以看到「兩邊徹底分裂的種子已經播下」。而那封信也帶出了富蘭克林比較激進的一面，他寫道：「這場殘酷的抗爭，最後要不是導致北美殖民地陷入絕對的奴役，就是使英國失去殖民地，元氣大傷。」[49]

富蘭克林雖然悲觀，還是希望能促成和解。他建議麻薩諸塞議會不要「公開否定及反抗」英國議會的權威，而是「逐漸消除英國議會自以為對北美殖民地具有的權威」。他甚至告訴庫伯「讓祖國保留顏面，對我們來說比較謹慎明智」，他也持續鼓吹對國王效忠，而不是對議會效忠。

這導致一些敵人指控他過於息事求和。雄心勃勃的維吉尼亞人亞瑟·李（Arthur Lee）寫信告訴朋友山繆·亞當斯：「富蘭克林博士並非被騙了，他只是淪為希爾斯伯勒勛爵的工具罷了。」李還指控富蘭克林只是想保住郵政總長的職位以及兒子的官位。他說，這一切可以解釋「他對北美殖民地的事務為何總是採取兩面討好的手段」。

李的指控當然有其動機，他想取代富蘭克林擔任殖民地的駐英代表，但富蘭克林依然獲得麻薩諸塞多數愛國者的支持，其中包括亞當斯（至少暫時還是）。亞當斯不理會李的來信，還任那封信的內容流露出去。富蘭克林在波士頓的朋友，包括湯瑪斯·顧盛（Thomas Cushing）和庫伯等人，都紛紛表達對富蘭克林的支持。庫伯寫道，李的攻擊「確定了你的重要性，也顯示了他的卑劣」。但是這也彰顯富蘭克林想同時當忠誠的英國人及愛國的北美殖民地人的困難度。[50]

第十一章　反叛

倫敦，一七七一 - 一七七五年

一七七一年的假期

一七七一年夏天來臨時，富蘭克林決定暫時擱下公共事務的煩憂。這時他的政治任務各個滯礙難行，毫無進度，例如對抗領主及英國議會、爭取土地授予及公職指派等等，但他依然沒有返鄉的念頭。於是，他再次以最愛的方式來排解政治壓力，連續多次出門遠遊，一直玩到當年年底才罷休。五月，他先去英國工業發達的中部和北部；六月和八月，到南部待在朋友的莊園裡；秋季，去愛爾蘭和蘇格蘭度假。

五月漫遊中，他造訪克拉珀姆（Clapham）*，那裡有個大池。當時風很大，水面動盪，所以他決定乘機測試「油平靜水面」的理論。他只用一茶匙的油，就驚見「水面立刻平靜」，而且效果逐漸延展，使「四分之一的池子，約莫半英畝的面積，平靜得像鏡面一樣」。

富蘭克林繼續認真地探究油對水的效應，但他也發現這可以拿來玩點小伎倆作樂。他寫道：「那次實驗

*譯注：十七世紀至十八世紀該區出現許多鄉間房屋，曾是上層階層喜好居住的地區。

後，我設計了一枝竹拐杖，把一些油放在上面中空的竹節裡，每次下鄉就隨身帶著。」他造訪謝爾本勛爵（Lord Shelburne）時，與一群朋友沿著小溪散步，其中包括知名演員戴維．蓋瑞克（David Garrick）以及來訪的法國哲學家莫雷萊神父（Abbe Morellet）。富蘭克林告訴朋友，他能夠讓水面平靜下來。他走向上游，把竹枴杖放入水中攪動三下，水面就平靜下來了。不過，後來他向朋友展示那枝竹拐杖，並說明了戲法的玄機。[1]

兩位科學家友人陪同走訪英格蘭的中北部，他因此有機會研究工業革命的興起處。他們在羅瑟勒姆（Rotherham）參觀了一家生產鐵錫的工廠，在伯明罕參觀金屬鑄件廠，在德比（Derby）參觀運作的卷軸數達六萬三千七百個的絲綢廠，看到「纏繞卷軸的工作都是五到七歲的童工在做」。在曼徹斯特，富蘭克林搭乘橋水公爵（Duke of Bridgewater）的高級船艇。船在馬的拉動下，穿過橫跨河流的水渠，抵達煤礦區。在里茲附近，他們去拜訪科學家卜利士力。卜利士力為他們「展示幾個精采的電學實驗」，並描述他發現的多種氣體。

之前，富蘭克林曾譴責英國的商業貿易法，刻意壓抑殖民地的製造業發展。他主張（雖然有點不真誠），英國無須擔心北美殖民地變成其工業對手。不過，在一七七一年度假所寫的信中，他詳細地建議殖民地發展絲綢、服飾、金屬業，以便讓殖民地達到自給自足的境界。他在寫給麻薩諸塞友人顧盛的信中提到，他「愈來愈覺得」，英國「無法」滿足北美殖民地日益成長的服飾需求，「所以，基於必要及深謀遠慮，我們應該從自己的工業中尋找資源。」

六月初，富蘭克林暫時回到倫敦，他寫信告訴黛博拉，這是為了「進宮廷為英王祝壽」。即使對議會的徵稅政策有諸多的不滿，富蘭克林依舊是英王喬治三世的忠實支持者。那週他寫信告訴顧盛：「雖然我們抵抗英國議會越權徵稅，我還是希望我們對國王和王室依舊忠貞不渝。」[2]

在倫敦待了兩週以後，富蘭克林前往英國南部的溫徹斯特（Winchester）附近造訪朋友希普利，在他那座位於特懷福德（Twyford）的都鐸式莊園裡待了一段時間。希普利是威爾斯的聖公會主教，但大多時間他都和妻子及五位活潑的女兒待在特懷福德。這次造訪希普利的經驗相當愉快（對富蘭克林來說，他之所以感到愉悅，可能是因為和那五位年輕活潑的女孩一起住在充滿知識交流的莊園中），所以一週結束後，當他不得不回倫敦處理堆積如山的公務時，他感到依依不捨。在寫給希普利一家的感謝信中，他抱怨他不得不「回去吸倫敦的霧霾」，希望那年夏天稍後能再來好好待一段時間，享受「特懷福德的清新空氣」，他也隨信附上來自北美殖民地的蘋果乾當謝禮。[3]

富蘭克林自傳

這時年屆六十五歲的富蘭克林愈來愈常想起家族的事。即使他和親人始終距離遙遠，他依然關愛著親人（也許如他所想的，正因為距離遙遠才更加關心）。他給唯一還健在的手足珍寫了一封長信，稱讚她和費城的所有姻親都相處得很好，並以一段生動的文字說明親戚相隔遙遠，感情較為融洽：「我們的父親很睿智，他曾說，很多人相隔兩地時，對彼此關愛有加；住在一起時，卻因諸多原因而相看兩厭。」他提到，他們的父親和伯父班傑明（老班）的關係就是很好的例子。老班還在英國時，「我年紀雖小，但我還記得他們通信時感情深厚。」但老班搬到波士頓後，他們開始「爭執不斷，誤解彼此」。

富蘭克林在寫給珍的信中也提到十六歲的莎麗・富蘭克林（Sally Franklin）。莎麗是其堂兄的獨生女，搬來克雷文街和他同住。那位堂兄住在萊斯特郡（Leicestershire），仍繼續從事家族的染布事業。富蘭克林隨信附上一張族譜，描述他們都是系出埃克頓的湯瑪斯・富蘭克林，並指出莎麗是富蘭克林家族在英國年齡最小的成員。

富蘭克林造訪他最愛的倫敦二手書店時，偶然發現了一些東西，讓他對家族產生了更濃厚的興趣。店長拿了一疊老舊的政治小冊子給他看，上面寫滿了注解，富蘭克林驚喜地發現那是伯父老班的東西。他寫信告訴另一位堂兄：「我猜那是他離開英國以前變賣的。」他毫不猶豫買下那些小冊子。[4]

七月底，他終於把公務處理完了，自在地回到特懷福德和希普利一家長住一段時間。在此同時，他也陷入長考。既然職業生涯停滯不前，他轉而寄情於家族歷史。於是，他開始撰寫他最永垂不朽的文學著作《富蘭克林自傳》（*The Autobiography of Benjamin Franklin*）的第一部。

自傳一開始就寫道「親愛的兒子」，文體是採用家書的格式，對象是兒子威廉，儘管當時他們父子倆已七年未見。這種書信格式讓他可以採用隨性的閒聊式文體寫作。他假裝這只是家書，而不是文學作品，至少一開始是如此。他重讀第一天寫下的凌亂家族史後，又補上一段：「我以前寫作更有條理些，但私下聚會不必像官場舞會那樣盛裝講究。」

那本自傳難道真的只是寫給兒子威廉看的嗎？當然不是。打從一開始書寫，富蘭克林就考慮到那也是為了公開發表而書寫。他兒子最感興趣的家族資訊大多省略掉了，例如關於威廉生母的身分和描述。而且富蘭克林也不是在普通的信紙上書寫，他是用對開的大紙，寫在左面，右面留白以便修訂及增補。

第二天開始寫作時，他先列出個人生涯的概況，由此可見他打算寫一份完整的回憶錄。此外，第二天早上，他在第一頁右側的留白處，加注一大段文字，以解釋他為何「虛榮」地縱容自己像「老年人那樣喜歡談論自己」。他宣稱，寫自傳的目的是要告訴大家他是如何從沒沒無聞到功成名就，他想藉此分享一些實用的建議，供他人參考。

由此可見，這本自傳不是專為當時年屆四十、擔任紐澤西總督的兒子所寫的。不過，書裡有一些言外之意確實是衝著威廉而來的：威廉自從擔任總督以後，就開始裝腔作勢，遠比父親更醉心於上流社會與地位。這本自傳可以提醒他家族乃系出寒門，同時頌讚勤奮、節儉、經商等美德，並鼓吹勤奮的中產階級應該反抗上流貴族、而不是模仿世襲菁英的自命不凡。

近三週的時間，富蘭克林白天寫作，晚上向希普利一家朗讀部分片段。由於那是以書信體寫成，富蘭克林讀起來就像個可愛老翁娓娓道來，沒有華麗的詞藻，也沒有比喻和詩意，只講述連串的軼事，分享人生心得。偶爾他覺得自己的敘事流於自滿時，會添加幾句自嘲，就像茶餘飯後的說書人那樣。

於是，富蘭克林筆下最討喜的文學著作就此誕生了，該書勾勒出他上半輩子的模樣。小說家厄普代克曾稱那本書「收放自如，毫無顧忌，充滿有趣的矛盾和幽默的轉折，懷念年輕時的種種，以老來恬然釋懷之心，檢視年輕時雄心勃勃的自己。」

富蘭克林以有點超然的嘲諷筆觸以及逗趣的自知之明，和筆下描述的自己保持一點距離，適度地展現自己，但從未過於沉溺其中。在那些充滿啟發性的軼事中，他鮮少透露內心的痛苦、情感的掙扎或心靈深處的反思。他的回憶錄雖然不以內容深刻見長，但意義深遠，他是以輕鬆的筆觸介紹一種簡樸的生活方式。他和大家分享唯有行善助人、藉此侍奉上帝，才能找到人生更深層的意義。書中除了挖苦各種矯揉造作的行為以外，沒有狂妄自負的敘述。基本上，那是一位善於交際、愛講故事的人，把人生體驗轉變成醒世寓言，藉此分享深入淺出的道理。

有些人覺得這種淺顯的寫法正是其缺點所在。卓越的文學評論家查理斯・安格夫（Charles Angoff）指出：「該書幾乎欠缺真正的純文學傑作所該有的一切特質，包括優美詞藻、人物魅力、文思奔放等等。」但是說那本自傳缺乏人物魅力確實有失公允，誠如史學家康馬傑所言，該書「樸實簡約、明晰易懂、平易近人、清新幽默，使其歷久彌新。」事實上，不帶偏見閱讀此書時，不僅讀來興致盎然，它也堪稱美國本土文學的典型之作。多年來，《富蘭克林自傳》已譯成各種語言，出版了數百種版本，可說是全球最受歡迎的自傳。

我們生於人人可寫回憶錄的年代，而在富蘭克林的年代，他的行為可謂創舉。聖奧古斯丁（St. Augustine）的《懺悔錄》（*Confessions*）主要是描述其皈依天主教的經過，盧梭的《懺悔錄》（*Confessions*）尚未出版。范多倫寫道：「在富蘭克林之前，幾乎沒有知名的自傳，毫無先例可循。」這說法其實不太精確。當時已出版自傳的人包括義大利文藝復興時期的藝術家本韋努托・切利尼（Benvenuto Cellini）、雪堡的赫伯特勛爵（Lord Herbert of Cherbury）、吉爾伯特・布涅特主教（Bishop Gilbert Burnet）。不過，范多倫說富蘭克林「為幾乎無人代言的中產階級作傳，他的自傳是第一本白手起家者所寫出來的傑作」確實所言不虛。就敘述型態來說，他的自傳風格最接近他的愛書之一《天路歷程》，不過富蘭克林的自傳是描述真實的清教徒（雖然不太虔誠）在現實世界發展的真實歷程。

八月中，富蘭克林離開特懷福德時，已完成《富蘭克林自傳》的第一部。那部分從他年輕時當印刷工並投入公益，一直談到一七三一年建立費城圖書館及其他分館為止。那部分內容直到最後才提到幾句政治，他寫道：「這些圖書館改善了美洲人的談吐，使一般商人和農民也和其他國家的紳士一樣聰明睿智。或許在某種程度上，它們也促使所有殖民地的人民紛紛奮起，捍衛自身權益。」不過，富蘭克林寫下這些文字十三年後，才在朋友的力勸下提筆完成自傳。[5]

富蘭克林向來很樂於把周遭契合的對象拉進生活圈裡，成為大家庭的一員。這次富蘭克林把希普利的小女兒帶回倫敦讀書並親自照顧。搭馬車回倫敦的路上，十一歲的凱蒂（Kitty）和他聊到每個姐姐喜歡的男人類型。凱蒂覺得每個姐姐都應該嫁給富商或貴族，至於她自己，她有點賣弄風情地坦言：「我喜歡老男人，是真的喜歡，而且不知怎的，老男人也都喜歡我。」富蘭克林建議，也許她應該嫁給年輕一點的男人，「然後跟他一起白頭偕老，因為他年紀愈大，妳會愈愛他。」凱蒂說她寧願嫁給老男人，「這樣子就可以變成富有的年輕寡婦。」

於是，他們成了忘年之交。富蘭克林要求妻子從費城寄一隻小松鼠，給希普利家的女孩們當寵物。一年後，小松鼠不幸被狗咬死，富蘭克林還寫了一篇詞藻華麗的悼文，後來又補上一份比較精簡的版本，成了有名的墓誌銘：「史卡克在此安息，舒躺於此，安葬於斯。」富蘭克林對凱蒂的喜愛從未改變，十五年後富蘭克林八十歲時，還給凱蒂寫了一篇短文〈安然入夢的藝術〉。

在特懷福德的最後一晚，希普利一家堅持為富蘭克林遠在費城的外孫（兩歲的班尼）辦個生日派對。希普利夫人舉杯祝賀：「祝他像外祖父一樣出色。」富蘭克林回應，他希望外孫「青出於藍，勝於藍。」希普利主教說：「即使他沒有青出於藍，我們依然為他高興。」[6]

由於富蘭克林從未見過班尼，也沒說過自己有多想見他，上述對班尼的關愛顯得有些奇怪，他甚至連班尼的父親都還沒見過。不過，這時貝奇正從北美殖民地前來英國，拜見知名的岳父大人。貝奇在事先未告知下，突然出現在克雷文街的富蘭克林住所。史蒂文生夫人熱情地接待他，但此時富蘭克林已離開倫敦。他在倫敦待不到兩週，又展開另一段旅程。

愛爾蘭和蘇格蘭

一七七一年八月底，富蘭克林與費城的另一位英國代表傑克森一起前往愛爾蘭和蘇格蘭三個月。他們想瞭解這兩地與大英帝國培養的關係，能否作為北美殖民地參考的模範，那裡看來有一些值得期待的特點。他們造訪愛爾蘭議會時，由於傑克森是英國國會的議員，有權進議場旁聽。愛爾蘭議長看到知名的富蘭克林時，對議會提議：富蘭克林是北美殖民地議會的代表，也應該享有同樣的權利。富蘭克林後來告訴顧盛：「全體議員齊聲表示贊成，我認為那是對北美殖民地的尊重。」

但另一方面，富蘭克林在愛爾蘭看到的多數狀況都令他沮喪。英國嚴格管制愛爾蘭的貿易，不住當地的英國地主也剝削愛爾蘭的佃農。他提到：「他們住破爛的泥草屋，衣衫襤褸，主要是以馬鈴薯果腹。」愛爾蘭貧富差距的懸殊，讓他對北美殖民地蓬勃發展的中產階級更加自豪。他寫道，自耕農與生意人是北美殖民地的中堅力量，他們有權投票表決公共事務，有充足的機會讓家人溫飽。[7]

在都柏林，富蘭克林碰巧遇到死對頭希爾斯伯勒勛爵，他的家族封地在愛爾蘭北部。不過，意外的是，希爾斯伯勒堅持富蘭克林和傑克森前往蘇格蘭的途中，順道去他的莊園作客。對此，富蘭克林感到左右為難，他寫信告訴一位朋友：「我可能有機會為北美殖民地說點什麼，所以我決定接受他的邀請。」但隨後他又寫信告訴兒子，他「決定不去了」。但由於傑克森堅持要去，富蘭克林找不到另一輛馬車，只好一同前往。

沒想到那次作客的體驗好得出奇。在希爾斯伯勒的豪宅裡，富蘭克林獲得「極致的殷勤款待」近一週。希爾斯伯勒「似乎竭盡所能讓我有賓至如歸的感覺」，甚至「在我打盹時，為我披上他的外套，以免我著涼。」

在談及愛爾蘭的貧困問題時，希爾斯伯勒認為那是英國限制愛爾蘭的製造業所造成的。富蘭克林反問他，英國對北美殖民地的政策不也是如此嗎？對此，希爾斯伯勒的回應令富蘭克林感到滿意，希爾斯伯勒說：「北美殖民地的製造業不該受限。」他甚至提議給北美殖民地的絲綢業和釀酒業一些補貼。希爾斯伯勒也說，他想聽聽富蘭克林的「觀點和建議」，也想瞭解他對於紐芬蘭（Newfoundland）的治理有何看法。他問富蘭克林是否願意考慮那些議題，等他回倫敦後「再和他分享意見」？

富蘭克林寫信告訴兒子：「這一切是不是聽起來很不可思議？」在寫給顧盛的信中，富蘭克林提出比較憤世嫉俗的解釋，他認為希爾斯伯勒這樣做「只是想在勒緊韁繩、將刺鐵深深扎入馬側時，藉由輕拍與愛撫，讓馬兒繼續隱忍下去」。又或者，「他意識到風暴將至，想先減少以前不慎樹立的政敵」。[8]

某個週六夜晚，富蘭克林頂著狂風暴雨，涉過洪水，抵達愛丁堡，在旅館「狼狽地度過一夜」。富蘭克林隔日寫道：「所幸，虔誠的基督徒休謨恪守《聖經》的教義，為遇難的陌生人敞開大門，收留了我，我才在他家找到了棲身之地。」老友休謨的新居剛落成，逢人便誇他家廚子做的羊頭湯是歐洲最棒的。他們的餐桌對話也令人羨慕，涵蓋哲學（休謨剛在巴黎結識了盧梭）、歷史，以及北美殖民地的困境。

十天後，富蘭克林往西前往格拉斯哥，去拜訪他欣賞的另一位蘇格蘭哲學家卡姆斯勳爵。卡姆斯也是卓越的植物學家，培育了多種樹木。當時富蘭克林栽種的樹木，至今依然綠意盎然。在返回愛丁堡的途中，富蘭克林順道去參觀卡倫鋼鐵廠（Carron iron works）——亦即當初瓦特發明蒸汽機的地方——以便繼續研究工業革命。他們參觀鋼鐵廠製造的軍火，其中包括重達三十二噸的大炮（幾年後，英國使用這些炮火來對付殖民地）。

返回休謨位於愛丁堡的住處後，富蘭克林在那裡和當地的知識分子交流了幾天。他與亞當・斯密見面，據傳亞當・斯密向富蘭克林展示了他正在撰寫的《國富論》前幾章。休謨也許有預感日後再次重逢遙遙無期，特地為富蘭克林舉行盛大的惜別晚宴，邀請富蘭克林欣賞的多位學者和作家前來，包括卡姆斯勛爵。[9]

與貝奇見面

富蘭克林原本計畫在休謨家多待幾天，但是他在那裡接到兩封信，使計畫就此變卦。一封信是女婿貝奇寫來的，貝奇在信中寫道，他在倫敦沒見到富蘭克林，所以去英格蘭北部曼徹斯特附近的普勒斯頓（Preston）探望父母了。另一封信是來自波莉，她寫道：「貝奇先生正在普勒斯頓等你回來，期待與你見面，我們都很喜歡他。」因此富蘭克林決定即刻趕回倫敦，並順路去看女婿。

當然，此刻在賓夕法尼亞的莎莉，正為了丈夫和父親是否相見歡而忐忑不安，她寫信告訴貝奇：「萬一父親不像我希望的那樣親切和善，請看在我的分上，你對我的良善與關愛會讓你更努力地爭取他的尊重和情誼。」後來發現，她的擔心都是多餘的。貝奇興奮地寫信告訴黛博拉：「謝天謝地，他張開雙臂歡迎我，對我展現出乎意料的熱情。」而且每個人都說他長得很像富蘭克林，這點讓他特別開心。在那個佛洛伊德理論尚未出現的年代，當時的人沒想過莎莉挑選丈夫的品味可能反映了什麼情結。貝奇興奮地說：「能在任一方面與他相像，我非常開心。」

事實上，充滿魅力的富蘭克林深受貝奇家族的喜愛，尤其是貝奇的母親瑪麗・貝奇（Mary Bache）。瑪麗六十八歲，是個「儀態大方」、「真誠」的寡婦，生了二十個孩子。富蘭克林到訪期間，她每天都和他聊到深夜。幾週後，富蘭克林寄給她一封謝函、一些牡蠣以及自己的肖像（看來富蘭克林尚未完全擺脫虛榮心）。貝奇夫人在家裡，無論是到客廳或飯廳，都隨身帶著那幅肖像，以便隨時看到它。「這肖像十分逼真，我們都很喜歡，因為我們都覺得那很像我兒子，也很像您。」[10]

貝奇跟著富蘭克林返回倫敦，並在克雷文街住了一陣子，竭盡所能地討好岳父。富蘭克林告訴黛博拉：「我很滿意他在這裡的言行。」但是富蘭克林對貝奇的喜愛，仍不足以如貝奇所願，幫他謀得海關檢查員之類的一官半職。「我認為任何職業都比公職好……因為無須面對上級的反覆無常。」他建議貝奇回家，做「只收現金」的生意，並「永遠待在妻子的身邊」。這種建議居然是出自一個和妻子遠隔重洋、十五年未見的人口中，而且他自己又死抓著郵政總長的職務不放。

至於莎莉，富蘭克林一如既往建議她學習記帳，以協助先生的事業。「如果你們要在住處開店，妳可以像妳母親當初幫我那樣，協助他開業，因為妳有那種能力，希望我沒高估妳。」莎莉和貝奇一直很在乎富蘭克林的想法，所以他們後來和黛博拉同住，用富蘭克林位於市場街的房子開店，「收取現金」販售多種絲綢和布料。但後來貝奇向富蘭克林抱怨「業績慘澹」，他又改行賣「酒和雜貨」，但生意依然清淡。對莎莉那樣受過教育的女人以及貝奇那樣有事業抱負的男人來說，這不是他們想過的生活，但他們依然恪守富蘭克林的指示，低調地做生意，並未從政。[11]

黛博拉常寫信給富蘭克林談他們的外孫班尼，以致富蘭克林在回信中提醒黛博拉：「我看得出來妳很愛他，他帶給妳無窮的樂趣。」他也稱讚黛博拉，莎莉試圖管教班尼時沒有插手：「但我擔心妳因為愛孫子而太遷就他，甚至寵壞了他。」

不過，他對波莉那年春天產下的兒子威廉・修森（暱稱「比利」）倒是抱持截然不同的態度。他寫信告訴波莉：「希望他能擁有他想要的一切，那可以讓孩子在愉悅的氛圍中成長……孩子心情好，也會長得更加俊俏。」由於波莉在信中戲稱她的母親有新男友了，富蘭克林回信時樂觀地寫道：「我已經習慣有對手了，這輩子我喜愛的每個朋友或情人，幾乎都深受他人所愛。」

兩年內，比利就變成富蘭克林的替代外孫。某次黛博拉又寫信來談外孫時，富蘭克林回信寫道：「聽妳說了很多妳外孫的事，我也來說說我乾孫子的事。現在他二十一個月大，健康強壯，開始牙牙學語，甚至會哼哼唱唱。上週他來和我們同住幾天，愈來愈喜歡我。我要是不在，他就不肯坐下來吃早餐。」不過，他也不忘加一句，看到比利「使我更渴望回家陪伴班尼」。[12]

更多的科學探索與發明

富蘭克林在克拉珀姆把一茶匙的油倒進池塘裡，發現油擴散的面積達半英畝，當時他差點就發現了一世紀以後才提出的一項發現：分子的尺寸。把一茶匙油的體積（兩立方釐米）除以其覆蓋的半英畝面積（兩千平方米），就能算出油分子的大略厚度（一億分之一釐米）。誠如查理斯・唐福德（Charles Tanford）在著作《富蘭克林平息波浪》（*Ben Franklin Stilled the Waves*）中所言：「富蘭克林其實已經正確算出分子的大小了，但他沒意識到自己是第一人。」

富蘭克林向來比較擅長實際應用，而非理論分析。他並未思考分子大小，而是去尋找油水實驗的用處。把油倒進海裡，是否能避免船隻在驚濤駭浪中翻覆呢？他和三位皇家學會的友人前往樸茨茅斯一試究竟，但後來他表示：「實驗結果不如預期」，水面上的漣漪確實平靜了，但水面下依然波濤洶湧（這或許又是另一個比喻）。不過，皇家學會仍然覺得他的失敗實驗很實用，把它刊登在學會的《自然科學會報》（*Philosophical Transactions*）上。[13]

富蘭克林旅居英國期間，只要一有時間抽離政壇，就會投入科學探索。他為聖保羅大教堂安裝避雷針以後，皇家軍火庫的管理者也請他提出避免軍火庫遭到雷擊的方法，但那項使命再度讓他陷入另一場爭端：避雷針究竟該採用尖頭還是圓頭？富蘭克林堅持採用尖頭，但英國國王在美國獨立戰爭後，把它改成圓頭（可能是出於政治考量）。富蘭克林也為下議院設計了熱水管的保暖系統。

富蘭克林在倫敦期間投入的其他科學探索與發明還包括：

- **感冒的原因**：儘管當時尚未發現細菌與病毒，富蘭克林率先主張感冒和流感「可能是接觸傳染」，而不是著涼造成的。一七七三年，富蘭克林寫信給費城的醫生班傑明．拉許（Benjamin Rush）：「嚴冬出遊時，有時我覺得快凍僵了，卻未曾因此感冒。一般感冒通常是因為大家一起待在密閉的房間或車廂裡，坐得很近或相互對談，吸入彼此的呼氣而受到傳染。」最好的預防方式是空氣流通，因此富蘭克林一生都喜歡保持良好通風及打開窗戶，即使在寒冬也是如此。[14]

- **運動的研究：**富蘭克林認為預防感冒的方法之一是經常運動，他主張衡量運動的最佳方式不是時間長短，而是「體內產生的熱量多寡」。這是最早把運動與卡路里連結起來的理論之一。例如，他解釋，爬一英里的樓梯所產生的熱量，是在平地走一英里的五倍。運動時，他注意到心跳從每分鐘六十下增至一百下。他也正確地發現「脈搏加快時，體內產生的熱量也會增加」。[15]
- **鉛中毒：**身為印刷工，富蘭克林注意到常接觸受熱的鉛字會導致身體僵硬或麻痺。他也注意到某些職業的人容易罹患「乾腹痛」（dry belly ache）這種重病。一位朋友也提到，喝下使用金屬管的釀酒廠所製作的蘭姆酒，也容易罹患這種病。富蘭克林就像流行病學家一樣，率先發現這項疾病的肇因，「常接觸鉛的人，無論是上釉工、鉛字工、鉛管工、陶瓷工、鉛粉工、印刷工，都容易罹患此病。」他也建議，酒廠應該採用純錫的金屬管，別再使用含鉛的鉛錫合金。[16]
- **運河上的船速：**富蘭克林偕同皇家學會的主席普林格出遊荷蘭時，有人告訴他們，運河水位較低時，船速比水位高時緩慢。富蘭克林推測，那是因為船行進時的排水量，相當於它吃水的體積，那些排開的水會從船側或船底流到後方。水淺時，從船邊流過的水較多，那會減緩船速。這是具有重要實務意義的科學理論，富蘭克林決定親自測試一番，他寫信給普林格：「我決定做個實驗。」他做了一個長十四英尺、寬與高皆六英寸的水槽，在裡面放入一艘小船，並以絲線拉動小船。絲線是放在小滑輪上，另一頭以一枚硬幣的重量拉動船隻。他以不同的水深，反覆測試玩具船移動的時間。結果顯示，船在淺水中需要的動力或時間，比在深水中多了百分之二十。[17]

- **海洋的鹹度：**關於海水為什麼是鹹的，當時大家普遍認為，所有的水本來都是淡水，後來融入河流的鹽分和礦物質逐漸流入海洋，經過日積月累的沉澱，使海水逐漸變成鹹水。但富蘭克林在寫給兄長彼得的信中推測，相反的說法也有一樣多的證據：「地球上所有的水原本都是鹹的，泉水、河水之類的淡水是蒸餾淨化的結果。」這方面，富蘭克林的推測證實是錯的。數百年來，海水愈來愈鹹了。[18]
- **玻璃琴：**富蘭克林最有意思的發明之一是一種樂器，他稱之為「玻璃琴」。那項發明是源自於宴會賓客無聊時常做的事，有些音樂家後來也以沾濕的手指滑過玻璃杯緣，製造出共鳴聲。富蘭克林在英國參加一場用酒杯演奏的音樂會。一七六一年，他改造那個發明，把三十七個大小不同的玻璃杯綁在紡錘上。他又做了一個腳踏板和飛輪來旋轉那個裝置，利用腳踏板控制杯子的轉速。這樣一來，他只要以濕手指滑過旋轉的杯緣，就能發出不同的音色。在寫給義大利電學家的信中，他詳細描述這個新樂器：「這是一種樂器，似乎特別適合用來演奏義大利的音樂，尤其是那種輕柔、哀淒的曲調。」富蘭克林發明的玻璃琴風行了好一陣子，瑪麗皇后曾學習如何演奏，莫札特和貝多芬曾為這種樂器譜曲，婚禮特別愛用那種餘音繞梁的音色。但由於玻璃琴容易讓人產生憂鬱症（或許是因為鉛中毒所導致），所以後來就不再流行了。[19]

社會理念

多年來，富蘭克林逐漸形成一種融合自由主義、平民主義、保守主義的社會觀，那也成為美國中產階級理念的一種原型。富蘭克林推崇努力工作、冒險進取、勤儉節約、自立自強，同時，他也提倡民間合作、社會關懷，以及自主的社群改造計畫。他不迷信菁英，也不信任烏合之眾，不盲從世襲權貴，也不贊成蠻橫暴民。他秉承個體戶的價值觀，厭惡階級戰爭，骨子裡堅信社會流動性和白手起家，認為只要勤奮努力就能改變命運。

早在一七五三年他和克林森討論一些問題時，就可以明顯看出他對政府干預及社會福利抱持保守的看法（參見第七章）。當時，他曾經質疑，法律「強迫富人支應窮人的生計，是否導致窮人產生依賴」以及「鼓勵懶惰」。[20]

對克林森來說，這些只是提出來討論的問題罷了，但是對富蘭克林來說，這些問題不光只是談談而已。他在一七六〇年代末期與一七七〇年代初期發表的文章中，大力主張他的保守觀點。其中最有名的一篇是〈論勞動的窮人〉，署名「米蒂爾斯」（Medius），亦即拉丁語「中間」的意思，於一七六八年發表於《紳士雜誌》上。該文中，富蘭克林譴責有些作家刻意煽動下層社會，宣稱窮人受到富人壓榨，他問道：「你不覺得這很荒謬嗎？」他說，英國窮人的處境已經是全歐洲最好的了，為什麼呢？因為英國有支助窮人的立法。「那些法律不是窮人制定的，而是有錢人制定的……他們自願讓自己和他人的財產課稅，繳稅來支應窮人。」

這些法律本身立意良善，但他警告那也可能衍生出意想不到的後果，鼓勵懶惰：「我擔心有些人年輕健康時不勤奮節儉，社會讓他們年老或生病時有所依賴，這容易激發懶惰的天性，鼓勵遊手好閒及揮霍浪費，導致日益貧困，偏偏那又是制度原本想要根除的弊病。」

富蘭克林不僅對依賴社會福利提出警告，也提出他的經濟學涓滴理論。他認為富人和整個社會賺的錢愈多，最後流到窮人口袋裡的錢也愈多。「富人不必工作……他們或其家人使用及消耗勞動的窮人所製造出來的產物。」富人花錢買衣服、家具、住所時，勞動的窮人因此受惠。「勞動的窮人每年從國家的稅收中獲益。」富蘭克林也反對提高最低工資：「雖然可以制定使最低工資提高的法律，但是萬一製造成本太高，產品會因為太貴而無法賣到國外。」[21]

不過，他的經濟觀點雖然保守，但他的根本道德理念仍主張，行為是否正確，要從它造福大眾的程度來判斷，因此他的經濟觀點和道德理念其實有相互制衡的作用。他認為，鼓勵勤奮勞動的政策就是好政策，但那不是因為那些政策可以促進私人財富的累積，而是因為那會增加社會的整體福祉，使每個有理想的人過得更有尊嚴。財富較多的人有責任幫助他人以及打造幫助他人成功的公民制度。詹姆斯．坎貝爾（James Campbell）認為：「富蘭克林的理想，代表當時蓬勃發展、過著民主平等生活的中產階級觀點。那些經濟狀況良好的人，有責任幫助真正貧困的人。但是那些缺乏美德、不願盡本分的人，不該指望獲得社會的幫助。」[22]

除了上述融合保守和道德的理念之外，富蘭克林在個人權利及自由方面，也日益積極地主張英國傳統的自由價值觀。不過，他對奴隸制的道德看法尚未完全改觀。英國人譏笑北美殖民地人爭取自由卻依然蓄奴，身為數個殖民地（包含蓄奴風氣盛行的喬治亞）代表的富蘭克林，面對此番攻詰，顯得既困窘也毫無說服力。

一七七〇年，富蘭克林匿名發表〈論奴隸制〉，文中他試圖以北美殖民地人的身分，反駁「虛偽」的指控。他指出，在北美殖民地，「每一百個家庭僅一戶」有奴隸，而且「很多人對待奴隸很人道」。他也主張英國那些窮苦工人的生活狀況「與奴隸有些相似」。該文在某處依然流露出種族歧視的意味：「也許你覺得黑人性情溫和、溫順聽話，他們之中有一部分確實是如此。但多數的黑人工於心計、內心陰沉、懶散遲緩、心懷不軌、小肚雞腸、冷酷無情。」[23]

富蘭克林因亟欲為北美殖民地辯護，寫出這段堪稱他邏輯最差的論述，連引述的事實都是錯的：當時美國蓄奴家庭的比例不是百分之一，而是接近九分之一（一七九〇年，美國共有四十一萬六百三十六戶家庭，蓄奴的家庭有四萬七千六百六十四戶）。除了舉證不實外，他的論點也有道德缺陷，即使他主張蓄奴是一種行為偏差，他家裡也有奴隸。雖然當初陪他到英國的兩名黑奴都離開了，黛博拉在費城還有一兩個黑奴。[24]

不過，富蘭克林的觀點也在持續進化。他寫完〈論奴隸制〉兩年後，開始和費城積極主張廢奴的安東尼・貝內澤（Anthony Benezet）通信。一七七二年，富蘭克林在《倫敦紀事報》上發表文章時，還引用一些貝內澤的觀點，並以強硬的用語痛批「這種販售肉體和靈魂的可憎交易持續糟蹋人類」。他甚至逐漸偏向貝內澤的觀點，認為不僅不該再從非洲進口奴隸，也應該廢除奴隸制。他寫信告訴貝內澤：「欣聞北美殖民地反對蓄奴的呼聲日漸高漲，我希望議會能適時考慮這個觀點，並立法終止蓄奴制。」

富蘭克林在寫給費城友人拉許醫生的信中，也表達了類似的看法：「我希望關注自由和人道的朋友，能遏止這個長久以來讓北美殖民地及我們的宗教蒙羞的制度。」不過，這裡值得注意一點，富蘭克林在寫給貝內澤和拉許的信中，都提到一個修飾字眼：「適時」。對他來說，支持完全廢除蓄奴制，而不光只是停止奴隸進口的「適時」時機，要等到獨立戰爭之後才到來。[25]

擊敗希爾斯伯勒

希爾斯伯勒勛爵在愛爾蘭的熱情款待，一度讓富蘭克林困惑不解，但這種困惑很快就消失了。富蘭克林寫信告訴兒子：「回倫敦後不久，我登門拜訪，想當面謝謝他在愛爾蘭的熱情款待。」但門房告訴他，大臣「不在家」。於是，富蘭克林留下一張名片，幾天後再度登門拜訪，又得到同樣的答覆，儘管富蘭克林知道希爾斯伯勒那天確實接見了其他客人。隔週，他又嘗試一次，再隔週又一次，但是都得到同樣的答覆。「最後一次是在會客日，當天他的門前停滿了馬車。我的車伕驅車載我前往，並下車為我開門。門房看見我，走了出來，對車伕粗聲厲語，說沒讓他先確認勛爵在不在家就打開車門。接著，門房轉向我說：『勛爵不在家』。從此以後，我就沒再接近他了，我們只是遠遠地相互咒罵。」

富蘭克林抱怨道，希爾斯伯勒「把我當成一顆搾不出汁的橘子，不值得在我的身上白費力氣，直接扔在一旁」。富蘭克林再次萌生返鄉的念頭，他告訴兒子：「我愈來愈想家了。」但還有一個因素使他沒立刻憤而離開英國。即使困難重重，他仍希望為自己以及朋友、家人和夥伴，在北美殖民地西部的俄亥俄爭取土地授權。[26]

為了達成目標，富蘭克林加入多種合夥關係，包括伊利諾公司（Illinois Company）和印第安那公司（Indiana Company），但是都無法如願獲得英國政府的支持。一七六九年夏天，富蘭克林協助組成了一個強大的聯盟：大俄亥俄公司（The Grand Ohio Company）。他深信這個聯盟足以智勝希爾斯伯勒，突破反對勢力的阻礙。大俄亥俄公司的股東包括許多英國的富商和顯要，其中最有名的是托馬斯．沃波爾（Thomas Walpole）和理查．沃波爾（Richard Walpole），因此又稱為「沃波爾集團」（Walpole Company）。沃波爾集團有陣子看來勝券在握，但一七七〇年夏季，希爾斯伯勒設法以「有待進一步研究」為由，擱置了那項計畫的審查。

不過，沃波爾集團並未就此罷休，他們拉進更多的大臣來當股東，其中包括司法大臣和樞密院的院長，設法使這個計畫繼續延續下去。一七七二年春季，希爾斯伯勒已經無法再刻意拖延下去了，連英王也向希爾斯伯勒表態，希望他考慮那個問題。四月，貿易委員會把那個土地申請案遞交到樞密院，並建議否決申請。但兩個月後，樞密院召開聽證會，富蘭克林、沃波爾和許多有影響力的股東都出席了。希爾斯伯勒揚言，那項計畫若是獲准，他就辭職。但那樣撂話很可能真的弄巧成拙，因為正如富蘭克林所言，樞密院裡很多成員都想「修理他」，他們也確實動手了。土地授權因此獲得批准，希爾斯伯勒也宣布辭職。

實際上，由於當時英國和殖民地之間的關係日益緊繃，富蘭克林和那些朋友從未拿到土地許可。一七七三年，富蘭克林寫信告訴朋友：「土地許可那件事雖然有進展，但進度遲緩。我開始覺得這好像一群水手在拉錨鏈，他們從倉庫把錨鏈拉上船，其中一人說：『這錨鏈未免太長、太重了吧，希望我們能看到尾端在哪。』另一人說：『真要命，這東西要是有尾端的話，應該老早就被砍了吧。』」

不過，富蘭克林至少成功趕走死對頭，他興奮地告訴兒子：「我們終於擺脫希爾斯伯勒勛爵了。」對此，希爾斯伯勒說富蘭克林是「英國最狡猾的害人精」。怪的是，兩人雖然彼此敵視，但表面上仍不時裝出熱情。翌年夏天在牛津偶遇時，兩人還是和好了，希爾斯伯勒刻意向富蘭克林鞠躬致敬，並大大恭維他。富蘭克林告訴兒子：「為了回應他的過度奉承，我對他兒子的劇場表演也讚不絕口，雖然實際上的演出很普通，但至少我們算是扯平了。一般人生氣時常說：『以牙還牙』，但我有時覺得『禮尚往來』也不錯。」[27]

哈欽森信件

一七七二年十二月，富蘭克林寫信給麻薩諸塞的支持者顧盛，信中包含以下的關鍵要語：「這些信件最近落入我手中，我有理由相信，這些信即使不是我們當今困境的全部根源，也是其重要的基礎。」這些字句不僅掀起了一場風暴，最終也導致他和英國徹底決裂。富蘭克林隨信附上一些書信，其中有六封是出自麻薩諸塞總督哈欽森之筆。哈欽森出生於傳統的清教徒家庭，在波士頓經商，曾是富蘭克林的朋友，一七五四年他們曾在奧爾巴尼會議上一起支持建立北美殖民地聯盟。那些信件是一位匿名的英國議員悄悄交給富蘭克林的，富蘭克林又把它們轉給顧盛，並叮囑他不要公開。

哈欽森的信裡，充滿了如何壓制殖民地反抗的建議，他寫道：「必須剝除所謂的英式自由。」那些信後來在約翰・亞當斯和山繆・亞當斯的堅持下，在波士頓公開發表了。儘管富蘭克林請他們不要那樣做，但是在顧盛的默許下，依然公開了。信件公開後，當地的激進愛國者群起憤慨。

這發展與富蘭克林的初衷背道而馳。富蘭克林的本意，是告訴顧盛及殖民地的一些領導人，英國的錯誤政策是因為哈欽森等人的錯誤建議所造成的，而不是出自對北美殖民地的敵意，他想藉著這些信來安撫殖民地的反叛情緒。富蘭克林認為那些信也許能夠增強「和解的趨勢」，這也是富蘭克林後來聲稱的「我真心所願」。[28]

的確，一七七三年初，富蘭克林的多數信件，都是為了緩和英國和北美殖民地之間的緊張對立。三月，他寫信告訴顧盛：「我希望我們能好好地冷靜下來，因為敵人最希望看到的，就是我們暴動。這樣一來，他們就有理由在北美殖民地增兵，更嚴苛地壓制我們。」麻薩諸塞議會通過決議，宣布不再服從英國議會時，富蘭克林也勸英國人不要反應過激。富蘭克林寫信給接替希爾斯伯勒出任殖民地大臣的達特茅斯勛爵（Lord Dartmouth）：「我認為，最好、最謹慎的做法是不要理會，他們只是說說而已。」[29]

為了更充分表達觀點，同時避免激起更多的敵意，富蘭克林又訴諸年輕時最愛寫的反諷文。一七七三年九月，他在英國報紙上發表兩篇匿名的宣傳文章。第一篇名為〈大帝國的縮小指南〉。該文指出，古代有位智者（指的是希臘海軍將領及統治者地米斯托克利〔Themistocles〕）號稱他知曉如何把城市由小變大。該文則是列出二十種把帝國由大變小的方法，其中包括：

首先，諸位要知道，大帝國就像大蛋糕，周邊最易消失。

絕對不要把海外殖民地納入祖國，不能讓他們享有同樣的權利和商業特權，要以更嚴苛的法律治理他們，不能讓他們派代表加入議會。

無論殖民地對政府有多順從，對你們的利益有多關切，甚至忍辱負重，你們都應該想著他們永遠都想叛亂，並採取因應措施。在殖民地部署軍隊，這些軍隊的傲慢將激起更多的暴民反抗……就像丈夫因懷疑妻子而虐待她一樣，你們這樣做遲早也會把懷疑變成現實。

那些受害者到首都申訴時……對他們置之不理，使他們付出高昂的代價，最後做出對施暴者有利的判決。

以各種稀奇古怪的稅金讓他們覺得不勝其擾。也許他們會向你們的議會抱怨「對他們徵稅的機構裡沒有他們的代表，而且這與最基本的權利相違背」……讓議會對他們的申訴視而不見……以極度的輕蔑對待陳情者。

那份清單列舉的方法，反映出英國對北美殖民地的輕蔑態度，內容鉅細靡遺，還包括：指派「揮霍者」和「詭辯的律師」去統治他們，「以無數的法規擾亂其商業」，任命「傲慢」的稅務官，把軍隊部署在他們的家園，而不是更需要防衛的邊境。該文最後總結，只要照著這些縮小疆域的方法進行，就可以「擺脫統治他們的麻煩」，最後他署名「Q.E.D.」，那是拉丁語「quod erat demonstrandum」的縮寫，一般是寫在科學論述的末尾，以表示「證明完畢」。[30]

兩週後，富蘭克林發表一篇嘲諷更廣的文章〈普魯士國王的敕令〉，諷喻英國對北美殖民地的苛待，格式是模仿普魯士國王腓特烈二世頒布的詔令。他們很早以前在英國建立第一批殖民地，最近在對法國的戰爭中，保護那裡免受法國的侵害，所以普魯士決定「對英國那些殖民地徵稅作為回報」。於是，普魯士下令，對英國進口和出口的所有物資都徵收百分之四．五的關稅，以阻止英國繼續發展製造業。那項敕令也決定「釋放」普魯士監獄裡的重刑犯，把他們送到英國，「以增加該國的人口」。文末還刻意強調，這些措施在英國都是「公正合理的」，因為這些都是仿效英國議會強行對北美殖民地推行的規範。[31]

文章見報那天，富蘭克林正在勒德斯潘瑟勛爵（Lord Le Despencer）的莊園裡作客。勒德斯潘瑟是英國的郵政總長，算是富蘭克林的上司，也是他的朋友。套用范多倫的說法，勒德斯潘瑟是「老頑童」。據說，他曾經整修一間老舊的修道院，卻找來一群酒肉朋友，到那裡做褻瀆上帝的事情，甚至不時縱酒作樂。一七七二年，富蘭克林和他變成朋友，那時勒德斯潘瑟的行為已經稍微收斂一些了，他還幫富蘭克林編輯了一本比較精簡的自然神論版《公禱書》（*Book of Common Prayer*）＊（最近富蘭克林秉著改革的熱誠，編寫了一本「更精簡」的《主禱文》〔*Lord's Prayer*〕）。

文章見報時，富蘭克林正和勒德斯潘瑟及其他客人在飯廳裡聊天，一個客人拿著當天的報紙，「氣喘吁吁」地衝進來高喊：「普魯士國王宣稱有權對我國徵稅！」那人對大家朗讀那篇報導時，富蘭克林裝出若無其事的樣子。

「真是厚顏無恥！」一位賓客說道。

但是那人快朗讀完畢時，另一位賓客開始覺得這是惡作劇，他對富蘭克林說：「見鬼了，這肯定是你對我們開的北美殖民地玩笑。」富蘭克林後來說，那篇文章讀完後「大夥兒笑成一團，普遍認為那是完美的針砭文。」

富蘭克林寫給威廉的信中，自豪地提到那兩篇文章。他說他比較喜歡〈大帝國的縮小指南〉，因為那篇「涵蓋的議題較多，每段的結尾都生動有力」，但其他人比較推崇〈普魯士國王的敕令〉。富蘭克林吹噓道：「只有一兩個朋友知道我是作者，我聽到大家對〈普魯士國王的敕令〉讚譽有加，說這裡很久沒出現那麼犀利批判的作品了。」

不過，他和威廉的通信內容並非從頭到尾都如此愉悅。威廉身為皇家總督，與英國高層往來密切，又對仕途充滿渴望。如今殖民地的反抗日益激進，富蘭克林身為殖民地的代表，難免和威廉之間漸生隔閡。富蘭克林在信中寫道：「英國議會無權立法約束殖民地，我知道你對這些議題的看法和我不同。你是官吏，完全支持政府的立場。」[32]

鬥雞場

一七七三年底，富蘭克林擔心地寫信問朋友：「我急切想知道那些茶葉是如何處理的。」英國對茶葉持續徵稅，本來已經激怒北美殖民地了。後來，英國議會又通過新法案，讓腐敗的東印度公司（East India Company）在北美殖民地幾乎享有茶葉貿易的壟斷權。富蘭克林呼籲北美殖民地冷靜面對，但亞當斯和自由之子所領導的波士頓激進分子不予理會。一七七三年十二月十六日，五十幾位愛國者在老南教堂（Old South Church）集會後，扮裝成印第安人前往碼頭，把價值一萬英鎊的三百四十二箱茶葉都倒入海中。

富蘭克林得知「我方採取暴力的不義行為」後，大為震驚。他對殖民地的遭遇深表同情，但那同情仍不及他對暴行的深惡痛絕。富蘭克林聲稱，東印度公司的股東「不是我們的敵人」，「毀壞私人財物」是不對的。[33]

波士頓為了茶葉的事情鬧得沸沸揚揚之際，英國這邊因哈欽森信件外洩一事也鬧得不可開交。富蘭克林很訝異「我的名字未牽扯其中」，也「希望能持續置身事外」。但十二月，有兩人在海德公園為了此事決鬥**，其中一人指控另一人洩露信件，那次爭執並未得出結論，富蘭克林眼見那兩人即將再次決鬥，覺得自己應該

---

*譯注：聖公會的禮文書。

**譯注：那些信原本是哈欽森寫給英國官員湯瑪斯．惠特利（Thomas Whately）的。湯瑪斯過世後，他的所有信件轉到弟弟威廉的手中。威廉曾讓另一位官員約翰．坦普（John Temple）拿取那些信件，坦普只是想從那些信裡拿回他以前寫給湯瑪斯的信，他聲稱他並未拿走那六封哈欽森的信。兩人爭執愈演愈烈，最後演變成決鬥，威廉在決鬥中受傷了，兩人又約了再次決鬥。

站出來澄清。聖誕節那天，富蘭克林投書《倫敦紀事報》：「這件事完全是我一人所為，我取得那些信件，並把信件轉寄到波士頓。」但他並未道歉，他聲稱那些信「不是朋友之間的私人通信」，而是「官員寫給政府機關的」，而且那些信件的本意是為了「激起祖國對殖民地的不滿」。[34]

富蘭克林涉入信件外洩一事，讓那些把他視為眼中釘的英國人有了很好的攻擊把柄。一月初，樞密院傳喚富蘭克林出席聽證會，地點在著名的「鬥雞場」（Cockpit，因為亨利八世曾在那個房裡舉行鬥雞大賽而得名）。表面上，這次聽證會的舉行，是針對麻薩諸塞議會要求撤換哈欽森總督的請願書進行聽證。但會議開始不久，焦點很快就轉移到富蘭克林提交作為證據的哈欽森信件，他們開始質問那些信件是否屬於私人信件，以及為何會落入富蘭克林手中。

富蘭克林發現聽證會由副檢察長亞歷山大・韋德本（Alexander Wedderburn）主持時，大吃一驚。韋德本是個野心勃勃、令人厭惡的檢察官，當初反對廢除印花稅法，而且（套用首相諾斯勛爵的說法）「他的良知會見風轉舵」。聽證會的焦點顯然已從是否撤除哈欽森總督一職，變成審判富蘭克林把信件外洩一事。韋德本直言，英國政府「有權調查那些信件是如何取得的」。

富蘭克林對聽證委員會說：「我認為這是政治問題，不是法律問題，而且現在我的律師不在場。」樞密院的一位勛爵說：「富蘭克林先生可以選擇有律師協助，或是直接回應。」

富蘭克林回應：「我希望有律師在場。」被問及需要多久的時間準備答辯時，富蘭克林回答：「三週。」對富蘭克林來說，那三週並不輕鬆。當時波士頓茶黨的消息已傳到倫敦，使英國民眾更不同情北美殖民地的處境。有人指控富蘭克林是「煽動者」，他說：「報上都是對我的謾罵。」甚至有跡象顯示他可能因此入獄。沃波爾集團的其他股東擔心他捲入這件事會阻礙他們取得土地許可，所以富蘭克林寫信告訴他們：「我希望你們把我的名字從合夥名單中剔除。」（那封信措辭巧妙，富蘭克林其實沒有辭去合夥身分，他仍是沒有投票權的祕密股東。）[35]

一七七四年一月二十九日，樞密院在「鬥雞場」再次召開聽證會，現場一決生死的氣氛更勝昔日的鬥雞場景。富蘭克林寫道：「所有的朝臣都收到邀請，到場看好戲。」現場擠滿了政委和旁觀者，包括坎特伯雷大主教、復仇心切的希爾斯伯勒勛爵等等。富蘭克林的朋友艾德蒙・柏克（Edmund Burke）、勒德斯潘瑟勛爵、卜利士力等人也到場為他加油，但人數不多。富蘭克林後來說，那場聽證會猶如「以狗逗牛戲」。

伶牙俐齒的韋德本在長達一小時的指控中，句句精明，字字冷酷。他說富蘭克林是鼓動反英國政府的「主要策畫者」（prime conductor，conductor有「策畫者」與「導體」兩個意思，借此影射富蘭克林的電學聲望）。韋德本不管麻薩諸塞議會的請願是否合理，而是把焦點放在信件外洩上。韋德本憤怒地指出：「私人信件是神聖不可侵犯的，他褻瀆了社會和人的尊嚴。」接著他又挖苦反諷：「今後稱他是『man of letters』（本意是「學者」，但雙關語變成「拿信者」），他還會說那是毀謗。」除了以犀利言詞挖苦富蘭克林以外，韋德本也大肆抨擊他。柏克說韋德本的攻擊「猛烈激進」，另一個旁觀者說他「惡毒謾罵」。

韋德本的憤怒指控，確實有幾分合理之處。富蘭克林辯稱，哈欽森想藏匿那些信件，就表示他有事隱瞞。對此，韋德本反譏，富蘭克林隱瞞自己涉入此事長達一年之久，並指出：「他一直置身事外，直到差點出人命才現身。」（他所謂的出人命，是指海德公園發生的決鬥）。據傑若米・邊沁（Jeremy Bentham）所言，韋德本重重地捶打桌子，指控富蘭克林骨子裡肖想當總督。

旁觀者歡呼起鬨，但富蘭克林絲毫不為所動。他穿著曼徹斯特棉絨做成的藍袍，靜靜地站在房間的角落。富蘭克林的朋友愛德華・班克羅夫（Edward Bancroft，日後在巴黎監視富蘭克林的行動）描述他當時的樣子：「博士穿著曼徹斯特棉絨做成的斑點藍袍，挺拔地站在那裡，動也不動，表情平靜，自始至終毫無改變。」

韋德本大肆抨擊到最後，召喚富蘭克林到前台作證，並宣布：「我準備好質詢他了。」聽證會的官方記錄寫道：「博士依然保持沉默，但透過他的律師表示他不接受質詢。」沉默一直是富蘭克林最強大的武器，使他看起來睿智、溫和或平靜。在這個情況下，沉默讓他顯得比對手更為強大，是對敵人展現輕蔑，而不是悔悟；是屈尊俯就，而不是膽怯。[36]

樞密院一如預期，否決了麻薩諸塞意圖撤換哈欽森的請願，說那請願「毫無根據、無理取鬧、惡意中傷」。翌日，富蘭克林收到老友勒德斯潘瑟勛爵的信，通知他「有必要」解除其郵政總長的職務。此舉激怒了富蘭克林，因為殖民地郵政系統的效率及豐厚獲利，是他的得意政績。他寫了一封短信給威廉，建議他辭去總督一職，改行務農：「務農較為誠實，也更加可敬，因為獨立自主，不用看人臉色。」他寫給妹妹的信比較深思熟慮：「我遭到解職了，妳無須為此擔心。妳我都快走到人生盡頭了，現在我們都離家有點距離，但口袋裡的錢還足夠搭馬車回家。」[37]

富蘭克林擔心遭到逮捕或文章遭到沒收，在聽證會結束幾天後，帶著整箱子的文章，從克雷文街附近搭船，沿著泰晤士河而上，到切爾西（Chelsea）的朋友家裡沉潛了幾天。風頭一過，他又回到克雷文街，繼續會見賓客。他寫道：「我並未因此失去任何朋友，他們仍持續來找我，並熱情地對我保證，像以前一樣尊重我。」他也在朋友的要求下，寫了一篇詳細敘述哈欽森事件的長文，但未發表出來，他說「這類批評我向來默默寫完就算了」。[38]

不過，他還是繼續發表匿名文章，以一種非典型、但在當時環境下可以理解的自誇口吻，寫了一篇半匿名的文章（署名拉丁文「Homo Trium Literarum」，亦即韋德本攻擊他的雙關語「man of letters」）。該文指出，「富蘭克林博士的英國仰慕者得知韋德本先生稱他是賊時，大吃一驚」。他寫道，法國人在他剛於法國出版的科學文獻前言中，也稱他是賊：「他盜天取火。」富蘭克林在波士頓的一家報紙上，發表了一篇描述聽證會狀況的匿名文章，他宣稱「博士以正當的方式取得那些信件，他把信件寄給北美殖民地的動機也是良善的：為了減少英國與殖民地之間的裂痕」。[39]

富蘭克林的嘲諷和挖苦變得愈來愈尖刻。英國後來指派蓋奇將軍（General Gage）去接替哈欽森，擔任麻薩諸塞的總督。富蘭克林寫了一篇文章，建議英國「應立刻在北美建立一個徹底的軍事政府」，那可以「恐嚇北美殖民地人」，讓他們乖乖繳納各種賦稅。他寫道：「把殖民地人民的財富都榨乾時，就可以把他們賣給出價最高的買家。」例如西班牙或法國。在另一篇，他建議蓋奇將軍採取一項政策，以確保北美殖民地不再出現更多的造反者：「把殖民地的男性都加以閹割。」此外，漢考克、亞當斯之類的「主謀」也應除之而後快。他又說，這樣做的附帶效益包括：對歌劇有助益，也會減少英國移民到北美殖民地的人數。[40]

於是，同樣的問題又出現了：為什麼不乾脆返鄉呢？黛博拉此時已風燭殘年，他在政壇又遭到排擠，所以他再次決定回家。他告訴朋友，結清郵政總長的帳目後，他就會馬上回家。他向貝奇承諾，五月以前會返家，但最後他再次食言了。一七七四年剩下的日子裡，富蘭克林待在英國無所事事，沒有官方事務需要處理，也沒有大臣需要他遊說，連英國國王都對此感到好奇。

「富蘭克林博士在哪裡？」那年夏天英國國王向達特茅斯勛爵問道。
「陛下，他應該在城中，聽說他打算回北美殖民地，但我猜他還沒走。」
「我聽說他要去瑞士。」國王說。
「我也聽過那說法。」達特茅斯勛爵回應。
事實上，富蘭克林一直待在克雷文街附近，很少外出，只和摯友往來。九月，他寫信給妹妹：「一月以來，我沒見過任何大臣，也沒和他們通信。」[41]

與威廉決裂

英國和北美殖民地之間迫在眉睫的衝突，無可避免在富蘭克林和親英派的威廉之間埋下了父子決裂的伏筆。富蘭克林對於英國與北美殖民地之間的衝突深感痛苦，也因此無心關注他們父子間的矛盾。

相反的，威廉在克盡子職以及盡忠做好紐澤西總督之間倍感掙扎。在「鬥雞場」聽證會後，威廉寫信給富蘭克林，刻意奉承、肯定、哄騙他回家，以博取父親的好感。五月，威廉在信中寫道：「無論您在英國那邊人氣如何，您在這裡受歡迎的程度遠勝以往。您返鄉時，肯定會獲得大家的尊敬和愛戴。」不過，即使富蘭克林不時建議他辭去總督一職，威廉表明他不打算那樣做。

印刷商史莊夾在他們父子之間，顯得左右為難。他是富蘭克林在英國的摯友，但後來也成為威廉推心置腹的知己。史莊勸威廉忠於自己，堅守對王室效忠的立場，並讓英國大臣知道，他不會讓父親的觀點干擾他對政府的忠誠。

威廉聽從了他的建議，在寫出那封語帶關切的信給富蘭克林不久，就馬上寫信向殖民地大臣達特茅斯勛爵承諾：「國王陛下可以確信，我會竭盡所能地維護紐澤西的平靜。」接著又直言：「任何情感或關係都不會讓我偏離應盡的職責。」換句話說，他對父親的忠誠不會干擾他對英國的忠誠。達特茅斯勛爵馬上回信予以肯定：「我相信你的人格和操守不會讓任何外力引誘你偏離對陛下應盡的職責。」

威廉不僅對英國國王宣誓效忠而已，也和達特茅斯勛爵展開「祕密及互信」的通信，提供北美殖民地的輿論資訊給勛爵。他警告，整個北美殖民地都開始支持麻薩諸塞反對英國封鎖波士頓港的決定。各殖民地的代表預定九月齊聚費城開會（亦即「第一次大陸會議」），威廉也表明他的立場。他聲稱，那次會議「即使沒有違憲，也太荒謬了」，他認為那應該不會導致殖民地對英國商品進行大規模的抵制。[42]

富蘭克林在各方面都和威廉的看法相反。他建議召開大陸會議已經一年多了，覺得北美殖民地應該號召民眾抵制英國的商品，他也深信那會實現。他興高采烈地寫信告訴威廉：「現任內閣肯定會疲於因應。」富蘭克林一如既往，從金錢和政治的角度，責難威廉貪戀總督的職位。他說，威廉要是繼續依賴總督那份薪水，永遠也無法還清積欠他的錢。此外，多變的政治環境也意味著「你會發現你的處境不再輕鬆，或許你會希望自己更早跳脫政壇」，那封信只簡單署名「B．富蘭克林」。[43]

富蘭克林雖然知道英國當局偷拆他的信件來閱讀，但他還是積極慫恿北美殖民地的支持者堅定立場。他寫道，大陸會議必須「馬上投票阻止北美殖民地和英國的一切商業活動，包括進出口……直到我們獲得補償為止」。這一切攸關「北美殖民地及其後代子孫究竟能不能夠享有人類的基本權利，還是比東方奴隸的境遇還要悲慘。」

當時一封越洋信需要兩個月的時間才能寄達，但這段時間，富蘭克林和威廉仍通了很多信件。威廉還是持續說服父親相信，大陸會議是個糟糕的主意：「那種會議看不出任何結果。」波士頓人應該賠償他們毀掉的茶葉，這樣一來，「幾個月內，他們的港口就會重新開放了」。

其實，幾個月前，富蘭克林也表達過類似的看法。三月，富蘭克林寫信告訴顧盛，他認為波士頓人賠償茶黨造成的損失是比較明智的做法，「那可以消除英國對我們的多數偏見。」不過，事到如今，變成兒子對他說教，這使他怒不可抑。所以，九月，富蘭克林以強硬的措辭回信給威廉，一一反駁威廉的觀點。他指出，英國違憲從殖民地「敲詐了數千英鎊」，「他們應該用那些錢來賠償損失」，信末他甚至辱罵兒子：「你這種徹頭徹尾的朝臣，是以政府的觀點看待一切。」

十月，富蘭克林又寫信給威廉，除了表達同樣的觀點以外，也開始提起私人問題：他直言威廉遲遲未歸還欠他的錢，並說他要是再繼續當皇家總督，就不太可能還清債務。[44]

於是，隔了很長一段時間，富蘭克林都沒收到威廉的回信。直到一七七四年聖誕節的前夕，威廉才寄了一封悲痛的信給富蘭克林。黛博拉過世了，丈夫未在身邊陪她走完最後一程。

威廉的信一開頭就寫道：「上週四我到這裡來參加可憐老媽的葬禮，她於上週一過世了。」

富蘭克林那位逆來順受的妻子，自五年前中風以來就日益憔悴。一七七二年，她寫信給富蘭克林：「我覺得自己變得很虛弱，衰老得快。」一七七四年大部分的時間，她甚至虛弱到無法寫信。然而，富蘭克林依然故我，只回她短信，有些內容像說教，有些像公事公辦，偶爾抱怨自己的健康狀況，也轉達史蒂文生一家對她的祝福，還碎唸她沒寫信給他。

威廉繼續寫道：「很多在地人來參加母親的葬禮。」他刻意描述十月最後一次見到黛博拉的情景，顯然是想讓富蘭克林感到內疚：「她告訴我，這個冬天你要是沒回來，她可能再也見不到你了，她確信自己活不到明年夏天。我真心希望你這個秋天回來，我想她是因為太過失望而心力交瘁。」

信末，威廉哀求父親離開英國，「那個國家的人都用凶惡的眼光看你，你隨時都有可能因為政治行為而惹禍上身。趁現在身體還承受得住奔波之苦，還是回到大家仍尊重你的家鄉吧。」威廉也十分渴望看到已經十四歲的兒子坦普，他懇請富蘭克林把坦普帶回北美殖民地：「我希望能在春天看到你和他，也希望你們來我這兒生活一段時間。」[45]

豪—查塔姆祕談

十二月妻子臨終之際，富蘭克林和一位時髦的女性對弈正歡。那是他在倫敦剛結識的朋友，但下棋不單只是社交，也是英國一些輝格黨人想要放手一搏，以阻止殖民地發生革命的祕密行動。

那過程是始於八月，有人請富蘭克林去造訪查塔姆伯爵（Lord Chatham）。查塔姆伯爵就是老威廉・皮特（William Pitt the Elder），曾兩度出任英國首相，人稱「偉大平民」（Great Commoner），但後來因不智接受「查塔姆伯爵」的爵位，也就失去了「偉大平民」的稱號。查塔姆伯爵是卓越的輝格黨演說家，向來是北美殖民地的堅定支持者。一七七四年，他因身體不適而辭去公職，但後來又決定繼續投身公共事務，公開反對諾斯勛爵及其鎮壓殖民地的政策。

查塔姆伯爵熱情地接待富蘭克林，表示他願意全力支持殖民地抵制英國的稅賦，還說「希望他們能堅持下去」。對此，富蘭克林力促查塔姆聯合其他輝格黨的「智者」，一起推翻「那些無能的大臣」，成立新政府，以恢復「英國和殖民地之間的團結與和諧」。

查塔姆回應，那不太可能發生，當時很多英國人認為英國不能再妥協下去，因為「北美殖民地的目標是建立獨立國家」。

富蘭克林宣稱：「我向他保證，北美殖民地不會尋求獨立，我不止一次穿越數個北美殖民地，交友廣泛，我常和五湖四海的朋友餐敘，自由地交流，我從未聽過任何人在清醒或喝醉時，表達過想要分離的願望。」富蘭克林這番說法並不直率，他上次在北美殖民地穿梭已是十年前的事了，他也心知肚明有一小群激進的殖民地人民無論喝醉或清醒時都希望獨立，而且這群人愈來愈多，連他自己都開始思考獨立的可能性了。

小喬薩亞・昆西（Josiah Quincy Jr.）是狂熱的波士頓愛國者，也是富蘭克林老友的兒子。秋天時，昆西來拜訪富蘭克林，並告訴他大家已經談到殖民地「完全解放」的可能性愈來愈高。[46]

事情的進一步發展，是從一位交友廣泛的社交名媛向富蘭克林發出奇怪的邀請開始。她邀富蘭克林一起下棋，這女人名叫卡洛琳・豪（Caroline Howe），是海軍上將理查・豪（Richard Howe）和陸軍上將威廉・豪（William Howe）的弟媳。理查和威廉最終在美國革命期間，分別擔任英國的海軍和陸軍司令，但當時他們對北美殖民地的處境都寄予同情（卡洛琳是他們遠親理查・豪的遺孀，因此人稱豪夫人。）[47]

十二月初，富蘭克林造訪豪夫人時，覺得這位女士「談吐通情達理，舉止優雅宜人」。他們一起下了幾盤棋，而且富蘭克林「毫不猶豫」地答應，幾天後再次對奕。不過，再次碰面下棋時，話題就開始偏移了。他們談到豪夫人對數學的愛好，富蘭克林說「那在女性之間有點罕見」。隨後，豪夫人把話題轉向政治。

她問道：「大英帝國和殖民地之間的爭端該如何是好？」

富蘭克林回應：「他們應該親吻，互為好友。」

她說：「我常說，我希望政府委任你去解決爭端，我確定沒有人比你更出色，你不覺得這可行嗎？」

富蘭克林回應：「如果雙方都打算和解，那當然可行，畢竟雙方並沒有根本的利害衝突。」那是「理智的人在半小時內就能解決」的事，不過，他也補充：「大臣們不太可能找我去做那件好事，他們寧可謾罵我。」

她附和：「是啊，他們那樣對你真是糟糕。事實上，他們之中有些人已經為此感到羞愧了。」

當晚稍後，富蘭克林與兩位貴格會的好友福瑟吉爾和大衛．巴克利（David Barclay）共進晚餐，他們也希望富蘭克林從中調停，並請他「動筆」起草一份和解計畫。

富蘭克林聽了他們的話，草擬〈對談提要〉（Hints for a Conversation），包含十七項要點，例如：麻薩諸塞賠償損失的茶葉；廢除茶葉稅；放鬆對殖民地製造業的管制；貿易稅收全歸殖民地的財庫；未經殖民地議會的同意，英國政府不得駐軍；徵稅權屬於殖民地的議會，而不是英國議會。富蘭克林的朋友問他，是否同意把這份文件交給一些「立場中立的大臣」看，富蘭克林表示同意。

然而，十二月中旬，富蘭克林收到第一次大陸會議通過的決議，上述密談也受到了干擾。第一次大陸會議在費城舉行，並持續至十月下旬，會中重申北美殖民地對英王效忠，而不是對英國議會效忠。此外，會議也通過決議，英國若不撤回那些強制性的法規，他們就要抵制英國商品。

這份決議送達倫敦時，很多身在倫敦的殖民地代表都拒絕與那份決議有所牽扯。所以，富蘭克林和麻薩諸塞的其他代表決定，親自把那份決議遞交給達特茅斯勛爵。勛爵「告訴我們，那是一份得體合宜的請願書，他願意代為上呈給國王陛下」。

聖誕節那天，富蘭克林又去豪夫人的府上下棋。他一抵達，豪夫人就提到兄長海軍上將理查・豪想見他，豪夫人問道：「你同意讓我去請他過來嗎？」

富蘭克林欣然同意，理查・豪勛爵很快就過來了，還對他恭維不斷。他告訴富蘭克林：「沒有人比你更適合調解兩邊的分歧。」他希望富蘭克林提供一些建議，他可以轉達給合適的大臣知悉。

富蘭克林為了不讓自己夾在中間左右為難，他提到大陸會議已明確提出殖民地想要什麼。但他答應一週後再以下棋的名義，密會一次。

但是再次密會時，氣氛就沒那麼和睦了。豪勛爵問富蘭克林，英國派密使去北美殖民地調解有用嗎？富蘭克林回應，可能「十分有用」，只要那個人「兼具地位與聲望」。

豪夫人一聽，插話提議由她的兄長擔負這個任務，同時她也隱約暗示，當時英國高層已在談論是否指派她的另一位兄長威廉・豪將軍去執行一項不太平和的任務。她說：「哥，比起派威廉・豪將軍統領軍隊，我更加希望你能獲任為密使，去北美殖民地調解。」

富蘭克林直言：「夫人，我認為他們應該指派豪將軍去做更崇高的工作。」

接著，豪勛爵拿出一張紙，問富蘭克林是否知情。那是富蘭克林起草的〈對談提要〉副本。富蘭克林回應，他起草該文的角色應該是保密的，但他坦然承認該文出自他的筆下。豪勛爵表示，他得知那是富蘭克林的主張後，覺得「十分遺憾」，因為大臣們不太可能接受那些建議。他勸富蘭克林重新考慮那些建議，並提出「可接受」的新版本，再交給豪夫人親手謄寫，這樣就不會有人知道作者是誰了。豪勛爵也暗示，富蘭克林要是那樣做，可以「期望政府給予厚賞」。

豪勛爵話中暗示的賄賂，激怒了富蘭克林，他後來寫道：「那對我來說，就像法國人說的『往湯裡吐痰』。」不過，富蘭克林因為信任豪勛爵，決定與他合作，他寫道：「我喜歡他的態度，也想要信任他。」但是，隔日他交給豪夫人的文章裡，並未做出任何實質的讓步。該文僅重申北美殖民地的立場，並聲稱那是「鞏固友好聯盟」所必要的。整個二月，富蘭克林仍斷斷續續和豪勛爵會談多次，不過那主要是因為豪勛爵希望獲選為使節，前往北美殖民地調解，他們的討論並未談出任何解方。

在此同時，富蘭克林也參加其他的祕密會談與協商，其中最重要的是與查塔姆伯爵的會談。查塔姆伯爵邀他到鄉間莊園，展示他準備向英國議會提出的一系列提案。接著，查塔姆伯爵又去克雷文街造訪富蘭克林，與他談了兩小時。查塔姆伯爵蒞臨富蘭克林的住處時，馬車醒目地停在門外狹窄的街道上等候，在鄰里間掀起了一陣騷動。富蘭克林坦言：「這樣一位大人物親自來訪，討論這樣重大的議題，讓我的虛榮心大獲滿足。」事實上，由於這件事發生時正好是他在「鬥雞場」遭到羞辱一年後，他感到格外有面子。

兩人坐在史蒂文生夫人的小客廳裡，查塔姆提出他的折衷建議。他的提案內容讓英國議會有權管理帝國內的貿易以及派兵至北美殖民地。但是只有北美殖民地的議會有權徵稅，並讓大陸會議成為永久性的官方機構。富蘭克林雖然不贊成所有的細節，但他依然爽快地答應，二月一日查塔姆向上議院遞交提案時，他會到場支持。

查塔姆在上議院口若懸河地說明那個提案，達特茅斯勛爵代表政府表示，那些建議的「重要性與規模都很大，需要慎思」。一時間，富蘭克林以為他的祕談和遊說終於有機會奏效了。

但隨後，桑德維奇勛爵（Lord Sandwich）上台發言，他是海軍的第一位勛爵，對殖民地的態度一向強硬。他以「暴躁、激烈的言詞」，攻擊查塔姆的提案，並把矛頭指向富蘭克林。他說，他不相信那個計畫是出自英國人之手，看起來是北美殖民地人所為。富蘭克林後來回憶道：「他轉頭看我，說他看到起草人了，就是英國迄今最惡毒、狡猾的敵人。這導致許多議員紛紛把目光投向我，但……我臉上毫無表情，像木頭人一樣。」

查塔姆回應，那個計畫是他自己寫的，但他也無愧於心地承認曾諮詢「一位熟知北美殖民地事務的人，那人正是閣下暗指及惡意中傷的對象」。接著他大舉讚揚富蘭克林，說「整個歐洲因其知識與智慧而對他極度推崇，把他和波以耳及牛頓相提並論；他不僅是英國的驕傲，更是人類的驕傲」。富蘭克林後來寫信給兒子，或許有點刻意謙虛：「比起前面的誇張謾罵，我覺得這種言過其實的恭維更讓我難以招架。」[48]

但查塔姆不僅已經淡出權力核心，也沒什麼影響力了。達特茅斯勛爵很快就放棄他原本的開明態度，認同桑德維奇的看法，覺得那項提案應該馬上否決，後來也確實否決了。富蘭克林寫信給費城的朋友，「他們對查塔姆提案的輕蔑，就像對醉漢哼歌一樣不屑一顧。」[49]

後續幾週，富蘭克林忙著參加許多會議，希望能達到一些和解。但是到了一七七五年三月初，他終於準備離開英國了，這時他的耐心已消磨殆盡。他擬了一份措辭激進的請願書給達特茅斯勛爵，要求英國賠償封鎖波士頓港所造成的損失。他把那份請願書拿給一起爭取土地授權的朋友沃波爾看，「他看看那份請願書，又看看我，重複那個動作好幾次，好像我瘋了似的。」富蘭克林也因此恢復了理智，決定不提交那份請願書。

事實上，富蘭克林在最後、最有說服力的和平請願中，只扮演很小的角色。三月十九日，富蘭克林和輝格黨的卓越演說家兼哲學家柏克討論了一個下午。三天後，柏克在英國議會裡發表了著名的演講〈論與北美殖民地的和解〉，但並未奏效。柏克聲稱：「偉大的帝國不應抱持狹隘的思想。」

但那時，富蘭克林已從樸茨茅斯登上前往費城的郵輪。他在倫敦的最後一天，是和老友及科學夥伴卜利士力一起度過的。卜利士力寫道，不熟悉富蘭克林的人有時會發現他很拘謹，甚至冷淡。但那天他們談及可能爆發的戰爭，並看到報紙的報導時，富蘭克林變得十分感性，一度眼眶泛淚，讀不下去。[50]

第十二章　獨立

費城，一七七五－一七七六年

選擇立場

就像當初兒子威廉曾幫富蘭克林做著名的風箏實驗一樣，如今威廉的兒子坦普也幫富蘭克林把自製的溫度計放進海裡，測量海水的溫度。他們每天量三、四次，把結果記在表格上。以前富蘭克林從楠塔克特島的表哥（捕鯨船長蒂莫西．福爾傑〔Timothy Folge〕）那兒，已經知道墨西哥灣流的行徑。這次從英國返回北美殖民地的六週航程中，他先是利用前半段旅程，詳細寫下這次徒勞無功的協商過程，接著後半段旅程開始研究墨西哥灣流。他繪製的灣流圖及測量的水溫，如今可在美國太空總署（NASA）的網站上看到。驚人的是，他的資料與現代衛星蒐集的紅外線資料竟然極其相似。[1]

這次的返鄉旅途十分平靜，但醞釀已久的風暴已開始席捲北美殖民地。一七七五年四月十八日的夜晚，富蘭克林還在歸途中，一隊英軍從波士頓往北行進，去逮捕茶黨的領導人亞當斯和漢考克，並沒收其支持者暗藏的軍火。保羅．列維爾（Paul Revere）得知後，連忙通風報信，其他知名度較低的人也四處通報。因此，英軍抵達萊辛頓（Lexington）時，已有七十名北美殖民地的「分鐘人」（minutemen）在那坐候。

英軍少校下令：「你們這些叛徒，解散！」一開始他們照做了，但英軍依然開火。在後續的衝突中，八個北美殖民地人不幸喪生。英軍繼續進軍到康科特（Concord），那裡如愛默生所述：「嚴陣以待的農民起來反抗，發出震驚世界的槍響。」（不知何故，愛默生充滿詩意的史實敘述中，忽略了那些可憐的萊辛頓反抗者，正如朗費羅〔Longfellow〕的名作〈列維爾策馬報信〉中也忽略了威廉・道斯〔William Dawes〕和其他的報信者一樣。）英軍只好撤回波士頓，但長達一天的撤退中，有兩百五十多名官兵遭到擊斃或負傷。

五月五日，富蘭克林和十五歲的孫子坦普抵達費城時，各殖民地的代表已再次集結當地，準備召開第二次大陸會議。民眾敲鐘歡迎他歸來，一位記者寫道：「富蘭克林博士很高興看到大家已武裝完畢，為最糟的狀況做好準備。他認為唯有如此，才能讓我們掙脫最悲慘的奴役狀態。」

北美殖民地確實武裝起來，也準備應戰了。那週抵達費城開會的代表中，還有富蘭克林的老戰友喬治・華盛頓，他也把軍裝帶來了。法印戰爭結束後，華盛頓回到維吉尼亞當莊園地主。這次他前來費城，有近千名騎馬和走路的民兵在費城的外圍迎接他。他的馬車進城時，還有軍樂隊演奏愛國歌曲。不過，除了麻薩諸塞的激進愛國者以外，當時各地的代表對於這場戰爭的定調仍莫衷一是。他們不確定這次戰爭究竟是為了追求獨立，或只是主張北美殖民地在大英帝國內的權利。共識的達成還要再一年的時間，不過富蘭克林早有定見。

富蘭克林抵達費城的第二天，就獲選為參與大陸會議的代表。當時他已近七十歲，是年紀最大的會議成員。四十幾年前，富蘭克林開始在賓夕法尼亞議會任職時，這次會議的六十二位代表大多尚未出生，例如維吉尼亞的傑弗遜、派翠克・亨利（Patrick Henry）、麻薩諸塞的亞當斯和漢考克等人。

富蘭克林搬進市場街那棟他親手設計的房子居住，但他對那棟房子幾乎一無所知。過去十年，黛博拉在他遠行下，居住於此。現在，女兒莎莉負責照顧他的起居，女婿貝奇對他畢恭畢敬。兩個孫子班尼和威爾（Will）帶給他歡樂。富蘭克林寫道：「威爾有一把小槍，他配著槍昂首闊步，一邊吹著橫笛。」[2]

富蘭克林暫時仍未表態他是否支持獨立，其他代表晚上會聚在酒館裡爭論這個議題，他也不參與。他勤快地參加大會和委員會議，很少發言，開會完畢後就回家和家人共進晚餐。亞當斯向來健談，充滿抱負，他從這時開始和富蘭克林展開衝突不斷的長期合作。他抱怨，富蘭克林即使「靜靜地坐著，常在椅子上睡著」，依然獲得大家的敬重。

很多脾氣暴躁的年輕代表從未見識過富蘭克林的沉默技巧，他擅長不發一語，讓自己看起來像智者一樣。他們知道富蘭克林曾在英國議會裡侃侃而談，使英國廢除了印花稅法，但他們不知道富蘭克林並非天生的演說家。所以謠言開始傳了開來：他究竟在玩什麼把戲？他該不會是來臥底的親英派吧？

威廉・布拉福德就是眾多的質疑者之一，他的父親是富蘭克林的第一個雇主，也是後來的競爭對手。此時威廉・布拉福德已經接掌父親的印刷生意和報紙，他對年輕的詹姆斯・麥迪遜（James Madison）透露，一些代表「開始懷疑富蘭克林是來當間諜的，不是我們的朋友。他的目的是來找出我們的弱點，利用這些資訊和英國大臣握手言和」。[3]

事實上，富蘭克林正在等候時機。五月大部分的時間，他都在勸說兩個人。那兩人與他的關係密切，他希望先說服他們加入支持北美殖民地的反叛理念。其中一位是加洛維，他是富蘭克林對抗佩恩家族時期的老友，過去十年也是他在賓夕法尼亞議會的得力助手與代理人。第一次大陸會議期間，加洛維提議成立北美殖民地議會，讓它擁有和英國議會一樣的權力，兩個議會都對英王效忠。這個提議其實和富蘭克林在奧爾巴尼會議上提出的構想如出一轍，但是大陸會議斷然否決了他的提議。加洛維一氣之下，拒絕賓夕法尼亞議會的任命，不願再擔任第二次大陸會議的代表。

一七七五年年初，富蘭克林意識到加洛維那種提議已經行不通了，為時已晚。不過，他還是想說服加洛維和他一起擔任大陸會議的代表，他寫信給加洛維：「大家急需你的才能時，不該拋下為民服務的任務。」一開始，富蘭克林也沒有讓加洛維知道他對獨立的立場。加洛維後來回憶道：「大家似乎都搞不清他到底站在哪一邊。」[4]

富蘭克林想說服的另一個對象，與他的關係更加緊密。

崔沃斯的會面

紐澤西的總督威廉當時仍效忠英國政府，也因此和紐澤西議會爭執不下。他從報上得知父親回到北美殖民地的消息，並寫信告訴史莊：「這個消息令我大感意外。」他亟欲與父親見面，並把兒子坦普帶回身邊。但五月十五日他已經要求紐澤西議會召開特別會議，他必須先出席那場會議。那場會議不歡而散，會議結束不久，富蘭克林祖孫三代終於見面了。[5] 可憐的孫子夾在他們父子之間，顯得左右為難。

富蘭克林和兒子選了一個中立的地方見面：崔沃斯（Trevose）。那是加洛維的石砌莊園，位於費城北邊的巴克斯縣。令人意外的是，這場會面理當充滿澎湃的情緒，但他們祖孫三人或加洛維似乎都沒留下任何記錄。諷刺的是，唯一透露這次會面內容的，竟然是哈欽森的日記。哈欽森就是信件遭到富蘭克林洩露出去的麻薩諸塞前總督。那次會面三年後，哈欽森和加洛維都成了流亡英國的親英派。加洛維描述那次見面的場景，哈欽森把聽到的過程寫在日記中。

當晚的氣氛一開始很尷尬，他們相互擁抱，接著有一搭沒一搭地閒聊。一度威廉還把加洛維拉到一邊，說他目前為止都盡量避免和父親談論政治。但不久，幾杯馬德拉酒下肚後，他們開始談起政治上的歧見。富蘭克林問他的長期盟友：「加洛維先生，你真的覺得我應該促成和解嗎？」

加洛維確實這樣想，但富蘭克林聽不進去，他把這次返鄉途中寫給威廉的長信帶來給他看，信中詳細描述了他推動和解協商卻徒勞無功的經過。加洛維之前已經聽過部分的內容了，但富蘭克林依然大聲朗讀那封信的大部分內容，讓他們知道他受到的不平對待。加洛維也講了他遇到的恐怖經歷，他說他因為提議英國與殖民地和解，收到激進分子匿名寄來的絞死套索。他強調，革命無異是自毀生路。

威廉說他們最好保持中立，但富蘭克林不為所動。根據哈欽森後來的記載，富蘭克林「表明他的立場，宣布他贊同爭取獨立的做法」，並直言「大英帝國腐化墮落，奢侈糜爛」。威廉生氣地反駁，但言談中依然擔心父親的安危。他表示，要是富蘭克林打算「讓殖民地陷入火海」，他應該「小心，看到火光要趕緊離開」。[6]

後來，威廉失落地回到紐澤西，繼續當皇家總督，他也把坦普帶回了紐澤西。富蘭克林和威廉在崔沃斯唯一達成的共識是，坦普這個夏天和威廉一起待在紐澤西，接著回到費城就讀富蘭克林創立的學校。威廉本來想把坦普送到紐約的國王學院就讀（現在的哥倫比亞大學），但富蘭克林堅決反對，因為那裡已經變成培養親英派的溫床。不久，富蘭克林和威廉就為了爭奪坦普而展開拉鋸戰，坦普亟欲迎合他們兩位，但他注定不可能兩邊兼顧。

富蘭克林的反叛

北美殖民地究竟是何時開始覺得應該、也希望從大英帝國完全獨立出來，很難抓出確切的時點。若要確切抓出個人立場的轉變時間，那又更難了。過去十年間，富蘭克林始終希望北美殖民地與英國能避免決裂，但他不斷在希望與失望之間徘徊，卻在崔沃斯的家庭聚會裡宣布了他的立場。一七七五年七月初，正好是富蘭克林那些愛國夥伴正式表態的前一年，不過他已經準備好公開立場了。

許多事件促使富蘭克林最終走上反叛英國政府的路：遭到蔑視、希望破滅、受到背叛，以及英國敵對行動的日積月累。但是，我們也應該注意富蘭克林轉變的主因，以及後來以他為代表的整個北美殖民地為什麼會如此轉變。

像他父親那種英國人當初移民到美洲新大陸時，他們孕育出一種新的階層。誠如富蘭克林寫信給兒子時不斷強調的，北美殖民地不該複製舊世界那些僵化的統治結構、貴族體制，以及根據出身背景而非本事所建立的封建社會秩序。北美殖民地的優點，在於它創造出一群自豪的中產階級，那是一個由節儉勤奮的店主和商家所組成的階級，他們堅定主張自己的權利，對自己的社會地位深感自豪。

富蘭克林就像很多北美殖民地人一樣，痛恨權威，那也是當初他從波士頓哥哥經營的印刷店逃離的原因。無論是馬瑟家族、佩恩家族，還是上議院的貴族，他對那些當權的菁英都毫無畏懼。他的文筆犀利，行為叛逆，接受啟蒙時代思想家的理念——認為自由和包容是文明社會的基礎。

長久以來，富蘭克林一直希望英國和北美殖民地能在不斷擴張的大帝國下，和諧地蓬勃發展。但他覺得，除非英國停止利用商業貿易法規及徵稅來壓榨北美殖民地，否則那願景不可能實現。當他發現英國執意繼續壓榨殖民地時，北美殖民地只剩下獨立一途。

一七七五年六月，血腥的邦克山戰役（Battle of Bunker Hill）以及英軍火燒查爾斯頓（Charleston）兩件事，進一步激起富蘭克林等愛國者對英國的敵視。不過，當時大陸會議的代表大多尚未確立革命的立場。很多殖民地的議會（包括賓夕法尼亞議會）都指示他們的代表，避免支持任何號召獨立的倡議。而那群保守派的領導者，正是富蘭克林長年的對手迪金森，他仍拒絕在自家的房頂上安裝避雷針。

七月五日，迪金森促使大陸會議通過了給英王的最後一份請願書，亦即〈橄欖枝請願書〉（Olive Branch Petition）。那份請願書把英國與北美殖民地之間的問題，歸咎於那些「討厭」、「欺下瞞上」的大臣們背信棄義，並「懇請」英王來解救北美殖民地。大陸會議也通過了〈武裝宣言〉（Declaration of the Causes and Necessity for Taking Up Arms），該文聲稱：「我們的目的，不是要消除你我之間長久存在的融洽關係，而是真誠地希望恢復過往的和諧。」

富蘭克林像其他的代表一樣，為了達成共識，也在〈橄欖枝請願書〉上簽名。但同一天，他也公開發表他的反叛聲明，他選擇的方式很奇特：寫信給倫敦的老友兼印刷商史莊。富蘭克林在信中不再以一貫的「親愛的老史」稱呼他，而是以冷酷、刻意的憤怒語氣寫道：

史莊先生：

你是英國議會的議員，是那些毀滅我們家園的多數派之一。你們開始焚燒我們的城鎮，殺害我們的人民。看看你們的雙手吧，上面沾滿了同胞的鮮血！你我曾是多年摯友，但現在你是我的敵人，我也是你的敵人。

富蘭克林筆

怪的是，富蘭克林讓那封信到處流傳及發表，就是沒把信寄給史莊。事實上，這只是富蘭克林向北美殖民地的同胞表明他的個人立場罷了。

兩天後，富蘭克林寫了一封更溫和的信給史莊，也確實寄出去了。他以悲傷、而非憤怒的語氣寫道：「如今言辭與爭論已無濟於事，一切都顯示分裂在所難免。」正如富蘭克林沒寄出的上一封憤怒信一樣，他也沒為這封比較溫和的信留下副本。[7]

（富蘭克林和史莊自始至終都是要好的朋友，四年前史莊就宣稱：「我們立場不同，但並無分歧。」富蘭克林撰寫那封沒寄出的信當天，史莊也在倫敦寫信給富蘭克林，感嘆即將爆發的戰爭可能導致「有史以來最輝煌的社會結構和宗教政府徹底地毀滅」。整個一七七五年，他們仍繼續通信，史莊還懇求富蘭克林「帶著和解的提案」回倫敦。十月，富蘭克林回信建議史莊：「如果你選擇和解，請給我們公正的和平提案，我比任何人都願意說服大家接受它，因為我向來不把私人恩怨和公共事務混在一起。」富蘭克林在信末的署名敬辭和史莊一樣，都是「敬上」。一年後，富蘭克林以北美殖民地代表的身分前往巴黎時，他還收到史莊從倫敦寄去的斯蒂爾頓乳酪。）[8]

七月七日，富蘭克林也寫信給另兩位英國的摯友。在寫給主教希普利的信中，富蘭克林指責英國企圖激起黑奴和印第安人對殖民者的不滿情緒，但他也在信中為自己的憤怒語氣致歉：「年紀大通常可以冷卻最強烈的激動，但如果連一向冷靜鎮定的老人也被激怒了，你可以想像這裡民心沸騰的普遍狀況。」[9]

在寫給卜利士力的信中，富蘭克林感嘆〈橄欖枝請願書〉注定會遭到否決：「我們又向國王遞交了一份謙卑的請願書，又給了英國一次機會，讓他們恢復英國與殖民地的友誼，但我覺得他們不懂得把握，所以我認為英國已經永遠失去殖民地了。」在寫給卜利士力的信中，富蘭克林也大略提到他每天的工作情況以及殖民地較為儉樸的風氣：

> 我以前從來沒過得那麼充實，現在我每天早上六點就趕到安全委員會工作，議會指派我負責本地的防務。安全委員會開會開到快九點才結束，接著我就趕去大陸會議，一直工作到下午四點……現在，節儉和勤奮在這裡蔚為風尚，以前每頓飯要吃兩三道菜的紳士，現在僅以牛肉和血腸果腹，且為此感到自豪。藉由這些方法，再加上停止消費英國商品，我們更有能力捐款支持我們的軍隊。[10]

富蘭克林與兒子私下決裂，又與史莊公開決裂，也因此獲得了充分的解放，成為大陸會議上最熱切反對英國的人。他加入的委員會起草了一份宣言，讓華盛頓將軍發表。那份宣言措辭強烈，以致大陸會議不敢批准或發表。那宣言明顯是出自富蘭克林之手，文中包含他曾用來駁斥英國宣稱出資贊助殖民地防衛的用語

（「毫無根據、惡意毀謗」）。文章最後，還一本正經地把北美殖民地和英國之間的關係，比喻成英國和薩克森（「英國的母國」）之間的關係（他在惡搞文〈普魯士國王的敕令〉裡曾做過那個滑稽的對比）。在另一份更早之前有關英國私掠船的決議中，富蘭克林擬稿的措辭更加強硬，他指責英國「極盡貪婪和掠奪之所能，借英國議會通過法案的名義，宣稱我們的財產就是他們的，公開劫掠。」[11]

於是，連那些污衊富蘭克林的人都不再懷疑他的立場了。麥迪遜像很多維吉尼亞人一樣，都急於知道富蘭克林的相關消息，他馬上寫信給布拉福德，詢問關於富蘭克林立場搖擺不定的傳聞是否還在。「最近是否還有關於富蘭克林博士的傳言？」布拉福德坦言大家的看法變了：「大家對富蘭克林博士的懷疑已經消失，無論他回來這裡的意圖是什麼，我想他現在已經選定了立場，支持我們的理念。」

同樣的，亞當斯也告訴妻子艾比蓋兒，富蘭克林現在確定是革命陣營的人了：「他對我們最大膽的決議不再舉棋不定，似乎還認為我們過於優柔寡斷。」不過，口才過人的亞當斯也因此產生妒意，他忍不住抱怨英國認為北美殖民地的反叛「完全是因為」富蘭克林：「我猜連三流作家也會把大陸會議的一切作為歸功於他。」[12]

富蘭克林首度提出的邦聯制

要讓北美殖民地拋持和英國決裂的心態，他們需要開始把所有的殖民地想成一個新國家。想從英國獨立出來，殖民地之間就要變得更相互依賴。富蘭克林身為在北美殖民地中遊歷最多、眼界最廣的殖民地領導者，自一七五四年提出奧爾巴尼計畫以來，就一直支持某種形式的聯盟。

當時那個未被採納的計畫，是提議建立一個忠於國王的殖民地議會。現在，一七七五年，富蘭克林再度提出這項建議，但有個很大的差別：儘管計畫中保留了新議會仍屬於大英帝國的可能性，但即使帝國分裂後，它仍會繼續運作下去。

七月二十一日，富蘭克林向大陸會議提交《邦聯與永久聯合條例》（*The Articles of Confederation and Perpetual Union*），那就像奧爾巴尼計畫一樣，包含卓越的概念性突破，為後來美國的聯邦體系建構了雛形：中央政府和各州政府之間實行分權。不過，富蘭克林的遠見超前了當時的人，他提議讓中央政府擁有強大的權力，比後來根據實際《邦聯條例》所建立的中央政府還強大（《邦聯條例》是一年後大陸會議才草擬的）。

富蘭克林草擬的提案內容，大多可追溯到一六四三年麻薩諸塞和康乃狄克殖民地所擬定的〈新英格蘭邦聯計畫〉，但範圍和效力遠大於之前的計畫。富蘭克林在提案中詳細列了十三項章程，開宗明義就寫道：「此後，邦聯應定名為『北美聯合殖民地』。那些聯合起來的殖民地都加入堅定的友好聯盟，使他們和後代都受到約束，共同禦敵，捍衛自由與財產，保護自己和家人的安全，以及彼此與大眾的福利。」[13]

根據富蘭克林的提案，邦聯議會只有一個議院，議員名額根據各殖民地的人口比例分配。議會有權徵稅、宣戰、治軍、與外國結盟、解決殖民地之間的爭端、建立新的殖民地、發行統一貨幣、建立郵政體系、管制商業，以及通過「對大眾福祉有必要」的法律。富蘭克林也建議，邦聯議會不要設議長，而是成立十二人組成的「執行委員會」，委員會成員的任期是三年。

富蘭克林也納入一個退出條款：如果英國接受北美殖民地的全部要求，並賠償其造成的全部損失，邦聯可以解散。否則，「邦聯將永遠存續下去」。

富蘭克林深知，這個提案無異是宣告北美殖民地從英國獨立，以及殖民地之間的聯盟，但目前無論是獨立或是聯盟，都尚未獲得普遍的支持。所以，他只向大陸會議宣讀計畫以便列入會議記錄，並未要求大家表決。他願意等候歷史以及大陸會議的其他代表跟上他的超前思維。

八月底，到了坦普該從紐澤西返回費城的時候了。威廉試探性地問道，他能不能陪兒子回費城。但城裡反叛英國的大陸會議仍在召開，富蘭克林擔心親英派的威廉進城會引發不必要的麻煩，所以決定親自去紐澤西接孫子回來。[14]

坦普的身材瘦高，喜愛玩樂，跟多數的十五歲少年一樣沒什麼條理，多數的信件內容都是在幫他找尋他四處遺忘的個人用品。正如他的繼母所言：「你的衣服真是亂七八糟。」威廉努力維持家庭和睦的假象，在寫給坦普的信中，總是會美言富蘭克林幾句，他也盡量滿足坦普經常提出的金錢要求。由於富蘭克林和威廉都在爭搶坦普的親情，坦普成了家族中最少聽到勤儉訓話的人。

這段期間，富蘭克林再次為自己的生活，營造了他喜愛的天倫之樂。身邊有女兒和女婿、兩個外孫（六歲的班尼和兩歲的威爾）、坦普，最後連他唯一健在的手足珍・米肯也搬來和他同住了。當時富蘭克林的信中從未提及黛博拉，市場街的生活彷彿有沒有她都毫無差別。

富蘭克林也開始著手結清他和倫敦那個家庭的關係（金錢上及象徵意義上）。他寄了一千英鎊給史蒂文生夫人，以償還積欠的房租，並提醒她那些錢要拿去投資土地，不要買股票。他寫道：「英國開始和我們仗了，我覺得這場戰爭不會很快結束，股市可能暴跌。」

史蒂文生夫人因渴望富蘭克林重回倫敦而「心情低落」。她的朋友寫信告訴富蘭克林：「無法期待與你共度餘生，她真的很可憐。」但富蘭克林刻意轉移話題，再次提議聯姻，這次他想撮合他的外孫班尼和波莉的女兒伊莉莎白．修森（Elizabeth Hewson）。[15]

坎布里奇之旅

北美殖民地邁向革命的過程中，富蘭克林一直扮演適合其年齡的角色：外交使節、年長的政治家、德高望重的賢者、打瞌睡的代表等等，但他仍有意願及才能參與實際的管理、規畫及實踐。

關於北美殖民地如何籌建新的郵政系統，以取代英國管轄的舊系統，富蘭克林顯然是領導一個委員會以思考對策的不二人選。七月，他獲選為北美殖民地的新任郵政總長。那個職位的薪俸豐厚，每年高達一千英鎊，但富蘭克林的愛國情操更勝於節儉的性格，他把薪資全數捐出，以照顧戰爭中受傷的士兵。他寫信告訴卜利士力：「我們可能為了公益而勤奮努力，就像你們為了年薪一千英鎊那樣投入。那就是清廉的新國家和腐敗的舊國家的不同地方。」不過，富蘭克林喜歡以親人填補職缺的偏好依舊沒變，他讓貝奇擔任新郵政系統的財務審計長。

此外，富蘭克林也奉命建立紙鈔系統，那是他長久以來熱中的議題。一如既往，他深入參與其中的許多細節。他也利用植物學的知識，從葉脈的紋理獲得靈感，親自為不同幣值的紙鈔繪製圖案，以增加偽造的難度。貝奇也再次從中受益，成為監督紙鈔印刷的官員之一。

富蘭克林負責的其他任務還包括：為軍火製造蒐集鉛料；研究生產火藥的方法；加入印第安委員會和貿易委員會，以處理與印第安人的關係，以及促進北美殖民地與英國的敵人之間的貿易。此外，他也獲選為賓夕法尼亞防務委員會的主席。擔任該職期間，他監督一個水下障礙祕密系統的興建，以阻止敵船在德拉瓦河上航行。他也撰寫詳細的提案，提及許多古代先例，建議殖民地使用長矛和弓箭，以彌補火藥不足的缺點（這讓人想起一七五五年他提出使用獵犬的建議）。使用弓箭的建議可能看起來很怪，但是他寫信向紐約的查爾斯・李將軍（Charles Lee）詳細地闡述論點，他提出的理由包括：「弓箭的效用和普通的滑膛槍差不多……退膛再上一枚子彈的時間可射四支箭……敵人看到許多箭呼嘯而來，會感到害怕，受干擾而分心……箭只要射中敵人，不管是射中哪個部位，在他把箭拔出來以前，都會讓他退出戰鬥。」[16]

由於富蘭克林年老體衰，大家可能希望他好好待在費城，發揮智慧，貢獻專長即可。但富蘭克林生性就喜愛參與實務細節，而不是光談理論。無論是十幾歲、還是七十幾歲，旅行總是讓他活力大增。所以，一七七五年十月和一七七六年三月，他兩度為了大陸會議，出城去執行任務。

一七七五年十月的任務是應華盛頓將軍的請託，當時華盛頓奉命領導麻薩諸塞的民兵，但那些民兵的素質參差不齊，很難把他們與其他殖民地的烏合之眾整編成一支真正的大陸軍隊。在缺乏裝備及士氣低落下，華盛頓能否駕馭那些民兵、撐過那個冬天都是個問題。所以，大陸會議指派一個委員會去瞭解實際的狀況（大陸會議頂多也只能做到這樣而已），富蘭克林答應擔任委員會主席。

出發的前夕，富蘭克林寫信給兩位英國的朋友，強調北美殖民地抱著必勝的決心。富蘭克林在給大衛・赫特利（David Hartley）的信中寫道：「如果你以為英國靠蠻力就能讓我們屈服，那就太不瞭解北美殖民地和這裡的人了。」在寫給卜利士力的信中，他還加了一些數學讓朋友思考：「在這場戰爭中，英國耗費三百萬英鎊，殺了一百五十個北美殖民地人，平均每個人花兩萬英鎊……在此同時，北美殖民地有六萬名嬰兒誕生。從這些資料不難算出，要殺死全部的北美殖民地人，需要耗費多少時間和成本。」[17]

富蘭克林帶著兩位委員去坎布里奇（Cambridge）見華盛頓將軍，在當地待了一週。紀律確實是一大問題，富蘭克林一如既往以縝密的方式，列出詳盡的方法和程序（正如二十年前他為費城民兵團規畫的那樣）。例如，他列出具體的懲罰措施，包括哨兵站崗時睡著，處以二十至三十九下的鞭刑；軍官無故缺席，扣一個月的津貼；士兵無故缺席，關禁閉七天，而且那七天只能以水和麵包充饑；造反者處以死刑。此外，他也詳細規畫了每人每天的食物配給：每天一磅牛肉或鹹魚、一磅麵包、一品脫牛奶、一夸脫啤酒或蘋果汁等等，連肥皂和蠟燭的配額也列出來。[18]

富蘭克林等人準備離開時，華盛頓請委員會向大陸會議強調「持續定期提供資金的必要」，那也是殖民地面臨的最大挑戰。富蘭克林針對一年如何籌募一百二十萬英鎊，提出他的一貫見解：那只能靠大家更節儉，才有可能辦到。他向貝奇解釋：「如果五十萬個家庭每週少花一先令，就足以募到足夠的資金，而且每個家庭完全不會感覺到生活有所差異。不喝茶就可以省下四分之三先令，五十萬名婦女每週做價值三便士的紡織工作，就可以累積出剩下那四分之一先令了。」富蘭克林除了捐出郵政總長的收入，以及史蒂文生夫人在倫敦幫北美殖民地的傷者所募集的一百英鎊以外，也從麻薩諸塞議會拿到他擔任駐英代表時所拖欠的薪資以及自己的一些存款。[19]

那趟旅程中，富蘭克林在晚餐時見到亞當斯的妻子艾比蓋兒。艾比蓋兒日後對富蘭克林十分不屑，但是那晚她覺得富蘭克林頗有魅力。從她寫給丈夫的信中可以看出，她善於觀察富蘭克林的言行舉止，但是看錯了他的宗教信仰：

我覺得他善於交際，但不會誇誇其談，總是言之有物。他沉著穩重，但也平易近人，和藹可親。你知道我對面相有一些研究，我從他的面相可以看出他內在的一些優點，尤其是熱切的愛國心，並融入基督徒的所有美德，因為真正的愛國主義者肯定也是信仰虔誠。[20]

回費城的路上，富蘭克林順道去羅德島探望妹妹珍。當時，珍逃離英軍占領的波士頓，到富蘭克林的老友凱薩琳・雷及其丈夫的家中避難。凱薩琳的家中擠滿了避難的親友，富蘭克林擔心珍「對這個好客的家庭肯定是一大負擔」。但實際上，洛佩茲寫道：「珍和凱薩琳雖然年齡差距很大，成長環境和性格也截然不同，但她們的相處出奇地融洽。」就像富蘭克林習慣把年輕女子視為「女兒」看待一樣，珍也把凱薩琳視同女兒。（珍在寫給凱薩琳的信中表示：「老天賜我這樣的女兒吧。」儘管她自己也有一個關係疏離的女兒。）[21]

富蘭克林也禮尚往來。他來接珍回家時，說服凱薩琳的十歲兒子跟他們一起回費城，與坦普一起上學。他們一行人搭馬車經過康乃狄克和紐澤西時，珍覺得十分愉快。她寫信告訴凱薩琳：「一路上和兄長聊天，感覺比任何好天氣還舒暢。」由於一路上非常開心，他們甚至暫時忘卻政治上的不快，在伯斯安波易的紐澤西總督官邸稍作停留，去探望威廉。

那次其實是他們父子倆的倒數第二次見面，最後一次是十年後（兩人在英國見面，氣氛緊張）。不過，當時他們都不知道這點，見面的時間很短促。後來威廉的妻子寫信告訴坦普：「我們很想留他們多待幾天，但爸爸歸心似箭。」[22]

富蘭克林等人回到費城時，費城正在組建海軍以搶奪英軍的武器運輸。富蘭克林注意到一名鼓手在鼓上畫了一條響尾蛇，鼓面上還加了一句話「別惹我」（Don't tread on me）。富蘭克林寫了一篇匿名的文章，文中充滿大膽的幽默及些許的惡意，他提議那個圖案應該作為北美殖民地的反抗標誌和口號。他寫道，響尾蛇沒有眼瞼，所以「可能因此被視為警戒的象徵」。響尾蛇從來不主動攻擊別人，但一旦被激怒還擊時，也絕不投降，「因此是寬宏大量與真正勇敢的象徵」。鼓上畫的那條響尾蛇有十三個響節，「正好和北美殖民地上團結在一起的殖民地數量相同，我記得響節也是蛇身上唯一會增加數量的部位」。南卡羅來納的大陸會議代表克里斯多夫．加茲登（Christopher Gadsden）響應那篇文章的建議，設計了一面黃旗，上面畫了一條響尾蛇，並印上「別惹我」的口號。一七七六年初，那面旗子成為美國第一支海軍艦隊的軍旗，後來也成了其他民兵部隊的軍旗。[23]

加拿大之行

富蘭克林在秋天接受前往波士頓的任務很容易理解，畢竟走一趟出生地並不難。但是大陸會議第二次指派他遠行，他自己也欣然接受，那就比較難解釋了。一七七六年三月，年屆七十的富蘭克林搭船前往魁北克，那趟旅程頗為艱辛。

當時一支北美殖民地的聯軍攻入加拿大，目的是阻止英軍沿著哈得遜河而下，分裂殖民地。那支軍隊有部分的軍力是由當時仍愛國＊的班奈狄克．阿諾德（Benedict Arnold）率領。他們不幸中了埋伏，遭到包圍，在寒冬中饑寒交迫，懇求大陸會議增援。大陸會議的因應方式，仍是指派一個委員會負責處理，主席還是富蘭克林。

出發的第一天，富蘭克林和其他委員從伯斯安波易的北邊經過。當地的反叛運動已如火如荼地展開，表面上威廉仍維持統治的假象，但實際上叛軍已經限制他的活動。富蘭克林並未去探望威廉，因為威廉現在已經是他的敵人了。而威廉也以實際行動展現其忠誠：他把父親出任務的相關資訊悉數彙報給英國。他寫道：「富蘭克林博士打算說服加拿大和其他的殖民地一起加入邦聯。」然而，威廉在寫給坦普的信中，卻流露出遺憾與擔憂：老人家的身體能否承受這趟辛苦的旅途？有沒有方法可以阻止他出發？「他接受指派，前往加拿大，帶給我莫大的痛苦。」

他們搭船抵達薩拉托加（Saratoga）時，必須停下來等湖面的冰融化，才能繼續前進，這時富蘭克林突然意識到自己恐怕不久人世，他寫信告訴昆西：「我感到疲累，力不從心，對我這個年紀的人來說，可能太勞累了，身體難以承受，所以我坐下來給幾位朋友寫訣別信。」但他堅持下來了，經過一個月的艱難跋涉（中途還睡在廢棄房屋的地板上），他們終於抵達蒙特婁。途中，他買了一頂貂皮帽，那頂貂皮帽日後成了他擔任駐法使節的著名標誌，讓他看起來像簡樸的邊境賢哲。[24]

阿諾德領導的軍隊雖然混亂不堪，但他還是以盛大的晚宴，熱情款待富蘭克林一行人。席間還有許多年輕的法國女子作陪，但富蘭克林無心享樂。他後來寫道：「我身上長了一些大瘡，腿部浮腫，恐怕我得了水腫病。」

當時的軍情也不樂觀，受困的軍隊本來希望委員會能帶來亟需的資金。當他們發現根本沒有金援時，大失所望。另一方面，富蘭克林的代表團希望軍隊向加拿大人籌募資金，但是那不可能達成。最後，富蘭克林自掏腰包三百五十三英鎊給阿諾德，那善舉為他贏得了一些人氣，但並未解決問題。

大陸會議要求富蘭克林想辦法說服魁北克加入北美殖民地反抗英國的行列，但他決定放棄嘗試。他向大陸會議報告：「除非送錢過來，否則建議魁北克和其他的殖民地聯盟似乎不太恰當。畢竟我們在這兒的朋友不多，他們必須先看到我們恢復信譽，又派足夠的軍隊過來這裡，才會願意冒險嘗試。」

當更多英國軍艦正駛向當地的消息傳來時，加拿大對北美殖民地的態度也變得沒那麼友好了。所以，委員會最後得出無可避免的結論：「如果無法送錢過來支援這裡的軍隊好好作戰，讓他們獲得民眾的尊重，而不是遭到憎恨，我們再次重申全體一致的堅定立場：最好馬上把軍隊撤回。」

五月，筋疲力竭的富蘭克林失落地打道回府，他們花了一個月的時間才艱辛地回到費城。他寫道：「我覺得身體日益孱弱。」一回到費城時，他的痛風已經非常嚴重，多日無法出門。這趟加拿大之行看來是他最後一次為國盡忠了。

不過，後來華盛頓將軍前來探望他，再加上一些消息顯示大事即將發生，富蘭克林逐漸恢復了元氣。六月二十一日，他寫信告訴華盛頓，身體虛弱「使我在你離開之後一直無法參加大陸會議，所以我幾乎不知道會議裡通過了什麼，只知道他們正在準備《獨立宣言》」。[25]

*譯注：阿諾德起初為革命派作戰，屢立戰功，但後來變節投靠英國。

獨立宣言之路

一七七六年以前，殖民地的領導人大多相信（或假裝相信），北美殖民地的爭端是源自於北美殖民地與英國大臣之間的衝突，而不是和英國國王或王權有所不和。但是，為了宣布獨立，他們必須說服北美殖民地的同胞和自己勇敢豁出去，不再那樣區分。幫他們做到這點的一項工具，是一月匿名發表的一本小冊子，共四十七頁，名為《常理》（*Common Sense*）。

這本冊子一如富蘭克林的文章，是採用散文格式，樸實無華，但力道十足。作者主張「沒有任何自然或宗教的理由去區分國王與庶民」。世襲統治在歷史上始終令人憎惡，「忠於社會、忠於上帝的普通人，比世上任何頭戴王冠的惡棍更值得尊重」。所以，北美殖民地只有一條出路：「於情於理，一切都顯示我們應該走向分離。」

那本小冊子在費城出版後，幾週內暢銷了十二萬冊。很多人認為那是出自富蘭克林之手，因為內文反映出他對腐敗世襲權力的憎惡。其實富蘭克林和那本小冊子只有間接的關係，該文的真正作者是一位來自倫敦的貴格會教徒，名叫湯瑪斯·潘恩（Thomas Paine），年輕大膽，肆無忌憚。潘恩曾做過裁縫、稅務員，但都毫無成就，後來有人把他介紹給富蘭克林，富蘭克林果然十分欣賞他。潘恩決定移民北美殖民地當作家時，富蘭克林幫他出了船費，還在一七七四年寫信給貝奇，要他幫潘恩找工作。不久，潘恩就在費城的印刷店裡工作，同時磨練當散文評論家的技巧。潘恩將《常理》的手稿拿給富蘭克林過目時，富蘭克林不僅全心支援，也提出一些修改意見。[26]

潘恩的小冊子一舉強化了那些主張徹底革命的力量，連原本小心翼翼的殖民地議會也受到鼓舞，允許參與大陸會議的代表討論獨立的議題。六月七日，富蘭克林逐漸康復之際，維吉尼亞的代表理查・亨利・李（Richard Henry Lee，富蘭克林昔日及未來敵人亞瑟・李的兄弟）在大陸議會裡正式提案：「這些聯合的殖民地有權、也應當成為自由獨立的國家。」

雖然大陸會議把這個提案擱置了幾週才表決，但另一方面，它也直接往獨立邁出了一步，那一步對富蘭克林的家族產生了立即的影響：大陸會議下令，廢除殖民地所有忠於英國的政府。各殖民地的愛國議會因此堅定表態。一七七六年六月十五日，紐澤西的議會宣布總督威廉是「阻礙這個國家自由的敵人」。但是基於對富蘭克林的尊重，逮捕威廉的命令確實提到，對他「盡可能採取謹慎柔和的處置」。

但威廉本人並沒有心情謹慎或柔和地應對。六月二十一日受審時，他的言語輕蔑，一位法官說他「言行果然反映其高貴的出身」，那樣說其實是在諷刺他私生子的身分，而不是指他的父親是名人。至於富蘭克林本人也沒有袒護兒子。兒子受審那天，他還寫信給華盛頓說《獨立宣言》正在準備中，對兒子受審一事隻字未提。甚至三天後大陸會議表決把威廉監禁在康乃狄克時，富蘭克林也沒為兒子說些什麼或做什麼。

因此，威廉入獄前夕寫給坦普的信，讀來格外心酸，此時坦普已由富蘭克林牢牢地監護著：「親愛的孩子，願上帝保佑你。好好地孝敬祖父，他對你恩重如山。」信末，他勉強裝出一絲樂觀：「我們若能安度這場風暴，也許能再度相見，享受和平的美好。」[27]

事實上，他們確實安度風暴，也再度見面了，卻再也無法享受和平的美好，一七七六年留下的傷痕實在太深。

修改傑弗遜的文稿

大陸會議準備針對獨立問題表決時，指派一個委員會負責起草一份宣言，以解釋宣布獨立的決定。如今看來這個任務具有重大的歷史意義，但當時看來似乎沒那麼重要。委員會由五個人組成，包括富蘭克林、傑弗遜、亞當斯，以及康乃狄克的商人羅傑・謝爾曼（Roger Sherman）和紐約律師羅伯特・李文斯頓（Robert Livingston）。[28]

當年三十三歲的傑弗遜為何能獲此殊榮，擔當起草《獨立宣言》的重任呢？在委員會的成員中，他的名字排第一位，可見他是委員會的主席。原因之一是他的得票數最高，再加上他來自維吉尼亞，當初是維吉尼亞提案設立委員會的。其他四位委員同時身兼其他委員會的委員，他們認為那些職務比這個委員會更重要，他們都沒意識到這份文件最後會成為經典。

至於亞當斯，他為五月十日那份號召殖民地廢除所有英國政權的決議寫了導言，他誤以為那樣做已經確立其歷史地位了。他錯誤地聲稱，日後史學家會認為那份決議是「北美殖民地有史以來最重要的決議」。數年後，他又吹噓，傑弗遜本來希望由他來起草獨立宣言，但他說服傑弗遜擔任主筆。他對傑弗遜說：「首先，你是維吉尼亞人，這件事應該由維吉尼亞帶頭。其二，我沒人緣，靠不住，不討喜，你正好相反。其三，你的文筆比我好十倍。」不過，傑弗遜的記憶截然不同，他後來寫道：「委員會一致要我獨自起草。」[29]

至於富蘭克林，委員會第一次召開會議時，他仍躺在床上，深受痛風和大瘡的折磨。此外，他後來也告訴傑弗遜：「我有個原則，我盡量避免起草受到大眾檢閱的文稿。」

因此，傑弗遜有幸擔任《獨立宣言》的起草者。他在自己設計的寫字台上，寫下了一些史上最有名的句子。當時他也住在市場街上，和富蘭克林的住所僅隔一個街區，他窩在二樓的房間裡獨自完成了草稿。那份文稿一開始就寫道：「人類事務的發展過程中……」值得注意的是，隨後他攻擊的不是英國政府（亦即大臣們），而是英國的國家化身（亦即國王）。史學家波林．梅爾（Pauline Maier）寫道：「攻擊國王是一種政體形式，那是英國人宣布革命的方式。」[30]

傑弗遜起草的文件，有些方面和富蘭克林的想法十分相似。它具體列出了英國的種種不是，像富蘭克林常做的那樣，描述北美殖民地意圖和解，但英方一再堅持、不肯讓步的細節。事實上，傑弗遜的用語呼應了富蘭克林更早之前起草、但從未發表的決議：

> 保護子民的生命和財產安全是國王義不容辭的責任，當國王不願擔負保護之責，還加以破壞時，國王就不再是國王了，而是暴君，國王與人民之間的一切忠誠關係也不復存在。我們在此鄭重宣告，目前在北美殖民地的國王軍隊和戰艦，或是在國王敕令下前來此地的軍隊，若摧毀北美殖民地的任何城鎮或居民，或下令僱用野蠻人傷害可憐的殖民地人及其家人，只要大英帝國仍受到國王及其子孫的統治，我們就宣布放棄對大英帝國的效忠。[31]

不過，傑弗遜的寫作風格與富蘭克林截然不同。傑弗遜的措辭優雅流暢，充滿抑揚頓挫和詩意，鏗鏘有力。此外，傑弗遜還有富蘭克林所欠缺的深度哲學素養，他的言語和思想深受英國和蘇格蘭啟蒙運動思想家的薰陶，尤其是洛克主張的天賦人權概念，他至少讀了洛克的名著《政府論次講》（*Second Treatise on*

Government）三遍以上。因此，他的論述比富蘭克林更有深度，他認為政府的統治必須基於人民的同意。

值得一提的是，傑弗遜也借用了他人的思想，包括喬治·梅森（George Mason）最近為維吉尼亞新律法起草的內容。若以當今的眼光來看，可能會被質疑剽竊，但是當時大家認為那樣做不僅恰當，也可見其博學。事實上，多年後，脾氣暴躁的亞當斯因嫉妒傑弗遜獲得的讚揚，確實質疑《獨立宣言》了無新意，還說很多文字是抄襲他人的。傑弗遜回應：「我不認為我必須完全創新，或避免使用前人表達過的觀點。」[32]

傑弗遜完成初稿並加入亞當斯的意見後，六月二十一日週五早上把草稿送交給富蘭克林。他在封面上寫道：「富蘭克林博士能否撥冗過目，並根據您的廣博見識，提出寶貴的修改意見？」[33] 當時，大家對幕後編輯的態度比現在客氣有禮許多。

富蘭克林只做了些許的更動，親筆改在傑弗遜的「草稿」上（那份珍貴的文件，目前珍藏在美國國會圖書館及官網上）。富蘭克林做的最重要修改其實很小，但意義重大。他以常用的粗體反斜線，畫掉傑弗遜那句「我們認為以下真理是神聖而不可否認的（sacred and undeniable）」的最後三字，改成如今在歷史上永垂不朽的：「我們認為以下真理不言而喻（self-evident）。」[34]

「不言而喻」的真理，這個概念不是取自傑弗遜最愛的哲學家洛克，而是受到牛頓所主張的科學決定論，以及富蘭克林的好友休謨所主張的分析經驗論所影響。在知名的「休謨之叉」（Hume's fork）中，休謨和萊布尼茲（Leibniz）等哲學家發明了一種理論，把真理分為兩類，一種是「人造真理」，亦即描述事實（例如「倫敦比費城大」）；另一種是「分析真理」，亦即因推理和定義而不證自明的真理（例如「三角形的三個角加起來一百八十度」、「單身漢都未婚」）。傑弗遜使用「神聖」一詞，無論是有意或無意的，都是指該文主張的人類平等及天賦人權是基於宗教主張。但是經過富蘭克林修改後，就變成理性主張了。

相較之下，富蘭克林的其他修改並沒有那麼貼切。例如，他把傑弗遜的「將他們置於專斷權力下」改為「將他們置於專制暴政下」。他也把傑弗遜比較有文采的「使我們浸沒在血泊中」變成比較樸實的「侵入並消滅我們」。還有一些修改看起來像在賣弄學問，例如把「薪資金額」改成「薪資的金額與支付」。[35]

七月二日，大陸會議終於邁出歷史性的一步，針對獨立進行表決。賓夕法尼亞是少數幾個仍未支持獨立的殖民地之一，直到七月，賓夕法尼亞的議會仍指示其代表「斷然拒絕」任何「可能引發或導致我們與祖國分離」的行動。但是迫於愈來愈大的壓力，那些指示終於更改了。在富蘭克林的帶領下，賓夕法尼亞的代表團跟著其他殖民地的代表，一起對獨立投下贊成票，但保守的迪金森棄權了。

投票完成後，大陸會議開始討論傑弗遜起草的宣言。他們不像富蘭克林只稍微修改，而是大刀闊斧地刪減，尤其是批評國王縱容奴隸買賣那段。不過，值得讚揚的是，議會也把草稿中最後五段有點無力的結語砍了一半以上。[36]

傑弗遜眼看自己的文章遭到大改，幾乎抓狂。他後來回憶道：「我坐在富蘭克林博士的旁邊，他察覺到我對那些改動有意見。」但是那個改動過程除了讓獨立宣言變得更加精簡有力以外，也促成了一件有趣的軼事。富蘭克林為了安撫傑弗遜，跟他分享了一個小故事，希望他對改稿一事能夠釋懷。富蘭克林早年當印刷工時，一個做帽子的朋友打算開業，來找他設計招牌。富蘭克林描述如下：

> 他設計的招牌寫著：「約翰・湯普森，帽商，製作及販售帽子，收現」，旁邊畫了一頂帽子。但他

認為應該讓一些朋友看看，聆聽他們的意見。第一位朋友認為既然後面寫了製作帽子，前面的「帽商」兩字有點多餘，應該刪除。下一位朋友認為「製作」二字可以省略，因為顧客不會在意帽子是誰製作的，他又把那兩字畫掉了。第三位朋友說，他認為「收現」兩字很多餘，因為當地沒有賒帳的習慣，買帽子都是付現，於是「收現」兩字又畫掉了。招牌現在變成：「約翰・湯普森販售帽子。」下一位朋友說：「販售帽子？何必呢？沒有人會以為你是免費贈送帽子，『販售』那兩字有什麼用？」於是，「販售」也畫掉了。接下來，連「帽子」兩字也畫掉了，因為招牌上已經畫了一頂帽子。所以，最後招牌被簡化成「約翰・湯普森」，旁邊附上一頂帽子的圖樣。[37]

八月二日簽署正式的版本時，大陸會議的主席漢考克以他著名的花體字簽下名字。他宣告：「我們不能四分五裂，一定要團結一致。」根據美國史學家賈里德・斯帕克斯（Jared Sparks）的記載，富蘭克林回應：「是的，我們必須團結一致（hang together），否則肯定會被一一絞死（hang）＊。」他們把生命及神聖的榮譽都賭上去了。[38]

政體概念

既然宣布北美殖民地是一個新國家＊＊，第二次大陸會議就需要從頭建立新的政府體系，所以他們開始著手制定《邦聯條例》，這份文件直到一七七七年底才完成，但之後又過四年才獲得各殖民地的正式批准，不過基本原則是在大陸會議宣布獨立後的幾週內確立的。

在一年前提交的《邦聯與永久聯合條例》中，富蘭克林提議建立一個強而有力的中央政府，並由按照人口比例普選產生的議會來管理。由於性格和成長背景使然，富蘭克林是殖民地的領導者中觀念最民主的人。他的大部分想法並未納入新的《邦聯條例》，但他在爭辯時所提出的論點（當時賓夕法尼亞議會也正在制定自己的法規，所以富蘭克林也在議會裡提過類似的論點），最終產生了深遠的影響。

當時爭論的核心議題之一，也是貫穿美國歷史的重大問題，就是他們究竟要建立一個由各自握有主權的州所組成的邦聯，還是要建立單一的統一國家。更具體地說，每個州在國家議會裡應該都要有平等的一票，還是由人口比例來分配代表的名額？不出所料，富蘭克林是支持後者，那不單只是因為他代表的賓夕法尼亞人口眾多，也是因為他覺得國家議會的權力應來自於人民，而不是來自於各州。此外，讓較小的州擁有與較大的州同樣的代表權，並不公平。富蘭克林準確地預言道：「以這種不公正的原則所建立的邦聯，無法長久存續。」

隨著爭論不斷地升溫，富蘭克林試圖以詼諧化解歧見。較小的州指出，按人口比例來分配代表名額的話，他們的意見會遭到大州的壓制。富蘭克林回應，當初蘇格蘭和英格蘭建立聯盟時，有些蘇格蘭人也擔心他們

---

*譯注：與前面的 hang together 一語雙關。

**譯注：美國從一七七六年開始宣佈獨立成為新「國家」，一七八九年美國憲法制訂後，成為聯邦共和國，由華盛頓擔任開國總統，所以本書中，一七七六年以前，America 譯為「北美殖民地」，一七七六～一七八九年之間是「北美殖民地」和「美國」交互使用。一九九六年美國慶祝建國兩百年，是從一七七六年開始算，不是一七八九年。

像《聖經》裡的約拿一樣遭到鯨魚吞噬，但最後反而有很多蘇格蘭人在政府內掌握高位，「他們發現最後是約拿吞了鯨魚。」傑弗遜寫道，當時此話一出，與會者哄堂大笑，恢復了幽默的氣氛。不過，大會仍然投票通過一州一票的體系，富蘭克林最初揚言要說服賓夕法尼亞不參加邦聯，但最後放棄了。

另一個問題是，奴隸是否應計入一州的人口，以確定該州應繳的稅額。一位南卡羅來納的代表明確表示反對，他認為奴隸不是人，而是財產，就像綿羊一樣。這番話引來富蘭克林的反駁：「他們和綿羊還是有區別的，綿羊從來不會造反。」[39]

大陸會議在爭論新的《邦聯條例》時，賓夕法尼亞也在舉行法規制定會議，而且就在同一棟大樓裡。賓夕法尼亞一致推選富蘭克林擔任主席，他的主要貢獻是推動設立只有一院的立法機構。富蘭克林認為，設立一個間接選舉產生的「上院」，以制衡直接選舉的立法機構，那正是北美殖民地反對的貴族菁英體制。他把兩院制的立法機構比喻成寓言裡的兩頭蛇：「牠想去溪邊喝水，途中經過一道灌木籬，一根樹枝擋住了牠的去路。一個頭決定從右邊繞過樹枝，另一個頭卻朝左，兩頭僵持不下，浪費時間爭辯，結果還沒得出決議，可憐的蛇就已經渴死了。」此外，賓夕法尼亞為擔任公職者所設立的資格，也有富蘭克林的改革貢獻：與其他州不同的是，在賓夕法尼亞當官不必擁有資產，但必須「堅持正義、中庸、節制、勤奮與節儉」。

最後賓夕法尼亞和美國都未採用富蘭克林偏好的單院制立法系統，但是這項理念在法國深受歡迎，也在法國大革命之後付諸實踐了（但結果不太牢靠）。富蘭克林向賓夕法尼亞議會提出的另一個極端民主建議是：該州的權利宣言（Declaration of Rights）勸阻大家持有大量的財產或財富集中，因為那「有害人類的幸福」。那番建議也因為過於激進而未獲採納。

除此之外，富蘭克林也在大陸會議的很多委員會中任職。例如，他再次與傑弗遜和亞當斯一起參與設計新國家的國徽。傑弗遜提議的圖案是摩西率領以色列的子民穿過原野的景象，亞當斯則建議採用大力士海克力斯的形象。富蘭克林提議正面刻上「合眾為一」（E Pluribus Unum），背面是法老被紅海吞沒的圖案並搭配格言「背叛暴君，就是服從上帝」。傑弗遜也贊同富蘭克林的設計，後來此方案的多數點子皆受大陸會議採用。[40]

再次會見豪勳爵

富蘭克林在倫敦與海軍上將理查・豪的協商（始於一七七四年底，在下棋的掩護下進行），最後雖然以失敗告終，但兩人仍相互尊重。令豪勳爵失望的是，北美殖民地與英國之間的僵局，打破了他獲任為和平使者、前來殖民地和談的美夢。一七七六年七月，豪勳爵獲任為駐北美殖民地的英國海軍總司令，他的兄弟威廉・豪擔任駐北美殖民地的陸軍總司令。此外，他的願望也終於實現了，英方派他到北美殖民地協商和解。因此，他帶了一份詳盡的提議，內容包括雙方停戰、赦免叛亂的領導人（亞當斯遭到祕密排除），並承諾獎勵任何協助恢復和平的北美殖民地人。

由於英國不承認大陸會議是立法機構，豪勳爵不知道那份提議該送到哪裡。他抵達紐澤西的桑迪胡克（Sandy Hook）時，寫了一封信給富蘭克林，稱富蘭克林是「我敬仰的朋友」，並聲稱他「希望能促進殖民地的持久和平與團結」。[41]

富蘭克林向大陸會議宣讀了那封信，並獲准回信。所以七月三十日他回信給豪勳爵，那封信的措辭洗鍊，意味深長，清楚言明美國希望維持獨立的決心，但也努力避免全面的革命。

「我收到閣下友善的來信了，請接受我誠摯的謝意。」富蘭克林不能免俗在信的開頭客套了一番，但隨後語氣轉為激昂，甚至用了他從傑弗遜《獨立宣言》草稿中畫掉的「使我們浸沒在血泊中」這種字眼：

> 赦免受傷的殖民地，這舉動顯現出您那遭到蒙昧又高傲的國家，長久以來認為我們無知、卑劣和麻木。但是那樣做除了增加我們的怨恨以外，於事無補。這個肆無忌憚、野蠻殘酷的政府，在隆冬之際，焚燒我們毫無設防的城鎮，煽動野蠻人屠殺我們溫和的農民，唆使我們的奴隸殺害其主人，現在甚至帶來外國僱傭兵，使我們浸沒在血泊中。要讓我們屈服於這樣的政府是不可能的。

富蘭克林並未讓那封信充滿憤怒的言語，接著他巧妙地以悲傷遺憾的口吻，回憶他們曾一起努力想要阻止這場無法挽回的分裂發生。他寫道：「長久以來，我懷著真摯不倦的熱忱，努力阻止大英帝國這只精美高貴的陶瓷花瓶破碎，因為我知道，它一旦碎了，各個碎塊就不可能保有完整時的力量或價值。閣下可能還記得，在您弟媳位於倫敦的家中，您曾給我不久可能達成和解的希望，我聽了喜極而泣。」

富蘭克林暗示，和談或許有用，但實際上已經不太可能了，因為那需要豪勛爵把英國和美國視為「不同的國家」，富蘭克林說他懷疑豪勛爵有那樣的權限。但是，如果英國願意與獨立的美國和解，富蘭克林表示：「我認為那樣的和約並非完全不可行。」信末，他以得體的私人口吻作結：「我對閣下永遠抱持著十足的尊重與愛戴。」[42]

可想而知，豪勛爵看到富蘭克林的回信時有多麼震驚。信使後來回報，當時豪勛爵「一臉吃驚」，並說「他的老友熱切地表達了觀點」。信使問他是否打算回信時，「他拒絕了，說博士變得太熱切，他要是充分表達他的觀點，只會令博士感到痛苦，那非他所願。」

英軍在長島打敗華盛頓將軍的部隊時，豪勛爵等了兩週才回一封措辭謹慎、極為禮貌的信給這位「敬仰的朋友」。信中，豪勛爵坦言，他確實沒有權限「視過去隸屬於大英帝國的北美殖民地為獨立國家進行和談」。不過，他也指出，若以大陸會議一年前提交給國王的〈橄欖枝請願書〉為藍本進行和談，亦即承認殖民地的自治權，但仍隸屬於大英帝國，那種和解是有可能達成的。儘管他不願意「在公開聲明中」表態，但他可以確定他希望的和平「對兩國都有利」。換句話說，北美殖民地將被視為帝國框架內的獨立國家。[43]

這其實是富蘭克林多年來抱持的想法，但是在七月四日之後，這個提案似乎為時已晚。不僅富蘭克林有這種感覺，激進派的亞當斯等人感覺更強烈。所以，大陸會議對於富蘭克林是否應該繼續和豪勛爵通信討論了很久，莫衷一是。豪勛爵為了逼他們回應，釋放一個被俘的美軍將領，派他帶邀請函去費城，請大陸會議指派非官方的代表團，「在英軍做出決定性的攻擊」之前，前來進行和談。

所以，大陸會議指派三人組成委員會，去會見豪勛爵，聽他的說法。那三人分別是富蘭克林、亞當斯，以及南卡羅來納的愛德華·拉特利奇（Edward Rutledge）。這個委員會之所以包含亞當斯，是為了避免富蘭克林又走回尋求和平的老路。套用亞當斯的傳記作家大衛·麥卡勒（David McCullough）的說法，亞當斯當時警告大陸會議，豪勛爵放回來的信使是「誘使大陸會議放棄獨立的誘餌」。

諷刺的是，富蘭克林提議會議在伯斯安波易的總督官邸（他兒子入獄，所以空出來了）或是史泰登島

（Staten Island）舉行，豪勛爵選擇了後者。前往史泰登島的途中，委員會在新布藍茲維（New Brunswick）停留了一晚。當晚旅館客滿，富蘭克林和亞當斯被迫擠在一張床上。根據亞當斯的日記，當晚的狀況頗為滑稽。從他的記錄可以窺見富蘭克林的個性，以及多年來富蘭克林和亞當斯的奇怪關係。

當時亞當斯感冒了，所以他們就寢時，亞當斯關上房間的小窗戶。富蘭克林說：「哦！別關窗戶，我們會悶死。」

亞當斯回答，他怕夜晚的冷風。

「房裡的空氣很快就會比外頭還糟，其實現在已經比外頭糟了。」富蘭克林回答，「快開窗！然後到床上來。我告訴你開窗戶的理由，我想你還不熟悉我的感冒理論。」

亞當斯重新把窗戶打開，「跳到床上」，那一幕肯定很有趣。亞當斯說，他看過富蘭克林的感冒文章（參見第十一章），那篇文章主張，沒有人是因為受寒而感冒，但他覺得那個理論與他的實際經驗不符。關於這點，富蘭克林要如何解釋呢？

亞當斯以他少見的詼諧口吻寫道：「博士開始高談闊論了起來，大談空氣、感冒、呼吸與出汗的關係，我聽著聽著就睡著了，讓他繼續滔滔不絕。」富蘭克林除了說服亞當斯開窗以外，值得注意的是，他也沒被亞當斯傳染感冒。[44]

豪勛爵派了一艘駁船，把北美殖民地的代表團接到史泰登島。他也命令他的軍官留在代表團的駐地當他們的人質，但富蘭克林等人把那位軍官也一起帶來了，以表示對豪勛爵的信任。儘管豪勛爵讓客人從兩列兇惡的德國僱傭兵中間走過，九月十一日那場歷時三小時的會談其實氣氛友好。北美殖民地的代表團獲得盛情款待，宴會上有上等的紅酒、火腿、羊舌和羊肉。

豪勛爵保證殖民地可以獲得他們在〈橄欖枝請願書〉中提出的要求：掌控自己的立法機關和稅收，以及「修改殖民地人民認為不公的法律」。豪勛爵說，英國人仍對北美殖民地人十分友好：「一個殖民地人倒下時，英國感同身受。」他也有同感，甚至更為強烈。他說，萬一北美殖民地倒下來，「我會覺得像失去兄弟一樣難過」。

亞當斯記錄了富蘭克林的反駁：「富蘭克林博士神情自若地鞠躬，面帶微笑，以其交談及書寫時常見的純樸特質回應：『閣下，我們會盡最大的努力，避免您那麼難過。』」

豪勛爵堅稱，這場可怕的戰爭之所以爆發，純粹是因為英國和北美殖民地對徵稅的方法有歧見。富蘭克林回應：「以前英國要徵稅，我們從未拒絕。」

豪勛爵又說，北美殖民地為大英帝國提供了其他力量的來源，例如「人民」。豪勛爵對於富蘭克林談人口成長的文章非常熟悉，所以富蘭克林認同他的說法：「我們的人口成長得很快。」

於是，豪勛爵問道，那為什麼不可能「停止這些毀滅性的極端手段」呢？

富蘭克林回答，因為現在想要恢復北美殖民地對國王效忠的和平模式已經太遲了。富蘭克林說：「他們派軍前來，燒毀了城鎮，我們現在不可能指望在大英帝國的統治下依然幸福安康。之前對大英帝國的一切依戀和忠誠皆已蕩然無存。」同樣的，亞當斯也「熱切地表達了他絕不放棄獨立的決心」。

他們建議豪勛爵向英國申請授權，讓他把美國當成獨立的國家來協商。豪勛爵回答，這是「妄想」。「那好，閣下，」富蘭克林說道，「既然英國只期待我們無條件屈服……」。

豪勛爵打斷富蘭克林的話，說他並未要求他們屈服。但他也承認，至少目前不太可能達成和解，所以他向委員會表達歉意：「各位紳士遠道而來，卻徒勞無功。」[45]

帶著坦普和班尼前往法國

富蘭克林和豪勛爵會面結束後，回到費城。兩週後，大陸會議的委員會祕密指派他去執行他一生中最危險、最複雜，也最吸引人的任務。富蘭克林需要再次遠渡重洋到法國擔任使節，目的是誘使當時難得跟英國維持和平的法國支援美國。若是沒有法國的援助與結盟，美國難以獲勝。

這個任命很奇怪，畢竟富蘭克林已年老體衰，現在終於可以在家裡頤享天年了。不過，大陸會議之所以挑選他，是有道理的。儘管富蘭克林只去過法國兩次，但他是在法國最有名、也最受尊敬的北美殖民地人。此外，身為大陸會議祕密通信委員會的一員，過去一年間，他和許多法國的中介者祕密交流過，其中包括法王路易十六欽點的代表朱利安・德・邦盧瓦（Julien de Bonvouloir）。一七七五年十二月，富蘭克林曾與他見面三次。儘管邦盧瓦的態度十分小心謹慎，但富蘭克林與他見面後，覺得法國可能會願意支持（或至少祕密支持）北美殖民地的反叛。[46]

大陸會議也挑了另兩個使節前往法國：賽拉斯・迪恩（Silas Deane）和傑弗遜。迪恩是商人，也是大陸會議的康乃狄克代表，一七七六年三月就已經派駐法國了。傑弗遜則是以家庭為由，婉拒這項任務，由來自維吉尼亞的亞瑟・李取代他前往法國。李的脾氣暴躁，他是接替富蘭克林擔任北美殖民地的駐英代表。

富蘭克林坦言他是勉強接下那項任務，他告訴在大陸會議上坐在身邊的朋友拉許：「我老了，一無是處。

但我就像店家口中的剩餘布料，叫做『布頭』，任由你們擺布。」[47]

不過，根據我們對富蘭克林的瞭解，他可能還是欣然接受了這項任務。畢竟，他熱愛旅行，喜歡新的體驗，醉心歐洲，或許也希望藉此擺脫窘境。有證據顯示，他曾主動尋求這項任命。上個月，祕密委員會探討這件事時，他曾寫一篇給英國的〈和平提議概述〉，但委員會並未採納。在該文中，富蘭克提到他想回英國的意願：

> 這項提議，或與英國任何當權者探討和平的可能性，可以作為富蘭克林回英國的藉口。富蘭克林在英國有很多的朋友和熟人，其中有不少是議會上下兩院中最好的作家和最強的演說家。他認為，萬一提議未獲接納，他也可以在英國造成內部意見分化，削弱其反對北美殖民地的勢力。[48]

在起草這項提案後，富蘭克林去會見豪勛爵。那次會面使他回英國的希望變得渺茫，尤其是相較於去法國的可能性。從他以前去法國的經驗，他知道自己喜歡法國，尤其如今戰爭的結果尚未明朗，去法國比待在美國安全得多（當時豪將軍正逼近費城）。富蘭克林的一些敵人，包括英國的駐法大使以及一些美國的親英派，都認為他在為開溜找藉口。連他的朋友柏克（親美的哲學家兼英國議員）也這麼認為：「我不相信他一向輝煌的人生會以如此醜惡、不光彩的逃逸方式收場。」[49]

那樣的懷疑可能太苛刻了。他要是真的那麼在乎個人安危，就不會在年屆七十、深受痛風和腎結石之苦下，還在戰爭爆發時，橫越敵人控制的海域遠赴法國。就像他過去前往歐洲的決定一樣，這次的決定也充滿了複雜的情感和想法。不過，沒有人比他更有資格勝任這項報效國家的任務，再加上又可以到巴黎生活、獲得熱情的招待，這些就足以解釋他接下任務的原因了。他準備啟程前往巴黎時，從自己的帳戶取出三千英鎊，借給大陸會議，希望美國能奮戰到底。

那年夏天，坦普都在紐澤西照顧孤獨的繼母伊莉莎白。伊莉莎白在壯年期就已經很虛弱，丈夫被捕後，她更加孱弱不堪，精神近乎崩潰。七月，她寫信告訴小姑莎莉：「我每天除了嘆氣，就是流淚，手抖得厲害，幾乎無法握筆。」在懇求坦普回來陪她的信中，她抱怨那些包圍莊園的士兵無法無天：「他們對我十分粗魯無禮，甚至出言謾罵，嚇得我魂不守舍。」她還說那些士兵試圖偷坦普的愛犬。[50]

七月底，坦普到了繼母家，路上依然遺失了一些衣服。（富蘭克林寫信告訴他：「你往返費城與伯斯安波易時，似乎老是丟三落四。」富蘭克林讓坦普帶一些錢給伊莉莎白，但伊莉莎白要求的不僅於此，她希望富蘭克林能「簽署假釋令」讓威廉回家：「親愛與敬愛的先生，看在我求情的對象是令郎及我摯愛的夫婿分上。」但富蘭克林斷然拒絕了，還駁斥她對困境的抱怨，說其他人在英國統治下承受的苦難比她還多。富蘭克林去會見豪勛爵的路上，經過伯斯安波易，也沒想過去看她。自從伊莉莎白與威廉結婚以來，富蘭克林就沒打算對她友好、造訪她或寫信給她，更別說是像他對其他的年輕女性那樣花言巧語了。[51]

坦普比較同情父親和繼母。九月初，他就打算去康乃狄克探望父親，順便帶伊莉莎白的信給他。但富蘭克林不准他前往，說費城的學業比較要緊。坦普一再懇求，說他沒帶任何祕密資訊，就只是想送一封信過去罷了。富蘭克林依然不為所動並指責他：「你要是以為我是擔心你去給你父親通風報信，那你就錯了，我是為你的幸福著想。」富蘭克林還說，伊莉莎白想寄信給丈夫，大可透過康乃狄克的總督轉交，他甚至隨信附上一些免郵費的信封。

富蘭克林知道坦普想去探望父親其實另有目的，一個目的不太好，另一個目的還算高尚：「我知道你想去的原因，是你想要閒晃，不願去上學。當然，你也想探望那個值得你深愛的父親，我並無意責怪。」他居然沒有指責坦普想去探望父親？還說威廉值得深愛？富蘭克林對威廉抱持這種想法，確實令人驚訝，甚至令人動容。不過，這些文字確實是出自不准坦普去探望父親的信中。[52]

不到一週後，這些爭論就變得毫無意義了。富蘭克林小心地隱瞞他獲任為駐法使節的祕密，即使在寫給坦普的信中也沒有透露。他寫道：「我希望你馬上回來，你的母親應該不會反對，這裡有一些事情對你非常有利。」

在決定帶坦普去法國的過程中，富蘭克林從未和伊莉莎白商量。伊莉莎白在一年後過世，她從未再見到丈夫和繼子。富蘭克林也沒通知威廉這件事，威廉是兒子離開以後，才曉得那個和他相處僅一年的獨子被帶去法國了。由此可見富蘭克林對家人展現的權威，他對家人常冷漠無情，威廉也只好可憐地接受這個事實。威廉寫信給孤獨的妻子：「如果父親把坦普帶走了，我只希望他是帶坦普去國外讀大學。」[53]

富蘭克林也決定帶外孫班尼一同前往，所以一七七六年十月二十七日啟程的美國艦艇「復仇號」上（船名頗為貼切），出現了這個奇怪的三人組：一位閒不住的老人，即將滿七十一歲，年老體衰，但充滿雄心壯志，冒險進取，啟程前往無依無靠的國度，他自己也深信不會再回來了；隨侍在側的是一個精力旺盛、舉止冒失的十七歲少年，以及一個亟欲迎合長輩的七歲男孩。富蘭克林希望這次歐洲之行對孫子是有益的，也希望他們的陪伴能讓他感到安心。兩年後，富蘭克林寫信時提及坦普（但措辭同時適用於兩個孫子），說到他帶孫子隨行的原因：「萬一我死了，有孩子為我闔眼長眠。」[54]

第十三章　朝臣

巴黎，一七七六－一七七八年

全球最有名的美國人

搭乘「復仇號」橫跨大西洋雖然很快，僅花了三十天，但富蘭克林後來回憶道，嚴冬渡海「差點要了我的命」。醃牛肉使他的痛風和大瘡復發，其他的食物對他那口老牙來說又太硬了，難以咀嚼。他們搭乘的小艦艇在汪洋中顛簸得厲害，使他幾乎難以入眠。因此，一見到布列塔尼（Brittany）的海岸時，筋疲力竭的富蘭克林已經不願再顛簸下去，帶著兩個暈頭轉向的孫子改搭漁船到小漁村歐賴（Auray）。他寫信告訴漢考克，搭馬車去巴黎以前，他會避免「拋頭露面」，盡量低調，他認為「先確定法國王室是否準備好了，並願意公開接見大陸會議派來的使節，這樣做比較謹慎」。[1]

不過，對全球最有名的美國人來說，法國不是一個可以輕易隱姓埋名的地方。富蘭克林的馬車抵達南特（Nantes）時，當地人發現知名的科學家兼政治家來了，馬上安排盛大的舞會，熱情地接待他。當地女士精心打扮的高聳髮型令坦普嘆為觀止。南特的女性看到富蘭克林戴的柔軟貂皮帽後，也開始戴起類似形狀的假髮，那個款式後來稱為「富蘭克林髮型」。

對法國人來說，這位挑戰閃電及捍衛自由的名人，象徵著盧梭理想中的極致自由，以及伏爾泰提倡的啟蒙運動理性智慧。接下來的八年，富蘭克林把這個角色發揮到淋漓盡致。他以巧妙細膩的方式，搭配法國人喜愛的機智風趣和生活樂趣，透過個人的詮釋，把美國的建國大業塑造成自然國度對抗腐敗國度，以及開明國家對抗非理性的舊秩序。

美國獨立革命的命運，就這樣託付到富蘭克林的手中。他的責任重大，幾乎和留在美國奮戰的華盛頓等人不相上下。除非富蘭克林能獲得法國的支持（法國的援助、肯定以及海軍支援），否則美國很難戰勝英國。當時富蘭克林已是美國當代最卓越的科學家及作家，他展現的睿智機靈將使他成為美國史上最偉大的外交家。他訴諸感性兼理性，以吸引法國啟蒙時代的**哲士**（philosophes）；他訴諸美式自由，以擄獲法國大眾的青睞；他也訴諸冷靜的國家利益考量，以打動法國的大臣。

法國與英國之間有四百四十年的交戰歷史，所以對美國來說，法國是很適合的潛在盟友，尤其法國當時又渴望報復七年戰爭在北美殖民地的損失。富蘭克林正要離開美國時，得知法國同意透過一家商業公司居中聯繫，祕密給予美國一些援助。

不過，要說服法國提供美國更多援助並非易事。當時法國的財政窘迫，又與英國維持暫時的和平，可以理解他們不太願意對看起來勝算不大的國家押下很大的賭注，尤其華盛頓又剛從長島貿然撤軍。此外，路易十六和他的大臣本來就不認同美國放棄世襲君主制的想法，因為那個想法可能會影響法國人的思維。

富蘭克林可用的籌碼之一是他的聲望，他就像黎胥留（Richelieu）、梅特涅（Metternich）、季辛吉（Kissinger）等卓越的政治家一樣，知道聲望可帶來威信，從而產生影響力。一七五二年，他的閃電理論在法國獲得證實，一七七三年他的作品在法國集結出版，最新版的窮理查《致富之道》在他抵達法國不久後問世（法文書名是《*La Science du Bonhomme Richard*》），並於兩年內再版四次。他在法國聲名顯赫，所以一七七六年十二月二十一日抵達巴黎時，民眾夾道歡迎他，希望一睹他的風采。

幾週內，所有時尚的巴黎人似乎都想展現富蘭克林的慈祥樣貌，家家戶戶掛著大大小小的富蘭克林紀念章、版畫和肖像，連鼻煙盒和圖章戒指上都印了他的畫像。「這些玩意兒的銷量真是驚人。」富蘭克林寫信告訴女兒莎莉：「這些東西以及畫像、塑像，還有大量散布的印刷品，使你父親的臉跟月亮一樣廣為人知。」那股風潮廣泛傳播，連路易十六都覺得有點煩了，但也不失為一種消遣。當時波利涅克伯爵夫人（Diane de Polignac）常對他頌讚富蘭克林，路易十六不勝其擾，乾脆送她一個塞夫爾（Sevres）出產的陶瓷夜壺，裡面浮雕著富蘭克林的肖像。[2]

多年後，當亞當斯對富蘭克林的盛名不再那麼嫉妒時，他回憶道：「他比萊布尼茲、弗雷德里克或伏爾泰更有名，更受愛戴。無論是農夫、市井小民、貼身僕役、車伕、侍者、侍女或廚工，富蘭克林的大名幾乎無人不知，無人不曉。」[3]

法國人甚至想把富蘭克林歸為法國的後裔。本書一開始提過，富蘭克林始終認為他的姓氏是來自英國那些擁有土地的「自由人」，這說法幾乎是完全正確的，但是當時《亞眠報》（*Gazette of Amiens*）報導，富蘭克林這個姓氏在法國的皮卡第（Picardie）很普遍，還說那裡有很多家庭移民到英國。

除了伏爾泰和盧梭的門徒以外，許多學派的法國哲學家也宣稱富蘭克林的思想受到他們那個學派的影響。其中最引人注目的是重農學派（Physiocrats），他們是經濟學領域的先驅，發展出自由放任主義。對富蘭克林來說，那群人就像新的互助學習會，他還為他們的月刊撰稿。

內穆爾的皮耶-山謬・杜邦（Pierre-Samuel Du Pont de Nemours）是最著名的重農主義者之一（一七九九年他移民到美國，並與兒子創立杜邦化學公司），他以近乎神話般的字眼，描述富蘭克林這個朋友：「他的眼神流露出完美的沉著，嘴角永遠掛著平靜的微笑。」他穿著如此樸素，又不戴假髮，因此令人對他充滿敬畏。一位巴黎人讚嘆：「他的一切都散發出淳樸道德的簡單與純真。」接著，他又對富蘭克林的沉默寡言致上最高的法式恭維：「他知道如何表達不滿，但不流於粗魯無禮。」

富蘭克林的沉默寡言和樸素裝扮，使很多法國人誤以為他是貴格會的教徒。富蘭克林抵達法國不久，一位法國牧師說：「這個貴格會教徒全身上下都符合其教派的教規。他相貌堂堂，戴著眼鏡，髮量稀疏，總是戴著皮帽。」對於被誤會成貴格會教徒，富蘭克林也不想加以糾正，因為他知道當時很多法國人喜歡貴格會教徒。伏爾泰在《英國書信集》（*Letters on England*）中，以四封信大讚貴格會教徒的樸質無華，誠如范多倫所言：「巴黎人欣賞貴格會那種溫和堅毅的特質。」[4]

富蘭克林很清楚他為自己創造的形象，也樂在其中。他寫信告訴朋友，你可以想像我「穿得十分簡樸，戴著精緻皮帽，蓋住前額，帽緣垂在眼鏡上方，露出幾絲灰色的直髮。試想，這樣一個人出現在巴黎那群濃妝豔抹的人群中是什麼樣子？」那個形象和一七六七年他首度造訪法國時的形象截然不同，當時他寫信告訴波莉，他買了「絲帶假髮」，並請裁縫「把我打扮成法國人」。[5]

富蘭克林那身樸素的新造型，其實是他自己巧妙打造出來的形象，他可以說是美國第一位形象設計師兼公關大師。他戴著那頂去加拿大途中購買的貂皮帽，出席多數的社交場合。他剛到巴黎不久，受邀參加德芳侯爵夫人（Madame du Deffand）舉辦的文學沙龍時也是如此。那頂帽子就像盧梭的帽子，成了其肖像和紀念章的招牌特色，象徵著富蘭克林的樸實及新世界的美德，一如他永遠戴的眼鏡，是其智慧的象徵（眼鏡也是其肖像的招牌特色）。那模樣幫他扮演了他在法國人心中的角色：知名的頂尖科學家及簡樸的鄉野賢哲（雖然他一輩子大多待在費城和倫敦）。

面對法國人的喜愛，富蘭克林對法國也是讚不絕口，他寫信告訴昆西：「我覺得這裡是最適合居住的友善國度。一般認為西班牙人殘忍、英國人高傲、蘇格蘭人無知、荷蘭人貪婪等等……但我覺得法國人整體來說沒什麼缺點。他們的舉止有些輕浮，但無傷大雅。」他寫信告訴波士頓的親戚：「這是世界上最文明的國家。」[6]

富蘭克林的帕西邸第

在英國時，富蘭克林與替代家庭打造了舒適的居家生活。在法國，富蘭克林很快就打造了一個邸第，而不止是居家。那個邸第在地理位置及象徵意義上，都位於巴黎的沙龍和凡爾賽的宮殿之間，後來規模逐漸擴大，不止包含「新的家人」，還有許多來訪的同僚、代表、間諜、學者、朝臣，以及仰慕富蘭克林的名媛淑女。

這個邸第坐落於帕西村（Passy），位於布洛涅森林（Bois de Boulogne）的邊緣，離巴黎市中心約三英里，是別墅和城堡群集的地方。這裡最好的莊園之一，是雅克－多納襄・勒雷・德・蕭蒙（Jacques-Donatien Leray de Chaumont）所有。蕭蒙是經商致富的新貴，在東印度群島做生意發了大財。現在，他基於對美國處境的同情以及對獲利前景的期待，而和美國的建國大業扯上關係。最初他為富蘭克林一行人提供免費的食宿，所以那個帕西莊園成了美國第一個駐外使館。

對富蘭克林來說，那是充滿詩情畫意的生活。他寫信告訴史蒂文生夫人，那裡有一棟「好房子」，還有一片「可悠閒散步的大花園」，以及「一堆熟人」，唯一欠缺的是「有妳打理一切家務的井然有序感」。他藉此稍微暗示她可以過來當他的居家伴侶，但沒有明顯地鼓勵她，因為他覺得身處在一群新的夥伴和女伴之間相當自在，如魚得水。坦普寫信告訴莎莉：「我從未見過祖父的身體如此健康。帕西的清新空氣及一週三次的熱水澡，讓他變得像小伙子一樣。他豁達樂觀的個性，使他在這裡人見人愛，女人緣極佳，女性都不會推辭他的親吻。」

蕭蒙的主宅（富蘭克林也在這裡裝了避雷針）坐落於許多樓閣、庭園、宏偉柱廊，以及一個八角池塘之間，可遠眺塞納河。這裡的正餐是從下午兩點開始，通常有七道佳餚。富蘭克林開始囤積各種美酒，不久就累積了上千瓶波爾多紅酒、香檳和雪利酒。詼諧風趣的蕭蒙夫人成了這裡的女主人，富蘭克林戲稱她的大女兒為「吾妻」（ma femme）。富蘭克林也喜歡帕西領主的女兒，那女孩才十幾歲，富蘭克林一廂情願地稱她為「情婦」。多年後，那名女子嫁給托奈爾侯爵（Marquis de Tonnerre）時，蕭蒙夫人語帶雙關地說：「富蘭克林先生即使裝再多的避雷針，也無法阻止閃電擊中那位小姐。」（在法語中，閃電〔tonnerre〕和托奈爾〔Tonnerre〕是同一字。）

蕭蒙透過其貿易公司，為美國的建國大業供應物資，其中包括硝石和軍裝。由於他效法窮理查的格言「行善得福」，很多人質疑他的動機。一家報紙報導：「可能的話，他會一人獨占十三個殖民地的貿易。」[7]

蕭蒙也充當富蘭克林的公關人員，他委託卓越的義大利雕塑家喬瓦尼·巴蒂斯塔·尼尼（Giovanni

Battista Nini）製作一系列的富蘭克林紀念章，還委託宮廷的御用畫家約瑟夫－希弗雷・杜普雷西斯（Joseph-Siffred Duplessis）為富蘭克林畫了多幅莊嚴的肖像。富蘭克林最愛的那幅畫，目前掛在紐約大都會博物館的展覽室裡，杜普雷西斯的其他畫作則是收藏在華盛頓的國家肖像館（National Portrait Gallery）等地。

富蘭克林把班尼送到附近的寄宿學校就讀，他在那裡很快就學會了法語，每週日都會回帕西和外祖父共進晚餐，偶爾也會帶幾位美國同學一起過來。富蘭克林的侄孫喬納森・威廉斯（Jonathan Williams）從英國前來，一度負責監督商業貿易。坦普擔任富蘭克林的忠實助手，但不太稱職。他後來有點像紈褲子弟，顯然尚未養成祖父列出的十三項美德。

富蘭克林忙著處理武器運輸和商業貿易等複雜的事務，顯然很需要忠誠的協助及家庭的支援。但他身邊的共事者包括一個手腳不太乾淨的同事、一個憎恨所有人的同事、一個其實是間諜來臥底的秘書、一個盜用公款的廚子，還有一個希望乘機牟利的房東。

在那群烏合之眾中，那個手腳不太乾淨的同事和富蘭克林頗為投緣，也算不上完全不可靠，所以富蘭克林最喜歡他。來自康乃狄克的迪恩是一七七六年七月抵達法國的，比富蘭克林早了五個月，法國第一批祕密援助就是由他經手安排。在那次任務中，和他合作的對象是個令人意外的中間人：皮埃爾－奧古斯坦・卡隆・德・博馬舍（Pierre-Augustin Caron de Beaumarchais），他對外交一竅不通，只想藉機牟取利益。不過，他也是舉世聞名的劇作家，當時剛完成《塞維亞的理髮師》（*The Barber of Seville*），不久即將撰寫的作品是《費加洛的婚禮》（*The Marriage of Figaro*）。迪恩和博馬舍一樣，手腳都不太乾淨，記帳的方法令人費解。

一年後，迪恩被大陸會議召回美國受審，最終遭到監禁，但富蘭克林始終和他維持友好的關係。

對迪恩和富蘭克林來說，這群人之中最大的麻煩分子是美國派出的第三個使節：來自維吉尼亞的亞瑟・李。他懷疑身邊的每個人，嚴重到彷彿有被害妄想症。不過，有不少情況後來都證實他的懷疑沒錯。他從以前和富蘭克林一起擔任殖民地的駐英代表，就一直對富蘭克林心生妒忌（富蘭克林爭取土地授予時，他也是其競爭對手的股東）。他和兄長威廉・李（William Lee）及理查・亨利・李（Richard Henry Lee）為了詆毀富蘭克林，散布了許多謠言。那些謠言主要是質疑富蘭克林的忠誠度和人品。

李先以充分的證據，揭露了迪恩中飽私囊的行徑。接著，他馬上在毫無根據下，對富蘭克林發動攻擊。他寫信告訴兄長：「我愈來愈確定那個老博士也涉入貪污。」後來他又寫道（這次稍有根據了），富蘭克林「比年輕人更沉溺於享樂」。[8]

李以前認為富蘭克林對英國的態度太軟，現在他也認為富蘭克林對法國的態度太軟。他堅信帕西的每個人幾乎都是間諜或騙子，所以他什麼細節都想插手。連運往美國的制服顏色以及迪恩的房間離富蘭克林比較近，他都有意見。

富蘭克林和李偶爾會暫時擱下敵意，一起商討美國的建國大業。某晚在帕西，富蘭克林向李詳細地描述一七七六年七月發生的大事。由於事情發生時李還在倫敦，李聽完後，在日記裡忠實地記下富蘭克林的敘述。富蘭克林回憶道，那是「人類歷史上的奇蹟」，將會促成「有史以來最大的革命」。

不過，一七七八年初，李和富蘭克林幾乎已經不太說話了。李寫了很多憤恨不滿的信給富蘭克林，但富蘭克林都沒回他，氣得他寫信質問：「我有權知道你為什麼這樣對我。」富蘭克林最後終於豁出去了，寫了一封措辭強硬的信，信中的憤怒之情前所未見：

先生：

我確實沒有回覆你的一些來信，我不喜歡回覆充滿怒氣的信，更討厭爭論。我老了，來日不多了，還有很多事情想做，沒有時間爭吵。如果我經常收到並忍受你的謾罵和指責卻沒有回覆，這一切都是出於正當的理由，都是因為我關切這次使命的成敗，熱愛和平，尊重你的品德，同情你的病態心理。我們的爭吵只會破壞使命，而你的病態心理總是在折磨你自己，嫉妒、懷疑、幻想別人對你有惡意、誤解你或不尊敬你。你要是無法改變這種性格，最後會發瘋，現在的症狀就是發瘋的前兆，這種例子我見多了。願上帝幫你迴避可怕的病魔，也請你看在上帝的分上，讓我耳根清淨一點，安靜生活！

一如另一封著名的憤怒信一樣（就是稱摯友史莊是敵人的那封），富蘭克林也沒把這封信寄出去。雖然信中字字屬實，但富蘭克林向來不愛與人爭論，而且就像他自己說的，他年歲已大，吵不動了。所以，隔天他寫了一封比較溫和的信給李。在修正版中，他再次承認他確實沒有回覆李的一些來信，「尤其是那些傲慢指責我的憤怒信，用字遣詞好像把我當成你家的佣人一樣」。富蘭克林說，他把這些信都燒了，因為「我認為我們以得體的方式對待彼此十分重要」。富蘭克林向迪恩抱怨：「我為了我們的使命，耐心地忍受他的一切指責，但我覺得有點難受。」[9]

所謂物以類聚，李也吸引了幾位和他想法一樣的訪客，那些人都跟他一樣令人討厭。他的兄長威廉曾獲派為駐奧地利的使節，但奧地利拒絕接受，所以他後來也來到了巴黎。拉爾夫・伊澤（Ralph Izard）也是如此，他是南卡羅來納的富有莊園主，性好猜疑，本來獲派為駐托斯卡尼（Tuscany）的使節，但在當地不受歡迎，也來到巴黎。伊澤選擇站在李氏兄弟那邊，所以富蘭克林寫了一篇諷刺文〈字母Z的請願書〉回敬他。字母Z在請願書裡抱怨「被排在字母表的最後」，以及「Wise（智慧）這個字裡完全沒有它的分」。[10]

間諜班克羅夫

李罵得最凶的對象，是美國代表團的秘書班克羅夫。班克羅夫從各方面來看都充滿了神祕的色彩，令人費解。一七四四年他生於麻薩諸塞，年輕時受過迪恩的指導，十九歲時到圭亞那（Guiana）的種植園工作。在圭亞那時，他寫下熱帶植物的相關研究，還以當地的黑橡木樹皮製成一種織物染料並申請專利。一七六七年，二十三歲的班克羅夫搬到倫敦，成為醫生並開始炒股票。在倫敦，他結識了富蘭克林，並在富蘭克林的推薦下獲選為皇家學會的會員，富蘭克林也付錢僱用他蒐集英國領導人的情報。一七七六年三月，迪恩準備從英國前往法國時，富蘭克林指示他：「假借倫敦附近特南公園（Turnham Green）的葛瑞菲斯先生（Griffiths）的名義，寫信給班克羅夫，約他出來見面，並說服他跟你一起走。」於是，班克羅夫跟著迪恩在七月抵達巴黎，開始為以前的老師工作。[11]

富蘭克林到巴黎以後，指派班克羅夫擔任美國代表團的秘書。但他不知道班克羅夫不久前才剛被吸收為英國間諜，而且極為活躍。（史學家也是在一個世紀以後，才從英國的解密檔案中發現他是間諜。）

一七七七年，英國祕密情報局（British Secret Service）為了蒐集情報，每年花費近二十萬英鎊。情報局的負責人是機靈的威廉・艾登（William Eden），後來受封為奧克蘭勛爵（Lord Auckland）。至於在法國主導一切行動的人，是出生新罕布夏的保羅・溫特沃斯（Paul Wentworth）。溫特沃斯在一七六〇年代搬到倫敦，因投資股票以及在西印度群島與南美購買了土地而大發橫財。班克羅夫在圭亞那工作的那個種植園，就是其名下的財產。

溫特沃斯招募了好幾位駐巴黎的間諜，班克羅夫是其一。一七七六年十二月，他們簽署一份正式協定，班克羅夫的間諜代號是「愛德華・愛德華茲博士」（Dr. Edward Edwards）。那份協議的開頭寫道：「愛德華茲博士應向溫特沃斯先生寫信，彙報以下議題的一切資訊。」接著以十個段落，鉅細靡遺地列出班克羅夫應提供的資訊內容，包括：

> 與法國簽約的進度以及預期獲得援助的進度……與西班牙及歐洲其他王室的同樣資訊……獲得援助的方式、效應、金額、管道以及代理人……富蘭克林和迪恩與大陸會議的祕密通信內容……船隻和貨物的相關描述，航行時間及目的地的港口……來自北美的情報。

溫文儒雅的班克羅夫每週都會以情書作為掩護，利用隱形墨水在情書的字裡行間寫下祕密資訊，寄到英國。英國間諜組織的負責人再以特殊的化學藥劑，讓字跡顯現出來。每週二晚上九點半，班克羅夫會把情報放進瓶子裡，用一根繩子拴著，放在杜樂麗花園（Tuileries Gardens）南門廊附近的一個樹洞裡，讓英國使館的信使取走。至於瓶子如何放置，還有明確的規定：「瓶子必須密封，瓶頸上拴著一根約半碼長的麻繩，麻繩的另一端固定在一個木釘上……木釘插在西邊的地面上。」一開始，班克羅夫擔任間諜的報酬是每年五百英鎊，但後來因表現優異，報酬漲到一千英鎊。而且，他身為美國代表團的秘書，年薪是一千英鎊。另外，他利用內線消息炒股票也獲利斐然。[12]

班克羅夫傳給英國的密報總共有數百封，內容都是敏感的訊息，包括帕西那些美國代表的交易、美國代表團與法國大臣會談的內容、向美國運送軍火的日程，以及其他的軍事內容。例如，他告訴英國，拉法耶侯爵（Lafayette）將於一七七七年四月前往美國，還列出同行的法國軍官，並透露他將從西班牙的聖塞巴斯提安港（San Sebastian）出發，「直接抵達皇家南卡羅來納港」。他也通報，法國人「下令八或十艘軍艦在法國沿海保護殖民地的商船，並驅逐英國的巡洋艦」。一七七七年九月，他報告：「四艘戰艦正從土倫（Toulons）出發，去加入布列斯特艦隊（Brest fleet）。」一七七八年四月，班克羅夫又報告，法國海軍將領德斯坦伯爵（Count d'Estaing）正搭船離開土倫，前往美國支援戰爭，「並指揮一支十七艘戰艦所組成的艦隊，以摧毀或抵禦英國艦隊」。在下一週的信中，他又報告：「布列斯特艦隊已整裝待發」，並提到「布羅利奧伯爵（Count Broglio，知名法國上將）入侵英國」的可能性。[13]

富蘭克林和迪恩都非常信任班克羅夫，他們常讓他祕密前往倫敦蒐集情報。班克羅夫會利用這種機會，把最機密的情報消息傳給英國人，回法時又轉告富蘭克林一些貌似很有價值、但其實是其上司精心捏造的假情報。英國人非常重視他的掩護身分，一七七七年三月他前往倫敦時，還假裝逮捕他，並以美國間諜的名義關了幾天。迪恩心急如焚地向大陸會議報告：「班克羅夫博士因為和我們通信及支援我們，在倫敦被捕了。」他還加了一句：「我對班克羅夫博士的關切難以言喻。」幾週內，班克羅夫神奇獲釋，又回到帕西繼續工作。[14]

亞瑟．李很快就開始懷疑班克羅夫的忠誠度。一七七九年二月，亞瑟．李得知他又被派到倫敦執行祕密任務時，寫信告訴富蘭克林和亞當斯：「你們應該都很清楚，班克羅夫博士身為股票投機者，本性惡名昭彰。他公然違背道德和宗教，而且又對我充滿敵意，你們也不是不知道。」李還引用一些資訊，證明班克羅夫是間諜：「我有證據顯示班克羅夫博士是美國的罪人。」

李生性多疑，幾乎懷疑過每個人，所以大家對他的質疑置之不理。不過，李的疑心還是不夠重，他竟然沒發現自己的秘書也是間諜。在大英圖書館收藏的資料中，有很多李的機密信件謄本，還有一份備忘錄是寫給間諜組織的負責人，告知英方間諜「偷拿李的日記來謄寫資訊」。[15]

自始至終，富蘭克林都不太相信身邊有間諜。他剛抵達法國不久，就有一位住在巴黎的費城女士寫信提醒她：「你身邊都是間諜，他們監視著你的一舉一動。」富蘭克林的回信很出名，但那封信並未解決問題，只讓人更加佩服他的美德：

> 長久以來，我一直奉行一個原則，使我遇到那種情況時（意指間諜）也不會感到不便。那個原則很簡單：不做那些公開以後會讓我感到羞愧的事，只做那些間諜看到也無所謂的事。一個人行得正時，別人知道得愈多，他的名聲也會愈廣、愈穩固。所以，即使我確信貼身助理是間諜（他可能是），但如果我喜歡他的其他方面，我想我可能不會開除他。[16]

就某種程度來說，富蘭克林的回應很天真，畢竟班克羅夫的背叛會使船艦陷入險境（但後來發現，沒有直接的證據顯示他們因此受損：拉法耶侯爵平安抵達美國了；英國人無法及時採取行動，阻止德斯坦伯爵通過直布羅陀海峽；布羅利奧也沒有入侵英國）。不過，另一方面，富蘭克林也很精明，因為正式協商開始以後，他也順水推舟，利用他們之中的間諜來挑撥英國和法國作對。

現實主義與理想主義

法國外交部長維爾建伯爵（Comte de Vergennes）是個衣著土裡土氣的外交官，體態發福，沒什麼架子。蘇珊・瑪麗・艾索普（Susan Mary Alsop）的著作《宮廷中的美國人》（*Yankees at the Court*）對那段時期的歷史做了生動的描述，她提到：「他通情達理，很重感情，而且看人很準。」維爾建對富蘭克林確實很重感情，他對富蘭克林的性格判斷也很準。路易十六在位期間，維爾建因妻子不是出生顯貴，始終未能獲得王室的充分接納。但他很欣賞妻子那種中產階級的特質，或許是因為這個因素，他也很欣賞富蘭克林的類似特質。[17]

在國際關係方面，維爾建是典型的現實主義者，一七七四年他言簡意賅地表達了他的世界觀：「每個國家的影響力，端看該國對其實力的看法而定。」他也是熱切的反英分子，所以對美國抱持同情的態度。

一七七六年春季，在富蘭克林抵達法國之前，維爾建向法國國王提出一系列的建議，並以平實的用語主張法國應採取以下的政策：「英國是法國的天敵，他們貪得無厭、野心勃勃，不公不義，充滿邪惡思想，其永恆的政策目標就是羞辱與毀滅法國。」他指出，美國需要法國的協助才能勝出。支持美國這個新興國家以削弱英國，在經濟和政治上都對法國有利。維爾建在凡爾賽宮那個金碧輝煌的會議室裡，向路易十六及其內閣（包括財政主計大臣安－羅伯－雅克・杜爾哥〔Anne-Robert-Jacques Turgot〕，後來他成為富蘭克林的朋友和支持者）提出那些提議。

杜爾哥和其他的大臣擔心，法國的財政吃緊又缺乏準備，所以建議謹慎行事。路易十六最終批准了一套折衷方案：法國為美國提供一些援助，但只能祕密進行。他們也決定，維爾建的信件以口述的方式告訴十五歲的兒子，再由兒子謄寫出來，萬一那些信件外流，沒有人能辨認那是誰的字跡。[18]

一七七六年十二月二十八日，富蘭克林抵達法國幾天後，就到巴黎和維爾建密會。當時迪恩和李也在場，富蘭克林亟欲促成美法聯盟，但也許太過心急了些。維爾建對富蘭克林的學識和機智大為讚賞，但沒做出任何承諾，只說富蘭克林如果願意針對那個議題寫一份備忘錄，他會好好考慮一下。在當晚的日記中，維爾建說富蘭克林「聰明，考慮周詳」。他也寫信告訴法國的駐英大使：「他的談吐溫和誠實，看起來頗有天賦。」[19]

富蘭克林接受了維爾建的建議，馬上寫了一份備忘錄。他在備忘錄裡刻意強調現實的權力制衡，他知道維爾建欣賞這個論點。如果法國和盟友西班牙一起力挺美國建國，英國會失去殖民地以及西印度群島的領地，「那些讓英國富強的商業」也會受損，如此一來，英國就會被削弱成「虛弱、屈辱的國家」。美國願意「以最堅定的態度保證」，法國和西班牙可以占有英國失去的西印度群島，但是萬一法國裹足不前，美國可能「被迫以和解的方式，結束與英國的戰爭」。「此事只要稍有耽擱，都可能造成致命的後果」。[20]

但富蘭克林也知道，訴諸現實利益只是影響決策的部分因素。他比美國史上的多數外交官更清楚，美國左右全球事務的力量，來自結合理想主義和現實主義的獨特組合。兩者結合起來，猶如美國彈性外交政策的經緯線，美國後來的外交政策從門羅主義到馬歇爾計畫都是如此。史學家伯納德・貝林（Bernard Bailyn）寫道：「美國史上最耀眼的時刻，都發生在現實主義和理想主義交融的時候，沒有人比富蘭克林更瞭解這一點。」[21]

富蘭克林在法國證明了，他不僅知道如何像最好的現實政治實踐者那樣，精心地落實權力制衡，他也知道如何宣揚美國的例外主義（亦即美國因其優良本質，而與世界其他國家截然不同）。富蘭克林意識到，來自戰略的硬實力以及來自理想和文化魅力的軟實力，在確保美國的影響力上一樣重要。正如作家兼數學家孔多塞（Condorcet）所言（他後來變成富蘭克林的法國摯友），富蘭克林在外交及私人應對上，都「相信理性力量和道德現實」。

因此，富蘭克林寫了一份充滿典型外交現實主義的備忘錄給維爾建以後，他在帕西開始定下心來，設法從美國的理想主義擷取力量。他開始找人翻譯美國那些鼓舞人心的檔案（包括他為賓夕法尼亞制定的律法），公開出版，以獲得法國及他國的支持。他寫信向祕密通信委員會解釋為什麼要出版那些檔案：「整個歐洲都支持我們。」接著，他為美國理想主義的魅力做了經典的闡釋：「暴政在世界的其他地方根深柢固，美國可望為全世界熱愛和平的人提供庇護的地方，這點令人欣喜。我們的建國理念就是全人類的理念。」文末他宣稱：「我們是為人性的尊嚴及幸福而戰，被上帝賦予這項光榮的任務是美國人的榮耀。」這句話也呼應了從溫斯羅普到雷根等多位美國例外主義者都愛用的比喻：閃耀的「山巔之城」。幾週後，他以類似的論點寫信給波士頓的朋友時也提到：「這裡，大家普遍認為我們的理念也是全人類的理念。我們為捍衛自己的自由，而為他們的自由而戰。」[22]

富蘭克林這種公開的外交策略令維爾建百思不解，他寫道：「我真的不知道他來這裡是為了什麼。最初我們以為他有種種的要務需要執行，但突然間他卻開始和那些**哲士**關起門來高談闊論。」維爾建拒絕了美法馬上結盟的請求，也迴避進一步的會面，與富蘭克林保持距離好幾個月，他想先靜觀戰局的發展。不過，他也悄悄向美國提供了一些援助：法國將為美國提供另一筆祕密貸款，並允許美國的商船使用法國的港口。

富蘭克林也在法國展開公關活動，像以前在英國那樣匿名投書報紙。其中影響最大的一篇，是一份肆無忌憚的模仿作品，內容沿襲了〈普魯士國王的敕令〉，寫在他與維爾建首次會面不久後。那篇文章偽裝成一封信，寄件人是一位德國的伯爵，收件人是一位駐美的德國僱傭兵指揮官。伯爵派往美國的僱傭兵，每死一個，伯爵就能得到補償金。由於英國決定不賠償傷者，只賠償死者，所以伯爵慫恿指揮官，士兵死得愈多愈好。

> 親愛的男爵，我的意思不是要你暗殺他們，我們應該心懷慈悲。但你可以得體地暗示軍醫，士兵傷殘對其職業來說是一種恥辱。士兵無法戰鬥時，沒有比讓他們死去更明智的做法……因此，你應該對那些敢於冒險的士兵，承諾軍階升等，鼓勵他們在危險中追求榮耀。

富蘭克林也機智地反擊英國大使斯托蒙特勛爵（Lord Stormont）所散播的文宣。有人問他對其中一份文宣的看法時，富蘭克林回應：「那不是事實，只是斯托蒙特。」從此以後，富蘭克林和時髦的巴黎人開始把那個英國大使的名字當成動詞來用：stormonter。那個字和法語動詞 mentir（意指「說謊」）的發音有點像。[23]

這時，關於富蘭克林在法國使用的多種策略和計畫，開始傳出許多謠言。一名英國間諜（不是班克羅夫）報告說，富蘭克林正準備「許多反光鏡」，以便架設在加萊（Calais）的海岸邊，把陽光折射到英國軍艦上，摧毀英國艦隊。接著，富蘭克林還打算安裝一條跨海鐵鍊以電擊英國。《紐澤西報》的報導更離譜，說富蘭克林正在研發移動大陸板塊的電動裝置，並使用油讓一邊的水面寧靜，但另一邊波濤洶湧。[24]

唉，其實富蘭克林當時做的事情比傳言平凡多了，例如應付一堆想要申請加入美軍擔任軍官的歐洲人。他收到四百多封信件，那些信裡還有不少請求，有的請求大膽，有的請求不自量力。富蘭克林抱怨道：「每天除了收信以外，還有一堆人來找我請託事情，真是不堪其擾。」例如，有一個母親來推薦三個兒子當軍官；有一個荷蘭醫生想研究炸碎的屍體；還有一個本篤會的傳教士說，只要富蘭克林幫他償還賭債，他就為美國祈禱。富蘭克林最喜歡的例子，是一個母親寄來的率直推薦信，信的一開頭寫道：「先生，在你們美國，有沒有人知道如何矯正那種老是折磨全家人的討厭鬼……」。

從這個例子可以看出，富蘭克林難以回絕他人的個性，使他很容易變成大家欺騙的目標。住在巴黎的愛爾蘭人威廉・帕森斯（William Parsons）寫了一封令人同情的信給富蘭克林，描述他的不幸遭遇，並懇求富蘭克林推薦他加入美國軍隊。富蘭克林並未幫他寫推薦信，但借給他十五幾尼，結果帕森斯拿著那筆錢逃到英國，把可憐的妻子留在法國。他的妻子寫了一封悲傷的信給富蘭克林，指責他是導致其夫拋棄她的罪魁禍首。富蘭克林否認他曾經鼓勵她的丈夫，一筆勾銷了十五幾尼的欠款，並隨信附上一幾尼讓她買食糧。接下來的三個月，她不斷寫信請求富蘭克林提供更多的救濟。

前來請託的人並非都是無賴，富蘭克林也從中找到幾位卓越的軍官，把他們推薦到美國，例如拉法耶侯爵、施托伊本男爵（Baron von Steuben，富蘭克林一心想把他推薦給華盛頓，甚至誇大了他在普魯士軍隊中的軍階）、普拉斯基伯爵（Count Pulaski，著名的波蘭勇士，後來成為英勇的美國准將）。不過，由於富蘭克林推薦太多人赴美擔任軍官，華盛頓很快就感到不耐煩了，他寫信告訴富蘭克林：「我們的部隊已建制完畢，軍官都額滿了。對大陸會議和我來說，每個新來的人只會造成尷尬。對他們來說，只會徒增失望和懊惱。」

所以，富蘭克林開始拒絕前來請託的人，或只寫信回覆他們：「若是不聽我的勸阻，後果自負。」為了應付不斷湧入的大量懇求，又或者只是為了開那些人的玩笑，富蘭克林還寫了一封制式的信函並印刷備用。信中寫道：「持有此信前往美國的人，催我給他寫推薦信，儘管我對他一無所知，甚至不知道他的名字。我必須請你自己問他的特質和優點，他本人肯定比我更清楚。」[25]

一七七七年九月，富蘭克林和其他代表又去找維爾建，以催促法國盡快承認美國，而且彷彿為了掩飾其弱勢地位似的，還向法國要求龐大的援助（是過去的七倍）。那次會面不太樂觀，原因有兩個。早在會面以前，班克羅夫就把美國打算提出的要求，透露給英國的駐法大使斯托蒙特。斯托蒙特據此向維爾建提出抗議，維爾建因此指責美國人行事不夠謹慎。此外，這次會面不久後，就傳來英國豪將軍攻陷費城的消息。

對富蘭克林來說，豪將軍的勝利是一大打擊，他個人深受其害。英國上尉約翰·安德列（John Andre）強占了他位於市場街的住宅，莎莉和貝奇一家人逃到郊區避難，安德列把富蘭克林家裡的電力裝置、書籍、樂器都竊為己有，連一七五九年班傑明・威爾森（Benjamin Wilson）為富蘭克林彩繪的高雅肖像也遭竊。（一九〇六年，英國把那幅畫像歸還給美國，目前懸掛於白宮二樓。）

對美國來說，豪將軍的勝利是更嚴重的威脅，他已經占領費城，伯格英將軍（General Burgoyne）正沿著哈得遜河而下。萬一雙方會師，新英格蘭將會遭到孤立，與其他的殖民地失去聯繫。

不過，富蘭克林一如既往保持鎮靜。有人告訴他豪將軍勝利的消息時，他回應：「你弄錯了，不是豪占領了費城，而是費城擄獲了豪。」乍聽之下，這很像耍嘴皮子，但仔細想想，這是很精明的評斷。因為伯格英的軍隊若是受阻，豪將軍又無法及時北上支援他，他們雙方都可能遭到孤立。

當時亞瑟・李想利用美國岌岌可危的處境，向法國人發出最後通牒：要是不馬上與美國結成軍事同盟，美國將被迫與英國妥協。李在日記裡寫道：「富蘭克林博士對此抱持不同的看法，他認為那樣做可能使法國人拋棄我們，導致我們陷入絕望或憤怒。」富蘭克林認為，美國最終會達到讓法國基於自身利益考量，主動要求結盟的局面。

富蘭克林料想的沒錯。十二月四日中午，美國來的信使帶來前線的消息，衝進帕西的院子裡。富蘭克林已經聽說費城淪陷了，所以一見到信使，他先問那是不是真的，信使回答：「是的，先生。」於是，富蘭克林轉過身去。

信使說：「但是，先生，還有比那個更大的消息。伯格英將軍和他的軍隊全被俘虜了！」伯格英在薩拉托加戰役（Battle of Saratoga）中大敗，現在豪將軍確實孤立無援了。[26]

向來誇張的劇作家博馬舍當時剛好也在帕西，他一得知那個消息，就急著靠內線消息在股市獲利，連忙驅車趕回巴黎。但由於他太過心急，馬車趕得太快，在路上翻車，手臂因此骨折。班克羅夫也匆忙趕往倫敦和上級商量對策。（他本來也想在股市裡大撈一筆，但是消息比他更快抵達倫敦。）

富蘭克林遠比那些古怪的朋友冷靜多了。他發了一則消息，裡面沒放很多細節，但充滿誇大的描述：「事情發生三十四天後，消息從費城傳到富蘭克林博士位於帕西的寓所。十月十四日，伯格英將軍被迫投降，九千兩百名英軍遭到擊斃或俘虜……豪將軍現在受困於費城，他與艦隊的所有聯繫已遭切斷。」

豪將軍其實並未受困，美軍也不是勝利在望。不過，英軍在薩拉托加的投降確實是戰爭的轉捩點，也是富蘭克林外交努力的重大轉折，因為他深知戰場上的勢力消長和談判桌上的籌碼有關。當天下午，他寫了一封信給維爾建，那封信比他的新聞稿平實，信的開頭寫道：「我們很榮幸通知閣下，伯格英將軍率領的軍隊已遭殲滅。」

兩天後，路易十六在凡爾賽宮批准維爾建為他準備的鑲金邊敕令，那份敕令邀請美國人重新提交正式的聯盟提議。維爾建的秘書傳達這個消息時，補充提到：「這個時間點恰到好處。」[27]

締結聯盟

法國閃避聯盟的提議整整一年後，一七七七年底突然變成急於結盟。他們之所以如此急切，不僅是因為美軍在薩拉托加告捷、法國完成海軍的軍備擴充，也是受到富蘭克林精心策畫的招數所刺激。富蘭克林開始挑撥英法關係，並利用身邊潛伏的間諜讓英法都知道，對方急於和美國達成協議。

十二月七日，富蘭克林重寫了一份美法聯盟提案，隔天讓坦普遞交給法國。一週內，三位美國代表就和維爾建面談了。法國迅速同意完全承認美國是個國家，並與美國簽署聯盟和貿易協定。不過，有個附帶條件：由於一七六一年法國與西班牙簽署《波旁家族條約》（*Bourbon family pact*），承諾一致行動，法國需要先取得西班牙的同意。維爾建派信使去西班牙，並向美方承諾三週內會給他們答覆。

在此同時，英國也派出他們最信任的使節到巴黎：能幹的情報頭子溫特沃斯。當時，溫特沃斯對於班克羅夫在通知他情報以前，先把內線消息透露給炒股票的夥伴大為惱火（溫特沃斯自己也炒股票）。英王喬治三世對英國間諜彙報給他的壞消息感到不滿，怒斥那些人都是不值得信任的炒股者，但最後他還是勉強批准了溫特沃斯的祕密和談使命。

十二月中旬，溫特沃斯抵達巴黎，當時美國代表正在和維爾建會談。溫特沃斯以符合其英國間諜的身分，寫了一封信給迪恩，信中提到某位紳士想和他會面，地點在明天前往帕西的馬車裡，也可能在盧森堡藝術館即將舉行的展覽上，或在塞納河畔的公共澡堂，迪恩到時候會被告知澡堂的編號。迪恩也以符合美國人的身分，回了一封信：他就在辦公室裡，樂於接待任何想要來訪的人。[28]

溫特沃斯與迪恩共進晚餐時，提出英國與殖民地和解的計畫：美國可成立自己的大陸議會，只有外交和貿易事務受制於英國議會，一七六三年以來那些有害美國利益的法案一律廢除。他也向迪恩提出高官厚祿作為誘因，他說協助英國達成這項和解的殖民地人，都可享有封爵、貴族身分、職位與金錢。

最初，富蘭克林拒絕與溫特沃斯見面，但不久傳來西班牙已針對美法聯盟一事回覆的消息。結果令人意外，西班牙國王竟然拒絕了那項提案，並宣稱西班牙沒有理由承認美國。如果法國執意與美國聯盟，只能單方面行動。

因此，一七七八年的第一週，富蘭克林開始施加壓力。他故意向媒體透露英國密使就在城中，法國若不馬上與美國聯盟，英國將與美國達成協議，協議的內容可能包括美國可以支援英國奪取法國在西印度群島的領土。富蘭克林也同意在一月六日與溫特沃斯會面，不過他已經讓溫特沃斯承諾不在會中提出任何賄賂。

溫特沃斯向英國回報的信件，是用粗略的密碼所寫的（很像那種曾試圖和人約在澡堂見面的間諜會做出來的事）。那封信的內容如下：「昨天我拜訪72（富蘭克林），看到他和侄子（可能是侄孫威廉斯，但更可能是坦普）正忙於公務。富蘭克林請他先離開，我們一起談了兩個小時以後，51（迪恩）也加入討論。」溫特沃斯提到，他交給富蘭克林一封未署名的信函，那封信是談論「無條件107（獨立）」的可能性。「他（富蘭克林）說那是一封有趣、合理的信，並讚賞其中的坦率、明理和善意精神。」但隨後又補了一句回馬槍：「沒早點來真是遺憾。」

富蘭克林不確定身邊誰是間諜，於是他巧妙運用一年前他回信給某位女士時所提到的天真做法。讓英國發現美國快跟法國達成協議了（透過間諜班克羅夫達成），也讓法國發現美國正與英國密使會談（透過他們對溫特沃斯的持續監視）。富蘭克林對溫特沃斯說的每句話，他都很樂於讓法國人知道。耶魯史學家喬納森・達爾（Jonathan Dull）寫道：「英國政府的無能，讓富蘭克林有機會扮演他最擅長的外交角色：刻意裝成一無所知。」[29]

富蘭克林與溫特沃斯的會面似乎真的刺激到法國了。兩天後，維爾建的秘書拜訪美國使團，他只提出一個問題：「怎麼做才能讓美國使團滿意，使他們不再聽取英國提出的和解建議？」在富蘭克林的機靈操作及薩拉托加告捷下，法國終於像美國一樣亟欲建立聯盟了。

富蘭克林親自寫信回覆：「美國使團早已提議簽訂友好和通商條約，但至今未能達成協議。立即簽定條約即可消除他們在這個問題上的疑慮，使他們依靠法國盟友，從而堅決地摒棄英國的和解提案，那些提案並非以美國的完全自由與獨立為基礎。」

那正是法國人現在想聽的答覆。富蘭克林得知，即使沒有西班牙的支持，法國國王也會批准條約（一是友好和通商條約，另一是軍事聯盟條約）。但法國人也提出一個條件：以後未經法國同意，美國不得再和英國講和。於是，友好條約和聯盟條約終於達成了。

條約裡有一點非常重要：那兩個條約並未違反富蘭克林和其他人所秉持的理想主義觀點，也就是說，美國基於其樸實純正的特質，應避免捲入外國的結盟關係或歐洲的影響力範圍中。美國賦予的通商權利是對等的、非排他的，並允許和他國開放及自由貿易。富蘭克林在寫給大陸會議的信中指出：「我們並未授予貿易壟斷權，我們授予法國的權利和授予他國的權利一樣。」[30]

一七七八年二月五日，美國使節到巴黎簽署條約。不過，維爾建的秘書感冒了，因此簽字的儀式延後了一天。這兩次為了簽約到巴黎，富蘭克林都沒穿那件平日穿的棕色外套，而是穿了一件有點老舊褪色的曼徹斯特棉絨藍袍。迪恩深感不解，問富蘭克林為什麼。富蘭克林回答：「為了小小的報復，當年在英國樞密院遭到韋德本謾罵時，我就是穿著這件衣服。」距離他在「鬥雞場」受辱已經四年了，富蘭克林一直留著那件衣服，就是在等待這種機會的到來。[31]

當時站在富蘭克林身邊，隨時準備提供協助的，是他認為「忠心耿耿」的秘書班克羅夫。這個英國間諜偷偷取出條約，抄了一份副本，僱專人在四十二小時內送到倫敦那些英國大臣的手中。其實早在兩週前，他就用隱形墨水在密信裡告知條約的可能內容，同時附帶另一則情報：一支由三艘船和兩艘戰艦所組成的法國船隊，準備從基伯龍（Quiberon）出發，把相關的文件送給急切等待的大陸會議。他也提到：「我們剛收到普魯士大臣的來信，說普魯士國王願意緊隨在法國之後，承認美國的獨立。」

數年後，班克羅夫和英國政府為了他的欠薪爭執不休時，他寫了一封密函給英國的外務大臣：「這裡有很多人為了股市投機，願意為這種情報付錢。他們肯付的錢比我從政府得到的還多。」班克羅夫確實利用那些情報，在股市裡投機獲利。他寄了四百二十英鎊給英國的股票合夥人薩謬爾・沃頓（Samuel Wharton，費城出生的商人），並告訴他條約即將簽署的消息，讓他用那筆錢炒股票。他用隱形墨水寫信告訴沃頓：「股市可能快跌了。」那封信遭到英國情報局的攔截，但其他的信都寄到沃頓和他們的另一個合夥人英國銀行家托馬斯・沃波爾的手中。最後，班克羅夫在這些交易中獲利一千英鎊。[32]

三月二十日，路易十六在凡爾賽宮接見美國使團，正式認可美法條約。凡爾賽宮的門口擠滿了人潮，大家爭相目睹那個著名的美國人。富蘭克林的馬車從鑲金的大門經過時，他們高呼：「富蘭克林萬歲！」

根據艾索普的研究，當時凡爾賽宮的外庭有一些「非正式的服務員」，他們專門出租進宮必須配戴的禮儀佩劍給入宮的訪客。美國使節團的其他人都租了一把，並穿上正式的大禮服，只有富蘭克林除外。他認為沒有理由放棄長久以來塑造的簡樸形象，所以穿著純棕色的外套，全身上下的唯一裝飾是那副知名的眼鏡。他也沒有配戴禮儀佩劍，當他發現他帶來的假髮不太服貼時，乾脆連假髮也不戴了。在場的一位女士寫道：「我差點就把他當成老農民了，他和其他外交官的反差很大，其他人都濃妝艷抹，全套禮服，穿金戴銀，結絲掛彩，令人目不暇給。」

富蘭克林對那個場合唯一做出的時尚讓步，是沒戴那頂貂皮帽，而是把一頂純白色的帽子夾在腋下。德芳侯爵夫人問道：「那頂白帽是自由的象徵嗎？」富蘭克林曾在她的沙龍中戴著貂皮帽。無論富蘭克林是不是刻意那樣做，白帽子很快就成了巴黎男性的時尚配件，就像富蘭克林的任何東西都會流行起來一樣。

國王早朝結束後，富蘭克林等人於中午進入國王寢宮。路易十六擺出祈禱的姿勢說：「希望這對我們兩國都好。」法國王室正式承認美國是個獨立國家。路易十六也以個人名義對富蘭克林說：「我很滿意你抵達我國之後的作為。」

午後參加完維爾建舉辦的餐會後，富蘭克林有幸站在高傲的瑪麗皇后旁邊，當時皇后正在玩牌。之前她和凡爾賽宮的人私下聊起時，有人告訴她富蘭克林曾是「印刷領班」，她就不太欣賞富蘭克林，還輕蔑地說，有那種背景的人在歐洲不可能獲得如此崇高的地位。富蘭克林應該也會自豪地認同那番說法。[33]

富蘭克林的外交勝利，有助於確保美國革命的成功，那也改變了全球權力的平衡，不僅限於法國與英國之間，也包括共和政治與君主政治之間（這當然不是法國的本意）。

范多倫寫道：「富蘭克林的外交勝利，媲美薩拉托加戰役告捷。」耶魯史學家摩根更進一步宣稱，那是「美國有史以來最大的外交勝利」。也許除了建立北約（ＮＡＴＯ）聯盟以外，那樣的評價並不為過，但那句話也凸顯出多年來美國在談判桌上乏善可陳，例如第一次世界大戰後在凡爾賽，或越戰後在巴黎的談判，都沒有多大的成果。但至少可以確定的是，富蘭克林的外交勝利讓美國在獨立戰爭中有了勝算，而且沒有讓美國陷入阻礙其建國的羈絆。

美法締結條約的消息傳到費城以前，大陸會議一直在爭論要不要考慮英國提出的和平建議。接獲消息後，大陸會議經過兩天的商議，正式批准美法聯盟。富蘭克林的朋友庫伯從麻薩諸塞寫信給他：「你無法想像，與法國締結條約，為真正的美國人帶來多大的喜悅。」[34]

第十四章　長袖善舞的享樂家

巴黎，一七七八－一七八五年

亞當斯

一七七八年四月，美法條約簽署不久，亞當斯就抵達巴黎，取代被召回的迪恩，成為美國使團的三位代表之一，法國人對這樁人事異動不太高興。班克羅夫向倫敦的情報頭子報告：「迪恩先生在這裡很受敬重，但繼任的亞當斯先生不受信任。」班克羅夫還提到，亞當斯也不太高興：「亞當斯抵達時，發現該做的都做了，真心感到失望，正在討論回國的事宜。」

亞當斯以前在大陸會議上和富蘭克林共事時，一開始就不信任他，後來對富蘭克林的感覺夾雜著複雜的變化，時而困惑，時而怨恨，時而欣賞，時而妒忌。他們一起去史泰登島與豪勛爵談判的路上（他們在開窗的房間共擠一床），亞當斯覺得富蘭克林又好氣又好笑。因此，他抵達巴黎時，兩人無可避免又是愛恨交加。

有些人對於這種關係感到困惑不解，亞當斯到底是怨恨、還是尊敬富蘭克林？富蘭克林究竟是覺得亞當斯令人氣惱，還是扎實牢靠？他們到底是互相喜歡、還是彼此討厭？答案其實沒那麼複雜，因為很多偉人的關係也是如此，彼此之間存在那些矛盾的情感，甚至更多。

他們兩人都很聰明，但個性截然不同。亞當斯生性固執、直率、愛辯。富蘭克林的個性迷人、寡言、喜歡打情罵俏。亞當斯的道德觀和生活習慣嚴謹，富蘭克林則是出名的老頑童。亞當斯學習法語的方式是鑽研文法書及背祭文。富蘭克林一點也不在乎文法，他的學習方式是跟女性友人悠哉地閒聊，寫一些有趣的故事給她們。亞當斯喜歡和人當面對峙，富蘭克林偏好循循善誘，他們在處理國家事務時也是如此。

亞當斯抵達法國時是四十二歲，比富蘭克林小三十歲，甚至比富蘭克林的兒子威廉還小五歲。他對各種實際或想像的冒犯都很敏感，因此他對富蘭克林的不滿比富蘭克林對他的不滿還要強烈。富蘭克林的閒情逸致及自我放縱，常讓亞當斯覺得心煩意亂。美國加州大學柏克萊分校的史學家羅伯・米德考夫（Robert Middlekauff）在條理分明的研究《富蘭克林與其敵人》（*Benjamin Franklin and His Enemies*）中寫道：「他（亞當斯）妒忌且懷疑那些處事圓滑、在社交圈裡遊刃有餘的人。」麥卡勒在他為亞當斯撰寫的精采傳記中，對亞當斯的態度較為同情、中肯，他寫道：「他的個性拘謹，放不開，也無法像其他人那樣做作。」不過，麥卡勒也描述了亞當斯對富蘭克林的複雜態度。[1]

亞當斯對富蘭克林的怨恨，大多是因為明顯嫉妒富蘭克林的光芒比他更為耀眼。他到巴黎幾個月後，寫信向朋友抱怨，富蘭克林「在這裡獨享一切的威望，而且富蘭克林覺得那沒什麼不妥。」不過，我們讀到亞當斯對富蘭克林的刻薄批評時，別忘了亞當斯對他認識的每個人幾乎都是如此（例如，他曾說華盛頓是「笨蛋」）。儘管亞當斯和富蘭克林之間有一些摩擦，但他們都因為愛國主義以及對美國獨立的狂熱而緊密相連。

在帕西時，富蘭克林對亞當斯照顧有加。他把十歲的約翰・昆西・亞當斯（John Quincy Adams）送到班尼就讀的寄宿學校，也帶著亞當斯出席所有的社交和文化場合，包括在法蘭西學院與伏爾泰見面的重大場合。亞當斯抵達帕西的第一天，富蘭克林就帶他去前財政大臣杜爾哥的家中共進晚餐。隨後幾天，富蘭克林又帶他參加多位法國女性主持的沙龍*，那些女性的魅力令富蘭克林深為著迷，卻讓亞當斯大為震驚。

對極為拘謹的亞當斯來說，更令他震驚的是富蘭克林的生活和工作風格。美國使團在帕西過著舒適的生活，那些生活費用令亞當斯感到不安。當他得知野心勃勃的蕭蒙還不收房租時，更加感到不滿。他剛抵達帕西不久，就在日記裡抱怨，這裡很難讓富蘭克林專注於工作：

我發現我要是不做的話，使團的事情就無法完成……富蘭克林博士的生活，就是不斷的消遣娛樂……他晚起吃早飯，早飯剛吃完，就有一堆馬車湧入他的院子來拜訪他……有哲學家、法蘭西學院的院士、經濟學家；還有一些文學界的朋友，他僱他們來翻譯窮理查、波莉．貝克之類的早期作品。但最多的來訪者是女性和孩子，他們來這裡只是想目睹偉大的富蘭克林，希望聽到富蘭克林講述他簡樸、禿頭之類的故事……

富蘭克林每天都有飯局，而且除非我們早就邀請別人來共餐了，否則任何飯局邀約他都來者不拒。他總是邀我一起出席，後來我不得不婉拒，說我需要學習法語和完成工作。富蘭克林先生口袋裡有一本記事本，記錄所有的飯局邀約。李先生說那是他唯一準時出席的場合……富蘭克林把下午和晚上都花在

*譯注：沙龍是由主人邀請客人來參加，以增加交流機會，或愉悅自己及提升修養的聚會。沙龍主人一般都是些強勢的女性，她們是沙龍的核心，有權挑選客人、制定規則和沙龍主題。

這些愉快、重要的消遣娛樂上，晚上九點到十二點之間才回來。[2]

富蘭克林的法國朋友對他的工作習慣，做了比較正面的解讀：「他會根據需要，在恰當的時間吃飯、睡覺和工作，所以我找不到比他更從容不迫的人了，而且他確實處理了大量的事情。」這兩種截然不同的評價，不僅反映出他們對富蘭克林的不同看法，更反映出兩種不同的工作觀。富蘭克林一向勤奮，他在美國以推崇勤奮及展現勤奮的模樣出名。但是在法國這個重視休閒的國度，他知道該如何適應這種風格。誠如洛佩茲所言：「在美國，無所事事是一種罪惡；但是在法國，忙碌無暇顯得庸俗。」[3]

有一次，某個法國人問亞當斯，他是否訝異富蘭克林從不參加宗教儀式。亞當斯笑著回答：「不會，因為富蘭克林先生沒有……」亞當斯沒把話說完，以免褻瀆上帝。

「富蘭克林先生只崇尚自然。」那個法國人說，「因此吸引了很多男男女女。」

「沒錯，」亞當斯回應，「所有的無神論者、自然神論者、自由思想者，以及所有的哲學家和女士都緊跟著他。」

「是啊，」法國人繼續說，「大家認為他是美國最偉大的科學家和立法者。」

亞當斯聽了忍不住發牢騷：「他是偉大的科學家，但是身為美國的立法者，他的貢獻寥寥無幾。法國、英國，乃至於整個歐洲都普遍認為，富蘭克林的電學成就促成了這次革命，那根本是無稽之談……他連對賓夕法尼亞的律法都沒什麼貢獻，雖然那套律法很爛。」（亞當斯不像富蘭克林那樣主張民主，他認為民權應該受到制衡，強烈反對一院制的議會。）[4]

幾年後，富蘭克林開始對亞當斯感到厭煩，說他「有時對某些事情完全不可理喻」。不過，亞當斯剛到帕西的那幾年，他覺得亞當斯還可以忍受，有時甚至值得欽佩。他也樂於把亞當斯納入他的社交圈中，儘管亞當斯對那些休閒娛樂沒什麼興趣。[5]

伏爾泰

法國的**哲士**與富蘭克林一樣，亟欲學以致用，而不是沉溺於玄奧的形而上學中。狄德羅（Diderot）主編的《百科全書》（*Encyclopedie*）是他們的世俗版《聖經》，裡面收錄了杜爾哥的經濟學文章、孟德斯鳩的政治論述、盧梭的藝術文章、孔多塞的科學研究，以及愛爾維修（Helvetius）的人性論述。其中地位最為崇高，有如國王或神一樣的是伏爾泰（也許他既非國王、也不是神，因為他對這兩者都抱持懷疑的態度），他雖以匿名的方式為《百科全書》供稿，卻對法國的知識界有卓越的影響力。

至少在法國人看來，富蘭克林與伏爾泰是知己。他們兩人都是啟蒙運動的智慧與理性的化身，都是老頑童，擅長寫犀利的諷刺文，揭發正統觀點的虛假，相信自然神論，推崇包容，主張革命。所以，兩人的會面不僅無可避免，甚至比富蘭克林與法國國王的會面更吸引法國人的關注。[6]

一七七八年年初，伏爾泰已屆八十四歲的高齡，身體每況愈下，甚至有傳言指出他過世了。（伏爾泰的回應比馬克・吐溫對類似傳言的回應更加高明，他說那些傳聞所言不虛，只是時候未到。）二月，富蘭克林正式到伏爾泰的家中拜訪，並請他給七歲的班尼送上祝福。在二十名門徒的「感動落淚」下，伏爾泰把手放在班尼的頭上，以英語說：「上帝與自由。」當時在場的孔多塞描述，伏爾泰還說：「對富蘭克林先生的外孫來說，這是唯一合適的祝福。」

一些人嘲諷這根本是矯揉造作的演出。巴黎一家尖酸刻薄的報紙說，伏爾泰和富蘭克林「上演了一齣愚蠢諂媚的戲碼」。麻薩諸塞的前總督哈欽森聽到「上帝與自由」這個祝福時表示：「很難說這兩個詞到底哪一個用得比較不恰當。」不過，歐洲各地的媒體針對這次會面，大多做了恭敬的報導。[7]

一七七八年四月二十九日，富蘭克林和伏爾泰在法國皇家學院的會面更是戲劇性。富蘭克林是一貫的簡樸打扮：穿著樸素的外套，沒戴假髮，除了眼鏡以外，全身上下毫無裝飾。伏爾泰當時已很瘦削憔悴，會面後不到一個月就過世了。當時現場群眾起鬨，要求他們給彼此一個法式擁抱。孔多塞描述，他倆一擁抱，「現場歡聲雷動，就像梭倫（Solon）擁抱了索福克勒斯（Sophocles）。」這是把富蘭克林和伏爾泰比喻成兩大希臘先賢（梭倫以法學著稱，索福克勒斯以文學聞名於世）。這個比喻很快傳遍了歐洲。當時也在場的亞當斯，以他一貫又敬又恨的心情寫道：

> 現場大家起鬨，要求伏爾泰先生和富蘭克林先生交流一下。但是大家還不滿意，覺得應該做得更多。不過，當時兩位賢哲似乎都沒猜出大家希望或預期什麼，就只是握了一下手。旁人覺得這樣還不夠，繼續鼓譟：「應該來個法式擁抱。」於是，兩個老演員以兼具哲學和娛樂的戲劇效果互相擁抱，親吻彼此的臉頰，喧鬧才逐漸平息下來。有人盛讚：「能目睹梭倫擁抱索福克勒斯真是太棒了。」那說法馬上傳遍了法國，我想也遍及整個歐洲。[8]

法國皇家學院是富蘭克林與法國知識分子交流的一大據點，另一個據點是以繆斯女神命名的共濟會支部：「九姐妹會所」（Lodge of the Nine Sisters）。共濟會在法國的發展已超越了單純的商人社交聚會（美國仍是以商人的社交聚會為主），變成挑戰教會和君主權威的**哲士**和自由思想家領導運動的一部分。非常推崇自由思想的**哲士**克洛德－阿德里安・愛爾維修（Claude-Adrien Helvetius）率先提議在巴黎建立一個由卓越作家和藝術家所組成的超級會所。他去世後，妻子愛爾維修夫人（後面很快就會經常提到她）於一七七六年幫他落實了這個理想。

一七七八年四月，富蘭克林和伏爾泰在法國皇家學院公開會面，當月他們也一起加入九姐妹會所。九姐妹會所為富蘭克林帶來了很多有影響力的支持者及愉快的夜晚，但也帶來了風險，因為國王和牧師都對那個叛逆組織抱持戒心，富蘭克林偏偏又是那個會所的會員。

一七七八年十一月，九姐妹會所引發的爭議升高。當時他們為幾個月前過世的伏爾泰舉行追思會，並謝絕牧師為他做最後的禮拜式。孔多塞和狄德羅等朋友認為，避免出席追思會比較明智，但富蘭克林不僅出席了，還參與其中。

當時整個大廳都披著黑布，只點著昏暗的燭火。現場人士以歌唱、演說、詩歌來抨擊教會和各種形式的專制主義。伏爾泰的侄子拿出一個烏敦（Houdon）為伏爾泰打造的雕像（烏敦是九姐妹會所的會員，他也為會所打造了一個富蘭克林雕像，如今珍藏於費城藝術博物館）。接著，燭光下出現一張巨幅的圖畫，畫中的伏爾泰在真善女神的帶領下走出墳墓，上了天堂，晉升為神。富蘭克林從頭上摘下共濟會的花環，鄭重地把它放在那幅畫的下端。隨後，所有人都轉移到宴會廳，為「制伏閃電」的富蘭克林和美國乾杯。

路易十六雖是共濟會的成員，但他對這次聚會頗為不滿，號召其他的共濟會支部排擠九姐妹會所。這起爭議燃燒了幾個月後，九姐妹會所改組，並由富蘭克林擔任會長，爭議才終於落幕。後續幾年，富蘭克林引薦很多美國人加入這個支部，包括他的孫子坦普、間諜班克羅夫，以及海軍戰士約翰·保羅·瓊斯（John Paul Jones）。他也在裡頭建立一個類似北美殖民地賢哲會的團體，名為「阿波羅會」（Societe Apollonienne）。[9]

布易雍夫人

儘管共濟會成員和哲學家都充滿魅力，富蘭克林之所以在法國出名，不是因為他和這些男性友人為伍。富蘭克林的諸多傳說中，有一個傳言是他在巴黎有很多情婦，是個風流的傳奇老人。然而，事實沒那麼引人遐想。那些出名的女性朋友只是他思想和心靈上的「情人」，不過他們之間的關係依然相當有趣。

第一位跟他過從甚密的女性朋友是他的鄰居布易雍·德·朱伊夫人（Madame Brillon de Jouy）。布易雍夫人很有天賦，也很敏感，是一位琴藝高超的音樂家，擅長演奏大鍵琴以及當時在法國日益流行的鋼琴。一七七七年春天，她剛認識富蘭克林時，本來擔心自己太靦腆而沒讓他留下好印象，所以隔天她請一位共同朋友帶幾份投富蘭克林所好的蘇格蘭樂譜給她。「我會試著演奏那些樂曲，並譜寫一些同樣風格的曲調！」布易雍夫人寫道，「我希望能在那位大人物百忙之餘，帶給他片刻的輕鬆，也希望有幸再見到他。」

於是，兩人展開了密切的友誼，不久友誼轉趨激情，成了街頭巷尾的八卦。布易雍夫人說她有「坐在你腿上的甜蜜習慣」，還有傳言指出他們深夜仍在一起。亞當斯和其他人對布易雍夫人的說法及傳言都很震驚。

布易雍夫人的丈夫一度還寫信告訴富蘭克林：「我確信你親吻過我的妻子。」

不過，布易雍先生在那封信裡接著說：「親愛的博士，讓我以親吻你來作為回報。」富蘭克林與布易雍夫人的關係，就像他與很多知名女士的關係，都很複雜，但並未進展到男女歡合。正如洛佩茲的貼切描述，他們都是富蘭克林的「紅粉知己」，富蘭克林只扮演「親愛爸爸」的角色，雖然是個喜歡打情罵俏的怪爸爸。[10]

布易雍夫人認識富蘭克林時是三十三歲，她一直在矛盾的熱情及多種情緒之間掙扎。她的丈夫比她大二十四歲（比富蘭克林小十四歲），十分富有，也很寵她，但不太忠誠。她有兩個歌喉好的女兒，住在帕西最高檔的莊園裡，但她常陷入憂鬱和自憐的情緒中。她不會說英語，但她與富蘭克林交流的八年歲月中，一共通了一百三十多封信。而且，布易雍夫人不但讓富蘭克林深為著迷，還很懂得操弄他。

布易雍夫人吸引及操弄富蘭克林的方式包括：為他作曲及演奏，為他主辦沙龍，以法語和第三人稱寫信恭維他。布易雍夫人聲稱：「能為值得喜愛與敬重的富蘭克林先生提供休閒娛樂，是她的樂趣來源。」美國人贏得薩拉托加戰役時，她還譜了一首凱旋序曲，名叫〈起義者進行曲〉（現在偶爾還聽得到這首歌），並在私人演奏會上為他彈奏。他們也在棋盤上調情，布易雍夫人開玩笑地描述自己：「她現在仍有點生氣，竟然連輸他六盤棋，實在太不給面子了。她警告他說，她會不計一切代價復仇。」[11]

他們剛認識的那幾個月，交流僅限於音樂和下棋。一七七八年三月，富蘭克林準備好讓他們的關係更進一步，所以他突然提出一些放蕩不羈的宗教思想，並試探布易雍夫人敢不敢拯救他的靈魂。布易雍夫人以第一人稱回信寫道：「你人真好，那麼信任我能夠拯救你的靈魂。」她的提議看似有希望更進一步，甚至帶有暗示的意味。「我知道向我懺悔的人有弱點，我應該包容他！只要他對上帝、美國和我的愛超越一切，我就寬恕他過去、現在和**未來**的所有罪過。」

布易雍夫人接著描述七宗罪，開心地指出富蘭克林早就克服了「傲慢」到「怠惰」那六項罪惡，但是談到第七項「色慾」時，她變得有點忸怩：「第七宗罪，我不想提起它。每個偉人都難免沾染了一些……親愛的弟兄，你深受喜愛。你一直是如此的親切可愛，令人愛慕，那有什麼好譴責的呢？」

富蘭克林喜出望外地回信：「她答應沿著一條美妙的道路，引領我上天堂。我一想到未來的罪過都被赦免，心裡就湧上一陣狂喜。」接著，富蘭克林談到十誡，他認為十誡中應該再包括兩項：在大地上繁衍生息以及互相愛戀。富蘭克林說，這兩項他一直遵守得很好，「難道做好這兩項，還不足以補償我未能做好十誡中的某一項嗎？我指的是『不可貪戀別人的妻子』，（我承認）我經常違反這條誡律。」[12]

布易雍夫人馬上聽出弦外之音，急忙打退堂鼓。她寫道：「要是不先跟你貪戀對象的先生商量，我不敢作決定。」這裡的先生是指她的丈夫。布易雍夫人解釋，她必須遵守一套雙重標準：「你是男人，我是女人，即使我們想的事情一樣，但言行舉止不能一樣。男人有慾望又受到慾望的驅使時，也許不會造成多大的傷害；但女人有慾望時，她不能屈服於慾望。」

布易雍夫人不知道她的丈夫正在身體力行這套雙重標準，而這一切也被亞當斯鉅細靡遺地記錄下來。富蘭克林帶亞當斯去布易雍家，「與許多男男女女」共進晚餐。事後，亞當斯詳細記下當時令他震驚的場景。亞當斯覺得布易雍夫人是「法國最美的女人之一」，他的丈夫看起來像「庸俗的鄉下大財主」。人群中有一個「長相很普通又臃腫」的女人，亞當斯寫道：「後來我從富蘭克林博士及其孫子口中得知，那個女人是布易雍先生的女友。」他也臆測布易雍夫人和另一個鄰居有染（他猜錯了）。「這些人居然可以表面裝得若無其事，而不是拿著刀子割彼此的喉嚨，我實在太震驚了，看來我真的不懂世界是怎麼運作的。」

一年後，布易雍夫人發現她的丈夫與那位「臃腫」的年輕女人有染，那女人是她兩個女兒的家庭教師朱潘小姐（Mademoiselle Jupin）。她把那個女人趕了出去，接著開始擔心朱潘到富蘭克林那裡當管家。富蘭克林關上辦公室的門向她保證，他沒有打算僱用那個女人。事後，布易雍夫人寫了一封如釋重負的信給富蘭克林：「親愛的爸爸，我冷靜下來了，因為我已經向你傾訴擔憂，我不再擔心J小姐可能到你那裡住下來，變成你的痛苦。」[13]

在產生這段妒意之前，布易雍夫人早就展開行動，以阻止富蘭克林把注意力轉移到其他女人的身上，即使她仍不願意滿足富蘭克林的熱情。她揚言：「看你四處留情，我對你的友誼絲毫未減，但從今以後，我會更嚴格地看待你的缺點。」

富蘭克林回了一封強而有力、但充滿誘惑的信，他說布易雍夫人沒有權利占有他。富蘭克林批評道：「妳不願讓我們的感情存在任何可能的肉體關係，只讓我禮貌性地親吻妳，就像妳讓小表弟親妳那樣。我又沒有獲得什麼特別的東西，為什麼要阻止我以同樣的方式對待其他人呢？」

他在信中提出「和平、友誼與愛」的條約，共有九項條款。第一條是要求布易雍夫人接受的條款，後面是要求他自己接受的條款。布易雍夫人的條款包括，「無論她何時召喚F先生，F先生都必須隨叫隨到。」而他必須「待到她滿意為止」。富蘭克林的條款包括：「他想離開B夫人家時，隨時都可以離開。」以及「他想離開她多久，都可以隨心所欲。」最後一個條款是關於富蘭克林的：「他可以愛任何他覺得親切可愛的女人。」不過，富蘭克林又補上一句，他對於布易雍夫人接受最後那個條款「不抱太大的希望」，而且「我也覺得我不太可能再那樣溫柔地愛上其他人了」。[14]

富蘭克林描述自己的情慾時也很直白：「妳應該好好珍惜我可憐的小兄弟，它不像你優雅的畫中那樣飽滿快活，而是乾癟匱乏，渴望著妳斷然拒絕的滋養。」布易雍夫人回信說，富蘭克林是「渴望飽滿圓潤之愛」的享樂主義者，而她自己則是「試圖削弱其愛神之箭」的柏拉圖主義者。在另一封充滿挑逗的信中，富蘭克林講了一個男人不願把自己的馬借給鄰居的故事，他說他自己不會那樣：「妳知道我隨時都準備好犧牲我那俊俏的高頭大馬。」

又往來數十封這種充滿暗示的情感攻防書信後，布易雍夫人斷然拒絕富蘭克林想要的肌膚之親，也不再禁止富蘭克林四處留情了。她寫道：「柏拉圖主義也許不是最快樂的派別，但是對女性來說，那是一種方便的防護。因此，那位女士建議那位紳士到別的餐桌上大快朵頤，因為她提供的餐點太微不足道，無法滿足他的貪婪胃口。」[15]

那封信最後是以邀請富蘭克林隔天來喝茶作結，並未對他們的關係畫上句點，而是讓他們的關係以另一種形式延續下去：布易雍夫人說，從今以後，她希望扮演愛慕他的女兒，她希望富蘭克林能扮演慈愛的父親：

> 這是溫柔可愛的女兒對父親的表白：我曾有個父親，他是最好的男人，也是我第一個最要好的朋友，但我太早失去他了！你常問我：「難道我不能取代那些妳痛惜的人嗎？」你也曾告訴我，某些蠻荒

地區的人有一種人道習俗，他們接納戰俘，把戰俘當成死去的親人看待。你在我心中取代了我父親的位置。

富蘭克林正式同意了布易雍夫人的建議，也許是出於慾望，又或者是出於必要。他寫道：「親愛的朋友，我很高興接受妳如此善意的提議，把我視為父親。」接著，他的語氣轉趨豁達。他說，正如他談起班尼和坦普一樣，現在他和費城那個「摯愛的女兒」相隔兩地，因此希望有個孩子在身邊「照顧我的生活，並在我離世時幫我闔眼長眠」，這點對他來說十分重要。富蘭克林承諾，他會努力扮演好那個角色：「我會像父親一樣，全心全意地愛妳。有時我的內心確實想要再更進一步，但我會努力隱藏起來。」[16]

他們的關係轉變，促使富蘭克林寫出他最傷感、最真情流露的小品之一。他們一起在花園散步以後，他寫下〈蜉蝣〉（*The Ephemera*）一文。（這個主題的靈感是來自五十年前他在《賓夕法尼亞報》上發表的文章。）他寫道，他碰巧聽到一隻短命的小飛蟲感嘆，牠在世上的七小時壽命即將結束了。

我見證了好幾世代的出生、成長與死亡。我現在的朋友，都是年輕時那些朋友的兒子和孫子，那些年輕時的友人皆已離世，不久之後，我肯定也會追隨他們離去。儘管我現在還很健康，但終究逃不過自然規律，多活七、八分鐘都指望不來。我現在辛勤地蒐集這片葉子上的甘美露珠，那有什麼用呢，我又享用不了多久！

朋友們安慰我，即使離世了，依然可以在世間留名。他們也說，就自然規律和榮耀來說，我已經活

> 得夠久了。但是對不再存在的蜉蝣來說，名望有什麼用呢？
>
> 對我來說，汲汲營營一輩子以後，現在沒留下任何扎實的快樂，只記得我這一生抱持著善念，與幾位要好的雌蜉蝣理性地交流，還有那一向和善可人的布里隆（Brillante）所展露的微笑和音樂。[17]
>
> （在最初的法文版中，富蘭克林清楚提及收件人是：「一向和善可人的布易雍」〔toujours amiable Brillon〕）

後來在法國的那幾年，以及回美國以後所寫的信件中，富蘭克林依舊和布易雍夫人維繫很好的感情。即使後來他們轉為「父女關係」，富蘭克林還是可以和他們的共同朋友在布易雍夫人的浴室裡下棋下到深夜，而布易雍夫人就一直泡在浴缸裡觀看。不過，浴室下棋其實很單純，浴缸上有木板蓋著。隔天富蘭克林道歉：「我們可能害妳泡在浴缸裡太久了而不太舒服。」他又補上一個奇怪的小承諾：「下次我不會再答應和鄰居在妳的浴室裡下棋了。妳可以原諒我這次的疏忽嗎？」她當然能夠原諒，她回應：「親愛的爸爸，昨天你並未使我感到不適。能夠看到你，我就很開心，泡澡太久的那點小小疲累不算什麼。」

既然在俗世裡無法談情說愛，他們開玩笑說以後上了天堂要在一起。有一次布易雍夫人開玩笑說：「我答應你，在天堂當你的妻子，只要你等我上去的時候，別和太多天上的女人在一起就好。我希望在天上永結連理時，是和一個忠誠的丈夫在一起。」

布易雍夫人比任何人都善於解釋，為什麼富蘭克林讓女性如此著迷：「你的愉悅和殷勤，使所有的女性都愛上你，因為你也愛她們。」她帶著瞭解與愛慕之情說：「你把最仁慈的心和最完善的道德教育、活潑的想像力、滑稽的調皮結合在一起，由此可見，最聰明的男人會讓他的智慧永遠接受女性的衝擊。」[18]

後續幾年，富蘭克林開導布易雍夫人度過多次的憂鬱，他也試圖撮合坦普和她的女兒在一起（後面會提到）。不過，到了一七七九年，他逐漸把注意力轉向另一個女人。那個女人住在相鄰的奧特伊村（Auteuil），家庭背景更引人入勝。

愛爾維修夫人

安妮－凱薩琳・德・理尼維爾・德・奧特里屋爾（Anne-Catherine de Ligniville d'Autricourt）生於洛林（Lorraine）的顯赫貴族之家，家裡手足眾多，在二十個孩子中，她排行第十，所以沒什麼嫁妝。到了十五歲論及婚嫁的年紀，她被送進了修女院。結果證明，她確實缺乏隱居的性格，也沒有財力過與世隔絕的生活。所以，三十歲花光盤纏後，她離開修女院，到巴黎和姨媽一起生活。她的姨媽離開丈夫以後，變成小說家，開了一個沙龍，匯集了許多聰明又有點放蕩不羈的知識分子。

安妮－凱薩琳的活潑和美貌吸引了很多追求者，其中最有名的是經濟學家杜爾哥。杜爾哥比她小八歲，後來成了法國的財政主計大臣，也是富蘭克林的朋友。杜爾哥很迷人，但不夠富有，所以她嫁給財力較好的愛爾維修。

愛爾維修是法國五十多個包收租稅官之一，那是皇家授權的團體，負責收稅及簽訂租約，是收益豐厚的職位。愛爾維修靠那份工作累積財富以後，開始落實他在社交與才智方面的抱負。於是，富有的資本家娶了沒落的貴族，後來變成著名的哲學家，協助規畫九姐妹會所。他的傑作《論精神》（*De l'Esprit*，一七五八年）

是一部爭議之作，主張無神論的享樂主義，認為愉悅感是激勵人類行動的動力所在。他的周遭都是啟蒙運動的名人，包括狄德羅、孔多塞、休謨（偶爾從愛丁堡前來）和杜爾哥（雖然追安妮－凱薩琳不成，但依然受到敬重）。

一七七一年愛爾維修過世（富蘭克林抵達法國的五年前），遺孀安妮－凱薩琳（亦即愛爾維修夫人）把兩個女兒嫁給她們自己挑選的男士，並送給每個女兒一座家族的古堡，接著就獨自到帕西附近的奧特伊買了一座荒蕪的農場。愛爾維修夫人的個性活潑外向，再加上她出生高貴、但成長經歷坎坷，所以有點像思想奔放不羈的藝術家，散發著一種無拘無束的氣息。有一句大家常提起的話，出處眾說紛紜，但很可能第一個講出來的是作家豐特奈爾（Fontenelle）。豐特奈爾快一百歲時，經常造訪她的沙龍。有一次他看到愛爾維修夫人隨性地寬衣裸體，他驚呼：「哦，我又回到七十歲了！」

在奧特伊，愛爾維修夫人打造了一個充滿自由精神的園地，毫無法國的繁文縟節，養了許多鴨子和狗，形成熱鬧混雜的動物園，也成立一個展現相似特質的沙龍。朋友帶來形形色色罕見的植物和寵物，還有各種發人深省的觀點，她都逐一笑納，大家戲稱那裡是「奧特伊學院」。[19]

有兩位神父和一位侍祭與愛爾維修夫人住在一起：

- 安德列・莫雷萊神父（Andre Morellet）是著名的政治經濟學家，也是《百科全書》的供稿者，近五十歲。一七七二年，他和富蘭克林在英國的家庭聚會上結識，富蘭克林在聚會上展示了用手杖讓水波平息的把戲。他和富蘭克林都愛紅酒、音樂、經濟理論以及實用的發明。

- 馬丁・勒費布赫・德・拉羅敘神父（Martin Lefebvre de la Roche），近四十歲，以前是本篤會修士，（套用莫雷萊的說法）「在愛爾維修的影響下世俗化了」。
- 皮耶爾－尚－喬治・卡巴尼斯（Pierre-Jean-Georges Cabanis）是二十歲出頭的單身詩人，翻譯荷馬的詩作，習醫，寫過一本關於醫院的書，很尊敬富蘭克林，忠實地記下富蘭克林的所有故事和軼事。

拉羅敘回憶道：「我們討論道德、政治和哲學。愛爾維修夫人激發你天馬行空的想像力，莫雷萊神父為了概念而爭論不休，他會提出論點證明我們不相信的事物。」[20]

一七七八年，對愛爾維修夫人仍一往情深的杜爾哥，首度帶著富蘭克林來造訪愛爾維修夫人。那時愛爾維修夫人年近六十歲，依然充滿活力，風韻猶存。三教九流齊聚她的園地談笑與交流，無拘無束，那裡的氣氛正好符合富蘭克林的品味。首度造訪後不久，富蘭克林就寫信給她，信中描述了她的迷人魅力：

> 妳有那麼多形形色色的朋友，我一直想找出原因。我看見政治家、哲學家、史學家、詩人以及各種學術背景的人都圍繞著妳，彷彿眾星拱月一般……我們在妳那個美好的社團中，找到了迷人的善意、和善的關懷，以及想要愉悅他人及享受愉悅的性情，那是其他社團中很少見的……在妳的陪伴下，我們不僅因妳而感到愉悅，也對彼此和自己更加滿意。[21]

不出所料，富蘭克林帶亞當斯去拜訪愛爾維修夫人時，亞當斯果然對愛爾維修夫人及其住所感到震驚。

他批評那兩位神父「寬恕別人罪過的能力，應該跟他們自己犯下罪過的能力差不多吧」。他也覺得愛爾維修夫人家中的道德觀很荒唐：「這種民族素養是不可能產生任何共和政府的。」後來他的妻子艾比蓋兒去造訪愛爾維修夫人時，反應更是震驚。她以尖刻嘲諷的筆調描述愛爾維修夫人：

> 她一頭捲髮，戴著一頂小草帽，帽子後面綁著一條髒污的薄紗……晚餐時，主要是由她帶著大家聊天，她常勾著富蘭克林博士的手，有時把兩隻手臂張開，搭在兩旁紳士的座椅扶手上，隨後又滿不在乎地摟著博士的脖子……我覺得很反胃，完全不想結識這種女士。晚宴後，她慵懶地躺在長椅上，不只露出腳部。她有一隻哈巴狗，那隻狗坐在博士旁邊，是她的最愛。她吻了那隻狗，後來小狗尿濕地板時，她居然用自己的衣服去擦。[22]

富蘭克林與愛爾維修夫人不止打情罵俏而已，一七七九年九月時，他熱切地向她求婚，雖然不太正經，但好笑的是他們保持超然態度以維護尊嚴。富蘭克林透過卡巴尼斯，以第三人稱寫道：「如果那位女士願意與他共度白晝，他也願意與那位女士共度良宵。即使他知道自己來日不多了，他已經陪伴她許多白晝，她卻無動於衷，從不願陪他一晚，就這樣放任良宵虛度，沒有人因此而開心，除了那隻小狗以外。」[23]

愛爾維修夫人回應時也稍稍放電：「我希望你寫了如此美好的文字以後，能來這兒親口對我訴說。」富蘭克林仍繼續以若即若離的方式追求，為她編了兩個小故事。第一個故事的主角是他住所內的蒼蠅，那些蒼蠅抱怨在帕西必須面對蜘蛛的威脅，牠們很感謝愛爾維修夫人使富蘭克林打掃了家裡的蜘蛛網。最後蒼蠅說：「我們只剩一個願望，那就是希望你們能共組一個家庭。」[24]

杜爾哥覺得富蘭克林的求婚一點也不幽默，只感到妒火中燒，他勸愛爾維修夫人不要接受富蘭克林的求婚，她也確實沒有接受。儘管如此，富蘭克林仍寫了另一篇著名的故事〈天堂樂土〉（The Elysian Fields），再次向她求婚。在文中，富蘭克林描述他作了一個夢，夢中他到了天堂，見到愛爾維修先生和他的已故妻子黛博拉竟然在天堂結婚了，他還和他們討論他想娶愛爾維修夫人這件事。他在文中還讚美愛爾維修夫人比他已逝的妻子美麗，並建議他們兩個結婚，以報復已逝的另一半竟然先成婚了：

昨晚妳宣告終生不嫁以示對先夫的尊敬，這個殘酷的決定令我痛苦不堪。返家後，我癱在床上，覺得自己死了，夢到自己上了天堂……愛爾維修先生殷勤地迎接我，說久仰我的大名，並問了很多關於戰爭的情況，以及目前法國的宗教、自由和政府的狀況。我說你怎麼沒問你的摯友愛爾維修夫人的近況呢？她現在仍深愛著你，一個小時前我還在她那兒。

他說，啊！你讓我想起以前的幸福了，但是我必須忘了她，才能在這裡幸福地生活。剛來這裡時，我的腦海裡只有她，後來我釋然了。現在我有另一個妻子，是我能找到最像她的人了。儘管這位新的妻子沒那麼漂亮，但她也一樣聰慧，精神更高尚一些，而且很愛我。她一直在學習如何取悅我，今晚為了讓我享用珍饈，她還特地去找來最甘美的瓊漿玉液及最美味的佳餚，你留在這裡，等一下就會看到她了。

……語畢，新任的愛爾維修夫人捧著瓊漿玉液走了出來，我一眼就認出她是富蘭克林夫人，我在美國的老友。我希望她重回我身邊，她冷酷地回我：「我乖乖當你的妻子四十九年又四個月，近半個世紀之久，你應該滿足了吧。我在這裡找到新的伴侶，我們的婚姻是永恆的。」

遭到故妻的回絕，我很難過，突然決定離開那些薄情寡義的靈魂，回到美好的人世，再次看到陽光與妳。我回來了！讓我們為自己報仇吧。[25]

看似輕佻的言語下，掩藏著真摯的渴望，富蘭克林的許多朋友、甚至連情敵杜爾哥都這麼想。不過，這一招使他的求婚顯得安全又巧妙。富蘭克林向來不習慣維繫深厚的感情，所以他採用最擅長的若即若離法。若是私下求婚，那會顯得太過認真。他選擇幾個月後在私人的印刷品上刊登這個故事，把它公諸於世。這樣一來，大家都可以看到他的心思，他可以安全地悠遊於真誠表白及自嘲打趣之間。洛佩茲寫道：「富蘭克林不知怎的，從未全心投入愛情，有一部分的他總是裹足不前，冷眼靜觀其變。」

不過，對愛爾維修夫人來說，富蘭克林的認真表白及公開打趣都令她難以承受。一七八〇年六月，她逃離奧特伊，到圖爾（Tours）避暑。根據杜爾哥寫給他們共同友人的信，愛爾維修夫人希望藉此「忘卻一切折磨她的風波」。杜爾哥補充提到，那次度假「不僅能還給她平靜，也能讓那個衝動過頭而考慮欠佳的頭腦（指富蘭克林）恢復理智」。[26]

至於富蘭克林，他擅長的半正經調情雖然得不到回應，卻對他的身心有回春的效果。那年春天他寫信告訴朋友：「我覺得我停止老化了，我已經七十歲，若是照著老路子繼續走下去，肯定會走進墳墓。我突然停了下來，轉過身，往回走。我這麼做四年了，所以你可以說我現在只有六十六歲。」[27]

通俗小品

富蘭克林在帕西和奧特伊打情罵俏的一大成果，是寫了很多寓言和故事自娛娛人，例如前述的〈蜉蝣〉、〈蒼蠅〉、〈天堂樂土〉等等。他把這些文章稱為小品（bagatelle），在法語中是指輕快短小的樂章。他利用他在帕西設立的私人印刷機，發表了很多這類小品文。那些文章和他以前寫的小故事很像，例如〈波莉．貝克的審判〉，不過在帕西寫的十幾篇文章帶有些許的法國特色。

富蘭克林的小品是很多評論家吹捧的焦點，例如奧德里奇曾說：「富蘭克林的小品結合了愉悅和道德的真諦，是世界通俗文學的傑作。」這種說法有點言過其實。這些小品的價值，在於讓我們有機會洞悉富蘭克林的性格。至於文學價值方面，則略顯單薄。對富蘭克林來說，那些文章只是詼諧妙語，就像指法練習一樣有趣。也許少數幾篇為了說教而顯得有些刻意，但多數文章都呈現出他一貫的自嘲風格。[28]

其中最有趣的一篇是〈痛風與富蘭克林先生的對話〉，這篇文章也是「我可舒適發泡錠」（Alka Seltzer）胃藥廣告*的靈感來源（那個廣告描述一個男人被自己的胃嚴厲斥責）。一七八〇年十月，富蘭克林因痛風而臥病在床時，布易雍夫人寫了一首詩〈賢者與痛風〉給他，暗示他之所以罹病，是因為他愛上「一位美麗的情人，有時是兩位、三位、四位」，其中幾句寫道：

> 痛風說：「親愛的博士，『克制』是你欠缺的美德。

---

*譯注：https://www.youtube.com/watch?v=_ADRgzUez1E

你愛美食，也愛女人的甜言蜜語，
　你該出去走走，卻只顧下棋。」

富蘭克林半夜寫了一長篇嬉鬧的對話回應。那篇對話中，痛風指責他縱慾過度。由於富蘭克林好為人師，他也不忘在對話中宣導多運動及呼吸新鮮空氣：

富蘭克林：「唉啊！我究竟造了什麼孽，為什麼會受這種苦？」
痛風：「太多了！你口無禁忌，飲食無度，放任兩隻腳怠惰成性。」
富蘭克林：「誰在指責我？」
痛風：「是我，痛風。」
富蘭克林：「什麼！我的敵人當前？」
痛風：「不，我不是你的敵人。」
富蘭克林：「我再說一遍，你是我的敵人。你不僅把我的身體折磨得要死，還毀了我的清譽，指責我貪吃又貪杯。全世界認識我的人都知道我既不貪吃，也不貪杯。」
痛風：「世界愛怎麼想，就怎麼想，它總是對自己很寬容，有時對朋友也是如此。但我很清楚，常運動的人所攝取的適量肉類和酒類，對不運動的人來說太多了……。如果你都是坐著工作，至少休閒娛樂應該要多活動筋骨。你應該散散步，騎騎馬，天氣允許的話，可以打打撞球。但是我們來檢討一下你的生活方式吧，早上那麼長，你有很多時間可以到戶外走走，但你做了什麼？為什麼不運動，刺激一下早餐的胃口，而是看書報和小冊子自娛呢，那些東西多半不值得一看。而且，你的早餐還不是普通的豐盛：四杯奶茶，一兩片抹了奶油的吐司，幾片不易消化的臘肉。吃完早餐後，你馬上坐到桌前寫作，或是和前來洽公的人對談，就這樣一直坐到下午一點，身體都沒有運動。但是既然你的工作本來就得坐著完成，那也無可厚非，但是午餐過後你做了什麼？明智的人會選擇邀請剛剛共餐的朋友，一起到美麗的花園裡散步，但你又選擇坐下來下棋，一坐就是兩三個小時。……你知道布易雍夫人的花園，那多麼適合散步啊，你也知道從露台到下方的草坪有一百個美麗的臺階。你習慣每週兩次於午餐過後造訪這個友善的家庭，你自己還有一句格言：『爬一英里樓梯的運動量，是在平地走十英里。』這裡既可以爬樓梯，又可以在平地上步行，機會多好啊！你把握機會了嗎？多久做一次呢？」

富蘭克林：「我無法馬上回答那個問題。」

痛風：「我來幫你回答吧，一次也沒有。」[29]

富蘭克林把這篇文章和一封信一起交給布易雍夫人，信中還厚臉皮地反駁她的詩：「這要命的痛風跟那些情人也脫不了干係。」他指出：「我年輕時比現在更常和女性在一起，當時沒有痛風。所以，帕西的女人若能像我經常勸妳那樣，對我展現多一點基督教的博愛，現在我就不會深受痛風所苦了。」當時，對富蘭克林來說，性愛已經變成他們談笑戲謔的話題，而不是壓力。布易雍夫人回信：「我會秉著基督教的博愛精神，盡可能地善待你，但不是以**你**定義的那種博愛來對你。」

富蘭克林也利用創作小品的機會來提升語言技巧，他把那些文章從英文翻譯成法文，再從法文翻譯成英文，然後拿給拉羅敘神父等朋友看，再加入他們的修改意見。例如，富蘭克林把童年時花太多錢買哨子的故事寫成兩欄，左欄是法語版，右欄是英語版，四周留著空白以便修改。由於布易雍夫人不懂英語，富蘭克林讓她看法語版，上面通常有其他人的修改意見。

布易雍夫人對文法的重視，不像道德那麼堅持。她看到拉羅敘神父修改的〈痛風對話〉以後，說道：「那些修改毀了你的作品。維持你文章的原貌吧，善用文字敘述，不必拘泥文法，文法學者的堅持使你的語句變得遜色。」富蘭克林常自創法語字，例如「indulger」（意指 indulge*，放縱），朋友常幫他修改過來。但布易雍夫人認為這些新詞挺有趣的。她寫道：「有些人堅持文字不能受到外語的污染，他們也許會吹毛求疵，因為他們只會死讀書。既然你比他們更懂得巧妙運用文字來表達想法，我比較喜歡你的做法。」[30]

富蘭克林覺得法語的陰性和陽性很難區別，他抱怨，為了確定陰陽性還要查字典，甚至開玩笑把「陽性」（masculines）這個字寫成陰性格式，把「陰性」（feminines）這個字寫成陽性格式。他嘲諷地寫道：「這六十年來（亦即從十六歲開始），陰性和陽性的事物總是帶給我很多麻煩，我這裡指的不是格式和語法。據說天堂不做那些區分，我想我到那裡會快活很多。」

所以，富蘭克林的法語程度究竟如何？一七八〇年，他的口語表達和書寫已經很流暢，雖然發音和文法不見得精準。多數的法國朋友覺得那種法語程度很有魅力，尤其是女性，但不出所料，亞當斯很不以為然。他批評：「據說富蘭克林博士的法語說得很好，但我仔細聽，發現他講的法語常不合文法。他也對我坦言，他對文法毫不在意。至於他的法語發音，雖然法國的男士和女士都給予很高的評價，他也覺得自己的發音很好，但我很快就發現他的發音很不精確。」[31]

富蘭克林的法國朋友最欣賞的小品文是〈伯爵〉，那是一篇有關宗教包容的寓言，內容是一位不久人世的法國官員描述夢境。夢中，他來到天堂的大門前，看到聖彼得在詢問每個人的宗教信仰。第一位說他是天主教徒，聖彼得說：「站到天主教徒那邊吧。」接著，出現一位聖公會教徒和一位清教徒，聖彼得也叫他們到所屬的團體站著。輪到這位官員時，他說他沒有信仰，聖彼得十分寬容：「無論如何，你還是可以進來，隨便找個地方吧。」（富蘭克林似乎修改了那篇文稿好幾次，想更清楚表達宗教包容的觀點，其中一版的表達更強而有力：「不管怎樣，進來吧，你想站在哪兒，就站哪兒。」）[32]

富蘭克林之前也寫過很多通俗的文章，主張宗教包容，這篇呼應了之前的多數文章。隨著年紀的增長，富蘭克林日益相信上帝是包容的，不過法國知識分子欣賞他不推崇任何教派的觀點。富蘭克林的一位熟識寫道：「我們的自由思想家已經探究過富蘭克林的宗教觀，他們堅稱富蘭克林跟他們是一樣的，也就是說他毫無宗教信仰。」[33]

下棋與放屁

富蘭克林有名的嗜好之一是下棋，從他在布易雍夫人的浴室裡下棋下到深夜，就可以看出他對下棋的狂

＊譯注：法語動詞原型字尾通常是 er，所以他擅自把英文加上 er 當法語用。

熱。他覺得下棋就像外交和生活，他在一七七九年寫的小品文〈棋品〉裡闡述過這點。該文是以一七三二年他為互助學習會寫的文章為基礎修改而成，開宗明義就寫道：「下棋不只是無聊時的消遣，還可以養成或加強一些寶貴的思想特質，對人生發展很有益處。因為人生就像一盤棋，需要追求得分，還要與競爭者或對手鬥智。」

他說，下棋教人要有遠見、考慮周延、謹慎小心，以及不能氣餒的重要性。此外，還可以練習重要的禮儀：絕對不要催促對手，不要為了欺騙對手而假裝走錯步，贏棋也不要幸災樂禍。「克制想擊敗對手的慾望，輸棋亦處之泰然。」有時即使對手想悔棋，也不妨欣然接受，「也許你因此輸了這盤棋，但你會贏得更好的東西：對手的尊重。」[34]

某晚，富蘭克林在帕西下棋下到深夜，信使拿了多封美國寄來的急件進來，富蘭克林揮手要他等那盤棋結束再來。還有一次，他和棋藝相當的波旁女公爵（Duchess of Bourbon）下棋，女公爵不小心讓「王」陷入了險境。富蘭克林不照規矩，迅速擒「王」。女公爵說：「啊！我們不是這麼擒王的。」富蘭克林俏皮地回應：「我們在美國就是這麼做。」這句話後來成了名言。[35]

某晚，富蘭克林聚精會神地下棋時，蠟燭突然熄滅了。他不願就此罷休，要求對手去找蠟燭來。那個人很快就回來了，一臉驚訝地報告：外頭天亮了。富蘭克林拉開百葉窗說道：「沒錯，天亮了，那就去睡吧！」

那件事給了富蘭克林靈感，讓他寫出一篇小品。那篇文章寫道，他很訝異早上六點天就亮了。當時，他已經不再堅持窮理查主張的「早睡早起」。他說，「如果你跟我一樣，中午以前沒見過陽光」，對這個發現應該會感到訝異。這件事讓他得出一個結論，早起可以省下很多買蠟燭的錢。他還故意用一些偽科學的算式，計算這個「節約計畫」可以節省多少。如果巴黎人夏天早睡七個小時，可以省下近九千七百萬里弗爾（法國十九世紀以前的貨幣單位）：「巴黎每年夏天善用陽光來取代蠟燭的話，可以省下如此龐大的金額。」

最後，富蘭克林說，他決定跟大眾免費分享這個點子，不求任何權利金或獎勵，他宣稱：「我只希望大家記得是我想出來的就好了。」後來他因為這項建議而獲得的榮譽，遠比他料想的還多：歷史記載普遍把「日光節約時間」的點子歸功於富蘭克林的那篇文章，但他其實只是寫著好玩，也沒想過夏季要把時鐘撥快一個小時。[36]

那篇文章搞笑地嘲諷人類的習慣和科學論文（就像他年輕時的文章一樣），可以看出富蘭克林深受史威夫特的影響。奧德里奇寫道：「史威夫特要是有愛爾維修夫人及布易雍夫人等女士相伴五年，肯定也會寫出那種諷刺文，而不是〈野人芻議〉（A Modest Proposal）。」[37]

另一篇科學惡搞之作更有趣，也更有名（或者說更惡名昭彰）。那是富蘭克林向布魯塞爾皇家學院提出的假提案，他建議他們去研究放屁的原因和治療方法。富蘭克林注意到學院的領導人向大家徵求研究的主題，並聲稱他們很「重視實用性」，所以他提出一項值得「這個啟蒙時代認真探究」的問題：

> 眾所皆知，食物消化的過程中，人類的腸道會產生大量的氣體。氣體排出體外時，會產生惡臭，冒犯到身邊的人。因此，有教養的人為了不冒犯旁人，常逼著自己憋屁不放。那種違背自然規律的做法不僅令人痛苦，偶爾也可能導致毛病……
>
> 要不是因為放屁時有臭味，有教養的人也不需要憋屁，可以像吐痰或擤鼻涕那樣自由。所以，我提

> 議的研究是發明一種有益健康又不討厭的藥，混在日常食物或調味料中，使我們排出的氣體不再難聞，而是像香水一樣宜人。

接著，富蘭克林一本正經地解釋，不同的食物和礦物質如何改變屁的氣味。像石灰那樣的礦物質，難道無法讓屁變得更好聞嗎？他主張：「這值得實驗看看！」任何人只要研究成功，都可以「流芳百世」，因為那些發現「在科學的用處，遠比以前讓哲學家出名的東西更為實用」。富蘭克林指出，亞里斯多德和牛頓的研究，對深受放屁所苦的人幾乎沒什麼助益。「對滿腸子都是氣體的人來說，笛卡爾的漩渦理論毫無舒緩的效果！」只要發明香水屁，以後主人就可以隨性地放屁，以取悅來訪的客人。富蘭克林一語雙關地說，相較於這種難得的發明，以前的發明「都不值一屁」。

雖然富蘭克林是在帕西的私人印刷房裡印出這篇搞笑文章，他對文章顯然有所顧慮，所以從未公開發表。不過，他確實把那篇文章寄給了一些朋友。他還說，某位朋友對這篇文章應該會有興趣，那個人就是著名的化學家及氣體專家卜利士力，「他常給自己氣體」（give oneself airs 也有「擺架子」的意思）。[38]

還有一篇科學惡搞之作，是以信件的形式寫給莫雷萊神父。那封信頌讚酒的神奇以及手肘設計的巧妙。

> 我們知道耶穌在迦拿的婚宴中把水變成酒的神蹟。不過，上帝的善行使這個神蹟每天都在我們的眼前發生。你看雨水從天而降，落在葡萄園裡，滲入葡萄藤的根部，日後轉變成酒。可見上帝愛我們，樂見我們快樂。所謂的奇蹟只是加快了轉變的過程。

至於人類的手肘，富蘭克林說手肘的位置恰當很重要，否則很難品嚐美酒。如果上帝把手肘的位置設計得太低，前臂很難接觸到嘴唇。同理，如果手肘的位置設計得太高，前臂會伸到嘴唇之外。「不過，實際的情況是，我們都能自在地喝酒，酒杯對準嘴巴。所以，讓我們舉杯讚嘆這個巧妙的智慧吧！讓我們讚美並乾杯！」[39]

家務事

富蘭克林在法國有了新的替代家人以後，實際的家人變得如何呢？他們都被他拋在遠方了。女兒莎莉深愛著他，一七七八年五月英軍撤離費城後，莎莉一家又搬回舊居。她寫信告訴富蘭克林，她正勤奮地重建家園。不過，法國的女性朋友寫信給富蘭克林時，稱他是「親愛的爸爸」，他親生的女兒寫信時，反而比較拘謹，稱他是「親愛及尊敬的先生」。富蘭克林回信時，稱她是「親愛的莎莉」，偶爾稱她是「親愛的孩子」，信中通常是寫他對於孫子的成就感到喜悅。不過，有時他會在讚美中夾帶著碎唸。例如，有一次他寫道：「妳要是知道我收到妳的信有多開心，我想妳會寫得更勤快。」

一七七九年初，莎莉在信中提到美國的物價很高，她忙著自己織桌布，但她不小心犯了一個錯，提到她受邀參加一場慶賀華盛頓將軍的舞會，她託人從法國買了一些飾針、蕾絲和羽毛，以便好好打扮一番。她興奮地寫信告訴父親：「我從來沒享受過那麼多打扮的樂趣。」她還請富蘭克林寄一些飾品給她，讓她好好展現他的品味。

當時，富蘭克林正在寫一些輕鬆小品給法國的朋友，還向波莉承諾，要是他的彩票中獎了，就送她一對鑽石耳環。但是他給莎莉的回信，卻對莎莉的要求表示錯愕，他責罵道：「妳竟然託人來買黑色的長飾針、蕾絲和羽毛！這好像在我的草莓灑鹽一樣，令我十分錯愕。看來妳把織布擱在一旁，忙著為舞會打扮了！親愛的女兒，妳似乎不知道怠惰是世上代價最高的事。」富蘭克林照她的要求，寄給她一些「有用及必要」的東西，並以幽默的口吻，針對那些無謂的華麗服飾給了她一些簡樸的忠告：「如果妳跟我一樣，穿著細棉摺邊的衣服，而且刻意不補破洞，久而久之，那就會變成蕾絲。親愛的女兒，至於羽毛，美國每隻公雞的尾巴上都有啊。」[40]

那封信顯然讓莎莉覺得很受傷，她回信給富蘭克林時，詳細地描述她有多麼勤奮與節儉。為了重新獲得父親的青睞，她也寄了一些自己紡織的美國絲綢，讓他拿去獻給瑪麗皇后。莎莉知道父親想要推廣美國的絲綢業，所以寫道：「那可以展示美國盛產什麼。」

這舉動本來很窩心，兼顧了那些應該可以吸引富蘭克林的元素：勤奮、無私、推廣美國產品、對法國的感謝。唉，偏偏絲綢飄洋過海時，因受潮而變色。更糟的是，富蘭克林還把她的計畫嘲諷了一番。富蘭克林回信寫道：「我想知道，妳自己都快沒鞋穿了，怎麼會想要送布料給皇后呢。我會試試染色能不能遮住那些斑點，用那些布料為我自己、坦普和班尼做幾件夏裝。」不過，信末他還是補了一句比較溫和的話：「妳要求的東西，我還是會寄給妳，因為妳一直很乖巧，持續為家人編織襪子。」[41]

談到孫子的消息時，富蘭克林就溫和多了。一七七九年底，莎莉生了第四個孩子，為了取悅富蘭克林，她以法國國王的名字為男孩取名，名叫路易（Louis）。當時，那個名字在美國很罕見，所以大家常問那是男孩、還是女孩。有一次，她的兒子威爾做了噩夢以後，向大力士海克力斯禱告，莎莉寫信向父親徵詢意見：「我應該灌輸他一點宗教，還是讓他繼續向海克力斯禱告？」富蘭克林以略帶幽默的口吻回答，她應該教他「崇拜比較適合的偶像，因為海克力斯現在已經不流行了」。莎莉聽從他的指示。不久，她又寫信告訴富蘭克林，說威爾把《聖經》學得很好，對所有的文學都有「非凡的記憶」，「他已經熟記安東尼在凱撒葬禮上的演講了，而且背誦時幾乎不會激動流淚。」莎莉也說，她的女兒伊莉莎白很愛看外祖父的畫像：「她常拿著她最愛的蘋果派，在畫像前誘惑你，希望你能從相框裡走出來陪她玩耍。」[42]

莎莉也推動一項專案，讓她足以獲得富蘭克林的充分讚許。一七七九年十二月，華盛頓將軍的軍隊已經衣衫襤褸，所以她號召費城的婦女捐款、買布，為那群困頓的軍隊縫製了兩千件衣服。她向父親報告：「現在我忙著為我們的勇士剪裁及縫製衣服。」華盛頓打算付錢買更多的衣服時，那些婦女婉拒收錢，繼續為戰士縫製免費的新衣。莎莉寫道：「希望你贊同我們的做法。」這樣寫顯然是想博取父親的讚賞。當然，富蘭克林也稱讚她了，他回信誇獎莎莉的「愛國心」。後來，富蘭克林也寫文章描述莎莉參與的活動，並在法國發表。[43]

當初富蘭克林硬把班尼從父母親的身邊拉來歐洲陪他，但班尼在歐洲也感受到富蘭克林的喜怒無常。一開始，班尼是在帕西附近的寄宿學校就讀，每週只能見到富蘭克林一次。兩年後，這個文靜的九歲男孩被送到日內瓦的學院就讀。但是去了日內瓦以後，他有四年多的時間見不到富蘭克林。富蘭克林雖然喜歡法國，但他覺得法國這個天主教的君主政體不適合教育他的外孫。他寫信告訴莎莉：「我希望他成為長老會教徒及共和主義者。」[44]

因此，他請法國外交官菲利貝・克雷默（Philibert Cramer）把班尼帶到日內瓦。克雷默是伏爾泰的出版商，班尼一向很渴望得到關愛以及像父親一樣的人物，所以緊黏著克雷默不放。偏偏幾個月後，克雷默過世了。班尼只好和克雷默的遺孀凱薩琳生活一陣子，隨後就由蓋布里爾・路易士・德・馬里尼亞克（Gabriel Louis de Marignac）照顧。馬里尼亞克以前是詩人及軍官，現在負責管理班尼就讀的學校。

班尼覺得非常孤單，懇求他的弟弟威爾或帕西的同學約翰・昆西・亞當斯過去陪他，或至少能獲得一幅富蘭克林的畫像和一些消息。向來很樂於送人肖像的富蘭克林，馬上寄了肖像給他，同時告訴他莎莉為華盛頓的軍隊縫製新衣的消息。富蘭克林寫道：「好好用功讀書，才能報效祖國，配得上這樣的好母親。」他也告訴班尼，他有四位帕西的同學死於天花，他應該為幼年時接種過疫苗感到慶幸。不過，富蘭克林連表達關愛時，也會附帶條件。在一封信的結尾，他寫道：「只要你繼續當個乖孩子，我會一直非常愛你。」[45]

班尼在日內瓦求學時，第一年的成績很好，甚至在翻譯比賽中得獎（拉丁語譯成法語）。富蘭克林寄了一些錢給他，讓他按照傳統，招待同學。富蘭克林也請波莉從倫敦挑一些英文書寄給班尼，因為他看出班尼的英文有退步的跡象。波莉很懂得迎合朋友，特地挑了一本提到富蘭克林的書。[46]

但班尼後來陷入了青春期的憂鬱，或許是因為富蘭克林從未去看他，坦普也沒有去，他也從未獲准回帕西度假。根據克雷默夫人的描述，他變得很內向，懶洋洋的。克雷默夫人仍然密切地關注著班尼，她說：「這個孩子很善良、明智、理性，也很真誠。但他不快樂，也沒有活力，沉默寡言，毫無憧憬。」他不玩牌，也不打架，看不出來有什麼「天賦」或「熱情」。（關於這點，她看走眼了，因為班尼日後成為前衛的報紙編輯。）她寫信告訴富蘭克林，她提醒班尼他得過翻譯獎、顯然有潛力成為好學生，「他淡淡地回我，那只是運氣好罷了。」她甚至向班尼提議，她可以幫他向富蘭克林要求更多的零花錢，但班尼看來毫無興趣。

班尼的父母也擔心了起來，貝奇怯生生地建議，或許富蘭克林可以抽空去探望班尼。貝奇寫道：「如果您有空閒去日內瓦看他，我們會非常開心。」他也補充提到：「旅行也許對您的健康有益。」但那只是試探性的建議罷了，貝奇不忘語帶歉意地補充：「我想，您應該還有更重要的事情需要處理。」克雷默夫人則是建議，富蘭克林至少應該多寫點信給班尼。[47]

富蘭克林抽不出時間去日內瓦，但他確實寫了一篇說教的短文給班尼，頌揚教育和勤奮的優點。他寫道，努力求學的人「舒服地住在華廈美寓裡」，疏於學業的人「陷入貧窮骯髒、衣衫襤褸、愚昧無知、邪惡低下，只能窩在淒涼的木屋夾縫中」。富蘭克林非常喜歡那篇文章，還抄了一份寄給莎莉。莎莉開心地回應：「威爾應該會把這篇文章銘記在心。」但班尼收到文章後，甚至沒有回信確認，所以富蘭克林又寄給他一份，要求他翻譯成法文寄回來，以確保他瞭解了。[48]

最後，班尼終於找到一個朋友，幫他走出了憂鬱。那個人是薩謬爾·喬漢納特（Samuel Johonnot），亦即富蘭克林的波士頓友人庫伯牧師的孫子。喬漢納特是個「調皮搗蛋」的男孩，被帕西的學校退學，所以富蘭克林安排他到日內瓦學院就學。他很聰明，在班上名列第一，因此刺激班尼奮發圖強，變成班上第三名。

在社交方面，喬漢納特對班尼的影響更顯著，班尼開始展露出富蘭克林家族的叛逆特質。有一次，一隻貓咬死了他們養的天竺鼠，他們決定隨便殺一隻貓來報仇，也確實那樣做了。班尼第一次參加舞會時非常緊張，所以對街發生火災導致舞會突然結束時，他反而鬆了一口氣。不過，後來他又參加第二次、第三次舞會時，就玩得很開心了。他寫信告訴富蘭克林，說他現在過得很開心，還去抓蝴蝶、摘葡萄，甚至大膽暗示他想要更多的零用錢。不僅如此，他還想要一只錶，「精緻的金錶」。他向外祖父表示那很實用，也承諾會小心使用它。

富蘭克林的回應，就像他當初聽到莎莉託人買蕾絲和羽毛一樣。他寫道：「我買不起金錶送給孩子，你不該纏著我買一些對你沒有多大用處的昂貴物品。」喬漢納特要求富蘭克林讓他和班尼回巴黎時，富蘭克林也大為震驚。他嚴詞告誡喬漢納特（其實是同時告誡兩個男孩）：「你該考慮培養男子漢的沉穩性格了。」[49]

富蘭克林其實也應該給坦普同樣的告誡，坦普到法國本來是為了繼續學業，結果沒有入學，也沒有修任何課程。他為美國使團做的事情還算稱職，但他的時間大多花在打獵、騎馬、派對和追求女性上。富蘭克林希望幫他找個好對象和好工作，提議讓坦普和布易雍家的大女兒瞿內貢（Cunégonde）結婚。

這也不是什麼新鮮事了。富蘭克林向來愛當媒人，即使從未成功，卻依然樂此不疲。他老是以半開玩笑的口吻，撮合自己的兒孫輩和朋友的兒孫輩。不過，這次他是完全認真的，而且非常執著。他還以彆扭的法文寫了正式的提議（而且沒請朋友修改法文），說布易雍夫人就像他的女兒，他也希望把布易雍夫人的女兒納為家人。他說坦普（布易雍家族稱他為小富蘭克林）已經同意他的提議了，尤其富蘭克林又承諾，他們若是成婚，他就在「法國度過餘生」。富蘭克林也再次表達他希望「離開人世時，有孩子幫我闔眼」的心願，並稱讚坦普的種種優點，說他「沒有缺點」，「具有成為傑出人物的特質」。

布易雍家族很瞭解坦普，所以不太認同富蘭克林對坦普的評價，當然也沒有答應那門婚事，他們給出的理由是坦普不是天主教徒。這個理由讓富蘭克林有機會像以前一樣，寫信大談宗教包容的必要，以及所有宗教本質上都是一樣的。（他在信中列出五個宗教的基本特質，其中一條是他常提的信條：「行善助人是服侍上帝的最好方法。」）

布易雍夫人回信表示，她同意「只有一種宗教和一種品德」。不過，她和丈夫依然拒絕這門婚事，她說：「我們必須遵從我國的習俗。」布易雍先生正打算從包收租稅官的職位退休，他希望找個女婿繼承那個職位。她寫道：「那個職位是我們最重要的資產。」卻忘了她常向富蘭克林抱怨，當初她就是為了財務因素，才不得不接受媒妁之言，「那需要熟知我國法律和習俗的人，一個跟我們信仰一樣的人。」

富蘭克林意識到布易雍夫人的回絕可能不只是因為坦普的信仰。富蘭克林寫信給布易雍夫人：「他應該還有其他的原因尚未告訴我，我不該再給他添麻煩了。」至於坦普，他有一整年持續和身分地位不同的女人交往，其中包括一位法國女伯爵和一位義大利人，後來突然戀上布易雍家年僅十五歲的小女兒，但時間很短暫。這次，布易雍夫人似乎已經準備好答應他們的婚事了，甚至還為坦普找了工作，也準備了嫁妝，但善變的坦普又移情別戀，甚至和一個有夫之婦有染，那女人也使坦普變成富蘭克林家族中第三代有私生子的人。[50]

第十五章 和平使者

巴黎，一七七八－一七八六年

全權公使

到了一七七八年夏季，美國駐法使團的三位代表都意識到，這裡只能有一位代表全權負責。富蘭克林向大陸會議報告，他們三人不僅難以在政策上達成共識，現在連一起共事都很困難，連他們的僕人都起了口角。此外，法國派了一名全權公使到美國，美法協議要求美國也應該派一位級別相當的駐法代表。亞瑟・李毛遂自薦，還和李家兄弟共謀該職位，亞當斯比較有雅量，儘管他不認同富蘭克林的工作習慣以及對法國的「柔弱」立場，他還是對朋友說富蘭克林是最佳人選。富蘭克林並未積極爭取那個職位，但他確實在一七七八年七月向大陸會議強烈地要求，請「把我們分開」。

法國則是幫富蘭克林遊說，他們向美方表態，富蘭克林是他們的選擇。大陸會議也順應法方的意見，於九月挑選他擔任駐法的全權公使。大陸會議表決這項決議時，是以十二比一的票數通過，唯一反對的是賓夕法尼亞，富蘭克林的政敵對富蘭克林及其孫子坦普的忠誠度表示質疑（因為坦普的父親是遭到監禁的親英派總督）。[1]

不過，戰事和寒冬延誤了美國船隻抵達法國的行程，因此這項任命消息直到一七七九年二月才傳達法國。消息抵達後，李惱羞成怒，拒絕把文件交接給富蘭克林。至於亞當斯，其傳記作者麥卡勒寫道：「這項新任命是亞當斯自己推薦的結果，消息傳來後，他比以前更鬱悶了。」亞當斯預定不久後就會離開巴黎，返回麻薩諸塞。

這時，富蘭克林深受痛風所苦，無法馬上去凡爾賽宮遞交新的任命書。三月底，他以駐法全權公使的身分，拜見法國國王和大臣。為了顧及亞當斯受傷的情緒，富蘭克林努力維持關係的和睦。他寫了一封禮貌又有趣的信給亞當斯，描述他去凡爾賽宮面談的情況，並抱怨：「不過，這樣奔波對我的腳來說似乎負擔太重了，使我近一個禮拜都無法行走。」亞當斯回信時也維持客套，甚至對於富蘭克林對法國的忠實表達了一些支持，儘管他還是質疑美法走得太近是否明智。亞當斯回信寫道：「很高興看到你以新的身分獲得法國王室的認可。你認為法國對美國的善意恰到好處，我也毫無疑義。」

不過，後來富蘭克林和法國決定把本來要載亞當斯回國的那艘船，強行徵用為戰艦，編入約翰・保羅・瓊斯（John Paul Jones）用來對抗英國的艦隊。亞當斯得知消息後，偽裝出來的冷靜也開始動搖。富蘭克林很清楚亞當斯正在南特港（Nantes）不耐地等候啟程回國，因此向他致歉，他甚至請位高權重的法國海軍大臣安托萬・德・薩汀（Antoine de Sartine）寫信向亞當斯解釋原因。富蘭克林承諾，他們會盡快指派另一艘船送他回美國，並安排他和新任的法國駐美公使搭同一艘船回去。

亞當斯假裝理解，回應道：「私人的方便不該妨礙公務，有幸與法國的新任大使同行，足以彌補我無法迅速返鄉的遺憾。」亞當斯還展現出罕見的虛偽態度，煩請富蘭克林「向我敬重的布易雍夫人和愛爾維修夫人轉達我誠摯的讚美」。

但是急著返鄉的亞當斯，愈想愈憤恨不平。他和瓊斯共進晚餐後，竟說瓊斯是個「古怪反常」的人，他愈來愈懷疑是瓊斯與富蘭克林聯手想要阻礙他返鄉，因此怒不可抑。他在日記裡寫道：「我想是天意要我忍受種種的屈辱，那些人到底是蔑視我，還是畏懼我？」他免不了又開始認為富蘭克林的動機很可疑。自視甚高的亞當斯開始懷疑，富蘭克林故意阻撓他回國，是因為擔心他會透露「危險的真相」。他在日記裡寫道：「這個老巫師難道是擔心我在大陸會議上發聲嗎？他確實有理由害怕，因為他常聽說我令惡人感到恐懼。」

富蘭克林完全沒察覺到亞當斯對他的惡意懷疑，在信中仍持續對亞當斯表達善意，並開心地承諾：「我一定會轉達你對那幾位夫人的敬意。」亞當斯提出三次強硬的要求後，富蘭克林甚至答應他，讓那艘新船先直接駛向波士頓，而不是先送法國大使到費城。不過，這些善意都無濟於事，亞當斯的腦子裡已充滿了對富蘭克林的不信任。隔年亞當斯重返法國後，那些不信任注定會持續影響他們的關係。[2]

亞當斯暗暗地生著悶氣時，李氏兄弟在美國對富蘭克林公開宣戰。李寫了一封信，並讓它廣為流傳，信中指控富蘭克林「搞小陰謀」，「傳播惡意的歧見」。他也讓大陸會議看到當年稍早他和伊澤寫的許多指控信件，他們聯合以那些信件質疑富蘭克林的聲譽。

女婿貝奇寫信提醒富蘭克林注意這些陰謀詭計，但富蘭克林沒把李氏兄弟的憤恨放在心上。他寫道：「我的巨大名聲令那些苦悶的先生難以承受，使他們情緒激憤，暗地裡極其不滿，充滿猜忌、憤怒、懷疑、嫉妒、怨恨的痛苦情緒。」

不過，貝奇說李氏兄弟也攻擊坦普時，富蘭克林比得知自己受到攻擊時還要難過，因為他對坦普有一種盲目的關愛，他很少對親人如此關懷。貝奇寫道：「伊澤和李那夥人刻意批評你任命坦普擔任私人秘書，他們主張坦普不值得信任，因為他的父親是親英派。」接著貝奇又說：「他們打算提議，解除坦普的職位。」在另一封信中，莎莉透露，貝奇本來一直不敢把坦普遭到抨擊一事告訴富蘭克林，因為他知道那會使富蘭克林感到沮喪。

富蘭克林確實很難過，他寫信告訴貝奇：「在我看來，我把差點變成親英派的年輕人拯救出來，其實是功德一件。」接著，他對坦普可能被召回一事表達憤怒：

> 我失去兒子已經夠難受了，現在他們連我的孫子也要剝奪？我一個七十歲的老人，在大陸會議的命令下，為了國家利益，冒著寒冬遠渡重洋，沒有其他的隨從能照顧我。我持續待在異鄉，萬一我病了，他的悉心照料能令我欣慰；萬一我死了，身邊有個孩子可以幫我闔眼，打理我的後事。

同一時間，富蘭克林也寫信給莎莉，表達同樣的情緒，並表示那些人意圖把坦普從他的身邊奪走極其殘忍，但他們注定徒勞無功。他揚言：「他們若執意要把我和坦普分開，我就辭職。但我堅信，無論那些懦夫或惡徒提出什麼要求，英明睿智的大陸會議都不會以那種方式對我。」大陸會議確實力挺富蘭克林，並未認真討論解除坦普職務一事，坦普仍是美國代表團的秘書。[3]

當時坦普約十九歲，仍是吊兒郎當的青年，雖然工作努力，但除了祖父以外，很少人真心地尊重他。一七七九年夏天，他的職務掀起爭議時，他決定與拉法耶（Lafayette）一起參與大膽的冒險行動，突襲英國本土，以證明其實力。

法國將領拉法耶只比坦普大兩歲多，最近剛從華盛頓將軍的麾下返回法國。這時美國革命已陷入前途未卜的僵局，亨利．克林頓爵士（Henry Clinton）率領的英軍依然占據紐約，但除了偶爾進行游擊式突襲以外，暫時沒有其他的作為。所以，拉法耶一抵達巴黎，就策畫攻擊英國本土的大膽計畫，並和富蘭克林及法國軍方討論。富蘭克林寫道：「我很佩服你的卓越構思，英格蘭和蘇格蘭的海岸確實是開放、缺乏防備的。」富蘭克林坦承他對軍事策略的瞭解不夠，無法「指望他提出建議」，但他可以給予鼓勵，「歷史上有許多例子證明，戰爭中貌似不可能的想法，往往因為無人預料而變成可能且可行。」

拉法耶亟欲拉攏坦普，他寫信告訴坦普：「在戰役中，我們都會在一起，我可以跟你保證，那是我的榮幸。」至於坦普這個紈褲子弟，他只擔心自己的位階、頭銜、任務和制服。他想擔任軍官，而不止是志願兵，又堅持像軍官那樣佩戴肩章，雖然拉法耶建議他不要配戴。最後他們好不容易談妥那些議題時，法國軍方突然取消了進攻英國本土的行動。

富蘭克林坦承他很失望，他寫信告訴拉法耶：「我本來以為坦普有機會從你的身上，學到一丁點大家欣賞你的迷人特質。」坦普憑一己之力功成名就的機會再次成了泡影。[4]

瓊斯

進攻英國本土的計畫中，有一部分確實實踐了，那也為富蘭克林的人生加入了一號有趣的人物。拉法耶構思那個進攻計畫時，富蘭克林告訴他，計畫能否成功「主要取決於他們能不能找到一位審慎勇敢、熟悉英國海岸的海軍指揮官」。不過，最後他們勉強挑了一位富蘭克林早就很熟的指揮官，但他的勇敢多於審慎，那個人就是瓊斯。

瓊斯原名約翰・保羅，父親是蘇格蘭的景觀設計師，他十三歲就出海跑船，在運奴船上當大副，不久就擔任商船的船長。但急性子的瓊斯在職業生涯中很容易引發船員的反叛，他曾因為鞭打一名船員致死而身陷麻煩。好不容易無罪釋放後，他又拿劍刺死另一名揚言造反的船員，因此潛逃到維吉尼亞，改名為瓊斯。在美國革命之初，前私掠船的船員和冒險者合組了一支美國雜牌海軍，瓊斯在裡頭謀得了軍職。一七七八年，瓊斯因為沿著英國和蘇格蘭海岸大膽突襲而聲名大噪。

在那幾次突襲中，有一次瓊斯決定綁架一位蘇格蘭的伯爵，但是那個人正巧去巴斯（Bath），所以瓊斯的手下逼伯爵夫人交出傳家寶。但後來瓊斯受不了良心的譴責，決定自掏腰包買下贓物並物歸原主。他寫了一封辭藻華麗的信給伯爵，表明用意。他也抄了幾份副本，讓多位朋友傳閱，其中包括富蘭克林。富蘭克林當時已到法國擔任美國使節，偶爾會在帕西接待瓊斯。他試圖幫瓊斯解決那個問題，卻愈幫愈忙，後來他們和憤怒的伯爵及困惑的伯爵夫人持續通信，把事情搞得愈來愈複雜。最後，那個傳家寶一直到戰爭結束以後才物歸原主。

富蘭克林認為，瓊斯發動突襲時，如果是鎖定海峽群島（Channel Islands），效果應該會更好，傷害也比較少。一七七八年五月，富蘭克林寫信告訴瓊斯：「澤西島（Jersey）的私掠船帶給我們很多麻煩。有人告訴我，你的小船在英勇軍官的指揮下，跟著那些私掠船進到大船不敢通過的地方，也許可以幫大家很大的忙。」富蘭克林又補充，那是來自「高層」的建議，亦即法國的海軍大臣薩汀。[5]

不易駕馭的瓊斯回信說他的船〈漫遊者號〉「太破、太慢了」，需要有人承諾以更大的獎勵，他才能說服手下執行更多任務。但瓊斯很懂得討好富蘭克林，他寄了一份作戰日誌的副本給富蘭克林，富蘭克林讀得津津有味。所以，富蘭克林不等其他的美國代表或法國批准，就決定讓瓊斯擔任一艘美國新艦的指揮官（那艘軍艦剛在阿姆斯特丹造好）。不過，當時焦慮的荷蘭人仍想保持中立，破壞了那項計畫，尤其英國透過間諜班克羅夫得知那件事以後，開始對荷蘭施壓。

一七七九年二月，富蘭克林終於為瓊斯搞定了職位，讓他擔任〈杜拉斯號〉的艦長。〈杜拉斯號〉是一艘安裝四十門火炮的舊軍艦，瓊斯為了向他的贊助人致敬，馬上把它改名為〈窮理查號〉。瓊斯非常興奮，那個月還去帕西造訪富蘭克林及他的房東蕭蒙，感謝他們為他提供軍服和資金。不過，那次造訪帕西或許另有他因：瓊斯可能與蕭蒙夫人有染。[6]

瓊斯在帕西期間，那裡發生了一件事，簡直跟法國的鬧劇沒什麼兩樣。蕭蒙家的園丁妻子是個老太婆，她聲稱瓊斯意圖強暴她。後來，富蘭克林寫信給瓊斯時，在信末的附言中暗示了這件事，但瓊斯誤以為富蘭克林「隱約暗示的祕密」是指他多年前殺死造反船員所引發的爭議。所以，他回了一封長信給富蘭克林，懊惱地描述那件令他倍感煎熬的陳年往事。

富蘭克林看完瓊斯殺死船員的詳細描述後，覺得莫名其妙又有點好笑。他回信說，他從未聽過那件事，並告訴瓊斯他暗示的「祕密」，是指園丁的妻子指控他「意圖強暴她」，時間是「你離開的前一晚約七點」，地點是在莊園的灌木叢中。那個婦人詳細描述了當時的可怕狀況，「有些細節不便在信裡寫出來」。婦人的三個兒子誓言「一定要宰了你」。但他告訴瓊斯不必為此擔心，因為帕西的人都覺得那件事是天大的笑話，

「有些人聽了哈哈大笑」，「那個老婦人可說是千人之中最粗魯、鄙俗、骯髒、醜陋的人了」。蕭蒙夫人雖然十分熟悉瓊斯的性癖好，卻刻意裝出若無其事的模樣，還說「由此可見美國人的慾望和勇氣不同凡響」。

富蘭克林向瓊斯保證，所有人都認為那肯定是認錯人了。在狂歡節上，一位女侍穿了瓊斯的制服，所以他們猜測，可能是那個女孩惡作劇，攻擊了園丁的妻子。不過，即使傍晚天色昏暗，園丁的妻子那麼容易被騙，還是很不可思議（就算是那個誇張的博馬舍，也不可能想到在《費加洛的婚禮》中加入這種變裝強暴的戲碼）。不過，那樣解釋似乎已經夠了，在後來的信件裡，他們都沒再提起那件事。[7]

這一切是發生在富蘭克林幫瓊斯和拉法耶策畫對英國發動突襲的時候。當時瓊斯和拉法耶都在帕西，他們在富蘭克林擔憂的注視下，花了數小時謹慎地打量彼此。這兩人都很自負，不久他們就為了大大小小的事情而爭執不休，從誰負責進攻英國的哪些方面，到他們的手下是否同桌進餐都吵個不停。富蘭克林以最間接的方式安撫瓊斯，他指出：「據說陸軍和海軍的聯合遠征軍，常因為指揮官之間的妒忌和誤解而破局。」隨後，他又言不由衷地補上一句：「據我對你們兩位的瞭解，再加上你對這些事情的判斷一向很恰當，我確信你們不會發生這種事。」但富蘭克林也表明他擔心瓊斯的脾氣，他提醒瓊斯必須「冷靜、審慎地行事」，並謹記拉法耶是高階將領，這件事「是在考驗你的能力，以及你的脾氣和性格是否適合和其他人一起行動」。

在給瓊斯的正式指令中，富蘭克林更明確地要求他要克制，尤其他的手下曾經劫掠過蘇格蘭伯爵的傳家寶：「儘管英國人曾經恣意燒毀美國很多毫無設防的城鎮，但你不能仿效他們的作為，除非你提出合理的贖金要求遭拒。萬一遇到那種情況，你的寬宏大量以及這項指示都將使你及時告知意圖，讓老弱婦幼病殘先行疏散。」瓊斯回信寫道：「你那開明高尚的指示，讓懦夫也勇敢了起來。」[8]

拉法耶的部分計畫遭到取消時，富蘭克林和法國決定由瓊斯單獨對英國發動海上攻擊。一七七九年九月，瓊斯行動了，結果〈窮理查號〉與裝備更精良的〈賽拉皮斯號〉發生了傳說中的海戰。英國軍艦對瓊斯展開連串猛烈的攻擊後，艦長要求瓊斯投降，瓊斯回答（至少傳說是如此）：「我還沒開打呢！」瓊斯後來向富蘭克林生動地描述那場戰役：「我以最堅決的否定語氣回應他。」

瓊斯讓〈窮理查號〉不斷地衝撞〈賽拉皮斯號〉，他的手下紛紛爬上桅杆，朝敵船的軍火倉投擲手榴彈。經過三小時的激戰，瓊斯手下的三百人中有一半傷亡，但他在〈窮理查號〉沉沒以前，掌控了〈賽拉皮斯號〉。他寫信告訴富蘭克林：「那場景可怕到言語無法形容，人性只能縮在一旁，感慨為什麼戰爭會產生如此致命的後果。」

對於瓊斯戰勝英軍，富蘭克林非常自豪，他們因此變成更密切的朋友。富蘭克林回信寫道：「巴黎和凡爾賽宮這邊，幾乎都在談論你在那場可怕的戰鬥中，所展現的冷靜和堅毅果敢。」他也帶著亟欲獲得社會尊重的瓊斯加入「九姐妹會所」，並陪他以凱旋者之姿到凡爾賽宮覲見法國國王。富蘭克林甚至還捲入瓊斯與叛逆屬下皮耶爾．朗代（Pierre Landais）之間的激烈爭論。朗代是〈聯盟號〉的艦長，本來應該是瓊斯旗下艦隊的一員。但〈窮理查號〉與〈賽拉皮斯號〉進行海戰時，〈聯盟號〉非但沒有援助瓊斯的艦隊，還對〈窮理查號〉開火。後續兩年，富蘭克林與瓊斯為了「誰才是〈聯盟號〉的艦長」這個議題，一直和亞瑟．李所支持的朗代爭論不休。最後朗代霸占了〈聯盟號〉，直接把船艦駛離。分身乏術的富蘭克林決定讓別人來處理這件事，因為他在法國還有其他的要事需要處理。[9]

宮廷之友

亞當斯離開巴黎，對富蘭克林和法國王室來說都是好事一樁，只可惜好景不長。富蘭克林獲任為美國唯一的駐法公使時，亞當斯帶著比以往更尖酸悲憤的心情離開了法國，但是他在美國只待了幾個月，大陸會議又決定派他去法國。這次他的正式使命是：等待時機成熟，和英國進行和談。但由於時機尚未成熟，亞當斯開始插手富蘭克林的職務，頗為自得其樂。

此舉徹底惹惱了法國外長維爾建。一七八〇年二月，亞當斯一抵達巴黎，就提議讓大家知道美國授權他與英國協商。維爾建得知消息後，立刻援引之前的美法協議，說美國承諾過不撇下法國單獨行動，所以亞當斯不該做任何事情。維爾建鄭重地告訴他：「最重要的是，你必須採取防範措施，避免讓英國王室知道你出使的目的。」[10]

富蘭克林也十分惱火。亞當斯的歸來不僅可能破壞他細心培養的法國王室關係，也令他想起亞當斯和李氏兄弟等人長久以來在大陸會議上攻擊他的聲譽。於是，富蘭克林寫信給華盛頓，以沉思的筆觸，表面上肯定華盛頓的聲望，但實際上反映出他對個人聲望的擔憂。富蘭克林以一種罕見的自省方式寫道：「我肯定很快就會下台一鞠躬了。」他這麼說不是指他在法國的職位，而是指人生謝幕。富蘭克林寫道，華盛頓在法國的聲望極佳，「沒有嫉賢妒能的同胞和當代人想盡辦法污衊你的功績」。顯然，他想信心喊話的對象不僅是華盛頓，還包括他自己：歷史終究會忽略「那些卑劣之徒的無稽之言」。[11]

更明確地說，富蘭克林其實想對自己和朋友（以及歷史）解釋，為什麼是亞當斯獲選為英國和談代表，而不是他。亞當斯剛抵達法國時，富蘭克林寫了一封信給擔任英國議員的老友赫特利。他之前曾和赫特利討論過交換戰俘及試探性和談等議題。赫特利提議英美休戰十年，富蘭克林回應，他「個人認為」休戰也許有用，但「你我目前都沒有權限」協商這類議題。現在亞當斯獲得了和談的授權，富蘭克林對於大陸會議挑選亞當斯擔任和談代表一事，做了以下的解讀：「一旦開始和談，如果大陸會議是委託他人，而不是委託我來做這件事，那可能是因為他們聽過一些有關我的片面之詞，說我主張戰爭無益、和平無害，因此容易受到誘惑而做出不當的妥協。」[12]

富蘭克林確實常把「戰爭無益、和平無害」這句話掛在嘴邊，甚至美國獨立革命結束後，他還經常對許多朋友這麼說。那句話有時也被當成反戰口號，並把富蘭克林塑造成知名的和平主義者，但那樣看待富蘭克林其實是誤解。

終其一生，富蘭克林覺得戰爭有必要時，就會支持戰爭。他曾幫忙成立費城民兵團，為法印戰爭募集物資。儘管最初他試圖避免美國革命爆發，但後來他判斷獨立無可避免時，就成了堅定的支持者。富蘭克林信中的觀點是寫給赫特利和歷史看的，他想解釋為什麼他沒獲選為和談代表。或許更有趣的是，富蘭克林想讓英國的朋友知道，若是啟動和談，他是比亞當斯更合適的人選。[13]

在此同時，富蘭克林比多數的美國同僚更熱切地支持美法同盟。這導致一七八〇年初亞當斯回法國後，兩人公開決裂。之前，兩人的分歧主要是個性和風格不同，但現在則是因為對政策的根本歧見：美國是否應該對法國表示感激與忠誠呢？

在美國革命的初期，富蘭克林和亞當斯的觀點都帶有某種程度的孤立主義或例外主義。那種觀點也是貫穿美國歷史的主軸之一：美國不該向他國尋求援助；美國和他國結盟時，應該盡可能含糊其辭，小心謹慎。

即使一七七七年，富蘭克林已經愛上法國了，他仍然重申這個原則。他向亞瑟・李保證：「我從來沒改變我在大陸會議上表達的觀點，一個新國家應該保留純正的特質，不該追求聯盟。」他與法國協商美法聯盟的過程中，也堅持不做出任何讓步，沒有讓法國壟斷美國的貿易或是取得特惠地位。

不過，一七七八年初簽定條約以後，富蘭克林開始熱切地認為，美國應該對法國展現感激和忠誠。套用外交史學家傑洛德・施圖茲（Gerald Stourzh）的說法，富蘭克林「大讚法國的雅量和寬宏，有時吹捧到有點可笑」。富蘭克林認為，美國對法國的忠誠表現，同時兼顧了理想主義和現實主義。他不是光從商業利益和歐洲勢力平衡的角度出發，而是從道德層面來解釋。富蘭克林在寫給大陸會議的信中，如此描述法國：「這是個寬宏大量的國家，喜歡榮耀，尤其喜歡保護受壓迫者。你告訴他們，我們的成功有助於他們的商業發展、幫助我們對他們有利時，那就好像是說『幫我們吧，我們就不會死纏著你了』。我們這裡有些人偶爾會使用這種不謹慎、不恰當的用語，因此弄巧成拙。」[14]

相較之下，亞當斯是比較冷酷的現實主義者。他認為法國支持美國是基於國家利益的考量，亦即為了削弱英國，以及和美國培養獲利豐厚的貿易關係，所以美法任一方對彼此都沒有道德上的虧欠。亞當斯也精確地預測到，法國對美國的幫助是有限的：法國只希望美國和英國決裂，但不至於強大到不需要法國的支援。亞當斯覺得富蘭克林對法國王室太順從了，所以一七八〇年他再度回到法國時，強烈地主張這個觀點。四月，亞當斯寫信給大陸會議：「我們在讚美與誇大任何國家的寬宏與雅量時，應該要謹慎地拿捏分寸。」

不出意料，維爾建只想和富蘭克林打交道。一七八〇年七月底，維爾建已和亞當斯通了多次信件，兩人幾乎每件事都不對盤，從美國貨幣的重新評價到法國海軍的部署都談不妥。維爾建覺得他有必要寫一封措辭強烈的信給亞當斯，而且要設法讓那封信看起來像正式外交，又不太像外交，所以他代表路易十六宣布：「國王陛下無須你的懇請，就已經注意到美國的利益了。」換句話說，法國不會再和亞當斯打交道了。[15]

維爾建向富蘭克林知會這項決定，並把他和亞當斯打筆戰的副本都寄給富蘭克林，要求富蘭克林把那些信「完整地呈送給大陸會議」。在回信中，富蘭克林也對維爾建直率地表達了他對亞當斯的不滿，那樣做其實非常危險。「這一切不快，完全是他個人的不慎言行造成的，與他收到的指令無關。」接著，富蘭克林明顯地撇清他與亞當斯的關係，「他從來不和我談他在歐洲從事的事務，我只能從報上得知。我是基於禮貌和他共事，不是因為關係親近。」最後，富蘭克林承諾把維爾建提供的信件副本呈送給大陸會議。

富蘭克林大可把那些信件直接寄回美國，不加任何評論，或許他也應當那樣做，但他借此機會（「勉強地」）寫了一封信給大陸會議，詳細地描述他與亞當斯之間的分歧。他們之間的爭端，有部分是源自於風格的不同。亞當斯認為，應該直率地主張美國的利益；富蘭克林則是偏好勸說及圓融的方式。他們的不合也是源自於理念的南轅北轍，亞當斯認為美國的外交政策應以現實主義為基礎，富蘭克林則認為還需要包含理想主義的元素，那是道德責任，也是美國國家利益的一部分。誠如富蘭克林在信中所言：

> 亞當斯先生認為（他親口告訴我的），美國太隨意向法國表達感激之情了，因為法國欠我們的，比我們欠他們的還多；他也覺得我們應該在文宣上展現這種精神。我認為他誤會自己的立場了，美國應該禮遇及善待法國王室才對。在我看來，法國這位賢明的年輕君主很樂於協助受壓迫的民族，展現寬宏大量的善行，他認為那是他統治下的榮耀。我覺得我們應該表達感謝，以增其行善之樂。表達感激不僅是

我們的責任，也對我們有益。[16]

由於英國還沒有準備好和亞當斯接觸，法國也不願和他打交道，亞當斯只好再次心懷憤懣地離開巴黎，富蘭克林也努力不讓他們的分歧變成私人恩怨。隨後，亞當斯轉赴荷蘭，為美國尋求金援。富蘭克林寫信給亞當斯，對那項任務的難度寄予同情。富蘭克林寫道：「我一直覺得在各國宮廷之間穿梭，以爭取金援和友誼，是一件很卑微的事。」在下一封信中，他又抱怨，當初法國拖了很久才回覆他的懇求，他嘲諷地寫道：「不過，我有基督徒的兩項美德：信心與希望。但我的信心正如《聖經》裡的使徒所言，是未見之事的確據*。」富蘭克林又說，萬一他們共同的努力都失敗了，「我已經準備好中止、逃跑或是跟你一起坐牢，上帝應該會滿意的。」[17]

一七八〇年底，美國確實迫切需要更多的金援。當年稍早，英軍指揮官克林頓在康沃利斯將軍（Cornwallis）的協助下，從紐約順流南下，對南卡羅來納州的查爾斯頓發動攻擊。克林頓返回紐約後，康沃利斯在查爾斯頓建立英軍指揮部。同年夏天，美軍將領阿諾德倒戈投降，成了惡名昭彰的叛徒。同年十月，華盛頓寫信告訴富蘭克林：「現在的情況使我們只剩兩條路可走：談和，或是從盟友獲得最熱切的援助，尤其是金錢。」

因此，一七八一年二月，富蘭克林向維爾建求援時，可說是使出渾身解數，不僅訴諸私人情感，也談及理想主義和國家利益。富蘭克林提到：「我年事已高。」並表示他的健康每況愈下，可能很快就要退休了，「當前的局勢極其關鍵。」如果無法馬上獲得更多的金援，大陸會議將會失去影響力，新政府將會解散，使英國恢復對美國的統治。富蘭克林警告，那將打破權力的制衡，「使英國變成歐洲的噩夢，以其一貫的傲慢之姿，肆無忌憚地耀武揚威。」[18]

富蘭克林要求的金援數字十分驚人：兩千五百萬里弗爾**。最後，法國同意提供六百萬里弗爾的金援。對富蘭克林來說，那已是極大的勝利，也足以讓美國持續抱持希望。

不過，富蘭克林十分沮喪，美國的政敵一如既往大力地抨擊他。伊澤寫信告訴理查・李：「唯有召回富蘭克林博士，才能從政治上拯救美國。」甚至連維爾建的疑慮也傳到了大陸會議。維爾建寫信告訴費城的法國公使：「我十分尊敬富蘭克林先生，但我不得不承認，他的年紀以及對平靜的偏好，使他對其負責的事務產生了矛盾的冷漠。」伊澤在李氏兄弟的支持下，針對是否召回富蘭克林一事，提出表決動議。富蘭克林雖然輕鬆地留任了，但大陸會議也決定派出一名特使，負責處理未來的財務事宜。

因此，三月，富蘭克林接獲法國願意提供金援的消息後，便告知大陸會議他已做好辭職準備，他寫道：「我七十五歲了。」並表示他深受痛風的折磨，身體日益虛弱，「我不知道我的腦力是否衰退了，但我可能是最後才會發現的人。」投入公職五十年後，他獲得的「榮譽足以滿足任何雄心壯志。現在我別無所求，只

---

*譯注：希伯來書 11:1：信就是所望之事的實底，是未見之事的確據。

**注：約當於二〇〇二年一・三億美元的購買力。一七八〇年，一英鎊約折合二十三・五里弗爾，那年一英鎊的購買力和二〇〇二年的八十三英鎊相當。雖然一七八〇年美國的大陸議會已經開始發行美元紙鈔，但各州仍持續發行自己的貨幣，而且通常是以英鎊計價。獨立革命期間，美國的幣值迅速改變，使當時的美國貨幣難以和歐洲貨幣相比。一七八六年，一盎司黃金的價值約為十九美元或四・二英鎊，所以一英鎊約折合四・五二美元，那也成了一七九〇年的半官方匯率。關於匯兌的詳細資料，請見564頁。[19]

想好好休息，希望大陸會議能同意這項請求」。

富蘭克林也提出一項私人請求：希望代表們能提供坦普一份工作，因為他放棄學習法律的機會，來到巴黎為國盡忠：「如果他們認為坦普可以擔任駐歐公使的助理，我相信他們會滿意他的工作表現，我也會心存感激，把這項安排視為國家對我的恩澤。」[20]

議和代表

國會否決了富蘭克林的請辭，他不僅繼續擔任駐法公使，大陸會議還稍來一個意外驚喜，賦予他另一項職務：戰爭接近尾聲時，他將擔任五名代表之一，與英國和談。其餘四人是亞當斯（原本獲選為唯一的談判代表，當時仍在荷蘭）、傑弗遜（再次因個人因素而婉拒海外指派）、南卡羅來納的莊園主兼商人亨利・勞倫斯（Henry Laurens，在海上遭到英軍俘獲，被囚禁在倫敦塔中）和紐約商人約翰・傑伊（John Jay）。

富蘭克林的當選有些爭議，他之所以獲選，有部分是維爾建施壓的結果。維爾建對富蘭克林的精力雖有懷疑，但他還是指示費城的法國公使幫他遊說並告訴大陸會議，富蘭克林在法國「既熱心愛國又睿智謹慎」。維爾建也要求大陸會議規定，新的代表團未經法國同意，不得採取任何行動。大陸會議順應他的要求，明確指示代表「所有的議題都必須對我們寬宏盟友（法國國王）的大臣做最坦誠、密切的溝通；在未經他們的同意和認可下，不得進行和平或停戰談判」。[21]

亞當斯對於美國如此順應法國的意願十分震驚，直言大陸會議的指示很「可恥」。傑伊也附和表示，美國「投入法國國王的懷抱」，「既無益於利益，也無益於聲望」。不過，富蘭克林很滿意這項服從法國的指示，他寫信給大陸會議：「我多次感受到國王陛下對我們的善意，以及正直能幹的大臣（維爾建）對我們的真誠，我覺得這項指示非常恰當明智，將會產生可喜的效應。」[22]

富蘭克林也為另一項個人勝利感到興奮。儘管一些朋友反對（甚至包括迪恩），他還是順利讓坦普當上了新任代表團的秘書。獲得新職務及請辭遭到駁回，都讓坦普恢復活力。他寫信告訴友人：「我把這次留任視為一項榮譽，甚至覺得此次留任比當初首度獲任還要重要，因為政敵再怎麼反對，都不足以從中做梗。」

他甚至寫了一封友善的信，給和談大權遭到新任使團削弱的亞當斯。他告訴亞當斯，他們一起獲得任命是莫大的榮譽，接著又語帶嘲諷地哀嘆，無論他們達成什麼成果，反正都會受到批評。他寫道：「我從未聽過哪個和平協定是沒被質疑的，即使是最占優勢的和平協定也是如此。我想這些和平使者死後得道升天是有福的，他們在另一個世界裡能夠獲得理解，因為他們在人間常受到詛咒。」[23]

富蘭克林非常熟悉國家勢力與外交之間的關係，他深知戰場上若是無法取得優勢，談判桌上也不可能有所斬獲。當初他之所以能夠爭取到美法聯盟，是拜一七七七年薩拉托加戰役告捷所賜。現在若想和英國協商合適的和平方案，必須等美國及法國盟友取得更有決定性的勝利才行。

幸好，一七八一年十月，這個問題解決了。英國將軍康沃利斯勛爵從查爾斯頓北進，企圖和華盛頓將軍決戰，並占領維吉尼亞的約克城。法國對美國的支持發揮了關鍵效果：拉法耶從南方包抄康沃利斯，切斷其退路。一支法國艦隊抵達切薩皮克港（Chesapeake），阻止英軍從海上逃竄。法國大炮也從羅德島運抵戰場。九千名法國士兵與一萬一千名美國士兵會師，由華盛頓將軍統一率領。美軍和法軍組成的兩支四百人縱隊，開始對英軍展開日以繼夜的聯合攻擊和轟炸。十月十七日，康沃利斯的軍隊不堪猛烈的攻擊，派一名鼓手去向美軍表達投降的意願，美軍過了好一陣子才注意到他。這時距薩拉托加戰役已經四年了，距離萊辛頓和康科特戰役也已經六年半了。十一月十九日，維爾建得知美法聯盟在約克城獲勝的消息，傳送通知給富蘭克林，富蘭克林用他在帕西的印刷機印製報導後，翌日一早隨即發刊。

戰爭看似結束了，但富蘭克林仍然十分謹慎。除非現任大臣辭職，否則英國仍然可能捲土重來。富蘭克林寫信給美國財政部長羅伯・莫里斯（Robert Morris）：「我記得幼年打拳擊時，即使對手認輸了，還是可以在他爬起時再補一拳。希望這次對英軍的重創，已讓他們倒地不起。」[24]

一七八二年三月，諾斯勛爵的內閣終於垮臺，由羅金漢勛爵繼任。現在美英終於可以啟動和談了，富蘭克林碰巧是五名美國代表中唯一身在巴黎的。因此，接下來的幾個月，在等候傑伊和亞當斯先後抵達巴黎時，富蘭克林得獨自處理和談事宜，他因此面臨了兩個複雜的問題：

- 美國已承諾與法國及盟友在外交上協調行事，而不是單獨與英方談判。但英國希望與美國直接談判，達成雙邊和解。表面上，富蘭克林一開始仍堅持與法國一起行動，但實際上，他安排與英國私下直接和談。
- 羅金漢內閣中有兩位對立的大臣：外務大臣查理斯・福克斯（Charles Fox）和殖民地事務大臣謝爾本勛爵，他們各自派出代表到巴黎和談。富蘭克林比較偏好謝爾本勛爵派出的代表，覺得那個人比較容易受到影響，所以他必須設法讓那位代表獲得與美方協商的正式授權。

和談開始

一七八二年和談開始時，富蘭克林在日記裡寫道：「大事有時是從細微處興起的。」這裡所指的是富蘭克林的老情人布易雍夫人和英國喬蒙利勛爵（Lord Cholmondeley）的機緣巧遇。喬蒙利是謝爾本的朋友，布易雍夫人請他去帕西造訪富蘭克林，富蘭克林透過他向新任的殖民地事務大臣致上問候。早在一七六六年，富蘭克林就與謝爾本相識了，而且對他頗有好感。當時，富蘭克林為了在美國西部取得土地授予而去遊說謝爾本，偶爾也會去造訪謝爾本位於威爾特郡（Wiltshire）的莊園。另外，愛爾維修夫人也發揮了一點作用，謝爾本才剛送她一些醋栗樹，富蘭克林在寫給謝爾本的信中，也禮貌地提到那些樹都「安然」抵達了。[25]

對此，謝爾本的回應是派出理查·奧斯瓦（Richard Oswald）與富蘭克林開始協商。奧斯瓦一眼失明，曾在倫敦經商，販賣過奴隸，也在美國待過一陣子。四月十五日，奧斯瓦一到法國就開始說服富蘭克林，美國若是撇開法國，獨自與英國談判，和談的進行將會更快更好。不過，富蘭克林仍不為所動，他寫道：「我告訴他，美國只會與法國協調行動。」隔天，富蘭克林帶著奧斯瓦去凡爾賽宮會見維爾建。維爾建提議，參戰的各國一起在巴黎舉行一場總體的和平會議。[26]

離開凡爾賽宮的路上，奧斯瓦又再次提議美英單獨協議。他表示，法國和西班牙之間還有一些爭議未解（包括直布羅陀的擁有權），若是法英美一起協議和談，即使確立了美國獨立的議題，仍然會因為法西爭議未解而遭到耽擱。奧斯瓦也暗暗傳達了威脅：若是法國加入和談又提出太多的要求，英國將不惜停止償還國債，把那些錢挪去延續戰爭。

富蘭克林明確地回應，「美國獨立」這個議題，早在一七七六年已成定局，英國應該直接承認，而不是再針對這點進行協商。至於為了繼續作戰而不惜違約、停止償債一事，富蘭克林沒有回應。他在日記裡寫道：「我不打算勸阻他們停止償還國債，因為我覺得那樣做無疑是自毀公信力。那種威脅對我來說毫無效用，令我想起一句俗諺：**揚言威脅者，實則惴惴不安。**」

富蘭克林建議英國應考慮賠償美國，尤其是那些因英國招募印第安人「發動剝頭皮及放火劫掠攻擊而受害的美國人」。富蘭克林說：「那樣做比任何方式更能促進和解。」而且也可以恢復英國渴望的通商需求。

富蘭克林甚至提出一套具體的賠償計畫：英國應該放棄對加拿大的掌控。畢竟，英國從加拿大皮毛貿易中所獲得的利潤，遠比英國為了捍衛加拿大主權而付出的成本還低。而且，如果英美達成和解並恢復通商，英美通商的獲利也遠大於英加的皮毛貿易。此外，出售加拿大土地所獲得的金錢，也可以用來補償房屋遭到英軍燒毀的愛國者，以及房產遭到美國人沒收的親英派。

富蘭克林背著法國，大玩權力制衡。他知道法國人雖然對英國懷有敵意，但法國並不希望英國把加拿大讓給美國。那樣會使美國的邊界變得更安全，並緩和美英的緊張關係，也因此降低美國對法國友誼的需求。富蘭克林向奧斯瓦解釋，如果英國繼續占領加拿大，那「勢必迫使我們培養及加強美法聯盟」。後來，富蘭克林向維爾建報告他和奧斯瓦的談話時，並未提到他建議英國放棄加拿大。由此可見，即使富蘭克林仍堅持與法國密切合作，但必要時，他仍願意拋開法國，單獨行事。

一如既往，富蘭克林和奧斯瓦協商時，是根據事前準備的筆記。奧斯瓦「懇求」富蘭克林，讓他把那份筆記帶回去給謝爾本過目。幾經猶豫後，富蘭克林同意了。奧斯瓦對於富蘭克林的信任十分開心，富蘭克林認為奧斯瓦明智而不狡詐。富蘭克林寫道：「我們分開時，關係極其融洽。」

對於把筆記交給奧斯瓦，富蘭克林只後悔一件事：裡面提到美國那些親英派遭到沒收的房產可能獲得賠償。於是，他用帕西的印刷機印了一份假的波士頓報紙，詳細描寫英國對無辜的美國人所做的暴行，並把那份假報紙送給亞當斯和其他人傳閱。他那樣做的目的是要強調，親英派不值得同情，真正該獲得賠償的是美國人。那份假報紙很有說服力，裡面有一篇報導是描述塞內卡族的印第安人把美國人的頭皮裝箱運到英國，還有一篇偽造的瓊斯投書。為了讓假報紙看起來更真實，富蘭克林還在上面編了幾則小廣告，說波士頓南部有一幢新磚房出售，以及賽勒姆（Salem）有一匹深棕色的母馬走失。[27]

英國同意維爾建的提議，召開總體的和平會議。但那也表示英國會派出另一名新的使節，代表英國的外務大臣福克斯來法國談判，而不是代表殖民地事務大臣謝爾本。那個新代表的名字一看就不太吉利：湯瑪斯．格倫維爾（Thomas Grenville），他是一七六五年對北美殖民地推行《印花稅法》那個喬治．格倫維爾的兒子。不過，福克斯一向對美國抱持同情的態度，他向富蘭克林保證，年僅二十七歲的小格倫維爾值得信任。「我知道你氣量寬宏，所以不擔心你對『格倫維爾』這個姓氏有偏見，而忽略了他在品德和思想上的卓越特質，或是懷疑他對和平的真誠渴望。」[28]

五月初格倫維爾抵達法國時，富蘭克林馬上帶他去凡爾賽宮。在凡爾賽宮，格倫維爾犯了一個錯誤。他向維爾建建議，如果「英國讓美國獨立」，法國也應該把占領的加勒比島嶼歸還給英國，這樣和平就能迅速達成。

維爾建聽了以後，露出一抹微笑，開始嘲諷這位外交新手，對他提出的獨立條件嗤之以鼻。他說：「美國不是來跟你們請求獨立的。富蘭克林先生就在這兒，他可以回答你這個問題。」

富蘭克林說：「當然，我們覺得沒必要為了一個我們已經擁有的東西，而且是用很多鮮血和財產換來的東西，來跟你們談判。」

格倫維爾和奧斯瓦一樣，希望說服富蘭克林與英國單獨和談，不要受制於法國的要求。為此，幾天後，格倫維爾去帕西拜訪富蘭克林，並警告法國「可能堅持」與美法聯盟的條約毫無關係的條件。萬一發生那種事，美國不該覺得自己有義務遵守合約而「繼續戰爭，只為了幫法國達成目的」。

對此，富蘭克林的回應就像之前對奧斯瓦一樣，拒絕讓步。富蘭克林寫道：「我針對恩澤、義務、感激這個議題，表達了一些我個人的看法。」想要擺脫義務的人，通常會「巧妙地尋找一些理由和論點」，但美國不會如此。一個人向他人借款，即使日後如數償還了，他依然虧欠一份恩情：「還清了金錢債，但人情債仍在。」

格倫維爾認為富蘭克林把「感激」的定義扯得太遠，因為美國脫離英國其實對法國有利。富蘭克林堅稱，他深深覺得法國對美國的支持非常「大方高尚」，所以「我不考慮減少對法國的義務感」。[29]

格倫維爾還試圖隱瞞一件事：他的權限只能和法國談判，不能與美國直接談判，因為英國尚未承認美國是個獨立國家，這導致富蘭克林更加不滿。六月初，富蘭克林針對這點質問格倫維爾：為什麼他的委任書上沒有明白授權他與美國直接談判？富蘭克林第二天向亞當斯報告：「他的解釋無法令我滿意，他只說那可能是因為抄寫舊版的委任書，所以忽略了。」富蘭克林堅持，格倫維爾必須取得新的委任書，才能啟動協商。富蘭克林深知，這不僅是講究協議的精確嚴謹，也是在逼英國默認美國獨立是和談的先決條件。富蘭克林寫信告訴亞當斯：「我認為英國國王不願邁出這一步，因為簽下這種委任書，就等於承認美國獨立了。」[30]

富蘭克林願意與法國協調行事，但是對於英國堅稱「法國在替美國談和」這種說法，他不願認同。維爾建也同意他的看法：「他們試圖跟我們談判美國的事，但國王陛下也不贊同這點，他認為那樣做與貴國的尊嚴不符，只有你們能為自己談判。」他補充提到，法國唯一的要求是「所有的條約一起進行，並於同一天簽署」。

維爾建在有意無意間默許了富蘭克林與英國單獨談判。由於英國非常渴望與美國單獨談判，再加上當時有兩名英國特使爭相談判，這讓富蘭克林擁有很多籌碼。六月初，格倫維爾再次前往帕西要求與美國直接談判時，富蘭克林決定「迴避討論」，而不是直接回絕。

格倫維爾問道：「萬一西班牙、荷蘭甚至法國堅持不合理的條款，美國難道要被拖著加入只攸關那些國家利益的戰爭嗎？」

富蘭克林回應：「目前還沒有必要考慮到那種情況，萬一其他國家提出過分的要求，到時候再考慮我們的義務也不遲。」

由於格倫維爾亟欲和美國直接啟動和談，他私下偷偷告訴富蘭克林，他已經「被告知，談判前可以承認美國獨立」。奧斯瓦也亟欲啟動和談，兩天後他來到帕西向富蘭克林暗示，只要富蘭克林願意，他可以擔任英國政府的談判代表。奧斯瓦也假意地說，他這樣做絕對不是為了取代格倫維爾，因為他已經老了，不需要更多的榮耀。不過，富蘭克林倒是很樂於處在這種左右逢源的狀況。

奧斯瓦比格倫維爾更世故，也表現得更急切、更有威脅性。他透露，英國現在「十分需要」和平，「敵人無論想對我們怎樣，都穩操勝算。」但另一方面，最近英國在西印度群島大勝法國海軍，英國國內有些人對這件事「有點太過得意」。如果他和富蘭克林不盡快啟動和談，這些主戰派可能會鼓吹延長戰爭。奧斯瓦也警告，最近也有人認真地探討是否停止償還面額一千英鎊以上的國債，以便為戰爭提供資金，因為這樣做不會激起太多的民怨。

富蘭克林寫道，他把這些說法視為「一種恐嚇」。不過，奧斯瓦也以恭維來軟化富蘭克林的立場，富蘭克林寫道：「他不斷提到英國大臣對我極其尊重，他們指望我想辦法幫英國脫離當前的困境，還說或許從來沒有人有機會像我現在這樣，可以做那麼多的好事。」

奧斯瓦為了爭取富蘭克林的青睞，也在私底下答應富蘭克林，和解條約裡應該包含什麼內容。富蘭克林反對補償那些房產充公的親英派，他說那樣做可能導致美國也要求英國賠償那些被英軍焚毀的美國城鎮。對此，奧斯瓦偷偷地表示，他個人也有同感。另外，之前富蘭克林提議英國把加拿大讓給美國，他也表示認同。他彷彿是在跟格倫維爾競爭和談代表一職，所以努力想獲得富蘭克林的青睞。

怪的是，事實確實是如此。他向富蘭克林展示謝爾本寫的備忘錄，上面提到，只要富蘭克林願意，謝爾本就會委派奧斯瓦擔任與美國談判的代表。謝爾本寫道，他願意賦予奧斯瓦任何授權，「只要富蘭克林博士和奧斯瓦都認為那有助於美英之間的最終和解」。謝爾本的備忘錄也寫道，那樣一來，美英和解的方式「將與一向相互為敵的英法和解方式截然不同」。

奧斯瓦也假意表示，格倫維爾是個「非常通情達理的年輕人」，他很願意讓他來進行英國與法美之間的和談。但是如果富蘭克林認為由奧斯瓦直接和美國人談判「有益」，他「很樂於效勞」。

富蘭克林欣然接受了。他寫道，奧斯瓦「對美國的瞭解」，使他比格倫維爾更有可能「說服大臣接受合理的條件」。富蘭克林問奧斯瓦，他比較喜歡只和美國協商，還是把法國在內的其他國家也拉進來協商。奧斯瓦的答案無疑是只和美國協商，富蘭克林寫道：「他說高層的指示並不涉及其他國家的談判。如果他接受了委任，應該是只和美國談判。」於是，富蘭克林同意私下寫信給謝爾本，推薦這種和談方式。[31]

富蘭克林之所以這樣做，部分原因在於他對奧斯瓦有好感，對格倫維爾沒什麼興趣。畢竟，奧斯瓦與他的年紀相仿。格倫維爾曾向倫敦《晚報》（*Evening Post*）透露他與富蘭克林某次會談的內容，而且內容有誤，那件事令富蘭克林耿耿於懷。富蘭克林寫道：「奧斯瓦先生的年紀也大了，看來似乎別無所求，只是想做點好事。格倫維爾先生還年輕，自然想要獲得聲望，希望成為能幹的談判代表。」七十六歲的富蘭克林雖然仍有雄心壯志，但他認為年老有讓人趨於溫和的效果。

富蘭克林表面上堅持法國應該參與所有的協商，但現在他已經逐漸相信，美國單獨和英國談判對美國比較有利。所以，他與奧斯瓦經過上述討論一週後，六月中旬他去凡爾賽宮會見維爾建時，不像以前那樣坦誠交流。他寫道：「我們談到英國有意分離我們的種種企圖，以及美法應該審慎面對，團結起來一起談判。」不過，這次富蘭克林刻意隱瞞了一些資訊，他沒有提到奧斯瓦提議私下協商的管道，也沒有提到他建議英國把加拿大讓給美國。

富蘭克林對大陸會議也沒有和盤托出。大陸會議要求所有的和談代表，在未知會法國或取得法國的支持下，不得採取任何行動。六月底，富蘭克林寫信給新任的美國外交部長李文斯頓時，告知英國派了兩名使節（奧斯瓦和格倫維爾），他聲稱他拒絕了他們想要分離美國和法國的企圖：「他們最初希望和交戰國逐一談判，但後來發現那樣做不切實際。經過多次的訊息往返以後，他們決議和所有的交戰國統一和談。」不過，隔天，富蘭克林馬上寫了一封信，讓奧斯瓦交給謝爾本，重申他希望單獨與英國談判的立場：「我希望英國依然有意授權你與美國和談。」

英國同樣也在進行祕密協商。除了與法國的非正式討論以外，他們也派使者直接找上大陸會議的代表，說服他們接受美國成為英國的自治領（dominion），擁有自己的議會，但是依然對英國國王效忠。富蘭克林得知此事後，寫了另一封信給李文斯頓，要求他們一定要強力抵制。富蘭克林宣稱：「英國國王由衷地痛恨我們。」若是讓英國國王對美國「擁有絲毫的權力或統治權，腐敗、詭計和武力會使其力量快速拓展開來，直到我們又淪為絕對的附庸」。[32]

富蘭克林的和平計畫

七月初羅金漢勛爵去世，談判局勢跟著化繁為簡。謝爾本繼任為首相，福克斯辭去外務大臣一職，格倫維爾被召回英國。對富蘭克林來說，這時正適合向奧斯瓦提出非正式、但明確的和平提案，於是他於七月十日提出了。

富蘭克林的提案可分為兩部分，「必要」條款和「建議」條款。「必要」條款包括四項：美國「充分完全地」獨立、英國從美國撤軍、確認邊界以及加拿大沿海的捕魚權。「建議」條款也包括四項：賠償美國在戰火中的損失、承認英國的罪過、簽署自由貿易協定以及把加拿大讓給美國。

奧斯瓦馬上把所有的細節傳送給謝爾本，但富蘭克林對提案內容保密到家，從未記錄下來。他也沒和維爾建協商、甚至沒對他提起這件事。[33]

於是，富蘭克憑其清楚的遠見及些許的謀略，為終結美國獨立戰爭的和談做好了準備。謝爾本看過內容後，馬上告訴奧斯瓦那份建議「充分證明了富蘭克林博士的誠意」。謝爾本表示，英國願意確認美國獨立是談判的先決條件，而且這點應「果斷確定，以避免未來英美敵對的風險」。謝爾本也說，美國若放棄「建議」條款，「只保留所謂的『必要』條款作為談判基礎」，他確信和約「可以迅速達成」。儘管最終的協議花了幾個月才確立，但大體上確實是這樣發展。[34]

不過，富蘭克林的痛風和腎結石再度復發，使他八月和九月幾乎都動彈不得，所以談判又延後了。這時好不容易終於抵達巴黎的傑伊取代富蘭克林，擔任首席的談判代表。傑伊是態度強硬的紐約人，他對於奧斯瓦的委任書有意見。那份委任書授權奧斯瓦與「該殖民地」進行談判，那和格倫維爾的授權書相比根本好不到哪裡去。所以，他要求奧斯瓦先取得明確的授權文字，確定他可以和獨立國家打交道以後，再來談判。

傑伊和富蘭克林一道去拜訪維爾建時，維爾建建議他們，不必堅持奧斯瓦的委託書上必須明確宣告美國的主權。富蘭克林也認為奧斯瓦的委託書「可以接受」，他對於維爾建默許英國與美國和談興奮不已，他覺得那是法國支持美國的寬宏之舉，是展現「寬厚的善意」。

傑伊則認為這其中必有詐，他覺得維爾建不希望英國在不顧法國及西班牙的要求下，直接承認美國的獨立地位，後來證實傑伊的解讀比較正確。傑伊向大陸會議報告：「法國王室想拖延英國承認我們獨立的進程，以便持續掌控我們，直到法國和西班牙的一切要求都獲得滿足為止。我必須補充提到，富蘭克林博士對法國的看法與我不同。」[35]

當晚從凡爾賽宮返回帕西的途中，傑伊對法國動機的懷疑，導致他與富蘭克林發生激烈的爭執。傑伊告訴富蘭克林，他對於維爾建居然提到西班牙想獲得阿勒格尼山脈（Allegheny Mountains）和密西西比河之間的一些土地感到特別氣憤。富蘭克林完全贊成不該讓西班牙「把我們圍起來」，但他也和顏悅色地告訴傑伊，在沒有確切的證據以前，應該要相信法國這個友邦是抱持真誠的善意。富蘭克林主張，法國不像傑伊怒指的那樣試圖阻礙談判，他覺得維爾建之所以對奧斯瓦的委任書毫無異議，是因為他樂見談判加速進行。

但是，當傑伊得知維爾建派代理人前往倫敦執行祕密任務時，他的懷疑又更加堅定了。由於傑伊既不信任法國人，也不信任富蘭克林，他也展開了祕密行動，派一名密使到倫敦。有趣的是，他挑來當密使的人是班傑明·沃恩（Benjamin Vaughan），沃恩是富蘭克林的老友兼出版商，當時他到巴黎造訪富蘭克林，希望能為和平盡一份心力。

傑伊要求沃恩告訴謝爾本勛爵，奧斯瓦的委託書中必須寫明他與「美利堅合眾國」進行談判。傑伊保證，一開始就明確承認美國獨立，有助於「切斷」法國對美國的束縛。謝爾本亟欲在其內閣垮臺之前達成和解，因此願意盡量配合傑伊的要求。九月中旬，謝爾本的內閣授予奧斯瓦一份新的委任書，讓他與「十三合眾國名義委派的代表談判」，並再次確認以美國獨立作為談判的先決條件。

因此，十月五日，在傑伊和富蘭克林雙雙滿意及重修舊好下，美英和談正式啟動。奧斯瓦提交新版的正式委任書，傑伊提交美方的條約草案，那份草案的內容和富蘭克林七月提出的非正式提案很像。唯一差別是在富蘭克林的四點「必要」條款外，又多加了一條肯定會讓英國滿意、但是讓法國和西班牙不滿的條款：英國和美國將擁有密西西比河的自由航行權。

不過，英國擊退法國和西班牙對直布羅陀的聯合進攻後，英國大臣們的信心為之大振，態度轉趨強硬，談判的進度因此減緩了幾週。為了強化對奧斯瓦的支持，謝爾本派出亨利·史崔奇（Henry Strachey）前往協助。史崔奇是內閣官員，曾擔任海軍上將理查·豪的秘書。史崔奇抵達法國的同時，亞當斯也再次抵達法國，擔負起美國代表的職責。

亞當斯還是跟以前一樣直率，對每個人的品格充滿懷疑，連富蘭克林的摯友拉法耶也被他批評為「野心無限」、只想「沽名釣譽」的「雜種」。此外，亞當斯也罔顧外交禮儀，抵達法國三週後都沒去拜訪維爾建，藉此公然表達他對維爾建的不信任，直到後來維爾建「提醒他要履行職責」，他才勉強去拜訪。（維爾建的圓滑程度可比亞當斯的粗率程度，他以盛宴款待亞當斯，還猛灌他上等的紅酒和馬德拉酒，這番熱情讓始終提防他人的亞當斯困惑不解。）[36]

同樣的，亞當斯最初也遲遲不肯禮貌性地造訪富蘭克林，儘管亞當斯出使荷蘭時，他們還通了幾封客套的信。這時富蘭克林又因痛風和腎結石復發，大多待在帕西。馬修·瑞德利（Matthew Ridley）在日記中寫道：「他（亞當斯）不願接近他（富蘭克林）。」瑞德利是住在巴黎的美國商人，也是他們兩人的共同朋友，最後他終於說服亞當斯去拜訪富蘭克林。

亞當斯才剛得知，是因為當初富蘭克林在維爾建的授意下寫信給大陸會議，他才被提早召回美國，因此他對富蘭克林懷恨在心。亞當斯告訴朋友，富蘭克林因懷有「卑劣的猜疑」和「無恥的妒意」才會搞那種惡劣的小動作。那說法完全誤解了富蘭克林，富蘭克林之所以那麼做，只是因為他覺得不勝其擾，而非嫉妒。富蘭克林也許偶爾有點缺德，但不至於過於妒忌。

無論是什麼原因，總之，亞當斯回巴黎時，已滿懷怒意。他寫道：「我承認我和富蘭克林之間毫無友誼可言，我也不可能和道德如此卑劣的人為伍。」亞當斯在日記中寫得更難聽：「富蘭克林的狡詐是想分裂我們。為此，他將不惜挑撥離間、含沙射影、搞陰謀詭計、耍弄花招，無所不用其極。」[37]

不過，當富蘭克林和亞當斯都定下來投入工作時，兩人又相處得很好，由此可見富蘭克林的魅力。亞當斯終於去帕西造訪富蘭克林時，他直言不諱地告訴富蘭克林，他贊同傑伊對法國的強硬態度。他描述：「博士就只是耐心地傾聽，沒說什麼。」隔天，三名美國代表開會時，富蘭克林平靜地同意亞當斯和傑伊的看法，還說美國不與法國協商、直接和英國談判很合理。他轉頭對傑伊說：「我認同你的意見，我會在不照會法國下，跟那些英國人談判。」

富蘭克林願意在不照會法國下協商，其實不是什麼新鮮事。在傑伊和亞當斯抵達巴黎以前，他已經那樣做了。但他刻意讓這一切看起來好像他是為了尊重兩位同仁的觀點，那也讓亞當斯的態度軟化下來。亞當斯在日記裡高興地寫道，富蘭克林「開始和我們相處融洽，意見一致。而且他的聰明才智和聲望對整個談判大有助益，表現得相當稱職。」

至於富蘭克林對亞當斯的看法，他依然抱著既欣賞又厭煩的態度。幾個月後，談判結束時，他對李文斯頓說：「他一心為國，一向誠實，通常很明智，但有時在某些事情上完全不可理喻。」[38]

十月三十日，亞當斯四十七歲生日那天，美國和英國的代表展開一週的密集談判。每天從早上十一點談到晚飯結束。英國代表欣然接受富蘭克林七月提出的四個「必要」條款，但是對於讓出加拿大等「建議」條款則有異議。那一週他們討論的主要爭議包括：

- 紐芬蘭外的捕魚權：誠如麥卡洛所言，亞當斯認為那是一大議題。他滔滔不絕地陳述「新英格蘭自古以來就對當地的鱈魚有捕撈權」。富蘭克林也對這個條件很堅持，但他是從經濟的角度解釋：英美一旦恢復友好，美國從漁業獲得的利益可以拿來購買英國的商品。富蘭克林問道：「你們是擔心魚不夠，還是擔心我們捕得太多？」英國因此同意這個條款，這讓法國非常錯愕，因為法國本來想自己取得那裡的特殊捕魚權。（後來美國的政敵指控富蘭克林偏袒法國、反對美國主張捕魚權時，富蘭克林寫信給傑伊和亞當斯，請他們為他的堅定立場作證。傑伊欣然同意了，亞當斯則是勉強同意。）[39]
- 戰前，美國人欠英國商人的債務問題：富蘭克林和傑伊都認為英國應該放棄那些債權，因為英國在戰爭中奪取或毀掉太多美國人的財產。不過，亞當斯認為那些債務應該償還，最後他的觀點勝出。
- 西部邊界問題：富蘭克林一向堅持美國應該持續拓展疆界，因此堅持其他國家無權占有阿勒格尼山脈和密西西比河之間的土地。正如傑伊的記錄：「他始終認為，我們應該堅持以密西西比河為美國的西部邊界。」如果法國或西班牙一起來和談，他們肯定不會支持這個觀點，但英國很樂於接受以密西西比河為美國的西部邊界，連同該河的自由航行權。
- 美國親英派房產充公的賠償問題：這是爭議最大的問題，而且富蘭克林又導致爭執變得更加嚴重。他是基於道德理由主張其立場，他認為親英派是觸發戰爭的原因之一，他們的損失遠比美國愛國者被英軍摧毀的資產還少。不過，他之所以那麼固執，也摻雜了個人因素，最顯眼的親英派中，包括他以前的朋友加洛維及關係疏遠的兒子威廉。富蘭克林對兒子的憤怒，再加上他亟欲證明自己大公無私，對他看待親英派的態度產生很大的影響，也在最後幾週的談判中為他增添酸楚。

一七七八年九月，英美雙方交換戰俘時，威廉從康乃狄克州獲釋，此後他一直待在英軍占據的紐約，擔任親英派聯合會的主席。任職期間，他煽動他們對美軍進行一系列小規模的殘忍襲擊，其中一次還動用私刑殺了一位美軍上尉。華盛頓因此揚言，若是無法把殺害上尉的人繩之以法，他就要絞死一名英國戰俘。那個戰俘是出生名門的年輕軍官，名叫查理斯・艾斯基爾（Charles Asgill）。

艾斯基爾的親友想盡辦法動用人脈想要營救他，謝爾本以個人名義請求富蘭克林代為求情，但遭到斷然拒絕。富蘭克林回信表示，華盛頓的目的是「為了讓蓄意殺人的凶手伏法」，「如果英國拒絕交出或懲罰凶手，那表示他們寧願袒護凶手，也不想解救艾斯基爾上尉，所以我覺得你們應該找英國大臣求情才對。」[40]

後來，英國的軍事法庭宣判被告的英國士兵無罪，因為他只是奉命行事。於是，這件事和富蘭克林本人更加牽扯不清了，因為憤怒的美國人要求逮捕那個發號施令者：威廉・富蘭克林。一七八二年八月，距離威廉當初以紐澤西總督的身分抵達美國已過二十年。如今面對美國人的追殺，他不得不逃回倫敦。九月底他抵達倫敦時，富蘭克林與奧斯瓦正展開最後一輪的和談。

愛管閒事的沃恩請求謝爾本多關照威廉，結果導致情況變得更加複雜。沃恩告訴謝爾本，他在帕西和坦普談到這件事時，坦普「曾透露，他希望能為父親做點事」。沃恩自作聰明以為，那樣做對於富蘭克林對英國的立場可以產生「及時的影響」。所以，謝爾本與威廉會面，並承諾盡其所能幫助他和親英派。富蘭克林得知這一切時十分惱火，尤其當他發現沃恩的錯誤干預是受坦普所託時，更是怒不可遏，沒想到他竟然背著祖父為父親說情！[41]

一如既往，富蘭克林寫了一則小寓言表達自己的看法。他寫道，很久以前，森林之王獅子的「子民中有一群忠狗」，但獅子在「奸臣的誤導下」對忠狗發動戰爭。「有一群雜種狗是狗和狐或狼雜交出來的，牠們受到王室獎賞所惑而墮落敗壞，背叛了那群忠狗，加入敵人的陣營。」當忠狗終於獲得自由時，獅王議會裡的狐狸和狼聚在一起，要求補償那些仍對獅王效忠的雜種狗。這時一匹馬挺身而出，「勇敢和自由是那匹馬的高尚本質」。牠主張，獎勵那些殺害同胞的行為是不公平的，那只會導致更多的戰爭。最後富蘭克林總結：「幸好議會還有良知，決議否決那項要求。」[42]

在談判的最後幾天，連傑伊和亞當斯都表示願意妥協，但富蘭克林更加堅決反對賠償親英派。以前，亞當斯曾指控富蘭克林不值得信任，因為他認為富蘭克林一定對親英派的兒子有所同情。現在他看到富蘭克林如此堅決反對，頗為不解，他在日記裡寫道：「富蘭克林博士對親英派的反對態度十分堅定，甚至比傑伊先生和我還要強硬。」

有鑑於當時親英派的移民在英國頗具影響力，謝爾本知道他要是不做點什麼以滿足他們的要求，他的內閣可能會垮臺。所以，他的談判代表直到談判的最後一天仍堅持要賠償親英派。富蘭克林則是威脅，他們若是繼續堅持，將使目前為止談成的和約都變成泡影。他從口袋掏出一張紙，重申他之前提過的要求：如果英國希望美國賠償親英派的財產，那麼英國就必須賠償美國毀壞的城鎮，遭搶奪的物資，被劫掠的貨物、燒毀的村莊，甚至連他那個被洗劫一空的費城圖書館也包括在內。

英方聽完富蘭克林的慷慨陳詞後，終於不再堅持立場。他們先進入旁邊的房間商議，討論完後又回到談判現場。英國代表表示，他們願意接受一項看起來有點毫無意義的承諾：大陸會議向各州「誠摯地建議」，各州視情況賠償該州財產充公的親英派。美國代表知道各州不太可能會有什麼行動，就答應了這項要求。但富蘭克林仍堅持一項針對威廉的限制條款：該建議不適用於「拿武器對抗美利堅合眾國」的親英派。

翌日早上，一七八二年十一月三十日，美國代表及其秘書坦普與英國代表，在奧斯瓦下榻的白雲母大飯店（Grand Hotel Muscovite）的套房裡，簽署了臨時條約，為美國獨立戰爭畫下了句點。由於美國對法國有知會的義務，雙方約定「英法同意和平條款」後，條約才正式生效。因此，條約正式生效是在九個月以後。不過，條約的第一句立即產生了無可逆轉的重要意義：宣告美利堅合眾國是「自由擁有主權且獨立的國家」。

當天下午，所有的美國代表齊聚帕西，富蘭克林辦了一場慶祝盛宴，連亞當斯的態度也（至少暫時）轉趨柔和。他向朋友瑞德利坦言，富蘭克林的「表現得體高尚」。[43]

安撫法國

對富蘭克林來說，要向維爾建解釋為什麼美國違反對法國的義務，又不顧大陸會議的指示，在未先照會他之下就和英方簽署條約，並非易事。富蘭克林先送了條約的副本給維爾建，並強調那只是臨時條約，隔週才親自去凡爾賽宮拜訪維爾建。維爾建冷酷但禮貌地表示：「法國國王無法欣然接受這種突然簽署的協議」，美國「實在不太懂規矩」。不過，維爾建也承認美國人做得不錯，並表示：「我們交談的氣氛友好。」

但隨後，富蘭克林又大膽請求法國再次貸款給美國，並告知他會把和平協議寄給大陸會議。這下子維爾建終於受不了了，他趁機提出正式的抗議。維爾建寫信告訴富蘭克林，「在不顧我們這邊的協商狀況下，就只求美國的和平」很不得體。在法國與英國達成協議以前，美國有義務先擱置和談。維爾建寫道：「你一輩子盡忠職守，履行義務。我請你思考一下，你如何履行對法國國王的義務。」[44]

富蘭克林回信時，不卑不亢地表達悔意，同時訴諸於法國的國家利益。那封回信是「外交上的傑作」，也被譽為「史上最著名的外交信函之一」。富蘭克林在信中寫道：「臨時條約中的協議內容並未損及法國的利益。」雖然這說法與事實不完全相符，「而且，在英法達成協議之前，我們與英國之間也尚未出現和平。」富蘭克林在信中用了一個法語字，那個字大致上可以譯成「得體」，他想藉由那個字來淡化美國的逾越之舉：

> 在條約簽署之前沒先與您協商，是我們忽略了「得體」（bienséance）的原則，那確實是我們的疏失，但那不是出於我們對法國國王的不敬。我們對國王陛下充滿愛戴與敬意，望您高抬貴手，也希望目前為止在陛下的賢能聖治下，我們愉悅進行到近乎圓滿的卓越成果，不會因為我方單一輕率之舉而毀於一旦。

接著，富蘭克林又大膽提出希望向法國再次借款的請求：「如果您拒絕給予我們進一步的援助，目前為止所累積的成果無疑將會轉瞬消失。」富蘭克林也因此提出一個暗含威脅的請求：法國若將美國上述的逾越之舉公諸於世，將使雙方的利益同時受損。「我剛剛聽說，英國自以為他們已經成功地離間我們了，正為此自鳴得意。所以，我希望我們能保密這個小誤會。這樣一來，他們就會發現自己大錯特錯。」[45]

富蘭克林的回信令維爾建大為震驚，他馬上送了一份副本給駐費城的法國大使，並寫道：「你可以想見我有多麼震驚。我認為我們應該告知大陸會議裡最有影響力的代表，讓他們知道美國使節對我們做出如此異常的舉動。」維爾建並未指責富蘭克林，只說「他太容易向同仁的偏見屈服了」。維爾建接著抱怨美國並未受到同盟條約的束縛：「我們竭力協助美國，維護其國家地位，結果竟得到如此回報。」

其實維爾建也束手無策。當時的情況一如富蘭克林所暗示的，法國若和美國攤牌，那會逼美國更快與英國形成更緊密的聯盟，所以他也只能勉強放下，不再追究，指示駐美大使不要向大陸會議正式提出抗議，甚至同意再次提供美國一筆貸款。[46]

范多倫寫道：「兩位卓越的外交官正式交手，科學家巧妙地讓大臣棄械投降了。」這個比喻不錯，但也許以富蘭克林最愛的西洋棋來比喻更為恰當。從他開局促成美法結盟，到終局促成英美和解並留住法國盟友，富蘭克林完美地和兩大強手對奕了一盤3D立體的西洋棋。他在局勢不樂觀時，展現了極大的耐心；在機會出現時，又謹慎把握了策略優勢。[47]

獨立戰爭期間，富蘭克林對《獨立宣言》、《美法同盟條約》、《美英和平協議》這三份重大文件的確立，都發揮了很大的作用。現在，他開始把焦點轉向和平，他在寫給波莉的信中提到：「所有的戰爭都愚不可及，代價高昂，充滿惡意，何時人類才能體認到這點，並同意以仲裁來化解歧見？如果他們願意這樣做，即使是以擲骰子的方式進行，那都比發動戰爭、相互摧毀要好。」他寫信給英國的老友約瑟夫．班克斯（Joseph Banks）時，再次提到那句有點遭人誤解的名言：「戰爭無益，和平無害。」[48]

班尼與坦普

富蘭克林並未馬上返國，他決定在帕西這個詩情畫意的地方，好好享受剛獲得的恬靜與閒暇，並沉浸於親友的關懷及知識樂趣的追尋中。外孫班尼一直被冷落在日內瓦的學校裡，日內瓦當時因為打算實施全民普選而陷入政治動盪。現在富蘭克林的外交使命暫時告一段落，他決定在一七八三年夏天讓班尼回到帕西過暑假，這也是他負笈去日內瓦求學四年來，首度返回帕西。[49]

祖孫兩人再度聚首後，班尼亟欲贏得外祖父的青睞，他對富蘭克林極為崇拜，曾告訴一位訪客，富蘭克林「和其他的老人截然不同」，「老人一般都很煩躁不安，愛發牢騷，不太知足，但我的外祖父總是笑逐顏開，像年輕人一樣快活」。這次相聚也讓富蘭克林倍感溫馨，他寫信告訴班尼的父母，說「他長得很好」，「學習和舉止都有長足的進步」。在寫給波莉的信中，富蘭克林提到：「我愈來愈喜愛這個孩子了。」

那年夏天，班尼滿十四歲，富蘭克林帶他去塞納河學游泳，表哥坦普教他擊劍及跳舞。坦普也表演了一個把戲，用氦氣迷昏一隻老鼠，再把牠喚醒，接著以富蘭克林的電池將牠電死。這個把戲把班尼唬得一愣一愣的，班尼寫信告訴父母：「我相信表兄在美國應該會被當成魔術師。」[50]

富蘭克林得知班尼在校期間體弱多病，心情抑鬱，當時日內瓦的政局又動盪不穩，所以他決定班尼不必回日內瓦了，雖然他的書籍和衣物都還留在那裡。富蘭克林曾想過把班尼送到英國求學，讓波莉照顧他，波莉得知這個可能時十分興奮。現在富蘭克林擔心班尼的英語退化，所以更鄭重地向波莉提出請求，他問道：「不知道這對妳來說仍然方便嗎？他很聽話有禮，乖巧溫順，不會給妳的孩子樹立壞榜樣。」波莉很謹慎，但也很樂於接受富蘭克林的請求，她回信說：「我擔心他覺得我們粗俗而難以忍受，但如果英式熱誠可以和法式高雅互補，我們應該有機會讓他快樂。」[51]

不過，富蘭克林愈來愈喜歡班尼，最後決定把他留在帕西。一七八三年底，富蘭克林寫信向波莉解釋：「他顯得不願離開，坦普也希望他留下來，因此我決定把他留在身邊。他表現得很好，我們都很喜歡他。」

富蘭克林認為班尼頗有語言天賦，也許可以當外交人員，但那也意味著他需要幫班尼取得公職。富蘭克林以前曾幫坦普爭取過，他知道那不容易。他曾經告訴貝奇（就像他告訴兒子威廉及其他人那樣），依賴公職是自貶身分，需要看人臉色。現在，他寫信給貝奇聊到班尼時，再次表達了同樣的想法：「我決定讓他去學一門可以賴以維生的手藝，這樣就不必求人了。」[52]

富蘭克林選擇的手藝很好猜。那年秋天，富蘭克林的帕西印刷室忙著印刷他的小品集，他看到班尼熱切地在那兒工作，十分高興。他僱用一位鑄字師傅來教班尼鑄造鉛字，隔年春天又說服法國最卓越的印刷大師弗朗索瓦・迪多（Francois Didot）收班尼為徒。班尼注定跟隨富蘭克林的腳步，不僅成為印刷工，最後也成了報社編輯。

至於坦普，富蘭克林則不得不放下身段去求人幫忙。一七八三年富蘭克林享受平靜的夏日時，寫信給外交部長李文斯頓，為坦普再次提出哀怨的請求：

> 他在使團裡實習了近七年，具備工作所需的一切知識、熱忱、活力、語言和演講技巧，因此在這方面頗能為國效勞……但我向來不為自己或親人謀取一官半職，此次亦然。我只是希望，如果你不打算繼續僱用他，請盡快讓我知道。我想趁著我還有力氣時，陪他去義大利一遊，回來時順便去一趟德國。我

覺得我們結伴同行比他獨自出遊更合適，那是我長久以來承諾給他的獎勵，以回饋他的忠誠服務及一片孝心。

但坦普並未因此獲得助理職位，也沒和祖父到國外旅遊。他也跟隨富蘭克林的腳步，但不像班尼那樣光彩。在與布易雍家的婚事告吹後，他步上祖父和父親的後塵，和帕西附近某位知名演員的妻子布蘭切特・凱勒（Blanchette Caillot）有染，並生了一個私生子希爾多（Theodore）。諷刺的是，那個孩子不幸死於天花。當初奪走富蘭克林家族三代中唯一嫡子（法蘭西斯）的疾病也是天花。

希爾多是富蘭克林的私生子的私生子的私生子，雖然在世的時日不多，但他是富蘭克林最後的香火。他夭折之後，富蘭克林家族就沒有子孫使用「富蘭克林」這個姓氏了。[53]

熱氣球的熱潮

一七八三年夏季和秋季，班尼和外祖父的消遣之一，是觀賞人類史上最早的熱氣球飛行。當年六月，約瑟夫・孟格菲（Joseph Montgolfier）和艾蒂安・孟格菲（Etienne Montgolfier）兩兄弟在里昂附近，把無人搭乘的熱氣球升到六千英尺的高空，從此開啟了空中旅行的時代。富蘭克林祖孫倆當時不在現場，但他們見證到八月底的第一個無人氫氣球升空。科學家雅克・查理斯（Jacques Charles）放了一個直徑十二英尺的絲質氫氣球，氫氣是以硫酸倒在炙熱的鐵屑上產生的。當時場面盛大，氫氣球在五萬名觀眾的面前，從巴黎升空，在空中飛了四十五分鐘以上，最後降落在十五英里外的小村落。富蘭克林寫信告訴皇家學會的主席班克斯：「目睹熱氣球落地的鄉下人都嚇壞了，他們拿石頭和刀子攻擊它，使氣球嚴重受損。」

於是，大家開始比賽誰最先造出第一個載人的熱氣球。十一月二十一日，孟格菲兄弟拔得了頭籌。他們的熱氣球載著兩位拿著香檳的貴族升空，一群觀眾歡呼雀躍，無數女士因激動而昏厥。一開始熱氣球還被樹枝勾住，富蘭克林寫道：「當時我很擔心那兩人，怕他們跌落或燒傷。」但不久熱氣球就擺脫了樹枝，飛過塞納河，二十分鐘後在河對岸降落，大家開香檳慶祝。翌日晚上，孟格菲兄弟去帕西拜訪富蘭克林，因而富蘭克林和許多知名的科學家都在那次歷史性飛行的官方認證上簽名。

孟格菲兄弟認為熱氣球之所以能夠升空，不僅是因為熱空氣，也是因為煙霧的推升。所以，他們指示「熱氣球駕駛員」把濕的麥稈和羊毛放在火上。富蘭克林比較支持查理斯發明的氫氣球（以「易燃氣體」幫助升空），所以他出資贊助了氫氣球的首次載人飛行。那是在十天之後登場，查理斯和夥伴在空中飛行了兩個多小時，最後在二十七英里外安全著陸。富蘭克林把馬車停在杜樂麗花園附近觀賞那次飛行，當時他罹患痛風，無法和大家一起在潮濕的草地上觀賞。事後，富蘭克林再次透過班克斯向皇家學會報告：「我戴著一副眼鏡，一直看著那個氫氣球，直到看不見為止。首先是看不見人，然後是看不見吊籃，到最後氣球只剩胡桃那麼大。」

打從做電力實驗開始，富蘭克林就認為科學研究最初應該是出於純粹的興趣或好奇，但科學發明或發現最終應該要有實際的應用。一開始，他不願猜測熱氣球可能有哪些實務的運用，但是他對班克斯說，他相信這種實驗終究會為「我們目前一無所知的自然科學奠定基礎」。他在另一封信中指出，這個發明可能會產生「無法預見的重要影響」。不過，更出名的是，他講了一句精闢的評論。一位現場觀眾問道，熱氣球有什麼用，富蘭克林言簡意賅地回應：「一個新生兒有什麼用呢？」[54]

當時英國人覺得熱氣球沒什麼用處，再加上他們自視甚高，不願跟著法國人的腳步投入研究，所以沒有做類似的實驗。班克斯寫道：「我發現皇家學會裡有些知名的會員似乎不願探討熱氣球，他們似乎在等實驗證明那有社會價值或科學價值。」富蘭克林對這種態度嗤之以鼻，他回信寫道：「熱氣球顯然增加了人類對自然的掌控力，我覺得若要等我們明白那個力量有何作用才投入實驗，似乎不太明智。學會掌控它以後，遲早會知道如何運用。就像磁力和電力一樣，一開始的實驗純粹只是為了樂趣。」隔年年初，富蘭克林提出一種實際應用的可能性：熱氣球可以用來作戰，或是用來維護和平。富蘭克林在寫給荷蘭科學家兼物理學家揚．英根豪斯（Jan Ingenhousz）的信中提到：「熱氣球的作用之一，也許可以讓統治者相信戰爭是愚蠢的，因為他們再怎麼神通廣大，也無法阻止熱氣球進入其領土。」

不過，富蘭克林之所以喜愛熱氣球，主要是受到當時的熱潮以及相關的娛樂所吸引。那時，各種別出心裁的熱氣球飛行在巴黎風靡一時，那些熱氣球都裝飾得相當奇特，光彩奪目，甚至還影響了帽子和髮型、時尚和舞蹈。坦普和班尼也動手做了迷你版的熱氣球，富蘭克林也寫了相關的諷刺文，以一名虛構女子的口吻，匿名投書到報社：「如果你想為熱氣球填充比熱空氣輕十倍的東西，可以從情人和侍臣的承諾中輕易找到許多現成的。」[55]

幕後智囊

富蘭克林雖然沉浸在法國大革命以前的巴黎娛樂中，但那時他寫的文章主要是談平等主義、反菁英主義等等概念，他主張新的美國社會應該以中產階級的價值觀為基礎。女兒莎莉寄給他「辛辛那提協會」（Society of the Cincinnati）的剪報。該協會提倡功勳世襲，由華盛頓將軍擔任主席，開放讓美國的高階軍官加入，他們可以把功勳傳給長子。一七八四年初，富蘭克林回信嘲諷了那個概念。他表示，中國人尊重偉人的父母是正確的，因為他們確實對孩子的成就有些貢獻。但是對毫無貢獻的偉人後代也禮遇萬分，那「不僅毫無根據、十分荒唐，往往對後代子孫也有傷害」。富蘭克林聲稱，任何形式的世襲貴族制度都是「對國家概念的直接否定」。

他在信中也嘲諷辛辛那提協會的象徵「白頭鷹」（後來白頭鷹獲選為美國國鳥），那也成了富蘭克林調侃美國價值觀和國鳥問題的名言：

> 我真心希望白頭鷹沒獲選為我國的國徽，那是一種敗德的鳥類，謀生的方式不誠實。你可以看到牠棲息在河邊的枯樹上，懶得捕魚，只會旁觀魚鷹勞動……相較之下，火雞高尚多了，也是真正美國原產的鳥類……牠雖然有些自負和愚蠢，但是作為國徽不比白頭鷹差，牠是勇敢的鳥類，會毫不猶豫地攻擊英國士兵。[56]

富蘭克林常聽人說想要移民到美國，因此一七八四年初，他印了法語和英語的小冊子，以鼓勵大家勤奮工作，勸阻那些只想到美國尋求上流休閒的人。他的文章〈美國移民指南〉清楚表達了他的理念，他認為美國社會應該以中產階級的價值觀為基礎（他有時把中產階級稱為「中等」階級，但有褒意無貶意），他覺得自己也是中產階級的一員。

他說，美國不像歐洲有那麼多的窮人或富人，「大多是快樂的中產階級」。大部分的美國人不是富有的大地主或辛苦的佃農，而是「耕種自己的土地」或是靠手藝或開店謀生。富蘭克林嚴詞批評那些謀求世襲特權或「除了出身良好以外，別無所長」的人。他說，在美國，「大家談到陌生人時，不是問他是誰，而是問他能做什麼。」富蘭克林表示，真正的美國人「更希望自己前十輩的祖先和親戚是農夫、鐵匠、木匠、車工、裁縫、製革工或鞋匠等等對社會有用的人，而不是那些不事生產、只靠他人勞動維生的貴族。」這點也反映出他對於祖先都是勤奮的勞動者、不是貴族而感到自豪。

富蘭克林表示，美國目前建立的社會，「鄙視且忽視」不想工作的「名門之後」，任何人只要有一技之長都會受到尊重，這一切有利於營造更好的道德風氣。他總結：「美國大眾普遍擁有中等財富，這使他們必須持續勞動維生，也因此大大減少了懶惰所衍生的惡習。勤奮和不斷工作是延續美德的不二法門。」富蘭克林意圖描述過去的美國樣貌，但他也想巧妙地勾勒出他對美國的遠景。總之，那篇文章是富蘭克林對中產階級價值觀的最佳禮讚。他不僅是那種價值觀的代表，也讓那些觀點成為新國家的根本特質。[57]

富蘭克林對中產階級的喜愛，以及對勤奮與節儉等中產階級價值觀的支持，意味著他的社會理論是一種保守主義（前面提過他擔心寬厚的社會福利將導致窮人依賴成性）與平民主義（他反對世襲特權以及依靠房產不勞而獲的致富方式）的結合。一七八四年，富蘭克林質疑過度追求奢華的道德觀，並進一步闡釋這些概念。

他向沃恩哀嘆：「我還沒想出根治奢侈的良方。」一方面，對奢華的追求可以刺激大家更努力地工作。

他想起以前妻子曾送一頂時髦的帽子給一位鄉下姑娘。不久，那個村裡的其他姑娘都努力地織手套，以便賺錢買那種帽子。這點頗符合其實用主義的立場，他表示：「不僅那些姑娘因為擁有時髦的帽子而變快樂了，費城人也因此可以買到更多暖和的手套。」但是，花太多的時間追求奢華則是浪費，也是「公害」，所以他建議美國對進口的華服課重稅。[58]

富蘭克林反對過多的財富，所以他主張課徵重稅，尤其是針對奢侈品。在寫給財政部長莫里斯的信中，他提到，人類對於養家活口所需的金錢享有「天賦權利」，「但是超出這個目的的財富則屬於公共財產」。同樣的，他在寫給沃恩的信裡也提到，嚴苛的刑法是那些想要保護過剩財富的人所制定出來的，他指出：「過剩的財富是社會的東西。若要保護生活必需的財富，只要簡單、溫和的法律就夠了。」[59]

對富蘭克林那個年代的人來說，無論是窮人或富人，他的社會理念似乎是保守主義和激進主義的奇怪混合體。不過，富蘭克林的社會理念其實是一貫的中產階級價值觀。美國獨立革命和後來發生的許多革命不同，獨立革命不是由受壓迫的無產階級所掀起的激進反抗，而是由擁有資產與事業的公民所領導的，他們的戰鬥口號帶著資產階級的色彩：「沒有代表權，就不能徵稅。」富蘭克林的混合理念，後來變成美國中產階級的部分價值觀：相信勤奮與節儉的重要，相信加入社團助人的善舉，反對可能導致懶惰和依賴的施捨，以及對不必要的奢侈、世襲特權、無所事事的地主階級抱著些許的憎恨。

獨立戰爭結束後，富蘭克林又恢復與英國老友的友好通信，尤其是史莊。九年前，他曾寫了那封未寄出的著名信件給史莊，宣稱「你現在是我的敵人了」。到了一七八〇年，他的態度已軟化，先是署名為「前摯友」，後來變為「長年摯友」。一七八四年，更是改成「最摯友」。

他們在信中又開始爭論富蘭克林的主張，包括高階政府官員不該支薪、英國社會與政府先天就是腐敗的等等。不過，這次富蘭克林的論調比較詼諧，他建議那些「仍對英國懷有一些情感」的美國人或許應該幫忙治理英國。他寫道：「如果你們因為缺乏理智和道德而無法自我管理，那就解散你們那套瘋狂的政體吧，把那些議員送來我們的大陸會議。」富蘭克林擔心史莊看不出他在開玩笑，接著寫道：「你可能會說我的建議聽起來像醉話，沒錯！這封愚蠢的信只是你我酒足飯飽後的閒扯。」[60]

一七八四年初夏，富蘭克林又開始撰寫回憶錄。一七七一年他在特懷福德的希普利主教家中，已經完成《富蘭克林自傳》的百分之四十。現在他在沃恩的要求下，在帕西的住所又寫了百分之十。沃恩提出的理由是，富蘭克林的故事將有助於解釋「新興民族的生活方式」。當時，富蘭克林認為需要塑造一個新的美國樣貌，所以一七八四年撰寫的內容大多是用來解釋那套著名的道德完善計畫（亦即他用來訓練自己的十三項美德，從節儉與勤奮到節制與謙遜）。

富蘭克林的帕西友人聽說他用象牙板記錄自己培養美德的過程時，都嘖嘖稱奇。當時仍未學會謙卑的富蘭克林驕傲地向卡巴尼斯展示那塊板子。卡巴尼斯就是那位住在愛爾維修夫人那裡的年輕醫生，他在日記中驚嘆：「我們居然摸到那塊珍貴的板子了，我們把它捧在手上。就某種意義來說，那是富蘭克林靈魂的記錄！」[61]

富蘭克林也利用閒暇時間，改良他最著名、最實用的發明：雙光眼鏡。一七八四年八月，他寫信告訴朋友，說他「發明雙光眼鏡很高興，可以看遠、也可以看近，眼力又恢復正常了。」幾個月後，朋友來信詢問新發明的詳細資訊，富蘭克林提供了以下細節：

最適合閱讀的單焦眼鏡不見得適合看遠物，所以我以前出門旅行時，會隨身攜帶兩副眼鏡，交替使用，因為有時我想閱讀，有時我想看遠處的景物。但我覺得換來換去很麻煩，有時換得不夠快。所以我把兩種眼鏡各切一半，放在同一個鏡框裡。這樣一來，我可以一直戴著眼鏡，想看近或看遠時，只需要上下移動眼珠，適合的鏡片隨時都在眼前。[62]

一七八五年皮爾為富蘭克林畫的肖像，就是戴著這種新眼鏡。

由於富蘭克林是著名的科學家和理性主義者，一七八四年法國國王指派他加入一個委員會，調查弗里德利西・安東・梅斯默（Friedrich Anton Mesmer）的理論。梅斯默當時宣傳一種新的療法，因此促成一個與其姓氏有關的新字：「催眠術」（mesmerize）。（約瑟夫－伊尼亞斯・吉約丹醫生〔Joseph-Ignace Guillotin〕也是該委員會的成員，他的姓氏在法國大革命期間也促成了一個字：「斷頭臺」〔guillotine〕。）梅斯默是一個浮誇的醫生，來自維也納。他認為疾病的生成，是因為人為干擾天體發出的宇宙流動，那可以用他發明的動物磁力技術來治療。他的治療方法是讓病人圍坐在裝滿玻璃和鐵屑的超大橡木桶周圍，治療者拿著鐵棒對病人進行磁化和催眠。催眠術在巴黎風靡一時，取代了熱氣球成為當時最時髦的熱潮，連拉法耶、坦普、瑪麗皇后也信之不疑，由此可見啟蒙運動正逐漸式微。

該委員會的會議大多是在帕西舉行，富蘭克林在帕西以科學的名義親身體驗了催眠治療。當時十四歲的班尼在日記裡記下梅斯默的徒弟進行治療的場景：「他們把多位病人加以磁化後……又走進花園裡對樹木進行磁化。」暗示的力量確實可以產生一些奇怪的效果。不過，委員會的成員認為「我們的角色是保持冷靜、理性、心胸開放」。所以，他們蒙上病人的雙眼，不讓他們知道治療者是不是梅斯默的徒弟。「結果我們發現，我們也可以對他們產生同樣的影響，無論他們是否被磁化，回答的答案都一樣。」委員會因此推斷梅斯默是騙子，他們在提交的報告中指出，真正發揮效用的是「想像力」。那份報告裡還有一篇未發表的附件，該附件指出，這種療法使用「恰到好處的愉悅挑逗」時，可有效刺激年輕女性的性慾。

於是，富蘭克林寫信給已經不相信梅斯默理論的坦普，告訴他委員會的調查報告徹底拆穿了梅斯默的理論。他寫道：「有人認為這份報告可以讓催眠術就此消失，但是這世上有太多人容易受騙上當，這類荒謬的騙術存在已久。」[63]

大使生涯的尾聲

令富蘭克林感到失望的原因之一，是他不得不再次與亞當斯共事，代表美國與其他的歐洲國家進行協議。他告訴一個朋友，他十分擔心「我的無知和他的自信結合起來，不知會產生什麼後果」。英美簽下臨時合約後，亞當斯的態度雖然柔和了下來，但只維持幾個月，不久又恢復背後毀謗他人的習慣。他寫信告訴李文斯頓，富蘭克林是個「不明事理的政治人物，要是他和凡爾賽花園中的墨丘利石雕一起被提名角逐大使，我會毫不猶豫投雕像一票，起碼雕像不會造成傷害。」

所以，當富蘭克林得知兩次婉拒國會任命的傑弗遜終於首肯，並於一七八四年八月抵達巴黎時，他興奮極了。傑弗遜與亞當斯截然不同，他善於外交，充滿魅力，對法國友好，有自信，不嫉妒，喜歡女性和社交，沒有清教徒的過分拘謹。他也是哲學家、發明家和科學家，和富蘭克林一樣都對啟蒙運動深感興趣。

更棒的是，傑弗遜也非常瞭解亞當斯的陰暗面。麥迪遜曾寫信向他抱怨，亞當斯的信「充分展露其自負、對法國王室的偏見，以及對富蘭克林博士的敵意」。傑弗遜回信說：「亞當斯討厭富蘭克林、傑伊、法國人、英國人，他到底跟誰合得來？」

傑弗遜認同富蘭克林的觀點，也覺得外交政策應該兼顧現實主義和理想主義，他表示「國家和人一樣，最佳利益都是遵循良知的指引。」而且他非常尊敬富蘭克林，他寫道：「富蘭克林博士的品德，在法國備受崇敬，無論是法國人或外國人皆望其項背。」他稱富蘭克林是「當代最偉大的代表人物」。幾個月後，傑弗遜接替富蘭克林的消息傳開時，傑弗遜做了經典的回應：「沒有人能取代他，我只是他的繼任者。」[64]

傑弗遜常和富蘭克林共餐、下棋，聽富蘭克林大談美國應對法國保持忠誠。他處事冷靜的態度，甚至讓富蘭克林和亞當斯的關係也融洽了起來。這三位曾一起合作《獨立宣言》的人，這時又在帕西聚首，整個九月幾乎天天共事，一起準備美國和歐洲國家的條約及貿易協定的簽署。這三位愛國者其實有很多共識，他們都主張自由貿易、開放式條約，以及結束重商主義的體系（重商主義是以壓迫性的商業規範及局限勢力範圍為基礎）。亞當斯也以少見的雅量表示：「我們共事時非常融洽，充滿幽默，意見一致。」

於人於國，都到了和解的時節。既然富蘭克林都能和亞當斯修復關係了，他和兒子之間或許也有機會重修舊好。那年夏天，威廉從英國寄信給富蘭克林，信中寫道：「敬愛的父親，自從英美之間的不幸紛爭結束後，我一直渴望寫信給您，以期恢復您我之間的真摯交流與聯繫。在那些不幸事件發生以前，那些真摯交流一直是我一生的驕傲和幸福。」

對從未停止愛過父親（儘管疏離）、也從未說過父親壞話的兒子來說，這無疑是一種既高尚又合宜的哀求姿態。不過，威廉畢竟是富蘭克林家族的人，他無法坦承自己的過錯，也無法為自己的行為道歉。「如果我真的錯了，我也無能為力。那是我深思熟慮後仍出現的判斷錯誤，我無法避免。我深信即使明天出現同樣的情況，我仍會作出同樣的選擇。」威廉提議，如果富蘭克林不願到英國，他可以去法國，以便「私下面談」，解決他們之間的問題。[65]

富蘭克林的回信流露出痛苦，也透露出些許的希望。信的一開始寫道，他「很高興看到你希望恢復真摯的交流」，他甚至說，「我覺得很好」，但話鋒一轉，又由慈愛轉為氣憤：

> 對我傷害最大、影響最鉅的強大衝擊，莫過於年老後發現自己遭到獨子所拋棄，而且不僅拋棄，還目睹他拿著武器反對我，支持那個讓我的聲譽、財產和生命都危在旦夕的理念。你認為你對國王陛下有義務，認為國家需要你那樣做。我本來不該因你我的政治立場不同而責備你。畢竟你我皆凡人，難免都會犯錯。我們的觀點並非我們所能掌控，主要是由環境塑造及影響的，那往往無法抗拒，也難以解釋。你的情況就是如此，所以很少人會譴責你保持中立，**儘管有一些自然義務遠比政治義務還要重要**。（此處的黑體強調是富蘭克林自己加的。）

接著，富蘭克林突然打住，寫道：「這個話題傷感情，不提也罷。」他又補充「現在你來這裡」不太方便，他會派坦普去倫敦當中間人，「你可以把打算跟我商談的家務事告訴他。」接著，他又以略帶高傲的口吻表示：「我相信你應該會謹慎小心，避免讓他接觸到不該認識的人。」坦普雖是威廉的兒子，但富蘭克林清楚表明了誰有權掌控他。[66]

二十四歲的坦普雖然欠缺祖父的智慧，但是對家庭所產生的自然情感，遠比祖父還要深厚（即使他生在如此疏離的家庭中）。他寫信告訴倫敦的朋友，他一直想回倫敦「擁抱父親」。不過，在英國期間，坦普仍小心翼翼地展現他對祖父的忠誠，甚至陪父親去海邊旅行之前，也會先寫信徵求富蘭克林的同意。

但幾週後，富蘭克林開始擔心坦普可能為了父親而拋棄他，開始指責坦普寫信不夠頻繁：「我急切地等待你的來信，但你音訊全無。」富蘭克林也抱怨，有些人一直問他是否收到坦普的信，讓他十分尷尬：「你想想我的感受，再想想別人可能怎麼看，然後告訴我該作何感想。」在富蘭克林家族中，只有坦普能讓富蘭克林產生如此的嫉妒，激發他那麼強烈的占有欲。

坦普在英國樂不思蜀，受到貴公子般的禮遇，例如英國皇家學會宴請他，市長和許多淑女名媛也為他舉行茶會，他請吉伯特・斯圖爾特（Gilbert Stuart）為他畫了肖像。朋友為他列了一份清單，介紹他倫敦最好的鞋匠和裁縫，還告訴他：「想找樂子時，可以找下面那幾位可靠的女孩，我覺得她們都挺美的。」[67]

坦普未能解決父親和祖父失和的難題，但此行完成了另一項使命：慫恿波莉去帕西。波莉當時四十五歲，已守寡十年。波莉的母親（富蘭克林長年的房東和夥伴）在一年前過世了。波莉寫信向富蘭克林傳達這項噩耗時，寫道她母親「以最熱烈的感情愛著你」。富蘭克林曾寫信告訴波莉，她應該盡快去帕西看他，因為他現在就像一棟「急需大修」的房子，「不久主人可能會覺得整棟拆掉重建更便宜一些」。一七八四年夏末，富蘭克林的信變得更加哀怨：「親愛的朋友，來吧，趁我還在這兒，來和我住在一起；若是我要回美國，也跟我一起回去。」[68]

一七八四年，是富蘭克林在法國的最後一個冬天。十二月初，很多人齊聚於帕西，為富蘭克林提供了一個最滿意的「混合」家庭。無論是真正的家人，還是他接納的外人，那些他深愛的人都齊聚到他的身旁。當時他的周圍有坦普、班尼、波莉和她的三個孩子，傑弗遜以及其他卓越的思想家，還有布易雍夫人、愛爾維修夫人，以及她們身邊的美好夥伴。洛佩茲和尤金妮亞．赫伯特（Eugenia Herbert）寫道：「一度，富蘭克林的多種『家庭』近乎完美地融合，在一個以他為中心的善意圈子裡愈走愈近。」[69]

波莉與坦普已十年不見，他們在倫敦再次見面時，波莉覺得很有趣。她故意揶揄富蘭克林以前試圖保密坦普的身世：「我們都看得出來他很像你，但我們知道不能說，只能如你所願或是做我們該做的，假裝一無所知。」這也給了波莉一個機會同時批評一下他們祖孫倆：「我覺得你可能比孫子帥氣一些，但你不像他那麼體面時髦。」

但是除了富蘭克林以外，瞭解坦普的人不見得喜歡他。波莉到了帕西後，就對坦普失去好感了。她在寫給親戚的信中提到：「他極愛打扮，自以為是，整天貪圖享樂，不是什麼討喜的人，也不可敬。」

相反的，班尼在日內瓦受到良好的教育，生性樂於取悅他人，所以波莉對他的印象極佳。波莉覺得他「知書達禮，有男子氣概，毫無紈褲氣息」。他的髮型像英國青年，不像法國的花花公子，而且「衣著簡樸，簡潔俐落」。坦普也許長得比較像富蘭克林，但是那個在塞納河游泳、熱情地放風箏、帶波莉遊覽巴黎，又勤奮投入印刷工作的班尼，在「思維」上更貼近富蘭克林。[70]

告別

富蘭克林曾多次寫道，他不願破壞帕西這個小天堂，想一直留在法國，在他深愛的親友圍繞下辭世。痛風和腎結石使越洋返鄉之旅顯得可怕，況且他對巴黎的女性餘情未了。一七八五年五月，他寫信給朋友，憶起喝酒時最愛哼唱的一首歌：

願我能完全控制熱情，
縱使氣力漸衰，但更有智慧。
無痛風，無結石，頤養天年。

「但那些願望有何意義呢？」富蘭克林問道，「我年輕時，那首歌唱了不下千百遍，現在年近八十歲，發現三點事與願違，不僅罹患痛風和結石，還無法完全掌控熱情。」

不過，那個月他得知大陸會議接受了他的辭呈，而且坦普也沒獲得海外職務，他終於決定返鄉了。他從帕西寫信給已經返回英國的波莉，懇求她陪他一道回去。他也擅自做主幫波莉全家訂了一大客艙：「也許妳再也碰不到那麼好的機會了。」但是當時波莉還是決定繼續留在英國。

富蘭克林把返鄉的計畫告訴妹妹，並解釋：「我每天還是工作到深夜，這次我該回家睡覺了。」這個比喻開始悄悄地出現在他的信件中。他寫信給談判中多次幫他的朋友赫特利時，進一步闡述：「長久以來，我們一起在和談中並肩作戰，我把你留在這裡，我的任務已了，我要回家**睡覺**了！祝我一夜好眠，也祝你晚安，再見！」[71]

帕西的離別場景充滿了激動與淚水。布易雍夫人告別富蘭克林後寫道：「我這一生都會記得，一位偉大的賢哲想與我為友。如果想起最愛你的女人能令你開心，請想想我！」

愛爾維修夫人也一樣依依不捨，她寫了一封信，趕在富蘭克林登船時送到他手中：「親愛的朋友，回來吧，回到我們身邊。」富蘭克林送給每位朋友一件紀念禮：卡巴尼斯收到富蘭克林用來平靜水波的手杖，莫雷萊神父收到工具箱和扶手椅，房東蕭蒙收到能升降調整的桌子。（他也為蕭蒙列了一張他改良公寓的清單，包括安裝避雷針和修理煙囪，「以解決難以忍受的煙霧問題」。）

為了使他前往勒阿弗港（Le Havre）舒適一些，瑪麗皇后派出她的御用封閉式馬車接送他，拉車的是腳步沉穩的西班牙騾子。法王路易十六送富蘭克林一幅他的肖像，相框上鑲了四百零八顆小鑽。富蘭克林也和維爾建互換禮物，維爾建對助理說：「美國再也不會出現像富蘭克林先生那樣熱情、稱職的差使了。」[72]

七月十二日富蘭克林離開帕西那天，班尼在日記裡寫道：「他身邊的人都悲傷地沉默不語，只有斷斷續續的啜泣聲劃破那悲寂。」傑弗遜也前來送行，後來他回憶道：「女士們逐一與他深情相擁，他向她們介紹我是他的繼任者，我告訴他，我希望他能夠把那些社交上的禮遇也轉讓給我，他回應：『你太年輕了』。」[73]

富蘭克林打算先橫渡英吉利海峽，再判斷他能不能承受越洋旅途的勞苦。若是不能，他會搭船回勒阿弗港，在那裡等候的王后御用馬車會把他載回帕西。

不過，一如既往，對富蘭克林來說，旅行向來讓他的精神為之一振，而不是勞頓之苦。那次橫渡海峽的顛簸旅程中，富蘭克林是唯一沒吐的人。他們一行人一抵達南安普敦，就去造訪一處鹽水溫泉。他在日記裡寫道，他在溫泉裡沐浴，接著「仰臥在水裡就睡著了，根據錶的時間，我睡了快一小時，沒有沉下去，也沒翻身！」[74]

富蘭克林在啟動第八次、也是最後一次的越洋旅行之前，上演了一段戲劇性的插曲。他在南安普敦的星辰旅館住了四天，在那裡和一些英國老友見面，做最後一次的道別。希普利主教帶著女兒凱蒂來了，沃恩也來了，富蘭克林已經原諒他為傑伊和坦普當密使的事，當時沃恩正準備為富蘭克林出版新的文集。那幾天辦了多場盛宴，富蘭克林在日記裡寫道，過程「非常溫馨」。

不過，富蘭克林在日記裡只簡要提到那位最重要的來訪者：「我見了兒子，昨晚他從倫敦過來。」他們父子倆的見面，沒有冰釋前嫌的和解，也沒有久別重逢的老淚縱橫或深情相擁，就只有關於債務和財產的冷酷協商。

這時富蘭克林已經重新掌控坦普了，他代替孫子向威廉提出苛刻的條件，要求威廉把他在紐澤西的農場以低於原價的價格賣給坦普，他也列出數十年來詳細記下的威廉欠款，還把威廉在紐約的所有土地權都歸為己有。從威廉身邊奪走兒子之後，現在富蘭克林又從威廉身上剝奪他在美國的一切財富和關係。

富蘭克林祖孫三代的最後聚首，充滿了父子關係的緊繃，最後冷酷地結束，日後他們都不願提起。富蘭克林的日記沒談到任何細節，他也從未談過或寫過這件事。從此以後，富蘭克林和兒子就再也沒有通信了。四天後，威廉寫信給同父異母的妹妹莎莉。但令人意外的是，他在信中漫無邊際地聊著莎莉的孩子，提到他準備送給她的一幅肖像，卻對那次重要的父子見面隻字未提。他只在那封長信的最後感嘆，大家很快就會抵達費城了，但「命運把我拋在地球的另一端」。數十年後，即使祖父和父親相繼離開人世，坦普開始彙整祖父的生平和著作時，也只是以一句話隨性帶過南安普敦的會面，他只說富蘭克林「很高興見到曾是紐澤西總督的兒子」。[75]

七月二十七日晚上，威廉並未受邀出席父親在船上舉行的告別晚會。旅行使富蘭克林充分恢復了活力，即使他和兒子冷酷地分離了，但看不出他有任何遺憾。他和朋友一直撐到翌日的清晨四點才就寢，一覺醒來，朋友們都離開了，兩個孫子陪在他身邊。他的船已經啟程，航向美國。

第十六章 賢哲

費城，一七八五－一七九〇年

告老還鄉

在這次、也是最後一次橫渡大西洋的旅途中，富蘭克林覺得沒必要再研究油平撫浪濤的效果了，甚至沒必要提起。即使他答應很多朋友要完成自傳，他也沒有繼續寫。

他沉浸在令他心情放鬆、大腦快轉的科學研究中，盡情地撰寫實驗細節以及務實的研究結果。整趟旅程下來，他洋洋灑灑地寫了四十頁之多，涵蓋了多種海洋議題的觀察與理論，中間穿插了許多插圖、圖表和資料表。一度，他還暫停下來坦言：「我現在也有老人愛嘮叨的毛病了。」但隨後又豁出去說：「我想我乾脆趁此機會，一次搞定所有感興趣的海洋議題。」

最後的研究成果相當完備，包括：以理論配上圖表充分說明如何設計船體，以減少船體承受的風力和水力；描述以前做的氣流實驗，也提出新的實驗，以研究氣流對不同形狀的物體有何影響；如何以撲克牌測量風力；如何把那個撲克牌實驗轉變成使用船帆和下桁來測量風力；如何利用滑輪以防止錨索斷裂；分析船體出現裂縫後的滲水狀況；建議運用中國的造船法，把船體分成多個艙體；從船隻沉沒和獲救的歷史故事中推測原因；詳細比較愛斯基摩人的獨木舟、中國的划艇、印地安人的皮舟、百慕達的單桅帆船、太平洋島的快速帆船；打造水力驅動和風力驅動螺旋槳的建議……諸如此類，一頁又一頁，一圖接一圖。

富蘭克林也再次研究墨西哥灣流，這次他還設計出一個實驗，以測試灣流是否會延伸到海水深處，還是像熱流那樣只在海面附近漂流。他把一個瓶口塞著軟木塞的空瓶放到海面下，瓶子達到水深三十五英尋*的地方時，海水的壓力把軟木塞壓入瓶內，使瓶內裝滿了海水。結果發現，那瓶水的水溫比海面的水溫低了六度。另一個類似的實驗是使用有兩個閥門的小桶，結果發現十八英尋深的海水也比海面水溫低了十二度。富蘭克林記下溫度表和地圖，並寫下「對航海者來說，溫度計可能是有用的工具」，可幫船長順著墨西哥灣流往東前進，避免往西逆流，那可節省至少一週的航行時間。[1]

此外，富蘭克林也寫文闡述，如何避免煙囪的煙霧倒灌以及如何打造更好的火爐，那些文章都很長，包含許多實驗結果。從現代的角度來看，那些論文可能包含太多的細枝末節了，但別忘了，那些研究解決了很重要的問題：困擾多數家庭和城市的嗆人煙塵。富蘭克林趁那次航行所做的大量研究，可說是一七五二年電力實驗以來，成果最豐碩的一次。而且，這次研究就像以前一樣，充分顯示出富蘭克林即使不是天才，也充滿了機靈創見。他對於結合科學理論、技術發明、巧妙實驗，以及實際應用，有獨特的喜好。[2]

一七八五年九月，富蘭克林和兩個孫子終於抵達費城的市場街碼頭。「我們受到群眾的熱烈歡迎，他們一路歡呼喝采，送我們回到家門口。」這次返鄉，距離當初那個十七歲離家出走的男孩第一次狼狽地抵達費城，已有六十二年之久。禮炮齊聲轟鳴，鐘聲響亮大作，莎莉上前熱情地擁抱他，坦普淚流滿面。長久以來，富蘭克林一直很擔心李氏兄弟和亞當斯等人嚴重破壞他的名譽，現在他終於大大地鬆了一口氣，他驕傲地向傑伊寫道：「同胞對我的熱情歡迎，遠超乎我的預期。」[3]

現在聚集在費城住家的成員，無論是親人還是視同己出的夥伴，都比以前在帕西還多，其中包括一直很孝順的女兒莎莉，現在成了這裡的總管家；莎莉的丈夫貝奇雖然從未功成名就，但總是很隨和。除了班尼和威爾這兩個外孫以外，貝奇還有四個孩子以及一個即將出生的寶寶（「四個小娃兒常跟在我身邊，帶給我極大的樂趣。」）。不到一年，波莉也履行承諾，帶著三個孩子來到美國。富蘭克林寫信告訴希普利主教：「目前的家庭狀況，就像我希望的一樣幸福。兒孫滿堂，還有孝順及深愛我的女兒和六個孫兒承歡膝下。」[4]

班尼進入外祖父創辦的費城學院就學（當時已改名為賓州大學）。一七八七年畢業後，班尼變成全職的印刷工。富蘭克林十分高興，甚至有點高興過頭了。他還幫班尼開了一家店，幫他挑選及鑄造鉛字，並推薦書籍讓他出版。不過，他沒對班尼傳授出版《窮理查年鑑》那種暢銷書的訣竅，而是告訴班尼多出版有啟發性及教育意義的名著。對於富蘭克林老是從旁指揮，班尼後來也感到有些彆扭，不過他依然盡責地擔任富蘭克林的秘書和文書。

坦普想轉型當鄉紳，他剛從父親那兒獲得紐澤西的莊園，但他的天性本來就不適合從事農牧。他突發奇想，想打造類似法國的莊園，還麻煩法國的朋友寄來種鹿（他嫌美國的鹿不夠雅致）、獵犬以及工人服裝。但由於思慮欠周，那些法國鹿在運送的途中陸續死亡。於是，坦普又恢復花花公子的習性，多數的時間都在費城的社交派對裡流連。在此同時，唯一寵愛他的祖父仍費心幫他謀取公職，只是一直徒勞無功。

---

*譯注：測量水深的單位，一英尋約 1.829 米。

富蘭克林的行動不像以前那麼活躍，但他仍像年輕時經商那樣，善於交際。以前他建立的老社團還有幾位成員在世，他們常到他家聚會。一七三六年成立的義消隊僅剩四名成員健在，富蘭克林特地翻箱倒櫃，找出當年使用的水桶，把那幾個人找來聚會。北美賢哲會偶爾也會在他家的飯廳開會，一七八六年，他們讓坦普以及富蘭克林多年來在歐洲結識的菁英加入，成為會員，其中包括勒維拉爾（le Veillard）、拉羅希福可（la Rochefoucauld）、孔多塞、英根豪斯、卡巴尼斯。為了仿效北美賢哲會的模式，讓大家以同樣真摯的好奇心投入「艱澀複雜的政治學」，富蘭克林也創立一個類似的團體：政治研究會（Society for Political Inquiries），成員包括投入政治活動的年輕朋友，例如潘恩。

富蘭克林年事已高，不再為了浪費時間而煩惱。他寫信告訴波莉，他和朋友玩牌，一玩就是好幾個小時，有時會突然產生罪惡感。「但是轉個念，又有一股聲音冒出來安慰我：『你知道靈魂是不朽的，既然以後可以得永生，又何必計較這一點時間呢？』我跟其他的理性動物一樣，想做一件事時，很容易找個小理由來說服自己，所以我又開始洗牌，展開新的牌局。」[5]

富蘭克林家門外的農夫市場供貨豐富，這時的市場規模已擴展到市場街的第三街區。他覺得與其自己栽種蔬果，不如從市場採買比較方便，便把家裡的小菜園改裝成類似帕西的花園，並鋪上礫石小徑，栽種灌木，還種了一棵參天成蔭的大桑樹。一位訪客對富蘭克林的居家風貌做了以下的記錄：「我們看到他在花園裡，與幾位男士及兩三位夫人坐在大桑樹下的草坪上……樹下擺著茶几，博士唯一的女兒貝奇夫人為大家奉茶。她的周圍是她的三個孩子，他們看起來都非常喜歡外祖父。」[6]

這種生活方式使富蘭克林的痛風不再復發，結石也暫時不再惡化。他寫信告訴勒維拉爾，他只有在走路或小便時才感到疼痛。「現在我的生活很節制，不喝酒了，每天做啞鈴運動，我很高興結石沒惡化得那麼快，還能忍受。長壽的人在品味人生這杯美酒時，勢必會在杯底看到一些殘渣。」

二十二年前，富蘭克林親自監督了市場街那間房子的興建細節，後來即使遠在英國，他仍指導黛博拉如何裝飾和布置。但是他在那間房子裡只住了短暫的時間，現在他覺得房子太小了，不適合大家庭居住、社團聚會以及娛樂消遣。他覺得是啟動新建築計畫的時候了。

儘管年事已高，他還是對打造新屋這件事充滿了興趣。他沉浸在房屋設計和建築工藝的細節裡，對現代化的改良和發明充滿了熱情，對新屋建築滿懷著興奮。他寫信告訴勒維拉爾，監督「瓦匠、木匠、石匠、油漆匠、玻璃工」工作，帶給他很大的樂趣。在波士頓成長時，他對這些手藝就十分憧憬。此外，他也知道房地產是很好的投資標的，房產增值很快，租金的成長也快。[7]

富蘭克林的計畫，是把市場街上的三棟老宅拆除，然後興建兩棟大房子。那三棟老宅中，其中一棟是他追求黛博拉的地方，另一棟是他開印刷店的舊址，但是富蘭克林向來不是很念舊的人。不過，後來他被迫改變計畫，因為有人質疑他的房產範圍。他寫信告訴波士頓的妹妹：「鄰居和我爭論房產的界線，我不得不延遲計畫，等法律解決問題。目前由於工人和建材都已經準備就緒，我請他們先幫我擴建現在的房子，這棟房子對這個日益擴大的家庭來說太小了。」

新建的側廳有三層樓，長三十三英尺，寬十六英尺，與現有的房子連成一體，使原有的面積擴大了三分之一。第一層是可容納二十四人的大餐廳，第三層是新臥室。側廳裡最有特色的是二樓，整層都是圖書室，以走廊連到「我的舊臥室」。圖書室裡都是搭到天花板的書架，藏書共四千兩百七十六本，有訪客因此驚呼：

這是「美國最大、最好的私人圖書館」。他向妹妹坦言：「我也不知道在這個行將就木的年紀，為什麼還要建這個很快就用不到的圖書室。但我們常忘記自己年事已高，而且興建圖書館樂趣無窮。」[8]

後來，富蘭克林終於建了那兩棟新房子，其中一棟成了班尼的印刷店。富蘭克林在兩棟房子的中間設計了一個拱形走廊，通往屋前的庭院。新家不再緊鄰著市場街，而是往後移，騰出了庭院空間。富蘭克林也在新家落實了多年來所主張的各種防火措施，例如：屋內的木梁都沒有直接相連，地板和樓梯都打上石膏，屋頂設有活動門，「萬一鄰居失火，可以爬出去弄濕屋瓦」。整修舊宅時，他開心地發現，他旅法期間，屋頂避雷針的尖端燒熔了，屋子安然無恙，「所以這項發明終於對發明者有點用處。」[9]

富蘭克林的圖書館除了藏書豐富以外，還有各種科學器材，包括電力實驗裝置，以及一台展示人體血液流動的玻璃機器。為了方便閱讀，富蘭克林做了一張大搖椅，頭頂上裝了一個靠腳踏板驅動的風扇。此外，他也收藏了不少樂器，包括一架玻璃琴、一架大鍵琴、一架類似玻璃琴的「玻璃弦琴」、一把中提琴，以及幾口鐘。

富蘭克林從伯明罕的蒸汽機發明家瓦特那裡，進口了世界上最早的印刷機原型，並自己做了一些改良。墨水是以慢乾的阿拉伯膠製成，首先，以墨水寫下文件。接著，把潮濕的薄紙壓在上面拓印內容。在墨水乾掉以前，可以持續拓印，通常可以拓印一整天。富蘭克林在帕西用過那種機器，覺得非常喜歡，還加訂了一台送給傑弗遜。[10]

富蘭克林最得意的發明是一種機械手臂，可以幫他從書架的頂端取下書籍，或是把書籍歸回原位。他為那項發明寫了詳細的敘述，還畫了很多插圖和使用說明，詳細的程度媲美他在跨洋歸途中所寫的那些科學論文，是典型的富蘭克林作品。終其一生，富蘭克林都喜愛沉浸於細枝末節中。那種對細節的瘋狂執著，在今天可能會被形容為極客（geeky）。他對每項發明的技術細節，總是鉅細靡遺地描述，無論是機械手臂、火爐，還是避雷針都是如此。在他的論文中，無論是反對世襲特權或是探討貿易的文章，他都會提供大量詳細的計算和歷史注解。即使是最幽默的諷刺文，例如屁的研究提案，他也會加入貌似嚴謹的事實、細節、計算和先例，使文章顯得更加巧妙。[11]

這種一絲不苟的偏好，在他寫給忘年之交凱蒂・希普利（希普利主教的女兒）的一封信中表露無遺。在那封信裡，他教導凱蒂如何作美夢，洋洋灑灑地談到他對營養、運動、新鮮空氣和健康的所有理論，例如他建議運動應該在飯前進行，而不是飯後；臥室應該保持通風；他也提到瑪士撒拉（Methuselah）＊總是睡在戶外。他提出一套詳細、但未經科學證實的理論，說封閉空間裡的空氣會變得飽和，阻止毛孔排出「廢棄粒子」。他寫了一堆科學與偽科學後，提出避免作噩夢的三點建議：

1. 飲食節制比較不會出汗，如此一來，寢具不易吸飽汗水濕氣，我們就不會因為寢具的濕氣太重而醒來，可以睡得更久。
2. 使用較薄、透氣的寢具比較容易排除汗水濕氣，減少不適感，延長忍受的時間。
3. 若因不適醒來，難以入睡，就起床拍打枕頭，把它翻過來。另外，也要抖動寢具，至少二十下，然後

＊譯注：《聖經》中的人物，是最長壽的老人，據說在世上活了969年。

把床鋪平，放著讓它降溫。在此同時，不要穿衣服，在臥室裡走動，直到皮膚排出所有的負擔。周遭的空氣乾爽涼快時，很快就能達到這個效果。冷空氣讓妳感到不適時，就可以回到床上了。妳很快就會睡著，而且睡得又香又甜……如果妳懶得起身，可以用一隻手臂和一條腿把被子掀開，讓新鮮空氣進入被子裡，接著再放下手腳，把被子裡的空氣排出。如此重複二十次，就能排出被子裡的汗水濕氣，讓妳再多睡一會兒。不過，第二種方法的效果比不上第一種。覺得麻煩又買得起兩張床的人，可以在熱醒時直接換到另一張床上繼續睡。

最後，富蘭克林補上一個貼心的附注：「當然，有一種情況，乖乖照著以上建議做也徒勞無功。親愛的朋友，我其實不需要告訴妳，但是不說的話，我的論述就不完整了。那種情況是，想作美夢的人卻沒有顧好良心，問心無愧是最重要的必要條件。」[12]

當時，賓夕法尼亞正蓬勃發展，富蘭克林寫信告訴朋友：「農產豐收，勞工有很多的工作機會。」不過，一如既往，當地的政客還是分成兩派。一派是平民主義者，主要是由當地的店家和鄉下農人組成，他們支持非常民主的賓夕法尼亞政體以及直選的一院制議會（該州的律法體制是富蘭克林幫忙起草的）。另一派是害怕底層民眾統治的人，包括中產及上流階層的產權擁有者。富蘭克林的理念和這兩派都很合拍，兩邊都來尋求他的支持，兩邊他都贊同。所以，雙方都提名他擔任州行政會議的委員，後來又選他擔任主席。州行政會議的主席相當於州長，他幾乎是全票當選。[13]

富蘭克林發現自己仍然很受歡迎時，十分高興，對於能夠當選行政會議的主席頗為自豪。他告訴侄子：

「我雖然年紀大了，還是很在意名聲。」他也向希普利主教坦承，「我本來以為我已經毫無雄心壯志了」，沒想到還是被殘存的雄心壯志所惑。

多年來看著派系攻擊他的聲譽，他也很樂見自己毫髮無傷。拉許與富蘭克林共餐後，不禁讚揚他：「他化解了本州的派系鬥爭，或者可以借用他的一項發現來打比方，他的存在與建議，就像覆蓋在湍流上的油，平靜了派系的亂流。」不久之後，這種天賦又派上用場，讓他及美國都受惠良多。[14]

一七八七年制憲會議

早在一七八一年《邦聯條例》批准後的幾個月，就有一些人注意到這個國家亟需一套新的聯邦憲法。當時一位信使為大陸會議帶來美軍在約克城告捷的好消息，但國庫居然窮到沒錢支付信使費，現場的代表只好自掏腰包，湊零錢支付。根據《邦聯條例》，大陸會議無權徵稅，甚至很多權力都付之闕如。當時大陸會議希望從各州徵收資金，就像當初殖民地的領導者希望英國國王做的那樣，但是各州大多置之不理（這也是當初英國國王及其大臣擔心的狀況）。

一七八六年，情況更加惡化。曾在獨立戰爭中擔任軍官的丹尼爾・謝斯（Daniel Shays）在麻薩諸塞州西部領導窮苦的農民反抗徵稅和逼債，大家開始擔心無政府狀態會擴散開來。當時在紐約召開的大陸會議（大陸會議始終沒有固定的地點）經常沒錢支付費用，有時甚至連開會的法定人數都達不到。十三州不僅從英國獨立了，彼此之間的關係也十分疏遠。紐約對來自紐澤西的所有船隻收稅；紐澤西也反擊，對桑迪胡克的紐約港燈塔收稅。當時還有一些州正在成立中，例如富蘭克林州，後來改名為田納西州。那些新的州也在摸索他們和現有十三州之間的關係。想成立富蘭克林州的殖民者來向富蘭克林徵詢意見，問他如何解決北卡羅來納州提出的領土要求。富蘭克林告訴他們，把一切爭端提交給大陸會議處理，但大家都知道那樣做根本無濟於事。[15]

後來，由於馬里蘭和維吉尼亞兩州遲遲無法解決邊界和航行權的爭議，多州會議終於在安納波利斯（Annapolis）召開，以解決相關爭議以及貿易和合作等更重大的議題。結果只有五州參加那次會議，而且幾乎沒什麼成果。不過，麥迪遜、漢密爾頓以及其他的與會者認為，有必要建立一個更強大的國家政府，所以利用那次會議呼籲召開一次聯邦會議。表面上那只是為了修訂邦聯條例，會議預定於一七八七年五月在費城舉行。

那次會議的風險很高，富蘭克林獲選為賓州的代表之一，他寫信告訴遠在巴黎的傑弗遜：「大家普遍認為我們的邦聯憲法有缺陷，所以維吉尼亞州提議、大陸會議也贊成下個月在這裡召開會議，以修訂邦聯條例……這個會議要是無法發揮效用，將會造成傷害，因為那顯示我們沒有足夠的智慧可以自我治理。」[16]

所以，一七八七年那個異常濕熱的夏天，各州代表齊聚費城，祕密研擬新的美國憲法，後來那成為史上最成功的憲法，誠如傑弗遜事後所言：「那真是一場神人的集會。」如果此言不虛，多數的神人都很年輕，漢密爾頓和查理斯．平克尼（Charles Pinckney）年僅二十九歲（平克尼的年紀就像他的財富一樣神祕，當時他自稱二十四歲，想以最年輕的代表自居。但實際上最年輕的代表是紐澤西州的喬納森．戴頓〔Jonathan Dayton〕，他二十六歲）。富蘭克林當時八十一歲，比第二年長的代表大十五歲，也是其餘代表平均年齡的兩倍。[17]

五月十三日，華盛頓抵達費城時，第一件事就是去拜訪富蘭克林。富蘭克林在新建的飯廳裡招待他，還特地開了一桶黑啤酒。富蘭克林身為費城的知名長老，他在那次會議裡扮演了許多角色，其一是當東道主招待大家。他的花園和那棵參天大桑樹距離會場僅幾百碼，成了會議辯論外的休息區。代表們可以到那裡喝茶聊天，聽富蘭克林講故事，平撫情緒以便達成妥協。如今美國國會大廈的會議大廳裡有十六幅大壁畫，分別描繪著有重大歷史意義的場景，從五月花號公約（Mayflower Compact）到婦女參政運動遊行等等，其中一幅的場景是漢密爾頓、麥迪遜和詹姆斯．威爾遜（James Wilson）在富蘭克林的大桑樹下交談。

若是健康狀況允許、雄心壯志也夠強烈，富蘭克林是唯一可以和華盛頓角逐制憲會議主席的人選。但他選擇提名華盛頓擔任主席。五月二十五日會議開幕那天，暴雨及腎結石復發導致他無法出席，所以他委託另一名賓州代表提名華盛頓擔任主席。麥迪遜在制憲會議的日誌中寫道：「賓州的提名特別有風度，因為富蘭克林博士大可出面角逐。」

五月二十八日週一，富蘭克林終於抵達議會的東廳，在十四張圓桌的專屬位置上坐了下來。他曾在那個議會裡度過多年的時光。根據一些人後來的描述，富蘭克林進場時的排場相當盛大。為了減輕疼痛，據說他是坐在一頂從法國帶回來的密閉式轎子裡，由四個來自胡桃街監獄（Walnut Street）的囚犯，把他從住所扛來會場。他們用有彈性的杆子扛起轎子，緩步慢行，以免顛簸造成疼痛。[18]

富蘭克林每天早上到場時，他的慈眉善目與優雅姿態，以及偏好講故事而非雄辯的風格，為會場帶來了一些平靜效應。拉許說道：「每天他都準時到場，展現過人的善意。」拉許也說富蘭克林曾表示，那次會議是「他參加過最莊嚴、重要的會議」。

富蘭克林有時顯得老態龍鍾，發言時可能缺乏重點，有些建議也令人困惑。不過，代表們都很尊敬及包容他。從喬治亞州的代表威廉・皮爾斯（William Pierce）的生動記錄中，可以看出大家對富蘭克林的複雜觀感：

> 富蘭克林博士可說是當代最偉大的科學家，他似乎瞭解自然界的一切運作，連蒼天也順從他的旨意，雲朵也把閃電讓給他發明的避雷針。至於他算不算是政治家，那就留給後代子孫評斷吧。他在制憲會議上的表現確實不太亮眼，他不是雄辯者，似乎也對政治不太專注。不過，他確實是很特別的人，講起故事來精采動人，比我聽過的任何內容更引人入勝。

制憲會議持續了四個月，那段期間富蘭克林提出許多建議，例如一院制的國會；祈禱；選一個執行委員會，而不是選總統；高階官員不支薪等等。大家都禮貌地聆聽他的提案，有些提案有點尷尬而遭到擱置。不過，他為制憲會議帶來了三種獨特又重要的力量，促成歷史性的妥協，也因此拯救了美國。

首先，富蘭克林比多數的代表更接受民主概念。當時多數代表認為民主這個概念是危險的，並不可取。麻薩諸塞州的艾爾布里奇・格里（Elbridge Gerry）表示：「我們體驗的不幸，就是源自於過分的民主。」康乃狄克州的羅傑・謝爾曼（Roger Sherman）也附議，人民應該「盡可能不和治理扯上關係」。富蘭克林的意見正好相反，儘管他反對暴民統治，但他主張直選，信任一般民眾，反對任何菁英主義。他為賓州起草的律法，就是以這個原則為基礎，由普選產生一院制的議會，那也是十三州裡最民主的一州。

第二，富蘭克林是所有代表中遊歷最廣的人，他不僅瞭解歐洲各國，也對十三州瞭若指掌，清楚十三州的異同所在。擔任郵政總長期間，他曾促進各州的緊密聯繫。他是少數幾個對卡羅來納州和康乃狄克州一樣熟悉的人，他曾在兩地開設加盟印刷店。他可以和維吉尼亞州的農場主討論蓼藍（indigo）的種植方法，也可以和麻薩諸塞州的商人討論貿易經濟。

最後，也是最重要的一點，富蘭克林體現了啟蒙主義的包容精神以及實用主義的妥協精神。他一度鼓吹「雙方都應該放棄自己的部分要求」，那句話後來變成他反覆主張的觀點。他也說：「我們來這兒是為了**商議**，不是來**爭論**的。」憲法史學家理查・莫里斯（Richard Morris）寫道：「他的坦誠令人卸下心房，掩蓋了他那複雜的性格。他的隨和本質一再協調了諸多牴觸的利益。」[19]

在制憲會議中，這三大特質幫忙化解了主要爭議。制憲會議所面臨的最大問題是，美國究竟應該維持十三個獨立的州，還是變成一個國家，抑或是如富蘭克林於一七五四年在奧爾巴尼聯盟計畫中首次提議的那樣，把兩者神奇地結合在一起。這個核心問題在許多方面都表露無遺，例如：國會究竟應該由人民選舉產生，還是由各州的議會指派？各州代表的名額應該由人口比例決定，還是每州名額一樣？國家政府和各州政府，哪個該擁有主權？

當時各州對這些議題的看法相當分歧。一些代表主張建立一個最高的國家政府，讓各州從屬於國家之下。一開始，富蘭克林是屬於這一派。另一些代表則是強烈反對把《邦聯條例》所確立的各州主權交出去。而且，當初召開這次會議的初衷，是為了修改《邦聯條例》，而不是廢止那些條例。有一些最強烈捍衛州政府主權的州，甚至拒絕參加這次會議。派翠克・亨利（Patrick Henry）宣稱：「我覺得這場會議太可疑了。」山繆・

亞當斯（Samuel Adams）的缺席藉口是：「我一開始就為了要不要來而猶豫不決，因為我覺得他們提倡的是一個國家政府，而不是各州主權所組成的聯邦。」[20]

由麥迪遜和愛德蒙・藍道夫（Edmund Randolph）所領導的維吉尼亞州代表團很早就抵達費城了，他們馬上提出讓「州主權派」感到惶恐的提案：他們提議完全廢除《邦聯條例》，為強大的國家政府重新制定一套新憲法。那個國家政府由強大的眾議院來領導，眾議員由人民直接選舉產生，各州的眾議員名額按照各州人口的比例分配。上議院、總統和大法官都由眾議員選舉產生。

富蘭克林長久以來都是偏好由人民直接選舉的一院制議會，他覺得沒有必要牽制民眾的民主意願，他為賓州設計的就是這種體系。但是制憲會議的第一週，已經有一半的人認為那個概念太民主了。麥迪遜寫道：「『國家立法機構應由兩院組成』的概念，在各州毫無爭論或異議下通過，只有賓州表示異議。賓州的代表團之所以反對，可能是為了遷就富蘭克林博士，因為大家都知道他對一院制的立法機構情有獨鍾。」維吉尼亞州代表團的提案只有一點遭到修改：為了確保各州政府在新的國會裡有一些主導權，代表們決定由各州議會挑選上議院（當時按照古羅馬的先例，稱之為「參議院」）的代表，而不是由眾議院決定（這個規定一直持續到一九一三年）。[21]

不過，制憲會議所面臨的核心問題依然未解。國會兩院中的表決權，究竟是按各州人口的比例確定，還是像《邦聯條例》規定的那樣，各州票數相等？這項爭論不僅是「國家政府派」和「州主權派」之間的理念之爭，也是大州和小州之間的權力之爭。德拉瓦和紐澤西之類的小州擔心，他們可能遭到維吉尼亞和紐約之類的大州所壓制。

這個問題愈吵愈烈，甚至可能導致制憲會議破局。六月十一日，富蘭克林認為該是恢復妥協精神的時候了。他事先擬好講稿，但因為健康因素，委託另一位代表大聲朗讀出來。那場演講一開始就說道：「在代表比例問題出現以前，我們的討論一直很冷靜溫和。」富蘭克林先是懇求大家好好地商議，不要爭論，接著他表達多年來一再宣揚的觀點。從六十年前他為互助學習會制定章程開始，他就提到爭論時過於武斷的危險。「聲明立場不變及堅決永不改變，既無法啟發我們，也無法說服我們。」他表示：「自信和熱情自然能讓對方產生好感。」他說，他也願意修正自己的許多觀點，例如他偏好的一院制議會。現在是所有的代表都應該妥協的時候。

接著，富蘭克林提出一些建議，有些合情合理，有些則相當奇怪。他援引蘇格蘭的例子，來捍衛以人口比例決定代表名額的主張。他說，儘管蘇格蘭在英國議會裡的席次較少，但他們並未受到英格蘭的壓制。接著，喜愛細節的富蘭克林又提出詳細的數學計算，以說明小州若要與大州抗衡，如何獲得夠多的選票。另外，富蘭克林也提出其他的解決辦法，例如，大州可以把一些土地轉讓給小州。「如果有必要縮小賓州的規模，我不會反對把部分的領土讓給紐澤西州和德拉瓦州。」但是萬一那樣做不可行，他又提出一種更複雜的方法：從各州徵收一樣的稅金，關於這筆稅金的運用，各州在國會裡有同樣的投票權；接著，再從大州徵收額外的稅金，關於額外稅金的運用，各州是根據額外稅金的比例來決定投票權。[22]

富蘭克林的演講冗長又複雜，有些地方甚至令人困惑。這些提議究竟都是認真的建議，或者有部分只是在闡述理論？代表們似乎也聽不出來。富蘭克林並未提議大家針對他建議的「調整邊界」或「設立不同的國庫基金」進行表決，其他代表也沒有表示。比所提出的見解更重要的是他那平和、調解的語氣。他發言時，樂於傾聽不同的觀點，不會堅持己見，這也讓代表們有時間冷靜下來。而他呼籲的創意性妥協，最後也產生了效果。

幾分鐘後，康乃狄克州的謝爾曼起身，提出另一個建議：眾議院根據各州的人口比例分配席次，參議院則是各州擁有同樣的席次。同樣來自康乃狄克州的塞繆爾・詹森說明了這項建議的背後思維，後來稱之為「康乃狄克妥協」（Connecticut Compromise）。就某些方面來說，這個新國家是「一個政治社會」，但另一方面，它又是「不同州所組成的聯邦」。這兩個概念並不衝突，因為兩者可以結合成「一體的兩面」。不過，與會者並未認真討論此提議。最後在六票反對、五票贊成下，這個提議暫時遭到否決。當時，代表們投票支持的版本是，兩院皆按人口比例分配席次。

隨著天氣愈來愈熱，代表權的爭論再度增溫。紐澤西州的威廉・帕特森（William Paterson）提議修改《邦聯條例》，而不是完全推翻，另外制定新憲法。他建議在修改條例的基礎上，建立一院制的議會，每個州無論大小在議會裡都是一票。大州當然反對那個提案，結果爭論愈演愈烈，一位德拉瓦州的代表甚至表示，大州若是堅持建立一個全國政府，「小州會向更可敬、更真誠的外國盟友求助，與盟友攜手合作，幫他們討回公道。」

於是，又到了富蘭克林出面使大家恢復平靜的時候了，這次他提出的方式令人意外。在六月二十八日的演講中，富蘭克林提議以後每次開會都以祈禱開始，他說會議正在「摸索前行，彷彿在黑暗中尋找政治的真理。我們怎麼會到現在都沒想過向上帝謙卑地祈禱，祈求上帝給我們啟示呢？」接著，他補充一段話，後來成了名言：「我活得愈久，愈相信一個真理：『上帝是人類事務的主宰』。如果麻雀落地都逃不過上帝的法眼了，沒有上帝的幫助，一個帝國可能崛起嗎？」

隨著年歲的漸增，富蘭克林愈來愈相信「一般性的天意」，亦即上帝對人類事務懷有仁慈之心。不過，他從來不太相信「特殊性的天意」（亦即上帝會根據每個人的祈禱，直接干預事務的發展）。所以，問題來了：富蘭克林之所以建議大家祈禱，究竟是出於對上帝的信仰，還是出於務實的政治理念，覺得那樣做可以鼓勵代表們在商議時冷靜下來？

一如既往，答案可能是兩者皆有之。不過，也許後者的考量多一些。富蘭克林從來不在公共場所祈禱，也很少上教堂，但他卻認為有必要提醒制憲會議的「神人們」，遠比他們偉大的上帝正在觀察他們的所作所為，歷史也在關注他們。這次會議若要成功，代表們必須對這次任務抱持著敬畏之心，必須謙卑，不能武斷。他總結，否則的話：「我們那些渺小、偏頗、狹隘的利益將會分裂我們，我們的任務將會受挫，我們會遭到後人的指責，淪為後人的笑柄。」[23]

漢密爾頓擔心，突然僱用一個牧師會使大眾擔心「會議內部的尷尬和爭執導致他們建議這項措施」。富蘭克林回應，外界的恐慌也許有助於會議的討論，而不是有害。接著，又有人對此提出反對：大陸會議根本沒有錢僱用牧師。於是，這個建議就被悄悄擱置了。富蘭克林在其演講手稿的底部，寫了一段驚嘆的感想：「除了三、四個人以外，與會者竟然都覺得祈禱沒有必要！」[24]

這時又是富蘭克林提出務實建議的時候了。在發表完祈禱演說兩天後，六月三十日的週六，他啟動了打破僵局及塑造這個新國家的程序。當時，很多人已經討論過妥協的可能性，現在該是堅持一項妥協提案，並提出來表決的時候了。

首先，富蘭克林簡潔扼要地陳述問題：「目前主要的分歧點有兩個：若是按人口比例來分配席次，小州擔心他們的自由受到威脅；若是採用等額席次的方案，大州認為他們的財產可能不保。」

接著，他以他喜愛的工藝和建築，打了一個樸實的比方，溫和地強調妥協的重要：「木匠製作大桌時，木板邊緣無法剛好拼組起來。他把兩片木板各削去一些，使它們拼齊。同理，我們雙方也必須放棄部分的主張。」

最後，他提出可行的妥協方案，並請大家表決。眾議院的代表是由普選產生，各州席次由人口比例決定。參議院是由「各州的議會指派代表，各州的席次一樣」。眾議院負責稅收和公共支出，參議院負責批准高階官員的任命，以及各州主權事務。[25]

七月十六日，制憲會議指定一個委員會，負責起草這個妥協方案的細節，富蘭克林是其中一員。後來投票表決時，贊成方以些微的差距險勝反對方。會議最終通過的方案與富蘭克林提出的建議大同小異。范多倫指出：「這是富蘭克林在制憲會議上的重大勝利，這個把各方代表團結起來的妥協方案是他的傑作。」

這樣說也許給他太多功勞了。富蘭克林不是這項概念的創始者，也不是率先提出的人，而是從康乃狄克州的謝爾曼和其他人的提案所修改出來的。不過，富蘭克林的角色確實很重要，他具體陳述了這個概念，並號召大家妥協。他挑選大家最能接受的選項，加以精進，寫下提議，並在恰當時機提案表決。他的聲望、中立及身分地位，使大家更容易接受這項提議。他就像木匠一樣，從各方面都削去一點，讓大家完美接合成一個國家達數世紀。

富蘭克林提出妥協方案幾天後，在自家的花園裡招待幾位代表喝茶，其中包括麻薩諸塞州的格里。格里是無拘束民主的主要反對者，但富蘭克林的蔭涼花園是平緩爭議的好地方。格里邀了麻薩諸塞州的牧師瑪內薩．卡特勒（Manasseh Cutler）一同前來喝茶。卡特勒為人親切和善，身材福態，頗討人喜歡，他正好來費城為他幫忙成立的俄亥俄公司宣傳土地計畫。他在日記裡寫道，一想到可以親眼目睹那位德高望重的賢哲，「我的雙腿就開始發抖」，但富蘭克林的謙和態度很快就讓他放鬆下來。卡特勒寫道：「他年事已高，但是對一切議題都有廣博的瞭解，記憶力很好，思路清晰活躍，舉手投足相當輕鬆自在。他的一切彷彿散發著無拘無束的自由和快樂，幽默風趣，妙語如珠，伴隨著非比尋常的活力，彷彿像呼吸一樣的自然。」

富蘭克林得知卡特勒是狂熱的植物學家以後，拿出他剛收到的一個稀有珍品：一條十英寸長的雙頭蛇，裝在瓶子裡。富蘭克林好奇地問道，如果蛇的一個頭想從樹枝的左邊繞過去，另一個頭想從右邊繞過去，兩頭意見不合，會發生什麼事。他本來打算把這個情況比喻成制憲會議上剛剛爭論的議題，但旁邊的代表阻止了他。卡特勒寫道：「他似乎忘了會議裡的一切事務都要保密，後來在旁人的提醒下，他停下來，我因此沒有機會聽他講那個故事。」

富蘭克林想講的事，無疑是一七七六年他曾在賓夕法尼亞的州議會上講過的故事。當時，他反對兩院制的議會，因為他覺得兩院制議會就像傳說中的雙頭蛇，兩個頭無法為了前進方向達成協議時，最後會渴死。事實上，一七八九年他寫了一篇文章頌讚賓州的一院制議會，文中就提到「知名的雙頭蛇政治寓言」。不過，為了妥協以建立國會，他後來逐漸接受兩個頭可能比一個頭好。[26]

在其他的議題方面，富蘭克林通常也比較贊同不受羈絆的直接民主。例如，他反對賦予總統對國會法案的否決權，他認為國會代表著人民的意向。他提醒各位代表，在殖民地時期，每次議會想要通過某項措施時，總督總是使用否決權來勒索更大的權力和更多的金錢。當漢密爾頓提議讓總統像君主那樣連任終身時，富蘭克林指出，一個人的壽命有時會超越智力和體力的顛峰期，他說他自己就是活生生的證明。他覺得，總統任期結束後回歸為平民，其實更加民主。他說，所謂「回歸平民是降級」的說法，「與共和政體的原則相互抵觸。在自由民主的政府中，統治者是僕人，人民才是他們的主人，所以統治者回歸平民並非降級，而是升級。」

同樣的，富蘭克林也主張國會應該要有權力彈劾總統。過去，在無法彈劾下，大眾想要推翻腐敗的統治者只能透過暗殺，「那不僅剝奪了他的生命，也剝奪他改過自新的機會。」富蘭克林認為，讓小型的委員會擁有行政權比較民主（像賓夕法尼亞那樣），而不是讓一個人握有大權。這點爭論有點尷尬，尤其當時制憲會議的主席是華盛頓，當時大家普遍認為他會是第一任總統。所以，富蘭克林圓滑地表示，第一位擔任總統的人可能是賢明的，但是他的繼任者（也許富蘭克林當時已經料到亞當斯可能繼任為總統）可能偏向專制獨裁。這個議題方面，富蘭克林的主張並未獲得採納。不過，制憲會議確實決定把內閣的角色加以制度化。

富蘭克林也提議聯邦法官應由民眾直接選舉，而不是由總統或國會任命，這個提議也沒有成功。不過，一如既往，他是以講故事的方式主張其觀點。在蘇格蘭，法官是由律師提名，律師通常會把他們之中最能幹的人拱出來當法官。這樣一來，他們就可以瓜分他的生意。在美國，由選民「做出最佳選擇」，最符合人民的利益，那才是該有的狀況。[27]

許多代表堅信，只有擁有大量財產的人才有資格擔任公職。當時多數州都如此規定，只有賓州除外。南卡羅來納州的平克尼甚至提議，總統應至少具備十萬美元的資產，後來有人指出那個資格限制可能會把華盛頓排除在外，他才罷休。根據麥迪遜的描述，當時富蘭克林站了出來，「說他對於意圖貶損平民精神的一切規定都很反感」，他覺得任何主張憲法「應偏袒富人」的提議，都冒犯了民主精神，並指出：「我認識一些罪大惡極的壞人都十分富有。」同理，他也反對針對投票權設下財產限制，「我們不該壓制平民的能力和公共精神。」在這些議題方面，富蘭克林的主張獲得採納。[28]

只有一個問題上，富蘭克林的態度不是那麼民主，雖然他自己並不覺得。富蘭克林認為聯邦官員應該不支薪。史學家伍德在著作《美國革命的激進主義》（*The Radicalism of the American Revolution*）裡指出，富蘭克林的提議反映了「菁英統治的經典觀感」。連向來不太民主的亞當斯都從倫敦寫信表示，在那種政策下，「所有的公職可能會被富人完全壟斷了，窮人和中產階級可能會被排除在外，不久貴族專制體制就出現了。」

我覺得，富蘭克林之所以主張官員不支薪的本意並不是出於菁英主義或排他主義，而是想要限制腐敗的影響。他針對這個議題寫了很多信，但他從未想到（雖然他應該要想到）那種政策可能導致只有富人才有財力當官。他似乎真的沒有意識到這個論點，只根據以下兩點提出主張：他對志願投入公益者的信賴，以及長久以來他一直覺得追逐利益是導致英國政府腐敗的原因。三年前，他在寫給史莊的信中就提過這個概念了。他在制憲會議上提出這個主張時，用字遣詞幾乎一樣：

> 有兩種熱情對人類事務影響甚大，一是**野心**，二是**貪婪**，亦即對權力的追求以及對金錢的貪戀。個別來看，它們都是激勵人類行動的強大動力。但是當一個目標可以同時謀得權力和金錢時，對很多人會造成心術不正的影響……哪種人會利用各種陰謀詭計、激烈爭辯、結黨營私、抹黑污衊來爭取這種名利

呢？他們不會是睿智謙和的人，不會是愛好和平秩序的人，也不會是最值得信賴的人。他們是大膽粗暴的人，滿懷衝動，汲汲營營於一己私利。

富蘭克林在這個提案上，幾乎得不到任何支持，大家也不跟他爭辯，就只是擱著不去處理。麥迪遜記錄道：「大家還是很尊重這個議題，但主要是基於對提案人的尊重，而不是因為相信那個提案可行或務實。」[29]

在那個漫長炎熱的夏天，還是有一些幽默的時刻。賓夕法尼亞的古弗尼爾・莫里斯（Gouverneur Morris）向來行文嚴謹，但偶爾喜歡在會議裡耍寶。有一天漢密爾頓和他打賭，說他要是敢走到一向威嚴的華盛頓旁邊，拍他的肩膀，然後說「親愛的將軍，看你氣色那麼好，我真開心！」，他就請吃一頓飯。莫里斯真的做了，但是被華盛頓的表情嚇得半死。他說即使請他吃一千頓飯，他也不敢再跟華盛頓開玩笑了。格里反對設立龐大的常備軍，開黃腔把常備軍比喻成勃起的生殖器：「隨時提槍戒備確實可保國內安詳（domestic 可指國內，也可指家庭），但是對國外冒險（婚外情）是危險的誘惑。」[30]

制憲會議結束時，達成了許多妥協，包括奴隸問題。有些代表感到失望，覺得最後的結果從各州奪走太多主權，有些代表則是覺得沒有建立一個夠強大的國家政府。馬里蘭州脾氣暴躁的代表路德・馬丁（Luther Martin）輕蔑地嘲諷，制憲會議塑造出「完美的大雜燴」，他沒有參加最後的投票就離席了。

馬丁說的沒錯，但他的嘲諷有失公允，那個大雜燴幾乎像人類的極限一樣完美。開頭就是氣勢磅礴的幾個字：「我們合眾國人民」（We the people），接著是巧妙協調出來的妥協和制衡機制。它創造出一套精巧的系統，其中國家政府和各州的權力都是直接來自於全體公民。因此，它實現了富蘭克林一七七六年所提議、後來刻在美國國徽上的那句格言：「合眾為一」。

富蘭克林因為有棋手的智慧，以及科學家的務實精神，他知道他們的成功不是因為他們勝券在握，而是因為他們願意接受自己可能犯錯。富蘭克林在寫給拉羅希福可的信中提到：「我們正在做政治實驗。」他寫信給杜邦時坦承：「我們不能期望新政府的形成就像高手下棋一樣，毫無差錯。」[31]

富蘭克林最後的成就，是把這些觀點以幽默動人的方式，在閉幕會上發表了一場精采的演說。那段演說充分證明了理智包容的優點，以及認定絕無錯誤的禍害，同時也宣告開明信條是美國自由的核心。那是富蘭克林寫過最精采動人的文字，可能也是對美國體系的魅力以及創造出這個體系的妥協精神所做的最佳描述：

> 我坦承現在我不是完全贊同這部憲法，但是各位，我不確定我永遠都不會贊同。因為活了一大把年紀，我遇過很多情況，在事後因為獲得更好的資訊，或經過更縝密的考量，使我改變了原先的觀點。連一些重大的問題，我一度以為自己是正確的，後來卻發現正好相反。所以，年紀愈大，我愈常質疑自己的判斷，也更尊重他人的觀點。
>
> 多數人及多數教派都認為自己擁有全部的真理，遇到別人的觀點不同時，就認定那是錯的。新教徒斯蒂爾在一篇獻詞中告訴教宗，我們這兩個教派對自己的教義深信不疑。兩者的唯一區別是，羅馬天主教認為他們絕對正確；英格蘭國教認為他們絕對無誤。雖然很多人像他們所屬的教派那樣，覺得自己不會錯，但很少人像一位法國女士那樣，表達得那麼自然。她和妹妹發生小爭執時，她說：「妹妹，我也

不知道這是怎麼回事，可是除了我自己以外，我沒見過**永遠**正確的人。」

因此，各位，這部憲法即使有錯，我依然全部認同，因為我認為我們需要一個全國性的政府……我也懷疑，如果召開其他會議，能不能制定出一部更好的憲法。因為，當你召集一群人來集思廣益時，你匯集了他們的智慧，也無可避免地匯集了他們的偏見、衝動、錯誤觀念、地方利益，以及私人觀點。這樣的集會怎麼可能預期產生十全十美的結果呢？

所以當我發現這套體制近乎完美時，我相當驚訝。我想，連我們的敵人也會感到震驚，因為他們自信滿滿地等候著我們挫敗的消息，預期我們的會議像巴別塔的建造者那樣無法溝通，各州陷入分崩離析，今後再次見面時只是為了爭得你死我活。所以，各位，我贊同這部憲法，因為我不指望還有更好的憲法，也沒有把握說它不是最好的。

富蘭克林的演講最後以懇求作結：「為了後代子孫，我們應該衷心地一致行動。」為此，他提議制憲會議宣告各州都接受這部憲法，這樣一來，少數抱持異議的代表也可以簽名。「我忍不住想表達一個希望，願在座仍對這部憲法有異議的代表能借此機會，和我一起稍微質疑一下自己絕對無誤的想法，並且，為了顯示我們全體有一致的共識，在這份文件上簽名。」[32]

所以，富蘭克林結束演講後，多數的代表都響應他的號召，以州為單位排隊完成這個具有歷史意義的簽名，連一些有異議的代表也在其中。他們等候簽字時，富蘭克林請大家注意華盛頓座椅後方刻的那個太陽。他說，畫家發現人們常無法區分他們畫的是日升、還是日落。「會議期間，我對會議討論的議題，時而充滿希望，時而感到憂慮。我常看著主席身後的那個太陽，但無法判斷那究竟是日升，還是日落。但現在我終於高興地確認，那是旭日東升，而非夕陽西下。」

根據馬里蘭州詹姆斯·麥克亨利（James McHenry）的記錄，有一位焦慮的女士，名叫鮑威爾夫人（Mrs. Powel），曾在會場外貿然走向富蘭克林詢問，你們這些代表為我們帶來怎樣的政府？富蘭克林精闢地回應：「夫人，一個共和政府，就靠大家維繫了。」[33]

史學家克林頓·羅思達（Clinton Rossiter）指出，富蘭克林的閉幕演講是「精采人生中最精采的演出」。耶魯學者芭芭拉·奧伯格（Barbara Oberg）說，那是「富蘭克林一生作為人民的宣傳家、說服家、鼓動家的顛峰」。他巧妙地運用雙重否定的句型（例如「我不確定我永遠都不會贊同」，「也沒有把握說它不是最好的」），來強調建國需要謙卑以及瞭解凡人難免都會犯錯。批評者攻擊富蘭克林的妥協方式欠缺原則，但那正是他想要表達的重點。奧伯格指出：「主張妥協，那和英勇、美德或可靠無關，而是民主過程的本質。」[34]

富蘭克林終其一生透過思想和行動，為這部憲法所肯定的民主共和奠定了基礎。他年輕經商的時候，指導夥伴如何成為品行端正、勤奮負責的公民。接著，他號召夥伴加入各種互利互助的社群團體，例如互助學習會、圖書館、消防隊、鄰里巡邏隊、民兵團等等。隨後，他創建多種網絡，從郵政服務到北美賢哲會，以培養有助於整合這個新興國家的關係。最後，在一七五〇年代，他開始推動各殖民地透過聯盟團結起來，為共同的目的努力，幫忙塑造國家認同。

從那時開始，富蘭克林在每一份促成新共和國的重大文件中，都扮演重要的角色。他是唯一在四份美國建國文檔上都簽字的人：《獨立宣言》、《美法同盟條約》、《美英和平協議》和《憲法》。此外，他也為美國設計出第一個聯邦計畫：一七五四年未竟成功的《奧爾巴尼聯盟計畫》（那個計畫主張各州和國家政府分享權力）。一七七五年他提議的《邦聯條例》比一七八一年那份薄弱、失敗的新版，更接近最後確立的美國憲法。

亨利·梅（Henry May）在著作《美國啟蒙運動》（*The Enlightenment in America*）裡寫道，美國憲法反映了「溫和啟蒙運動的所有優點，以及一項缺點：以為一切事情都可以靠妥協來解決」。但是對充分體現啟蒙運動及其妥協精神的富蘭克林來說，這幾乎不算缺點。對他而言，妥協不僅是一種實用的方法，也是有道德的。包容、謙卑、尊重他人都需要妥協。兩百多年來，這個假定的缺點幾乎在每個議題上都讓憲法及其建立的國家受惠良多。當時及後來，體制妥協唯一無法解決的一大問題是奴隸制，而廢奴正是富蘭克林晚年選擇絕不妥協的立場。[35]

晚年歲月

富蘭克林在費城締造的非凡事蹟，其實已經可以為他的豐功偉業畫下完美的句點。對多數人來說（至少對那個年代接近八十二歲的人來說），那些成就應該可以滿足任何雄心壯志了。現在他大可從公職退休，好好享受備受各界尊重又沒有敵人的生活。但是，他向賓州議會提交新的美國憲法一個月後，他第三次連任賓州的州長（當時州長的任期是一年）。他寫信告訴妹妹：「我本來打算謝絕再當一年的州長，這樣春天一來，我就有空走一趟波士頓，我擔任公職至今已五十年了。」

其實，富蘭克林後來再也無法出遊，也無法再見到妹妹。他寫道，他的腎結石和妹妹的身體狀況，使他們只能通信聯絡，無法相見。此外，他也坦承，他的虛榮心使他依然很重視大眾的肯定。他寫道：「經過如此漫長的考驗，我竟然再次獲得同胞的青睞，三度當選州長，我感到無比榮幸，我想妹妹知道以後也會很開心。民眾對我的普遍信任，比任何爵位更能滿足我的虛榮心。」

富蘭克林寫給妹妹的信裡，充滿了這種坦誠的言語，尤其晚年更是明顯。有一次他直言：「你們的郵局管理太差了。」並責備她容易和人起小爭執。接著，底下又出現一段文字，可見富蘭克林家族「都容易發點小脾氣」。富蘭克林問道，楠塔克特島的福爾傑表兄弟怎麼了？「他們都很怕生，但我欣賞他們講話時的坦白直率。約莫一年前，我邀請其中的兩位來我家吃飯，他們回我：混得好就去找你。我猜他們混得不太好吧，因為我後來都沒見過他們。」[36]

富蘭克林對知名的辭典編纂家韋伯哀嘆（韋伯把著作《論英語》獻給富蘭克林），一些字的鬆散新用法影響了語言。喜歡計較用字的作家常有這類抱怨，但是對隨和的富蘭克林來說，他發這種牢騷就有點反常了，畢竟他以前也以發明英語新字為樂，甚至還發明新的法語字來自娛娛人。「我發現名詞『注意』（notice）出現了動詞形式，例如『要不是因為那位紳士，我不會注意（notice）到這件事』，還有名詞『提倡』（advocate）的動詞形式，例如『提倡（advocate）這項建議的紳士』。還有名詞『進行』（progress）的動詞形式，那算是這三個字裡最怪、最討厭的：『委員會因順利進行（progress），所以決議散會。』……如果你剛好和我一樣，對這些創新無法苟同，就用你的權威排斥這類用法吧。」[37]

富蘭克林後來終於提筆繼續寫自傳。一七七一年，他在特懷福德寫了八十七頁的手稿。一七八四年，在帕西又寫了十二頁。一七八八年八月到翌年五月，他又持續寫了一百一十九頁，寫到他去英國擔任殖民地代理人的階段。富蘭克林寫信告訴沃恩：「我省略了所有可能對年輕讀者無益的事實和事件。」他的目的依然是說明「我如何白手起家」以及「依循某種行為模式的優點」，藉此為美國那些充滿雄心壯志的中產階級提供一份自助指南。[38]

這時腎結石帶來的疼痛亦發劇烈，他開始使用鴉片酊，那是一種結合鴉片和酒精的藥酒。他向沃恩抱怨：「極度疼痛不時干擾我，使我不得不使用鴉片。在疼痛與止痛之間，我能寫作的時間變得少之又少。」他也擔心他寫的東西不值得出版，他問道：「請給我真誠的意見，告訴我到底該不該出版這本書。因為我不止年老力衰，腦子也日益衰退，對自己的判斷喪失了信心。」他也開始改用口述的方式，請班尼代為書寫，但是這樣只能多寫幾頁。

朋友開始把一些治療腎結石的家傳祕方寄給他，其中沃恩的建議讓他覺得特別逗趣：一點毒芹提煉的毒藥。有時候富蘭克林還能以樂天的方式看待病痛，並重複他曾經對老友伊莉莎白・帕特里奇（Elizabeth Partridge）說過的那句格言：「品味人生這杯美酒時，勢必會在杯底看到一些殘渣。」他說，他仍然「說說笑笑，講故事自娛娛人，就像妳第一次見到我那樣，那時我還是五十歲左右的年輕人。」[39]

不過，富蘭克林也深知自己來日不多了，所以後來的信開始出現一種樂觀告別的語氣。他寫信給三十五年前擄獲其思想和心靈的凱薩琳：「目前為止的漫長人生，始終頗為快活。如果人生能夠重來，我也不反對，只希望我能像作品再版的作者那樣，勘正謬誤。」華盛頓當選總統那年，富蘭克林寫信給他，說他很高興自己仍活著：「若要活得輕鬆一點，我應該兩年前就離開人世。儘管這兩年飽受病痛的折磨，我很高興能活到現在，看到現在的局面。」[40]

看到革命在法國湧現，富蘭克林也抱持樂觀的態度。他寫道，民主浪潮的出現帶來「損壞和麻煩」，但他認為那會促成更廣泛的民主及良好的政體。所以，他寫給法國朋友的信大多帶點嬉鬧的語氣，有點不合時宜。一七八九年底，富蘭克林寫信給法國的科學家尚－白普提斯．勒羅伊（Jean-Baptiste Le Roy），勒羅伊是他以前在帕西的朋友兼鄰居，他問道：「你還活著嗎？你這個知識壟斷者，該不會被巴黎暴民誤以為是玉米壟斷者，而被架在竿子上遊街示眾吧？」（富蘭克林在這封信裡也寫下一句名言：「世上只有兩件事無可避免：死亡與繳稅。」）他也向帕西的鄰居兼好友勒維拉爾保證，一切發展終究會有好的結局。「發酵過後，雜質沉澱，酒會變得甘甜醇美，喝來更加酣暢淋漓。」[41]

不過，富蘭克林錯看了法國大革命，而且錯得令人哀傷，他沒能活到見證最後的結果。勒維拉爾不久之後就被送上斷頭臺，曾和他一起調查催眠術的化學家拉瓦節（Lavoisier）也是如此。曾經陪富蘭克林去見伏爾泰的經濟學家孔多塞遭到囚禁，最後在牢房裡服毒自盡。曾為富蘭克林翻譯州律法的拉羅希福可自從富蘭克林離法以後，一直與他保持密切的通信，後來死於暴民的亂石之下。

廢奴

在人生的最後一年，富蘭克林開始投入最後一項公共使命。終其一生，他為自由而奮鬥，少有缺陷，這場廢奴運動可以幫他抹除少數幾個污點。十八世紀的多數時間，很少白人質疑奴隸制度。即使是在充滿善意的費城，一七六〇年以前，擁有奴隸的比例也不斷攀升，費城的人口中約有百分之十是奴隸。但是後來觀念逐漸進化，尤其是發表《獨立宣言》及憲法以後。維吉尼亞州的喬治·梅森（George Mason）擁有兩百名黑奴，但他在制憲會議上也直言奴隸制「有害」，並聲稱「每個奴隸主都是卑劣的暴君，他們把天堂的審判帶進了這個國家」。

富蘭克林的觀念也是不斷地進化。前面提過，他一生中也曾斷斷續續地擁有一兩個奴隸。年輕經營出版事業時，他還登過販賣奴隸的廣告。但一七二九年，他刊登了美國最早的反蓄奴文章，並加入布雷博士協會，在美國建立黑人學校。黛博拉曾讓家裡的黑奴去費城的學校就學，富蘭克林造訪學校之後，曾說他「比以前更瞭解黑人的先天能力」。在一七五一年所寫的〈論人類繁衍〉中，他強烈抨擊奴隸制，但主要是從經濟的觀點評論，而不是從道德的觀點出發。一七七〇年代，富蘭克林對費城的廢奴主義者貝內澤表達支持，他也認同奴隸進口應該馬上停止，但是對於全面廢奴的主張，他又加了修飾字眼「適時」兩字，呼籲大家應該「適時」採取行動。後來他在倫敦擔任喬治亞的駐英代理人時，曾為該殖民地擁有奴隸的權利進行辯護。不過，在一七七二年〈薩默塞特事件和奴隸交易〉之類的文章中，他直言，把蓄奴問題栽贓給北美殖民地是英國的一大罪惡。

富蘭克林的轉變在一七八七年達到顛峰，當時他接受賓州廢奴協會的主席一職。該協會想說服他在制憲會議上提出反奴隸制的請願書，但他知道要在南方與北方之間取得妥協並不容易，因此並未針對那個議題發表意見。不過，後來他就開始直言不諱了。

當時「反對馬上廢除奴隸制」的論點之一是，突然把數十萬名成年奴隸釋放到社會裡，他們尚未做好自立更生的準備，那樣做既不實際也不安全（一七九〇年，美國四百萬人口中，約有七十萬名黑奴）。富蘭克林以前也接受這種看法，所以賓州廢奴協會不僅致力於解放奴隸，也幫他們變成好公民。一七八九年十一月，富蘭克林為該協會寫了一篇文章給社會大眾，文中提到：「奴隸制殘忍地貶低人性，這項制度的廢除若不細心地執行，可能衍生嚴重的災害。那些不幸之人長久以來被貶抑為畜生，遭到比人類還要低下的對待。令人屈辱的枷鎖不僅束縛其身軀，也囚禁其智識，損害他們對社會的情感。」

富蘭克林一如既往，為協會草擬了一份「改進自由黑人境遇」的詳細章程，並設立一個由二十四人組成的委員會，底下分為四個小組委員會：

> 檢查委員會：負責監督獲釋黑人的道德、整體行為、日常狀況，並為他們提供建議和指導……
>
> 監護委員會：負責把兒童和青少年安置給合適的監護人，讓他們經過一段學徒或幫傭的歷練，習得一技之長……
>
> 教育委員會：負責監督學校對獲釋黑人兒童和青少年的教育。他們可以鼓勵黑人兒童和青少年到本市成立已久的學校就學，或是促進這類學校的成立……
>
> 僱用委員會：負責為有工作能力的獲釋黑人提供就業機會，因為缺乏就業機會將導致貧困、怠惰和很多惡習。[42]

一七九〇年二月，富蘭克林代表該協會向大陸會議提出正式的廢奴請願書，該文宣稱：「人類是由同一位萬能的造物主所創造出來的，與其細心塑造的萬物一樣生而平等，享有幸福。」大陸會議的責任是「確保合眾國的人民享有自由」，這應該是「不分膚色的」，所以大陸會議應該讓「這片自由土地上，那些遭到終身奴役的不幸之人獲得自由」。[43]

奴隸制的支持者大力譴責富蘭克林及其請願書，其中又以喬治亞州的議員詹姆斯・傑克遜（James Jackson）最為猛烈。傑克遜在眾議院裡聲稱，《聖經》認可奴隸制，要是沒有奴隸制，就沒有人頂著酷暑到種植園做苦活了。他的論點給了富蘭克林絕佳的機會，在他過世前不到一個月，寫下最後一篇犀利的諷刺文。

富蘭克林的文學生涯是從六十八年前開始的，那時他只是一名十六歲的小學徒，偽裝成一本正經的寡婦賽倫斯・杜古德寫文。後來他以同樣的方式，寫了一系列文章來啟發讀者，例如〈波莉・貝克的審判〉、〈普魯士國王的敕令〉等等。他秉著〈普魯士國王的敕令〉那篇的精神，匿名投書報社，文中刻意引用看似嚴謹的學術資料，偽裝成一百年前阿爾及爾（Algiers）國務會議的成員所發表的演講。

那篇文章諷刺地模仿傑克遜議員的說法，一開頭就寫實地主張：「上帝是偉大的，穆罕默德是先知。」接著，開始針對純教義派「要求停止拘捕及奴役歐洲天主教徒」的訴求大加撻伐：「假如我們不再奴役他們，誰在酷暑中耕種我們的土地？誰來為我們的城市和家庭勞動呢？」而且，終止奴役「異教徒」會導致土地的價值降低，租金減半。

> 誰來補償奴隸主的損失？國家會補償嗎？國庫有足夠的錢嗎？……我們若是釋放奴隸，他們該如何是好？很少奴隸會選擇返回家鄉，他們太清楚回去以後必須承受更多的痛苦，他們不會信仰我們的神聖

宗教，不會接受我們的生活方式，我們也不可能跟他們通婚。難道我們要讓他們在街上行乞，或是放任我們的財產變成他們劫掠的目標嗎？長久習慣被奴役的人，一旦不受強迫，並不會為了生計去工作。

他們現在的情況有什麼好憐憫的？……他們來到這片土地上，享受伊斯蘭教的陽光普照，光輝璀璨；他們有機會瞭解教義的真諦，從而拯救他們不朽的靈魂……他們為我們服務時，我們悉心提供他們一切，給予人道對待。據我所知，他們國家的勞工難以溫飽，衣食住行皆不如我邦……

以為《可蘭經》不准蓄奴的人真是錯得離譜！戒律中不是早已提出明證：「主人，要善待奴隸；奴隸，要忠誠侍主。」……希望我們不會再聽到這類可惡的提議了。解放天主教奴隸將導致我們的土地和房屋貶值，使很多好公民的財產受損，衍生普遍的民怨，甚至引發暴動。[44]

在文章中，富蘭克林寫到阿爾及爾會議最後否決了這項請願。同樣的，美國的大陸會議也認為他們無權對富蘭克林的廢奴請願做出裁決。

長眠

很多人到了晚年，開始重新檢視自己的宗教信仰。富蘭克林從未參加過完整的禮拜，也從未篤信任何教派的教義，他覺得專注於世事比篤信宗教更有意義。一七五七年，他在英國海岸附近遇到船難，劫後餘生，他開玩笑對黛博拉說：「要是我是羅馬天主教徒，或許我會因為逃過一劫而立誓為某個聖人興建一座教堂。但我不是，真要立誓的話，我應該會立誓建一座燈塔。」一七八五年，麻薩諸塞州有個城鎮以富蘭克林命名，並請他為教堂捐贈一口鐘。富蘭克林勸他們不要打造鐘樓，而是改建圖書館，他會「寄一些書過去，而不是鐘，因為知識比鐘聲更可取」。[45]

隨著年紀的增長，富蘭克林對仁慈上帝的鬆散信仰變得更加堅定。獨立戰爭結束後，他寫信告訴史莊：「若不是因為我們的理念正當，使我們信仰的天意介入，我們肯定早就完了。以前我可能是無神論者，現在我相信上帝和天主的支配了！」[46]

富蘭克林對宗教的支持，通常是因為他相信宗教可以讓人改善行為，而不是因為他受到神聖的啟發。他曾寫過一封信，以回應一篇諷刺宗教信仰的文章。那封信可能是一七八六年寫給潘恩的，富蘭克林希望那位收信人不要發表異端論述。但是他之所以那樣要求，不是因為那篇文章的論點是錯的，而是因為擔心那些論點帶來不幸的後果。他表示：「你可能覺得即使沒有宗教的幫助，也很容易過正直的生活。但是你想想，人類之中有多少人是駑鈍無知的男女，以及青澀魯莽的少男少女，他們需要宗教來幫他們遠離罪惡。」此外，他也提到，那篇文章可能為作者帶來惡果：「他逆風吐痰，可能吐在自己的臉上。」如果那封信真的是寫給潘恩的，那他確實達到目的了。潘恩一直想要寫文抨擊有組織的宗教信仰，亦即他日後發表的《理性年代》（*The Age of Reason*）。但他延後了七年，直到臨終前才發表。[47]

富蘭克林最重要的宗教角色，是對包容的提倡。這點對於塑造新的共和政體有非常重要的影響。他捐款贊助費城每個教派所興建的建築，例如，一七八八年四月以色列猶太人教堂（Congregation Mikveh Israel）興建時，他捐了五英鎊。他也反對在賓州的律法及美國憲法中納入宗教宣誓和考驗。一七八八年七月四日的國慶活動中，富蘭克林臥病在床，無法參與，但遊行隊伍刻意從其窗前經過。富蘭克林首次見到「基督教不同教派的牧師和猶太教的拉比攜手遊行」。[48]

富蘭克林最後一次概略陳述其宗教思想，是在臨終前的一個月。他回應了耶魯學院的院長以斯拉・斯泰爾斯牧師（Ezra Stiles）的提問。他一開始先重申他的基本信條：「我信仰上帝，信仰宇宙的造物主，祂以天意支配宇宙，應該受到崇拜。我們服侍上帝的最好方式，是行善幫助上帝的子民。」這些理念是一切宗教的基礎，其他的一切都只是裝飾。

接著，富蘭克林回應斯泰爾斯的問題。斯泰爾斯問他是否信仰耶穌，富蘭克林說這是第一次有人這樣直接地問他。他回應，耶穌提出的道德體系「是有史以來最好的，以後可能也是如此」。但是關於「耶穌是否是神聖的」這個問題，他的回應出奇地坦率，也帶著些許的嘲諷。他說：「我對祂的神聖性有些懷疑，但我沒有研究過，不敢斷言。我也覺得現在沒必要忙著研究這個問題，因為我預期不久之後就可以輕鬆知道真相了。」[49]

富蘭克林的最後一封信，是寫給他的精神繼承人傑弗遜。傑弗遜致力宣揚啟蒙運動的理性、實驗和包容精神，是美國最重要的啟蒙精神提倡者。傑弗遜前來探望富蘭克林時，也為他帶來了法國朋友的消息。傑弗遜後來寫道：「富蘭克林逐一詢問每位法國朋友的狀況，迅速又激動，看似精神矍鑠。」傑弗遜稱讚富蘭克林所寫的自傳，預言那會發揮很大的啟迪效果。富蘭克林回應：「我自己不敢多言，但我可以給你一份樣張。」於是，富蘭克林抽出一頁，那是描述最後幾週他在倫敦協商以避免戰爭爆發的情況，他堅持把那張文稿送給傑弗遜作紀念。

接著，傑弗遜提出一個有待解決的難題：在巴黎和談中，富蘭克林是用哪張地圖界定美國的西部邊界？

傑弗遜離開後，富蘭克林研究了那個問題，並寫下人生的最後一封信。他的思緒依舊清晰，精準地描述當時美國代表所作的決定，以及他們用來描述許多河川流入帕薩馬科迪灣（Bay of Passamaquoddy）的地圖。[50]

他寫完那封信不久，高燒和胸痛就開始惡化，連續十天因嚴重咳嗽及呼吸困難而無法下床。莎莉和貝奇隨侍在側，坦普和班尼亦守在兩旁。波莉也在那裡，催他更清楚地表明他的宗教信仰，她也樂見富蘭克林在床邊放了一幅審判日的圖畫。那段期間，他僅短暫起身一次，請大家幫他把床鋪好，讓他「體面地安息」。莎莉安慰富蘭克林，說他正在康復，還可以再多活幾年，但富蘭克林冷靜地回應：「我希望不要。」[51]

後來，富蘭克林的肺膿腫破裂，使他完全無法說話。班尼走到他的床邊，富蘭克林握住班尼的手，久久沒有放開。一七九〇年四月十七日晚上十一點，富蘭克林辭世，享年八十四歲。

早在一七二八年，富蘭克林還是初出茅廬的印刷工時，他就認為正直的人應該對其本業充滿自豪。那時自豪的他為自己寫了一份墓誌銘自娛，那份墓誌銘反映出他對人生的幽默立場。

印刷工班傑明．富蘭克林

安葬於此

（如舊書的封面磨損，

字母和燙金剝落）

成為蟲兒的養料。

但遺業不朽，
終將（如其堅信），
以更典雅的作者勘正版本，
再度全新面世。[52]

不過，在他去世前不久，他要求在他和妻子合葬的墓地上，擺放更簡潔的版本。他寫道，他的墓碑應該是一塊「六英尺長、四英尺寬的樸素大理石，僅頂端有點小裝飾，碑文刻著：班傑明和黛博拉・富蘭克林」。[53]

近兩萬名弔唁者齊聚費城，看著富蘭克林的喪葬隊伍，前往其住家幾個街區外的基督教堂墓地。萬人空巷，前所未見。走在最前面的是費城的所有牧師，不分信仰教派。

第十七章 後記

威廉・富蘭克林：富蘭克林在遺囑中，僅留給威廉一些毫無價值的加拿大土地，並一筆勾銷威廉欠他的債務。「眾所皆知他在戰爭中公然地反對我，所以除了一塊土地以外，我沒有留給他任何東西。」威廉認為他把紐澤西的土地都轉讓給富蘭克林，早就還清債務了，所以他抱怨那份遺囑「公道淪喪」。在他剩下的二十五年生命中，他從未返回美國。但他依然尊重富蘭克林，從未在公開場合惡言批評父親。事實上，坦普在猶豫要不要彙編富蘭克林的傳記和作品時，威廉已經開始著手了。他希望能彰顯「富蘭克林的思維及淵博的學識」，藉此向父親致敬，但後來作罷。威廉娶了他的愛爾蘭房東瑪麗・戴芙琳（Mary D'Evelyn）為妻，一八一一年戴芙琳過世後，威廉破產，孤苦無依，三年後也跟著辭世。晚年他也與兒子疏離，身陷「我生性最厭惡的孤獨狀態」。[1]

坦普・富蘭克林：繼承了不少祖父的遺產及所有的重要文稿。一七九二年，坦普回到英國，短暫與父親團圓。坦普當時仍有魅力，但始終遊手好閒。威廉不斷逼他結婚及整理富蘭克林的文稿，導致他心生反感。後來，坦普把富蘭克林家族的異常狀況帶到了新高點，有了一名私生女，名叫艾倫（Ellen）。艾倫的母親是威廉新妻子的妹妹，但後來坦普又跟所有的人決裂，獨自跑到巴黎，把艾倫留給威廉撫養。威廉既是艾倫的姨丈，又是艾倫的祖父。後來整整十四年，坦普都沒有和父親聯繫，也沒有出版祖父的文稿。即使法國出現未授權的《富蘭克林自傳》，坦普也無動於衷。一八一二年，他終於寫信給父親，說他準備出版富蘭克林的文稿，希望去倫敦和他討論。威廉想起二十八年前他寫過一封類似的信給父親，但遭到冷漠的對待。所以他收到兒子的信時，欣喜萬分，他回應：「我很高興能再見到你，想到離開人世時和自己如此親近的人形同陌路，我就難以忍受。」但坦普後來從未再去英國。一八一七年，坦普出版《富蘭克林自傳》（缺少最後的部分）和一本雜亂的富蘭克林文集。他和另一位情人漢娜．柯麗爾（Hannah Collyer）在巴黎同居了六年，柯麗爾是英國人，坦普於一八二三年過世，在過世的前幾個月，他和柯麗爾結婚了。坦普過世後，柯麗爾把富蘭克林的許多珍貴手稿帶回倫敦。一八四〇年，那些手稿才在裁縫鋪裡被發現，裁縫師竟然拿那些手稿來裁剪服裝的紙樣。坦普遺棄在費城的富蘭克林手稿，散落在收藏者的手中，一八六〇年代北美賢哲會才開始四處蒐集。[2]

莎莉和理查．貝奇：富蘭克林孝順的女兒和她的丈夫繼承了富蘭克林大部分的遺產，包括市場街的房子，唯一的條件是貝奇「讓黑奴鮑伯恢復自由」。貝奇照做了，但鮑伯卻開始酗酒，無法自立更生，又回頭要求恢復奴隸的身分，但貝奇一家拒絕了。不過，他們讓鮑伯一起住在家裡，直到他過世為止。莎莉也繼承了那幅鑲鑽的路易十六畫像，條件是她不能把「任何鑽石變成自己或女兒的首飾，以免在這個國家助長配戴珠寶這種奢侈、虛榮、無用的浮誇風氣」。於是，莎莉把那些鑽石都賣了，滿足她多年來想到英國看看的心願。在英國期間，她偕同丈夫和威廉一起生活，莎莉和威廉的關係一直很親近。從英國回到美國後，他們搬到德拉瓦州的農場定居。

班尼・貝奇：繼承了富蘭克林的印刷設備和許多書籍，承襲富蘭克林的腳步，在《新英格蘭報》發行七十年後，創辦了一份宣揚傑弗遜主張的報紙：《美國曙光報》（*The American Aurora*）。那份報紙後來非常偏向親法、民主的立場，甚至比富蘭克林更甚，並攻擊華盛頓及繼任的亞當斯意圖建立帝王式的總統制。《美國曙光報》曾是美國最受歡迎的報紙，也成為了近期兩本書的主題。班尼的政治立場導致他與父母決裂，他也不顧雙親的反對，娶了性格強悍的瑪格麗特・馬科（Margaret Markoe）為妻。一七九八年，班尼因煽動叛亂及誹謗亞當斯被捕，但是在接受審判以前，他就因黃熱病過世，得年二十九歲。那時班尼已和雙親互不往來，他臨終期間，妹妹還必須瞞著父母偷偷去探望他。班尼過世後，遺孀瑪格麗特不久就嫁給班尼旗下的記者威廉・杜安（William Duane）。杜安是個愛辯的愛爾蘭人，他們繼續經營《美國曙光報》。班尼的妹妹黛博拉・貝奇後來嫁給杜安第一段婚姻生下的兒子。[3]

波莉・史蒂文生：波莉從她敬愛三十三年的男人那裡，只得到一個大銀杯。她很快就對富蘭克林家族和美國的一切感到失望。她的二兒子湯姆在威爾・貝奇的陪同下，回英國學醫。湯姆回到英國以後，波莉寫了不少長信給他，表達她想要返鄉的渴望。但是最終她未能如願，於一七九五年過世。湯姆後來回到費城，成為名醫，他的哥哥威廉和妹妹伊麗莎也在美國生活，各自擁有幸福的家庭。

波士頓和費城有志經商的青年：富蘭克林的遺囑附件中，最與眾不同的條款是他建立的信託基金。富蘭克林表示，他和其他開國元勛不同的是，他出身貧寒，是在他人的提攜幫助下才事業有成。「可能的話，我希望死後依然能幫助與提攜也許對國家有貢獻的年輕人。」所以他把賓州州長的薪水兩千英鎊分成兩份，分別捐給波士頓和費城（此舉也呼應了他常提出的主張：官員不該支薪），以「年息百分之五」的貸款，貸給完成學徒訓練、想要自己創業的「已婚青年工匠」。富蘭克林以其一貫的風格，鉅細靡遺地規定貸款及還款的運作模式。根據他的計算，一百年後，那兩筆資金將達到十三萬一千英鎊。到時候，每個城市可以拿出十萬英鎊，用於公共專案，剩餘的錢可以繼續以信託基金的方式運用，如此放款及孳息一百年後，總額會達到四百零六萬一千英鎊。到時候，那筆錢就可以交給國庫了。

日後的發展真的如富蘭克林的預期嗎？後來學徒制不再流行以後，波士頓那筆基金改變了運作方式，但放款依舊是依循富蘭克林遺贈的精神。一百年後，基金總額達到四十萬美元，比他預估的少一些。當時，信託基金撥出四分之三，連同安德魯・卡內基（Andrew Carnegie）捐贈的同樣金額（卡內基把富蘭克林視為偶像），一起創立了富蘭克林盟校，亦即現在的富蘭克林理工學院。剩餘的四分之一繼續留作信託基金，又過了一百年後，基金總額接近五百萬美元，雖然不到四百萬英鎊，但依然為數不小。按照富蘭克林的遺願，那筆資金需要做進一步的運用。經過一番法律折騰後，最後根據議會的決議，那筆錢捐給了富蘭克林理工學院。

費城方面，那筆基金的運作沒那麼好。富蘭克林逝世一百年後，基金總額只有十七萬兩千美元，僅達其估算值的四分之一。那筆錢的四分之三用來創立了費城的富蘭克林學會，目前仍是蓬勃發展的科學博物館。剩下的四分之一仍持續以貸款的模式幫助年輕人，主要是房貸。又過了一百年後，一九〇〇年，這筆資金的總額達到兩百三十萬美元。為什麼費城的資金數額不到波士頓的一半呢？一位費城的支持者指出，波士頓把那筆錢變成「富人的儲蓄公司」，費城仍按照富蘭克林的意願，把資金貸放給窮人，所以還款回收的效果較差。

當時費城市長威爾遜・古德（Wilson Goode）提議，把富蘭克林的基金拿來舉辦派對，並邀請藝人班・沃倫（Ben Vereen）和靈魂歌后艾瑞莎・富蘭克林（Aretha Franklin）來擔任主秀，那個建議應該只是玩笑話。還有人提議用那筆錢來推廣觀光業，引起一片譁然。最後，古德市長指派一群史學家來研究資金的運用，並根據他們的建議來運用基金。後來獲得基金的單位包括富蘭克林研究所（Franklin Institute）、多個社區圖書館和消防隊，還有費城學會（Philadelphia Academies）。費城學會專門提供獎學金，以贊助費城各學校的職訓計畫。二〇〇一年的獎學金名單公布時，《費城詢問報》（*Philadelphia Inquirer*）的專欄作家指出，三十四名獲獎者來自多元的種族，應該可以讓捐贈者感到欣慰：得獎人包括阿比梅爾・艾開德沃（Abimael Acaedevo）、穆罕默德・霍格（Muhammed Hogue）、薩克帕・卡波勒（Zrakpa Karpoleh）、大衛・庫西亞克（David Kusiak）、佩德羅・洛佩斯（Pedro Lopez）、藍尼・賴（Rany Ly）。西費城貧民區的一些高中生，以電力之父提供的這筆獎學金（四千三百美元），打造出一輛電力驅動車，參加當年的美國環保車大賽（Tour de Sol），贏得了夢想力大獎。富蘭克林若是天上有知，看到這筆微不足道的遺產被妥善運用，肯定會露出欣慰的微笑。[4]

第十八章　結語

歷史評價

一八六八年，《國家》雜誌（*Nation*）宣稱：「人分為兩種，天生喜歡富蘭克林的人和天生討厭富蘭克林的人。」造成這種分歧的一個原因是，儘管一些評論者宣稱富蘭克林體現了美國的特徵，但他其實只體現了美國特徵的一個面向。富蘭克林和愛德華茲分別代表截然不同的文化，從那個年代開始，美國文化就呈現這種對比明顯的二分法。[1]

一種是以愛德華茲和馬瑟家族為代表，他們堅信只有上帝的選民才能得救，唯有靠上帝的恩典才能獲得救贖。他們通常有宗教狂熱和社會階級意識，偏重崇高聖潔的價值觀，而不是世俗的價值觀。另一種則是以富蘭克林為代表，主張行善可以獲得救贖。他們的宗教觀是慈善與包容的，他們不斷地努力奮鬥，以提升自己的社會地位。

這種二分法導致美國特色產生不少相關的分類，例如實用主義與浪漫主義；務實行善與道德改革。富蘭克林主張宗教包容，而不是宗教狂熱；支持社會流動，而不是僵化階層；強調中產階級的價值觀，而不是虛無飄渺的崇高思想。

在富蘭克林誕生後的三百年間，世人對富蘭克林的評價一直在變，那通常不是反映世人對他的看法，而是反映當代的價值觀，以及當代對中產階級的態度。富蘭克林站在莊嚴的歷史舞臺上，與其他不是那麼平易近人的開國元勛同台，他帶著微笑看著每個世代，以每個年代的流行語言直接陳述他的觀點。他的言論激怒了一些人，也吸引了另一些人。所以大家對富蘭克林的評價，通常反映或折射出每個時代的價值觀。

富蘭克林剛過世不久，隨著敵人的攻擊逐漸消失，大家對富蘭克林的尊敬與日俱增。連在議會及費城學院的董事會裡與他針鋒相對的史密斯，也在一七九一年的追思會上，對他致上恭敬的頌詞。他在頌詞中撇清他們「不愉快的分歧與爭論」，把焦點放在富蘭克林的慈善與科學成就上。事後，史密斯的女兒說：「你講的富蘭克林事蹟裡，我懷疑你真心相信的不到十分之一。」史密斯僅大笑回應。[2]

富蘭克林的另一個冤家亞當斯，後來對他也不再尖刻。一八一一年，亞當斯重新評論富蘭克林時，曾寫道：「以前我老是跟他作對，那是我這輩子最羞愧、難過的事。」亞當斯解釋，早年他對富蘭克林的尖刻批評，某種程度上，也驗證了富蘭克林的偉大：「如果他只是普通人，我應該不會那樣大費周章去揭露其陰謀詭計的卑劣。」對於富蘭克林缺乏宗教信仰，亞當斯也修改了他的評價。他以前嘲笑富蘭克林幾乎是一個無神論者，後來他說：「所有的教派都認為他是十分包容的朋友，我認為此言不虛。」亞當斯曾指責富蘭克林是偽君子、糟糕的協商者、不稱職的政治家。但是他在文章裡又流露出對富蘭克林的欣賞，那些刻畫入微的文字遠非同年代的其他人所能比擬：

富蘭克林有一種卓越的天賦，原創、洗鍊、創新。他不僅善於科學發明，也善於精進藝術與機械設計。他的想像力天馬行空……才思敏捷。他幽默風趣，巧妙迷人。他的諷刺作品時而溫婉，時而犀利，可以在賀拉斯（Horace）或尤維納利斯（Juvenal）之間，史威夫特（Swift）或拉伯雷（Rabelais）之間切換自如。他有諷刺的天賦，是撰寫寓言的高手，巧妙地改編時事以宣揚道德和政治真理。他擅長展現純真的簡樸特質，法國人稱之為天真爛漫，使其魅力難擋。[3]

富蘭克林認為中產階級會變成美國社會的中堅勢力，如今這個觀點已獲得普遍的認同，儘管有些人仍質疑這代表一種庸俗化的趨勢。史學家伍德評論：「中產階級吸納了上流階層的文雅教養及勞動階級的勤勞本質，在整個社會中享有強大的道德主導權。」伍德描述的是十九世紀初的美國，但同樣的用語也可以拿來形容富蘭克林這個人。

一八一七年，坦普終於出版了富蘭克林文集，進一步提升富蘭克林的聲望。亞當斯寫信告訴坦普，富蘭克林文集「讓我似乎又回到了帕西的生活」。亞當斯要是沒補充說：「他的字字句句無一不值得珍藏。」那些熟知富蘭克林與亞當斯在帕西失和的人，可能會覺得他那句話講得模糊不清。《愛丁堡評論》（*Edinburgh Review*）的創辦人傑佛瑞勛爵（Lord Jeffrey）讚美富蘭克林的文章「樸實詼諧」、「勸人向善」，最重要的是，強調那些界定啟蒙運動的人文主義價值觀。「這位自學成才的美國人，也許是最理性的科學家，他的臆測從未忽視常理。」[4]

不過，十九世紀初，重視浪漫主義更勝於理性的文學時代，取代了啟蒙運動的時代。大家對富蘭克林的態度出現了大幅的扭轉，尤其是那些感性主義者。浪漫主義推崇的是深刻的情感、主觀的感覺以及想像力，而不是道理和智識。他們推崇英雄主義和神祕主義，而不是包容和理性主義。他們的高傲評論，使富蘭克林、伏爾泰、史威夫特等啟蒙運動的思想家聲望受損。[5]

卓越的浪漫主義詩人濟慈就是攻擊富蘭克林缺乏感性的人之一。一八一八年，濟慈在寫給兄弟的信中，提到富蘭克林「滿腦子都是庸俗與節儉的格言」，「不是崇高的人」。濟慈的朋友及其早期的出版商、詩人兼編輯利・杭特（Leigh Hunt）對富蘭克林那些「無賴的格言」十分不屑，他說：「以為光靠麵包就能為生的人，根本是以富蘭克林為首。」他還指責富蘭克林「缺乏熱情和想像力」，說他鼓勵大家「追求財富」，不顧「更崇高的天命」或「心之所向」。同樣的，熱中於浪漫英雄主義的蘇格蘭評論家湯瑪斯・卡萊爾（Thomas Carlyle）也批評富蘭克林是「所有美國佬之父」。這個說法在現代看來也許不像卡萊爾貶抑的那麼低俗。[6]

梭羅、愛默生等美國的超驗主義者，跟浪漫主義的詩人一樣，也對理性主義和唯物主義很反感。對他們那種自命清高的品味來說，富蘭克林太庸俗了。不過，比較世俗的中產階級鄉民依然很推崇《富蘭克林自傳》。例如，大衛・克拉克（Davy Crockett）*在阿拉莫戰役（Alamo）犧牲時，身上就帶著《富蘭克林自傳》。但是，對梭羅那種清高的鄉野居民來說，他前往華爾騰湖（Walden Pond）隱居時，根本不可能帶那本書。事實上，他的《湖濱散記》第一章談到節約時，還畫了表格以暗諷富蘭克林的表格。愛倫・坡（Edgar Allen Poe）在《實業家》（*The Business Man*）中，描寫非英雄的主角彼得・普羅菲特（Peter Proffit）的崛起時，也隨性地嘲諷富蘭克林和其他「講究條理」的人。

富蘭克林也出現在赫爾曼・梅爾維爾（Herman Melville）於一八五五年創作的半歷史小說《伊斯雷爾・波特》（*Israel Potter*）中。在那本小說裡，富蘭克林給人的感覺是一個喜歡動不動就講格言的膚淺傢伙。不過，梅爾維爾也向讀者致歉，說富蘭克林不像其書中描述的那麼枯燥乏味。「作者為了以富蘭克林比較不受推崇的本質來刻畫他，刻意對這位賢哲吹毛求疵，而不是對他畢恭畢敬。」梅爾維爾對富蘭克林的評價無論是好是壞，他覺得富蘭克林是多面向的，「富蘭克林對世界十分瞭解，所以能扮演任何角色。」梅爾維爾列出富蘭克林擅長的數十種事務，接著以典型的浪漫主義觀點評論：「富蘭克林樣樣在行，但不善寫詩。」（富蘭克林應該也會認同這句話，他曾寫道他「贊同偶爾寫詩自娛自樂，但那只是為了提升語言能力，別無其他目的」。）[7]

愛默生對富蘭克林也提出類似的混合評價，他寫信給姑姑時提到，「富蘭克林是史上最明智的人之一」，比蘇格拉底「更務實，更正直，更純真」，但話鋒一轉，他又感嘆：「富蘭克林這個人簡樸、與世無爭、節儉，但毫無英雄氣概。」納撒尼爾・霍桑（Nathaniel Hawthorne）借用筆下的一位年輕人抱怨，富蘭克林那些格言「都是在談賺錢或省錢」，霍桑覺得富蘭克林的格言確實有可取之處，但「只教大家一點職責」。[8]

隨著浪漫主義的興起，那些蔑視「中產階級」這個詞的人，對富蘭克林深愛的城市中產階級及經商價值觀愈來愈不屑。無產階級和菁英階級、激進勞工與悠閒地主、馬克思主義者和菁英主義者，知識分子和反智分子，這些立場迥異的群體開始對中產階級產生同樣的不屑感。福樓拜（Flaubert）聲稱，憎恨中產階級是「一

*譯注：美國政治家和戰鬥英雄，因參與德克薩斯獨立運動中的阿拉莫戰役而戰死。

切道德的開始」，那和富蘭克林的主張正好相反。[9]

不過，後來隨著更豐富的文集出版，富蘭克林的聲望又開始恢復了。南北戰爭後，工業的發展和鍍金時代（Gilded Age）的來臨，促成了弘揚富蘭克林思想的時機。於是，後續的三十年，富蘭克林成為美國傳記文學中最受歡迎的人物。霍瑞修·愛爾傑（Horatio Alger）所寫的一百三十部小說（銷量多達兩千萬本），使貧窮少年勤奮努力、白手起家的故事再度風靡一時。那種美國特有理念（實用主義）的興起，也讓富蘭克林的聲望大幅提升。實用主義主張，任何觀點的真偽（無論是科學、道德、神學、社會學），取決於實驗結果以及能否產生實際的效果，這與富蘭克林的主張不謀而合。

馬克吐溫可說是富蘭克林的文學傳人，他也擅長以樸實的文字傳達幽默。他善意吐嘈富蘭克林，並從中獲得不少樂趣。他說富蘭克林「致力發明格言警句，讓原本可以快樂成長的後代子孫不勝其擾」。但馬克吐溫對富蘭克林其實又愛又恨，不得不對他甘拜下風，連一些大資本家也對富蘭克林的格言推崇有加。[10]

實業家湯瑪斯·梅隆（Thomas Mellon）在他的銀行總部豎立了一座富蘭克林的雕像。他聲稱當年他就是受到富蘭克林自傳的激勵，才離開匹茲堡附近的家族農場去創業。梅隆寫道：「我覺得閱讀《富蘭克林自傳》是我人生的轉捩點。富蘭克林原本比我還窮，但透過勤奮與節儉變得博學睿智，功成名就……窮理查的名言讓我獲益匪淺。我把那本書反覆讀了好幾遍，心想能不能以類似的方法開創人生。」安德魯·卡內基（Andrew Carnegie）也受到類似的激勵，富蘭克林的成功故事不僅指引他創業，也激發他的慈善熱情，尤其是創立公共圖書館。[11]

那個年代的史學界權威弗雷德里克·傑克遜·特納（Frederick Jackson Turner）盛讚富蘭克林是「第一

位偉大的美國人」。一八八七年特納寫道：「富蘭克林的一生是美國理念的極致表現，舉凡商業、政治、科學、外交、宗教、慈善等領域皆然。」那個年代最具影響力的編輯——《哈潑》雜誌（*Harper's*）的主編威廉・迪恩・豪威爾斯（William Dean Howells）也十分推崇富蘭克林。一八八八年，豪威爾斯寫道：「他卓越過人，秉著一貫的動機，致力追求攸關民眾福祉及知識提升的目標。」儘管富蘭克林「質疑多數人視為神聖的理念和信仰」，但他「在促進人類道德與福祉方面大有助益」。[12]

一九二〇年代，隨著鍍金時代的個人主義不再流行，富蘭克林的思想再度淪為攻擊的目標。馬克斯・韋伯（Max Weber）在《新教倫理與資本主義精神》（*The Protestant Ethic and the Spirit of Capitalism*）中，以類似馬克思主義的觀點，批評美國中產階級的工作觀。他在書中大量引用富蘭克林及窮理查的說法，作為「貪婪理念」的例證。韋伯寫道：「富蘭克林所有的道德觀點，都受到功利主義的影響。」並指控富蘭克林只在乎「賺愈來愈多的錢，極力避免各種隨性自然的生活樂趣。」

文學評論家范懷克・布魯克斯（Van Wyck Brooks）把美國文化分為菁英文化和大眾文化，他認為富蘭克林是美國大眾文化的祖師爺。布魯克斯指出，富蘭克林可說是「廉價機會主義」和「淺薄智慧」的最佳例證。詩人威廉・卡洛斯・威廉斯（William Carlos Williams）說富蘭克林是「機巧的狡辯先知」。辛克萊・路易斯（Sinclair Lewis）在小說《巴比特》（*Babbitt*）中，貶抑中產階級的價值觀和形象公關，他在小說中刻意嘲諷富蘭克林常說的信條：「你要是問巴比特，他的信仰是什麼，他會冠冕堂皇地說：『我的信仰就是服務他人，貢獻一己之長，為大眾謀福利。』」[13]

一九二三年，英國評論家兼小說家勞倫斯（D. H. Lawrence）對富蘭克林的評論，可說是最狠毒、也最逗趣的攻擊，但很多方面都是誤解。勞倫斯不時在文章中痛批《富蘭克林自傳》反映的道德平庸及中產階級本質。

富蘭克林博士，沒血沒淚！不朽靈魂！不朽靈魂只是一種廉價的保險，富蘭克林根本不在乎靈魂不朽，他忙著四處交際……我不喜歡他。

我記得小時候父親每年都會買一本小曆書給我，封面印著太陽、月亮和星星，那本曆書還有各種吉凶的預測，角落印著一些趣聞軼事和道德語錄。以前我自命不凡地嘲笑那些「蛋未孵先數雞的女人」，深信「誠實是上策」。那些格言警句都是出自窮理查之手，窮理查就是富蘭克林，一百多年前他在費城寫下那些東西。我依然無法擺脫窮理查帶來的夢魘，那些格言至今仍讓我痛苦不堪，就像扎進嫩肉裡的尖刺一樣。

我仍相信「誠實是上策」，但我討厭任何策略。「蛋未孵就數雞」雖然不明智，但小雞孵出後得意洋洋地數來數去更令人討厭。我花了好幾年，絞盡腦汁想掙脫窮理查打造的道德牢籠……

於是，我們不禁要問，富蘭克林到底有什麼毛病，為什麼他那麼討厭？……我是有血有淚的道德動物，我會一直維持下去，我才不要變成富蘭克林想塑造的道德機器……現在，起碼我終於知道為什麼我受不了富蘭克林了。他想奪走我的完整、我的缺陷、我的自由。

在文章中，勞倫斯重新定義了富蘭克林那十三項美德，把它們改得更符合其浪漫主義的偏好。例如，他把富蘭克林對勤奮的定義（「時時刻刻都做有用的事」）改成「服務聖靈，而不是服務凡夫俗子」。他也把富蘭克林對「正直」的定義（「不惡意中傷他人」）改成「唯一的正直是順著心靈的直觀反應，無論是憤怒或溫和」。

勞倫斯的文章確實讀起來很過癮，但我們必須補充提到，勞倫斯對正直的定義很奇怪，流於自我放縱。此外，他抨擊的目標並非現實生活的富蘭克林，而是富蘭克林筆下的窮理查及其自傳裡的形象。而且，勞倫斯也搞錯了一些事實，例如「誠實是上策」聽起來很像富蘭克林的格言，但其實是出自賽凡提斯（Cervantes），「未孵蛋先數雞」也不是富蘭克林先說的，而是出自《伊索寓言》。[14]

查理斯・安格夫（Charles Angoff）在一九三一年出版的《美國人民文學史》（*Literary History of the American People*）中，也對富蘭克林的中產階級庸俗風格，做了更實質的批評（不像勞倫斯那麼誇張）。安格夫宣稱，卡萊爾稱富蘭克林是「所有美國佬之父」，那其實是對「一幫人的毀謗」，那幫人裡還包括霍桑、梭羅之類的卓越作家。安格夫嘲諷：「稱富蘭克林是同濟會之父更為精確。」他更痛批富蘭克林的思維「沒什麼價值」：

> 富蘭克林代表那些新世界居民最不值得讚揚的特質：吝嗇、對實用性的狂熱、對心靈層面的東西缺乏興趣。庸俗風格在美國不是什麼新鮮事，但富蘭克林把它變成一種信仰。而且由於富蘭克林極其成功，那些觀念根深柢固於美國民眾的心中，美國至今仍深受其害……他從未提過高尚、榮譽、心靈的莊嚴、思維的寬厚……他的心靈庸俗寒酸，崇高的思維遠非其能力所及。[15]

一九三〇年代的經濟大蕭條使大家再度想起，勤奮、節儉、守望相助等美德不該被貶抑為微不足道與庸俗，於是富蘭克林的聲譽再次獲得平反。實用主義的哲學家赫伯特・施耐德（Herbert Schneider）在著作《新教思想》（*The Puritan Mind*）中指出，以前對富蘭克林的種種批評，大多是針對窮理查的說教，而不是針對富蘭克林的現實生活，富蘭克林並不是汲汲營營追求財富的人。

一九三八年，施耐德的耶魯同仁范多倫在其優異的富蘭克林傳記中，更具體地說明了這個觀點。范多倫表示：「他以幽默的方式在人間走了一遭。」卓越的科學史學家貝爾納・寇恩（I. Bernard Cohen）以畢生的研究證明，富蘭克林的科學成就與牛頓媲美。一九四一年寇恩寫道，富蘭克林的實驗「為所有已知的電力現象，奠定了解說的基礎」。[16]

富蘭克林也成為勵志運動的鼻祖。戴爾・卡內基（Dale Carnegie）撰寫《卡內基溝通與人際關係》（*How to Win Friends and Influence People*）時，曾經鑽研過《富蘭克林自傳》。一九三七年《卡內基溝通與人際關係》出版後，掀起成功學書籍的出版熱潮，並延續至今。這類書籍主要是以簡單的原則和祕訣，分享事業和生活的成功之道。研究美國菁英的社會學家迪格比・巴澤爾（E. Digby Baltzell）稱《富蘭克林自傳》是「庸俗實業家撰寫的第一本最佳指南」。[17]

成功學大師史蒂芬・柯維（Stephen Covey）撰寫暢銷書《與成功有約》（*The Seven Habits of Highly Effective People*）時，也參考了富蘭克林的模式。現在美國還有一些連鎖店販售「富蘭克林柯維手札」以及其他落實富蘭克林點子的隨身用品。二十一世紀初，書店的「勵志書區」擺滿了各種與富蘭克林有關的書籍，例如《富蘭克林的美德書》（*Ben's Book of Virtues*）、《富蘭克林的十二條管理法則》（*Ben Franklin's 12 Rules of Management*）、《富蘭克林的道德藝術》（*Benjamin Franklin's the Art of Virtue*）、《富蘭克林的關鍵要素》（*The Ben Franklin Factor*）、《富蘭克林的成功人生啟示》（*Healthy, Wealthy and Wise: Principals for Successful Living from the Life of Benjamin Franklin*）等等。[18]

隨著富蘭克林誕辰三百週年的來臨，富蘭克林也成了學術界很多書籍的熱門主題。德州農工大學的布蘭茲（H. W. Brands）所撰寫的《第一個美國人》（*The First American*）是一本扎實客觀的傳記，細膩地描述富蘭克林的性格演進。布蘭茲寫道：「富蘭克林不僅是天才，對美德的養成也充滿了熱情。」二〇〇二年，備受推崇的耶魯大學斯特林講座教授摩根徹底研讀富蘭克林的文稿，寫出精采絕倫的性格分析，他指出：「我們會發現，人因深具自知之明而成就心靈的卓越。」[19]

在大眾的想像中，富蘭克林逐漸變成一號幽默人物，而不是休謨景仰的嚴肅思想家，或亞當斯憎惡的政治操弄者。在這個充滿情色暗示及冒險精神的無憂年代，富蘭克林也成了另一種精神象徵。在《一七七六》（1776）、《富蘭克林在巴黎》（*Ben Franklin in Paris*）等戲劇中，富蘭克林變成了偶爾參與建國大業的快活登徒子。另外，他也搖身變成精神矍鑠的代言人，代言的東西五花八門，從餅乾到共同基金，應有盡有。在現代人的眼中，他也是平易近人的賢哲，他的格言成了啟發有志青年的妙語，而不是威嚇他們的警語。

史學家艾倫．泰勒（Alan Taylor）寫道：「如今我們認識的富蘭克林，主要是來自某個古老廣告的形象：穿著燈籠褲和長袍的老人，戴著眼鏡，留著一頭半禿的長髮，在雷雨交加中執意要放風箏的狂熱者。他不再引發爭議或令人推崇，只令人發笑。我們只隱約知道在十九世紀和二十世紀初，他是美國中產階級價值觀的典範。」[20]

對社會評論家布魯克斯來說，富蘭克林這種溫和的形象，同時體現了二十一世紀初的美國創業精神和道德方向。布魯克斯寫道，富蘭克林是「能夠馬上融入現代辦公文化」的美國歷史人物。

他可能會和那些技術狂熱者一起宣稱，網際網路和生物科技的突破將徹底改變我們的生活；跟他們一樣對進步充滿了熱情。同時，他也會完全融入辦公大樓內盛行的冷嘲熱諷，跟著大家憤世嫉俗地打屁……

但是話又說回來，富蘭克林應該對當代美國的很多方面都十分熟悉。他和中產階級有同樣的價值觀；他生性樂觀、平易近人、親切和善，最大的缺點是自滿。我們不難想像他在購物商場裡閒逛，被五花八門的商品和巧妙的行銷活動所吸引。在此同時，他也會欣賞美國年輕人投身公民行動的努力，並認可老一輩藉由參與宗教社團來實踐宗教信仰。

布魯克斯指出，多年來富蘭克林飽受浪漫主義者的不當抨擊，那些人的攻擊目標其實是資本主義和中產階級的道德。「但現在的主要問題是過量的富蘭克林主義，我們必須想辦法讓如今的美國瞭解這位雅痞元祖所欠缺的悲觀意識和道德嚴肅性。」[21]

功過毀譽

缺乏道德嚴肅性和心靈深度，是對富蘭克林最嚴重的指控。富蘭克林在生活和作品中，有時確實顯得缺乏忠誠、苦痛、詩意或靈性。一七七一年，富蘭克林寫給妹妹的一句話，充分顯現出這種得意自滿及缺乏熱情：「大體上，我很容易對眼前的世界感到滿足，覺得沒什麼好改變的。」[22]

富蘭克林的宗教信仰選擇，尤其是早年，主要是看哪些教義有用，值得相信，而不是發自內心的真誠信仰。自然神論雖然有魅力，但他覺得不夠實用，所以他賦予它道德寓意，他不願花心思去探索恩典、救贖、耶穌的神性或其他沒有實際意義的問題。相對於那些自我深省的清教徒，富蘭克林可說是完全相反。他沒有證據可以證明天意何在，所以乾脆抱持一個簡單的信念：行善助人是服侍上帝的最好方法。

他的道德理念也一樣單純實際，強調讓人受惠的務實方法。他主張中產階級的經商美德，沒興趣鼓吹更崇高的道德。他比較在乎他所謂的「錯誤」，而不是原罪。

身為科學家，富蘭克林喜歡機械運作，對抽象理論或崇高的思想沒什麼興趣。他是卓越的實驗家及聰明的發明家，重視東西的實用性。然而他既不具備成為深奧理論家的性格，也沒有受過專業訓練。

在富蘭克林用心投入的領域中，他的偉大來自於實用性，而非奧義或詩意。在科學上，他比較像愛迪生，而不是牛頓；在文學上，他比較像馬克吐溫，而不是莎士比亞；在哲學上，他比較像塞繆爾·詹森，而不是柏克萊（Bishop Berkeley）；在政治上，他比較像伯克，而不是洛克。

在個人生活中，富蘭克林也欠缺感情承諾和深情。他的交友廣泛，但深交不多。他對旅行的熱愛，反映出他在精神上仍是那個逃家少年。年輕時，他逃離波士頓的家；第一次動念想結婚時，他逃離了黛博拉；兒子威廉結婚前夕，他又逃離了兒子。終其一生，很少感情羈絆能讓他固定在任何地方。他以這種周旋於各種關係的方式，游走於人間。

富蘭克林與男性的友誼通常沒什麼好的結局，例如哥哥詹姆斯、朋友克林斯和羅夫、印刷合夥人凱莫和梅雷迪斯。他喜歡社交，喜歡那些可以提供思想交流和活動的社團，但是他和成員之間只有和善的友誼，不是推心置腹的知己。他對妻子雖有愛戀，但不夠深情，所以他們婚姻的最後十七年間，有十五年相隔在大西洋兩岸。他和黛博拉的夫妻關係比較側重於實務考量，他和倫敦的房東史蒂文生夫人的關係也是如此。他有很多女性仰慕者，但他更喜歡和她們打情罵俏，而不是做出認真的承諾。一旦發現有危險，他就立刻打哈哈保持距離。他與兒子威廉的關係最為熱切，但最後兩人形同陌路。富蘭克林只有對孫子坦普的愛始終沒變。

富蘭克林聲稱他重視「真誠」的美德，但有時候大家還是認為他詭計多端。十六歲時他開始杜撰文章，臨終前依然勤於書寫。他打算創辦報社時，把雇主凱莫耍得團團轉。他辯論時，擅長迂迴戰術。他力行美德，也懂得裝出美德。泰勒評論他：「在頌揚真誠的同時，行動卻不太真誠，富蘭克林似乎太擅長陽奉陰違。他的態度圓滑，詭計百出，所以招惹了許多沒必要的懷疑。」[23]

這一切導致有些評論家把富蘭克林的熱心公益貶抑成沽名釣譽。弗農・帕靈頓（Vernon Parrington）的《美國思想的主流》（*Main Currents in American Thought*）就是這類批評的典型例子：

> 相較於天國的黃金鋪道，他更關心費城栗子街的圓石鋪道是否鋪得平整；相較於避免死後身陷地獄火海，他更關心如何組織有效率的消防隊以保護鄰居的住宅；相較於天上聖光，他更關心新型的街燈能

否為晚歸的路人照亮歸途。這種人顯然不明白人類渴望的完整本質。[24]

帕靈頓傲慢地使用「顯然」這個字眼，這給了我們一個很好的切入點，讓我們為富蘭克林辯護。也許對帕靈頓及其他自命清高的人來說，他們對社會的貢獻「顯然」不像設立圖書館、大學、消防隊，發明雙光眼鏡、火爐、避雷針，以及創立民主體制那麼庸俗。他們之所以輕蔑富蘭克林，部分原因在於富蘭克林的心靈中似乎欠缺了他們渴望的崇高理想。不過，另一部分的原因在於，他們也對富蘭克林重視的人間事務及中產階級價值觀嗤之以鼻。

所以我們該如何看待富蘭克林一生的功過毀譽才算公平呢？我們可以像富蘭克林判斷道德那樣，把優點列在一邊，缺點列在另一邊，判斷優點是否多於缺點。

首先，我們需要先擺脫教科書給我們的富蘭克林形象。他在教科書裡，是個雷雨天還跑到外頭放風箏的老頭，開口閉口講著「省一文錢值兩文錢」之類的格言。我們也必須把評論家時常混為一談的富蘭克林本人和他在自傳中精心刻畫的形象分開來看。[25]

韋伯聲稱富蘭克林的道德只建立在賺更多錢的基礎上，勞倫斯認為他只會斤斤計較金錢和道德，由此可見他們對富蘭克林根本不瞭解。這個四十二歲就從事業退休的人，後來致力於社會公益和科學研究，放棄了大部分的公職收入，從未替自己的發明申請過專利，不斷主張累積過多的財富及沉溺於無謂的奢侈應該受到社會的譴責。富蘭克林不認為省錢是目的所在，他認為省錢是讓年輕商人展現更高的道德、社群精神、公民義務的途徑。富蘭克林和窮理查都說過：「人窮志短。」[26]

若要給富蘭克林一個恰當的評價，就必須對他做全面深入的分析。他不輕率，不膚淺，也不單純。他面對歷史及自己時，偽裝成沒戴假髮、毫無虛飾的樸素人物，但他其實有多層面向，需要層層撥開來看。

我們先從最表面那層看起。對那些蔑視中產階級價值觀的人來說，富蘭克林猶如他們的眼中釘。然而，他力行勤勉、誠實、勤奮、節制等個人美德是有道理的，他認為那是為了實現更高尚、更良善的目的。

富蘭克林主張及實踐的公民道德也是如此，他成立的社會公益組織以及投入的公益服務，都改善了社會秩序，使大眾跟著受惠。很少人像富蘭克林那樣，為了幫自己及社會培養更多的美德與良好特質而那麼努力，或付出那麼多。[27]

那些努力真的像帕靈頓等人所言是庸俗的嗎？或許有部分是如此，但是在《富蘭克林自傳》中，他講完他為了鋪設費城大街所做的努力後，接著針對外界的質疑，提出了強而有力的辯解：

> 有人可能認為這些微不足道的小事不必在意，他們可能認為在颳大風的天氣裡，灰塵吹進某人的眼睛，或吹進某家店裡沒什麼大不了的。但是在人口眾多的城市裡，很多人或很多商店都有風沙的困擾。當這種事情經常發生時，就值得關注和重視了。也許這樣一來，他們就不會再苛責那些留意這類小事的人了。人類的福祉不是靠鮮少發生的好運促成的，而是由平日的小小福利日積月累而成。[28]

同樣的，狂熱的宗教信仰也許可以激勵人心，但是以謙遜和包容為基礎的宗教觀點也有可取之處。安格夫指控「富蘭克林對宗教的主要貢獻，就只有和善包容而已」。也許他說的沒錯，但是對十八世紀的文明來說，宗教包容的概念其實是不小的進步。那是啟蒙運動的一大貢獻，比同年代最偉大神學家的貢獻更不可或缺。

富蘭克林在生活和寫作中，都非常強調「包容」這個信條。他在寓言中以幽默的方式提倡包容，在生活和信件中也熱切地宣揚包容。在那個政教合一導致流血運動的世界裡（唉，現在依然如此），富蘭克林幫忙打造出一種宗教多元化的新國家。誠如蓋瑞．威爾斯（Garry Wills）在《上帝之下》（*Under God*）所言：「正因為如此，美國才在世上誕生。」[29]

富蘭克林對宗教還有一個比較隱約的貢獻：他把勤奮這個美德從清教的刻板教義中分離出來。蔑視中產階級價值觀的韋伯，也不屑新教徒的道德規範。勞倫斯認為，富蘭克林主張的務實版「勤奮」並無法滿足幽暗的心靈。不過，這個道德規範有助於灌輸建國所需的美德和特質。厄普代克（他的小說就是探索這些主題）寫道：「富蘭克林將內心那個清教徒變成熱情的中產階級，這就是他對美國精神的主要意義：他把清教教義所壓抑的能量，釋放到啟蒙運動中。」正如康馬傑在《美國思維》（*The American Mind*）所言：「富蘭克林把剔除缺陷的清教教義和剔除狂熱的啟蒙運動融合在一起了。」[30]

那麼，同年代的休謨稱讚富蘭克林是北美「第一位哲理家」，他是否真的當之無愧呢？某種程度來說，那樣說確實沒錯。把道德與神學分開是啟蒙運動的一大成就，富蘭克林可說是美國的典範。此外，富蘭克林把道德與日常生活的結果連結在一起，也為美國最具影響力的本土哲理「實用主義」奠定了基礎。誠如詹姆斯．坎貝爾（James Campbell）所言，在當時的時代背景下，富蘭克林的道德和宗教思想「為行善助人提供了強而有力的理由」。儘管他的主張欠缺精神深度，但實用性和影響力彌補了那些缺陷。[31]

那麼，關於富蘭克林太輕易妥協、缺乏原則的指控，又該怎麼看呢？的確，一七七〇年代，為了在英美之間協調，富蘭克林兩面討好了好幾年。沒錯，他在處理印花稅法時，態度確實有些軟弱。他還是年輕的工匠時，就教育自己避免爭論。他習慣面帶微笑，傾聽各方的意見，所以有時會讓人覺得他似乎表裡不一或屈意逢迎。

但是這裡還是要再次強調，富蘭克林之所以抱持那樣的觀點，主張實用主義，以及偶爾展現妥協的意願，都是有道理的。他深信謙卑地傾聽不同的意見很重要，對他來說，那不僅是務實的美德，也是一種道德準則。那是基於「每個人都應該獲得尊重」的原則，而那個原則正是多數道德體系的根本。例如，在制憲會議期間，他願意妥協一些個人的觀點，在協商中扮演關鍵要角，促成一部幾近完美的憲法。如果制憲會議的代表都是堅守立場的鬥士，他們就無法獲得那樣的成果了。妥協者也許不是偉大的英雄，但他們促成了民主。

更重要的是，富蘭克林其實堅守了一些崇高的原則，那些原則對於塑造一個新國家來說非常重要。終其一生，他對那些原則篤信不渝。富蘭克林從哥哥那裡學到反抗權威，從此堅決地反對專制威權。那促使他日後無畏地反對佩恩家族強加給賓夕法尼亞人民的不公平稅制，即使服從權威對他個人有利，他依然抵死不從。這也表示，即使一七七〇年代他試圖與英國達成妥協，但他仍然堅持美國人民和美國議會不該被當成英國的附庸。

同樣的，富蘭克林也協助建立一種新的政治秩序，後來更成為這種政治秩序的象徵。他認為權利和政權都不該世襲，應以實力、道德與努力為基礎。他本來是逃家的學徒，經過一番努力以後，成了國王的座上賓，他力爭上游的過程就是一種典型的美國精神。但是過程中他仍然堅持原則，拒絕菁英階層的矯飾，有時甚至以戴皮帽的極端方式來表達。

富蘭克林堅信「行善助人是服侍上帝的最好方法」，有些人可能覺得那個理念很庸俗，但那確實是他深信及落實的高尚信條。而且，他在這方面的表現極其多元。他設計出立法體制、避雷針、彩券和圖書館；他尋找務實的方法，以減少火爐的煙霧及聯邦體制的腐敗；他籌組鄰里保安巡邏隊及國家聯盟；他結合兩種鏡片，發明雙光眼鏡；也結合兩種代議制的概念，促成聯邦的妥協。誠如其法國友人杜爾哥所言：「他從蒼天取得閃電，從暴君奪取王權。」

以上種種使富蘭克林成為他那個年代最有成就的美國人，並深深影響了美國社會的發展模式。事實上，讓美國與眾不同的許多特質，都可以從富蘭克林的身上找到根源：樸實的幽默與智慧、技術巧思、多元包容、融合個人主義與團體合作的能力、務實理念、實力至上、外交政策中兼顧理想主義、以中產階級美德作為公民價值觀的基礎等等。富蘭克林主張的平等主義，後來變成了美國精神：他贊成個人透過勤奮與天賦致富，反對依據出生背景賦予任何人特權。

富蘭克林關注的，通常是一般議題對日常生活的影響，以及一般人如何打造更好的社會。但那不表示他很平庸，也不表示他很膚淺。相反的，他打造新國家的遠見，不僅非凡獨到，而且意義深遠。儘管他沒有體現每一種超凡入聖的理想，但他的確實踐了最實用有益的理念。那正是他的目標，而且是值得敬仰的目標。

這一路走來，他信賴同樣「出身低下」的夥伴，始終多於上流菁英。他把中產階級的價值觀視為社會力量的來源，而非嘲笑的對象。他的指導原則是「反對貶抑民心的一切」。開國先賢中鮮少有人像他那樣充分地接納民主，更沒有人像他那樣本能地熱愛民主。

從二十一歲第一次組成互助學習會開始，富蘭克林就堅守一個根本的理想：相信公民智慧。這點從他對民主的重視以及反對任何形式的專制可以明顯見得。那是一種高尚的理想，有其獨到的超凡特質。而且歷史也證明，那種理想不僅超凡脫俗，也實用有益。

謝辭

二十多年來，西蒙與舒斯特出版公司（Simon & Schuster）的愛麗絲．梅修（Alice Mayhew）始終是我的好友，並為我辛勤編輯了三本著作。她的詳盡注釋及重要編修為原稿增添了寶貴的內容。她對邏輯敘述一向非常講究，努力不懈地精進這本書，我深為感激。ＩＣＭ公司的艾曼達．爾本（Amanda Urban）也是我多年的摯友兼經紀人。她讀了本書的初稿，給了我中肯的建議和窩心的鼓勵，偶爾還提供客房讓我專心寫作。

為了確保本書提及的事實與引用的資訊無誤，我聘請凱洛．勒．費弗爾－羅切斯特（Carole Le Faivre-Rochester）核查手稿、資料來源及附注。她在富蘭克林創立的北美賢哲會任職長達二十四年，擔任編輯，努力保存富蘭克林的手稿，二〇〇一年退休。她費心幫我找出相關的資料，並提供我許多實用的建議。

撰寫富蘭克林傳記的一大樂趣，是有幸見到大方幽默的克勞德－安．洛佩茲（Claude-Anne Lopez）。她長年在耶魯大學彙編富蘭克林的文稿，寫了許多有關富蘭克林的有趣著作和文章。她欣然答應閱讀本書的部分文稿，並為我編輯了富蘭克林在法國的那三章內容，她可說同時是這方面的專家及愛好者。

她也建議我去探索班克羅夫在富蘭克林身邊所做的間諜活動。為此，我聘請倫敦的研究學者蘇珊．安．

貝內特（Susan Ann Bennett）來協助我。貝內特擔任皇家文藝學會（Royal Society of Arts）的會長期間，寫了〈克雷文街的富蘭克林〉一文。班克羅夫以密碼和隱形墨水撰寫的報告，如今珍藏在大英圖書館中。我非常感謝貝內特到大英圖書館辛勤地研究、謄寫及偵察相關的資訊。

我也要感謝耶魯出版社的編輯，他們持續出版我心目中最優秀的名人文集。他們出版的第三十七卷收錄了截至一七八二年八月的文稿，將與本書同時出版（中文版編按：本書原版於二〇〇四年出版。），對富蘭克林感興趣的人都不容錯過。他們大方讓我閱讀了第三十七卷，也讓我先看了第三十八、三十九、四十卷的初稿。我和洛佩茲及該團隊的一些核心成員在紐哈芬市共進午餐時，聊得特別愉快，他們包括艾倫·科恩（Ellen Cohen）、朱蒂絲·艾特金斯（Judith Adkins）、強納森·杜爾（Jonathan Dull）、凱倫·杜瓦爾（Karen Duval）、凱特·奧諾（Kate Ohno）。

那次餐會上，我也有幸見到備受推崇的耶魯大學斯特林講座歷史教授摩根。摩根教授曾徹底分析富蘭克林及其文稿，並寫了精采的好書。他非常和善、仁慈、大方，在富蘭克林的研究方面給了我很大的幫助。他也欣然同意閱讀我的部分文稿，對本書的主旨及最後一章提出了建議和鼓勵。我試圖以異於他的寫作方式，用編年體來撰寫富蘭克林的傳記，但我不敢妄稱我有媲美他的先見。覺得我這本書有趣或不夠有趣的人，都應該購買及拜讀摩根教授的著作。

瑪西雅·巴里斯卡諾（Marcia Baliscano）是倫敦克雷文街富蘭克林故居的館長（即將成立博物館）。她以嚴謹的學術態度和卓越的技巧，連同足以令富蘭克林讚嘆的勤奮不懈，精讀本書的全部文稿，並提出許多寶貴的建議。此外，巴里斯卡諾也在克雷文街盛情款待我，並熱情地邀請我和其他人一起參與其工作。故居委員會的委員瓊・萊德女士（Joan Reid）可說是富蘭克林資訊的寶庫，對富蘭克林的事蹟瞭若指掌。她主動閱讀我的書稿，小心翼翼地區分事實和傳言，而且堅持一定要分清楚。她不僅為此投入大量的時間和精力，還貼了許多彩色的便利貼，寫滿了建議。對此，我深為感謝，也衷心希望未來她能針對富蘭克林的倫敦社交圈寫一本書。

撰寫本書的另一大樂趣是與富蘭克林的粉絲交流，其中又以費城的「富蘭克林之友」（Friends of Franklin）這個團體最為有趣。他們不僅舉辦餐會和研討會，還出版有趣的《富蘭克林報》（*Franklin Gazette*）。我想在此感謝該會的執行秘書凱思琳・德盧卡（Kathleen DeLuca）的熱情款待。為了二〇〇六年一月的富蘭克林誕辰三百週年，該會連同富蘭克林研究所、北美賢哲會、費城圖書館、費城藝術博物館、賓州大學，以及皮尤慈善信託，在康諾弗・杭特（Connover Hunt）的主導下，一起規畫了慶祝活動和展覽。

我非常感謝史卓布・塔伯特（Strobe Talbott），長久以來他一直是我的好友與靈感來源。他細心編輯了一九八六年我與人合著的《美國世紀締造者》（*The Wise Men*），以及一九九二年出版的季辛吉傳記。這一次他又主動幫我閱讀書稿，並提出許多實用的建議和評論。史蒂芬・史密斯（Stephen Smith）是我認識最優秀的編輯之一，他也幫我讀了書稿，並提出實用的觀點和意見。《美國世紀締造者》的合著者艾文・湯瑪斯（Evan Thomas）曾寫過一本有關瓊斯的好書，他幫我在文稿中找到一些有關瓊斯的錯誤。史蒂芬・魏斯曼（Steven Weisman）讀了書稿，也提了精闢的建議。另外，我也要感謝許多朋友提供我的諮詢，包括詹姆斯・凱利（James Kelly）、理查・史騰格（Richard Stengel）、普麗西拉・佩恩頓（Priscilla Painton）、提姆・史密斯（Tim Smith）、伊莉莎白・布米勒（Elisabeth Bumiller）、安德魯・雷克（Andrew Lack）、貝琪・

雷克（Betsy Lack），大衛・威斯丁（David Westin）、雪莉・威斯丁（Sherrie Westin）。

我在《時代》雜誌的前助理艾略特・拉維茲（Elliot Ravetz）最早提供我富蘭克林的文集，讓我開始有了想法；後來他送我一尊富蘭克林的半身像，給了我靈感；最後，他對書稿提出了中肯的建議，他一直是我的重要夥伴。此外，我也要感謝CNN的托斯卡・拉博伊（Tosca Laboy）和愛胥麗・範・伯倫（Ashley Van Buren），他們都是大好人。

我的父親爾文・艾薩克森（Irwin Isaacson）與繼母朱蘭妮・艾薩克森（Julanne Isaacson）也閱讀與編輯了我的書稿。他們和先母貝琪・艾薩克森（Betsy Isaacson）都是我認識最聰明的人。

最重要的，我要感謝內人凱西和小女貝琪。凱西仔細閱讀了書稿，在精進及發現問題方面給了我寶貴的意見。不過，相對於她對這本書及生活上的貢獻，那僅是一小部分。至於貝琪，她在我的催促下，也認真看了部分書稿。她坦言，書中有些部分很有趣（十二歲的她很喜歡熱氣球那段），有些很無聊（例如制憲會議）。我覺得那些意見很有幫助，所以稍微縮減了部分的篇幅。她們兩位不止讓生活中的一切變得有可能，也變得更有意義。

書中如有任何錯誤或疏漏，無疑都是出自本人之手，與以上任何人無關。一七八五年五月二十三日，富蘭克林在寫給友人喬治・惠特利（George Whatley）的信中，談及自己的人生：「我不反對新版的自己，只希望能勘正舊版的錯誤。」我對本書的期望也是如此。

富蘭克林年表

一七〇六年　一月十七日生於波士頓（舊曆是一七〇五年一月六日）。
一七一四年　就讀波士頓的拉丁文學校。
一七一五年　就讀布朗奈爾的學校。
一七一六年　開始在父親的蠟燭店打工。
一七一八年　開始去兄長詹姆斯的印刷店當學徒。
一七二二年　撰寫賽倫斯・杜古德的系列文章。
一七二三年　逃家到費城，在凱莫的印刷店裡工作。
一七二四年　前往倫敦。
一七二五年　撰寫〈論自由與匱乏、快樂與痛苦〉。
一七二六年　回到費城。與丹能一起開店。
一七二七年　重新加入凱莫的印刷店。

一七二八年　與梅雷迪斯合夥創立印刷店。
一七二九年　撰寫「好事者」系列文章。買下《賓夕法尼亞報》。
一七三〇年　與黛博拉結為普通法的伴侶。威廉出生（？）。
一七三一年　加入共濟會。創辦圖書館。
一七三二年　法蘭西斯出生。出版《窮理查年鑑》。
一七三三年　道德完善計畫。
一七三五年　介入亨普希爾傳教士的爭議。
一七三六年　擔任賓夕法尼亞議會的書記。法蘭西斯夭折。創立消防隊。
一七三七年　擔任費城的郵政局長。
一七三九年　結識福音傳教士懷特菲爾德。
一七四一年　發行《大眾雜誌》但後來失敗告終。設計火爐。
一七四三年　莎莉出生。建立北美殖民地賢哲會。
一七四五年　克林森寄來電學論文及玻璃管。
一七四六年　夏天做電學實驗。
一七四七年　撰寫〈簡明真相〉。組織民兵團。
一七四八年　從印刷事業退休。
一七四九年　撰寫創辦費城學院（賓夕法尼亞大學）的提案。

一七五一年　電學論文在倫敦發表。當選賓夕法尼亞的議員。
一七五二年　進行風箏和閃電實驗。
一七五三年　成為北美殖民地的聯合郵政總長。與印第安人在卡萊爾進行高峰會。
一七五四年　法國與印第安戰爭爆發。奧爾巴尼聯盟計畫。
一七五五年　為布雷多克將軍提供軍援。通過民兵團法案。與領主抗爭。
一七五六年　通過夜間巡邏法案和路燈法案。
一七五七年　前往倫敦擔任賓夕法尼亞的代表。撰寫《致富之道》，發行最後一版《窮理查年鑑》。搬到克雷文街與史蒂文生夫人同住。
一七五八年　與威廉一起前往埃克頓尋根。
一七五九年　造訪英格蘭北部和蘇格蘭。英軍和北美殖民地的軍隊占領魁北克。
一七六〇年　鼓吹英國持續占領加拿大。在樞密院抗爭佩恩家族時獲得部分的成果。與威廉同遊英國。
一七六一年　與威廉同遊法蘭德斯和荷蘭。
一七六二年　返回費城。威廉獲任為紐澤西的皇家總督並結婚。
一七六三年　興建市場街的新宅。展開從維吉尼亞到新英格蘭的郵政巡察之旅。法國與印第安戰爭結束。
一七六四年　帕克斯頓之子危機。在議會選舉中失利。重返倫敦擔任殖民地的代表。
一七六五年　印花稅法通過。

一七六六年　在英國議會裡抗議印花稅法，印花稅法撤銷。與霍爾的合作協議到期。
一七六七年　殖民地實施湯森稅法。到法國旅遊。
一七六八年　代表北美殖民地在倫敦進行輿論戰。
一七六九年　二度訪法。
一七七〇年　湯森稅法撤銷，僅保留茶葉稅。獲任為麻薩諸塞的駐英代表。
一七七一年　與希爾斯伯勒勛爵對峙。開始撰寫自傳。造訪愛爾蘭和蘇格蘭。與女婿貝奇見面。
一七七二年　把祕密取得的哈欽森信件寄到波士頓。
一七七三年　撰寫惡搞文〈大帝國的縮小指南〉和〈普魯士國王的敕令〉。波士頓傾茶事件。
一七七四年　因哈欽森信件而在「鬥雞場」遭到質詢。被解除郵政總長的職位。《強制法案》通過。與查塔姆伯爵和豪勛爵開始和談。黛博拉過世。
一七七五年　返回費城。萊辛頓和康科特戰役。獲選為第二屆大陸會議的代表。草擬《邦聯條例》。
一七七六年　威廉被解除皇家總督的職位，並囚禁於康乃狄克。去加拿大出任務。發布《獨立宣言》。與豪勛爵在史泰登島談判。帶著坦普和班尼前往法國。
一七七七年　定居帕西，在巴黎受到熱情的款待。
一七七八年　與法國簽訂美法聯盟及通商條約。威廉獲釋並移居親英派控制的紐約。
一七七九年　擔任美國駐法的全權公使。流連於布易雍夫人和愛爾維修夫人主持的沙龍。瓊斯帶領的〈窮理查號〉擊敗〈賽拉皮斯號〉。

一七八〇年　亞當斯重返法國，但富蘭克林又導致他被解除駐法代表職務。英軍占領查爾斯頓。
一七八一年　亞當斯重返巴黎擔任對英和談的代表，後來富蘭克林（與傑伊等人）也一起獲任為對英和談的代表。康沃利斯將軍在約克城投降。
一七八二年　偕同亞當斯及傑伊一起和英國和談，威廉返回倫敦。
一七八三年　熱氣球升空。
一七八四年　加入梅斯默調查委員會。波莉造訪帕西。
一七八五年　與威廉最後一次會面。返回費城。
一七八六年　擴建市場街的住宅。
一七八七年　制憲會議。當選為賓州廢奴協會的主席。
一七九〇年　四月十七日過世，享年八十四歲。

人物表

約翰・亞當斯（一七三五－一八二六），麻薩諸塞的愛國者，美國第二任總統。曾與富蘭克林一起編輯傑弗遜起草的《獨立宣言》，並於一七七六年與豪勛爵談判。一七七八年四月抵達巴黎，與富蘭克林一起擔任駐法公使，一七七九年三月離法，一七八〇年二月返法，一七八〇年八月離法前往荷蘭，一七八二年十月返法參與英美和談。

威廉・艾倫（一七〇四－一七八〇），賓夕法尼亞的商人，大法官，原本與富蘭克林友好，後來因支持領主而與富蘭克林決裂。

班傑明（班尼）・富蘭克林・貝奇（一七六九－一七九八），莎莉・貝奇與理查・貝奇之子，一七七六年與外祖父富蘭克林及表兄坦普一起前往巴黎，接著負笈日內瓦求學，後來在帕西學習印刷。在富蘭克林的支持下，在費城開設印刷店，發行反聯邦主義的《美國曙光報》，因誹謗總統亞當斯被捕，死於黃熱病，得年二十九歲。

理查・貝奇（一七三七－一八一一），經商成果乏善可陳的商人，一七六七年娶了富蘭克林的女兒莎莉為妻。育有七名子女：班尼、威爾、路易、伊麗莎白、黛博拉、莎拉及理查。

愛德華・班克羅夫（一七四五－一八二一），生於麻薩諸塞的醫生及炒股者，與富蘭克林在倫敦相識。美國獨立戰爭期間，擔任美國駐法使團的秘書，實為英國間諜。

皮埃爾－奧古斯坦・卡隆・德・博馬舍（一七三二－一七九九），誇張的劇作家、炒股者、軍火販子。美國獨立戰爭期間，協助法國援助美國，後來成為富蘭克林在帕西的朋友。創作包括《塞維亞的理髮師》（一七七五）、《費加洛的婚禮》（一七八四）。

安德魯・布拉福德（一六八六－一七四二），費城的印刷商，《美利堅信使週報》的出版商，是富蘭克林的競爭者，領主派的支持者。

威廉・布拉福德（一六六三－一七五二），紐約印刷界的先驅，富蘭克林從波士頓逃家到紐約時認識他，他把富蘭克林介紹給費城的兒子。

布易雍・德・朱伊（一七四四－一八二四），富蘭克林在帕西的鄰居，琴藝高超的大鍵琴家，後來成為富蘭克林最喜歡的女性友人之一。曾為薩拉托加戰役告捷譜寫〈起義者進行曲〉。

老威廉・皮特／查塔姆伯爵（一七〇八－一七七八），有「偉大平民」的稱號，曾在七年戰爭期間（一七五六－一七六三）擔任英國首相，一七六六年封爵。反對托利黨對殖民地的壓制政策。一七七六年初與富蘭克林協商，曾把馬車停在富蘭克林居住的史蒂文生夫人屋外。

雅克－多納襄・勒雷・德・蕭蒙（一七二五－一八〇三），想從戰爭中牟利的投機商人，曾是奴隸販子，富蘭克林在帕西的房東。

卡德瓦拉德・科爾登（一六八八－一七七六），紐約的政治家及自然學家，常與富蘭克林通信討論實驗和科學。

彼得・克林森（一六九四－一七六八），倫敦的商人及科學家，曾幫富蘭克林建立圖書館及提供電學的論文和設備。

孔多塞侯爵（一七四三－一七九四），數學家及傳記家，狄德羅的《百科全書》供稿者，富蘭克林在巴黎的摯友，法國大革命時服毒自盡。

薩謬爾・庫伯（一七二五－一七八三），波士頓的政治家及牧師，主張獨立，是富蘭克林的知己。

湯瑪斯・顧盛（一七二五－一七八八），麻薩諸塞的政治家，曾任麻薩諸塞的議長（一七六六－一七七四），常與富蘭克林通信。富蘭克林把哈欽森的信件寄給他，因此爆發了「哈欽森信件」事件。

賽拉斯・迪恩（一七三七－一七八九），康乃狄克的外交官及商人。一七七六年七月，赴法尋求法國對美國獨立革命的支持（在富蘭克林之前），後來成為富蘭克林的盟友，與亞瑟・李對立，李指責他貪污，迫使美國將他召回。

威廉・丹尼（一七〇九－一七六五），英國的陸軍軍官，曾任賓夕法尼亞的總督（一七五六－一七五九）。

勒德斯潘瑟勳爵（一七〇八－一七八一），英國政治家，曾任英國郵政大臣（一七六六－一七八一），任內曾保護友人富蘭克林，但後來撤銷其北美殖民地郵政副總長的職務。富蘭克林在他的莊園作客時，喜聞他創作的〈普魯士國王的敕令〉愚弄了大家。

約翰・迪金森（一七三二－一八〇八），賓夕法尼亞的政治家。富蘭克林反對領主時，與富蘭克林為敵。對美國獨立抱持謹慎提防的態度。著有〈賓夕法尼亞農民投書〉，富蘭克林在不知道作者是誰下，幫他在倫敦出版了。

約翰・福瑟吉爾（一七一二－一七八〇），倫敦的貴格會醫生，一七五一年出版富蘭克林的電學文章，並在富蘭克林旅英期間擔任其醫生。富蘭克林曾說：「我想不到比他更好的人了。」

艾芭亞・福爾傑・富蘭克林（一六六七－一七五二），一六八九年與喬塞亞・富蘭克林結婚，育有十名子女，富蘭克林的生母。

老班傑明・富蘭克林（一六五〇－一七二七），富蘭克林的伯父，鼓勵富蘭克林寫詩及傳道（但並未成功），一七一五年退休後到波士頓居住。

黛博拉・里德・富蘭克林（一七〇五？－一七七四），富蘭克林以普通法結褵的賢妻，據說是在伯明罕出生，但自幼在費城的市場街成長，終生未離開過費城。一七二三年十月，富蘭克林初次來到費城時，她首次見到富蘭克林。曾嫁給約翰・羅傑斯，但遭到遺棄。一七三〇年與富蘭克林結為普通法的伴侶，在其印刷店裡擔任店長和經理。在印花稅引發暴動期間，堅強地捍衛家園。育有兩名子女：四歲夭折的法蘭西斯（法蘭奇）以及和她在多方面都很相似的莎拉（莎莉）。

詹姆斯・富蘭克林（一六九七－一七三五），富蘭克林的兄長，也是他早年的雇主。一七二一年創辦《新英格蘭報》，是北美殖民地前衛報紙的先鋒。

珍・富蘭克林（米肯）（一七一二－一七九四），富蘭克林的小妹，也是他最喜歡的妹妹。

約翰・富蘭克林（一六九〇－一七五六），富蘭克林的兄長，到羅德島賣燭皂，後來在富蘭克林的協助下成為波士頓的郵政局長，富蘭克林曾為他製作彈性的導尿管。

喬薩亞・富蘭克林（一六五七－一七四五），出生於英國埃克頓的絲綢染工，一六八三年移民到北美殖民地，改行製作蠟燭。與第一任妻子安妮・柴爾德育有七名子女，與第二任妻子艾芭亞・福爾傑・富蘭克林育有十名子女（包括富蘭克林）。

莎拉（莎莉）・富蘭克林（貝奇）（一七四三－一八〇八），富蘭克林孝順的獨女，一七六七年與理查・貝奇成婚。一七七六年和一七八五年富蘭克林返回費城時，擔任家管的角色。她與母親一樣從未跟隨富蘭克林去過歐洲，但一七六三年曾陪富蘭克林去波士頓。

（威廉）坦普・富蘭克林（約一七六〇－一八二三），威廉・富蘭克林的私生子。自幼由祖父富蘭克林撫養及教育。一七七五年富蘭克林帶他回北美殖民地，一七七六年富蘭克林帶他去巴黎。在祖父與父親的鬥爭中，維持對祖父的忠誠。他有一名私生子女，曾出版一本雜亂的富蘭克林文集。

威廉・富蘭克林（約一七三〇－一八一三），富蘭克林的私生子，自幼由富蘭克林撫養，陪富蘭克林前往英國，變成親英的托利黨人，後來獲任為紐澤西的皇家總督，始終效忠英國國王，因此與父親徹底決裂。

約瑟夫・加洛維（約一七三一－一八〇三），費城的政治家，富蘭克林反對領主時的長期盟友。富蘭克林與兒子威廉曾在他的崔沃斯莊園相會。在美國獨立戰爭期間仍效忠英國國王，因此與富蘭克林決裂。

大衛・霍爾（一七一四－一七七二），在史莊的推薦下，一七四四年從倫敦移居費城，成了富蘭克林印刷店的領班。一七四八年以管理合夥人的身分，接管富蘭克林的事業。

安德魯・漢米爾頓（約一六七六－一七四一），一七三〇年代的大部分時間都擔任賓夕法尼亞的議長。曾格因誹謗罪受審時，為曾格辯護。多數情況下是支持富蘭克林。

詹姆斯・漢米爾頓（一七一〇－一七八三），安德魯之子，兩度擔任賓夕法尼亞的總督（一七四八－一七五四及一七五九－一七六三）。身為共濟會的會員、費城圖書館和費城學院的理事，詹姆斯算是富蘭克林的朋友，但兩人在政治上常有分歧。

愛爾維修夫人（一七一九－一八〇〇），富蘭克林在奧特伊村（帕西附近）的摯友。一七八〇年，富蘭克林曾熱切向她求婚。其夫愛爾維修是著名的哲學家及富有的包收租稅官。一七七一年愛爾維修過世後，愛爾維修夫人始終未改嫁。

理查・豪勛爵（一七二六－一七九九），英國的海軍上將，十四歲加入皇家海軍，後來成為駐北美殖民地的總司令。一七七五年底在弟媳下棋的掩護下，首次與富蘭克林祕密協商。一七七六年九月，與富蘭克林和亞當斯在史泰登島談判。

威廉・豪（一七二九－一八一四），海軍上將理查・豪勛爵的弟弟，曾參加法印戰爭及邦克山戰役。一七七五年，接替蓋奇將軍，出任駐北美殖民地的陸軍指揮官，接受其兄長的統領。一七九九年受封為子爵。

大衛・休謨（一七一一－一七七六），蘇格蘭的歷史學家及哲學家，與洛克、柏克萊同為英國最偉大的實證主義分析家。富蘭克林在倫敦與他結識，一七五九年和一七七一年兩度前往愛丁堡拜訪他。

湯瑪斯・哈欽森（一七一一－一七八〇），原本是富蘭克林的朋友，一七五四年在奧爾巴尼會議上仍是富蘭克林的盟友。一七七一年出任麻薩諸塞的皇家總督。印花稅危機期間，其宅院遭到焚毀，富蘭克林曾寫信慰問。但一七七三年，富蘭克林取得他的一些信件，轉寄給麻薩諸塞的盟友，導致富蘭克林在「鬥雞場」遭到英國大臣的尖刻質詢。

亨利·霍姆／卡姆斯勳爵（一六九六－一七八二），蘇格蘭的法官及道德哲學家，對農業、科學和歷史深感興趣。一七五九年富蘭克林去蘇格蘭旅行時與他結識。

薩謬爾·凱莫（約一六八八－一七四二），倫敦的印刷工，一七二二年移居費城，隔年給予富蘭克林第一份工作。富蘭克林與他時有衝突，後來成為事業上的競爭對手。一七三〇年移居巴貝多島。

威廉·基斯爵士（一六八〇－一七四九），曾任賓夕法尼亞的總督（一七一七－一七二六），一七二四年承諾贊助富蘭克林，要他去倫敦挑選鉛字，卻始終沒有提供原先承諾的信用狀。後來因違抗領主旨意而遭到解職，最後負債被囚禁在老貝利監獄，死於獄中。

亞瑟·李（一七四〇－一七九二），維吉尼亞的政客及外交官，一七六〇年代後期在倫敦就已經與富蘭克林為敵。一七七七年，兩人在巴黎擔任美國的駐法代表時，衝突加劇。亞瑟與其勢力強大的兄弟（威廉·李、理查·亨利、法蘭西斯·萊特福特·李）都是富蘭克林的敵人。

尚－白普提斯·勒羅伊（一七二〇－一八〇〇），法國的科學家，與富蘭克林一樣對電學深感興趣，後來成為富蘭克林在巴黎的摯友。

羅伯特·李文斯頓（一七四六－一八一三），紐約的政治家，曾任美國的外交部長（一七八一－一七八三）。

詹姆斯·洛根（一六七四－一七五一），費城知名的貴格會教徒及貴族。富蘭克林請他幫圖書館開書單，因此認識。

科頓·馬瑟（一六六三－一七二八），知名的清教牧師及政治迫害者，接替其父英克瑞斯·馬瑟擔任波士頓老北教堂的牧師，他的作品激勵了富蘭克林投入公益活動。

修·梅雷迪斯（約一六九七－約一七四九），凱莫印刷店的印刷工，加入富蘭克林的互助學習會，一七二八年成為富蘭克林的第一位合夥人。後來恢復酗酒的惡習，一七三〇年富蘭克林買下他的股份後，他移居北卡羅來納。

安德列·莫雷萊神父（一七二七－一八一九），經濟學家，《百科全書》的供稿者，紅酒愛好者。一七七二年，在謝爾本勳爵家裡的派對上認識富蘭克林，當時富蘭克林用裝了油的手杖表演撫平水波的把戲。他是愛爾維修夫人那個圈子裡的一員。

羅伯・亨特・莫里斯（約一七〇〇－一七六四），曾任賓夕法尼亞的總督（一七五四－一七五六），為了領主財產的徵稅問題與富蘭克林爭論。紐澤西總督路易斯・莫里斯（Lewis Morris）之子。

尚－安東・諾萊特（一七〇〇－一七七〇），法國的科學家及電學家，嫉妒富蘭克林的電學理論。

以撒・諾里斯（一七〇一－一七六六），費城的商人，曾任議長（一七五〇－一七六四），與富蘭克林一起反對領主。

湯瑪斯・潘恩（一七三七－一八〇九），在英國當過束腹裁縫及稅務書記員，但毫無成就。後來獲得富蘭克林的青睞，富蘭克林為他寫了一封信給貝奇，幫他在費城找到記者及印刷工的工作。一七七六年一月撰寫《常理》，為獨立宣言鋪路。後來又撰寫《理性年代》，但或許是富蘭克林寫信提醒他該文可能被視為異端，所以延到一七九四年才發表。

詹姆斯・帕克（約一七一四－一七七〇），紐約的印刷工，曾是威廉・布拉福德的學徒，後來逃走。富蘭克林幫他在紐約開了合夥印刷店，後來又提拔他擔任當地的郵政局長及北美殖民地郵政系統的審計長。在奧爾巴尼會議之前，富蘭克林曾寫信和他談到北美殖民地的聯盟計畫。

約翰・佩恩（一七二九－一七八五），賓夕法尼亞創始人威廉・佩恩的孫子。一七六三至一七七六年的大部分時間，擔任家族領地的總督。一七五四年與富蘭克林一起參加奧爾巴尼會議。在「帕克斯頓之子」暴亂期間，曾向富蘭克林求援。但不久之後，因領主權力和徵稅問題，成為富蘭克林的政敵。

湯瑪斯・佩恩（一七〇二－一七七五），威廉・佩恩之子，約翰・佩恩的伯父。一七四六年成為費城的大領主，與其弟弟理查一起住在倫敦。富蘭克林的最大政敵之一。

理查・彼得斯（約一七〇四－一七七六），聖公會的牧師，一七三四年來到賓夕法尼亞，擔任佩恩家族的助手。雖然和富蘭克林一起創辦費城學院，但後來成為富蘭克林的政敵。

約瑟夫・卜利士力（一七三三－一八〇四），神學家，後來對科學產生濃厚的興趣。一七六五年結識富蘭克林，撰寫電學史（一七六七），文中盛讚富蘭克林的電學研究。成功分離出氧氣與其他氣體。

約翰・普林格爵士（一七〇七－一七八二），醫生，後來成為富蘭克林的英國摯友及旅伴。

凱薩琳（凱蒂）・雷（格林）（一七三一－一七九四），一七五四年富蘭克林去新英格蘭旅行時認識凱薩琳，她是富蘭克林第一個主要的紅粉知己。一七五八年嫁給後來擔任羅德島總督的威廉·格林，她一直是富蘭克林及其家族的朋友。（凱薩琳寫信時署名 Caty，但富蘭克林通常稱她 Katy 或 Katie）。

路易－亞歷山大／拉羅希福可公爵（一七四三－一七九二），科學家及貴族。應富蘭克林的請託，把美國的州律法翻譯成法文在法國出版。法國大革命期間遭亂石砸死。

謝爾本伯爵（一七三七－一八〇五），富蘭克林的英國朋友，富蘭克林在其家中聚會上表演油撫平水波的把戲。一七八二年富蘭克林代表美國與英國和談時，他先是出任殖民地事務大臣，後來接任首相。

強納森·希普利，聖亞薩主教（一七一四－一七八八），聖公會的主教。富蘭克林在他位於特懷福德的莊園裡開始撰寫自傳。

威廉·雪利（一六九四－一七七一），倫敦的律師，後來移居波士頓出任麻薩諸塞的總督（一七四一－一七五七），曾短暫出任駐美的英軍指揮官。一七五四年奧爾巴尼會議後，曾與富蘭克林通信討論北美殖民地的聯盟該如何組成。

威廉·史密斯（一七二七－一八〇三），英國的牧師及作家。一七五〇年代初期，富蘭克林聘請他擔任費城學院的院長，後來成為領主的狂熱支持者，並與富蘭克林決裂。

瑪格麗特·史蒂文生（一七〇六－一七八三），富蘭克林在克雷文街寓所的房東（離河岸街不遠），是富蘭克林在倫敦的臨時伴侶。

瑪麗（波莉）·史蒂文生（修森）（一七三九－一七九五），史蒂文生夫人的女兒，富蘭克林長年的紅粉知己兼摯友。一七七〇年與醫學研究者威廉·修森結婚，一七七四年守寡。一七八五年前往帕西探望富蘭克林。一七八六年移居費城，陪富蘭克林走完人生的最後一程。

威廉·史莊（一七一五－一七八五），倫敦的印刷商。尚未見到富蘭克林以前，兩人即靠通信成為好友。推薦霍爾給富蘭克林，霍爾後來成為富蘭克林的事業夥伴。美國獨立戰爭期間，富蘭克林曾寫一封著名的信給他，說「你是我的敵人」，但實際上沒有寄出，他們一輩子都是好友。

查爾斯·湯姆森（一七二九－一八二四），愛爾蘭出生的教師，富蘭克林讓他在費城學院任職，並帶他參與賓夕法尼亞的政治。富蘭克林旅英期間，他擔任其嚮導，後來成為富蘭克林的議會秘書（一七七四－一七八九）。

安－羅伯－雅克·杜爾哥（一七二七－一七八一），經濟學家，曾任路易十六的財政主計大臣，是富蘭克林的朋友，但有段時間因兩人都愛戀愛爾維修夫人而成為情敵。曾寫下名句：「他從蒼天取得閃電，從暴君奪取王權。」

班傑明·沃恩（一七五一－一八三五），外交家及謝爾本伯爵的熟識，一七七九年彙編富蘭克林的文稿，也幫富蘭克林和英國進行最終的和談。

路易－紀堯姆·勒維拉爾（一七三三－一七九四），著名的溫泉地主，富蘭克林在帕西的鄰居，在法國大革命期間被送上斷頭臺。

夏爾·格拉維耶／維爾建伯爵（一七一七－一七八七），一七七四至一七八七年擔任法國外長，與富蘭克林協議美法聯盟。

托馬斯·沃波爾（一七二七－一八〇三），英國的銀行家及議員，英國首相羅伯·沃波爾（Robert Walpole）的侄子，與富蘭克林一起成立大俄亥俄公司，以期獲得北美殖民地西部的土地授予。後來他利用從班克羅夫取得的內線消息炒股票。

保羅·溫特沃斯（約一七四〇－一七九三），英國駐法的間諜頭目，招募班克羅夫當英國的間諜。生於新罕布夏，一七六〇年代移居倫敦，靠股市及圭亞那的土地買賣致富。一七七七年十二月與富蘭克林在巴黎見面，試圖破壞美法聯盟。

薩繆爾·沃頓（一七三二－一八〇〇），費城出生的商人，一七六九年移居倫敦，和托馬斯·沃波爾一起參與土地授予計畫及炒股票。

喬治·懷特菲爾德（一七一四－一七七〇），福音傳道者，在牛津大學的彭布羅克學院時加入衛斯理公會。曾七次前往北美殖民地，是大覺醒運動中最知名的巡迴牧師之一。一七三九年在費城獲得富蘭克林的支持。

貨幣購買力兌換說明

以消費品的物價指數比較為基礎，底下是十八世紀貨幣折合當今貨幣的價值：

一七〇六年

一英鎊是北美殖民地的通用貨幣。

一英鎊的購買力，和二〇〇二年一百零四英鎊（或一百六十一美元）的購買力相當。

一盎司黃金的價格是四・三五英鎊。

一七五〇年

一英鎊仍是北美殖民地的通用貨幣，但某些殖民地發行了英鎊計價的紙鈔（賓夕法尼亞也在富蘭克林的呼籲下發行紙鈔）。

一英鎊的購買力，和二〇〇二年一百零三英鎊（或一百六十美元）的購買力相當。

一盎司黃金的價格是四・二五英鎊。

一七九〇年

美元是美國的通用貨幣，並設定了官方匯率。黃金的英鎊價格仍是固定的，但購買力已下降。

匯率是一英鎊等於四・五五美元，一英鎊等於二十三・五法國里弗爾。

一盎司黃金的價格是四・二五英鎊或十九・五美元。

一英鎊的購買力，和二〇〇二年七十英鎊的購買力相當。

一美元的購買力，和二〇〇二年十九・二六美元的購買力相當。

附注：一七九〇年英鎊和美元的購買力變化無法比較。

資料來源：經濟史服務（Economic History Services），eh.net/hmit；約翰・麥卡斯克（John McCusker），《*How Much Is That in Real*

Money?》，(New Castle, Del.: Oak Knoll Press, 2001).

資料來源與縮寫

除非另有說明，否則本書引用的富蘭克林文章皆出自耶魯大學編輯的《富蘭克林文集》（見下文）以及帕卡德人文協會（Packard Humanities Institute）製作的光碟版。

請注意，底下用來區隔網址的句號、逗號、連字號、分號皆不算網址的一部分。

資料來源內的縮寫

人

BF = 富蘭克林

DF = 黛博拉〔妻〕

JM = 珍・米肯〔妹〕

MS = 史蒂文森夫人〔倫敦房東〕

PS = 波莉〔房東的女兒〕

RB = 貝奇〔女婿〕

SF = 莎莉〔女兒〕

TF = 坦普〔孫子〕

WF = 威廉〔兒子〕

富蘭克林的著作

Autobiography =《富蘭克林自傳》（*The Autobiography of Benjamin Franklin*）

為了方便讀者的查閱，本書引用的頁碼是根據最普及的 Signet Classic 平裝本（New York: Penguin Putnam, 2001），那個版本主要是根據 Max Farrand 修復的版本（Berkeley: University of California Press, 1949）。這本經典著作有一百五十多種版本，其中最能彰顯其修改內容的版本是 J. A. Leo Lemay 和 P. M. Zall 編輯的「創始文」（Genetic Text）（Knoxville: University of Tennessee Press, 1981）。那個版本後來也出了 Norton Critical Edition，同樣是由 Lemay 和 Zall 編輯（New York: Norton, 1986）。在本書後面的附注中，這兩版分別標示為「Lemay/Zall

Autobiography」和「Norton Autobiography」。Leonard Labaree 和耶魯《富蘭克林文集》的編輯所出版的權威版（New Haven: Yale University Press, 1964）在本書後面的附注中標示為「Yale Autobiography」，那是根據富蘭克林的手稿直接彙編的，內含實用的注解以及各種版本的歷史。可搜尋的電子版自傳可上網取得：ushistory.org/franklin/autobiography/index.htm；cedarcottage.com/eBooks/benfrank.rtf；earlyamerica.com/lives/franklin/index.html；odur.let.rug.nl/~usa/B/bfranklin/frank.htm；etext.lib.virginia.edu/toc/modeng/public/Fra2Aut.html；eserver.org/books/franklin/。

Lib. of Am. =《富蘭克林作品集》（*Benjamin Franklin Writings*）

內有 J. A. Leo Lemay 的注解（New York: Library of America, 1987）。這本一千五百六十頁的作品集涵蓋富蘭克林大多數的重要文章，連同來源資料和注釋。裡面包含 Lemay 對富蘭克林作品的重要修訂，那些修訂也更新了耶魯編輯的富蘭克林文集。可搜尋的電子版可上網取得：www.historycarper.com/resources/twobf1/contents.htm。

Pa. Gazette =《賓夕法尼亞報》（*The Pennsylvania Gazette*）

可搜尋的電子版可上網取得：www.accessible.com/about.htm；etext.lib.virginia.edu/pengazet.html；www.historycarper.com/resources/ twobf2/pg29-30.htm。

Papers =《富蘭克林文集》（*The Papers of Benjamin Franklin*）

（New Haven: Yale, 1959－）。這套權威版的注釋系列，是耶魯大學和北美賢哲會一起出版的，最初是由 Leonard Labaree 主編，最近的優秀編輯團隊包括 Ellen Cohn、Judith Adkins、Jonathan Dull、Karen Duval、Leslie Lindenauer、Claude-Anne Lopez、Barbara Oberg、Kate Ohno、Michael Sletcher 等人。二〇〇三年，編輯團隊已編了三十七卷，收錄至一七八二年八月的文章。以下引用的通信和文章，除非另有說明，否則都是指這套富蘭克林文集。請參閱：www.yale.edu/franklinpapers。

Papers CD = 《富蘭克林文集》的光碟

由帕卡德人文協會和耶魯編輯合作製作，裡面包含富蘭克林所有的已知著作，包括一七八三年至一七九〇年尚未整理成冊的作品。可按語句、通信對象、時間來搜尋，但未包含耶魯編輯所做的寶貴注解。我很感謝 David Packard 及其工作人員在這份光碟問世以前先給我一份。

Poor Richard's =《窮理查年鑑》（*Poor Richard's: An Almanack*）

富蘭克林著，有多種版本可選，以下引用是按年分注記。可搜尋的電子版可上網取得：www.sage-advice.com/Benjamin_Franklin.htm； www.ku.edu/carrie/stacks/authors.franklin.html； itech.fgcu.edu/faculty/wohlpart/alra/franklin.htm； www.swarthmore.edu/SocSci/bdorsey1/41docs/52-fra.html。

Silence Dogood = 賽倫斯・杜古德系列文章

《新英格蘭報》的完整版本（包括這些文章）可上網取得：ushistory.org/franklin/courant。

Smyth *Writings* =《富蘭克林文選》（*The Writings of Benjamin Franklin*）

由 Albert Henry Smyth 編輯，一九〇七年首次出版（New York: Macmillan, 1905 - 7；再版 New York: Haskell House, 1970）。在耶魯大學的版本出現以前，這套十卷的文選是富蘭克林的權威版文集。

Sparks =《富蘭克林的作品》（*The Works of Benjamin Franklin*）與《富蘭克林的一生》（*Life of Benjamin Franklin*）

由 Jared Sparks 編著（Boston: Tappan, Whittemore and Mason, 1840）。Sparks 是哈佛大學的歷史教授及校長，於一八三六至一八四〇年間出版了一套十卷的富蘭克林文集及富蘭克林傳記。www.ushistory.org/franklin/biography/index.htm。

Temple *Writings* =《富蘭克林回憶錄與文選》（*Memoirs of the Life and Writings of Benjamin Franklin*）

坦普・富蘭克林編著，共三卷（London: Henry Colburn, 1818）。

其他常引用的資料來源

Adams Diary =《亞當斯的日記和自傳》（*The Diary and Autobiography of John Adams*）
L. H. Butterfield 編輯（Cambridge: Harvard University Press, 1961）。

Adams Letters = 《亞當斯的家書》（*Adams Family Correspondence*）
L. H. Butterfield 編輯（Cambridge: Harvard University Press, 1963 – 73）。

Aldridge *French* =《富蘭克林和法國當代人士》（*Franklin and His French Contemporaries*）
Alfred Owen Aldridge 編輯（New York: NYU Press, 1957）。

Aldridge *Nature* =《富蘭克林和自然之神》（*Benjamin Franklin and Nature's God*）
Alfred Owen Aldridge 編輯（Durham, N.C.: Duke University Press, 1967）。

Alsop =《法國宮廷裡的美國人》（*Yankees at the Court*）
Susan Mary Alsop 著（Garden City, N.Y.: Doubleday, 1982）

Bowen =《美國最危險的人》（*The Most Dangerous Man in America*）
Catherine Drinker Bowen 著（Boston: Little, Brown, 1974）。

Brands =《第一個美國人》（*The First American*）
H. W. Brands 著（New York: Doubleday, 2000）。

Buxbaum =《富蘭克林和熱情的長老會教徒》（*Benjamin Franklin and the Zealous Presbyterians*）
Melvin Buxbaum 著（University Park: Pennsylvania State University Press, 1975）。

Campbell =《為富蘭克林平反》（*Recovering Benjamin Franklin*）
James Campbell 著（Chicago: Open Court, 1999）。

Clark =《富蘭克林》（*Benjamin Franklin*）
Ronald W. Clark 著（New York: Random House, 1983）。

Cohen =《富蘭克林的科學》（*Benjamin Franklin's Science*）

I. Bernard Cohen 著（Cambridge: Harvard University Press, 1990）。

Faÿ =《富蘭克林：現代人的信徒》（*Franklin: The Apostle of Modern Man*）
Bernard Faÿ 著（Boston: Little, Brown, 1929）。

Fleming =《挑戰閃電的人》（*The Man Who Dared the Lightning*）
Thomas Fleming 著（New York: Morrow, 1971）。

Hawke =《富蘭克林》（*Franklin*）
David Freeman Hawke 著（New York: Harper & Row, 1976）。

Jefferson Papers =《傑弗遜文集》（*Papers of Thomas Jefferson*）
Julian Boyd 著（Princeton: Princeton University Press, 1950－）。

Lemay *Internet Doc* = 富蘭克林：文獻史（Benjamin Franklin: A Documentary History）
J. A. Leo Lemay 編，德拉瓦大學，www.english.udel.edu/lemay/franklin。

Lemay *Reappraising* =《重新評價富蘭克林》（*Reappraising Benjamin Franklin*）
J. A. Leo Lemay 編（Newark: University of Delaware Press, 1993）。

Lopez *Cher* =《親愛的爸爸》（*Mon Cher Papa*）
Claude-Anne Lopez 著（New Haven: Yale University Press, 1966）。

Lopez *Life* =《我與富蘭克林的生活》（*My Life with Benjamin Franklin*）
Claude-Anne Lopez 著（New Haven: Yale University Press, 2002）。

Lopez *Private* =《私底下的富蘭克林》（*The Private Franklin*）
Claude-Anne Lopez 與 Eugenia Herbert 合著（New York: Norton, 1975）。

McCullough =《亞當斯》（*John Adams*）
David McCullough 著（New York: Simon & Schuster, 2001）。

Middlekauff =《富蘭克林與其敵人》（*Benjamin Franklin and His Enemies*）

Robert Middlekauff 著（Berkeley: University of California Press, 1996）。

Morgan *Franklin* =《富蘭克林》（*Benjamin Franklin*）
Edmund S. Morgan 著（New Haven: Yale University Press, 2002）。

Morgan *Devious* =《迂迴的富蘭克林博士》（*The Devious Dr. Franklin: Benjamin Franklin's Years in London*）
David Morgan 著（Macon, Ga.: Mercer University Press, 1996）。

Parton =《富蘭克林的一生與時代》（*Life and Times of Benjamin Franklin*）
James Parton 著，兩卷（New York: Mason Brothers, 1865）。

PMHB =《賓夕法尼亞歷史和傳記雜誌》（*Pennsylvania Magazine of History and Biography*）

Randall =《小報復》（*A Little Revenge*）
Willard Sterne Randall 著（New York: William Morrow, 1984）。

Sanford =《富蘭克林與美國特色》（*Benjamin Franklin and the American Character*）
Charles Sanford 編（Boston: Heath, 1955）。

Sappenfield =《富蘭克林的文壇啟蒙》（*A Sweet Instruction: Franklin's Journalism as a Literary Apprenticeship*）
James Sappenfield 著（Carbondale: Southern Illinois University Press, 1973）。

Schoenbrun =《巴黎的勝利》（*Triumph in Paris*）
David Schoenbrun 著（New York: Harper & Row, 1976）。

Skemp *William* =《威廉・富蘭克林》（*William Franklin*）
Sheila Skemp 著（New York: Oxford University Press, 1990）。

Skemp *Benjamin* =《富蘭克林父子》（*Benjamin and William Franklin*）
Sheila Skemp 著（New York: St. Martin's, 1994）。

Smith =《富蘭克林與貝奇》（*Franklin and Bache: Envisioning the Enlightened Republic*）
Jeffery A. Smith 著（New York: Oxford University Press, 1990）。

Stourzh =《富蘭克林與美國外交政策》（*Benjamin Franklin and American Foreign Policy*）
Gerald Stourzh 著（Chicago: University of Chicago Press, 1954）。

Tourtellot =《富蘭克林成長史》（*Benjamin Franklin: The Shaping of Genius, the Boston Years*）
Arthur Tourtellot 著（Garden City, N.Y.: Doubleday, 1977）。

Van Doren =《富蘭克林》（*Benjamin Franklin*）
Carl Van Doren 著（New York: Viking, 1938）。這本書的頁碼和 Penguin USA 平裝本（1991 年版及後續的版本）一樣。

Walters =《富蘭克林和他的神》（*Benjamin Franklin and His Gods*）
Kerry S. Walters 著（Urbana: Universit y of Illinois Press, 1998）。

Wright =《費城的富蘭克林》（*Franklin of Philadelphia*）
Esmond Wright 著（Cambridge: Harvard University Press, 1986）。

附注

第一章

1. For a description of the writing of the Autobiography, see pages 254–57 and chapter 11 note 5 on page 542.
2. David Brooks, "Our Founding Yuppie," Weekly Standard, Oct. 23, 2000, 31。「實力主義」（meritocracy）一詞是論述的起點，我在書中偶爾也會用到這個詞，通常是鬆散地指像富蘭克林那樣，憑著實力和勤奮力爭上游，以提升社會地位。這個字是英國的社會思想家 Michael Young 在 1958 年的著作《*The Rise of the Meritocracy*》（New York: Viking Press）中創造出來的（後來他變成達林頓勛爵，說來有點諷刺）。他把這個字當成貶抑詞，用來嘲諷社會根據智商和學歷這種「狹隘的價值觀」，誤創出一種新的菁英階級。哈佛哲學家 John Rawls 在《*A Theory of Justice*》（Cambridge: Harvard University Press, 1971）106 頁中擴大這個字的定義，用來泛指「任人唯才的社會秩序」。對這個概念的最佳描述是 Nicholas Lemann 的《*The Big Test: The Secret History of the American Meritocracy*》（New York: Farrar, Straus & Giroux, 1999），該書描述教育能力測試的歷史以及那些測驗對美國歷史的影響。在富蘭克林的時代，啟蒙思想家（例如傑弗遜在他創辦維吉尼亞大學的提案中）主張以「自然貴族」取代世襲貴族。自然貴族是指幼年時根據其「優點與天賦」，從群眾中挑選出優秀的人才，以培養成領導人。富蘭克林的想法更廣義，他認為應該根據勤奮、努力、優點和天賦，鼓勵及提供機會給所有的人，讓每個人都有機會成功。我們也看到，相對於傑弗遜創辦維吉尼亞大學的提案，富蘭克林創辦賓州大學的提案不是為了篩選新的菁英，而是為了鼓勵及充實所有「有志奮發向上」的青年。富蘭克林提議的系統比傑弗遜的系統更平等，也更民主。誠如 Rawls（p. 107）後來所述，富蘭克林提議的系統確保「教育資源的分配，不是只根據預估的訓練成果，也根據他們能帶給人民的個人生活和社會生活的價值。」（也就是說：他關心的不只是讓整個社會變得更有生產力，他也想讓每個人變得更充實。）

第二章

1. Autobiography 18; Josiah Franklin to BF, May 26, 1739; editor's note in Papers 2:229; Tourtellot 12。富蘭克林在自傳中以注解說明，十五世紀的英國如何使用 franklin 這個名詞和姓氏。一些分析家以及他的法國推崇者指出，Franquelin 在法國的皮卡第是很普遍的姓氏，說他的祖先可能是來自那裡。他的父親喬薩亞寫道：「有些人認為我們來自法國，說我們原本的姓氏是 Franks；有些人說我們的姓氏是來自 free line（frank line），亦即沒有古代百姓常有的附庸身分，是自由之身；有些人說那個姓氏是源自有紅色長腿的鳥。」富蘭克林自己的看法是，他覺得那個姓氏是來自英國的自由階級，名叫 *franklins*。這幾乎可以確定是正確的解釋，而且同樣重要的是，這也是他相信的版本。《牛津英語詞典》定義 *franklin* 是「一種地主，不是貴族出身，但身分自由，地位僅次於貴族。」這個字是源自於中世紀的英語 *frankeleyn*，意指自由人或自耕農。See Chaucer's "The Franklin's Tale," or "The Frankeleyn's Tale," www.librarius.com/cantales.htm .

2. Autobiography 20; Josiah Franklin to BF, May 26, 1739. The tale of the Bible and stool is in the letter from Josiah Franklin, but BF writes that he heard it from his uncle Benjamin. For a full genealogy, see Papers 1:xlix. The Signet edition of the Autobiography, based on a version prepared by Max Farrand (Berkeley: University of California Press, 1949), uses a somewhat different phrase: "Our humble family early embraced the Reformation."
3. As David McCullough does in *Truman* (New York: Simon & Schuster, 1992) and Robert Caro in *The Path to Power* (New York: Knopf, 1982).
4. Autobiography 20; "A short account of the Family of Thomas Franklin of Ecton," by Benjamin Franklin the elder (uncle of BF), Yale University Library; Benjamin Franklin the Elder's commonplace book, cited in Papers, vol. 1; Tourtellot 18.
5. BF to David Hume, May 19, 1762.
6. Tourtellot 42.
7. John Winthrop, "A Model of Christian Charity" (1630), www.winthropsociety.org/charity.htm ; Perry Miller, Errand into the Wilderness (Cambridge: Harvard University Press, 1956). See also Andrew Delbanco, *The Puritan Ordeal* (Cambridge: Harvard University Press, 1989); Edmund Morgan, *Visible Saints: The History of a Puritan Idea* (New York: NYU Press, 1963); Herbert Schneider, *The Puritan Mind* (Ann Arbor: University of Michigan Press, 1958).
8. Perry Miller, "Benjamin Franklin and Jonathan Edwards," in *Major Writers of America* (New York: Harcourt Brace, 1962), 84; Tourtellot 41; Cotton Mather, "A Christian at His Calling," 1701, personal.pitnet.net/primarysources/mather.html ; Poor Richard's, 1736 (drawn from Aesop's "Hercules and the Wagoner," ca. 550 b.c., and Algernon Sidney's Discourses on Government, 1698, among other antecedents).
9. Tourtellot 47–52; Nian Sheng Huang, "Franklin's Father Josiah: Life of a Colonial Boston Tallow Chandler, 1657–1745" (Philadelphia: Transactions of the American Philosophical Society, 2000) vol. 90, pt. 3.
10. Lemay *Internet Doc* for 1657–1705; a drawing of the house is in Papers 1:4.
11. Edmund Morgan, *The Puritan Family* (New York: Harper & Row, 1966); Mark Van Doren and Samuel Sewall, eds., *Samuel Sewall 's Diary* (New York: Macy-Masius, 1927), 208.
12. Autobiography 24.
13. Autobiography 25, 91.
14. Tourtellot 86; Lopez *Private* 5–7.
15. Alexander Starbuck, *The History of Nantucket* (New York: Heritage, 1998), 53, 91, cited in Tourtellot 104.
16. Peter Folger, "A Looking Glass for the Times," reprinted in Tourtellot 106; Autobiography 23.
17. The genealogy of the Franklin and Folger families is in Papers 1:xlix.
18. Autobiography 23. The Farrand/Signet edition uses the phrase: "that which was not honest could not be truly useful."
19. BF to Barbeu Dubourg, April 1773; Tourtellot 161.
20. BF to Madame Brillon, Nov. 10, 1779 (known as the bagatelle of The Whistle); Autobiography 107; Pierre Jean Georges Cabanis, in *Complete Works* (Paris: Bossange freres, 1823), 5:222, records it as a lesson learned from his family.

21. Autobiography 24; Lopez *Private* 7.
22. Benjamin Franklin the elder, "To My Name, 1713," Paper 1:3–5; BF to JM, July 17, 1771; Parton 32–38; Tourtellot 139–40; Autobiography 20.
23. Autobiography 22; BF to JM, July 17, 1771; Lopez *Private,* 9.
24. Autobiography 22; Tourtellot 156. Boston Latin School was then generally called the South Grammar School.
25. Temple *Writings,* 1: 447.
26. Autobiography 25–26.
27. Autobiography 27; *Boston Post,* Aug. 7, 1940, cited in Papers 1:6–7. No authenticated copies of these two poems are known to have survived. The Franklin Papers 1:6–7 quote a few possible verses that may have been his.
28. Lemay *Internet Doc* for 1719–20, citing *Early Boston Booksellers,* by George Emery Littlefield (Boston: Antiquarian Society, 1900), 150–55; Tourtellot 230–32. Franklin incorrectly states that the *Courant* was the second newspaper in Boston. See Yale Autobiography 67n.
29. Perry Miller, *The New England Mind: From Colony to Province* (Cambridge: Harvard University Press, 1983), 344. See also E. Digby Baltzell, *Puritan Boston and Quaker Philadelphia* (New York: Free Press, 1979).
30. John Blake, "The Inoculation Controversy in Boston: 1721–1722," *New England Quarterly* (1952): 489–506; *New England Courant,* Aug. 7, 1721, and following, ushistory.org/franklin/courant ; Tourtellot 252.
31. Lemay *Internet Doc* for 1721; Perry Miller, *The New England Mind: From Colony to Province,* 337.
32. Autobiography 26. Analysis of Franklin's childhood reading can be found in Parton 1:44–51, 60–72; Ralph Ketcham, *Benjamin Franklin* (New York: Washington Square Press, 1965), 8–31; Tourtellot 166.
33. Autobiography 27; BF to Samuel Mather, July 7, 1773, May 12, 1784; John Bunyan, *Pilgrim's Progress,* 1678, www.ccel.org/b/bunyan/progress/; Plutarch, *Parallel Lives,* ca. a.d. 100, ibiblio.org/gutenberg/etext96/plivs10.txt ; Cotton Mather, *Bonifacius,* also known as *Essays to Do Good and An Essay upon the Good,* 1710, edweb.sdsu.edu/people/DKitchen/new_655/mather.htm ; Tourtellot 187–89.
34. Daniel Defoe, *An Essay upon Projects*, 1697, ibiblio.org/gutenberg/etext03/esprj10.txt ; Tourtellot 185.
35. Autobiography 28.
36. *The Spectator,* Mar. 13, 1711, harvest.rutgers.edu/projects/spectator/markup.html ; Autobiography 29.
37. *The Spectator,* Mar. 1, 1711; Silence Dogood #1, Apr. 2, 1722; Silence Dogood #2, Apr. 16, 1722; Silence Dogood #3, Apr. 30, 1722; ushistory.org/franklin/courant ; Papers 1:8–11. These dates, unlike others, are in the Old Style because they refer to editions of the *Courant* *a*s dated at the time.
38. Silence Dogood #4, May 14, 1722; *The Spectator*, Mar. 3, 1711.
39. Autobiography 34; *New England Courant,* June 18, 25, July 2, 9, 1722. The excerpt is from *The London Journal.*

40. *New England Courant,* July 16, 23, 1722.
41. *New England Courant,* Sept. 14, 1722, Feb. 11, 1723; Autobiography 33. 富蘭克林的回憶壓縮了時間，他記得兄長入獄後，他的名字出現在報紙的刊頭上，那是 1722 年 7 月。但事實上，他的名字出現在刊頭是發生在 1723 年 1 月詹姆斯陷入另一起爭執之後。怪的是，後來富蘭克林的名字一直掛在刊頭上，至少直到 1726 年，那時他已蹺家去費城三年了。See *New England Courant*, June 25, 1726, and Yale Autobiography 70n.
42. Autobiography 34–35.
43. Claude-Anne Lopez, an editor of Franklin's papers at Yale, discovered a scrap of paper on which Franklin, in 1783, jotted down some dates and places designed to pinpoint his itinerary of sixty years earlier. In the Norton edition of the Autobiography, J. A. Leo Lemay and P. M. Zall note that the only boat leaving Boston for New York that week was a sloop on September 25. Franklin's editing of the "naughty girl" passage is noted in the Signet edition, 35. James Franklin's forlorn ad appears in *New England Courant, Sept.* 30, 1723.

第三章

1. *The Way to Health* was written by Thomas Tryon (1634–1703) and first published in 1683; Autobiography 29.
2. Autobiography 49.
3. Autobiography 38.
4. Autobiography 79; Jonathan Yardley, review of Edmund Morgan's *Benjamin Franklin,* in *Washington Post Book World,* Sept. 15, 2002, 2.
5. Autobiography 41.
6. Autobiography 52.
7. Autobiography 42. Franklin later politely revised the phrase in his autobiography to read, "stared with astonishment." Lemay/Zall Autobiography provides a complete look at the original manuscript and all of its revisions. The governors sent to Pennsylvania were sometimes referred to as lieutenant governors.
8. Franklin recounted this tale twice to Mather's son: BF to Samuel Mather, July 7, 1773,and May 12, 1784.
9. Autobiography 104.
10. Autobiography 48.
11. Autobiography 54.
12. Autobiography 55–58.
13. "A Dissertation on Liberty and Necessity, Pleasure and Pain," 1725, Papers 1:58; Campbell 101–3.
14. Autobiography 70; Campbell 91–135.
15. Autobiography 92; Poor Richard Improved, 1753; Papers 4:406. See also Alfred Owen Aldridge, "The Alleged Puritanism of Benjamin Franklin," in Lemay *Reappraising* 370; Aldridge *Nature*; Campbell 99. For good descriptions of the evolution of Franklin's religious thought, see Walters; Buxbaum. See also chapter 7 of this book.
16. Autobiography 63.
17. "Plan of Conduct," 1726, Papers 1:99; Autobiography 183.
18. "Journal of a Voyage," July 22–Oct. 11, 1726, Papers 1:72–99. The idea that "affability and

sociability" were core tenets of the Enlightenment is explained well in Gordon Wood, *The Radicalism of the American Revolution* (New York: Random House, 1991), 215–6.

第四章

1. Autobiography 64. For overviews of life in Philadelphia, see Carl Bridenbaugh and Jessica Bridenbaugh, *Rebels and Gentlemen: Philadelphia in the Age of Franklin* (New York: Oxford University Press, 1942); E. Digby Baltzell, *Puritan Boston and Quaker Philadelphia* (New York: Free Press, 1979). For a good overview of Franklin's work as a printer, see C. William Miller, *Benjamin Franklin's Philadelphia Printing* 1728–1766 (Philadelphia: American Philosophical Society, 1974).
2. The chronology in the Autobiography is not quite correct. Denham took ill in the spring of 1727 but did not die until July 1728. Lemay/Zall Autobiography 41.
3. Autobiography 69; Brands 87–89; Van Doren 71–73.
4. Autobiography 71–79; Brands 91; Lemay/Zall Autobiography 49. The Quaker history was written by William Sewel. Franklin records that he published forty sheets of folio, which would have been 160 pages, but in fact he produced 178 pages and Keimer the remaining 532 pages.
5. Last Will and Codicil, June 23, 1789, Papers CD 46:u20.
6. Whitfield J. Bell Jr., *Patriot Improvers* (Philadelphia: American Philosophical Society, 1999), vol. 1; Autobiography 72 - 73; "On Conversation," Pa. Gazette, Oct. 15, 1730. 戴爾・卡內基在著作《*How to Win People to Your Way of Thinking*》裡（1937; New York: Pocket Books, 1994），參考了富蘭克林的交談原則。卡內基針對「如何讓人接受你的思維方式」提出的前兩項原則是：「贏得爭論的唯一方式是避免爭論」、「尊重對方的意見，絕對不要說：『你錯了。』」至於「如何在不冒犯他人或惹人怨恨下改變他人」，卡內基的建議是：「間接讓人注意到他自己的錯誤」、「發問，而不是發號施令」。卡內基的著作暢銷逾 1500 萬本。
7. Autobiography 96; "Rules for a Club for Mutual Improvement," 1727; "Proposals and Queries to be Asked the Junto," 1732.
8. BF to Samuel Mather, May 17, 1784; Van Doren 75; Cotton Mather, "Religious Societies," 1724; Lemay/Zall Autobiography 47n. See also Mitchell Breitwieser, *Cotton Mather and Benjamin Franklin* (Cambridge: Cambridge University Press, 1984).
9. Autobiography 74; *American Weekly Mercury*, Jan. 28, 1729 (Shortface and Careful); Papers 1:112; Brands 101; Van Doren 94; Sappenfield 49–55.
10. Busy-Body #1, *American Weekly Mercury*, Feb. 4, 1729; Sappenfield 51; T*he Universal Instructor... and Pennsylvania Gazette,* Feb. 25, Mar. 13, 1729; Papers 1:115–27.
11. Busy-Body #3, *American Weekly Mercury*, Feb. 18, 1729; Busy-Body #4, *American Weekly Mercury,* Feb. 25, 1789; Busy-Body #8, *American Weekly Mercury,* Mar. 28, 1729. Lemay's masterly notes in the Library of America's edition of Franklin's *Writings* (p. 1524) describe which parts Franklin wrote and what was withdrawn in Busy-Body #8.
12. "A Modest Enquiry into the Nature and Necessity of a Paper Currency," Apr. 3, 1729; Autobiography 77–78. Franklin draws on William Petty's 1662 work, *A Treatise of Taxes and Contributions,* www.socsci.mcmaster.ca/~econ/ugcm/3113/petty/taxes.txt .
13. "The Printer to the Reader," Pa. Gazette, Oct. 2, 1729.

14. "Printer's Errors," Pa. Gazette, Mar. 13, 1730.
15. Pa. Gazette, Mar. 19, 1730; Autobiography 75.
16. "Apology for Printers," Pa. Gazette, June 10, 1731; Clark 49; Isaiah Thomas, *The History of Printing in America* (1810; Albany: Munsell, 1874), 1: 237.
17. Pa. Gazette, June 17, 24, July 29, 1731, Feb. 15, June 19, July 3, 1732.
18. Pa. Gazette, Oct. 24, 1734; not in the Yale Papers, but later ascribed to the Franklin canon by Lemay, see Lib. of Am. 233–34.
19. Pa. Gazette, Sept. 7, 1732. For an analysis of Franklin's journalistic treatment of crime and scandal, see Ronald Bosco, "Franklin Working the Crime Beat," Lemay *Reappraising,* 78–97.
20. Pa. Gazette, Sept. 12, 1732, Jan. 27, 1730.
21. "Death of a Drunk," Pa. Gazette, Dec. 7, 1732; "On Drunkenness," Feb. 1, 1733; "A Meditation on a Quart Mugg," July 19, 1733; "The Drinker's Dictionary," Jan. 13, 1737. In Silence Dogood #12 (Sept. 10, 1722), Franklin had his sassy widow defend moderate drinking and condemn excess, drawing on Richard Steele's essays in London's *Tatler.* See Robert Arnor, "Politics and Temperance," in Lemay *Reappraising*, 52–77.
22. Pa. Gazette, Sept. 23, 1731.
23. Autobiography 34, 80, 72; "Anthony Afterwit," Pa. Gazette, July 10, 1732.
24. Autobiography 64, 81; Fay 135; Brands 106–9; Lopez *Private,* 23–24; BF to Joseph Priestley, Sept. 19, 1772; Poor Richard's, 1738. The first volume of the Papers 1:1xii in 1959 said Deborah was born in Philadelphia in 1708, but that thinking was revised after Francis James Dallett published a paper the following year called "Dr. Franklin's In-Laws," which is cited in Papers 8:139. Dallett's evidence indicates that Deborah was born in 1705 or 1706, maybe in Philadelphia but more likely in Birmingham, from which she emigrated to Philadelphia with her family in about 1711. See Edward James et al., *Notable American Women 1607–1950* (Cambridge: Harvard University Press, 1971), 1:663, entry on Deborah Franklin by Leonard Labaree, the initial editor of the Yale Papers. If she did cross the ocean at age 5 or so, it may have caused her lifelong aversion to ever crossing (or even seeing) it again. For a good analysis, see J. A. Leo Lemay, "Recent Franklin Scholarship," *PMHB* 76.2 (Apr. 2002): 336.
25. BF to "honoured mother" Abiah Franklin, Apr. 12, 1750; Lemay *Internet Doc* for 1728; Parton 1:177, 198–99; Randall 43; Skemp *William*, 4–5, 10; Brands 110, 243; *Gentleman's Magazine* (1813), in Papers 3:474n. The Yale editors of Franklin's papers say in volume 1 (published in 1959) that William was born circa 1731, but by volume 3 (published in 1961) they note the controversy (Papers 3:89n) and suggest that perhaps he was born earlier; however, in their edition of the Autobiography, published in 1964, they reiterate "circa 1731" as the year of his birth.
26. Van Doren 93, 231; Brands 110, 243. See also Charles Hart, "Who Was the Mother of Franklin's Son?" *PMHB* (July 1911): 308–14; Paul Leicester Ford, *Who Was the Mother of Franklin's Son?* (New York: Century, 1889).
27. Van Doren 91; Lopez *Private*, 22–23; Clark 41; Roberts letter, Papers 2:370n.; Bell, *Patriot Improvers,* 1:277–80.
28. Autobiography 92; BF to JM, Jan. 6, 1727; *Poor Richard's,* 1733.

29. "Anthony Afterwit," Pa. Gazette, July 10, 1732; "Celia Single," Pa. Gazette, July 24, 1732.
30. "Rules and Maxims for Promoting Matrimonial Happiness," Pa. Gazette, Oct. 8, 1730, Lib. of Am. 151. This piece is not included by the Yale editors, but Lemay and others subsequently attributed it to Franklin.
31. Lopez Private, 31–37; BF to James Read, Aug. 17, 1745; "A Scolding Wife," Pa. Gazette, July 5, 1733.
32. BF to Deborah Franklin, Feb. 19, 1758; "I Sing My Plain Country Joan," 1742; Francis James Dallett, "Dr. Franklin's In-Laws," cited in Papers 8:139; Leonard Labaree, "Deborah Franklin," in *Notable American Women* 1607–1950, ed. Edward James et al. (Cambridge: Harvard University Press 1971), 1:663.
33. Autobiography 112; BF to JM, Jan. 13, 1772; Pa. Gazette, Dec. 23–30, 1736; Van Doren 126; Clark 43; Brands 154–55. Franklin had editorialized in favor of smallpox inoculations in his paper before Francis was born: Pa. Gazette, May 14, 28, 1730, Mar. 4, 1731.
34. "The Death of Infants," Pa. Gazette, June 20, 1734, ascribed to the Franklin canon by Lemay, Lib. of Am. 228.
35. 富蘭克林在自傳（p. 92）裡寫道，他「以前受過長老會的薰陶」，但他受洗的波士頓清教現在其實稱為「公理教會」。長老會和公理教會通常是遵循加爾文的教義。See Yale Autobiography 145n. For more on Jedediah Andrews, see Richard Webster, *A History of the Presbyterian Church in America, from Its Origin until the Year 1760* (Philadelphia: J. M. Wilson, 1857), 105–12. For more on Franklin and the Presbyterians, see chapter 5, n. 7.
36. Autobiography 92–94.
37. 自然神論是一種無定形的概念。儘管富蘭克林對單純版的自然神論有疑慮，但他並未迴避揭露自己的信仰。我像他一樣，用「自然神論」這個詞來描述啟蒙時代的一種理念，這種理念：（1）不相信信心是來自於宗教教義；（2）不強調與上帝或耶穌的親近關係或熱切的信仰關係；（3）相信宇宙及宇宙的一切定律都是由不具人格的造物主所啟動的；（4）主張推理與研究自然就會知道造物主的一切。See Walters; "Franklin's Life in Deism," in Campbell 110–26; Kerry Walters, *The American Deists* (Lawrence: University of Kansas Press, 1992); Buxbaum; A. Owen Aldridge, "Enlightenment and Awakening in Franklin and Edwards," in *Benjamin Franklin, Jonathan Edwards,* ed. Barbara Oberg and Harry Stout (New York: Oxford University Press, 1997), 27–41; Aldridge, "The Alledged Puritanism of Benjamin Franklin," in Lemay *Reappraising,* 362–71; Aldridge, *Nature*; Douglas Anderson, *The Radical Enlightenments of Benjamin Franklin* (Baltimore: Johns Hopkins University Press, 1997); Baltzell, Puritan Boston and Quaker Philadelphia; Larzer Ziff, *Puritanism in America* (New York: Viking, 1973); Donald Meyer, "Franklin's Religion," in *Critical Essays,* ed. Melvin Buxbaum (Boston: Hall, 1987), 147–67; Perry Miller, *Nature's Nation* (Cambridge: Harvard University Press, 1967); Mark Noll, *America's God* (New York: Oxford University Press, 2002); Simon Blackburn, *The Oxford Dictionary of Philosophy* (Oxford: Oxford University Press, 1994).
38. "Articles of Belief and Acts of Religion," Nov. 20, 1728, Papers 1:101.
39. Walters 8, 84–86. 沃特斯的著作最直接主張富蘭克林不相信多神論。A. Owen Aldridge 的《*Benjamin Franklin and Nature's God*》則是提出相反的看法。若不拘泥於字面的意義，富蘭克林的意思似乎是指，不同的教派和宗教都有自己的神。例如，清教徒的神和富蘭克林信仰的神或衛理公會、猶太人、再浸禮派、印度教、穆斯林、古希臘人的神都不一樣。這些不同的神是源自於不同的觀點（所以沃特斯說富蘭克林是「有神論觀點主義」）。富蘭克林認為，「神是造物主及第一信仰」是每個宗教的共同概念，所以可以假設為真。但不同的宗教和教派又增添了自己的詮釋和概念，我們無法判斷那些增添的真偽，但是那導致多種神的存在，那些神和他們的信眾有比較個人的關係。這種詮釋呼應了富蘭克林在文章中提出的論點，他認為這些神隨著時代和文化的演進，有時可能會消失。「經過許多時代以後，祂們可能改變，並由其他的神取代祂們的位置。」

40. "On the Providence of God in the Government of the World," Papers 1:264. The Yale editors posit 1732 as its date. A. Owen Aldridge, Leo Lemay, and others persuasively argue, based on a letter Franklin later wrote about it, that it was actually 1730; BF to Benjamin Vaughan, Nov. 9, 1779. See Aldridge *Nature*, 34–40; Lemay *Internet Doc* for 1730. The Library of America edition of Franklin's writings accepts the 1730 date. Wilhelm Niesel, *The Theology of Calvin* (Philadelphia: Westminster Press, 1956), 70; John Calvin, *Commentaries,* "On Paul's Epistle to the Romans" (1539), www.ccel.org/c/calvin/comment3/comm_vol38/htm/TOC.htm .
41. Walters 98; Campbell 109–11; Aldridge *Nature*, 25–38; BF to John Franklin, May 1745.
42. "A Witch Trial at Mount Holly," Pa. Gazette, Oct. 22, 1730.
43. BF to Josiah and Abiah Franklin, Apr. 13, 1738. 富蘭克林只重視善行，不重視祈禱，後來他的妹妹也對此提出疑慮。富蘭克林以類似的解釋來安撫妹妹：「我並沒有認為上帝不該崇拜，所以我編寫了一本祈禱文供我自己使用。」接著他又力勸妹妹包容：「我不認同你們新英格蘭地區的一些教義和崇拜，但我不會因此批判他們……我只希望妳也可以給我同樣的包容。」BF to JM, July 28, 1743.
44. Autobiography 94–105, 49; D. H. Lawrence, "Benjamin Franklin," in *Studies in Classic American Literature* (New York: Viking, 1923), 10–16, xroads. virginia.edu/~HYPER/LAWRENCE/dhlch02.htm .
45. Randy Cohen, "Best Wishes," *New York Times Magazine*, June 30, 2002; David Brooks, *Bobos in Paradise* (New York: Simon & Schuster, 2000), 64; Morgan *Franklin,* 23; Autobiography 104.
46. Autobiography 94–105, 49; Sappenfield 187–88; Lopez Private, 24; Lopez Cher, 277. The French friend was the scientist Pierre-Georges Cabanis, *Complete Works* (Paris: Bossange freres, 1825), 2:348.
47. Cotton Mather, "Two Brief Discourses," 1701; A. Whitney Griswold, "Two Puritans on Prosperity," 1934, in Sanford 42; Campbell 99, 166–74; Ziff, *Puritanism in America,* 218; Aldridge, "The Alleged Puritanism of Benjamin Franklin," in Lemay *Reappraising,* 370; Lopez *Private*, 104. Perry Miller notes: "This child of New England Puritanism simply dumped the whole theological preoccupation overboard; but, not the slightest ceasing to be a Puritan, went about his business"; see "Ben Franklin, Jonathan Edwards," *Major Writers of America* (New York: Harcourt Brace, 1962), 86. See chapter 4, n. 37 for sources on deism and the Enlightenment.
48. See chapter 18 for details of the Romantic-era view of Franklin.
49. John Updike, "Many Bens," *The New Yorker,* Feb. 22, 1988, 115; Henry Steele Commager, *The American Mind* (New Haven: Yale University Press, 1950), 26.
關於富蘭克林是啟蒙運動的最佳典範，史學家 Carl Becker 在《*Dictionary of American Biography*》（New York: Scribner's, 1933）裡提出最強而有力的論述，他說富蘭克林是「真

正的啟蒙運動之子，他不算盧梭那個學派，但屬於笛福、波普、史威夫特那一派，也屬於豐特奈爾、孟德斯鳩、伏爾泰那一派。他使用他們的語言，雖然帶有家鄉的口音……他完全接納啟蒙運動的一切特色：健全、清晰的懷疑論調；對自由的熱情及悲天憫人的精神；關注感官可以明顯感受到的世事；深信常理，深信推理可以解決人類的問題及增進人類福祉。」See also Stuart Sherman, "Franklin and the Age of Enlightenment," in Sanford.

50. Autobiography 139; Albert Smyth, *American Literature* (Philadelphia: Eldredge, 1889), 20; BF to Benjamin Vaughan, Nov. 9, 1779; BF to DF, June 4, 1765. For additional words of disgust about metaphysics, see BF to Thomas Hopkinson, Oct. 16, 1746. For a fuller assessment of Franklin's religious and moral beliefs, see the final chapter of this book. The ideas here draw in part from the following: Campbell 25, 34–36, 137, 165, 169–72, 286; Charles Angoff, *Literary History of the American People* (New York: Knopf, 1931), 295–310; Van Wyck Brooks, *America's Coming of Age* (Garden City, N.Y.: Anchor, 1934), 3–7; Lopez *Private*, 26; Alan Taylor, "For the Benefit of Mr. Kite," *The New Republic,* Mar. 19, 2001, 39; Vernon Parrington, *Main Currents in American Thought* (New York: Harcourt, 1930), 1:178; David Brooks, "Our Founding Yuppie," *The Weekly Standard,* Oct. 23, 2000, 31. "In its naive simplicity this hardly seems worthy of study as a philosophy," writes Herbert Schneider, "yet as a moral regime and outline of the art of virtue, it has a clarity and a power that command respect." Herbert Schneider, *The Puritan Mind* (Ann Arbor: University of Michigan Press, 1958), 246.
51. Alan Taylor, "For the Benefit of Mr. Kite," 39.
52. Poor Richard's 1733–58, by Franklin, plus editor's note in Papers 1:280; Fay 159–73; Sappenfield 121–77; Brands 124–31. There was also a real Richard Saunders who appears in the account books as a customer of Franklin's. Van Doren 107.
53. Pa. Gazette, Dec. 28, 1732.
54. Poor Richard's, 1733; Autobiography 107.
55. Poor Richard's, 1734, 1735; Titan Leeds's *American Almanack,* 1734; Jonathan Swift, "Predictions for the Ensuing Year by Isaac Bickerstaff, esq.," 1708, ftp://sailor.gutenberg.org/pub/gutenberg/etext97/bstaf10.txt . Swift's piece was a parody of an almanac by John Partridge; he predicted Partridge's death, and then engaged in a running jest similar to the one Franklin perpetrated on Leeds.
56. Poor Richard's, 1734, 1735, 1740; Papers 2:332n; Sappenfield 143; Brands 126.
57. Poor Richard's, 1736, 1738, 1739. See also the verses by "Bridget Saunders, my duchess" about lazy men in 1734 ("God in his mercy may do much to save him/ But woe to the poor wife whose lot is to have him"), which "Poor Richard" prints as a response to his own 1733 verses about lazy women.
58. Mark Twain, "The Late Benjamin Franklin," *The Galaxy*, July 1870, www.twainquotes.com/Galaxy/187007e.html ; Groucho Marx, *Groucho and Me* (New York: Random House, 1959), 6.
59. For an exhaustive study of the provenance of "early to bed and early to rise" see Wolfgang Mieder, "Early to Bed and Early to Rise," in the Web-based journal *De Proverbio*, www.utas.edu.au/docs/flonta/DP,1,1,95/FRANKLIN.html . *Bartlett's Familiar Quotations* (1882; Boston: Little, Brown, 2002) in its thirteenth edition (1955) and previous editions attributes the phrase to Franklin but also cites John Clarke's *Proverbs* (1639); it drops the reference to

Clarke in subsequent editions.

60. The most detailed work on the origins of the maxims is Robert Newcombe, "The Sources of Benjamin Franklin's Sayings of Poor Richard," Ph.D. diss., University of Maryland, 1957. See also Papers 1:281–82; Van Doren 112–13; Wright 54; Frances Barbour, *A Concordance to the Sayings in Franklin's Poor Richard* (Detroit: Gale Research, 1974). Franklin's greatest reliance is on Jonathan Swift, James Howell's *Proverbs* (1659), and Thomas Fuller's *Gnomologia* (1732).
61. Philomath (BF), "Talents Requisite in an Almanac Writer," Pa. Gazette, Oct. 20, 1737. "Philomath" was a term used for almanac writers.
62. *Poor Richard Improved,* 1758.
63. Autobiography 107; Wright 55; Van Doren 197; D. H. Lawrence, "Benjamin Franklin," 14; BF to William Strahan, June 2, 1750; Poor Richard's, 1743.

第五章

1. Poor Richard's, 1744; "Appeal for the Hospital," Pa. Gazette, Aug. 8, 1751; Alexis de Tocqueville, *Democracy in America* (1835; New York: Doubleday, 1969), 513; "Inside Main Street USA," *New York Times,* Aug. 27, 1995; John Van Horne, "Collective Benevolence for the Common Good," in Lemay *Reappraising.* 432. The two books that most influenced Franklin to form associations for the public good were Daniel Defoe's *An Essay upon Projects* (1697) and Cotton Mather's *Bonifacius: Essays to do Good* (1710).
2. Autobiography 90–91, 82; Fay 149; "The Library Company of Philadelphia," www.librarycompany.org ; Morgan *Franklin*, 56. The list of first books is in *PMHB* 300 (1906): 300.
3. "Brave Men at Fires," Pa. Gazette, Dec. 1, 1733; Autobiography 115; "On Protection of Towns from Fire," Pa. Gazette, Feb. 4, 1735; notice in Pa. Gazette, Jan. 27, 1743; Van Doren 130; Brands 135–37; Hawke 53.
4. Autobiography 115; Brands 214.
5. Fay 137; Pa Gazette, Dec. 30, 1730; Clark 44; Pennsylvania Grand Lodge Web site, www.pagrandlodge.org ; Julius Sachse, *Benjamin Franklin's Account with the Lodge of Masons* (Kila, Mont.: Kessinger, 1997).
6. Van Doren 134; Fay 180; Brands 152–54; BF to Joseph and Abiah Franklin, Apr. 13, 1738; Pa. Gazette, Feb. 7 (dated Feb. 15), 1738.
7. Autobiography 111; "Dialogue Between Two Presbyterians," Pa. Gazette, Apr. 10, 1735; "Observations on the Proceedings against Mr. Hemphill," July 1735, Papers 2:37; BF, "A Letter to a Friend in the Country," Sept. 1735, Papers 2:65; Jonathan Dickinson, "A Vindication of the Reverend Commission of the Synod," Sept. 1735, and "Remarks Upon the Defense of Rev. Hemphill's Observations," Nov. 1735; "A Defense of Mr. Hemphill's Observations," Oct. 1735. The pieces by Franklin, along with annotations about the affair and Dickinson's presumed authorship of the essays attributed to him, are in Papers 2:27–91. Franklin's fascinating battle over Hemphill has been recounted in many good historical studies, from which this section draws: Bryan LeBeau, "Franklin and the Presbyterians," *Early American Review* (summer 1996), earlyamerica.com/review/summer/franklin/; Merton Christensen, "Franklin on the Hemphill Trial: Deism versus Presbyterian Orthodoxy,"

William and Mary Quarterly (July 1953): 422–40; William Barker, "The Hemphill Case, Benjamin Franklin and Subscription to the Westminster Confession," *American Presbyterians* 69 (winter 1991); Aldridge *Nature*, 86–98; Buxbaum 93–104.

8. Campbell 97; Barbara Oberg and Harry Stout, eds., *Benjamin Franklin, Jonathan Edwards* (New York: Oxford University Press, 1997), 119; Carl Van Doren, *Benjamin Franklin and Jonathan Edwards* (New York: Scribner's, 1920), introduction; Jonathan Edwards, "Sinners in the Hands of an Angry God," delivered at Enfield, Conn., July 8, 1741, douglass.speech.nwu.edu/edwa_a45.htm ; Jack Hitt, "The Great Divide: It's Not Left and Right. It's Meritocrats and Valuecrats," *New York Times Magazine*, Dec. 31, 2000, 14.
9. Pa. Gazette, Nov. 15, 1739, May 22, 1740, June 12, 1740; Autobiography 116–20; Buxbaum 93–142; Brands 138–48; Hawke 57. Buxbaum presents an exhaustive analysis of all the items Franklin printed on Whitefield.
10. Frank Lambert, "Subscribing for Profits and Piety," *William and Mary Quarterly* (July 1993): 529–48; Harry Stout, "George Whitefield and Benjamin Franklin," *Massachusetts Historical Society* 103 (1992):9–23; David Morgan, "A Most Unlikely Friendship," *The Historian* 47 (1985): 208–18; Autobiography 118.
11. "Obadiah Plainman," Pa. Gazette, May 15, 29, 1740, Lib. of Am. 275–83, 1528; *American Weekly Mercury*, May 22, 1740. The editors of the Yale Papers do not include the Obadiah Plainman letters as Franklin's. But Leo Lemay convincingly argues that he wrote them, and he included them in the Library of America collection. Likewise, it seems possible that Franklin, as was his wont, stoked the controversy by writing the opposing letters from "Tom Trueman."
12. "Letter to a Friend in the Country" and "Statement of Editorial Policy," Pa. Gazette, July 24, 1740; Autobiography 118.
13. "Obituary of Andrew Hamilton," Pa. Gazette, Aug. 6, 1741; "Half-Hour's Conversation with a Friend," Pa. Gazette, Nov. 16, 1733.
14. Sappenfield 86–93; Autobiography 113–14.
15. C. William Miller, *Benjamin Franklin's Philadelphia Printing: A Descriptive Bibliography* (Philadelphia: American Philosophical Society, 1984), 32; James Green, Benjamin *Franklin as Publisher and Bookseller,* in Lemay Reappraising, 101. Green was a distinguished curator at the Library Company, and his notes on exhibitions of Franklin's books are useful.
16. Walter Isaacson, "Info Highwayman," *Civilization* (Mar. 1995): 48; Autobiography 114.
17. Sappenfield 93–105; Pa. Gazette, Nov. 13, Dec. 11, 1740; *American Weekly Mercury,* Nov. 20, 27, Dec. 4, 18, 1740; Papers, vol. 2; Frank Mott, *A History of American Magazines* (New York: Appleton, 1930), 1:8–27.
18. BF to Abiah Franklin, Oct. 16, 1747, Apr. 12, 1750; Lopez *Private*, 70–79; Autobiography 109; BF to William Strahan, June 2, 1750, Jan. 31, 1757; Clark 62, 139; Mrs. E. D. Gillespie (daughter of Sally Franklin Bache), *A Book of Remembrance* (Philadelphia: Lippincott, 1901), cited in Clark 17; Silence Dogood #5, *New England Courant,* May 28, 1722; DF to Margaret Strahan, Dec. 24, 1751; "A Petition of the Left Hand," 1785, in Lib. of Am. 1115 and Papers CD 43:u611.

   富蘭克林除了試圖撮合莎莉與史莊的兒子比利以外，也希望兒子威廉能娶倫敦房東的女兒波莉為妻。他也希望孫子坦普娶巴黎友人布易雍夫人的女兒；希望莎莉的兒子班尼能娶波莉的女兒。A harsher assessment of Franklin's treatment of Sally and the education he provided her can be found in an essay by Larry Tise, "Liberty and the Rights of Women," in the collection he edited, *Benjamin Franklin and Women* (University Park: Pennsylvania State University Press, 2000), 37–49.

19. Lopez *Private,* 34; Poor Richard's, 1735. "Reply to a Piece of Advice," Pa. Gazette, Mar, 4, 1735, praises marriage and children. The Yale editors of Franklin Papers tentatively attribute it to him, partly because it is signed "A.A.," initials he often used. Papers 2:21.
20. "Advice to a Young Man on the Choice of a Mistress," also known as "Old Mistress Apologue," June 25, 1745. A description of its publishing history is in Papers 3:27–31, and in the introduction to Larry Tise, *Benjamin Franklin and Women.*
21. "Speech of Polly Baker," *General Advertiser*, Apr. 15, 1747; Sappenfield 64. 約莫 1778 年，在巴黎的餐會上，賓客爭論著波莉・貝克那段法庭言論的真實性，富蘭克林當場向 Raynal 神父透露他就是那篇文章的作者。富蘭克林告訴大家：「我來釐清事實吧！年輕時我印過報紙，有時內容不足，無法填滿整張報紙，我就編故事自娛娛人，波莉・貝克是其中一篇。」Papers 3:121–22.
22. "A Proposal for Promoting Useful Knowledge," May 14, 1743, Papers 2:378; *The Beginnings of the APS* (Philadelphia: APS Proceedings, 1944), 277–89; Edward C. Carter III, *One Grand Pursuit* (Philadelphia: American Philosophical Society, 1993); American Philosophical Society, www.amphilsoc.org.
富蘭克林很愛幫組織撰寫非常詳細的章程、規範和程序，他曾為互助學習會、共濟會、消防隊、巡邏隊、北美賢哲會、賓夕法尼亞民兵團、費城學院、郵政服務、廢奴協會寫過這些東西。這項嗜好也幫他起草了奧爾巴尼聯盟計畫、殖民地軍隊的紀律規範，以及最初的邦聯條例提案。
23. Autobiography 121–23; "Plain Truth," Nov. 17, 1747; "Form of Association," Nov. 24, 1747; Papers 3:187, with historical notes. See chapter 4 for the issue of whether William was 16 or perhaps a bit older.
24. Autobiography 123; Richard Peters to Thomas Penn, Nov. 29, 1747, Papers 3:214; Penn to Peters, Mar. 30, June 9, 1748, Papers 3:186; "The Necessity of Self Defense," Pa. Gazette, Dec. 29, 1747 (in Lib. of Am. but not Yale papers); Brands 179–88; Wright 77–81; Hawke 75–80.
25. Wright 52; Van Doren 122; Autobiography 120, 92; "Articles of Agreement with David Hall," Jan. 1, 1748; Brands 188, 380; Clark 62; BF to Abiah Franklin, Apr. 12, 1750; BF to Cadwallader Colden, Sept. 29, 1748; Poor Richard's, 1744.
富蘭克林退休那年，他撰寫並發表了一篇文章，名為〈生意老手給年輕新手的忠告〉，他在文中重申了許多窮理查和自傳裡的理念：「如果你想發財，致富之道其實和通往市場的道路一樣顯而易見，只靠兩個詞：勤奮和節儉。別浪費時間與金錢，兩者都要善加利用。」Papers 3:304.
26. Gordon S. Wood, *The Radicalism of the American Revolution* (New York: Random House, 1991), 77, 85–86, 199. 伍德把富蘭克林描繪成一個渴望晉升貴族的人，說他後來的樸實裝扮是社交野心受挫以後裝出來的，我不認同這種說法。我希望本書的詳細說明已經證明，富蘭克林以其中產階級的身分為榮。伍德說，富蘭克林剛退休的那段時間，是他最想晉升為貴族的時期，但即便是那段期間，富蘭克林的政治觀點依然是平民主義，他投入的公益活動也是為了大眾利益。不過，伍德的看法很有意思，值得拿來和其他史學家的觀點做有趣的對比。而且，由於伍德認為富蘭克林想晉升為貴族的態度，在 1748 到 1760 年代之間最明顯（加上他在制憲會議期間主張高官不支薪），他的論點還是值得參考，並未完全否定富蘭克林一生大多如他自己宣稱的那樣，以身為中產階級為榮。此外，伍德對貴族的定義也比其他人更為廣義，他的貴族定義不僅涵蓋封爵及世襲的貴族，也包括舉手投足像貴族的富有平民。伍德的論點提醒我們，富蘭克林的目標之一（從他創立圖書館開始），是幫中產階級培養開明貴族的一些特質。這裡也應該補充一點，「貴族政治」的古典定義，是指由最優秀的人統治的系統，而不是富蘭克林那個時代的英國對貴族的定義（世襲的社會階級制度，稱號由出生背景決定）。

27. Wayne Craven, "The British and American Portraits of Benjamin Franklin," in Lemay *Reappraising*, 249; Charles Sellers, *Benjamin Franklin in Portraiture* (New Haven: Yale University Press, 1962); Poor Richard's, 1748.

第六章

1. Dudley Herschbach, "Dr. Franklin's Scientific Amusements," *Harvard Magazine* (Nov. 1995): 36, and in the *Bulletin of the American Academy of Arts and Sciences* (Oct. 1994): 23. Herschbach, the Baird Professor of Science at Harvard, won the Nobel Prize for chemistry in 1958. The most important academic studies on Franklin's science were done by the eminent scientific historian Harvard's I. Bernard Cohen. These include *Benjamin Franklin's Science* (Cambridge: Harvard University Press, 1990); *Science and the Founding Fathers* (New York: Norton, 1995), and *Franklin and Newton* (Philadelphia: American Philosophical Society, 1956). Also useful are Charles Tanford, *Ben Franklin Stilled the Waves* (Durham, N.C.: Duke University Press, 1989); Nathan Goodman, ed., *The Ingenious Dr. Franklin* (Philadelphia: University of Pennsylvania Press, 1931), which is a collection of Franklin's scientific letters and essays; J. L. Heilbron, "Franklin as an Enlightened Natural Philosopher," and Heinz Otto Sibum, "The Bookkeeper of Nature," in Lemay *Reappraising*.
2. "Magic Squares," BF to Peter Collinson, 1750; BF to PS, Sept. 20, 1761; Cohen 159–71; Brands 630. Cohen dates the heat experiments of Franklin and Breintnall from 1729 to 1737 based on letters and Junto notes, and traces the theories back to Newton and Boyle, accounts of which Franklin had read.
3. "An Account of the New Invented Pennsylvania Fire-Places," 1744, Papers 2:419–46 (with historical notes by the paper's editors); Autobiography 128; Lemay *Reappraising*, 201–3; letter to the *Boston Evening Post,* Sept. 8, 1746, first rediscovered and noted in Lemay *Internet Doc* for 1746; Brands 167; Samuel Edgerton Jr., "The Franklin Stove," in Cohen 199–211. Edgerton, an art historian at the University of Pennsylvania, shows that the stove was not as practical or popular as other historians assume.
4. BF to John Franklin, Dec. 8, 1752; "Origin of Northeast Storms," BF to Jared Eliot, Feb. 13, 1750; BF to Jared Eliot, July 16, 1747; BF to Alexander Small, May 12, 1760; John Cox, *The Storm Watchers* (New York: Wiley, 2002), 5–7.
5. Cohen 40–65; BF to Collinson, Mar. 28, 1747; Autobiography 164; Bowen 47–49. Cohen provides detailed evidence on the dates of Dr. Spencer's lectures, their content, Collinson's gift, and the errors Franklin made in later recalling the chronology.
6. BF to Collinson, May 25, July 28, 1747, Apr. 29, 1749; Cohen 22–26; I. Bernard Cohen, *Franklin and Newton,* 303; Clark 71. J. L. Heilbrun and Heinz Otto Sibum, in Lemay's

Reappraising, 196–242, emphasize the "bookkeeping" nature of Franklin's theories.

7. BF to Collinson, Apr. 29, 1749, Feb. 4, 1750; Brands 199; Thomas Pynchon, *Mason & Dixon* (New York: Holt, 1997), 294.
8. BF to John Lining, Mar. 18, 1755; BF to Collinson, Mar. 2, 1750; BF to John Winthrop, July 2, 1768; Hawke 86–88; Cohen 121; Van Doren 156–70; Brands 198–202. Andrew White, "History of Warfare of Science with Theology in Christendom," www.human-nature.com/reason/white/chap11.html . Among those, in addition to Newton, who had already noted the similarities between electrical sparks and lightning were Francis Hauksbee, Samuel Wall, John Freke, Johann Heinrich Winkler, and Franklin's antagonist the Abbe Nollet; see Clark 79–80. None, however, had proposed serious experiments to assess the hypothesis.
9. BF to John Mitchell, Apr. 29, 1749.
10. BF to Collinson, July 29, Mar. 2, 1750.
11. The *Gentleman's Magazine,* Jan., May 1750; *Experiments and Observations on Electricity, Made at Philadelphia in America, by Mr. Benjamin Franklin* (London: 1750, 1756, and subsequent editions); Abbe Guillaume Mazeas to Stephen Hales, May 20, 1752, Papers 4:315 and *Philosophical Transactions of the Royal Society* (1751–52); Autobiography 165–67; Clark 3–5, 83; Cohen 70–72.
12. "The Kite Experiment," Pa. Gazette, Oct. 19, 1752; Papers 4:360–65 has a footnote explaining historical issues; Pa. Gazette, Aug. 27, Oct. 19, 1752; Cohen 68–77; Joseph Priestley, *The History and Present State of Electricity* (1767), www.ushistory.org/franklin/kite/index.htm ; Hawke 103–6.
13. Cohen 66–109; Van Doren 164; Tom Tucker, *Bolt of Fate* (New York: Public Affairs, 2003). Tucker 指控「富蘭克林放風箏的實驗可能是他自己捏造出來的」，還說那就像他的惡搞文一樣，完全是「騙局」。他在書中並未提到寇恩為此找出的詳細證據，我覺得他的指控沒有說服力。富蘭克林的風箏實驗絕對和他的惡搞文不同，即使那實驗是假的，頂多也只是說謊，而不是騙局。Tucker 也提出另一個奇怪的指控，他說富蘭克林的崗哨箱實驗敘述是對倫敦皇家學會主席的死亡威脅。1752 年富蘭克林公開表示，那年夏天費城的公共建築安裝了兩根避雷針，Tucker 也指控那是謊言（當時英國皇家學會的期刊也刊登了那篇報導，如果那件事是假的，應該會遭到質疑）。科學史教授寇恩是富蘭克林電學研究方面的權威，他的詳實分析以更有說服力的方式，充分說明了富蘭克林的崗哨箱、風箏、避雷針的相關議題。關於富蘭克林那個夏天是否做了風箏實驗，其他的文章包括：Abbott L. Rotch, "Did Franklin Fly His Electrical Kite before He Invented the Lighting Rod?" *American Antiquarian Society Proceedings,* 1907; Alexander McAdie, "The Date of Franklin's Kite Experiment," *American Antiquarian Society Proceedings,* 1925.
14. Cohen 66–109; Van Doren 165–70. 范多倫表示，富蘭克林偽造或美化其風箏實驗的可能性「跟他一向真實、毫無矯飾的科學記錄相互矛盾」。
15. BF to Collinson, Sept. 1753; BF to DF, June 10, 1758; Dudley Herschbach, "Ben Franklin's Scientific Amusements," *Harvard Magazine* (Nov. 1995): 44; BF to Cadwallader Colden, Apr. 12, 1753; BF to Royal Society, May 29, 1754.
16. BF to Collinson, July 29, 1750; Van Doren 171; J. J. Thompson, *Recollections and Reflections* (London: Bell, 1939), 252; BF to Cadwallader Colden, Oct. 11, 1750; Turgot epigram, 1781: *Eripuit coelo fulmen, sceptrumque tyrannis.*

第七章

1. "On the Need for an Academy," Pa. Gazette, Aug. 24, 1749; "Proposals Relating to the Education of Youth in Pennsylvania," Oct. 1749; BF to Cadwallader Colden, Nov. 1749; Constitutions of the Publick Academy, Nov. 13, 1749; Autobiography 121, 129–31; Van Doren 193; University of Pennsylvania history, www.archives.upenn.edu/histy/genlhistory/brief.html . (The school was originally called the Academy of Philadelphia, then the College of Philadelphia, then in 1779 it was taken over by the state and became the University of the State of Pennsylvania, and finally in 1791 it was named the University of Pennsylvania.)
2. "Appeal for the Hospital," Pa. Gazette, Aug. 8, 1751; Autobiography 134.
3. BF to Peter Collinson, May 9, 1753; Stuart Sherman, "Franklin and the Age of Enlightenment," in Sanford 75. See also chapter 4, n. 49. For more on Franklin's political thought, see Paul Conner, *Poor Richard 's Politicks* (New York: Oxford University Press, 1965), and Francis Jennings, *Benjamin Franklin: Politician* (New York: Norton, 1996).
4. "Observations Concerning the Increase of Mankind," 1751, Papers 4:225; Conner 69–87; Hawke 95.
5. "Felons and Rattlesnakes," Pa. Gazette, May 9, 1751.
6. "Observations Concerning the Increase of Mankind," 1751; BF to Abiah Franklin, Apr. 12, 1750; John Van Horne, "Collective Benevolence," in Lemay *Reappraising*, 433–36; Lopez *Private*, 291–302.
7. BF to John Waring, Dec. 17, 1763.
8. BF to Peter Collinson, May 9, 1753.
9. Autobiography 131.
10. Autobiography 132.
11. Autobiography 132; Report of the Treaty of Carlisle, Nov. 1, 1753; Minutes of the Provincial Council of Pennsylvania, Nov. 15, 1753.
12. Autobiography 140; BF to Collinson, May 21, 1751; John Franklin to BF, Nov. 26, 1753; "Procedures for Postmasters," 1753, Papers 5:162–77; post office finances, Aug. 10, 1753, Papers 5:18; Wright 85; Hawke 114; Brands 243–45; Clark 100; Lopez *Private*, 53.
13. BF to James Parker, Mar. 20, 1751; Pa. Gazette, May 9, 1754.
14. "Commission to Treat With the Indians," Pa. Assembly, May 13, 1754, Papers 5:275; "Short Hints towards a Scheme for Uniting the Northern Colonies," in BF to James Alexander and Cadwallader Colden, June 8, 1754, Papers 5:335.
15. BF to Peter Collinson, July 29, 1754; BF to Cadwallader Colden, July 14, 1754; "Plan of Proposed Union," July 10, 1754; Autobiography 141–42; BF to William Shirley, Dec. 4, 22, 1754.

    For overviews: Bernard Bailyn, *The Ordeal of Thomas Hutchinson* (Cambridge: Harvard University Press, 1974); Robert Newbold, *The Albany Congress and Plan of Union* (New York: Vantage, 1955), 95–105; Morgan *Franklin*, 83–90; Hawke 116–23; Brands 234–40; Wright 89–94. The most colorful popular account is in Catherine Drinker Bowen, *The Most Dangerous Man in America* (Boston: Little, Brown, 1974), 91–162.

    最終的計畫究竟該歸功於富蘭克林、還是哈欽森，學術界對此有一些爭議。在幾年後的一封信中，哈欽森說那是他的計畫，但是在一本史書中，他寫道：「聯盟計畫是由富蘭克林籌畫的。」事實上，最終的計畫在架構與措辭上，都很類似富蘭克林抵達奧爾巴尼之前所準備的「計畫提要」。See Papers 5:335; Wright 92. For a pro-Hutchinson view, see Lawrence Gipson, *The British Empire before the American Revolution* (New York: Knopf, 1936–69), 5:126–38.

16. BF to John Franklin, Mar. 16, 1755; BF to Catherine Ray, Mar. 4, Mar.–Apr., Sept. 11, Oct. 16, 1755; Catherine Ray to BF, June 28, 1755. (She signed her name "Caty," but Franklin tended to address her as "Katy" or "Katie.")
17. The best analysis is in *Lopez Private*, 55–57, and Lopez *Life*, 25–29. The quote from Lopez is from the former book, but it is repeated in similar form in the latter. See also William Roelker, *Benjamin Franklin and Catherine Ray Greene* (Philadelphia: American Philosophical Society, 1949). 另一個值得注意的是J. A. Leo Lemay的巧妙分析:「我覺得，認為富蘭克林的調情是真的想搞婚外情的傳記作者，要不是不太瞭解人類的心理，就是像在巴黎的亞當斯一樣大驚小怪。」*PMHB* 126:2 (Apr. 2002): 336
18. BF to Catherine Ray, Mar. 2, 1789.
19. Autobiography 143–47; Hawke 124–62; BF to Peters, Sept. 17, 1754; BF to Collinson, Aug. 25, 1755.
20. Autobiography 151–52, 148–51; "Advertisement for Wagons," Apr. 26, 1755; Papers 6:19. (It is misdated in the Autobiography.)
21. BF to Peter Collinson, June 26, 1755; Autobiography 144; Robert Hunter Morris to Thomas Penn, June 16, 1755.
22. Autobiography 154–56; Assembly reply to Governor Morris, Aug. 8, 19, Nov. 11, 1755.
23. Autobiography 156; Brands 262; Pa. Gazette, Dec. 18, 1755; BF to James Read, Nov. 2, 1755; BF to Richard Partridge, Nov. 27, 1755.
24. BF to DF, Jan. 25, 1756; Autobiography 160–62; Brands 267–69; J. Bennett Nolan, *General Benjamin Franklin* (Philadelphia: University of Pennsylvania Press, 1936), 62.
25. Autobiography 162–63; Brands 270–71; BF to Collinson, Nov. 5, 1756.
26. BF to George Whitefield, July 2, 1756; BF to DF, Mar. 25, 1756; Autobiography 169; Assembly reply, by BF, Oct. 29, 1756; Assembly appointment of Franklin, Jan. 29, Feb. 3, 1757, Papers 7:109; Wright 105; Thomas Penn to Richard Peters, May 14, 1757.

第八章

1. BF to William Brownrigg, Nov. 7, 1773; "Everything is soothed by oil," Pliny the Elder (a.d. 23–79) wrote in his work *Natural History*, book 2, section 234. He was, in addition to being a scientist and senator, a commander of the Roman imperial fleet near Naples, and was killed at an eruption of Mount Vesuvius.
2. BF to DF, July 17, 1757; Autobiography 175–77.
3. Lopez P*rivate*, 86.
4. 富蘭克林旅居英國克雷文街的房子依然存在（現在是 36 號），2003 年開始改裝成小博物館。改裝計畫是把屋裡的每個房間用來展示他在倫敦時期的各種生活面向：外交代表、科學、社會生活、著作。那棟房子有十九世紀的磚砌門面，但結構上仍和富蘭克林居住時期相似。那裡離查令十字站和特拉法加廣場僅幾百碼的距離。www.thersa.org/franklin/default.html； www.rsa.org.uk/projects/project_closeup.asp?id=1001 ；www.cs.mdx.ac.uk/wrt/Siteview/project.html .
5. BF to PS May 4, 1759, and undated 1759, May 1, Sept. 13, 1760.

6. BF to PS, Sept. 13, 1759, May 1, June 11 (includes the "prudent moderation" excerpt), Sept. 13, and undated Nov., 1760; PS to BF, June 23, 1760, undated Aug., and Sept. 16, 1760. See also their letters throughout 1761–62.
7. BF to PS, Jan. 27, 1783; Wright 110; Clark 140; Lopez *Private*, 83; Randall 123.
8. William Strahan to DF, Dec. 13, 1757.
9. BF to DF, Jan. 14, Feb. 19, June 10, 1758; Lopez *Private*, 80; Clark 142–43, 147.
10. BF to DF, Nov. 22, Dec. 3, 1757, June 10, 1758, June 27, 1760; Lopez *Private*, 172.
11. Verner Crane, "The Club of Honest Whigs," *William and Mary Quarterly* 23 (1966): 210; Leonard Labaree, "Benjamin Franklin's British Friendships," *Proceedings of the American Philosophical Society* 108 (1964): 423; Clark 142; Brands 279; Morgan *Devious*, 15; Hawke 163.
12. Strahan to DF, Dec. 13, 1757; BF to DF, Nov. 27, 1757.
13. Wright 114–15, 216–17.
14. Thomas Penn to Richard Peters, May 14, 1757.
15. Autobiography 177–79.
16. Autobiography 178.
17. Autobiography 179; "Heads of Complaint," BF to the Penns, Aug. 20, 1757; answer to "Heads of Complaint" by Ferdinand John Paris, Nov. 28, 1758, Papers 8:184; Cecil Currey, *Road to Revolution* (Garden City, N.Y.: Anchor, 1968), 35.
18. "Pennsylvania Charter of Privileges," Oct. 28, 1701, www.constitution.org/bcp/penncharpriv.htm ; BF to Isaac Norris, Jan. 14, 1758; Clark 144; Middlekauff 65–66; Brands 301.
19. Thomas Penn to Richard Peters, July 5, 1758; BF to Joseph Galloway, Feb. 17, 1758; Brands 302; Wright 117.
20. WF to the Printer of the *Citizen*, from the Pennsylvania Coffee-house in London, Sept. 16, 1757.
21. BF to DF, June 10, 1758; Skemp *William,*30–31.
22. Lopez *Private*, 61–69; Skemp *William*, 24–26, 37; Randall 102–15; WF to Elizabeth Graeme, Feb. 26, Apr. 7, Dec. 9, 1757; WF to Margaret Abercrombie, Oct. 24, 1758. *The True Conduct of Persons of Quality* was written by Nicolas Remond des Cours and translated from the French and published in London in 1694.
23. BF to Abiah Franklin, Apr. 12, 1750; WF to BF, Sept. 3, 1758.
24. BF to DF, Sept. 6, 1758, Aug. 29, 1759.
25. Dr. Thomas Bray, "Society for the Propagation of the Gospel in Foreign Parts Among the Negroes in the Colonies," docsouth.dsi.internet2.edu/church/pierre/pierre.html ; BF to John Lining, Apr. 14, 1757, June 17, 1758; BF to Cadwallader Colden, Feb. 25, 1763.
26. BF to DF, Sept. 6, 1758.
27. Answer to Heads of Complaint by Ferdinand John Paris, Nov. 28, 1758; Thomas and Richard Penn to the Assembly, Nov. 28, 1758; BF to Isaac Norris, Jan. 19, 1759. See Papers 8:178–86; Middlekauff 68–70; Hawke 173; Morgan *Devious*, 38.
28. Morgan *Franklin*, 102, 130; Gordon Wood, "Wise Men," *New York Review*, Sept. 26, 2002, 44. 在這篇有關摩根著作的書評中，伍德主張，富蘭克林對英國的忠心可以輕易解釋他的行為。他說，摩根指控富蘭克林盲目，那其實是被後見之明所蒙蔽。伍德寫道：「他對富蘭克林的描述，有時隱約摻雜著史學家所謂的『whiggism』，亦即時間錯亂的投射，以未來的眼光來看待過去的事物。」總的來說，我覺得富蘭克林對領主的憤怒確實導致他的觀點偏頗，那時佩恩家族的支持者和敵人都比他看得更清楚，大西洋兩岸都沒有足夠的人支持賓夕法尼亞變成皇家殖民地，而且根本問題在於，英國領導者普遍認為殖民地在經濟和政治上都應該是附庸。

29. BF to the Privy Council, Sept. 20, 1758; Hawke 176.
30. BF to Thomas Leech, May 13, 1758; Hawke 169, 177; Papers 8:60.
31. Autobiography 180; Report of the Board of Trade, June 24, 1760, in Papers 9:125–73; Privy Council order, Sept. 2, 1760; Morgan *Devious*, 56–57; Middlekauff 73.
32. Brands 305–6; "A Parable on Brotherly Love," 1755, Papers 6:124; BF to Lord Kames, May 3, 1760.
33. BF to David Hume, May 19, 1762.
34. BF to David Hume, Sept. 27, 1760; David Hume to BF, May 10, 1762.
35. BF to Lord Kames, Jan. 3, 1760; Brands 287; St. Andrew's citation, Oct. 1, 1759, Papers 8:277.
36. BF to DF, Mar. 5, 1760.
37. Temple Franklin's tombstone refers to his birthdate as Feb. 22, 1762, but family correspondence indicates that he was born in February 1760. Lopez *Private*, 93; Van Doren 290.
38. BF to Jared Ingersoll, Dec. 11, 1762; WF to SF, Oct. 10, 1761.
39. "Humorous Reasons for Restoring Canada," London *Chronicle*, Dec. 27, 1759; "The Interest of Great Britain Considered," Apr. 1760, Papers 9:59–100; Jack Greene, "Pride, Prejudice and Jealousy," in Lemay *Reappraising*, 125.
40. BF to William Strahan, Aug. 23, 1762.
41. Aldridge *French*, 169, from Pierre Cabanis, *Complete Works* (Paris: Bossange freres, 1825), 5:222.
42. Temple *Franklin*, "Memoirs of Benjamin Franklin," 1:75; Randall 180; Skemp *William*, 38; Brands 328; BF to JM, Nov. 25, 1752; BF to PS, Aug. 11, 1762.
43. BF to John Pringle, Dec. 1, 1762.

第九章

1. Skemp *William*, 48; Thomas Penn to James Hamilton, Sept. 1762; Clark 170.
2. BF to Benjamin Waller, Aug. 1, 1763.
3. BF to Lord Bessborough, Oct. 1761; Lopez *Private*, 100; BF to DF, June 16, 1763.
4. BF to PS, June 10, 1763; Lopez *Private*, 100.
5. Hawke 202; BF to JM, June 19, 1763; BF to Catherine Ray Greene, Aug. 1, 1763; BF to William Strahan, Aug. 8, 1763.
6. Lopez *Private*, 114; WF to William Strahan, Apr. 25, 1763; BF to William Strahan, Dec. 19, 1763.
7. BF to Peter Collinson, Dec. 19, 1763; "A Narrative of the Late Massacres, in Lancaster County, of a Number of Indians, Friends of this Province, by Persons Unknown," Jan. 1764; Van Doren 307; Hawke 208; Brands 352.

   關於富蘭克林對印第安人的同情以及對偏遠地區長老會和德裔民眾的偏見，有一個有趣的歷史爭議。Buxbaum 185–219 是大肆渲染富蘭克林對長老會偏見的那一派，他批評富蘭克林使印第安人看起來「和英國人本質上毫無差異」。Brooke Hindle 也提出類似的論述，“The March of the Paxton Boys,” *William and Mary Quarterly* (Oct. 1946)。Francis Jennings 則是提出反對意見，他說 Buxbaum 是「學識糊塗」，他也指控 Hindle「極其無知」，說他的評論「偏執愚蠢」。*Benjamin Franklin: Politician* (New York: Norton, 1996), 158–59。

8. BF to John Fothergill, Mar. 14, 1764; BF to Richard Jackson, Feb. 11, 1764; Hawke 208.
9. BF to Lord Kames, June 2, 1765; John Penn to Thomas Penn, May 5, 1764; BF to John Fothergill, Mar. 14, 1764; Hawke 211; Brands 356; Van Doren 311.
10. Assembly reply to the governor, Mar. 24, 1764.
11. Van Doren 314; Buxbaum 192; Cecil Currey, *Road to Revolution* (Garden City, N.Y.: Anchor, 1968), 58.
12. Resolutions of the Pennsylvania Assembly, Mar. 24, 1764; “Cool Thoughts on the Present Situation of Our Public Affairs,” Apr. 12, 1764; BF to Richard Jackson, Mar. 14, 29, Sept. 1, 1764; BF to William Strahan, Mar. 30, 1764; J. Philip Gleason, “A Scurrilous Election and Franklin's Reputation,” *William and Mary Quarterly* (Oct. 1961); Brands 357; Van Doren 313; Morgan *Devious*, 80–83. The anti-Franklin pamphlets are in Papers 11:381.
13. Hawke 225; Brands 358; Van Doren 316; Buxbaum 12; “Remarks on a Late Protest,” Nov. 5, 1764.
14. BF to Richard Jackson, May 1, 1764; BF to SF, Nov. 8, 1764; Hawke 222–26.

第十章

1. BF to PS, Dec. 12, 1764.
2. BF to DF, Dec. 27, 1764, Feb. 9, 14, 1765. For good overviews on Franklin's mission, see Middlekauff; Morgan Devious; Cecil Currey, *Road to Revolution* (Garden City, N.Y.: Anchor, 1968); Theodore Draper, *The Struggle for Power* (New York: Times Books, 1996); Edmund Morgan and Helen Morgan, *The Stamp Act Crisis* (Chapel Hill: University of North Carolina Press, 1953).
3. BF to PS, July 20, 1768; PS to BF, Sept. 26, 1768; Noah Webster to BF, May 24, 1786; BF to Webster, June 18, 1786; Van Doren 426; Noah Webster, *Dissertations on the English Language: With Notes, Historical and Critical, to Which Is Added, by Way of Appendix, an Essay on a Reformed Mode of Spelling, with Dr. Franklin's Arguments on That Subject* (Boston: Isaiah Thomas, 1789), edweb.sdsu.edu/people/DKitchen/new_655/webster_language.htm .
4. Lopez Private, 152; WF to BF, Jan. 2, 1769; PS to Barbara Hewson, Oct. 4, 1774; PS to BF, Sept. 5, 1776.
5. Cadwalader Evans to BF, Mar. 15, 1765; John Penn to Thomas Penn, Mar. 16, 1765; Morgan *Devious*, 94.
6. BF to Joseph Galloway, Oct. 11, 1766; Morgan *Devious*, 102. Morgan and Morgan, *The Stamp Act Crisis*, 89–91; Brands 360–63; Van Doren 320.
7. BF to John Hughes, Aug. 9, 1765; Morgan *Devious*, 106; Thomas Penn to William Allen, July 13, 1765.
8. BF to Charles Thomson, July 11, 1765; Morgan *Devious*, 105; Charles Thomson to BF, Sept. 24, 1765; John Hughes to BF, Sept. 17, 1765.
9. David Hall to BF, Sept. 6, 1765; Morgan *Devious*, 106; Wright 188.

10. Samuel Wharton to BF, Oct. 13, 1765; John Hughes to BF, Sept. 12, 1765; DF to BF, Sept. 22, 1765; Morgan *Devious*, 107; BF to DF, Nov. 9, 1765; Brands 368.
11. Patrick Henry to the Virginia House of Delegates, May 30, 1765; BF to John Hughes, Aug. 9, 1765; Thomas Hutchinson to BF, Nov. 18, 1765; Brands 368.
12. BF to Pennsylvania Assembly committee, Apr. 12, 1766; Thomas Penn to John Penn, Nov. 30, 1765.
13. BF to David Hall, Nov. 9, 1765; BF to Joseph Galloway, Oct. 11, 1766; John Fothergill to James Pemberton, Feb. 27, 1766; "Defense of Indian Corn and a Reply," *The Gazetteer*, Jan. 2, 15, 1766.
14. *Public Advertiser*, May 22, 1765, Jan. 2, 1766.
15. William Warner, "Enlightened Anonymity," University of California Santa Barbara, lecture, Mar. 8, 2002, dc-mrg.english.ucsb.edu/conference/2002/documents/william_warner_anon.html.
16. BF to JM, Mar. 1, 1766; BF to WF, Nov. 9, 1765; Brands 373; Hawke 235–37.
17. BF to unknown recipient, Jan. 6, 1766; see also BF to Cadwalader Evans, May 1766; Wright 187; Van Doren 333.
18. Testimony to the House of Commons, Feb. 13, 1766, Papers 13:129–62; Brands 374–76; Van Doren 336–52.
19. William Strahan to David Hall, May 10, 1766; Joseph Galloway to BF, May 23, June 7, 1766; Charles Thomson to BF, May 20, 1766; Van Doren 353; Clark 195; Hawke 242.
20. BF to DF, Apr. 6, 1766.
21. DF to BF, Feb. 10, Oct. 8, 13, 1765; BF to DF, June 4, 1765; Lopez Private, 126.
22. David Hall to BF, Jan. 27, 1767; BF to Hall, Apr. 14, 1767.
23. BF to DF, June 22, 1767.
24. Lopez *Private*, 134, citing E. D. Gillespie, *A Book of Remembrance* (Philadelphia: Lippincott, 1901), 25.
25. DF to BF, Apr. 25, 1767; BF to DF, May 23, June 22, 1767; Brands 390; Hawke 255.
26. WF to BF, May 1767; RB to BF, May 21, 1767; Brands 391.
27. BF to RB, Aug. 5, 1767; BF to DF, Aug. 5, 1767.
28. MS to DF, Sept. 18, 1767; Lopez *Private*, 139.
29. BF to DF, Aug. 28, 1767; BF to PS, Sept. 14, 1767.
30. BF to PS, Aug. 28, 1767; Van Doren 367–69.
31. BF to DF, Nov. 2, 17, 1767; BF to PS, Oct. 9, 1767; Brands 395–96; Van Doren 368; Hawke 258.
32. JM to BF, Dec. 1, 1767; BF to JM, Feb. 21, 1768.
33. BF to RB, Aug. 13, 1768; BF to DF, Aug. 9, 1768; Lopez *Private*, 141.
34. BF to DF, Jan. 26, 1769; Thomas Bond to BF, June 7, 1769; DF to BF, Nov. 27, 1769; Van Doren 404; Lopez *Private*, 143; Brands 456.
35. PS to BF, Sept. 1, 1769; BF to PS, Sept. 2, 1769, May 31, 1770; Lopez *Private*, 154.
36. "Craven Street Gazette," Sept. 22–25, 1770, in Papers 17:220–26.
37. BF to Barbeu Dubourg, July 28, 1768; Lopez *Private*, 27.
38. BF to MS, Nov. 3, 1772, misdated 1767 in Papers.
39. "A Friend to Both Countries," London *Chronicle*, Apr. 9, 1767; "Benevolous," London

Chronicle, Apr. 11, 1767; Brands 386; Hawke 252; Cecil Currey, *Road to Revolution*, 222.

40. "Causes of the American Discontents before 1768," London *Chronicle*, Jan. 7, 1768. 雖然是匿名撰寫，但他從 1760 年寫的〈大英帝國的殖民地利益〉中引用了一句作為警句，藉此透露其身分：「無風不起浪。」富蘭克林在科學和政治上都對波浪很感興趣，所以他很愛用這個比喻。
41. "Preface to Letters from a Farmer," by N.N. (BF), May 8, 1768, Papers 15:110; BF to WF, Mar. 13, 1768.
42. BF to Joseph Galloway, Jan. 9, 1768; BF to WF, Jan. 9, 1768; BF to unknown recipient, Nov. 28, 1768; Lib. of Am. 839; Clark 211.
43. BF to Joseph Galloway, July 2, Dec. 13, 1768; BF to WF, July 2, 1768; Hawke 263, 268; Brands 408.
44. To Thomas Crowley, by "Francis Lynn" (BF), *Public Advertiser*, Oct. 21, 1768; "On Civil War," signed N.N. (BF), *Public Advertiser*, Aug. 25, 1768; "Queries," by "NMCNPCH" (BF), London *Chronicle*, Aug. 18, 1768; "On Absentee Governors," by Twilight (BF), *Public Advertiser*, Aug. 27, 1768.
45. "An American" (BF) to the *Gazetteer*, Jan. 17, 1769; "A Lion's Whelp," *Public Advertiser*, Jan. 2, 1770.
46. BF to William Strahan, Nov. 29, 1769.
47. BF to Charles Thomson, Mar. 18, 1770; BF to Samuel Cooper, June 8, 1770.
48. Franklin's account of audience with Hillsborough, Jan. 16, 1771, Papers 18:9; Hawke 290; Brands 431–34.
49. BF to Samuel Cooper, Feb. 5, June 10, 1771; Strahan to WF, Apr. 3, 1771; BF to Massachusetts Committee of Correspondence, May 15, 1771; Hawke 294–95; Van Doren 387–88.
50. BF to Thomas Cushing, June 10, 1771; Arthur Lee to Sam Adams, June 10, 1771, in Richard Henry Lee, *The Life of Arthur Lee* (Boston: Wells and Lilly, 1829); Samuel Cooper to BF, Aug. 25, 1771; Brands 437–38.

第十一章

1. BF to William Brownrigg, Nov. 7, 1773; Charles Tanford, *Ben Franklin Stilled the Waves* (Durham, N.C.: Duke University Press, 1989), 29; Van Doren 419.
2. Jonathan Williams (BF 's nephew), "Journal of a Tour Through Northern England," May 28, 1771, Papers 18:113; BF to Thomas Cushing, June 10, 1771; BF to DF, June 5, 1771; Hawke 295; Brands 438.
3. BF to Jonathan Shipley, June 24, 1771.
4. BF to JM, July 17, 1771; BF to Samuel Franklin, July 19, 1771.
5. John Updike, "Many Bens," *New Yorker*, Feb. 22, 1988, 112; Charles Angoff, *A Literary History of the American People* (New York: Knopf, 1931); Van Doren 415. Lemay/Zall Autobiography provides a complete look at the original manuscript and all of its revisions. The edition produced by Leonard Labaree and the other editors of the Franklin Papers at Yale (New Haven: Yale University Press, 1964) is authoritative, filled with useful annotations, and has an introduction that gives a good history of the manuscript. Carl Van Doren, *Benjamin Franklin's Autobiographical Writings* (1945; New York: Viking,

2002), 208–11, and Van Doren's biography of Franklin, 414–15, describe Franklin's process of writing. Also valuable are various articles by J. A. Leo Lemay: "The Theme of Vanity in Franklin's Autobiography," in Lemay *Reappraising*, 372, and "Franklin and the Autobiography," *Eighteenth Century Studies* (1968): 200. For good analyses of the manuscript, which is available at the Huntington Library, see P. M. Zall, "The Manuscript of Franklin's Autobiography," *Huntington Library Quarterly* 39 (1976); P. M. Zall, "A Portrait of the Autobiographer as an Old Artificer," in *The Oldest Revolutionary*, ed.J.A.Leo Lemay (Philadelphia: University of Pennsylvania Press, 1976), 53. The Norton Critical edition (New York: Norton, 1968), which was edited by Lemay and Zall, contains a bibliography of scholarly articles as well as excerpts of criticism. See also Ormond Seavey, *Becoming Benjamin Franklin: The Autobiography and the Life* (University Park: Pennsylvania State University Press, 1988); Henry Steele Commager, introduction to the Modern Library edition (New York: Random House, 1944); Daniel Aaron, introduction to the Library of America edition (New York: Vintage, 1990). The memoir written by Lord Herbert of Cherbury (1583–1648) had been published by Franklin's friend Horace Walpole in 1764, seven years before Franklin began his own work. Gilbert Burnet was a great English clergyman and historian who described the revolution of 1688 in his *History of My Own Time*, a copy of which was owned by Franklin's Library Company.

6. BF to Anna Shipley, Aug. 13, 1771; BF to Georgiana Shipley, Sept. 26, 1772; BF to DF, Aug. 14, 1771; Van Doren 416–17.
7. BF to Thomas Cushing, Jan. 13, 1772; BF to Joshua Babcock, Jan. 13, 1772; Brands 440.
8. BF to Thomas Cushing, Jan. 13, 1772; BF to WF, Jan. 30, 1772.
9. J. Bennett Nolan, *Benjamin Franklin in Scotland and Ireland* (Philadelphia: University of Pennsylvania Press, 1956). 這本小書詳實地描述了富蘭克林在旅途中的活動，研究深入。關於亞當・斯密是否讓富蘭克林看了他正在撰寫的《國富論》幾個章節（1776 年出版），歷史上有一些歧見，不過斯密的親戚說他確實讓富蘭克林看了。
10. PS to BF, Oct. 31, 1771; SF to RB, Dec. 2, 1771; RB to DF, Dec. 3, 1771; Mary Bache to BF, Dec. 3, 1771, Feb. 5, 1772; Lopez *Private*, 143–44.
11. BF to DF, Jan. 28, 1772; BF to SF, Jan. 29, 1772; Lopez *Private*, 146; RB to BF, Apr. 6, 1773; Van Doren 392; Brands 455.
12. BF to DF, Oct. 3, 1770; BF to PS, Nov. 25, 1771; BF to DF, Feb. 2, 1773; Brands 456; Van Doren 404, 411.
13. BF to William Brownrigg, Nov. 7, 1773; Stanford 78–80; C. H. Giles, "Franklin's Teaspoon of Oil," *Chemistry & Industry* (1961): 1616–34; Stephen Thompson, "How Small Is a Molecule?" *SHiPS News*, Jan. 1994, www1.umn.edu/ships/words/avogadro.htm ; "Measuring Molecules: The Pond on Clapham Common," www.rosepetruck.chem.brown.edu/Chem10-01/Lab3/Chem10_lab3.htm .
14. BF to Benjamin Rush, July 14, 1773.
15. BF to WF, Aug. 19, 1772.
16. BF to Cadwalader Evans, Feb. 20, 1768.
17. BF to John Pringle, May 10, 1768.
18. BF to Peter Franklin, May 7, 1760.
19. BF to Giambatista Beccaria, July 13, 1762; www.gigmasters.com/armonica/index.asp .

20. Franklin to Collinson, May 9, 1753.
21. Medius (BF), "On the Labouring Poor," The *Gentleman's Magazine*, Apr. 1768.
22. Campbell 236.
23. "A Conversation on Slavery," *Public Advertiser*, Jan. 30, 1770.
24. Lopez *Private*, 292–98; Gary Nash, "Slaves and Slaveowners in Colonial Philadelphia," *William and Mary Quarterly* (Apr. 1973): 225–56. 洛佩茲和赫伯特說，五分之一的家庭有奴隸，這個說法是錯的。不過，1790 年，奴隸占人口的比例確實是五分之一左右，但是這和他們的說法是兩回事。1790 年的人口普查資料顯示（這是美國首次進行人口普查），全國人口是 3893874 人，其中有 694207 人是奴隸，當時共有 410636 個家庭，其中有 47664 個家庭有奴隸。1750 年，十三個殖民地估計共有 120 萬人，其中 236000 人是奴隸。See fisher.lib.virginia.edu/census/; www.eh.net/encyclopedia/wahl.slavery. us.php; Stanley Engerman and Eugene Genovese, *Race and Slavery in the Western Hemisphere: Quantitative Studies* (Princeton: Princeton University Press, 1975).
25. Anthony Benezet to BF, Apr. 27, 1772; BF to Anthony Benezet, Aug. 22, 1772; BF to Benjamin Rush, July 14, 1773; "The Somerset Case and the Slave Trade," London *Chronicle*, June 20, 1772; Lopez *Private*, 299.
26. BF to WF, Jan. 30, Aug. 19, 1772.
27. BF to WF, Aug. 17, 1772, July 14, 1773; BF to Joseph Galloway, Apr. 6, 1773; Van Doren 394–98.
28. BF to Thomas Cushing, Dec. 2, 1772; BF, *Tract Relative to the Affair of the Hutchinson Letters*, 1774, Papers 21:414. An excellent account of the affair is in Bernard Bailyn, *The Ordeal of Thomas Hutchinson* (Cambridge: Harvard University Press, 1974), 221–49. See also Brands 452; Van Doren 461; Wright 224.
29. BF to Thomas Cushing, Mar. 9, May 6, 1773.
30. "Rules by Which a Great Empire May Be Reduced to a Small One," *Public Advertiser*, Sept. 11, 1773.
31. "An Edict by the King of Prussia," *Public Advertiser*, Sept. 23, 1773.
32. Baron Le Despencer, "Franklin's Contributions to an Abridged Version of a Book of Common Prayer," Aug. 5, 1773, Dashwood Papers, Bodleian Library, Oxford, Papers 20:343; "A New Version of the Lord's Prayer," Papers 15:299; BF to WF, Oct. 6, 1773. Sir Francis Dashwood became Lord Le Despencer in 1763.
33. BF to Joseph Galloway, Nov. 3, 1773; BF to Thomas Cushing, Feb. 2, 1774.
34. BF to Thomas Cushing, July 25, 1773; BF to London *Chronicle*, Dec. 25, 1773, Papers 20:531; BF, *Tract Relative to the Affair of the Hutchinson Letters*, 1774, Papers 21:414; Bailyn, *The Ordeal of Thomas Hutchinson*, 255.
35. BF to Thomas Cushing, Feb. 15, 1774; BF to Thomas Walpole, Jan. 12, 1774; Van Doren 462–63.
36. The record of hearings and the speech by Wedderburn, Jan. 29, 1774, are in Papers 21:37. There are numerous reconstructions, notably, Fleming 248–50; Hawke 324–27; Brands 470–74; Van Doren 462–76.
37. BF to Thomas Cushing, Feb. 15, 1774; BF to WF, Feb. 2, 1774; BF to JM, Feb. 17, 1774.
38. BF to Jan Ingenhousz, Mar. 18, 1774; "A Tract Relative to the Hutchinson Letters," 1774, Papers 21:414; Hawke 327; Van Doren 477.

39. Homo Trium Literarum (A Man of Letters, BF), "The Reply," *Public Advertiser*, Feb. 16, 1774; Boston *Gazette*, Apr. 25, 1774; Brands 477–78.
40. *Public Advertiser*, Apr. 15, May 21, 1774.
41. BF to RB, Feb. 17, 1774; Hawke 329; BF to JM, Sept. 26, 1774.
42. WF to BF, May 3, 1774; WF to Lord Dartmouth, May 31, 1774; Lord Dartmouth to WF, July 6, 1774; Randall 282–84.
43. BF to WF, June 30, May 7, 1774. The May 7 letter is dated 1775, and many authors accept that it was written then, which was just a couple of days after Franklin's arrival back in America. In fact, it seems to be misdated, as the Yale editors have concluded. On May 7, 1775, a Sunday, he did not write any other letters, but on May 7, 1774, he was busily engaged in correspondence. The letter fits into the pattern of letters he was writing at that time.
44. BF to undisclosed recipient, July 27, 1774; BF to Thomas Cushing, Mar. 22, 1774; WF to BF, July 5, 1774; BF to WF, Sept. 7, Oct. 12, 1774.
45. BF to DF, Sept. 10, 1774; WF to BF, Dec. 24, 1774.
46. "Journal of the Negotiations in London," BF to WF, Mar. 22, 1775, in Papers 21:540; Sparks, ch. 8.
47. Morgan *Devious*, 241.
48. This section is drawn from Franklin's Mar. 22, 1775, journal (cited above) of negotiations and the notes he inserted into it, Papers 21:540. Also, BF to Charles Thomson, Feb. 5, Mar. 13, 1775; BF to Thomas Cushing, Jan. 28, 1775; BF to Joseph Galloway, Feb. 5, 25, 1775; Thomas Walpole to BF, Mar. 16, 1775; Van Doren 495–523.
49. BF to Charles Thomson, Feb. 5, 1775.
50. Van Doren 521, citing J. T. Rutt, ed., *The Life and Correspondence of Joseph Priestley* (1817; New York: Thoemmes Press, 1999), 1:227.

第十二章

1. "Benjamin Franklin and the Gulf Stream," podaac.jpl.nasa.gov/kids/history.html .
2. BF to TF, June 13, 1775; Brands 499.
3. Adams Diary 2:127; William Rachel, ed., *Papers of James Madison* (Chicago: University of Chicago Press, 1962), 1:149; Lopez *Private*, 200; Van Doren 530; Hawke 351; Brands 499.
4. BF to Joseph Galloway, Feb. 25, May 8, 1775; Van Doren 527; Peter Hutchinson, ed., *The Diary of Thomas Hutchinson* (1884; Boston: Houghton Mifflin, 1991), 2:237.
5. WF to William Strahan, May 7, 1775. There is some uncertainty about when the Franklins first reunited. Some assume it was within days of Benjamin Franklin's return, though I find no evidence for this. See Hawke 292, and Clark 273. Sheila Skemp, in two books about William Franklin, concludes that William remained in New Jersey until the end of the May 15–16 legislative session and traveled to Pennsylvania for the first time shortly thereafter. See Skemp *William*, 167, 173; Skemp Benjamin, 127. Brands 524 accepts that chronology. Also, see ch. 11 n. 43 regarding the May 7 letter from Benjamin to William Franklin that some authors (notably Hawke 349), though not the Yale editors, date as being written in 1775, just after Franklin's arrival.
6. Peter Hutchinson, *The Diary of Thomas Hutchinson*, 2: 237; Hawke 349; Skemp *William*, 173–79; Fleming 292; Lopez *Private*, 199. See also Bernard Bailyn, *The Ordeal of Thomas*

Hutchinson (Cambridge: Harvard University Press, 1974).

7. BF to William Strahan, unsent, July 5, 1775; BF to Strahan, July 7, 1775, quoted by Strahan to BF, Sept. 6, 1775.
8. William Strahan to BF, July 5, Sept. 6, Oct. 4, 1775; BF to Strahan, Oct. 3, 1775; Lopez *Private*, 198; Clark 276–77.
9. BF to Jonathan Shipley, July 7, 1775.
10. BF to Joseph Priestley, July 7, 1775.
11. "Intended Vindication and Offer from Congress to Parliament," July 1775, in Smyth *Writings*, 412–20 and Papers 22:112; Proposed preamble, before Mar. 23, 1776, Papers 22:388.
12. Adams to Abigail Adams, July 23, 1775; Brands 500; Hawke 354.
13. "Proposed Articles of Confederation," July 21, 1775, Papers 22:120; www.yale.edu/lawweb/avalon/contcong/07-21-75.htm ; Articles of Confederation of the United Colonies of New England, May 19, 1643, religiousfreedom.lib. virginia.edu/sacred/colonies_of_ne_1643.html.
14. WF to BF, Aug. 14, Sept. 6, 1775; Lopez *Private*, 202; Skemp *William*, 181.
15. BF to MS, July 17, 1775; Lopez *Private*, 201; Dorothea Blount to BF, Apr. 19, 1775.
16. BF to Joseph Priestley, July 7, 1775; BF to Charles Lee, Feb. 11, 1776; Van Doren 532–36.
17. BF to David Hartley, Oct. 3, 1775; BF to Joseph Priestley, July 7, Oct. 3, 1775.
18. Minutes of Conference with General Washington, Oct. 18–24, 1775, in Papers 22:224.
19. BF to RB, Oct. 19, 1775.
20. Abigail to John Adams, Nov. 5, 1775, Adams Letters, 1:320; Van Doren 537.
21. Lopez *Private*, 204; JM to Catherine Ray Greene, Nov. 24, 1775.
22. JM to Catherine Ray Greene, Nov. 24, 1775; Elizabeth Franklin to TF, Nov. 9, 1775.
23. "The Rattle-Snake as a Symbol of America," by An American Guesser (BF), Pa. Journal, Dec. 27, 1775; www.crwflags.com/fotw/flags/us-ratt.html .
24. WF to TF, Mar. 14, June 3, 1776; WF to Lord Germain, Mar. 28, 1776; BF to Josiah Quincy, Apr. 15, 1776.
25. Franklin's Journal in Passy, Oct. 4, 1778; BF to Charles Carroll and Samuel Chase, May 27, 1776; Allan Everest, ed., *The Journal of Charles Carroll* (1776; New York: Champlain–Upper Hudson Bicentennial Commission, 1976), 50; BF to John Hancock, May 1, 8, 1776; BF to George Washington, June 21, 1776; Brands 506–8; Van Doren 542–46; Clark 281–84.
26. BF to RB, Sept. 30, 1774; Thomas Paine, *Common* Sense, Feb. 14, 1776, www.bartleby.com/133/.
27. WF to TF, June 25, 1776; Skemp *William*, 206–15.
28. The literature on the writing of the Declaration of Independence is voluminous. This section draws from Pauline Maier, *American Scripture* (New York: Knopf, 1997); Garry Wills, *Inventing America* (Garden City, N.Y.: Doubleday, 1978); and Carl Becker, *The Declaration of Independence* (New York: Random House, 1922; Vintage paperback, 1970). See also McCullough, 119–36; Adams Diary 2:392, 512–15; Jefferson to James Madison, Aug. 30, 1823, in Jefferson Papers 10:267–69; drafts and revisions of the Declaration of Independence, www.walika.com/sr/drafting.htm . See also n. 34 below.
29. Adams Diary 3:336, 2:512–15; Jefferson Papers 1:299; Maier 100; "Thomas Jefferson's Recollection," www.walika.com/sr/jeff-tells.htm .
30. Maier, *American Scripture*, 38.

31. Sparks, ch. 9 n. 62; Preamble to a Congressional Resolution, Papers 22:322. The document in Sparks's work is more complete than the one in the Franklin papers.
32. Becker, *The Declaration of Independence*, 24–25; Adams Diary 2:512; Jefferson Papers 7:304.
33. Jefferson to BF, June 21, 1776.
34. 獨立宣言的「原始草稿」顯示了用字遣詞的演變，從傑弗遜最初草擬的「謄本」到大陸會議最後採用的文本。美國國會圖書館及網路上都可以看到這份原始草稿。www.loc.gov/exhibits/treasures/trt001.html and www.lcweb.loc.gov/exhibits/declara/declara4.html . See also odur.let.rug.nl/~usa/D/1776-1800/independence/doitj.htm and www.walika.com/sr/drafting.htm .

    感謝美國國會圖書館的史學家 Gerhard Gawalt 親自向我展示「原始草稿」並與我分享每個編修的相關知識。我也要感謝國會圖書館的館員 James Billington 以及保存長 Mark Roosa 安排那次展示。Gawalt 博士為解說各版草稿的最新圖解書編寫了序言：Julian Boyd, *The Declaration of Independence: The Evolution of the Text* (1945; Washington, D.C.: Library of Congress, 1999).
35. Franklin's alterations are noted in Becker, *The Declaration of Independence*, 142; Van Doren 550; Maier, *American Scripture*, 136. See also Wills, *Inventing America*, 181 and passim. Wills 並未討論富蘭克林把傑弗遜的文字改成「不言而喻」，但他討論了洛克使用的定義。Wills 也針對蘇格蘭啟蒙運動哲學家的影響做了精采的分析。
36. Maier, *American Scripture*, appendix C, 236–40 顯示大陸會議所做的一切修改。Wills 認為那些修改精進《獨立宣言》的程度，並不像其他學者說的那麼多；Wills, *Inventing America*, 307 and passim.
37. Thomas Jefferson to Robert Walsh, Dec. 4, 1818, Jefferson Papers 18:169.
38. Sparks 1:408, ch. 9.
39. Franklin speech of July 31, 1776, in Adams Diary 2:245; Van Doren 557–58.
40. Smyth *Writings*, 10:57; Papers CD 46:u344 has the speech reused in his Nov. 3, 1789, remarks on the Pennsylvania Constitution. For a description of Franklin's design of the Great Seal, see James Hutson, Sara Day, and Jaroslav Pelikan, *Religion and the Founding of the American Republic* (Washington, D.C.: Library of Congress, 1998), 50–52; Jefferson Papers, LCMS-27748, 181–82.
41. Richard Howe to BF, written June 20, sent July 12, 1776.
42. BF to Lord Howe, July 30, 1776.
43. Howe's remarks in Papers 22:518; Richard Howe to BF, Aug. 16, 1776.
44. Adams Diary 3:418.
45. Many accounts were written of the Staten Island summit: the notes of Henry Strachey (Howe's secretary) in the New York Public Library and reprinted elsewhere; report to Congress of the committee to confer with Lord Howe, in Smyth *Writings*, 6:465 and elsewhere; Adams Diary 3:79, 3:418–22; Papers 22:518–20; Howe's report to Lord Germain, Sept. 20, 1776, in the London Public Records Office and reprinted in *Documents of the American Revolution* (Dublin: Irish Academic Press, 1981); John Adams to Abigail Adams, Sept. 14, 1776, in Adams Letters 2:124. See also Parton 2:148; Van Doren 558–62; Clark 287–91; Brands 518–19; McCullough 156–58.
46. Alsop 30–31.

47. BF to Benjamin Rush, Sept. 27, 1776.
48. "Sketch of Propositions for Peace," written sometime between Sept. 26 and Oct. 25, 1776, Papers 22:630; Smyth *Writings*, 454; Cecil Currey, Code *Number* 72 (Englewood Cliffs, N.J.: Prentice-Hall, 1972), 73; Van Doren 553.
49. Currey *Code Number* 72, 77–78; Edward Hale Sr. and Edward Hale Jr., *Franklin in France* (Boston: Roberts Brothers, 1888), 1:67.
50. Elizabeth Franklin to SF, July 12, 1776; Elizabeth Franklin to TF, July 16, 1776.
51. BF to TF, Sept. 19, 1776; Elizabeth Franklin to BF, Aug. 6, 1776; Skemp *William*, 217.
52. BF to TF, Sept. 19, 22, 1776; TF to BF, Sept. 21, 1776.
53. BF to TF, Sept. 28, 1776; WF to Elizabeth Franklin, Nov. 25, 1776.
54. BF to RB, June 2, 1779.

第十三章

1. Franklin's Passy journal, Oct. 4, 1778; BF to SF, May 10, 1785; BF to John Hancock, Dec. 8, 1776. He was writing to Hancock in his capacity as president of Congress. Franklin's social life in Paris has, not suprisingly, inspired many books. The most delightful include Lopez *Cher*; Aldridge *French*; Alsop; Schoenbrun. An older work of some value is Edward Hale Sr. and Edward Hale Jr., *Franklin in France* (Boston: Roberts Brothers, 1888). It was also the subject of a musical, *Ben Franklin in Paris*, by Mark Sandrich Jr. and Sidney Michaels, which premiered Oct. 27, 1964, and ran for 215 performances.
2. BF to SF, June 3, 1779; Aldridge *French*, 43; Van Doren 632. 路易十六送陶瓷夜壺給波利涅克伯爵夫人的故事，是出自瑪麗皇后的侍女 Henriette de Campan 夫人所寫的回憶錄。很多人知道法國大使在美國國務院富蘭克林廳所舉辦的一場典禮上講過那個故事，參見 www.info-france-usa.org/news/statmnts/1998/amba0910.asp。不過，洛佩茲告訴我：「那是來自一個非常不可靠的資料來源，那是一個勢利眼的討厭鬼，所以我猜不是真的。」話雖如此，洛佩茲在其著作中也收錄了這個故事，而且沒提到這件事有待證實。Lopez *Cher*, 184.
3. *The Boston Patriot*, May 15, 1811, in Charles Francis Adams, ed., *The Works of John Adams* (Boston: Little, Brown, 1856) 1:660; Lopez *Cher*, 13; Wright 270.
4. Aldridge *French*, 23, 66, 115, 43, 61; Voltaire, "Letters on England" (1733), www.literatureproject.com/letters-Voltaire ; Van Doren 570; Abbe Flamarens to *Memoires Secret*, Jan. 17, 1777.
5. BF to Emma Thompson, Feb. 8, 1777; BF to PS, Aug. 28, 1767.
6. BF to Josiah Quincy, Apr. 22, 1779; BF to Elizabeth Partridge, Oct. 11, 1776.
7. BF to MS, Jan. 25, 1779; Alsop 76–94; Lopez Cher, 123–36; Aldridge *French*, 196–99. Temple's letter is from Randall 455, citing TF to SF, Nov. 25, 1777. The quote from Madame Chaumont is from Adams Diary 4:64. I am grateful to Professor Thomas Schaeper of St. Bonaventure University for his help and his delightful, though hard to find, biography of Franklin's landlord, *France and America in the Revolutionary Era: The Life and Times of Jacques-Donatien Leray de Chaumont* (Providence, R.I.: Berghahn, 1995).
8. Arthur Lee to Richard Lee, Sept. 12, 1778; BF to Congress, Dec. 7, 1780; Charles Isham, *The Silas Deane Papers* (New York: New-York Historical Society, 1890). For more on the Silas Deane papers in the Connecticut Historical Society in Hartford and a biographical sketch,

see www.chs.org/library/ead/htm_faids/deans1789.htm#OB1.3 .

9. BF to Arthur Lee, Apr. 3 (unsent), 4, 1778; Van Doren 598.
10. "Petition of the Letter Z," 1778, Papers 28:517.
11. "Instructions to Silas Deane," Mar. 2, 1776, from Congress's Committee of Secret Correspondence, signed by BF and others and apparently written by BF, Papers 22:369; Sidney Edelstein, "Notes on the Wet-Processing Industry: The Dual Life of Edward Bancroft," *American Dyestuff Reporter* (Oct. 25, 1954).
12. "Engagement of Dr. Edwards to correspond with P. Wentworth and Lord Stormont, and the means of conducting that correspondence," Dec. 13, 1776, British Library, London, Auckland Papers, additional manuscripts 34,413 (hereafter cited as Auckland Papers, Add Mss); Edward Bancroft memo to the Marquis of Camarthen, Sept. 17, 1784, Foreign Office papers, 4:3, Public Records Office, London.

    Some of the material is available in *Material Relating to the American Revolution from the Auckland Papers* (Yorkshire, England: EP Microform, 1974) and in Benjamin Stevens, ed., *Facsimiles of Manuscripts in European Archives Relating to America, 1773–1783* (25 volumes published in 1898, copies in the Franklin collection in Yale's Sterling Library). Please note the acknowledgment to Susan Ann Bennett, who provided research help in London finding and transcribing some of the documents cited in this section.

    I am also grateful to the Central Intelligence Agency's Center for the Study of Intelligence for providing the declassified paper by John Vaillancourt, "Edward Bancroft (@Edwd. Edwards) Estimable Spy," *Studies in Intelligence* (winter 1961): A53–A67. See also Lewis Einstein, *Divided Loyalties* (Boston: Ayer, 1933), 3–48; Cecil Currey, *Code Number 72* (Englewood Cliffs, N.J.: Prentice-Hall, 1972); Samuel Bemis, "The British Secret Service and the French-American Alliance," *American Historical Review* 29.3 (Apr. 1924). There is also a historical novel, fun but heavily fictionalized, on Bancroft: Arthur Mullin, *Spy: America's First Double Agent, Dr. Edward Bancroft* (Santa Barbara, Calif.: Capra Press, 1987).

    Currey argues that Franklin's loyalties (and Deane's) were also suspect. It's an interesting and fact-filled book, but I think its analysis is unconvincing. Jonathan Dull, in *Franklin the Diplomat* (Philadelphia: Transactions of the American Philosophical Society, 1982), 1:72, 36, and passim, convincingly argues that Franklin was oblivious to Bancroft's dealings and that Deane was involved in stock speculating but not in spying with Bancroft.
13. Auckland papers, Add Mss 34413, f330 and 402; 46490, f64; 34413, f405–7; Paul Wentworth to the Earl of Suffolk (the minister in charge of the northern department), quoting a secret letter from "Dr. Edwards," Sept. 19, 1777, in the Stevens *Facsimiles* at Yale noted above.
14. Silas Deane to Robert Morris for Congress, Mar. 16, 1777; Isham, *The Silas Deane Papers*, 2:24.
15. Arthur Lee to BF and John Adams, Feb. 7, 1779; Auckland Papers, Add Mss, 46490, f52 and f57.
16. Juliana Ritchie to BF, Jan. 12, 1777; BF to Juliana Ritchie, Jan. 19, 1777.
17. Alsop 20.
18. Dull, *Franklin the Diplomat*, 1:72, 9; Alsop 35–40, from Henri Doniol, *History of the Participation of France in the Establishment of the United States* (Paris: Imprimerie

Nationale, 1866), 1:244.

The best overviews of Franklin's diplomacy in France, in addition to Dull's book cited above, include Jonathan Dull, *A Diplomatic History of the American Revolution* (New Haven: Yale University Press, 1987); Jonathan Dull, *The French Navy and American Independence* (Princeton: Princeton University Press, 1975); Richard Morris, *The Peacemakers* (New York: Harper & Row, 1965); Samuel Flagg Bemis, *The Diplomacy of the American Revolution* (New York: Appleton, 1935); Stourzh; Ronald Hoffman and Peter Albert, eds., *Diplomacy and Revolution* (Charlottesville: University of Virginia Press, 1981). For original documents, see Francis Wharton, ed., *Revolutionary Diplomatic Correspondence of the United States* (Washington, D.C.: GPO, 1889). See also Orville Murphy, *Charles Gravie*r, *Comte de Vergennes* (Albany: State University of New York Press, 1982).

19. Vergennes, Dec. 28, 1776, in Papers 23:113n; Vergennes to the Marquis de Noailles, Jan. 10, 1777, in Clark 306.
20. BF to Vergennes, Jan. 5, 1777; Doniol, *History of the Participation of France*, 1:20; Stourzh 137.
21. Bernard Bailyn, *Realism and Idealism in American Foreign Policy* (Princeton: Institute of Advanced Studies, 1994), 13, reprinted in Bernard Bailyn, *To Begin the World Anew* (New York: Knopf, 2003).
22. BF to Committee of Secret Correspondence, Apr. 9, 1777; BF to Samuel Cooper, May 1, 1777; Brands 532; Stourzh 3. For a contemporary discussion of "hard power" versus "soft power," see Joseph Nye, *The Paradox of American Power* (New York: Oxford University Press, 2002). 「山巔之城」的意象，是出自馬太福音第 5 章 14 節耶穌的登山寶訓：「你們是世上的光。城立在山上，是不能隱藏的。」1630 年 3 月 22 日，溫斯羅普在開往北美洲的《阿爾貝拉號》上布道，他的布道內容〈基督徒慈善的典範〉用到這個詞。雷根在政治生涯中經常提到這個意象，尤其是 1974 年 1 月 25 日對保守派政治行動委員會的演講標題、1980 年第一次與卡特的辯論、1980 年與約翰・安德森的辯論、1984 年對共和黨全國代表大會的演講，以及 1989 年的告別演說。
23. "The Sale of the Hessians," Feb. 18, 1777, Lib. of Am. 917; Papers 23:480; Van Doren 577. I am grateful to Claude-Anne Lopez for pointing out to me the weak French pun.
24. Alsop 77; *New Jersey Gazette*, Oct. 2, 1777, quoted in Clark 325.
25. William Parsons to BF, Aug. 4, 1778; Mrs. Parsons to BF, Aug. 12, 17, Oct. 2, Nov. 2, 1778; BF to Mrs. Parsons, Aug. 12, 1778; BF to George Washington, Mar. 29, Sept. 4, 1777; Washington to BF, Aug. 17, 1777; "Model of a Letter of Recommendation," by BF, Apr. 2, 1777; Van Doren 578; Clark 335. 1777 年 9 月 4 日，富蘭克林在寫給華盛頓的信中，把施托伊本男爵的軍階從上校膨脹成中將。間諜班克羅夫向倫敦報告，他們已經「收到大陸會議發給所有公使的決議」，勸阻法國僱傭兵前往美國，除非他們會講英語，這「也許可以幫我們減少負擔，不然成千上萬名軍官想到美國就業的請託，已讓我們困擾許久」。Edward Bancroft to Paul Wentworth, June 1777, Auckland papers, Add MSS 46490, f64.
26. Arthur Lee's journal, Nov. 27, 1777, in Richard Lee, *Life of Arthur Lee* (Boston: Wells and Lilly, 1829), 1:354; Hale and Hale, *Benjamin Franklin in France*, 1:159; Papers 25:234n.
27. Franklin statement, Dec. 4, 1777; BF to Vergennes, Dec. 4, 1777; Lee, Life of Arthur Lee, 1:357; Alsop 93–94; Doniol, *History of the Participation of France*, 2:625. See also Dull,

A Diplomatic History of the American Revolution, 89. Dull 主張，1778 年初，法國有好幾個月一直在計畫，只要海軍重整軍備的方案獲准，他們就會對英國發動戰爭，所以他認為美國薩拉托加戰役的獲勝不是主因。其他人反駁了他的觀點，See Claude Van Tyne, "Influences Which Determined the French Government to Make Their Treaty with America," *American Historical Review* 21 (1915–16): 528, cited by Dull.

28. Alsop 103; Cecil Currey, *Code Number* 72 (Englewood Cliffs, N.J.: Prentice-Hall, 1972), 175–92. Currey devotes an entire chapter to the Wentworth meeting. It seems somewhat overdrawn in its assessment of Franklin's duplicity, but it is carefully annotated and researched. See also James Perkins, *France and the American Revolution* (New York: Franklin, 1970), 203–4.
29. Paul Wentworth to William Eden, Dec. 25, 1777, Jan. 7, 1778; Van Doren 592; Currey, *Code Number* 72, 186; Dull, *Franklin the Diplomat*, 29.
30. BF to Thomas Cushing, for Congress, Feb. 27, 1778.
31. R. M. Bache, "Franklin's Ceremonial Coat," *PMHB* 23 (1899); 444–52, quote is on 450.
32. Edward Bancroft to Paul Wentworth, as deciphered, Jan. 22, 28, 1778, Auckland Papers, Add Mss 46491, f1 and f1b; Edward Bancroft memo to the Marquis of Camarthen, Sept. 17, 1784, Foreign Office papers 4:3, Public Records Office, London; Edward Bancroft to Thomas Walpole, under cover to Mr. White, with two pages of invisible ink, Nov. 3, 1777, Auckland Papers, Add Mss 34414, f.304; Edward Bancroft note, unsigned and undated, sent to Samuel Wharton, with two pages of white ink, November 1777, Auckland Papers, Add Mss 34414, f.306; Samuel Wharton letters to Edward Bancroft, 1778, Auckland Papers, Add Mss 321, ff6–35; Silas Deane's accounts with Edward Bancroft, Feb, 1778, Aug. 1779, the Connecticut Historical Society, Hartford, series 4, folder 9.12.

    Dull 在 *Franklin the Diplomat*, 33–36 討論班克羅夫炒股一事，並提到他雖然覺得迪恩不是間諜，但迪恩也靠班克羅夫的內線消息，請沃頓幫忙炒股獲利。另外，人脈亨通又富有的倫敦銀行家沃波爾也參與炒股（沃波爾曾和富蘭克林一起爭取俄亥俄的土地授予）。1789 年，迪恩準備從倫敦搭船前往加拿大時，中毒死亡。有些人臆測他是被毒藥專家班克羅夫謀殺的。
33. Lopez *Cher*, 179–83; Alsop 108–10; Van Doren 595; Clark 341.
34. Van Doren 593; Edmund Morgan, *The Birth of the Republic* (Chicago: University of Chicago Press, 1956), 83; Gordon Wood, "Not So Poor Richard," *The New York Review of Books*, June 6, 1996; Samuel Cooper to BF, May 14, 1778. See also Samuel Cooper to BF, July 1, 1778, in which the Boston clergyman describes how the treaty thwarted England's attempts to lure Congress into a reconciliation and how information sent by Franklin and Adams about a British convoy of eleven warships would be passed along, presumably to warn French admiral d'Estaing.

第十四章

1. Edward Bancroft, "most secret extracts," Apr. 2, 16, 1778, British Library, Auckland papers, Add MSS 34413, f405–7; Middlekauff 171; McCullough 197, 204, 208, 239. Middlekauff 's chapter on Adams in his book, pp. 171–202, is a vivid look at the vagaries of their relationship. McCullough, 210–15, provides an authoritative assessment of their feelings about each other, with some deference to Adams.

2. Adams to James Lovell, Feb. 20, 1779, Adams Letters 4:118–19; Middlekauff 189.
3. Lopez *Private*, 237; Lopez *Cher*, 9. The quote is from Pierre-Jean-Georges Cabanis, *Complete Works* (Paris: Bossange freres, 1825), 2:267.
4. Brands 547–48; Adams Diary 2:391, 4:69.
5. BF to Robert Livingston, July 22, 1783.
6. Diderot, editor, *Enyclopedie*, www.lib.uchicago.edu/efts/ARTFL/projects/encyc/; Alsop 13; Harold Nicolson, *The Age of Reason* (London: Constable, 1960), 268.
7. Most accounts say, I think mistakenly, that it was Temple who received the benediction. Smith 60, 187 traces the mystery and convincingly concludes that the "boy" was actually his younger grandson Benny, who was 7 at the time, rather than Temple, who was about 18. Aldridge *French*, 10, says it was Temple, but in his later writings, including *Voltaire and the Century of Light* (Princeton: Princeton University Press, 1975), 399, he revises his opinion. Claude-Anne Lopez tells me that Temple used a wax seal with the phrase "God and Liberty," which leads her to believe it may have been Temple. See also Voltaire to the Abbe Gaultier, Feb. 21, 1778, in *The Works of Voltaire* (Paris: Didot, 1829), 1:290; Hutchinson Diary and Letters 2:276. The newspaper quoted is *Les Memoirs Secret*, Feb. 22, 1778, in Aldridge French, 10.
8. Aldridge *French*, 12; Adams Diary 3:147; Van Doren 606.
9. Lopez *Life*, 148–57; Van Doren 655–56; Lemay *Reappraising*, 145.
10. Lopez *Cher*, 34, 29. 洛佩茲身為耶魯大學的編輯，她的專長是分析富蘭克林在法國時期的文章。她的翻譯、巧妙評斷，以及親自與我做的討論，讓本章內容更為豐富。
11. Madame Brillon to BF, July 30, 1777.
12. Madame Brillon to BF, Mar. 7, 1778; BF to Madame Brillon, Mar. 10, 1778.
13. Madame Brillon to BF, May 3, 8, 1779; Lopez *Cher*, 40, 61–62; Adams Letters 4:46; Brands 552.
14. BF to Madame Brillon, July 27, 1778. Lib. of Am. uses a version dated 1782, and some sources have the final article worded differently. The version I have used is from the Yale Papers and the American Philosophical Society; Papers 27:164.
15. Madame Brillon to BF, Mar. 16, 17, 18, Apr. 26, June 9, July 27, Sept. 13, 17, 1778; BF to Madame Brillon, July 27, Sept. 1, 15, 1778.
16. Madame Brillon to BF, Sept. 13, 1778; BF to Madame Brillon, Sept. 15, 1778; Lopez *Cher*, 29–121.
17. "The Ephemera," Sept. 20, 1778, Lib. of Am. 922; A. Owen Aldridge, "Sources for Franklin's Ephemera," *New England Quarterly* 27 (1954): 388.
18. BF to Madame Brillon, Nov. 29, 1777; Madame Brillon to BF, Nov. 30, 1777 (the chess game partner was their neighbor Louis-Guillaume le Veillard); Papers 25:204, 25:218); Madame Brillon to BF, Dec. 10, 15, 20, 1778; BF to Madame Brillon, Dec. 11?, 1778.
19. Lopez *Cher*, 243–48. Lopez draws on Antoine Guillois, *Le Salon de Madame Helvetius* (Paris: Calmann Levy, 1894). Claude-Adrien Helvetius, *De l 'Esprit* (Paris, 1758; English translation, *Essays on the Mind*, London, 1759); it was publicly burned in Paris but also one of the most widely read books of its time. See gallica.bnf.fr/Fonds_textes/T0088614.htm ; www.aei.ca/~anbou/mhelv.html .
20. Aldridge *French*, 162; Gilbert Chinard, "Abbe Lefebvre de la Roche's Recollections of

Benjamin Franklin," *Proceedings of the American Philosophical Society* (1950).

21. BF to Madame Helvetius, Oct. 31, 1778.
22. Aldridge *French*, 165; Adams Papers 2:55.
23. BF to Madame Helvetius, through Cabanis, Sept. 19, 1779. It is possible that Poupon was a cat, but we know she had a dog and this is more likely.
24. "The Flies," Papers 34:220; Lib. of Am., 991 (the date of this piece is unkown and in dispute); Lopez *Cher*, 260. See also Lopez *Cher*, 371n.32 arguing that some biographers "overdramatize" Franklin's proposal to Madame Helvetius whereas others discount it too much.
25. "The Elysian Fields," Dec. 7, 1778, Lib. of Am. 924.
26. Turgot to Pierre du Pont de Nemours, June 24, 1780, in Lopez *Cher*, 170.
27. BF to Thomas Bond, Mar. 16, 1780.
28. Aldridge *French*, 183. For a good assessment, see Richard Amacher, *Franklin's Wit and Folly: The Bagatelles* (New Brunswick, N.J.: Rutgers University Press, 1953).
29. Poem from Madame Brillon to BF, Oct., 1780, translation in Lopez *Cher*, 78; "Dialogue with the Gout," Oct. 22, 1780.
30. Madame Brillon to BF, Nov. 18, 26, 1780; Lopez *Cher*, 79–81; Aldridge *French*, 166.
31. Lopez *Cher*, 25–26.
32. "Conte," dated Dec. 1778 in Papers 28:308 and early 1779 by Lemay in Lib. of Am. 938; Aldridge *French*, 173; Lopez *Cher,* 90.
33. Abbe Flamarens, Jan. 15, 1777, in Aldridge *French*, 61.
34. "The Morals of Chess," June 28, 1779; Papers 29:750–56 also includes the Junto notes he made in 1732. See also Jacques Barbeu-Dubourg to BF, July 3, 1779, which mentions a "refutation" of Franklin's points.
35. Aldridge *French*, 197; Jefferson Papers 18:168.
36. "An Economical Project," *Journal of Paris*, Apr. 26, 1784; Poor Richard's, 1735. See also http://www.standardtime.com ; http://www.energy.ca.gov/daylightsaving.html ; http :// webexhibits.org/daylightsaving .
37. Aldridge *French*, 178
38. "To the Royal Academy of ***," May 19, 1780, or after, Lib. of Am. 952. See also, Carl Japsky, ed., *Fart Proudly* (Columbus, Ohio: Enthea Press, 1990).
39. BF to the Abbe Morellet, ca. July 5, 1779.
40. SF to BF, Jan. 17, 1779; BF to SF, June 3, 1779. 豪將軍已被克林頓爵士所取代，1778年5月，克林頓把英軍撤離費城，專注防守紐約。華盛頓將軍試圖在紐澤西蒙茅斯縣的戰役中阻止英軍，但失敗了。於是，克林頓的軍隊在紐約安置了下來。
41. SB to BF, Sept. 14, 1779; BF to SB, Mar. 16, 1780. See the poignant chapter "No Watch for Benny, No Feathers for Sally," in Lopez *Private*, 215–32.
42. SF to BF, Jan. 17, Sept. 25, 1779, Sept. 8, 1780; BF to SF, June 3, 1779.
43. RB to BF, July 28, 1780; SF to BF, Sept. 9, 1780; BF to RB and SF, Oct. 4, 1780.
44. BF to SF, June 3, 1779.
45. BF to Benjamin Bache, Aug. 19, 1779, Apr. 16, 1781. For a well-researched and insightful assessment of their relationship, see Smith, in particular 67–70, 77–82. Also Lopez *Private*, 221–30.

46. BF to Benjamin Bache, Jan. 25, 1782. See also May 3, 30, Aug. 19, 1779, July 18, 1780. Gabriel Louis de Marignac to BF, Nov. 20, 1781.
47. Catherine Cramer to BF, May 15, 1781; RB to BF, July 22, 1780.
48. BF to Benjamin Bache, Sept. 25, 1780; SB to BF, Jan. 14, 1781.
49. Benjamin Bache to BF, Jan. 30, 1783; BF to Benjamin Bache, May 2, 1783; BF to Johonnot, Jan. 26, 1782.
50. BF to the Brillons, Apr. 20, Oct. 30, 1781; Madame Brillon to BF, Apr. 20, Oct. 20, 1781; Lopez *Cher*, 91–101.

第十五章

1. BF to James Lovell (for Congress), July 22, 1778; Richard Bache to BF, Oct. 22, 1778; Van Doren 609.
2. BF to John Adams, Apr. 3, 24, May 10, June 5, 1779; John Adams to BF, Apr. 13, 29, May 14, 17, 1779; Middlekauff 190–92; McCullough 210–14; Schoenbrun 229.
3. RB to BF, Oct. 8, 22, 1778; BF to RB, June 2, 1779; BF to SF, June 3, 1779.
4. BF to Lafayette, Mar. 22, Oct. 1, 1779; Lafayette to BF, July 12, 1779; Lafayette to TF, Sept. 7, 1779. See also Harlowe Giles Unger, *Lafayette* (New York: Wiley, 2002).
5. BF to Lafayette, Mar. 22, 1779; BF to John Paul Jones, May 27, June 1, 10, 1778. See also Evan *Thomas, John Paul Jones* (New York: Simon & Schuster, 2003). Evan Thomas graciously provided an early copy of his manuscript, which helped inform this section, and he read and helped to correct this section.
6. Samuel Eliot Morison, *John Paul Jones* (Annapolis, Md.: Naval Institute Press, 1959), 156 and passim. Alsop 176 also says that "all the world knew of the love affair between the dashing officer and Madame de Chaumont." But Evan Thomas in his biography points out that there is no concrete evidence of this.
7. John Paul Jones to BF, Mar. 6, 1779; BF to Jones, Mar. 14, 1779.
8. BF to John Paul Jones, Apr. 27, 1779; Jones to BF, May 1, 1779.
9. John Paul Jones to BF, May 26, Oct. 3, 1779; BF to Jones, Oct. 15, 1779. As Evan Thomas points out, it is very unclear whether Jones actually uttered his famous "I have not yet begun to fight."
10. Vergennes to Adams, Feb. 15, 1780; McCullough 232.
11. BF to George Washington, Mar. 5, 1780.
12. BF to David Hartley, Feb. 2, 1780.
13. For Franklin's use of the phrase "no bad peace or good war," see BF to Jonathan Shipley, June 10, 1782; BF to Joseph Banks, July 27, 1783; BF to Josiah Quincy, Sept. 11, 1783; BF to Rodolphe-Ferdinand Grand, Mar. 5, 1786.
14. BF to Arthur Lee, Mar. 21, 1777; Stourzh 160; BF to Robert Livingston, Mar. 4, 1782.
15. John Adams to Congress, Apr. 18, 1780, Adams Letters 3:151; Vergennes to John Adams, July 29, 1780, Adams Letters 3:243; McCullough 241.
16. Vergennes to BF, July 31, 1780; BF to Vergennes, Aug. 3, 1780; BF to Samuel Huntington (for Congress), Aug. 9, 1780. Adams was still rehashing this disagreement decades later in an article in the *Boston Patriot*, May 15, 1811; see Stourzh 159.
17. BF to John Adams, Oct. 2, 1780, Feb. 22, 1781. Adams replied with a gloomy camaraderie,

saying he had accepted some bills "relying on your virtues and graces of Faith and Hope." John Adams to BF, Apr. 10, 1781.

18. Washington to BF, Oct. 9, 1780; BF to Vergennes, Feb. 13, 1781.
19. For currency conversion data see page 564. See also: Thomas Schaeper, *France and America in the Revolutionary Era* (Providence: Bergham Books, 1995), 348; John McCusker, *How Much Is That in Real Money?* (New Castle, Del.: Oak Knoll Press, 2001); Economic History Services, http://eh.net/hmit/; Inflation Conversion Factors, www.orst.edu/Dept/pol_sci/fac/sahr/cf166502.pdf.
20. Ralph Izard to Richard Lee, Oct. 15, 1780; Vergennes to la Luzerne, Feb. 19, 1781; Stourzh 153; BF to Samuel Huntington (for Congress), Mar. 12, 1781.
21. Vergennes to la Luzerne, Dec. 4, 1780; Stourzh 167.
22. Stourzh 168; BF to Samuel Huntington (for Congress), Sept. 13, 1781.
23. BF to William Carmichael, Aug. 24, 1781; BF to John Adams, Oct. 12, 1781.
24. BF to Robert Morris, Mar. 7, 1782.
25. Madame Brillon to BF, Jan. 20, Feb. 1, 1782; BF to Shelburne, Mar. 22, Apr. 18, 1782; BF to Vergennes, Apr. 15, 1782. See also BF to WF, Sept. 12, 27, Oct. 11, 1766, June 13, Aug. 28, 1767, for discussions of Franklin's early meetings with Shelburne.
26. "Journal of Peace Negotiations," May 9–July 1, 1782, Papers CD 37:191. This forty-page journal is a detailed description of all the talks and meetings Franklin had up until an attack of the gout caused him to quit keeping the journal on July 1. The following narrative is drawn from this journal as well as the letters he included in it. Much of this information is also based on the forthcoming volume 37 of the Franklin Papers, due to be published in late 2003, which covers March 16– September 15, 1782. It adds notes and assessments about Franklin's writings, which were already available on the Papers CD and elsewhere. I am grateful to the Yale editors for letting me read the manuscript in the fall of 2002. The editors also provided access to the drafts of volumes 38 and 39, due out in 2004, which cover the conclusion of the negotiations.
27. "Supplement to the *Boston Independent Chronicle*," a hoax by BF, Mar. 12, 1782. The Yale editors provide a detailed assessment of this document for the forthcoming volume 37 of the Papers. Among the people he sent it to was James Hutton, an English friend, who replied, "That article in the Boston paper must be romance, all of it invention, cruel forgery I hope and believe. Bales of scalps!!! Neither the King nor his old ministers ...are capable of such atrocities." Nevertheless, at least one London magazine (*Public Advertiser*, Sept. 27, 1782) reprinted parts of it as true. BF to James Hutton, July 7, 1782; James Hutton to BF, July 23, 1782, Papers 37:443, 37:503.
28. "Journal of Peace Negotiations"; Shelburne to BF, Apr. 28, 1782; Charles Fox to BF, May 1, 1782.
29. Richard Morris, *The Peacemakers* (New York: Harper & Row, 1965), 274, points out that Grenville and Oswald did not report Franklin's strong refusals to consider a separate peace, but instead reported back hints that he might be open to it.
30. BF to John Adams, June 2, 1782.
31. "Journal of Peace Negotiations"; BF to Shelburne, Apr. 18, May 10, 13, 1782; Shelburne to BF, Apr. 28, 1782; BF to Charles James Fox, May 10, 1782; BF to John Adams, Apr. 20, May

2, 8, 1782; BF to Henry Laurens, Apr. 20, 1782.

32. BF to Robert Livingston, June 25, 29, 1782; BF to Richard Oswald, June 25, 1782. Franklin's journal ends July 1.
33. Richard Oswald to Lord Shelburne, July 10, 1782; BF to Richard Oswald, July 12, 1782; BF to Vergennes, July 24, 1782.
34. Lord Shelburne to Richard Oswald, July 27, 1782; Wright 314.
35. John Jay to Robert Livingston, Sept. 18, Nov. 17, 1782; Stourzh 178; BF to Lafayette, Sept. 17, 1782.
36. Vergennes to la Luzerne, Dec. 19, 1782; McCullough 280.
37. Middlekauff 197; Herbert Klinghoffer, "Matthew Ridley's Diary during the Peace Negotiations of 1782," *William and Mary Quarterly* 20.1 (January 1963): 123; John Adams to Edmund Jennings, July 20, 1782, in McCullough 276; Adams Letters 3:38; Wright 315.
38. John Adams to BF, Sept. 13, 1783; McCullough 277; Wright 316; Stourzh 177; BF to Robert Livingston, July 22, 1783.
39. BF to John Jay, Sept. 10, 1783; John Adams to BF, Sept. 13, 1783; McCullough 282.
40. Samuel Cooper to BF, July 15, 1782; Robert Livingston to BF, June 23, 1782; BF to Richard Oswald, July 28, 1782; Fleming 455.
41. Benjamin Vaughan to Lord Shelburne, July 31, Dec. 10, 1782.
42. "Apologue," Nov. 1782, Lib. of Am. 967; Smyth *Writings*, 8:650.
43. Adams Diaries 3:37; Middlekauff 198; Klinghoffer, "Matthew Ridley's Diary," 132.
44. Vergennes to la Luzerne, Dec. 19, 1782; Vergennes to BF, Dec. 15, 1782.
45. BF to Vergennes, Dec. 17, 1782; Stourzh 178. The dispute, it so happens, hardly remained a secret: Edward Bancroft, still a spy, promptly sent the letter to the British ministers.
46. Vergennes to la Luzerne, Dec. 19, 1782. 幾個月後，外交部長李文斯頓詢問富蘭克林法國的反對狀況，富蘭克林回答：「我看不出來他們有什麼理由抗議那件事，協議並未導致他們受損，條款在他們同意之前也尚未生效……我很久以前就知會過維爾建伯爵了。我們做的，是對當下每一方最好的決定。即使我們做錯了，大陸會議聽完我們的說法以後，也會加以更正並譴責我們。」富蘭克林告訴李文斯頓，他覺得法國針對捕魚權提出的建議，只是為了確保交易達成。亞當斯則認為，法國提出那些建議是因為他們不希望美國獲得捕魚權。富蘭克林就是在這封信裡指責亞當斯對法國缺乏感恩，說他「有時對某些事情完全不可理喻」。BF to Robert Livingston, July 22, 1783.
47. Van Doren 696–97.
48. BF to PS, Jan. 27, 1783; BF to Joseph Banks, July 27, 1783.
49. BF to Benjamin Bache, June 23, 1783; Robert Pigott to BF, June 27, 1783; Smith 79.
50. Dorcas Montgomery to SB, July 23, 1783; BF to PS, Sept. 7, 1783; BF to SF, July 27, 1783; Benjamin Bache to RB and SF, Oct. 30, 1783; Smith 80–82.
51. BF to PS, 1782, Jan. 8, Sept. 7, 1783; PS to BF, Sept. 28, 1783.
52. BF to PS, Dec. 26, 1783; BF to RB, Nov. 11, 1783; Van Doren 709.
53. BF to Robert Livingston, July 22, 1783; Lopez *Cher*, 314.
54. BF to Joseph Banks, Aug. 30, Nov. 21, Dec. 1, 1783. A vivid account of the ballooning race and craze is in Lopez *Cher*, 215–22, which cites Gaston Tissandier, *Histoire des ballons et des aeronautes celebres*, 1783–1800 (Paris: Launette, 1887). See also Lopez *Private*, 267; www.ballooning.org/ballooning/timeline.html ; www.balloonzone.com/history.html .

55. Joseph Banks to BF, Nov. 7, 1783; BF to Joseph Banks, Nov. 21, 1783; BF to Jan Ingenhousz, Jan. 16, 1784; Lopez *Cher*, 222, contains Franklin's parody letter.
56. BF to SF, Jan. 26, 1784.
57. "Information to Those Who Would Remove to America," Feb. 1784; Lib. of Am. 975; Morgan *Franklin*, 297. In a letter to me commenting on some draft sections of this book, Edmund Morgan noted: Franklin's "description is mainly accurate but at the same time a statement of what he values in the country and hopes to see perpetuated or magnified" (Dec. 2, 2002).
58. BF to Benjamin Vaughan, July 26, 1784.
59. BF to Robert Morris, Dec. 25, 1783; BF to Benjamin Vaughan, Mar. 14, 1785.
60. BF to Strahan, Jan. 24, 1780, Feb. 16, Aug. 19, 1784.
61. Lopez *Cher*, 277–79; Pierre Cabanis, *Complete Works* (Paris: Bossange freres, 1825), 2:348.
62. BF to George Whatley, Aug. 21, 1784, May 23, 1785.
63. BF to TF, Aug. 25, 1784. There are many books and articles on Mesmer. The best, as it relates to Franklin, is the chapter in Lopez *Life*, 114–26. See also Robert Darnton, *Mesmerism and the End of the Enlightenment in France* (Cambridge: Harvard University Press, 1968); Lopez *Cher*, 163–73; Van Doren 713–14.
64. Willard Sterne Randall, *Thomas Jefferson* (New York: Henry Holt, 1993), 370–400; John Adams to Robert Livingston, May 25, 1783, James Madison to Thomas Jefferson, Feb. 11, 1783, Jefferson to Madison, Feb. 14, 1783, all quoted in Middlekauff 200–201.
65. WF to BF, July 22, 1784.
66. BF to WF, Aug. 16, 1784.
67. BF to TF, Oct. 2, 1784; Lopez *Private*, 258.
68. BF to PS, Mar. 19, Aug. 15, 1784.
69. Lopez *Private*, 272.
70. PS to BF, Oct. 25, 1784; PS to Barbara Hewson, Jan. 25, 1785; Lopez *Private*, 269.
71. BF to PS, July 4, 1785; BF to JM, July 13, 1785; BF to David Hartley, July 5, 1785.
72. Vergennes to Francois Barbe de Marbois, May 10, 1785; BF to John Jay, Sept. 21, 1785.
73. Lopez *Cher*, 137–39; Lopez *Private*, 275; Fawn Brodie, *Thomas Jefferson* (New York: Norton, 1974), 425.
74. Franklin trip journal, July 13–28, 1785, Papers CD 43:310.
75. WF to SF, Aug. 1, 1785; Temple *Writings*, 2:165. In a letter to John Jay,

Sept. 21, 1785, he describes how Shipley and others visited him in Southampton, but does not mention William.

第十六章

1. "Maritime Observations," BF to David Le Roy, Aug. 1785, Papers CD 41:384.
2. "Causes and Cure of Smoky Chimneys," BF to Jan Ingenhousz, Aug. 28, 1785; "Description of a New Stove," by BF, Aug. 1785, Papers CD 43:380.
3. BF journal, Sept. 14, 1785, unpublished, Papers CD 43:310; BF to John Jay, Sept. 21, 1785.
4. BF to Jonathan Shipley, Feb. 24, 1786.
5. BF to Polly Stevenson, May 6, 1786.
6. Manasseh Cutler, diary excerpt of July 13, 1787, in Smyth *Writings*, 10:478.
7. BF to Louis-Guillaume le Veillard, Apr. 15, 1787; BF to Ferdinand Grand, Apr. 22, 1787.

8. BF to JM, Sept. 21, 1786; Manasseh Cutler, diary excerpt of July 13, 1787, in Smyth *Writings*, 10:478. When he died, the 4,276 volumes in his library were valued at just over £184. See "An inventory and appraisement of the goods and chattels of the estate of Benjamin Franklin," Bache papers, Castle Collection, American Philosophical Society, Philadelphia.
9. BF to JM, Sept. 20, 1787; BF to Professor Landriani, Oct. 14, 1787.
10. BF to James Woodmason, July 25, 1780, 信中，他和倫敦的文具商討論「新發明的複印藝術」，並下單訂購三台機器到帕西。Woodmason 的機器是瓦特工廠製造的，文具商堅持富蘭克林必須先付款才能下單。在 1780 年 11 月 1 日的信中，他告訴富蘭克林，他運了三台新機器過去，並提供油墨的使用說明。Papers CD 33:579. See also Copying machine history, http://www.inc.com/articles/it/computers_ networks/peripherals/2000.html .
11. "Description of An Instrument for Taking Down Books from High Shelves," Jan. 1786, Papers CD 43:873; Lib. of Am. 1116.
12. BF to Catherine (Kitty) Shipley, May 2, 1786; Lib. of Am. 1118.
13. BF to David Hartley, Oct. 27, 1785.
14. BF to Jonathan Williams, Feb. 16, 1786; to Jonathan Shipley, Feb. 24, 1786; Brands 661.
15. BF to William Cocke, Aug. 12, 1786.
16. BF to Thomas Jefferson, Apr. 19, 1787.
17. www.nara.gov/exhall/charters/constitution/confath.html . Much of the following relies on Max Farrand, ed., *Records of the Federal Convention* (New Haven: Yale University Press, 1937) and, in particular, *Madison's Journals*. There are many editions of this masterful narrative. Among the most convenient are the searchable versions on the Web, including www.yale.edu/lawweb/avalon/debates/debcont.htm , and www.constitution.org/dfc/dfc_000.htm . For good analysis of Franklin's role at the convention, see William Carr, *The Oldest Delegate* (Newark: University of Delaware Press, 1990); Gordon Wood, *The Creation of the American Public* (Chapel Hill: University of North Carolina Press, 1969); Clinton Rossiter, 1787: *The Grand Convention* (New York: Macmillan, 1966); Catherine Drinker Bowen, *Miracle at Philadelphia* (Boston: Little, Brown, 1966); Richard Morris, *The Forging of the Union* (New York: Harper & Row, 1987).
18. 富蘭克林坐轎子抵達制憲會議的故事常有人提起，Catherine Drinker Bowen 在書中描述得最為生動，Catherine Drinker Bowen's *Miracle at Philadelphia*, 34。亦參見 Smyth *Writings*, 10:477; Brands 674; Van Doren 741。但細心的學者 J. A. Leo Lemay 寫道，沒有證據顯示富蘭克林搭轎子去開會，See Lemay, "Recent Franklin Scholarship, with a Note on Franklin's Sedan Chair," PMHB 76:2 (Apr. 2002): 339–40。不過，在一封未公開的信件中，她的女兒莎莉在制憲會議期間寫信告訴坦普：「我告訴他我收到你的信時，他正要搭轎子去開會。」（SB to TF, undated in 1787, Papers CD 45:u350）。我們知道制憲會議期間，富蘭克林的健康狀況並不是一直都很差，但一開始確實不好，而且我們也知道他確實有一頂轎子。他的資產清單中列了一頂轎子，價值 20 英鎊（"An inventory and appraisement of the goods and chattels of the estate of Benjamin Franklin," Bache papers, Castle Collection, American Philosophical Society, Philadelphia）。1792 年 5 月 25 日富蘭克林過世兩年後，那頂轎子也列在其遺物出售的清單中（*Dunlap's American Daily Advertiser*, May 21, 1792, copy in the American Philosophical Society, also reprinted in PMHB 23 [1899]: 123）。我們也知道 1788 年一位朋友寫信向他借「轎子」（Mrs. Powel to BF, unpublished, June 16, 1788, Papers CD 45:558）。所以我覺得 5 月 28 日他第一天

去開會時是坐轎子抵達的報導是合理的。不過，Lemay 提出一個不錯的論點，他說富蘭克林不太可能經常搭轎子去開會，因為 9 月他寫信告訴妹妹：「每天往返議會的運動對我很有幫助。」(BF to JM, Sept. 20, 1787, Papers CD, 45:u167）。1786年底，一位朋友寫道:「結石導致他除了在家裡爬樓梯及步行往返議會以外，無法做其他的運動，但他的健康、精神和記憶都還不錯。」（Samuel Vaughan to Richard Price, Nov. 4, 1786, *Massachusetts Historical Society Proceedings*, 21.17 [May 1903]: 355）。

19. Benjamin Rush to Richard Price, June 2, 1787, *Massachusetts Historical Society Proceedings* 21.17 (May 1903): 361. For Pierce's speech, see Farrand's Records of the Convention, 3:91; Franklin speeches, June 30, June 11, Madison's journal; Morris, *The Forging of the Union*, 272.
20. Bowen 18.
21. Madison journal, May 31, 1787.
22. Madison journal, June 11, 1787.
23. Madison journal, June 28, 1787.
24. "Motion For Prayers," by BF, June 28, 1787; Madison's journal, Farrand, 1:452; Papers CD 45:u77; Smyth *Writings*, 9:600.
25. Madison journal, June 30, 1787.
26. Manasseh Cutler journal, July 13, 1787, in Smyth *Writings*, 10:478; "Queries and Remarks Respecting Alterations in the Constitution of Pennsylvania," Nov. 3, 1789, Smyth *Writings*, 10:57.
27. Madison journal, July 26, 20, June 5, 1787.
28. Madison journal, Aug. 7, 10, 1787.
29. Madison journal, June 2, 1787; BF to Benjamin Strahan, Feb. 16, Aug. 19, 1784; Gordon S. Wood, *The Radicalism of the American Revolution* (New York: Random House, 1991), 199. See also chapter 5 n. 25; McCullough 400.
30. Farrand's Records of Convention, 3:85; Samuel Eliot Morison, *Oxford History of the American People* (New York: Oxford University Press, 1965), 1:398.
31. BF to la Rochefoucauld, Oct. 22, 1788; BF to Pierre Du Pont de Nemours, June 9, 1788.
32. Franklin closing speech, Sept. 17, 1787, Papers CD 45:ul61. There are a few versions of this speech, including a draft version, a copy, and Madison's notes, each with minor variations. The one quoted here is that used by the Yale editors of Franklin's papers.
33. Farrand's Records of Convention, 3:85; see memory.loc.gov/ammem/amlaw/lwfr.html .
34. Barbara Oberg, "Plain, Insinuating, Persuasive," in Lemay *Reappraising*, 176, 189; Rossiter, 1787: *The Grand Convention*, 234.
35. Roger Rosenblatt, *Where We Stand* (New York: Harcourt, 2002), 70, citing Henry May, *The Enlightenment in America* (New York: Oxford University Press, 1976). 富蘭克林唯一沒有簽署的建國文件是《邦聯條例》，因為當時他在法國。羅傑・謝爾曼簽了《獨立宣言》、《邦聯條例》、《憲法》，以及 1774 年的《獨立宣言》，但他沒有簽署任何一項條約。
36. BF to JM, Nov. 4, 1787, Aug. 3, 1789.
37. BF to Noah Webster, Dec. 26, 1789.
38. BF to Benjamin Vaughan, Oct. 24, 1788; see also BF to Louis-Guillaume Le Veillard, Oct. 24, 1788.
39. BF to Benjamin Vaughan, June 3, Nov. 2, 1798; BF to Elizabeth Partridge, Nov. 25, 1788.

40. BF to Catherine Ray Greene, Mar. 2, 1789; BF to George Washington, Sept. 18, 1789.
41. BF to Jean Baptiste Le Roy, Nov. 13, 1789; BF to Louis-Guillaume le Veillard, Oct. 24, 1788.
42. "An Address to the Public," Nov. 9, 1789, Smyth *Writings*, 10:66. Mason quote is in Farrand's Records of the Convention, 2:370.
43. Pennsylvania Society for the Abolition of Slavery, Petition to Congress, by BF, Feb. 12, 1790.
44. "Sidi Mehemet Ibrahim on the Slave Trade," BF to *Federal Gazette*, Mar. 23, 1790.
45. See chapter 11; BF to Richard Price, Mar. 18, 1785.
46. BF to William Strahan, Aug. 19, 1784.
47. BF to unknown recipient, July 3, 1786, Smyth *Writings*, 9:520; the same letter, dated Dec. 13, 1757, Papers 7:293; Thomas Paine, *The Age of Reason*, first fully published in 1794, www.ushistory.org/paine/; libertyonline.hypermall.com/Paine/AOR-Frame.html .

《富蘭克林文集》的耶魯編輯指出：「這封信的日期和地址眾說紛紜，如今保留下來的三份手稿標示著不同的日期。在富蘭克林的手寫草稿上，日期已遭到塗抹，可能是信寫完很久以後才被別人塗抹掉的。」那封草稿如今珍藏在美國國會圖書館中，富蘭克林在上面附注「勸阻……出版作品的草稿」。最早開始編輯文章並為富蘭克林作傳的 Jared Sparks 破解了遭到塗抹的日期：「費城，1786 年 7 月 3 日」，並指出那是寫給潘恩的信（Sparks 10:281）。Sparks 寫道：「一個有疑慮的作家（那個人應該是潘恩）讓富蘭克林看了他寫的反宗教作品，富蘭克林誠心勸他不要出版，最好燒掉。富蘭克林認為他的論點牽強，而且對他個人的原則來說，有如罪惡的種子一樣充滿毒害，毫無助益。」John Bigelow in *The Works of Benjamin Franklin* (New York: Putnam's, 1904) and Smyth *Writings*, 9:520 也使用同樣的日期。不過，Sparks 的學生提出相反的論點，see Moncure Conway, The *Life of Thomas Paine* (New York: Putnam's, 1892), vii–viii。

耶魯的編輯（Papers 7:293n, published in 1963）說那個日期「似乎合理」，但又提出六個可能的年分，從 1751 年到 1787 年。他們暫時根據法文轉錄的版本，使用 1757 年的日期，那個日期似乎是富蘭克林在帕西時他的書記幫他標注的。不過，耶魯編輯也加注表示：「編輯尚無法辨識是哪個『異教徒』在 1757 年把文稿寄給富蘭克林，也找不到任何作品足以證明富蘭克林勸阻出版的建議遭到忽視。」2002 年我詢問耶魯的編輯時，他們仍然不確定日期。2002 年 12 月 2 日，摩根針對本書的幾段文稿來信提出建議時寫道：「你覺得那是 1786 年寫給潘恩的信，我認為那比以前的編輯認定是 1757 年的理由更為合理。」我之所以認為那是 1786 年寫給潘恩的信，是基於以下的推理。早在 1776 年，潘恩就曾經表示他對《聖經》的「蔑視」，也告訴亞當斯：「我想出版一本書，說明我對宗教的一些想法，但我覺得延到人生的後半場再出版比較恰當。」（John Keane, Tom Paine [Boston: Little, Brown, 1995], 390）。潘恩經常寫信給富蘭克林（1785 年 9 月 23 日、12 月 31 日；1786 年 3 月 31 日、6 月 6 日、6 月 14 日），甚至使用富蘭克林屋前的院子來展示他做的橋梁設計。在《理性年代》中，潘恩五度誇讚富蘭克林（「所羅門的箴言還不如美國富蘭克林的箴言來得睿智精明。」）。他也呼應了富蘭克林比較廣義的自然神論信條，說他相信上帝，以及「人的道德責任」是「行善助人」。但他也對有組織的宗教提出許多異端的攻擊，那些攻擊應該都會讓富蘭克林想要做出謹慎的回應。他說：「在我看來，教會只是用來恐嚇和奴役人類的發明，只是為了壟斷權力和獲利。」他也說：「基督教會的理論是源自於異教徒的神話故事。」並譴責基督教神學的「荒謬」。他在那本書的一開始就提到，他本來想在更早之前出版那本書，但遭到勸阻：「多年來我一直想出版我對宗教的看法，我很清楚這個議題很棘手，所以一直等到年歲較大才發表。」

48. Archives of Congregation Mikveh Israel, Apr. 30, 1788 (Franklin's gift is one of the three largest of forty-four, and he is on top of the subscriber list), www.mikvehisrael.org/gifs/frank2.jpg ; BF to John Calder, Aug. 21, 1784.
49. BF to Ezra Stiles, Mar. 9, 1790.
50. BF to Thomas Jefferson, Apr. 8, 1790.
51. Reports of Dr. John Jones and Benjamin Rush, in Sparks and elsewhere; Pa. Gazette, Apr. 21, 1790; Benjamin Bache to Margaret Markoe, May 2, 1790.
52. Epitaph, 1728; this is the version Temple Franklin published. See Papers CD 41:u539. Franklin also produced slightly edited versions, including one that ends "Corrected and amended/By the author" (Papers 1:109a).
53. Last will and testament, plus codicil, June 23, 1789, Papers CD 46:u20.

第十七章

1. Last will and testament, plus codicil, June 23, 1789, Papers CD 46:u20; Skemp *William*, 275. The will and codicil are at www.sln.fi.edu/franklin/family/lastwill.html .
2. WF to TF, July 3, 1789; Skemp *William*, 275; Lopez *Private*, 309. A full and authorized English edition of Franklin's autobiography was not published until 1868.
3. The two great books on Benjamin Bache and his paper are Jeffery A. Smith, *Franklin and Bache: Envisioning the Enlightened Republic* (New York: Oxford University Press, 1990), and Richard Rosenfeld, *American Aurora* (New York: St. Martin's, 1997). See also Bernard Faÿ, *The Two Franklins* (Boston: Little, Brown, 1933).
4. Patricia Nealon, "Ben Franklin Trust to Go to State, City," *Boston Globe*, Dec. 7, 1993, A22; Clark DeLeon, "Divvying Up Ben," *Philadelphia Inquirer*, Feb. 7, 1993, B2; Tom Ferrick Jr., "Ben Franklin's Gift Keeps Giving," *Philadelphia Inquirer*, Jan. 27, 2002, B1; Tour de Sol Web site, www.nesea.org/transportation/ tour ; *The Franklin Gazette*, printed by the Friends of Franklin Inc., www.benfranklin2006.org (spring 2002); Philadelphia Academies Annual Report 2001 and Web site, www.academiesinc.org . Web sites on Franklin's bequest include www.philanthropyroundtable.org/magazines/2000-01/lastpage.html ; www.cs.app state.edu/~sjg/class/1010/wc/finance/benfranklin.html ; www.lehighvalleyfounda tion.org/support.html#BenFranklin .

第十八章

1. *The Nation*, July 9, 1868, reprinted in Norton Autobiography 270. See also Nian-Sheng Huang, *Benjamin Franklin in American Thought and Culture*, 1790–1990 (Philadelphia: American Philosophical Society, 1994).
2. The Provost Smith papers, *Pennsylvania Gazette*, Apr. 1997, www.upenn.edu/gazette/0497/.
3. John Adams, *Boston Patriot*, May 15, 1811.
4. Gordon Wood, *The Radicalism of the American Revolution* (New York: Vintage, 1991), 347; John Adams to TF, May 5, 1817; Francis, Lord Jeffrey, *Edinburgh Review* 8 (1806), in Norton Autobiography 253. Jeffrey was reviewing an earlier unauthorized edition of the writings and autobiography.

5. Robert Spiller, "Franklin and the Art of Being Human," *Proceedings of the American Philosophical Society* 100.4 (Aug. 1956): 304.
6. John Keats to George and Georgiana Keats, Oct. 31, 1818; Leigh Hunt, *Autobiography* (New York: Harper, 1850), 1:130–32; both reprinted in Norton Autobiography 257, 266.
7. Herman Melville, *Israel Potter* (1855; New York: Library of America, 1985), chapter 8, http://www.melville.org/hmisrael.htm ; Autobiography 45.
8. Emerson's Journals 1:375, quoted in Campbell 35; Nathaniel Hawthorne, *Works*, 12:189, cited in Yale Autobiography 13.
9. David Brooks, "Among the Bourgeoisophobes," *The Weekly Standard*, Apr. 15, 2002.
10. Mark Twain, "The Late Benjamin Franklin," *The Galaxy*, July 1870.
11. Jim Powell, "How Benjamin Franklin's *Autobiography* inspired all kinds of people to help themselves," www.libertystory.net/LSCONNFRAN.htm .
12. Frederick Jackson Turner, essay in *The Dial*, May 1887; William Dean Howells, "Editor's Study," *Harper's*, Apr. 1888; reprinted in Norton Autobiography.
13. Max Weber, *The Protestant Ethic and the Spirit of Capitalism*, first published (in German) in 1904 and revised in 1920 (New York: Harper Collins, 1930), 52–53; Van Wyck Brooks, *America's Coming of Age*, originally published in 1915 as an essay (Garden City, N.Y.: Doubleday, 1934); William Carlos Williams, *In the Grain* (New York: New Directions, 1925), 153; Sinclair Lewis, *Babbitt*, first published in 1922, chapter 16, section 3, see www.bartleby.com/162/16.html .
14. D. H. Lawrence, "Benjamin Franklin," *Studies in Classic American Literature* (New York: Viking, 1923), 10–16, xroads.virginia.edu/~HYPER/LAWRENCE/dhlch02.htm ; Cervantes, *Don Quixote*, part 2, chapter 33; Aesop, "The Milkmaid and the Pail." Franklin did cite the maxim "Honesty is the best policy" in a letter to Edward Bridgen, Oct. 2, 1779, but it was part of a list of maxims that could be on coins, and he did not claim it as his own.
15. Charles Angoff, *A Literary History of the American People* (New York: Knopf, 1931), 296–308.
16. Herbert Schneider, *The Puritan Mind* (New York: Henry Holt, 1930); Van Doren 782; I. Bernard Cohen, *Benjamin Franklin's Experiments* (Cambridge: Harvard University Press, 1941), 73.
17. For more on Dale Carnegie's *How to Win Friends and Influence People* (1937; New York: Pocket Books, 1994), see ch. 4 n. 6, above; E. Digby Baltzell, *Puritan Boston and Quaker Philadelphia* (New York: Free Press, 1979), 55.
18. FranklinCovey Web site, www.franklincovey.com ; Grady McAllister, "An Unhurried Look at Time Management," vasthead.com/Time/tm_papl.html. Peter Jennings and Todd Brewster, *In Search of America* (New York: Hyperion, 2002), chapter 3, reports on an interesting class discussion by Baylor professor Blaine McCormick about Franklin as the founding father of business books.
19. Brands 715; Morgan *Franklin*, 314.
20. Alan Taylor, "For the Benefit of Mr. Kite," *The New Republic*, Mar. 19, 2001, 39. The play 1776, by Sherman Edwards and Peter Stone, opened at Broadway's 46th Street Theater on Mar. 16, 1969, ran for 1,217 performances, and was made into a film in 1972; Howard Da Silva played Franklin on both stage and screen. *Ben Franklin in Paris*, by Mark Sandrich Jr.

and Sidney Michaels, opened at the Lunt-Fontanne Theater on Oct. 27, 1964, and ran for 215 performances with Robert Preston playing Franklin.

21. David Brooks, "Our Founding Yuppie," *The Weekly Standard*, Oct. 23, 2000, 32, 35.
22. BF to JM, July 17, 1771.
23. Taylor, "For the Benefit of Mr. Kite," 39.
24. Vernon Parrington, *Main Currents in American Thought* (New York: Harcourt, 1930), 1:178.
25. Taylor, "For the Benefit of Mr. Kite," 39.
26. Poor Richard's, 1750; BF to Louis Le Veillard, Mar. 6, 1786; Autobiography 107 (all use the "empty sack" line).
27. Brooks, "Our Founding Yuppie," 35.
28. Autobiography 139.
29. Angoff, *A Literary History of the American People*, 306; Garry Wills, *Under God* (New York: Simon & Schuster, 1990), 380.
30. Henry Steele Commager, *The American Mind* (New Haven: Yale University Press, 1950), 26; John Updike, "Many Bens," *New Yorker*, Feb. 22, 1988, 115.
31. David Hume to BF, May 10, 1762; Campbell 356.

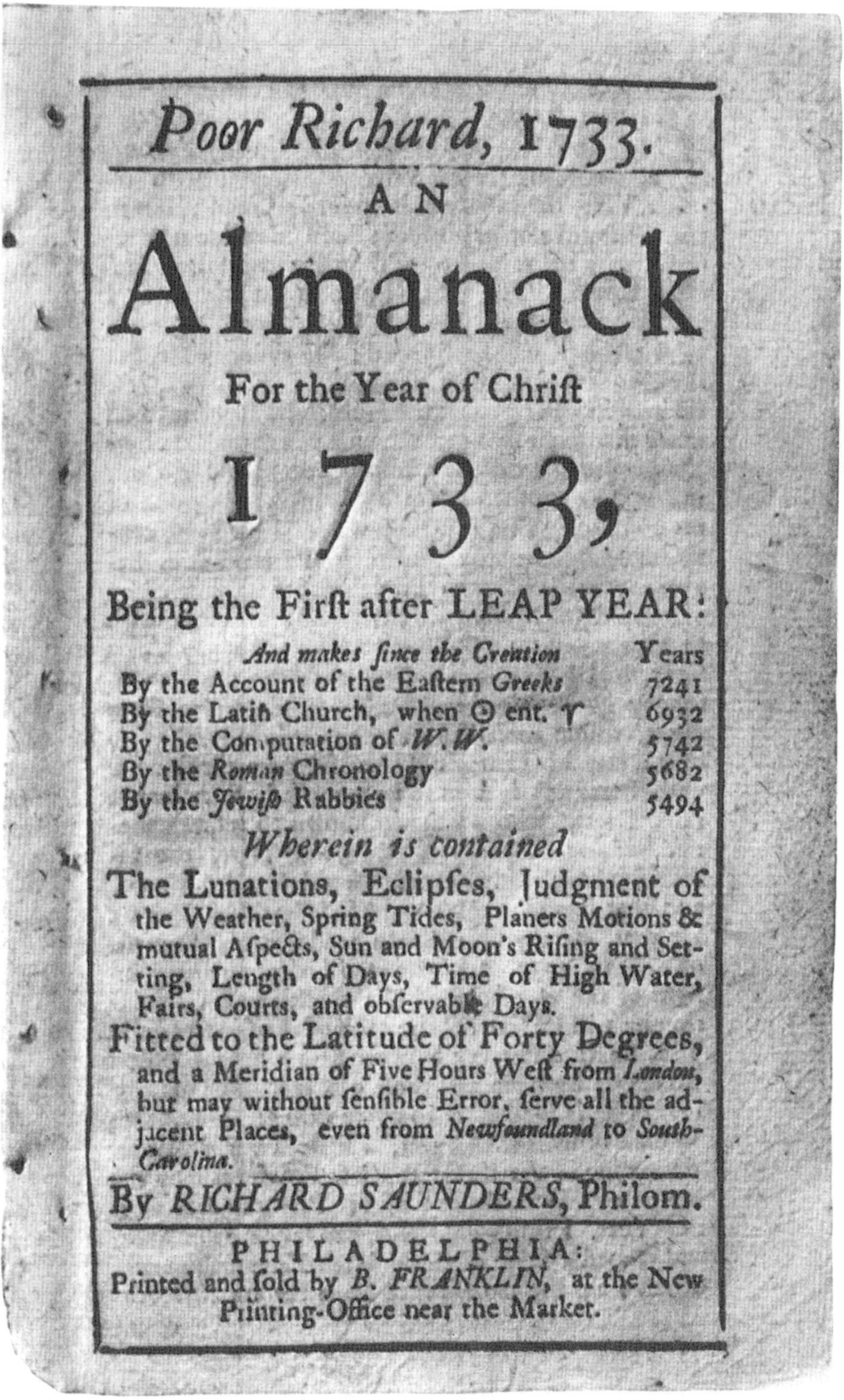

Poor Richard, 1733.

AN

Almanack

For the Year of Christ

1733,

Being the First after LEAP YEAR:

And makes since the Creation	Years
By the Account of the Eastern *Greeks*	7241
By the Latin Church, when ☉ ent. ♈	6932
By the Computation of *W.W.*	5742
By the *Roman* Chronology	5682
By the *Jewish* Rabbies	5494

Wherein is contained

The Lunations, Eclipses, Judgment of the Weather, Spring Tides, Planets Motions & mutual Aspects, Sun and Moon's Rising and Setting, Length of Days, Time of High Water, Fairs, Courts, and observable Days.

Fitted to the Latitude of Forty Degrees, and a Meridian of Five Hours West from *London*, but may without sensible Error, serve all the adjacent Places, even from *Newfoundland* to *South-Carolina*.

By *RICHARD SAUNDERS*, Philom.

PHILADELPHIA:
Printed and sold by *B. FRANKLIN*, at the New Printing-Office near the Market.

count, that the Buyer of my Almanack may consider himself, not only as purchasing an useful Utensil, but as performing an Act of Charity, to his poor *Friend and Servant* *R. SAUNDERS.*

The Anatomy of Man's Body as govern'd by the Twelve Constellations.

The Head and Face

Neck — *Arms*

Breast — *Heart*

Bowels — *Reins*

Secrets — *Thighs*

Knees — *Legs*

♓ *The Feet.*

To know where the Sign is.

First find the Day of the Month, and against the Day you have the Sign or Place of the Moon in the 5th Column. Then finding the Sign here, it shews the part of the Body it governs.

The Names and Characters of the Seven Planets.

♄ Saturn, ♃ Jupiter, ♂ Mars, ☉ Sol, ♀ Venus, ☿ Mercury, ☽ Luna, ☊ Dragons Head and ☋ Tail.

The Five Aspects.

☌ Conjunction, ✱ Sextile, ☍ Opposition, △ Trine, □ Quartile.

Common Notes for the Year 1733.

Golden Number	5	Cycle of the Sun	6
Epact	25	Dominical Letter	G